Anonymous

Die Grenzboten 1865

Anonymous

Die Grenzboten 1865

ISBN/EAN: 9783742856920

Hergestellt in Europa, USA, Kanada, Australien, Japan

Cover: Foto ©ninafisch / pixelio.de

Manufactured and distributed by brebook publishing software (www.brebook.com)

Anonymous

Die Grenzboten 1865

XXIV. Jahrgang. I. Semester.

Die Grenzboten.

Zeitschrift

für

Politik und Literatur.

№ 1.

Ausgegeben am 1. Januar 1865.

Inhalt:

	Seite
Heinrich von Treitschke	1
Die bayrischen Könige und die münchner Kunst	9
Gemeindebibliothken im Elsaß	23
Das deutsche Wörterbuch	30
Die römische Frage im italienischen Parlament	34

Grenzbotenumschlag: Literarische Anzeigen.

Leipzig, 1865.
Friedrich Ludwig Herbig.
(F. W. Grunow.)

# Die

Grenzboten.

Zeitschrift für Politik und Literatur.

24. Jahrgang.

I. Semester. I. Band.

Leipzig,
Verlag von Friedrich Ludwig Herbig.
(Fr. Wilh. Grunow.)
1865.

Register.

Jahrgang 1865. Erstes Vierteljahr.

Politik und Völkerleben.
Die römische Frage im italienischen Parlament. S. 34.
Der Krieg in Nordamerika. S. 58.
Oestreich und Italien. S. 69.
Annexion oder Anschluß der Herzogthümer. S. 77.
Zur Geschichte des Fürstenvereins von Verona. S. 114.
Das Vermächtniß des letzten Papst-Königs. S. 187.
Regierung und Abgeordnetenhaus in Preußen. S. 195.
Der preußische Jurist und die neue Examenordnung. S. 201.
Kleine Artigkeiten und Anzeigen. S. 239.
Die Privatbanken und die königliche Bank in Preußen. S. 303.
Die Trias und Frankreich. S. 315.
Der östreichische Reichsrath und Ungarn. S. 374.
Aus Schwaben. S. 386.
Herr Biedermann und die Annexion. S. 394.
Aussichten des Städterechts. S. 401.
Briefliche Mittheilungen aus Nordamerika. S. 477.
Aus Baden. S. 481.

Geschichtliche und Culturbilder.
Gemeindebibliotheken im Elsaß. S. 23.
Räuberleben und Gaunerthum bei Griechen und Römern. S. 98.
Die Katastrophe Hessens im napoleonischen Kriege. S. 138.
Im Tower von Oestreich. S. 147.
Die Entstehung der Banken in Deutschland. S. 161.
Eine Ungnade Napoleons des Ersten. S. 179.
Aus dem Soldatenleben im vorigen Jahrhundert. S. 321. 470.
Die Universität zu Rostock. S. 361. 417. 448. 495.
Zur Geschichte des Geldes. S. 425.

Literatur.
Heinrich von Treitschke. S. 1.
Das deutsche Wörterbuch. S. 30.
Das Leben Gneisenaus von Pertz. S. 353.
Poesie der Trias. S. 438.
Schleiermacher und Strauß. S. 441.

Kunst.
Die bayerischen Könige und die münchner Kunst. S. 9.
Winckelmann. Zur hundertjährigen Gedächtnißfeier. S. 41.

Die Bildung des modernen Künstlers. S. 81.
Die münchner Kunst der Gegenwart: 1. Die Glyptothek, das Nationalmuseum und das Kunsthandwerk. Die alte Pinakothek und die Kunstpflege. S 210. 2. Die Renaissance. S. 335.
Ursprung und Schätzung des gothischen Stils. S. 460.
Die Gothik des neunzehnten Jahrhunderts. S. 488.
August von Kloeber. S. 512.

Theater.

Shakespeares „Wie es euch gefällt" auf der deutschen Bühne. S. 241.

Militärische Tagesfragen.

Der Krieg in Nordamerika 1863 und 1864. S. 227. 248.

Besprechungen kleinerer literarischer Erscheinungen.

Geschichte: Buckle. S. 157. Peuler S. 438. Parton S. 439. Beitzke S. 440.
Staatsrecht: Haxthausen S. 272. Rößler S. 274.
Belletristik: Gravenhorst. S. 117. Aurelie. S. 118. Buchanan. S. 160.
Kunst: Neue Monatsschrift für Kunst. S. 269.

Heinrich von Treitschke.

Historische und politische Aufsätze, vornehmlich zur neuesten deutschen Geschichte. Leipzig. S. Hirzel. 1865.

Beim Beginn des Jahres ist es einem Blatt, welches die neuen Bildungen des deutschen Lebens zu beurtheilen hat, besondere Freude, seine Thätigkeit mit Besprechung einer starken, aufsteigenden Menschenkraft zu beginnen. Der Name des Mannes, welcher der ersten Seite dieses Jahrgangs vorgesetzt wird, ist den Deutschen nicht mehr fremd. Seine Gedichte, volkswirthschaftliche Abhandlungen, einzelne Essays in größern Zeitschriften haben ihm bereits den Antheil der Leser gewonnen. Eine fruchtbare Thätigkeit als akademischer Lehrer, auf zwei Universitäten bewährt, hat ihn zu einem Lieblinge seiner akademischen Jugend gemacht; wem Gelegenheit wurde die Gewalt seines Vortrags vor größerem Publikum, zuletzt bei einem unserer großen nationalen Feste zu beobachten, der hat sicher einen dauernden Eindruck davongetragen. Das vorliegende Werk aber ist das erste größere Buch, durch welches er als Lehrer der Geschichte mit seinem Volke in Verbindung tritt. Es ist ganz darnach angethan seine Persönlichkeit und seine Ueberzeugungen in weiten Kreisen bekannt zu machen und darf als der Anfang einer schriftstellerischen Thätigkeit betrachtet werden, welche ihn, wir sind davon überzeugt, in den politischen Kämpfen unseres Volkes zu einem werthvollen Bundesgenossen oder gefürchteten Gegner machen wird.

An jedem ersten größeren Werke eines frischen Talentes hängt eine edle Poesie. Nicht nur für den Schriftsteller, welcher dadurch die Stellung bezeichnet, die er in dem literarischen Leben seiner Nation zu behaupten beabsichtigt, eben so sehr für die Leser. Unbefangene Anerkennung, so weit diese nicht durch die eigene Parteistellung des Lesers beschränkt wird, und warme Empfindung für das Originelle des neuen Bekannten kommen entgegen, das Tüchtige imponirt, auch die Kritik scheut vorsichtig die Grenzen des Talentes abzustecken, eine schöne menschliche Freude über den neuen Erwerb ist vorherrschend, zwischen dem Schaffenden und dem Leser schlingt sich ein zartes Band, jeder von Beiden hofft, daß es dauerhaft und heilbringend sein werde. Möge dem Verfasser sein neues Werk reichlich diesen Gewinn eintragen.

Selten tritt aus dem Werke eines Historikers so kräftig die ganze geistige Persönlichkeit hervor als hier. Nicht nur was er sagt, fesselt, zuweilen noch mehr wie er es sagt. Es ist eine sehr eigenthümliche, starke Menschennatur, welche sich ausspricht, hoher Adel der Gesinnung, ein leidenschaftlich bewegtes Gemüth, ein rastloses Wogen der Empfindung, dem pathetischer Ausdruck natürlich ist. Oft hört man aus den geschriebenen Zeilen den Sprechenden, wie lebhaft er schildert, wie reich das Detail seiner Kenntnisse ist, nicht die Darstellung der Begebenheiten und Personen an sich, sondern ihre Bedeutung steht ihm im Vordergrund, sein Urtheil ist überall kräftig, fest, zweifellos, es wird allerdings gesänftigt durch hohe Bildung und durch humane Anerkennung fremden Wesens, aber in jedem Augenblicke empfindet man, daß der Verfasser seine ethischen und politischen Forderungen nachdrücklich geltend macht, er urtheilt über Personen in der Regel mild und mit Pietät, aber er steht immer frei und sicher seinem Helden gegenüber. Diese kurze Entschlossenheit des Urtheils geht hervor aus einer rücksichtslosen Wahrheitsliebe und aus einem lauteren Idealismus, der das Leben und seine Aufgaben hoch und rein faßt und gegen Schwäche und Halbheit die tiefe Abneigung einer kräftigen Natur empfindet. Der Eindruck dieses mannhaften Wesens wirkt sehr mächtig, man darf wohl behaupten, daß der Leser dadurch nicht weniger gefesselt wird, als durch Sprache und Darstellung.

Denn auch diese verdienen sehr beachtet zu werden. Noch wird dem deutschen Historiker nicht leicht, gut zu schreiben. Hier aber strömt aus bewegter Seele reich und voll der Sprache Quell, meist in langen Wellen dahinrauschend, reich an charakteristischen Worten und Redewendungen, an kurzen, treffenden Bezeichnungen, volltönend ohne Ueberfluß, häufig glänzend und doch ausdrucksvoll. Zuweilen läuft noch eine scharfe Redewendung mit unter, welche gesprochenem Vortrag natürlich ist, von der vornehmeren Haltung der Drucksprache absticht. Man erkennt, daß solche Energie des Ausdrucks dem Wesen des Schriftstellers sehr natürlich ist.

Den Lesern dieses Blattes ist nicht unbekannt, wie nahe der Verfasser den ästhetischen und politischen Ueberzeugungen steht, welche hier vertreten werden. Er ist kein geborener Preuße, und doch einer der entschlossensten und beredtesten Vorkämpfer für die große Idee dieses Staates. Was jedem Preußen natürlich sein sollte, das ist einem Nichtpreußen, der seit 1848 zum Mann wurde, das höchste Lob, welches wir seinem politischen Urtheil zu ertheilen wissen. Denn wer aus der Ferne auf das unfertige Treiben dieses Staates sieht, der muß viel Unbefangenheit, einen scharfen Blick und ein festes Herz besitzen, um keinen Augenblick an der Bedeutung des Staatsbaues irre zu werden. Das Feuer, womit der Verfasser den Anschluß der deutschen Stämme an den preußischen Staat verficht und die Wärme seiner Ueberzeugung, daß das Heil unserer Zukunft trotz allem und allem auf Preußen beruhe, soll manchem Preußen die Schamröthe in die Wange treiben, der in seiner Heimath verlernt hat stolz zu sein, oder der gar im Auslande sich zum Diener einer fremden Politik erniedrigt. Aber es scheint manchmal, als ob außerhalb der Grenzen dieses Staates in seinen Anhängern mehr froher Stolz und sichere Ueberzeugung von seiner unverwüstlichen Tüchtigkeit zu finden wäre als unter den Stimmführern in Preußen selbst, von denen die lautesten kleinliche Engherzigkeit mit blödem Junkertrotz geltend machen, viele Bessere im aufreibenden Kampfe gegen widerwärtige Erscheinungen des Tages dem Kleinmuth verfallen. Für uns hat des Verfassers begeisterte Theilnahme an dem Staat Friedrich des Großen einen Werth, der sehr hoch anzuschlagen ist. Und daß er grade jetzt, wo mancher alte Freund irre wurde und sich unsicher nach einer neuen Stütze umsieht, mit rücksichtsloser Entschlossenheit seine Ueberzeugungen ausspricht, das ist eine wackere Ritterlichkeit, für welche unsere Partei besonders dankbar sein muß.

Das vorliegende Werk umfaßt zehn Abhandlungen, unter denen mehre früher vorgetragen oder gedruckt wurden, alle sind so gründlich umgeschaffen, daß sie den Werth einer neuen Arbeit erhalten. Grade die wichtigsten sind ganz neu. Wie verschieden auch ihr Inhalt sei, es ist in ihnen ein innerer Zusammenhang, sie enthalten nicht nur das historische und politische Glaubensbekenntniß des Verfassers, auch eine Darstellung und Beurtheilung der wichtigsten historischen Ereignisse und politischen Ideen unserer letzten Vergangenheit und Gegenwart. Jede von ihnen bildet ein geschlossenes Ganze, mehre sind schöne Musterstücke der Gattung von Aufsätzen, durch welche Macaulay seinen Ruhm begründete, die in England noch heut mit weit größerer Achtung betrachtet werden, als der Deutsche dieser Art zuzuwenden gewöhnt ist. Sie gestatten in Farbe und Stimmung die größte Mannigfaltigkeit, gute Laune, Ironie, poetische Erhebung, edles Pathos; sie wollen selten ihren Gegenstand erschöpfend behandeln, aber den Kern desselben in großen Zügen treffend und eindringlich darstellen, sie wünschen zu belehren, indem sie unterhalten, sie fordern deshalb nicht gewöhnliche Kunst der Schilderung, zweckvolle logische Anordnung, ein feines Gruppiren des Stoffes, vor allem einen Geist, der frei wie spielend das Material bewältigt und der in den Gegenständen sich selbst dem Leser werth zu machen weiß. Die vorliegenden Aufsätze beweisen die ungewöhnliche Begabung des Verfassers für diese Arbeiten. Und wenn er, wie aus seiner Einleitung zu schließen, selbst für gewagt hielt, so früh dem Publikum mit gesammelten Aufsätzen gegenüber zu treten, er hat doch Recht daran gethan, denn grade diese eigenthümliche Kunstform des historischen Stils erlaubte ihm auch, die Virtuosität seiner Methode zu erweisen.

Der erste Aufsatz, das deutsche Ordensland Preußen, zugleich ein Meisterstück wirksamer Darstellung, schildert Aufsteigen und Verfall des deutschen Ordens. Es ist bedeutsam für die Tendenz des Werkes, daß der Verfasser den Bericht über die östlichen Anfänge Preußens voranstellte. Darauf folgen die Essays Milton und Fichte und die Nationalidee, welche das Erwachen der Freiheitsideen im Volke an zwei Beispielen darstellen, darauf Hans von Gagern, dann Karl August von Wangenheim, Leben und Schicksale zweier Staatsmänner der Restaurationsperiode, in beiden zugleich ein geistvoller Ueberblick über die Kämpfe, Intriguen und die unklaren politischen Ideen der Kleinstaatler in der Zeit, aus welcher die Anfänge unsres Parteilebens stammen. Wieder die beiden folgenden Aufsätze Ludwig Uhland und Lord Byron und der Radicalismus stellen die Bilder zweier Dichter, welche selbst warmen Antheil an den politischen Kämpfen ihrer Zeit nahmen, neben einander. Der nächste, Dahlmann, schildert einen der lautersten Charaktere deutscher Geschichtswissenschaft in den politischen Kämpfen bis in das Jahr 1848. Darauf folgt der große Aufsatz: Bundesstaat und Einheitsstaat, das bedeutsamste Stück des Werkes dem sich wie ein wohltönendes Finale ein Aufsatz über die Freiheit anschließt.

Wenn auf keiner Seite des Buches die Gesinnung des Verfassers zweifelhaft bleibt, in der Abhandlung über Bundesstaat und Einheitsstaat tritt seine kampfmuthige, entschlossene Art sehr stark und mit sehr rücksichtsloser Polemik gegen die herrschenden Ideen unserer Zeit ins Feld, er schlägt gegen die Gründe, womit der deutsche Particularismus sich zu rechtfertigen sucht, er weist nach, daß jede Reform unserer Bundesverfassung, wenn das Princip der Conföderation unserer Dynastien nicht gänzlich aufgegeben werde, unfruchtbar sei, er unterzieht die Idee eines Bundesstaates, selbst unter preußischer Führung, strenger Kritik, er hält die Entwicklung Nordamerikas und der Schweiz zu einem Föderativstaat gegen die Staatsverhältnisse Deutschlands, er beweist, wie sehr anders dort die Grundlagen gewesen seien, wie wenig unsere Bildungen Entsprechendes bieten, und daß in einem Complex monarchischer Staaten Selbstopferung der Einzelinteressen verständigerweise nicht anzunehmen sei, er führt aus, daß auch der ganze bisherige Lauf der deutschen Geschichte nur gewaltsame Aneignungen, kein freiwilliges Resigniren beweise. Er kommt zu dem Schluß, daß ein Bundesstaat nicht ausführbar sei und wenn er ausgeführt werde, bei uns keine Lebensdauer haben könne, und daß nur der Einheitsstaat, das heißt Preußen zu Deutschland vergrößert, durch unsere Geschichte, wie durch unsere politische Lage erreichbares Ziel sein könne, er verschweigt nicht, was diesem Resultat zur Zeit entgegenstehe, vor allem widerwärtiges Wesen in Preußen selbst. Zuletzt gehört zu den feinsten und geistvollsten Bemerkungen der merkwürdigen Abhandlung ein schöner Vergleich italischer und deutscher Zustände und sein Schluß: Wir sind zurückgeblieben, weil es uns nicht so schlecht ging als den Italienern und weil durch Preußen auch die übrigen Deutschen bereits Vieles von dem besitzen, was der nationale Sinn der Italiener seit funfzig Jahren in Qualen ersehnte.

Man darf diese Abhandlung ein Ereigniß nennen, nicht deshalb, weil sie vieles Wahre und manches Neue sagt, sondern deshalb, weil sie einmal grade heraus ohne allen Rückhalt sagt, was Viele denken, und Viele auszusprechen anstehen. Kein Zweifel, man kann mit Erfolg gegen manchen Schluß in der großen Kette seiner Beweise polemisiren, der Verfasser hat ja nur ins Bewußtsein bringen wollen, was nach dem Zuge unserer Entwickelung, nach Beschaffenheit der jetzt in Rechnung zu bringenden Factoren unwahrscheinlich, und was vernünftig und möglich ist. Kaum eine der jetzt bestehenden Parteien, selbst nicht die conservative in Preußen, welche der Verfasser grade am strengsten verurtheilt, wird ihr Programm in seiner Abhandlung wiederfinden. Dem ungeachtet war grade jetzt zeitgemäß, daß ein fester Mann die innern Widersprüche in den Schlagwörtern des Tages nachwies und den Parteien die Forderung aufzwang, ihre Parteisätze und die Phrasen, welche sich daran hängen, gründlich zu revidiren. In diesem Sinn war der Aufsatz eine That und der muthige Verfasser soll dafür bedankt sein.

Ja es ist schwer, ruhig zu bleiben, wenn man nicht Engländer und Franzosen, sondern Deutsche den preußischen Staat fortwährend mit seiner gegenwärtigen Regierung oder mit der unläugbaren politischen Schwäche seiner Parteien identificiren hört. Der Staat hat manche Mißregierung überdauert, er wird noch manche ertragen, und wird doch dabei im Ganzen größer und stärker werden. Wie viele Jahre hat England im vorigen Jahrhundert erlebt, in denen seine Regierung so löblich war, daß der Engländer jetzt mit Freude darauf zurücksieht? Sehr wenige, und doch ist seit der Königin Anna das Inselvolk zu einem Weltreich aufgeschossen. Vieles in Preußen ist sehr ärgerlich, auch die politische Entwickelung des Volkes ist dort in wesentlichen Punkten hinter den Anforderungen der Zeit zurückgeblieben, ja man darf zugeben, daß das Terrain des Staates, daß die angeborene Art seiner Stämme, daß die Culturverhältnisse dieses östlichen Flachlandes überhaupt nicht nach jeder Richtung zu einer Führerschaft unsers politischen Geistes besonders günstig angethan sind. Aber dies alles ist unwesentlich gegen die eine Thatsache, daß in Preußen 18 Millionen Deutsche leben, welche durch starke Zucht, durch große Opfer vieler Generationen gewöhnt sind, sich für die Idee ihres Staates zu begeistern und hinzugeben. Dies ist etwas so Großes, Bleibendes, daß dagegen alles Häßliche und Unfertige, das man leicht schelten kann, unwesentlich wird.

Gern betonen wir, daß die Preußen sich vor Allem als Deutsche fühlen müssen, denn wenn auch die politische Macht bei ihnen ist, ein abschließendes Preußenthum wird doch für diesen Staat zum Verderben. Er ist vielleicht im Stande sich selbst zu schützen, aber nicht im Stand, aus sich selbst das geistige Leben zu produciren, dessen er zu seinem Gedeihn bedarf. So lange Preußen ein Staat ist, war ihm nöthig, sich durch Herbeiziehn fremder Talente zu stärken. In jeder Richtung des geistigen und materiellen Lebens haben eingewanderte Deutsche an diesem Staatsbau gearbeitet. Wie kernhaft die Kraft sei, welche auf den Schollen der östlichen Provinzen und Westphalens heraufwächst, sie ist in keiner großen Periode dieses Staates genügend erfunden worden, ihm Staatsmänner, Feldherrn, Lehrer und Bildner zu geben.

Die Preußen sollen den Vettern außerhalb dem Gebiet des einköpfigen Adlers bereitwillig einräumen, daß Preußen nicht nur ihre Messen, Fabriken und Eisenbahnen, sondern noch mehr die Tüchtigkeit ihrer Geister und den warmen Schlag ihrer Herzen für sein Gedeihn nöthig habe.

Dagegen, darf man mit nicht geringerer Wahrheit sagen, daß die übrigen Deutschen — von Deutschöstreich ist hier nicht die Rede — bereits jetzt halbe Preußen sind, vielleicht ohne es zu wissen, und die nicht am wenigsten, welche am lautesten gegen sein Wesen sich sträuben.

Deshalb darf man auch die Abneigung, welche sich zumal in Süddeutschland gegen Preußen geräuschvoll ausspricht, nicht in ihrer Bedeutung überschätzen. Dort ist man heißzornig auf eine Politik, der man das Aergste zutraut, man hat sich dennoch unter dem Beifall und Drängen auch der süddeutschen Bevölkerung im Zollverein wieder an Preußen geschlossen. In den letzten sechzehn Jahren ist mehr als einmal die Meinung gegen den Norden schnell umgeschlagen, das wird wieder der Fall sein, sobald der große Staat den Nachbarn ein freundliches Angesicht zeigt. In Wirklichkeit bestehn die Deutschen schon seit dem Jahre 1815 als Nation nur durch Preußen, die Fürsten des Rheinbundes hätten in keinem Jahrzehend weder Russen noch Franzosen von den deutschen Grenzen abgehalten. Dies und was daraus folgt, wissen viele, aber wer gesteht gern die eigene Schwäche sich oder Andern.

Und doch haben die letzten Monate das auffallende Resultat gehabt, daß trotz der großen und lauten Unzufriedenheit mit der Politik Preußens in einer deutschen Cardinalfrage die Zahl derer gewachsen ist, welche für deutsche Provinzen Annexion durch Preußen fordern. Ein Jahr kriegerischer Verwickelungen hat die Ohnmacht des Bundes, die Hoffnungslosigkeit der Triasversuche, die Schwäche der Mittelstaaten mit so grellen Farben auf unsere Zeitungsbogen gemalt, daß selbst vielen Gegnern des Herrn v. Bismarck seine Methode der Politik besser schien, als eine Lage, in welcher man gar keine Politik zu treiben vermag. In Zeiten tiefen Friedens schallen auch die Worte aus schwachem Munde laut durch das Land, in Zeiten stärkerer Bewegung schärft sich schnell der Blick für die wirklichen Machtverhältnisse.

Die gegenwärtige Regierung Preußens ist in der That höchst unpopulär, und doch wird auch außerhalb Preußens überall für und gegen die Einverleibung von Schleswig-Holstein gesprochen und man kann bemerken, daß die Zahl derer, welche allerdings nicht sich selbst, sondern zunächst andere von Preußen erobert wünschen, in starker Zunahme ist. An sich ist auf diese Bewegung der öffentlichen Meinung nicht viel zu geben, es ist die Flutbwelle, welche jeden politischen Erfolg begleitet, aber die befremdliche Stimmung beweist doch, wie stark auch bei Gegnern Preußens schon jetzt das Gefühl geworden, daß ihnen nichts übrig bleibt, als sich der Existenz dieses Staates zu fügen.

Daß dies Bedürfniß der Vereinigung in Preußen sowohl, als im übrigen Deutschland weit größer und zwingender werde, ist, was wir zu erstreben haben. Noch sind wir weit vom Ziele. Alle Ideen, welche dazu helfen, dem Volk diese Vereinigung in die Seele zu schlagen sind uns willkommen. Die Idee des Bundesstaats hat von diesem Standpunkt zwei praktische Vorzüge. Sie trägt zuerst der Liebe zum Heimischen, dem alten Selbständigkeitstrieb der einzelnen Stämme behaglich Rechnung. Vieles ist in Preußen nicht so gut und so entwickelt, daß man sich freuen könnte, daran Theil zu haben, man will auch das Gefühl bewahren, als Freund, nicht als Unterworfener in die Societät zu treten. Ferner aber ist die Agitation für einen Bundesstaat durch kein Staatsgesetz zu verbieten, sie ermöglicht ein offenes, großes Werben in Presse, Versammlungen und Vereinen; die Agitation für den Einheitsstaat verfällt, sobald sie den Boden wissenschaftlicher Erörterung verläßt, höchst wahrscheinlich den Gesetzen, denn ihre Voraussetzungen sind dem Bestehenden allzufeindlich, ihre Operationen werden revolutionär. So war es in Italien.

In Preußen selbst aber steht die Frage so, daß die Parteien dieselbe verschieden beantworten. Die Militärpartei und die unternehmende Minorität der Junker sind für Eroberung, Occupation, Annex; die Liberalen für eine friedliche Vereinigung und allmäliges Zusammenwachsen der einzelnen Glieder unserer Nation. Es steht nicht anzunehmen, daß diese Auffassung der deutschen Frage sich dort in der nächsten Zeit wesentlich ändern werde, beide Parteien mögen einander einmal Concessionen machen, sie werden immer wieder zu ihren Neigungen und Stichwörtern zurückkehren. Die Entscheidung aber über den einzuschlagenden Weg wird dort noch lange fast ganz in der Persönlichkeit des Fürsten liegen.

Vereinigung der deutschen Stämme mit Preußen ist das große Ziel. Wie diese Vereinigung zuletzt lebendig werden wird, weiß niemand. Aber wie wir dafür zu arbeiten haben, soll uns nicht zweifelhaft sein. Die Arbeit des Einzelnen muß bei uns eine gesetzliche sein, sie darf den Respect vor dem Volkswillen nie verläugnen, sie muß auf jedem Gebiet unserer Interessen die Annäherung herbeizuführen suchen, eine friedliche, allmälige, stetig fortschreitende Annäherung. Nur in dieser Weise vermag der einzelne Liberale zu agitiren. Er weiß recht gut, daß die Annäherung der Staaten nicht so regulär Schritt um Schritt vor sich geht, und daß die Ereignisse einbrechen, wie ein Orkan, seinen Wegebau zerstörend oder überspringend. Aber er soll doch nicht irre werden, und nicht müde. Ob dem Einen bei solcher Thätigkeit der Bundesstaat als letztes Ziel vor Augen steht, dem Andern der Einheitsstaat, das darf keinen Hader hervorrufen, wer am Werke hilft, ist uns werth und unser Genosse. Soll hier zuletzt eine runde Ueberzeugung ausgesprochen werden, so ist es dieselbe, welche heimlich unsere partikularistischen Gegner hegen: jeder Bundesstaat führt uns zum Einheitsstaat; aber der Bundesstaat wird doch die nächste Form sein, in welcher sich das deutsche Bedürfniß nach Vereinigung ausprägt.

Unterdeß freuen wir uns der ehrlichen Worte, welche der Verfasser seinen Landsleuten zuruft, wir wünschen, daß ihre Wirkung eine starke sei. Er hat kühn seine Stellung genommen, und das Bild seiner geistigen Persönlichkeit, welche in diesem Buche so stattlich und edel hervortritt, wird fortan von Freunden und Gegnern mit lebhaftem Antheil betrachtet werden.

Die münchener Kunst der Gegenwart.

Die bayrischen Könige Ludwig der Erste und Maximilian der Zweite.

Wenigstens ein Vierteljahrhundert lang hat München für die vornehmste Heimathstätte der modernen deutschen Kunst gegolten, auch gegenwärtig noch will es sich diesen Ruhm nicht nehmen lassen. Sicherlich können ihm die Kunstschulen, welche sich neuerdings an kleineren Residenzen unter fürstlichem Schutz aufgethan haben, den Rang nicht streitig machen; Düsseldorf seinerseits beschränkt sich nach wie vor auf die Malerei, und wenn dort in den beiden letzten Jahrzehnten einige neue Talente (namentlich in den kleineren Fächern) aufgetreten sind, welche die Münchener hinter sich zurückgelassen haben, so hat es dagegen von seinen älteren namhaften Künstlern an andere Städte abgeben müssen. Wien und Berlin allerdings scheinen jetzt nahe daran, die münchener Kunst zu überholen: auch in ihnen werden Architektur, Plastik und Malerei mit gleichmäßigem Eifer betrieben, zudem haben sich wenigstens in den beiden letzten Künsten neue Richtungen hervorgethan, welche aus dem bequemen Geleise einer überlieferten und ins Akademische verlaufenden Anschauung herausstreben und mit der Frische ursprünglicher Empfindung die Kunst neu zu beleben suchen. Indessen, um davon nicht zu reden, daß auch in München Anläufe zu einem derartigen Umschwung sich zeigen, daß zudem seine Kunst, so weit sie auf den schon gebahnten Wegen weiter geht, auf die feste Schulter einer erfolgreichen Vergangenheit sich stützt, so genießt es auch jetzt noch den Vortheil, durch den es bisher jenen deutschen Hauptstädten zuvorkam: die Gunst und den Eifer seiner Könige, welche dem ganzen Kunstleben durch monumentale Werke einen fruchtbaren Boden zu verschaffen bis in die neueste Zeit versucht haben.

Denn ohne Zweifel, eine selbständige Blüthe und eine gemeinsame Entwicklung der bildenden Künste werden nur da möglich, wo die Bedingungen zu monumentalen Schöpfungen gegeben sind. So wenig die Kunst ein bloßes Reizmittel für die blinde Menge ist, so wenig soll sie eine bloße Liebhaberei reicher Privatleute sein; sie ist vielmehr vor allem Angelegenheit des Volkes, das heißt, nicht der Masse, sondern aller derjenigen, welche nicht in die kleinlichen Interessen des täglichen Daseins versunken, noch Sinn haben für die großen, das Einzelne in sich fassenden Züge des ganzen Menschenlebens. Ist die Kunst überhaupt Darstellung des Lebens in ausdrucksvollen Formen, welche die

Noth und den Zufall der Wirklichkeit abgestreift haben, dagegen ihre unvergängliche beseelte Gestalt in leuchtender Erscheinung widerspiegeln: so hat sie vorab das öffentliche Leben, die großen Formen des allgemeinen Daseins zu einem Denkmal zu gestalten, in welchem sich der Geist als in seinem idealen, verklärten Leib wiederfindet. Wie demnach in der monumentalen Kunst das Einzelleben in die lichte Welt des Gesammtlebens hinaufgehoben ist, so ist auch zu ihrer Betrachtung nicht blos der Einzelne, sondern das ganze Volk berufen. Auf diesem Wege allein kann in dem letzteren eine Anschauung sich bilden, welche in der Kunst den idealen Schein des Daseins mit freiem, über die mühevolle Wirklichkeit hinausgehobenem Sinn zu genießen versteht und dann wiederum für den Künstler den fruchtbaren Schooß abgiebt, aus dessen dunklem Grunde seine Phantasie neue Bildungen und Gestalten herausarbeitet. Voraus die monumentale Kunst stellt zwischen dem Schaffenden und dem Beschauer eine lebendige Wechselwirkung her, welche die Werke des Einen in die beseelende Empfindung des Andern und aus dieser neue Kräfte, neue Anregungen in jenen hinüberleitet. So wird allmälig die wirkliche ganze Welt zum Bilde, des Volkes That und Arbeit zur schönen Erscheinung, in der sie ihm unvermerkt zum reinen Genuß des Lebens umschlagen. Und nicht blos ein Denkmal seines realen Daseins wird so die Kunst, sondern sie selber eine zweite vom Drang des Augenblicks und dem unruhigen Wechsel der Materie befreite wirkliche Welt, in welcher der Kampf des Lebens sich spielend wiederholt und so alle menschlichen Kräfte ungebrochen und unzerstückt ihre volle Befriedigung finden. Nur aus diesem monumentalen Boden, auf dem sich in großen Zügen das ganze Leben gestaltet, empfängt die Kunst überhaupt die Fähigkeit, alles Wirkliche im Bilde wiederzuspiegeln; nur auf ihm entwickelt sich eine eigenthümliche und gemeinsame Anschauungsweise, — das, was wir Stil nennen — die sich ebenso im Kabinetsstück wie im Staatsgebäude ihren Ausdruck giebt. Und nur auf diesem Wege kommt in die ganze Kunst ein Zug des Gestaltens, der in das Kleine wie in das Große den Athem und Schwung des Lebens bringt und alle ihre Schöpfungen zu einem reichgegliederten Ganzen aneinander reiht.

Doch niemand wird erwarten, daß dieses Ideal des Kunstlebens in unserer Zeit sich verwirkliche. Nur zu oft ist es ausgesprochen, daß die Interessen, welche unsere Welt bewegen, der künstlerischen Darstellung nicht blos fremd und spröde, sondern geradezu widerstrebend entgegenstehen. Wir ringen nach einer neuen, Gesittung und nach neuen gesellschaftlichen Zuständen, die wir auf allgemeiner Bildung und Wohlfahrt aufbauen wollen, nach einem neuen politischen Dasein, das mit starker nationaler Macht die Freiheit individueller Entwicklung verbinden soll. Aber noch sind wir kaum über den Anfang des Weges hinaus, und alles treibt und drängt sich in unfertiger Gährung; was kaum in dem einen Moment Gestalt gewonnen, fällt im nächsten zu neuem Werden wieder auseinander. Nur daran sind wir erst, uns die Mittel zu den neuen Lebensformen zu verschaffen. Mit rastlosen Rädern durchfliegen wir die Welt des Geistes, um sie, in ihre Elemente aufgelöst, uns nutzbar zu machen, das Gebiet der Natur, um ihre Stoffe in dem unermüdlichen Triebwerk des Handels, der Gewerbe und Industrie für unsern Gebrauch zu verarbeiten. Wie uns keine überlieferte Form mehr heilig ist, und jedes überkommene feste Gefüge, sei es Menschen- oder Naturwerk, von der Forschung oder dem praktischen Betrieb zerlegt wird, so wenig ist uns daran gelegen, die Interessen, welche die Gegenwart in athemloser Bewegung erhalten, in Formen und Gestalten beruhigt vor uns zu sehen. In dieser ewigen Schwebe, diesem verzehrenden Wechsel, in welchem das Product von heute schon morgen nur Stoff zu neuer Verwerthung, flüchtig das erste beste Gewand sich umwirft, die Erscheinung des sich überstürzenden Lebens in allen Farben schillert, und eben deshalb farblos ist, fließt die bildende Kunst der Gegenwart unter den Händen weg: sie läßt sich kaum fassen, am schwersten in das feste Kleid der monumentalen Leistung, und indem sie vorüberrauscht, aus ihrem Strom nur blindlings und zufällig das Eine und Andere zu einem gleich ihr flüchtigen und verschwimmenden Bilde herauszugreifen.

Doch die Kunst giebt sich darum nicht auf, so wenig jemals in dem Räderwerk des Lebens eine wesentliche Eigenschaft des menschlichen Geistes zu Grunde gehen kann. So weit ab auch von ihr die Hauptzüge der Zeit laufen, so ist diese doch auch auf allseitige Ausbildung des menschlichen Wesens gerichtet und kann daher der Kunst nicht entrathen. Zugleich will sie, wie keine frühere Epoche, auf dieser Welt heimisch werden und holt daher die Schönheit der Götter aus dem Himmel herab, um sie dem Diesseits zurückzugeben. Noch hat sie nicht die Formen gefunden, in denen sie zu ihrem wahren, künstlerischen Ausdruck käme, aber auch da, wo es nicht den Anschein hat, sucht sie darnach. Muß man es den Königen nicht Dank wissen, daß sie diesen stillen Trieb unterstützen und die sich regende Kunst unter ihre Obhut nehmen? daß sie ihr große, zeitgemäße Stoffe bieten, und so gleichsam die flüchtige Geschichte des Augenblicks festhalten, um sie von den Künstlern packen zu lassen, oder die mächtigen Gestalten der Vergangenheit als die Vorboten der Gegenwart in ihre Hände liefern? daß die fürstlichen Besteller selber die Anregung zu neuen Formen geben, indem sie dem öffentlichen Leben der Zeit seinen architektonischen Leib bauen lassen und trotz der Ungunst der widerstrebenden Zustände Boden und Nahrung der monumentalen Kunst verschaffen wollen?

Das alles haben die bayrischen Könige Ludwig der Erste und Maximilian der Zweite für die Neubelebung der Kunst gethan. Daß diese von oben herab, von der Staatsgewalt, geschützt und gepflegt wird, ist ganz in der Ordnung, denn sie ist und soll Ausdruck auch des öffentlichen Lebens sein.

Selbst die Blüthe der griechischen Kunst wäre in Athen nicht so voll aufgegangen ohne die belebende Macht des Perikles, und was zu der günstigen Entwicklung der Renaissance in Florenz die Herrschaft der Medici beigetragen, das hat ja spätere Fürsten zur Nacheiferung angespornt. Zweimal hat Rom die Kunst ganzer Zeitalter in sich aufgenommen, und ihre besten Werke, ihre größten Talente an sich gezogen: das eine Mal unter den julischen und flavischen Kaisern, das andere Mal unter den Päpsten Julius dem Zweiten und Leo dem Zehnten. Weder mit Athen und Florenz noch mit Rom wird das moderne München sich messen wollen; aber die letzten bayrischen Regenten haben wenigstens, so scheint es, das Ihrige gethan, um die deutsche Kunst so weit vorwärts zu bringen, als sie sich unter den gegebenen Verhältnissen bringen läßt.

Eines freilich war ihnen von vornherein im Wege und hing sich bleischwer an alle ihre Unternehmungen: die Gleichgiltigkeit, um nicht zu sagen Stumpfheit des Volkes in Kunstdingen. Mit dem Kunstinteresse verhält es sich von Haus aus im lieben deutschen Vaterlande nirgends zum Besten, und so hat die gegenwärtige Kunst zu anderen noch die Aufgabe, dasselbe wenn nicht zu wecken, doch fortwährend anzuregen und wach zu halten.

Mag man es nun in München nicht richtig angefangen haben, oder der Kunstsinn im Altbayer noch tiefer versteckt liegen als in andern Stämmen: die hier mit allen Ehren und reichen Mitteln eingebürgerte Kunst ist für die Bewohner ein Fremdling geblieben. König Ludwig hat in seinen Bauten die ganze Geschichte der Architektur wie in einem steinernen Compendium wiedergegeben; aber an der neuen Duodezausgabe der Gothik in der Auer Kirche, den nüchternen verständnißlosen Experimenten in den Uebergangsformen unklarer Bauperioden, wie an den edlen Werken Klenzes im Stil der Antike und der Renaissance geht nach wie vor der Einheimische gleichgiltig und theilnahmlos vorüber. Sie sind wie zugewanderte Gäste, die man wohl an feierlichen Gesellschaftstagen mit empfängt, aber als unbequem und fremdartig in den vertraulichen Freundeskreis nicht zuläßt, wie überhaupt der Münchener gegen alles Ausländische eine stille oder offene Abneigung hat. Wie die Gebäude in die Sandflächen vom Verkehr abgesperrter Gegenden zufällig hinausgeworfen sind, so haben sie auch in der Anschauung des Volkes nur einen dürren und ungewissen Boden gefunden. Darauf hat es König Maximilian mit „einem neuen Baustil" versucht. Das Neue, namentlich wenn es wie hier mit allerlei seltsamem Schmuck und Zierrath behängt ist, zieht die gewöhnliche Schaulust an; so hat denn auch diese „moderne Architektur" eine Weile Glück gemacht, indessen jetzt, nachdem die Zeit des ersten Staunens vorüber, ihren Reiz vollständig verloren. Durch den neuen Stil hat sich im Volk eine Kunstbegeisterung ebenso wenig erwecken lassen, als durch die museenhafte Aufstellung aller vergangenen Bauformen unter Ludwig. Und doch ist die Architektur, indem

sie den Raum für das öffentliche Leben und die Stätte für die Werke der Plastik und Malerei künstlerisch gestaltet, durch die große unmittelbare Wirkung
ihrer monumentalen Formen doch noch am ehesten geeignet, die Phantasie des
Volkes anzuregen und zu beleben.

Freilich, wenn es den Königen ernstlich angelegen hätte, durch ihre
Schöpfungen den Sinn des Volkes für die interesselose Welt des Schönen zu
wecken und zu veredeln, so hätten sie neben der Förderung der Kunst selber
vor allem um das andere sich bemühen müssen: um die Hebung und die gründliche Pflege der Volksbildung. Wie wenig dafür in Bayern auch neuerdings geschehen, und bei dem Spielraum, der den katholischen und kirchlichen
Einflüssen noch immer geöffnet ist, hat geschehen können, ist zu bekannt, als
daß man davon zu reden brauchte. Was hilft es nun, daß in öffentlichen
Hallen, unter freiem Himmel, vor den Augen des Volkes sich Kunstgebilde erhoben haben, wenn man das Volk in die alltäglichsten Interessen versinken, mit
gebundenem Sinn und Verstand in der Noth und Sorge des Bedürfnisses sich
abquälen, in gewöhnlicher Lust sich berauschen läßt, ohne dafür zu sorgen, daß
sein Geist, indem man ihn zu höheren Dingen und zu selbständiger Thätigkeit
erhebt, zugleich für die reinen Genüsse des Daseins empfänglich werde? Wenn
man es so zu erziehen versäumt, daß es dem großen Leben, welches der Vorwurf der monumentalen Kunst ist, nicht klein und todt, sondern mit dem stolzen
und vertrauten Gefühle gegenüberstehe, in seinem Bilde einen Theil des eigenen
Wesens ausgesprochen zu finden?

Weit entfernt also, daß dem Kunstsinn seiner Könige das Volk entgegengekommen wäre, hat es — aus was immer für Gründen — ihm nicht einmal
nachfolgen können. Was auch die bildende Kunst seit funfzig Jahren in München geleistet hat, nicht blos für die Menge, auch für einen großen Theil der
Gebildeten hat es ungefähr dasselbe Interesse, wie ein in fremdländischer
Sprache geschriebenes Buch, das in der Auslage des Buchhändlers vergebens
auf einen Käufer wartet. Vor längerer Zeit hat sich hier ein Verein zur Ausbildung der Gewerke im künstlerischen Sinne aufgethan, und an seiner Spitze
stehen tüchtige Männer, die sich alle Mühe geben, die Kunstindustrie zu fördern
und eine künstlerische Behandlung der Formen in das Handwerk einzuführen.
Aber die Anstalt fristet ein kümmerliches Dasein und die Arbeit des hiesigen
Gewerbmannes unterscheidet sich in nichts von dem gewöhnlichen Fabrikerzeugniß;
höchstens daß sich hie und da eine einsame und mißverstandene Erinnerung an
gothisches Maßwerk in Stühlen und Bänken zeigt, die ihre altväterische Un-
bequemlichkeit mit sauertöpfischer Miene in einen Winkel verstecken. Noch immer
ist das Geräth, welches der Münchener mit Vorliebe und Emsigkeit gebraucht,
der irdene Maßkrug, und diesem eine künstlerische Form zu geben, daran würden selbst ein Therikles und ein Benvenuto Cellini verzweifeln. Wie groß ist

der Abstand zwischen dem kunstsinnigen Griechen und Italiener früherer Zeiten und dem Deutschen des neunzehnten Jahrhunderts. Die lebendige Mitwirkung freilich, mit welcher das griechische Volk am Kunstwerk gleichsam mitarbeitete, die Schönheit seines eigenen Leibes ausbildend das künstlerische Ideal schon in sich zur Natur verkörperte, und daher im Bilde mit doppeltem Genuß sich wiederfand, die Zeit dieses Kunstsinnes im Volke, der zugleich Kunsttrieb war, ist vorüber. Was würden auch die heutigen Ehemänner von ihren Weibern sagen, wenn diese, wie die Spartanerinnen, einen Apollo oder Bacchus in ihre Schlafkammer stellten, um von deren Anblick ganz durchdrungen schöne Kinder zu gebären? was die Mütter, was gar die Welt von den Töchtern, wenn sie wie die fünf ehrbaren Mädchen von Kroton zur Helena des Zeuxis dem Maler nicht bloß mit dem Kopfe, sondern auch mit dem Körper Modell säßen? Doch ist ein solches Ineinanderwirken von Kunst und Leben mit dem Christenthum auch zu Ende gegangen, so hat doch noch in christlichen Zeiten das Volk die Kunst gehoben und getragen, wie eine öffentliche und alle berührende Angelegenheit. Als die Madonna des Cimabue nach der Kirche Santa Maria Novella gebracht wurde, begleiteten sie die Bewohner der Stadt im feierlichen Aufzug, mehr zum Cultus der Kunst, als dem der Religion, und die Aufstellung von Michel Angelos David vor dem Palazzo dei Signori war ein Ereigniß, nach dem die Florentiner zu rechnen pflegten.

Stellt sich aber den künstlerischen Unternehmungen der Fürsten von Seiten des Volkes eine theilnahmlose Trägheit entgegen, so ist schon dadurch die monumentale Kunst in ihrem Schaffen beschwert und gehindert. Denn sie will das öffentliche Leben — ob es nun der Gegenwart oder der Vergangenheit angehöre — in einen verklärenden Rahmen fassen, und das Dasein des Volkes aus der Unruhe und Verwirrung des Tages in das heitere Gebiet der Kunst erheben. Aber nun hat sie statt beseelter Körper eine leblose Masse vor Augen, die selber nicht den geringsten Schwung fühlt, vom Boden sich abzulösen. Alle Begeisterung muß der Künstler nur aus sich, alle Bilder und Gestalten nur aus seiner eigenen, ganz auf sich angewiesenen Phantasie schöpfen, und was er endlich zu Stande gebracht, darauf liegt das bleierne Auge des Beschauers mit ertödtendem Blick. Hier schlägt nicht Leben dem Leben in einem Wechselspiel entgegen, das die Wirkung des Bildes verdoppelt, dem Künstler neue Kraft des Schaffens giebt und die Gestalt des Beschauers unwillkührlich hebt und veredelt; sondern den Figuren ist ein mühsamer Athem eingeblasen und auch diesen Rest von Seele hauchen sie unter der erstarrenden Kälte einer theilnahmlosen Betrachtung aus. Auch die Vergangenheit kann der Künstler nur dann recht beleben, wenn ihm die Gegenwart mit frischem Verständniß und der anregenden Bewegung natürlicher Schönheit entgegenkommt. So oft er aber gegenwärtige Stoffe gestalten will, muß die Wirklichkeit, in der er sich findet, gestaltungsfähig und gestaltungsbedürftig sein, unbewußt muß sie die Merkmale des Schönen an sich tragen und ebenso nach seinem Anblick sich sehnen, um endlich mit naivem Entzücken am Spiegelbild der eigenen Gestalt bewundernd sich freuen zu können. Durch diese Empfänglichkeit des Volkes, die im Genuß einen Theil des Schaffens mit übernimmt, sind die griechische und die italienische Kunst zu unvergänglichen Mustern, durch die gegenseitig sich tragende Theilnahme von Kunst und Volk die eine in Athen, die andere in Florenz heimisch und groß geworden. Nicht so glücklich lagen die Dinge in den beiden römischen Epochen: in die Stadt der Kaiser wie der Päpste war beide Male die Kunst eingewandert und das Interesse für dieselbe der Bevölkerung mehr angewöhnt und angelernt, als angeboren. Aber die heidnischen wie die christlichen Regenten verstanden durch ihre monumentalen Schöpfungen die Theilnahme des Volkes zu erwecken, indem sie zugleich der Kunst des Zeitalters zu ihrer Weiterbildung verhalfen.

Auch für unsere Zeit noch ist die Art und Weise lehrreich, wie sie dieses Ziel erreichten. Sie hatten Sinn und Verständniß für den eigenthümlichen Entwicklungsgang der bildenden Kunst, Achtung vor der Selbständigkeit und der Natur des Künstlers; sie gaben der Productionskraft desselben freien Spielraum, und indem sie ihm seine Aufgabe nur in ihren allgemeinsten Zügen und im Einklang mit seinem Talente stellten, überließen sie ihm alles Weitere, die Auffassung sowohl wie die Darstellung. Seine Phantasie empfing daher durch sie nur die wohlthätige Schranke eines bestimmten Ideenkreises, behielt aber innerhalb desselben die volle Freiheit der Bewegung und blieb in dem belebenden Zusammenhang mit dem Kunstcharakter des ganzen Zeitalters. Auf diese Weise konnte unter Trajan ein Apollodor die antike Architektur zu neuer Blüthe erheben, unter dem Papst Julius ein Rafael und Michel Angelo der Kunst der Renaissance die Krone aufsetzen. Zugleich ließen es sich diese fürstlichen Besteller angelegen sein, die großen Werke vergangener Kunstperioden zu sammeln und als unvergängliche Vorbilder auf öffentlichen Plätzen aufzustellen. So sorgten sie für die Bildung des Künstlers, daß er, auf den Schultern der Vorgänger fußend, ihre Art, die Natur veredelt und verklärt wiederzugeben, ihre schon ausgebildete Formenanschauung sich aneigne, um desto freier den Inhalt seiner eigenen Phantasie gestalten zu können. So weckten sie zugleich die Liebe zur Kunst im Beschauer und bildeten seinen Geschmack. Sie selber hatten eine heilige Scheu vor den ewigen Gesetzen des Schönen und wagten nicht leicht, selbst wenn sie Tyrannen waren, diese zu verletzen. Nur da, wo von oben herab die Kunst mit dieser Ehrfurcht vor ihrer Selbständigkeit und dem ihr eigenthümlichen Leben geschützt wird, gelangt sie zu einer fruchtbaren und unverkümmerten Ausbildung; nur da wird sie ein gesundes Glied sowohl in dem ganzen Körper der Kunstgeschichte, als in dem Organismus des allgemeinen

Lebens, nur da kann sie, wenn auch nicht von Anfang an durch die Theilnahme des Volks getragen, diese hervorrufen und ausbilden.

Gerade hierin aber, in dieser Achtung vor dem eigenen Wesen der Kunst haben es die Könige Ludwig und Maximilian verfehlt. Es fällt uns nicht ein, an ihrem vielgerühmten Kunstsinn zweifeln zu wollen, und die Verdienste, die sich vorab der Erstere sowohl durch seine Sammlung antiker Werke, als durch die Errichtung der von Klenze ausgeführten Bauten und die Anregung zu den Arbeiten von Cornelius und Rottmann erworben hat, lassen wir unbestritten. Aber beide hätten vielmehr, ja sie hätten ganz Anderes leisten und die deutsche Kunst wirklich ein Stück vorwärts bringen können, wenn sie dieselbe nicht betrachtet hätten als ein Ding, das sich nach fürstlichem Belieben betreiben lasse, und um in Werth zu steigen nur der fürstlichen Gunst bedürfe, sondern als einen lebendigen Organismus, der wohl Pflege und Nahrung braucht, aber nur nach seinen eigenen Gesetzen gedeiht und sich entwickelt. Der Dilettantismus ist in aller Kunst vom Uebel; aber wenn die Spielerei des Privatmanns harmlos und unschuldig ist, so ist die Einmischung königlicher Einfälle in das künstlerische Schaffen fast immer gefährlich, und nicht selten sind die eigenthümlichen monumentalen Gebilde, welche plötzlich und mit einem Male auf ein königliches Zauberwort aus dem Boden tauchen, ein bloßes Gaukelwerk. Selbst ein Hadrian, als ausübender Künstler nur ein Dilettant, als Kenner aber und Beschützer der Kunst wahrlich nicht zu verachten, hat wohl der antiken Plastik zu einer Nachblüthe verholfen, aber sie zugleich dem Verfall, dem sie schon zuneigte, durch seine besonderen Liebhabereien zugetrieben: so entstanden neben den Antinousstatuen die gezierten Nachbildungen der steifen ägyptischen Götter und der Pracht des Materials mußte öfters die Schönheit der Form weichen. Waren solche Verirrungen damals möglich, als nach griechischer Ueberlieferung noch griechische Künstler arbeiteten und auch die Laune des Kaisers die durch Jahrhunderte fest ausgeprägte Anschauung nicht ganz durchbrechen konnte: was erst muß aus der Kunst unsrer Zeit werden, die von der Vergangenheit abgeschnitten, nur auf ihre eigenen jungen Füße gestützt, durch eine widerstrebende Welt sich ihren Weg suchen muß, wenn sie durch ein willkürliches Eingreifen und Drängen von oben bald nach dieser bald nach jener Seite und athemlos zwischen Gegensätzen hin- und hergeworfen wird?

König Ludwig traf es noch glücklich. Die neuerwachende deutsche Kunst brachte ihm große Talente entgegen: in der Malerei einen Cornelius und Rottmann, in der Architektur einen Klenze (der, falls man die Genialität seiner Begabung bezweifelt, immerhin ein tüchtig geschulter und durchaus gebildeter Künstler war), um vom Bildner Schwanthaler abzusehen, dessen künstlerische Tüchtigkeit für uns keineswegs ausgemacht ist. Aber nicht bloß sollte durch diese die Antike erneuert und ihre gestaltenreiche Welt — zudem noch durch

Cornelius die fromme Pracht der katholischen Kirche — wiedergeboren werden: sondern der König suchte und fand auch Leute, die ihm das romantische Mittelalter wieder herbeizauberten, überdies noch Kräfte, die sich anheischig machten, der Malerei ein neues großes Feld zu eröffnen, das geschichtliche. Nicht blos sollte in allen Stilen gebaut werden, und neben Standbildern von großen und kleinen Männern Erzkolosse nach Art der Athene Promachos des Phidias über die Stadt sich erheben, sondern auch die ganze Stoffwelt von der griechischen Sagenzeit bis zu der neuesten Kunstgeschichte herab, in welcher Ludwig selber die erste Rolle spielt, im Bilde wiederkehren. Der Menge und Mannigfaltigkeit der großen Aufgaben waren die berufenen Meister nicht gewachsen; es fand sich um sie, die selber, da die neue deutsche Kunst eben ihre ersten zagbaften Schritte gethan, den Lehrjahren noch kaum entwachsen waren, ein buntgemischtes Heer von Schülern zusammen, deren Arbeit und Mitwirkung denn auch über das Schülerhafte nicht hinauskam. So liefen nicht nur in verwirrender Gesellschaft die verschiedenartigsten Stoffe — oft in einem und demselben monumentalen Raum — neben einander her, sondern wirkliche Kunstwerke und Stümperarbeiten, in denen nicht einmal die Zeichnung des Meisters mehr zu erkennen war, blind durcheinander (beispielsweise: in den Arkaden des Hofgartens die wahrhaft classischen Landschaften Rottmanns neben den Fabrikilluminationen zur bayerischen Geschichte, dann wieder die bessern Schlachtengemälde von Peter Heß aus dem griechischen Befreiungskampfe). In dieser Unruhe eines Producirens, das ohne innern Halt, ohne den gemeinsamen Zug einer stetigen Entwickelung an allen Ecken zugleich begann, und fast ohne alle Vorbereitung an die größten Aufgaben sich machte, bei dieser betäubenden Menge von Versuchen, in welcher das Auge vergebens Maß, Zusammenhang und Ordnung sucht, wie hätte sich da im Künstler eine feste Anschauung bilden, in die Darstellung die Sicherheit der Schule kommen, im Volk ein tieferes Interesse und künstlerischer Sinn Wurzel fassen können? Ebenso wenig wie der Künstler ist eine neue Kunstepoche der Pallas Athene gleich, welche fertig in die Welt springt. Um die treibenden Kräfte und Neigungen ihres Zeitalters im Bilde zu fassen, muß sie der Formen erst Herr werden, und dazu muß sie einen allmäligen Bildungsgang durchmachen, in welchem sie ihre eigene Anlage entwickelt und zugleich bei den vollendeten Schöpfungen ihrer Vorgängerinnen in die Schule geht. Dann mag sie, wenn sie ihre junge Kraft an bescheidenen Vorwürfen versucht, ein lebendiges Gebilde zu Stande bringen. Werden ihr aber, so lange sie noch unreif und ungeübt ist, allzu mannichfaltige, die ganze Welt umfassende Aufgaben und Stoffe, die zudem großentheils ihrer Natur widerstreben, aufgebürdet, so bricht sie unter der Wucht zusammen und liefert handwerksmäßiges Stückwerk.

Nicht so weit und ins Universale gegriffen waren die Kunstpläne Maximilians. Er beschränkte sich auf die Architektur — „er glaubte auch hierin nach Rankes feinem Ausdruck fast etwas Eigenes leisten zu können" — für die er, wie schon bemerkt, nach dem Stile des neunzehnten Jahrhunderts suchte; außerdem ließ er sich noch für seine Bauten namentlich die historische Malerei angelegen sein, die er deshalb weit systematischer auszubilden strebte, als es sein Vorgänger gethan hatte. Ihm lag vorab die Verherrlichung der bayerischen Geschichte und seiner eigenen Regierung im Sinn: daß es ihm dabei mehr um den Stoff, als um die künstlerische Form zu thun war, liegt in der Natur der Sache und mag man dem Regenten nicht verargen. Wie sich die bayerische Geschichte im farbigen Gewande ausnehmen wird, wissen wir nicht, da die jetzt fertigen von den bestellten Werken unter ängstlichem Verschluß gehalten werden. Aber daß der Kunst der aufgedrungene Stoff, der wohl zudem nach der Denkart des Jahrhunderts historisch treu wiederzugeben ist, also um so weniger Spielraum der Phantasie läßt, kaum vorwärts helfen wird, ist nicht schwer vorauszusehen. Es ist mit der historischen Malerei, welche unsere Aesthetiker als die Kunst der Zukunft bezeichnet haben, etwas Aehnliches, wie mit dem modernen Baustil, wenn sie auch weiter vorgerückt ist. Man fühlt, man ahnt, daß dahinaus die Kunst sich zu einer neuen Blüthe entfalten könne, aber die Ungeduld des Zeitalters, dem es eigenthümlich ist, mit der Reflexion dem Schaffen voranzugehen, wartet nicht ab und will den Keim, der noch verschlossen im Boden ruht, mit künstlichen Mitteln hervortreiben. Damit aber ist die gesunde Entwicklung von innen heraus gestört und auch das, was die gegenwärtige Kunst leisten könnte, verloren, oder doch verkümmert. Was der neue Baustil zu Wege gebracht hat, darauf werden wir zurückkommen. Der günstigen Ausbildung aber der Malerei stand nicht nur entgegen, daß ihr ein Stoff geboten wurde, den künstlerisch zu überwältigen sie noch nicht die Mittel hatte, sondern auch die unbequeme Bestimmtheit der historischen Vorwürfe, mit denen in nicht wenigen Fällen selbst der nicht leicht verlegene Rubens kaum hätte etwas anzufangen wissen. Und doch hatte dieser noch leichteres Spiel als der Maler von heute; was er ungescheut wagen durfte, unter seine Menschen olympische Götter, christliche Engel und allegorische Figuren zu mischen, das würde der historische Realismus unserer Zeit streng zu rügen wissen.

War so König Max durch das System, das er im Auge hatte und die Vorliebe für den Stoff um die freie Bewegung der Kunst noch weniger als Ludwig bekümmert, so schien er andrerseits Eines gut machen zu wollen, was dieser versäumt hatte: die selbständige Beschäftigung der jungen Talente. Er wollte diese nicht als bloße Arbeiter unter wenigen Meistern verkommen und die Wände nicht mit schablonenmäßigen Bildern bedecken lassen; vielmehr sollten sie ihre jungen Kräfte auf eigene Hand versuchen und so in die Kunstwerke Mannigfaltigkeit und die Frische des Lebens kommen. Auch wer von den älteren Künstlern nur irgend Namen hatte, wurde zu den geschichtlichen Darstellungen herzugezogen (neben der bayrischen Geschichte im Nationalmuseum gilt es die Weltgeschichte im Athenäum in einem großen Gemäldecyklus zu schildern) und so kann es an einem Reichthum individueller Auffassungen und an der Verschiedenheit eigenthümlicher Formen nicht fehlen. Allein hat man schon bei den älteren Meistern wenig darnach gefragt, ob der Vorwurf, den man ihnen zutheilte, für ihr Talent und ihre Kunstweise auch paßte, so ist man ja, was die jungen Maler, die oft selber noch über das Ziel ihres Berufes im Unklaren sind — anlangt, über ihre Leistungsfähigkeit und den Charakter ihrer Begabung völlig im Ungewissen. Zudem werden diese in nicht wenigen Fällen, kaum dem akademischen Unterricht entwachsen und so noch auf der untersten Stufe ihrer Ausbildung, schon mit großen monumentalen Aufgaben betraut: wo es dann nicht ausbleiben kann, daß manche höchst jugendliche Versuche und Irrthümer monumental verewigt werden. Allein, davon abgesehen, was kann bei einer solchen Mannigfaltigkeit und dem bunten Gemisch „selbständiger" Anschauungen herauskommen? Was den jungen Künstler betrifft, so mag er zu einer Art Selbständigkeit, wenn man den Ausdruck gehörig ausspannt, gelangt sein; dafür aber fehlt ihm Schule, künstlerische Bildung und Entwicklung, Kenntniß der Formen, die Uebung seines Fachs. Er ist zum Meister gemacht, kaum nachdem er Lehrling gewesen und hält sich für einen fertigen Mann, denn er besitzt ja für seine Mündigkeit ein Zeugniß, das Stück Geschichte, das er gemalt hat. Was die Kunst betrifft, so wird sie unter der Menge verschiedenartiger sich kreuzender Züge ein Angesicht von eigenem Charakter kaum noch aufweisen können: nach allen Richtungen auseinandergetrieben, wird ihre Gestalt unförmlich und ausdruckslos, unter den tausend umgehängten Gewändern ihr Leib entstellt, ihr innerer Lebenskeim erstickt. Also nicht blos durch die Schwere des Stoffs, sondern auch durch diese Zersplitterung wird ihr die freie Bewegung aus sich, das naturgemäße Wachsen fast unmöglich gemacht, und weder kommt so ihr eigenes Wesen zum Ausdruck, noch lernt sie die Formen bilden, in denen sie den Inhalt unserer Phantasie gestalten könnte.

Daher hauptsächlich mag es kommen, daß, so viel auch durch die beiden Könige für die Kunst geschehen ist, sie ihr doch nicht zu einem eigenthümlichen und lebenskräftigen Fortgang haben verhelfen können, so wenig die münchener monumentale Kunst zu einer geschlossenen Anschauungsweise und Formenbehandlung, zu einem Stil sich zu erheben vermocht hat. Mit dem allmäligen Wachsthum von innen heraus fehlt es ihr an naturwüchsiger Entwicklung und an dem Charakter einer in sich zusammengehaltenen Kraft; sie verzettelt sich in die Breite, setzt bald hier bald dort neue Richtungen an, tritt in Gegensätze auseinander, die besondere Ausdrucksweisen und Wirkungen einseitig ausbeuten und darüber das harmonische Ganze der Erscheinung aus den Augen verlieren und bringt es so weder zu einer künstlerischen Vollendung der Form, noch zum vollen Schein des Lebens. Gilt das vorzugsweise von der historischen Malerei, so verhält es sich doch ähnlich mit der Architektur und Plastik. Man sieht mit einem Wort keinen inneren Zusammenhang, keinen naturgemäßen Verlauf, kein Ineinandergreifen, nicht die großen gemeinsamen Züge, die jede schöpferische, von innerem Gestaltungstrieb durchdrungene Kunstepoche kennzeichnen. Was Wunder, daß es so auch den Werken der monumentalen Kunst am eigenen inneren Leben fehlt, daß der Laie, auch der gebildete, kaum Interesse für sie aufbringen kann und nach dem ersten neugierigen Blick an ihnen, wie an einer Rarität von zweifelhaftem Werth oder an einer fürstlichen Liebhaberei mit kühler und scheuer Achtung vorübergeht?

So scheinen die beiden Könige bei allem guten Willen und dem edlen Bestreben, ihre Regierungen durch den Schimmer einer neuen Kunstblüthe und durch das dauernde Denkmal eigenthümlicher Schöpfungen zu verherrlichen, doch im Grunde verkannt zu haben, woran es der Kunst unserer Tage gebricht und was ihr noth thut. Dem Herrscher begegnet es leicht und für Herrscher ist es menschlich, wenig Sinn für fremde Selbständigkeit zu haben und — in bester Absicht — auch da befehlen zu wollen, wo sich eigentlich nicht befehlen läßt. Da es den bayrischen Regenten versagt war, große Politik zu treiben, so wollten sie sich doch darin als Könige beweisen, daß sie Großes, der eine durch ein reiches Vielerlei, der andere durch ein absolut Neues, auf dem Felde der Kunst zu Stande brachten. Diesen Zweck im Auge versäumten sie wohl zu bedenken, was die heutige Kunst vermöge und wie es mit ihr stehe, und da sie danach nicht frugen, so untersuchten sie auch nicht weiter, wie ihr zu helfen und wie sie vorwärts zu bringen sei. Die hohen Gedanken, welche zur Ausführung kommen sollten, hatten sie gefaßt und die Mittel zu dieser flossen reichlich aus ihren freigebigen Händen. Aber der Genius der Kunst ist ein eigensinniger Knabe, der aus eigenem Antrieb und spielend die wunderbarsten Dinge vollbringt, weil er dann nur unternimmt, wozu er in sich die Fähigkeit und die Lust fühlt; wird er zu einer Arbeit getrieben, zu der er jetzt gerade nicht aufgelegt, zudem nicht reich genug ist, oder in den kindischen und launenhaften Einfällen, zu denen er bisweilen sich geben läßt, bestärkt: so zeigt sich nur zu bald an dem fertigen Werke, daß es nicht aus Gold und von der bildenden Hand eines Genius — sondern aus gemeinem Metall von der Faust eines Kobolds gemacht ist.

Weshalb aber hat die deutsche Kunst nicht leisten können, was ihr Ludwig und Maximilian zugemuthet haben? Ist es deren Schuld, wenn sie zu den großen Aufgaben nicht reif war und konnte sie eben unter der Arbeit nicht reif werden? Selbst in ihrer Kindheit haben sich ja frühere Kunstperioden vor den gewaltigsten Vorwürfen nicht gescheut und mit naivem Selbstvertrauen die schwierigsten Aufträge ausgeführt. Wenn dann auch die Erscheinung in Form und Ausdruck noch unbeholfen, in einer gewissen typischen Steifheit befangen und zum vollen Schein des Lebens noch nicht aufgeschlossen war, so war doch das Eis gebrochen und, mit dem ersten Schritt aus der Enge eines überlieferten und ausgelebten Ideenkreises in die neue Welt, eine neue fruchtbare Entwicklung eröffnet, welche alsdann die Nachfolger fortführten und vollendeten. Aber für die moderne Kunst liegen die Verhältnisse ganz anders, als für diejenige früherer Zeiten. Nicht nur ist ihr das ganze bisherige geschichtliche Leben als Stoff überliefert, während ihr eine eigene gestaltenvolle Idealwelt abgeht, sondern sie hat zugleich alle vergangenen Kunstformen überkommen, und dies, wie jener Mangel, machen es ihr schwer, sich eine eigene Anschauungsweise zu bilden. So liegt ihr die doppelte Versuchung nahe, sich ebensowohl in allen jenen Stoffen, als in allen diesen Formen zu versuchen oder auch voreilig auf dem Wege der Reflexion nach etwas Neuem zu streben. Vor diesen Gefahren der Zersplitterung, der Verflachung und des Experimentirens muß sie behütet werden, und das eben, so scheint uns, haben die bayrischen Könige versäumt. Statt sie aus jenem Labyrinth sich durch eigene Kraft herauswinden zu lassen, haben sie vielmehr sie tiefer hineingeführt: der eine, indem er in allen möglichen Formen und Stilen bauen, ja, soweit das anging, auch malen ließ, der andere, indem er die Architektur antrieb, sich ihre neue Gestalt, die des neunzehnten Jahrhunderts, zu suchen, und die ganze Weltgeschichte im Bilde haben wollte. Dazu kam — wovon schon die Rede war — noch das andere, was allerdings weniger ihre Schuld war, als die der Zeitverhältnisse überhaupt: daß nämlich der geschichtliche Stoff jetzt weit mehr die Phantasie des Malers bindet, als in früheren Epochen. Denn wir wollen die erfüllte Wahrheit des Diesseits und halten den Schmuck der die Realität umflatternden Idealgestalten, welche in die Kunst der Renaissance und des Zopfs so viel Reiz und Heiterkeit bringen, in unseren Tagen für eine bedenkliche Zugabe; und zudem erwartet die geschichtskundige Gegenwart, auch das Kleid der Vergangenheit bis zum alterthümlichen Stiefel und Sporn herab wiedergegeben zu sehen. Auch schien Maximilian nur für die Darstellung historischer Stoffe Sinn und Neigung zu haben und gab so der Kunst selten oder nie Gelegenheit, sich mit freiem Flügelschlag in die schöne Welt idealer Gestalten zu erheben, die gerade in monumentaler Erscheinung von so großer künstlerischen Wirkung sind. Endlich konnte auch hier nicht ausbleiben, was bei fürstlichen Bestellern immer eintritt, wenn sie nicht von Haus aus einen genialen eindringenden Blick für die ächten Talente und eine feine Empfindung für das eigentlich Künstlerische haben: daß sie, übel berathen, nicht immer die rechten Leute treffen und manche Aufträge in Hände kommen, die geschickter sind, sich herzuzudrängen und die günstige Gelegenheit zu ergreifen, als eine ernste und tüchtige Arbeit zu liefern.

Alles dies zusammengenommen, erklärt sich wohl, was zuerst seltsam erscheint: daß nämlich neuerdings sowohl in den kleineren Fächern, in denen die Künstler sich selber überlassen auf eigene Faust produciren, als auch in den größeren aus eigener Lust und Liebe zur Sache unternommenen Arbeiten fast immer die Kunst im ächten Sinne des Wortes besser daran und die Leistung erfreulicher ist. Auch da freilich ist eine volle Blüthe und das frische fruchtbare Leben einer harmonischen Entwicklung so lange schwerlich zu erwarten, als nicht hiermit die monumentale Kunst vorangeht, welche immer gleichsam den Umriß zum ganzen Kunstcharakter der Zeit herzustellen hat.

Und vielleicht wäre eine naturgemäße, gesunde und fortschreitende Bewegung der münchner Kunst, voran der monumentalen, wohl möglich gewesen, wenn man mit richtiger Einsicht in die Bedingungen und die Eigenthümlichkeit des modernen Kunstlebens die Bahn, welche sie im Einklang mit der neu erwachenden deutschen Kunst überhaupt angetreten, hätte verfolgen lassen und sich nur bemüht hätte, ihren Gang nach dieser Richtung zu unterstützen. Von den classischen Vorbildern der Antike und der Renaissance war letztere ausgegangen und von ihrem Geiste waren die ersten monumentalen Kunstwerke in München eingegeben und erfüllt. Da die neue deutsche Kunst damit angefangen hatte, sich an jene vollendeten Muster zu halten, war ihr nicht der richtige Weg vorgezeichnet, an ihren unvergänglichen Formen sich fortzubilden und ihre vollkommene, ewig verständliche Sprache zu lernen, um den künstlerischen Ausdruck für den Inhalt ihrer eigenen Phantasie finden zu können? Aber als das mißbegierige Jahrhundert auch die Formen der übrigen Kunstepochen herbeischleppte und sich sowohl in dem ahnungsvollen Dunkel aufsteigender, als in der Ueppigkeit abwärts gehender Zeiten gefiel: da ergriff die ausübende Kunst — und großentheils auf fürstlichen Antrieb — der romantische Taumel, wenigstens jene mysteriösen Bilder und Gestalten der dunklen Perioden wieder hervorzuholen und es ihnen nachzuthun. Sie verlor sich in die unklaren Tiefen vergangener Empfindungsweisen, in die endlose Fülle der wiedergefundenen Formen und sprang so von jenem geraden Wege ab. In der Meinung, diese ganze neuentdeckte Welt sicher beherrschen zu können, weil sie mit jugendlicher Biegsamkeit Allem sich anzuschmiegen vermochte, glaubte sie sich fertig und der strengen Schule der classischen Kunst schon entwachsen, da sie doch kaum in sie eingetreten war. Die schlimmen Folgen dieses Taumels und dieser Ueberhebung, an der die bayrischen Könige nicht ohne Schuld sind, konnten nicht ausbleiben. Darüber zu reden, was die deutsche Kunst statt dessen hätte thun sollen und wie es besser hätte kommen können, wäre unnütz, wenn nicht auch jetzt noch die Rückkehr zu den ächten Vorbildern möglich und in fast allen tüchtigen Künstlern Bedürfniß wäre. — Von dem Verhältnisse, das die gegenwärtige Kunst und insbesondere die münchener zur vergangenen einnimmt, sprechen wir nächstes Mal.

Gemeindebibliotheken im Elsaß.

Am 3. November 1864 fand im großen Saal der Industriegesellschaft zu Mühlhausen die erste Jahresversammlung des oberrheinischen Vereins für Gemeindebibliotheken statt. Es verlieh ihr einen besondern Glanz, daß der angesehene Akademiker Jules Simon, der Verfasser des „Arbeiters" und der „Schule" zugegen war und die Provinz durch seine hauptstädtische Beredsamkeit elektrisirte. Aber die Versammlung hätte dieses glänzenden Ornaments nicht bedurft, um Beachtung auch über die Grenzen der Provinz und selbst des Staates hinaus zu verdienen. Die Bewegung, deren Symptom sie war, und deren bisherige Resultate der Sekretär der Gesellschaft, Jean Macé, in seinem Berichte zusammenstellte, ist ein bemerkenswerthes Zeugniß des im heutigen Frankreich sich regenden Triebs nach Erweiterung und Vertiefung der Volksbildung, und gleichzeitig des Triebs der persönlichen Initiative, der municipalen Autonomie. Sie ist ein vielleicht unscheinbares, aber darum nicht bedeutungsloses Stück französischer Geschichte.

Daß gerade das Elsaß der Ausgangspunkt dieser Bewegung ist, welche bis jetzt auch hier allein Wurzeln zu schlagen vermochte, dürfen wir mit schmerzlichem Stolze zum Theil der Erbschaft zuschreiben, welche diese Provinz von der mütterlichen Nationalität in ihr Adoptivvaterland mitgebracht hat. Aber wer selbst in den letzten Jahren Zeuge des materiellen und geistigen Aufschwungs im Elsaß gewesen ist, wird auch den Werth des praktischen Geschicks, der entschlossenen Initiative schätzen gelernt haben, welche nicht von uns ererbt ist und durch welche uns die Franzosen ebenso überlegen sind, als sie bei dem Austausch der Ideen noch immer mehr die Nehmenden als die Gebenden sind. Die Arbeiterverhältnisse in Mühlhausen gelten bekanntlich geradezu als musterhaft für die Art und Weise, wie die socialen Fragen der Gegenwart auf praktischem Wege zu lösen sind; die schulze-delitzschen Volksbanken haben im Elsaß einen Anklang gefunden, der manche Provinz unsres Vaterlands beschämt. In der theologischen Wissenschaft hat Straßburg die Erbschaft der tübinger Schule angetreten, und im Temps und in der Revue germanique finden wir den Einfluß des Elsasses in wirksamster Weise bis in die hauptstädtische Presse vorgeschoben. Das Elsaß, dessen Bewohner in der französischen Komödie als Typus eines gutmüthigen Tölpels eingebürgert ist, ist heutzutag ein wichtiges Ferment für die innere Entwicklung der französischen Gesellschaft geworden, und wenn wir auch den Verlust des schönen Landes schwerlich je verschmerzen werden, können wir doch die Fügung anerkennen, welche, als Frucht der blutigen Eroberungskriege, hier eine internationale Stätte zum friedlichen Austausch und gegenseitigen Verständniß zweier Culturvölker geschaffen hat. Das Elsaß hat mit Erfolg die Vermittlerrolle zwischen Deutschland und Frankreich übernommen, es hat seine civilisatorische Mission, und vielleicht darf sich eines Tages auch die Mutter nicht schämen, von dem fremdgewordenen Sohne zu lernen.

Der Volksunterricht bildet noch ein schwarzes Capitel im heutigen Frankreich. In keinem Lande zeigt das Budget für die Armee und das Budget für den Unterricht ein so schreiendes Mißverhältniß. Der Uebelstand ist längst gefühlt. Kein Minister, der nicht alsbald die Nothwendigkeit eingesehen hätte, ihm abzuhelfen; auch Duruy, der bis jetzt so geschäftig im Lycealwesen herumorganisirte, hat diese Nothwendigkeit anerkannt. Bei der Unzulänglichkeit der verfügbaren Staatsmittel sind Regierung und Private längst darauf verfallen, durch indirecte Mittel die Volksbildung zu heben. Im Jahre 1850 bildete sich in Paris eine „Wohlthätigkeitsgesellschaft zur Gründung von Gemeindebibliotheken". Zunächst sollten an 3000 Gemeinden, dann je nach den Mitteln an alle Gemeinden unentgeldlich Bibliotheken vertheilt werden. Die Gesellschaft genoß den Schutz der Regierung, Prinz Louis Napoleon, Präsident der Republik figurirte als Protector. Der päpstliche Nuntius, Bischöfe und Prälaten, viele angesehene Herren und Damen zu Paris standen an der Spitze; ein Rundschreiben des Ministers Baroche vom 31. Mai 1850 an die Präfecten forderte alle Beamten auf, thätige Mithilfe zu leisten. Aber trotz des großen Anlaufes wollte die Sache nicht in Gang kommen; mehrmals wieder aufgenommen hatte sie, zum Theil wegen innerer Mängel der Organisation keinen Erfolg. Nur das eine Verdienst kam ihr zu, daß das Wort Gemeindebibliotheken einmal ausgesprochen war und fortan auf der Tagesordnung des Ministeriums blieb. Allein zehn Jahre später sah sich die Regierung zu dem Bekenntniß genöthigt, daß sie die Ausführung für unmöglich halte. Ein Rundschreiben des Ministers Rouland vom 31. Mai 1860 sprach sich dahin aus: „Die arbeitende Bevölkerung mit einem Schatz interessanter und nützlicher Werke auszustatten, ist ein Bedürfniß, das sich täglich fühlbarer macht. Eine ausgedehnte Organisation der Gemeindebibliotheken würde diesem Zwecke entsprechen, aber sie bietet Schwierigkeiten dar, welche nur eine allseitige Mitwirkung des guten Willens und der Opfer vollständig überwinden könnte." An diesen Schwierigkeiten verzweifelte der Minister, er resignirte sich auf die Gründung von Schulbibliotheken, die natürlich dem allgemeinen Zwecke nicht genügen konnten. Aber Rouland hatte ein wahres Wort ausgesprochen. Es kam auf die „allseitige Mitwirkung des guten Willens und der Opfer" an. Die Frage war nur: wie diese zu erzielen? Dadurch konnte sie nicht erreicht werden, daß man die Gemeinden mit einem Almosen beschenkte, wie es jene Gesellschaft versucht hatte. Auch nicht dadurch, daß die Regierung ihre Präfecten in Be-

wegung setzte. Nicht von oben herab, nicht durch Befehle von Paris nach den
Provinzen konnte ein solches Werk gegründet werden. Die Gemeinden mußten
vielmehr selbst dafür interessirt werden, und dies war nur möglich, indem man
in ihnen selbst die Initiative erweckte. Diese Einsicht bewog jetzt einige einsichtsvolle Männer im Oberrhein, auf eine ganz andere Weise die Sache wieder
aufzunehmen.

Im Elsaß war allerdings schon vorgearbeitet, durch ältere Institute war
ein gewisses Interesse an der Sache bereits vorhanden. Das oberrheinische
Departement hatte in dieser Beziehung von jeher die erste Stelle in Frankreich
eingenommen. Von den Schulbibliotheken abgesehen hatte die elsässische Gesellschaft Bücher und den Geschmack am Lesen zu verbreiten gesucht. Religiöse
Gesellschaften warfen Tausende von Büchern unter das Volk. Durch den
Eifer der Geistlichen waren an vielen Orten Pfarrbibliotheken entstanden, die
zum Theil schon eine große Ausdehnung hatten. Ganz besonders aber ist zu
erwähnen, daß die großen Fabrikbesitzer im Oberrhein, in Mühlhausen, in
Guebwiller, in Beaucourt u. a. O. besondere Bibliotheken für ihre Arbeiter
gegründet hatten, was von wohlthätigem Einfluß auf die geistige Erziehung
dieses Standes war. Um nur ein Beispiel zu nennen, besteht die Bibliothek
in dem Etablissement des Herrn Trapp in Mühlhausen schon seit fünfzehn
Jahren, sie ist im Lauf dieser Zeit auf 1200 Bände angewachsen, die unter
700 Arbeitern von 500 regelmäßig benutzt werden. Allein damals waren doch
nur locale Bedürfnisse befriedigt, die Institute waren auf einzelne Kreise berechnet. Einen allgemeinen Charakter konnte die Bewegung nur annehmen,
wenn die Gemeinden als solche vermocht wurden, die Sache in die Hand zu
nehmen. Der Grundsatz, auf welchem die neue Organisation beruht, ist deshalb der, daß die Bibliothek Eigenthum der Gemeinde sein, auf Kosten der
Einwohner unterhalten, von ihnen selbst verwaltet werden soll. Es handelte
sich darum, den Gemeinden ein neues Eigenthum zu schaffen, das in ihrem In-
ventar unter der Rubrik: geistige Bedürfnisse figuriren sollte. Es war mit
einem Wort auf ein nationales Institut abgesehen; man sollte eines Tages
sagen können, daß in Frankreich jede Gemeinde ihre Bibliothek besitzt, wie sie
ihre Kirche, ihre Schule, ihre Mairie hat. Unter diesem Gesichtspunkt springt
die Wichtigkeit der Sache in die Augen. Es ist ein Anfang, die Gemeinde an
eine selbständige Behandlung ihrer Angelegenheiten zu gewöhnen. Indem sie
diese Bibliotheken zu ihrer eignen Sache macht, in welcher sie souverän auftritt und entscheidet, sind dieselben — von allem moralischen Gewinn noch
abgesehen — schon formell ein Erziehungsmittel zur Selbständigkeit der Gemeinden, zur Emancipation von Kirche und Staat, sie sind ein Stück Selfgovernment. Die ganze Bewegung steht von hier aus betrachtet im engsten
Zusammenhang mit den Bestrebungen der einsichtsvollsten Politiker in Frank-

reich, die Zukunft des Landes auf die Bildung zu begründen und die Fortschritte, anstatt diese von den Decreten der Regierung zu erwarten, auf die persönliche Initiative zu bauen.

Fast gleichzeitig tauchten in den Jahren 1862 und 1863 an mehren Orten Versuche zur Gründung von Gemeindebibliotheken auf. Aber das Verdienst, von jenem höhern Gesichtspunkt aus die Sache erfaßt und ihr eine feste Organisation gegeben zu haben, gebührt wesentlich einem einfachen Privatmann, dem Lehrer an einem Erziehungsinstitut in der Nähe von Colmar, dem schon genannten Sekretär der Gesellschaft, Jean Macé. Ich darf wohl ein Wort von Macé selbst hinzufügen, denn in seinem Lebensgang spiegelt sich selbst wieder ein Stück französischer Geschichte.

Jean Macé hat vor Jahren auch der Politik seinen Tribut bezahlt. Das Jahr 1848 sah ihn als Mitarbeiter am Journal La république, als Präsidenten von Clubs und Banketen. Der Staatsstreich vertrieb ihn aus Paris. Er fand ein Asyl an dem Mädchenpensional Petit Chateau zu Beblenheim, eine Meile unterhalb Colmar. Mitten unter den Weingeländen, welche von den Vogesen sich an den Rhein hinziehen, erhebt sich das Schlößchen. Es ist die lachendste Gegend; von Nordwest winken die drei malerischen Ruinen von Ribeauvillé (Rappoltsweiler) und weiterhin die hohe Königsburg herüber, nach Osten erscheint über dem Rhein die blaue Linie des Schwarzwaldes. Die Lehrstunden und die jugendlichen Spiele ließen unserem Professor Zeit genug übrig, oder vielmehr sie regten ihn an zu einer Reihe von geistvollen Jugendschriften, welche in der von Hetzel veranstalteten bibliothèque d'éducation et de récreation an der Spitze stehen und im Grund ein ganz neues Genre der pädagogischen Literatur geschaffen haben. Der besondere Reiz derselben liegt in der mit seltenem Glück getroffenen Einkleidung des wissenschaftlich belehrenden Stoffs in ein die Einbildungskraft anregendes unterhaltendes Geplauder. Am bekanntesten ist seine histoire d'une bouchée de pain geworden, die in Frankreich in 13 Auflagen verbreitet ist und die Geschichte des menschlichen Ernährungsprocesses, bei aller wissenschaftlichen Strenge in der Sache, in der amusantesten Form erzählt. Die Fortsetzung davon: les serviteurs de l'estomac schreibt er gegenwärtig in die treffliche illustrirte Zeitschrift magasin d'éducation et de récreation, welche er in Verbindung mit Hetzel (P. J. Stahl) herausgiebt. Dieser Sprung vom demokratischen Volksredner zum bescheidenen Pädagogen, ist er nicht im Kleinen eben das, was dem heutigen Frankreich noth thut? Aber diese stille Wirksamkeit that doch seinem regsamen Geist nicht volle Genüge, wir kehren zu den Gemeindebibliotheken zurück.

Mit einer unermüdlichen schriftstellerischen und persönlichen Thätigkeit ging Macé ans Werk. Er besprach den Plan mit einflußreichen Männern, insbesondere Fabrikanten, gewann den Präfekten des Departements für sein Vorhaben, eine Unterstützung, die nicht zu entbehren war, und forderte zur Bildung einer „Gesellschaft der Gemeindebibliotheken des Oberrheins" auf, in jeder Gemeinde warb er passende Leute, Aerzte, Notare, Lehrer, Geistliche, Gutsbesitzer, Fabrikanten u. s. w. und so konnte am 29. Nov. 1863 die constituirende Versammlung mit 813 Mitgliedern eröffnet werden. Alle Lebensstellungen und alle Meinungen waren in dieser Versammlung vertreten, der Millionär neben dem Dorfschulmeister, der Conservative neben dem Liberalen, der Protestant neben dem Katholiken, der Deutsche neben dem Franzosen. Zum Vorsitzenden wurde der Bürgermeister von Mühlhausen, Jean Dollfus, gewählt, ein Name, der überall in erster Linie steht, wo es eine gemeinnützige Sache gilt. Der Generalrath des Oberrheins sprach seine vollständige Sympathie mit den Zwecken der Gesellschaft aus und trat ihr mit allen seinen Mitgliedern bei. Die liberale Presse in Frankreich lenkte auf sie die allgemeine Aufmerksamkeit.

Die Gesellschaft durfte nicht in denselben Fehler verfallen, an welchem die früheren Pläne gescheitert waren. Sie durfte nicht von oben herab anordnen, was nur aus der Initiative der Gemeinden selbst hervorgehen kann. Ihren Statuten zufolge untersagt sie sich deshalb jeden directen Ankauf und jede officielle Bezeichnung von Büchern, indem sie in Bezug auf Meinungen und Buchhandlungen völlig unparteiisch bleiben will; ihre Mitglieder behalten sich vor, denjenigen, die sich an sie wenden, mit Rath beizustehen. Alljährlich soll über den Stand der Bibliotheken Bericht erstattet, denjenigen Gemeinden, welche sich besonders auszeichnen, Aufmunterungsprämien zuerkannt, ebenso Bibliothekaren, die besonderen Eifer zeigen, Ehrenbelohnungen ertheilt werden. Im Nothfall unterstützt die Gesellschaft auch die Gründung von Bibliotheken durch Geld, und vermittelt z. B. mit den Buchhandlungen die Lieferung der Bücher zu Rabattpreisen. Hetzel in Paris hat sich aus freien Stücken mit Nachlaß seines ganzen Buchhändlerrabatts den Gemeinden zur Verfügung gestellt. Für die deutschen Bücher hat sich die Schmidt'sche Buchhandlung in Straßburg mit einem Rabatt von 10 Proc. an den Katalogpreisen angeboten. Aber die Hauptsache ist, daß die Gesellschaft die lokale Initiative der Gemeinden anspornen will. Was sie geben will, ist der Impuls, und zwar der Impuls von unten herauf, durch die persönliche Thätigkeit der Mitglieder. Es wäre keine Kunst, den Gemeinden Bibliotheken zu schenken, aber die Kunst ist zu machen, daß die Bücher gelesen werden, und das erste Mittel hierzu ist, daß den Gemeinden nicht Bücher geschenkt, sondern daß sie vermocht werden, sie sich selbst anzuschaffen. Die von jeder Gemeinde gewählte Commission ist das eigentliche active Element der Organisation, sie muß die Bibliothek gründen und fortsetzen, die Gesellschaft des Departements hat blos die Bildung anzuregen, aufzumuntern, zu unterstützen.

Was sind nun die bisherigen Erfolge? Sie scheinen vielleicht nicht eben glänzend. Die erste Jahresversammlung am 4. November 1864 wurde mit 930 Mitgliedern eröffnet, und der Sekretär zeigte an, daß bis jetzt in 33 Gemeinden solche Bibliotheken gegründet wurden. Da der Oberrhein 491 Gemeinden zählt, so hat die Gesellschaft noch ein reiches Feld vor sich. Bedenkt man aber, daß der Anfang doch immer das Schwerste ist, daß die Wirksamkeit sich erst über ein Jahr erstreckt und daß eine weitere Anzahl von Gemeindebibliotheken eben in der Bildung begriffen ist, so ist der Erfolg keineswegs entmuthigend. Die statistischen Berichte geben Kunde von einem überraschenden Wachsthum der einzelnen Bibliotheken. So ist z. B. in dem kleinen Orte Beblenheim, wo allerdings ungewöhnlich günstige Umstände mitwirkten, die Bibliothek von 12 Bänden, mit welchen sie im December 1862 eröffnet wurde, jetzt auf 1300 Bände angewachsen. In der Regel haben natürlich größere Orte auch größere Bibliotheken. In Städten, wie Mühlhausen und Altkirch, die zuvor schon Gemeindebibliotheken hatten, wurden eigene Annexe zum allgemeinen Gebrauch des Volkes gebildet. In Mühlhausen hat Jean Dollfus diesen Annex im Administrationsgebäude der Arbeiterstadt untergebracht. Sonst ist in der Regel die Bibliothek in einem Saal der Mairie. An manchen Orten ist hier auch für die Winterabende ein Lesesaal eröffnet, und von Ribeauvillé wird berichtet, daß der dortige Gasunternehmer die Beleuchtung desselben unentgeldlich stellt. Meistens ist der Bürgermeister Vorsteher der Gemeindekommission, und ein Lehrer der Bibliothekar. Doch finden wir auch Geistliche, Fabrikanten. Gutsbesitzer in diesen Functionen. In Ribeauvillé wurden, um allen konfessionellen Dissidien zu begegnen, drei Bibliothekare angestellt, ein protestantischer, ein katholischer und ein israelitischer Lehrer; auch die Kommission ist paritätisch zusammengesetzt und verträgt sich aufs Beste.

Die Hauptsache ist jedoch, daß die Bücher nicht blos da sind, sondern auch gelesen werden. Die verhältnißmäßig größte Leserzahl stellt ein Dorf bei Colmar, Sundhofen. Es sind hier vom 15. November bis 1. Mai von 122 Familien 1303 Bücher entlehnt worden. Gewöhnlich versammelte man sich Abends bei den Großeltern, und eines der Kinder, in der Regel ein Mädchen, las laut vor. Den Sommer über ist die Bibliothek geschlossen. In Beblenheim werden im Durchschnitt täglich 10 Bände ausgeliehen, wobei für den Band 5 Cent. Ausleihegeld berechnet werden. Dieser Modus ist meistens acceptirt, woneben an manchen Orten zugleich ein Jahresabonnement von 3 Fr. eingeführt ist. Man ging hierbei von der Ansicht aus, daß das unentgeltliche Ausleihen den Werth der Bücher verringert und will nur diejenigen davon dispensiren, welche ausdrücklich darum nachsuchen, was aber bis jetzt noch nie vorgekommen ist. Dies ist, wenigstens in Beblenheim, der einzige Paragraph des Reglements. Man holt die Bücher, wenn man will, und bringt sie wieder, wenn man sie gelesen hat. Die Kommission will erst abwarten, bis sich Mißbräuche einstellen, um ihnen durch eine Reglementation zu begegnen. Es hat sich gezeigt, daß da, wo ein Katalog der Bibliothek gedruckt ist, die Leselust zunahm. Aus diesen Katalogen erfahren wir zugleich die Zusammensetzung der Bibliotheken, die im Allgemeinen nur gelobt werden kann. Das Französische und Deutsche findet ziemlich gleiche Berücksichtigung. Die Hälfte ist belehrenden Inhalts: Geschichte, Reisen, Geographie, Industrie, Ackerbau, Naturkunde u. s. w. Aber die andere Hälfte, die erzählende Literatur, scheint allgemein weit mehr begehrt zu sein. Der Abbé Arnold, der Bibliothekar von Lutterbach, klagt, daß trotz seiner dringenden Empfehlung die Bücher über Landwirthschaft, Industrie u. s. w. unbenutzt im Kasten stehen, und das die Leser fast ausnahmlos in Erzählungen und Romanen Erholung von ihren Fabrikgeschäften suchen. In der Bibliothek zu Dornach, deren Katalog uns vorliegt, finden wir die deutsche erzählende Literatur vertreten durch Werke von Chr. Schmid (dieser scheint namentlich auf dem Lande besonders beliebt zu sein), B. Auerbach, W. Hauff, L. Pichler, Jer. Gotthelf, O. Wildermuth, v. Horn, G. Schubert, Nieritz, Stöber, Hebel u. s. w.

Es wäre für uns besonders interessant zu wissen, in welchem Verhältniß die französische Lectüre zur deutschen steht. Hierüber finden wir nur in dem Berichte des Bibliothekars von Cernay eine Andeutung. Wärend des ersten Halbjahres, vom April bis October 1864, wurden in Cernay an 88 Leser 423 Bücher ausgeliehen, davon waren 337 französische, 86 deutsche. Diese 88 Leser, nach Geschlecht und Lebensalter vertheilt, lasen 13 Männer 45 französische, 25 deutsche Bücher, 9 Frauen 47 französische, 4 deutsche Bücher, 47 junge Leute 146 französische, 48 deutsche Bücher, endlich 19 Mädchen 98 französische, 19 deutsche Bücher. Aus diesen Daten ergiebt sich, daß die Jugend ungleich mehr liest als das Alter, daß aber die Jugend weit mehr französische Bücher liest als deutsche, und daß endlich die Weiblichkeit fast nur französisch liest. Im Ganzen kommen 4 französische Bücher auf 1 deutsches Buch. Allerdings ist nun hier in Rechnung zu ziehen, daß die Bibliothek aus 488 französischen und 113 deutschen Büchern besteht, und der Berichterstatter spricht den dringenden Wunsch aus, daß die Bibliothek, die sehr arm an deutschen Büchern sei, namentlich mit leichteren Erzählungen in dieser Sprache bereichert werde. So viel wir wissen, sind die elsäßischen Gemeindebibliotheken bereits von einigen deutschen Verlagsbuchhandlungen beschenkt worden. Es liegt auf der Hand, daß es zugleich ein patriotisches Werk wäre, wenn dieses Beispiel Nachahmung fände. Für die Weihnachtskrebse fände sich hier eine sehr passende Verwendung.

Das Beispiel des Oberrheins hat auch im übrigen Frankreich gezündet. Von überallher erhielt die Gesellschaft Zuschriften, wurde sie um Rath angegangen; aus dem fernsten Süden kamen Freunde der Volksbildung, um sich die Einrichtungen in der Nähe anzusehen und das Gesehene in ihrer Heimath anzuwenden. Welche Früchte daraus hervorgehen werden, bleibt abzuwarten.

Nicht überall liegen die Verhältnisse so günstig wie im Elsaß. Nicht überall sehen die Präfekten so gut zur Sache, und das Damoklesschwert des Vereinsgesetzes schwebt auch über diesen friedlichen civilisatorischen Gesellschaften. In Paris hat erst kürzlich Minister Daruy, eifersüchtig auf die Concurrenz, welche diese Anregung seinen eigenen Reformplänen macht, das Gesuch des Abg. Darimon und seiner Freunde, eine Gemeindebibliothek im dreizehnten Arrondissement der Hauptstadt zu gründen, abschlägig beschieden, oder an Bedingungen geknüpft, welche einem Verbot gleichkommen. Die Regierung soll den Bibliothekar ernennen, soll das Aufsichtsrecht über die Anschaffung der Bücher ausüben dürfen! Als ob nicht für das Gelingen der Institution alles davon abhinge, daß die Regierung sich nicht darein mischt, daß sie Eigenthum der Gemeinde bleibt! Solche Vorgänge mahnen natürlich zu äußerster Vorsicht. Jener letzte Gedanke, daß es sich um ein Mittel zur Selbsterziehung des Volkes, um den Anfang municipaler Selbständigkeit handelt, muß eher versteckt als an die große Glocke gehängt werden, und die Selbstbeherrschung, der gesunde Takt, mit welchem alle Parteien zusammengehalten werden, um dem gemeinsamen Feind, der Unwissenheit des Volkes zu Leibe zu gehen, verdient alle Anerkennung. Aber wird nur der Sache ein natürliches, ungestörtes Wachsthum gewährt, so sind die socialen und schließlich die politischen Folgen unausbleiblich. Was an Aufklärung des Volkes gewonnen wird, kommt den Parteien der Zukunft zu statten. Der Oberrhein hat, um mit Jean Macés Worten zu schließen, „Frankreich in einem weisen und männlichen Beispiel gezeigt, wie man auf loyalem und sicherem Wege zu den socialen Fortschritten gelangt, nicht indem man sie, sei es von den Regierungen, sei es von den Revolutionen verlangt, sondern indem man sie selbst macht; nicht durch Almosen, sondern durch die Arbeit."

W. Lang.

Das deutsche Wörterbuch.

Deutsches Wörterbuch von Jacob Grimm und Wilhelm Grimm, fortgesetzt von Dr. Rudolf Hildebrand und Dr. Karl Weigand. Fünften Bandes erste Lieferung (K bis Kartenbild) von Dr. Hildebrand.

Das große Nationalwerk war durch den Tod Jacob Grimms in eine Krisis gekommen. Wie gut diese überwunden ist, beweist das vorliegende neue Heft und das nahe bevorstehende Erscheinen der nächsten Lieferungen. Während die erprobte Kraft Weigands zunächst die Fortsetzung des vierten

Bandes über den Schluß von F hinaus übernommen hat, beginnt ein neuer Band mit dem Buchstaben K. Der Bearbeiter, Dr. Hildebrand, der langjährige treue Gehilfe für Durchsicht der Druckbogen Grimms, tritt hier in selbständiger Thätigkeit für das Werk ein, dessen innere Geschichte und Inhalt Wenigen so vertraut ist, als ihm. Die Vorzüge, welche er als Herausgeber seiner historischen Volkslieder bewährte, erfreuen auch an dieser größern Arbeit, bei welcher wohl sichtbar wird, wie fleißig und geschickt derselbe in den letzten acht Jahren dem Leben unserer Sprache nachgespürt hat.

Die Hefte, welche Jacob Grimm herausgab, haben der Kritik manche Veranlassung zu kleinen Ausstellungen gegeben. Diese sind auch in diesem Blatt mit der achtungsvollen Rücksicht geltend gemacht worden, welche der große Gelehrte, der Begründer des Werkes, für sich fordern durfte. Seine etymologischen Excurse, die Häufung der Citate aus Luther und einigen andern Lieblingsquellen, eine gewisse Gleichgiltigkeit gegen die logische Einordnung der Wortbedeutungen und gegen die abgeleiteten Wörter und zuletzt seine Abneigung, der Sinn der Wörter in deutscher Umschreibung zu erklären, waren Uebelstände, welche er, seine ambrosischen Locken schüttelnd, nicht zugeben wollte. Sie waren aber fühlbar geworden und Abhilfe war geboten. Vortrefflich hat der Herausgeber des neuen Heftes frühere Erfahrungen benutzt, das Gute der alten Methode ist geblieben, gerechter und noch umfangreicher ist die Benutzung der Quellen, schärfer die Disposition der einzelnen Wortbedeutungen geworden. Besonders erfreulich aber ist eine reichere Behandlung der abgeleiteten Wörter, die sehr sorgfältige Berücksichtigung alter Sitten und Gebräuche des Volkes und seiner einzelnen Berufsklassen.

Mit Bienenfleiß sind aus kleinen Druckwerken, aus Kleiderordnungen, alten Taxen, Volksliedern, die Eigenthümlichkeiten der Bedeutung zusammengetragen, und dem volksmäßigen Leben der Wörter so große Aufmerksamkeit gewidmet, daß dies neue Heft auch für die Privatalterthümer hohen Werth erhält und das Nachschlagen und Lesen an vielen Stellen zur Unterhaltung wird.

Der Buchstabe K, nicht der umfangreichste, aber sehr reich an schönen und einflußreichen Stammwörtern gab die beste Gelegenheit, Talent und Wissen zu erweisen, die gelungene Leistung führt den verdienstvollen Gelehrten würdig in die Reihe unserer Lexikographen ein. Möge ihn der Antheil des Publikums bei einer Arbeit ermuntern, welche zu den mühevollsten der deutschen Sprachwissenschaft gehört.

Der nachschlagende Leser denkt selten daran, wie umfangreich die Mühen, und wie vielfach die Sorgen sind, welche sich dem Bearbeiter eines Wörterbuches fast an jede Zeile hängen. Bekanntlich besteht ein Theil des Materials, das dieser verarbeitet, aus einzelnen Zetteln, worauf Stellen alter und neuer Schriftsteller ausgezogen sind. Diese Zettel wurden ursprünglich durch eine

Anzahl Gelehrter bei der Lectüre deutscher Schriftsteller ausgezogen, dann durch vieljährige Thätigkeit der Brüder Grimm, zumal Jacobs, sehr vermehrt, sie bilden, nach dem Alphabet geordnet, gewissermaßen den Grundschatz des Wörterbuchs. Aber der Bearbeiter sucht für seine Buchstaben noch außerdem zu sammeln, was ihm irgend erreichbar ist — aus dem letzten Heft ist ersichtlich, daß Hildebrand viele Jahre selbständig für das K zusammengetragen haben muß. — Dennoch, wie groß scheinbar die Fülle der Citate ist, fast bei jedem Worte wird dem Bearbeiter fühlbar, daß sie manche Bedeutungen des Wortes, vielleicht gerade die allergewöhnlichsten gar nicht enthalten, denn man verzeichnet bei der Lectüre am liebsten auffallende Wörter und Redensarten und übergeht die landläufigen. So wird der Bearbeiter häufig in die Lage gesetzt, bevor er die für ein bestimmtes Wort vorhandenen Zettel verarbeitet, noch selbst in den Quellen neue Belegstellen zu suchen. Wer zu erfahren wünscht, ob dies zeitraubend ist, kann sich die gemüthliche Aufgabe stellen z. B. das Wort Kater in Luthers oder Goethes Werken aufzusuchen.

Bei allen Stammwörtern des Wörterbuchs ist die Beifügung des entsprechenden Wortes aus andern indogermanischen Sprachen eingeführt. Da niemand alle Vocabeln im Kopf haben kann, so wird dafür ein Nachschlagen in etwa zehn Wörterbüchern nothwendig, eine Arbeit, welche hübsche Zeit in Anspruch nimmt und doch nur wenige Druckzeilen füllt. Dann werden die ältern deutschen Wörterbücher durchmustert und sorgfältig wird geprüft, was sie über das einzelne Wort zu melden wissen, das Merkwürdige wird aufgezeichnet. Darauf werden die Zettel durchgelesen und geordnet, der Bearbeiter sucht sich ein Bild zu machen von der Geschichte des Wortes, die älteste oder Grundbedeutung wird vorangestellt, die abgeleiteten planmäßig nacheinander gesetzt. Das macht ihm oft nicht geringe Sorge, Vieles bleibt unsicher, überall empfindet er den Mangel an Vollständigkeit in seinen Quellen — den Citaten, vielleicht muß er tagelang sinnen, die beschlossene Ordnung wiederholt umwerfen, bevor er sich genügt. Je größer seine Sprachkenntnisse, je behender sein Scharfblick, um so schneller wird ihm die Arbeit von statten gehn, aber auch die stärkste Kraft und der beste Takt werden ihn nicht vor Unsicherheit bewahren. Woher kommt z. B. dem Wort Katze die Nebenbedeutung einer ledernen Geldtasche, welche um den Leib geschlungen wird? war diese ursprünglich aus Katzenfellen, frägt er sich grübelnd und hat solche Verwendung des Katzenfelles vielleicht einen abergläubischen Grund, der erwähnt werden sollte? Der Bearbeiter eilt zu seinem Bücherschrank und sucht nach der socialen Stellung, welche die Katze in unserer alten Mythologie eingenommen hat. Endlich nach langem Sinnen und Suchen hat er das wichtige Stammwort Katze vollendet, er denkt vielleicht ein wenig bei den leichter verständlichen Kompositen dieses Wortes auszuruhen. Da tritt ihm sogleich das allbekannte Wort Katzenjammer drohend entgegen.

Die Bedeutung ist ihm keinen Augenblick zweifelhaft. Aber um so ärgerlicher erhebt sich die Frage: woher kommt diese Bedeutung? Als gewissenhafter Mann will er dem Leser darüber doch Mittheilung machen. Seine Citate gehn kaum über den Anfang dieses Jahrhunderts, nur wenige Jahre über Göthes westöstlichen Divan zurück? die alten Wörterbücher verweigern jede Auskunft. Und doch ist das Wort interessant, die Bedeutung sehr auffallend. Der Bearbeiter eilt wieder zu seiner Bibliothek — wohl ihm, wenn er eine ausgiebige Büchersammlung zur Hand hat — er schlägt in Commersbüchern des vorigen Jahrhunderts nach, er durchsucht alte Predigten und Tractätlein bis in das sechszehnte Jahrhundert hinauf, er findet nirgend eine Spur dieses Wortes. Wahrscheinlich ist die allbekannte Bedeutung neue Erfindung, erst von unsern Großvätern erdacht, aber kein Mensch weiß warum und bei welcher Gelegenheit. Nach langem Nachschlagen ist Lexikograph wahrscheinlich zu dem Bekenntniß genöthigt, daß er hierüber nichts Sicheres beibringen kann. Mißvergnügt und kummervoll arbeitet er weiter. Bei Katzenpfote fällt ihm vielleicht noch zu rechter Zeit ein, daß in der Seemannssprache das Wort auch eine kleine kurze Welle bezeichnet, aber dafür hat er keine Belegstelle. Er denkt nach, ob bei einem bekannten Autor an irgendeiner Stelle das Wort vorkommen könnte, denn die Uebersetzer Marryats darf er nicht füglich als Autorität einführen, er eilt wieder zu seinen Büchern und sucht vielleicht lange vergeblich.

Nun aber kommt sogleich wieder ein Wort, welches ihm alles Behagen zu nehmen droht und dies Wort heißt Katzenritter. Allerdings er hat einige Belegstellen aus alter Zeit dafür, nach denen es so viel als Thierbändiger oder Gladiator bedeutet. Aus einem undeutlichen Citat kann er ferner schließen, daß es noch eine andere, häßliche Bedeutung gehabt hat. Dunkel aber ist ihm als hätte er das Wort vor Jahren einmal in einer niederdeutschen Chronik gefunden. Nach langem Suchen entdeckt er es wieder bei dem mürrischen stralsunder Chronisten Berckmann. Dort liest er, daß im Anfang des fünfzehnten Jahrhunderts zu Stralsund ein Mann am Schandpfahl mit einer Katze im Beisein des Raths gekämpft habe und nach erlangtem Siege vom Bürgermeister zum Katzenritter geschlagen worden sei; und er fragt vor diesem neuen Räthsel wieder erstaunt: was bedeutet das? —

Ist er endlich mit all diesen und andern Sorgen um Katze und Genossen ins Reine gekommen, so umfaßt, was der Leser davon empfängt, den Raum weniger Spalten, er aber hat vielleicht Tage, ja Wochen lang darüber gesonnen und gearbeitet.

Und das sind nur einige von den kleinen Leiden dieser wissenschaftlichen Thätigkeit, es giebt größere. Kein Gelehrter fühlt lebhafter als der Verfasser eines Wörterbuchs, wie sehr alle Menschenarbeit an dem großen Strom unseres Lebens nur Stückwerk ist, keiner hat mehr die Tugenden eines Forschers, Geduld und ausdauernden Muth nöthig. Daß der Bearbeiter des vorliegenden Heftes diese in ungewöhnlicher Weise bewährt hat, dazu umfassende Kenntniß, ein feines Urtheil und unendliche Liebe am Detail, dafür verdient er Dank.

Auch dafür, daß die Fortsetzung des Werkes in so tüchtiger Weise gesichert ist, müssen wir dankbar sein, denn dies Wörterbuch wird vollendet ein Schatz werden, um den uns andere Culturvölker noch lange beneiden mögen.

Die römische Frage im italienischen Parlament.

Auch die maliciösesten Federn werden es endlich müde, für den morgigen Tag den Zusammensturz des Königreichs Italien zu prophezeihen. Eine Schöpfung, welche mit geistigen Mitteln längst vorbereitet war, an welcher mit pädagogischem Instinkt die gesammte Nationalliteratur gearbeitet hat, die dann endlich mit kühnen Händen aus dem Reich der Idee in die Wirklichkeit eingeführt wird, eine solche Schöpfung ist doch kein Kartenhaus, das der Athem seiner Feinde umblasen könnte. Die italienische Wiedergeburt ist nicht das Werk Cavours oder Victor Emanuels oder des Nationalvereins, diese sind nur die geschickten Hebammenkünstler, welche die reife Frucht eines fünfzigjährigen Entwicklungsprocesses glücklich zu Tage förderten. Sie klügelten keine Programme aus, die mit der Laune des Tages wechselten, sondern sie vollzogen das Programm, welches die Geschichte gegeben und mit deutlichen Lettern geschrieben hatte. Auf diesen tieferen Wurzeln, mit welchen das Werk von 1860 in der Vergangenheit gegründet ist, beruht die Bürgschaft für seine Zukunft. Es mag ihm noch manche Krisis beschieden sein, aber es darf hoffen, daß sie zu seiner Befestigung dienen werden. Auch die neueste Krisis, dies kann jetzt schon behauptet werden, ist ihm eine heilsame Krisis.

Als der Septembervertrag wenige Tage nach seiner Unterzeichnung in die Oeffentlichkeit kam, war die Ueberraschung so tief und allgemein, daß nicht alsbald eine unbefangene Beurtheilung erwartet werden konnte. In Turin, der bisherigen Hauptstadt, flammte der verletzte Municipalgeist in kurzer aber heftiger Wallung zum Versuch der Empörung auf. Der Mazzinismus fluchte einem Vertrag, dessen einer Paciscent L. Napoleon war, der Rom dem Papste scheinbar sicher stellte und jedenfalls die Erwerbung der ewigen Stadt mittelst eines Handstreichs verbot. Andrerseits war es der Zorn über Turins Haltung auch wohl die Schadenfreude, welche zuerst die anderen Städte für den Vertrag gewann. Dies die ersten Eindrücke. Dann begann man die Bestimmungen vom 15. September schärfer zu untersuchen. Man wußte, daß die italienischen Unterhändler kein Actenstück unterzeichnen konnten, das so zu sagen wider den Strich der italienischen Politik ging. Mußte die Bedingung der Verlegung der Hauptstadt im ersten Augenblick bestürzen — sie hatte, wie Ricasoli schrieb, die Wirkung eines Donnerschlags bei heiterem Himmel, — so war nur um so klarer, daß sie, wenn die Minister Victor Emanuels sie zugestanden, durch wichtige Vortheile aufgewogen sein mußte. In der That ließ der Wortlaut der Stipulationen verschiedene Auslegung zu, aber er begünstigte, mehr noch durch das, was er verschwieg, als durch das, was er sagte, eine für Italien günstige Auffassung.

Diese wurde noch mehr befestigt, als nach der turiner Emeute Männer ins Ministerium berufen wurden, welche, zuvor der Convention abgeneigt, sofort für dieselbe gewonnen wurden und deren Durchführung auf ihr Programm schrieben. Nicht blos Lamarmora wurde plötzlich aus einem Saulus zu einem Paulus. Von allen Zweifeln, so durfte man hoffen, würden die Debatten befreien, welche in beiden Parlamentshäusern bevorstanden, und zu welchen Ende October die Senatoren und Abgeordneten in bisher nie gesehener Vollständigkeit zu der alten Hauptstadt Piemonts zogen.

In einem früheren Artikel versuchten wir die Bedeutung des Septembervertrags dahin zu präcisiren; er ist ein Schritt auf dem Weg nach Rom, aber ein Verzicht auf Rom als Hauptstadt. Rom soll italienische Stadt, aber nicht die Hauptstadt Italiens werden. Die Parlamentsdebatten sind vorüber, sie haben diese Ansicht durchaus gerechtfertigt. Sie haben außerdem den Beweis geliefert, daß die Verlegung der Hauptstadt nach Florenz zugleich eine Nothwendigkeit für die innere Politik Italiens ist.

Als die Debatten im Palast Carignan eröffnet wurden, war eben der heiße Federkrieg zwischen Turin und Paris über die Bedeutung der Convention ausgefochten. Es war begreiflich, daß die Noten des Herrn Drouyn de Lhuys und die von ihm inspirirte Presse dem Vertrag eine Deutung gaben, welche den Klerus beruhigen oder wenigstens zum Schweigen nöthigen sollte. War der Klerus auch bestürzt, so sollte ihm doch jeder ostensible Grund zur Befehdung der kaiserlichen Regierung genommen werden. Ja es wurde ihm eigentlich zugemuthet, die besondere Fürsorge, welche der Kaiser auch hier wieder für die Regierung des Papstes bewiesen, anzuerkennen. Und wirklich, der Klerus schwieg. Nur wenige Prälaten konnten es nicht unterlassen, ihre Bekümmernisse öffentlich zu äußern. Umgekehrt hatte das Ministerium Lamarmora das Interesse, eine Deutung abzuwehren, welche die Durchsetzung des Vertrags in den Kammern gefährden mußte. Man sah das seltsame Schauspiel, daß während die Tinte noch naß war, mit welcher der Vertrag geschrieben war, beide Parteien sich über dessen Auslegung öffentlich in die Haare geriethen. Aber niemals ist eine diplomatische und journalistische Fehde glänzender und erfolgreicher ausgefochten worden. Die Gründe, welche Italien ins Feld rückte, waren von schlagender Wirkung. Je mehr man in Paris sich abmühte, dem Vertrag eine papstfreundliche Deutung zu geben, um so peinlicher trat der Widerspruch hervor, in den man mit sich selbst gerieth. Die Fortsetzung der Discussion diente nur dazu, die wahre Bedeutung desselben nach allen Seiten und in Bezug auf alle Eventualitäten sicher zu stellen. Frankreich erklärte nie: wir garantiren das weltliche Papstthum, Italien nie: wir verzichten auf Rom. Frankreich behielt sich die Freiheit der Action vor, Italien desgleichen. Man fühlte endlich in Paris, daß man die Sache nur schlimmer mache und überließ Italien das Feld. Den officiösen Blättern wurde Schweigen auferlegt. Die diplomatische Correspondenz wurde durch die stolze Note Lamarmoras vom 7. Nov. abgeschnitten, der die Polemik über die eventuellen Folgen eines politischen Acts in die Zeitungspresse verweisend erklärte, die italienische Regierung halte sich einfach an den stricten Wortlaut desselben. Der Sieg war vollständig.

Vom Eindruck dieser internationalen Polemik war die Debatte des Abgeordnetenhauses durchaus beherrscht. Sie war deren Fortsetzung, eben deshalb war sie ermüdend. Es wurden nur dieselben Gründe wiederholt, welche in Depeschen und Leitartikeln bereits endlos variirt worden waren. Die Beziehungen zu Frankreich standen im Vordergrund, hier nahm die Opposition, hier die Vertheidigung ihre Stellung. Was der Vertrag für Italien selbst bedeute, welchen positiven Beitrag er zur endlichen Lösung der römischen Frage liefere, wurde wenig berührt. So konnte zwar Minister Lanza feierlich erklären, die Convention beeinträchtige die nationalen Strebungen (aspirazioni) Italiens in keiner Weise, mit andern Worten, Rom bleibe nach wie vor das Ziel der italienischen Politik. Aber Minister und Kammer schienen es zu vermeiden, sich klar über diesen Punkt auszusprechen. Und die Frage, ob Florenz die provisorische oder die definitive Hauptstadt werden solle, wurde erstickt in der Verwerfung des Amendements der Linken, welches eine Wiederholung des bekannten Beschlusses vom 27. Mai 1861 bezweckte. Indirect lag freilich schon in der stillschweigenden Beseitigung dieses Amendements, welche unfraglich der größte Triumph des Ministeriums war, die Anerkennung einer Modification des Feldzugsplans gegen Rom. Offen ausgesprochen wurde sie vom Senat.

Die Debatten im Palazzo Madama waren sachlich ungleich bedeutender als die des andern Hauses. Der Streit mit Frankreich war zu Ende, nach dieser Seite die italienische Politik gerechtfertigt. Jetzt konnte man die Folgen, welche die Ausführung der Convention innerhalb Italiens selbst haben werde, ungestört ins Auge fassen.

Es war das erste Mal, daß der Senat des Königreichs Italien in eine bedeutende politische Discussion trat. Diese hohe Körperschaft, deren Kern die altpiemontesische Aristokratie bildet, hatte bisher die Dinge fast schweigend geschehen lassen, die Führung der Revolution war nicht ihre Sache. Sie hatte dieselbe der jungen Generation von 1859, welche das Abgeordnetenhaus füllte, überlassen. Jetzt zum ersten Mal war eine Frage aufgetaucht, welche den Staatsmännern der alten subalpinischen Monarchie, den Notabilitäten der anderen Staaten, die durch Wort und Schrift, durch Beispiel und That die Zeit der Erfüllung vorbereitet hatten, die Zunge löste. Das Wiederaufleben dieser Elemente war an sich ein Symptom; es schien anzudeuten, daß ein Abschnitt der Revolution, der die junge Thatkraft der Schüler Cavours erfordert hatte, jetzt zu Ende sei und ein ruhigerer Gang der Entwickelung beginne. Der große Zusammenhang des ganzen Werkes der Wiedergeburt, das bis in die ersten Decennien des Jahrhunderts reicht, trat in voller Lebendigkeit vor Augen, als man die silberweißen, zum Theil fast verschollenen Männer auf den Bänken sitzen sah, die sie nur selten einnahmen. Da erschien Alessandro Manzoni, der Patriarch der italienischen Dichtkunst, das überlebende Haupt der romantischen Schule, welche unmittelbar nach den wiener Verträgen das neue geistige Leben der Halbinsel inaugurirt hatte. Wie weit liegen jene Träume der romantischen Neuguelfen zurück, die einst den Teufel mit Beelzebub austreiben wollten, die Verjagung Oestreichs vom Papst erwarteten! Welche literarische Entwickelungen, welche politischen Erfahrungen sind sich seit jenen Anfängen gefolgt! Manzoni ist der alte geblieben. Ein treuer Sohn der Kirche, blieb er nicht minder ein treuer Sohn seines Landes, und heute warf der Greis eine weiße Kugel in die Urne und stimmte für einen Vertrag, dessen geistiger Urheber Cavour ist. Da erschien sein Schwiegersohn, der vielseitige ritterliche Massimo d'Azeglio, der einst, als das Vaterland mehr zu bedürfen schien als Romane und Landschaften,

Feder und Palette weggelegt hatte und, mit Balbo und Gioberti der dritte im Bunde, am Vorabend der Revolution von 1848 als beredter Apostel Piemonts von Ort zu Ort gereist war. In ernster Zeit hatte ihn Victor Emanuel mit dem Ministerium betraut, und in schwierigen diplomatischen Missionen hatte er Pius den Neunten und die Natur der Curie kennen gelernt. Er war vor drei Jahren der erste gewesen, welcher, der Impopularität trotzend, Florenz zur definitiven Hauptstadt des Reiches erklärt wissen wollte, er hatte sich damit auch das Recht erworben, die seither begangenen Mißgriffe jetzt scharf zu beleuchten. Ein wackerer Name aus alter Zeit war der Marchese Giorgio Pallavicino; einst der Genosse Silvio Pellicos auf dem Spielberg, der gleichfalls seine Memoiren über den östreichischen carcere duro veröffentlicht hat, aber in anderem Stil als der resignirte bigotte Verfasser der prigioni. Es war ihm Spannkraft genug geblieben, auch die neue Zeit zu begreifen und zu fördern. Mit Manin und Lafarina gründete er den Nationalverein, er, der das Element der entschiedenen Linken in jenem Dreibund repräsentirte, und so vertritt auch heute noch der jugendliche Greis Ansichten in der erlauchten Versammlung, welche den intimen Freund Garibaldis verrathen. Lorenzo Valerio war ein anderer Name, der an eine halbvergessene Zeit gemahnte. Zum ersten Male hervorgetreten um die Mitte der vierziger Jahre in den Kämpfen der agrarischen Gesellschaft, wo der leidenschaftliche „Volkstribun" als Führer der Radicalen dem noch wenig genannten Grafen Camillo Cavour gegenüberstand, — Kämpfe, welche das Vorspiel der späteren Parteiverhältnisse waren — hätte er damals wohl nicht gedacht, daß er eines Tages im Senat sitzen und — mit den piemontesischen Hochtories, den Grafen Revel und Sclopis und Sauli stimmen werde. Von Rattazzi zum Präfecten von Como ernannt, hatte er diese Stelle eigens niedergelegt, um im Parlament eine Lanze für seine bedrohte Vaterstadt Turin einzulegen. Der Radicale im Bund mit den Particularisten, wir kennen dies! Da saßen ferner der General Durando, der in den spanischen Kriegen sich von unten an zu den höheren Graden heraufgedient, dann in der Verbannung zu Paris als Ultrarepublikaner die Schrift „über die italienische Nationalität" herausgegeben hatte, später aber mit Cavour befreundet im Jahr 1847 die Opinione in Turin leitete, derselbe, der vor zwei Jahren als Minister Victor Emanuels durch seine ungenirte Aufforderung an Frankreich, Rom zu räumen, den Rücktritt Thouvenels und die conservative Wendung der französischen Politik veranlaßte. Weiter der Graf Terenzio Mamiani, der als katholisirender Dichter, als platonischer Philosoph und Gegner Rosminis begonnen hatte, infolge seiner Theilnahme am Aufstand der Romagna gleichfalls nach Paris verschlagen wurde und dort italienische Propaganda trieb, später liberaler Minister Pius des Neunten, dann Professor der Philosophie in Turin, und abwechselnd Abgeordneter, Minister, Gesandter, Senator im Königreich Italien. Aus Toscana der Abbate Raffael Lambruschini, dessen Verdiensten der große herzogliche Staat den Flor seiner Schulen und seines Ackerbaus mitverdankte. Und so wäre die Galerie interessanter Charakterköpfe, die hier im Senat beieinander sitzen, noch lange nicht erschöpft, — lauter Namen, welche in der Geschichte der italienischen Wiedergeburt ihre Stelle haben. Selbst der erblindete Nestor der italienischen Gelehrtenwelt, der Marchese Gino Capponi, für dessen Stellung im geistigen Leben seiner Nation uns jede Bezeichnung fehlt, weil uns jede Analogie einer sonstig so bedeutenden, national gesinnten, durch Förderung, wie eigene wissenschaftliche Tüchtigkeit so hervorragenden Aristokratie fehlt, selbst dieser ehrwürdige Stolz seines Landes konnte zwar seinen Palast in Florenz nicht verlassen, um seinen Sitz im Senat einzunehmen, aber er wollte wenigstens schriftlich sein Votum über die wichtige Frage abgeben. Und es hatte Hand und Fuß, was der toscanische Minister von 1848 an seinen Freund Lambruschini schrieb. Piemont allein, so sprach er seine Ueberzeugung aus, mit seinem starken Gefüge, seiner militärischen und bürgerlichen Disciplin, seiner innern Geschichte und dem Hochsinn seines Königs, hat das Einigungswerk unternehmen und ihm die erste unentbehrliche Form geben können. Jetzt freilich erscheine Italien nicht anders denn als ein übermäßig vergrößertes Piemont, aus den natürlichen Grenzen seiner Ausdehnungsfähigkeit hinausgetrieben. Darum sei die Verlegung der Hauptstadt eine Nothwendigkeit. Aber, fährt er fort, die Dienste, welche Piemont Italien geleistet hat und nur Piemont leisten konnte, hören diese deswegen auf? Nein, sage ich zu den Piemontesen. Unter den verschiedenen Mischungselementen, aus welchen Italien besteht, unter den verschiedenen Eigenschaften, welche jede Provinz auszeichnen, sind die eurigen für uns alle die nothwendigsten; sie sind es, welche die Bildung Italiens möglich gemacht haben, sie müssen in erster Linie stehen, um dasselbe zu erhalten. —

Ein Wort zog sich als der rothe Faden durch die Reden des Senats, es hieß: Aussöhnung mit dem Papstthum. Als im Abgeordnetenhaus ein Sicilianer dasselbe Wort aussprach, freilich einer der wenigen Ultramontanen in dieser Versammlung, erweckte es ungläubige Heiterkeit; dennoch drückte es einen staatsmännischen Gedanken aus, welcher in der That die Consequenz der durch die Convention geschaffenen Lage zieht. Massimo d'Azeglio sprach diesen Gedanken am klarsten und bestimmtesten aus. Rom, sagte er ungefähr, hat keineswegs die politische Bedeutung für Italien, die man ihm bisher zugeschrieben hat, es ist eine Stadt der Vergangenheit, der großen historischen Erinnerungen. Allerdings hat es ein Recht darauf, an den Fortschritten der Civilisation Theil zu nehmen und italienische Stadt zu werden. Aber ein Anderes ist Rom als italienische Stadt, ein anderes Rom als Hauptstadt Italiens. Gehen wir nach Rom, so verfeinden wir uns tödtlich die katholische Macht des Landes und die ganze katholische Welt. Der König von Italien und das Haupt der Kirche können nicht an einem und demselben Ort residiren, nun ist es aber im Interesse Italiens wie des Papstthums, daß der Papst in Rom bleibe. Italien und der Papst, beide können sich nicht ausschließen, sich nicht entbehren, sie müssen sich entgegenkommen, anstatt, wie in den letzten Jahren geschehen ist, einander zu bekriegen. Die Lösung kann also nur darin bestehen, daß der Papst der nominelle Souverän der Stadt bleibt, aber die Regierung in die Hände der Stadt selbst zurückgiebt. So wird Rom, regiert vom Municipalsystem unter der Souveränetät des Papstes, italienische Stadt und tritt in die engste Verbindung des Verkehrs und der Civilisation mit dem Königreich; anderseits bleibt dem Papstthum seine unentbehrliche Unabhängigkeit, seine Souveränetät gewahrt. Dies ist eine Lösung, welche für beide Theile annehmbar, für beide ersprießlich ist. Es ist der einzige Weg zur Aussöhnung beider Mächte.

Diese Idee ist bekanntlich nicht neu. Sie bildet im Grunde den Kern der lagueronnièreschen Broschüre, sie wird also wohl den Intentionen des Kaisers Napoleon nicht eben fern stehen. Es ist weiter ein offenes Geheimniß, daß Massimo d'Azeglio zugleich den innersten Gedanken Victor Emanuels ausgesprochen hat, der nicht im mindesten nach dem zweifelhaften Glücke geizt, in päpstlichen Gemächern zu logiren und in Gesellschaft des heiligen Vaters Rom zu bewohnen. Aber wenn die Idee nicht neu ist, so kann doch erst, seitdem der Vertrag vom 15. Sept. unterzeichnet ist, an ihre Verwirklichung gedacht werden. Man begreift nun, welche Wichtigkeit für Louis Napoleon gerade die Bedingung der Verlegung der Hauptstadt haben mußte. Turin wurde stets als provisorische Hauptstadt betrachtet. So lange hier der Sitz der Regierung blieb, wandten sich die Blicke nach Rom. Es war unmöglich, diesem idealen Ziel ein anderes zu substituiren. Durch den raschen Entschluß, nach Florenz zu ziehen, ist die Lage völlig verändert. Schon die enormen Kosten des Umzugs setzen der Lust, ihn so bald zu wiederholen, einen Dämpfer auf. Man wird sich an die neue Hauptstadt gewöhnen, mit jedem Tag die Angemessenheit dieser Wahl mehr schätzen lernen*). Aber was die Hauptsache ist, das Verhältniß des Papstes zu Italien wird damit ein ganz anderes. Mit Turin konnte er nie unterhandeln, der Hintergedanke: Rom ist die Hauptstadt; machte es unmöglich. Noch weniger war an eine Aussöhnung zu denken: der Papst im Vatican, der König im Quirinal bedeutete nur tödtliche Feindschaft. Es wäre ein Schauspiel, jenen mittelalterlichen Fehden vergleichbar, als die Häupter feindlicher Familien sich in ihren Palästen gegen einander verschanzten. Ist aber die italienische Regierung definitiv in Florenz installirt, so kann die Kurie, gegen jeden Angriff gesichert, ohne ihre Würde zu vergeben, sich zu Unterhandlungen herbeilassen. Eine Annäherung, eine Abgrenzung der Gewalten, eine Aussöhnung ist wenigstens möglich. Ob, wahrscheinlich, ist eine andere Frage.

Zu einer Aussöhnung gehören zwei. Ist zu erwarten, daß der Papst die auf solche Bedingungen hin dargebotene Hand annehme? Wird er sich darauf resigniren, in Rom Souverän zu sein, aber nicht mehr zu regieren — reggere, non gubernare, wie die neue Formel heißt, deren Durchführung man im gegenwärtigen Stadium für praktischer hält als die ideale Cavour'sche: Freie Kirche im freien Staat? Man muß es bezweifeln. Pius der Neunte hat sich daran gewöhnt, das Steuer des Schiffleins Petri der lieben Vorsehung zu überlassen und seine schönen Hände in Unschuld zu waschen. Entschlüsse, politische Gedanken sind von ihm nicht mehr zu erwarten. Seit den Tagen von Gaeta ist ihm sein Weg unabänderlich vorgezeichnet. Diese himmlische Sorglosigkeit hatte aber nur so lange wenigstens den Schein einer politischen Haltung, als die entscheidenden Mächte ein Interesse an der Aufrechthaltung des status quo hatten. Etwas Anderes ist es, wenn das Papstthum auch auf die angestrengten Versuche, eines der größten weltgeschichtlichen Probleme ohne Katastrophe zu lösen, keine andere Antwort hat, als den üblichen Jammer über die Verderbtheit der Zeit, das obligate, aus den Rüstkammern des Mittelalters zusammengeborgte Manifest wider die moderne Cultur. Durch diese unschädlichen Monologe, durch das unabänderliche non possumus verzichtet das Papstthum darauf, selbst ein Wort zu jener Lösung auszusprechen. Es ist zum bloßen Object der andern Mächte geworden.

Allein man weiß auch, daß das thatsächlichste Hinderniß einer Aussöhnung mit Italien eben die Person des gegenwärtigen Papstes ist. Das Cardinalcollegium besteht zu zwei Dritttheilen aus Italienern. Wer mag errathen, was hier für den Fall einer päpstlichen Vacanz vorbereitet wird? Selbst Antonelli, der Gegner der heißspornigen ausländischen Partei, ist nicht ohne Etwas, was man eine Art von Nationalgefühl nennen könnte. Unvergessen ist, daß in den letzten Zeiten Cavours Agenten dieses Staatsmannes heimliche Verhandlungen mit Agenten des Cardinal-

---

*) Man vergleiche die treffenden Ausführungen von Rodolphe Rey in seiner Schrift Turin, Florence ou Rome, Paris. 1864.

Staatssekretärs führten, die freilich von letzterer Seite rasch abgebrochen wurden, und ein sonderbarer Zufall ist es doch, daß wiederholt bei „piemontesischen" Verschwörungen in Rom Antonelli das Unglück hatte, daß Privatsekretäre als Agenten von ihm unter den Mitschuldigen ertappt worden sind. Unverkennbar sind in Frankreich zugleich mit der Septemberconvention die gallikanischen Tendenzen lebhaft wieder aufgetaucht. Werden die italienischen Mitglieder des Cardinalcollegiums nicht eine ähnliche Nutzanwendung aus der neuen Situation ziehen? werden sie sich für einen Widerstand erhitzen, welcher eventuell das Papstthum außer Landes treiben müßte? Wird der Cardinal d'Andrea, der jetzt in freiwilliger Verbannung mit den liberalen Priestern Neapels gemeinsame Sache macht, der einzige sein, der im künftigen Conclave für die Aussöhnung mit Italien die Stimme erhebt? Dies sind Fragen, die heute nicht zu beantworten sind, die aber auch von dieser Seite wenigstens die Möglichkeit für das Gelingen jenes Versöhnungsplanes eröffnen.

Man muß indeß gestehen, eine Entscheidung ist für die römische Kurie um so schwieriger, als sie sich nicht verbergen kann, daß die Ausführung dieses Programms im günstigsten Fall doch nur ein Aufschub, eine Zwischenstation, aber nicht eine definitive Lösung ist. Die Frage ist im Grund nur die, ob die weltliche Herrschaft des Papstthums mit einem Mal oder in zwei Absätzen beseitigt werden soll. Allerdings ist dem Papst in dem einen Fall ein ehrenvoller Ausweg geboten, sich in das Unvermeidliche zu fügen. Er hat die Gelegenheit, das als freiwillige Gabe erscheinen zu lassen, was nun einmal unabänderlich ist. Es wäre die glänzendste That des Papstthums seit Jahrhunderten, wie von einem Abendroth würden die letzten Tage seiner weltlichen Herrschaft übergossen, und leicht könnte sich der begeisterte Jubel der Tage von 1847 wiederholen. Es wäre ein Ziel, würdig, den Ehrgeiz eines die Weltgeschichte verstehenden Papstes zu reizen. Aber er müßte sich auch darauf gefaßt machen, den letzten Flitter weltlicher Herrschaft preiszugeben und sich stolz auf die Mittel seiner geistlichen Macht zurückzuziehen. Denn über den wirklichen Werth seines Souveränetätsrechts über die Stadt Rom könnte er sich nicht täuschen. Das Ende wäre doch die Annexion. Nicht daß Italien nöthig hätte, Rom sich zu annectiren; Rom selbst würde, sich überlassen, den Anschluß vollziehen. Vielleicht daß es einem aufgeklärten humanen Papst gelänge, diesen Zeitpunkt hinauszuschieben und die Römer, froh ihrer ungewohnten Municipalfreiheit, eine Zeit lang an seine milde Suzeränetät zu fesseln. Auf die Dauer schwerlich. Der erleichterte Verkehr, der geistige Austausch mit Italien müßte über kurz oder lang die Einheitspartei ans Ruder bringen, die letzte Scheidewand würde fallen und Rom seine Abgeordneten ins Parlament nach Florenz senden.

Mit dem Septembervertrag ist das Schicksal der weltlichen Herrschaft des Papstthums besiegelt. Indem er das Nichtinterventionsprincip auf Rom anwendet und den Papst allein seinen Unterthanen gegenüberstellt, ist ihr Ende unvermeidlich. Aber es ist nicht gleichgiltig, in welcher Weise dieses Ende herbeigeführt wird, ob durch den Bruch oder durch die Aussöhnung zwischen Italien und dem Papst. Ebendeshalb hat jenes Programm, zu dessen Organ Massimo d'Azeglio und andere im Senate sich gemacht haben, hohe staatsmännische Bedeutung. Es bedeutet Italien gegenüber den Protest gegen Rom, Frankreich gegenüber die loyale Ausführung der Convention, und gegenüber von Rom den aufrichtigen Wunsch, die unvermeidlich gewordene Transformation des Papstthums zugleich als einen Act der Versöhnung zwischen Rom und Italien zu feiern. Weist das Papstthum dieses äußerste Angebot Italiens zurück, so ist die Freude an denen, welche schon lange kürzeren Proceß mit ihm gewünscht hätten, und deren Zahl gerade in Italien täglich wächst.

Im Verlage von **Fr. Wilh. Grunow in Leipzig** erschien und ist in allen Buchhandlungen und Leihbibliotheken vorräthig:

Benedix, Rod., Bilder aus dem Schauspielerleben. 2 Bde. 1 Thlr.

Beta, H., Deutsche Früchte aus England. 2 Bde. 2½ Thlr.

Busch, Moritz, Eine Wallfahrt nach Jerusalem. Bilder ohne Heiligenscheine. 2 Bde. 2½ Thlr

Ernesti, Louise, Waldemar Bookhouse. 2 Bände. 2 Thlr. — Bilder und Skizzen 2 Bände. 2 Thlr. — Die Tochter des Spielers. 3 Bde. 4 Thlr. — Unverhofft kommt oft. 1⅓ Thlr.

Gayette, Jeane Marie von, Jacobäa von Holland. 2 Bde. 2⅔ Thlr.

Genast, Wilhelm, Das hohe Haus. 4 Bde. 4 Thlr.

Grabowski, Stanisl. Graf, Ein leidenschaftliches Herz. 2 Bde. 2 Thlr.

Gundling, Julius, Henriette Sontag. Künstlerlebens Anfänge. 2 Bde. 2 Thlr. — Satan Gold. 1 Thlr. — Advokat Schnobeles. 2 Bde. 1½ Thlr. — Fes und Tschako Soldatengeschichten. 1 Thlr. — Ein moderner Don Juan. 2 Bde. 2½ Thlr. — Pêle-mêle. 3 Bde. 4 Thlr.

Hauser, M., Aus dem Wanderbuche eines österreichischen Virtuosen. 2 Bde. 1½ Thl

Helene, Marie, Bilder aus dem Leben. 1⅓ Thlr.

Herbert, Lucian, Louis Napoleon. 2. Volksauflage. Roman und Geschichte in 5 Bänden 4⅔ Thlr. — Napoleon III. 8 Bände à 1⅓ Thlr. — Carlo Alberto und Louis Napoleon. 4 Bde. à 1⅓ Thlr. — Victor Emanuel. 4 Bde. à 1⅓ Thlr. — Napoleon III. und sein Hof. 1⅓ Thlr. — Neue Anekdoten aus dem Leben Napoleon III. 1⅓ Thlr. — **1830.** Juli-Revolution. Roman und Geschichte. 2 Bde. 2⅔ Thlr. — **1831** Polens letzte Tage. Roman und Geschichte. 2 Bde. 2⅔ Thlr. — Aus Frankreich. Federzeichnungen. 1⅔ Thlr.

Kessel, C. v., Schleswig-Holstein meerumschlungen. 1 Thlr.

Meißner, Alfred, Neuer Adel. 3 Bde. 3½ Thlr. — Zur Ehre Gottes. Eine Jesuitengeschichte. 1⅙ Thlr. — Die Sansara. T.-A. 4 Bde. 2½ Thlr. Desgl. Octav-Ausgabe 4 Bde. 3⅔ Thlr. — Zwischen Fürst und Volk. Die Geschichte des Pfarrers von Grafenried. 3 Bde. 3 Thlr. — Durch Sardinien. 1 Thlr. — Charaktermasken 3 Bde. 4 Thlr. — Novellen. 2 Bde. 2⅔ Thlr.

Mergentheim, J. v., Ein Freiheitskrieg in Böhmen (1681). 1⅓ Thlr.

Pichler, Louise, Die Kaiserbraut. 2 Bde. 2⅔ Thlr. — Unter dem Lindenbaum. 1⅓ Thlr — Friedrich von Hohenstaufen, der Einäugige. 3 Bde. 1 Thlr. 18 Ngr. — Der letzte Hohenstaufe. 3 Bde. 3 Thlr. 6 Ngr. — Heinrich IV. Vermählung mit Bertha von Susa. 2 Bde. 24 Ngr — Aus böser Zeit. 3 Bde. 1 Thlr. 18 Ngr. — Vergangene und vergessene Tage. 24 Ngr.

Smetana, Aug., Geschichte eines Excommunicirten. 3. Volksausgabe. 24 Ngr.

Smidt, Heinr., Deutsche Schiffe und dänische Kaper. 2 Bde. 2 Thlr.

Stein, Paul, Johannes Gutenberg. 3 Bde. 3 Thlr. — Novellistische Gemälde aus Stadt und Land. 2 Bde. 2 Thlr. — Handwerk und Industrie. 2 Bde. 2 Thlr. — Drei Christabende. 1 Thlr. — Der letzte Churfürst von Mainz. 3 Bde. 2 Thlr. — Das Haus der Hofräthin. 2 Bde. 1⅔ Thlr. — Aus dem schwäbischen Volksleben. 1 Thlr — Die Braut im Kloster. 3 Bde. 3½ Thlr. — Albrecht v. Brandenburg. 3 Bde. 4 Thlr

Stifft, A., Von Nord und Süd. 1⅓ Thlr.

Wartenburg, Karl, Neue Propheten. 2 Bde. 2 Thlr. — Die Väter der Stadt. 3 Bde 2 Thlr. — An trüben Tagen. 2 Bände. 2½ Thlr. — Französisches Leben. 1⅔ Thlr

Wickede, Jul. von, Preußische Husarengeschichten. 3 Bde. 2 Thlr. — Die Soldaten Friedrich des Großen. 4 Bde. 2 Thlr.

Wohlfahrt, Kirchenrath Dr., Der Student von Oxford. Pädagog. Roman. 1½ Thlr.

Obige Romane sind den hervorragendsten Erscheinungen der Neuzeit zur Seite zu stellen und allen Freunden gediegener Lectüre bestens zu empfehlen.

☞ **Inserate aller Art werden gegen den Betrag von 2 Ngr. für die gespaltene Zeile angenommen. Die Beilagegebühr für die Grenzboten beträgt 3 Thlr.**

XXIV. Jahrgang.   I. Semester.

Die Grenzboten.

Zeitschrift

für

Politik und Literatur.

No. 2.
Ausgegeben am 6. Januar 1865.

Inhalt:

Winckelmann. Zur hundertjährigen Gedächtnißfeier ... Seite	41
Der Krieg in Nordamerika	58
Oestreich und Italien.	69
Annexion oder Anschluß der Herzogthümer	77

Grenzbotenumschlag: Literarische Anzeigen.
Literarische Beilage von F. A. Brockhaus.

Leipzig, 1865.
Friedrich Ludwig Herbig.
(F. W. Grunow.)

Winckelmann.

Zur hundertjährigen Gedächtnißfeier.

Vor sechzig Jahren leitete Goethe seine Schilderung Winckelmanns mit den Worten ein: Wenn man dem würdigsten Staatsbürger gewöhnlich nur einmal zu Grabe läutet, er mag sich übrigens noch so sehr um Land und Stadt, im Großen oder Kleinen, verdient gemacht haben, so finden sich dagegen gewisse Personen, die durch Stiftungen sich dergestalt empfehlen, daß ihnen Jahresfeste gefeiert werden, an denen der immerwährende Genuß ihrer Milde gepriesen wird. In diesem Sinne haben wir alle Ursache, das Andenken solcher Männer, deren Geist uns unerschöpfliche Stiftungen bereitet, auch von Zeit zu Zeit wieder zu feiern und ihnen ein wohlgemeintes Opfer darzubringen."

Das Wort des Dichters ist zur Wahrheit geworden; alljährlich sammelt sich auf dem römischen Capitol wie an zahlreichen Orten unsres deutschen Vaterlandes an Winckelmanns Geburtstag, dem 9. December, die stille Gemeinde der Verehrer der Kunst zu gemeinsamer Erinnerung an den Mann, der uns zuerst das Verständniß der Kunst erschloß. Am Schluß des vergangenen Jahres aber war es gerechtfertigt, auch vor weiteren Kreisen dem Andenken desselben ein solches „wohlgemeintes Opfer" darzubringen, denn es ist gerade ein Jahrhundert verflossen, seit die „unerschöpflichste" unter allen „Stiftungen" des winckelmannschen Geistes, die längst verheißene und sehnlichst erwartete Geschichte der Kunst des Alterthums in Dresden erschien. Lessing arbeitete damals an seinem Laokoon. Er war ausgegangen von dem bekannten Satze in Winckelmanns Erstlingsschrift, das allgemeine vorzügliche Kennzeichen der griechischen Meisterwerke sei eine edle Einfalt und eine stille Größe, während er es in der Schönheit fand und hieran seine Gedanken über die Grenzen der Malerei und Poesie knüpfte. Lessing begab sich in manchen Punkten einer festen Ansicht, über welche er „in des Herrn Winckelmanns versprochener Geschichte der Kunst die völligste Befriedigung zu erhalten hoffen" durfte. Endlich ist sie erschienen: er wagt keinen Schritt weiter, ohne dieses Werk gelesen zu haben, erst „wo so ein Mann die Fackel der Geschichte vorträgt, kann die Speculation kühnlich nachtreten". Wie mußte Lessing sich freuen, den, dessen Urtheil er so hoch stellte, nunmehr in dem Ausgangspunkte mit sich einig zu finden, denn auch für Winckelmann war jetzt das Streben der Kunst auf Darstellung des Schönheitsideals gerichtet; aber freilich faßte jedes Volk dieses höchste Ideal seinem nationalen Charakter gemäß und in verschiedenen Zeiten seiner Entwicklung verschieden auf, suchte jeder Künstler seine individuelle Auffassung der Idee zum Ausdruck zu bringen. Mochte auch das persönliche Verhältniß zwischen beiden Männern hin und her schwanken; wie hoch Lessing Winckelmanns Verdienst und Bedeutung anschlug, das zeigte er durch die schöne Aeußerung, da er die Kunde von dessen Ermordung vernommen: „das ist seit Kurzem der zweite Schriftsteller — Sterne war kurz zuvor gestorben — dem ich mit Vergnügen ein paar Jahre von meinem Leben geschenkt hätte."

Mächtiger noch als auf den schon gereiften und auf eigener Bahn einherwandelnden Lessing wirkte die Kunstgeschichte auf den damals zwanzigjährigen Herder, der in den anonymen Fragmenten über die neuere deutsche Literatur seiner Bewunderung in einem dithyrambischen Lobe Winckelmanns Ausdruck lieh. „Ich führe es nicht an, wie er die besten Blüthen jeder antiken Schönheit in seine Seele gesammelt, wie er hier unter Schriften, dort unter Denkmälern sein Auge und seinen Geist gebildet, wie er seine Werke so wie Raphael seine Gemälde mit Feuer entwarf und mit einem glücklichen Phlegma vollendete, wie er eine systematische Geschichte unter Ruinen und Ueberbleibseln liefern konnte; sondern ich muß mich hier blos auf die Schreibart einschränken . . . . . Einfältig im Vortrage, natürlich in der Ausführung und erhaben in den Schilderungen sind die winckelmannschen Schriften Werke der Unsterblichkeit würdig und der Name unsres Jahrhunderts." Die Geschichte der Kunst ist für Herder das Muster jeglicher Geschichtsschreibung; „wo ist aber noch ein deutscher Winckelmann, der uns den Tempel der griechischen Weisheit und Dichtkunst so eröffne, als er den Künstlern das Geheimniß der Griechen von ferne gezeigt?" — Aber das Werk des Meisters verlangt nicht blos Lob und Preis, es erheischt auch Nacheiferung; die nächsten Jahre Herders waren eifriger und eindringender Forschung auf den Gebieten gewidmet, welche Winckelmann und Lessing eröffnet hatten. Die Fragen über Ursprung und Wesen, über Grenzen und Ziel der Kunst und der Künste war auch er an seinem Theile zu erörtern und nach Kräften zu lösen beflissen, und gar oft ereignete es sich dabei, daß er sich in streitigen Punkten auf Seiten Winckelmanns gegen Lessing stellen mußte. Ein Gegengewicht gegen Lessings Hervorhebung der Malerei und zugleich eine Folge von Winckelmanns Werk, in welchem schon wegen der Natur des auf uns gelangten Stoffes die Rücksicht auf die Sculptur überwiegt, zeigte sich darin, daß Herder zu dem Entwurf einer Darstellung der Plastik schritt. Er suchte die Unterschiede der beiden Schwesterkünste tiefer zu ergründen und die Bedeutung jener Unterschiede für die Wahl und Durchführung der Gegenstände sowohl wie für die Auffassung und Beurtheilung von Seiten des Beschauers darzulegen. Aber das Werk blieb unvollendet, andere Interessen und Studien zogen Herder fernab in die verschiedensten Gebiete; auch der Anblick Italiens wirkte nicht mehr stark genug auf den den funfziger Jahren nahe stehenden Mann. Nur sporadisch kehrte er zu den früheren Lieblingsbeschäftigungen zurück, niemals ohne an Winckelmann wieder anzuknüpfen. Da ist es in der That rührend zu sehen, wie noch in seinem Todesjahre ein kleiner Aufsatz, die Bedeutung von Winckelmanns Geschichte der Kunst in warmen Worten erörtert, als ob die alte Jugendliebe noch einmal hervorbräche. So spricht sich am Anfang wie am Ende seiner reichen schriftstellerischen Thätigkeit die gleiche Verehrung für den Mann aus, welchem er so viel Anregung verdankt.

An Lessing und Herder knüpft unmittelbar Goethe an. Ein Jahr nachdem die Kunstgeschichte erschienen, kam er als sechzehnjähriger Student nach Leipzig. Zu den Männern, welche hier am tiefsten auf ihn wirkten, gehörte der Maler Oeser, welcher als Director der Kunstakademie in der alten Pleißenburg thronte. Oeser war einst in Dresden mit dem gleichaltrigen Winckelmann nahe befreundet gewesen und nicht ohne Einfluß auf dessen Kunstanschauungen geblieben; die Anhänglichkeit und leidenschaftliche Verehrung hatte durch die Leistungen, welche der römische Aufenthalt in Winckelmann gezeitigt, nur gesteigert werden können. Die Pietät des Lehrers gegen den großen Mann ging auf die Schüler, unter ihnen Goethe, über; mit Andacht nahmen sie seine Schriften in die Hände und studirten sie fleißig, ebenso durch den reichen Inhalt und die Tiefe der Anschauungen gefesselt, wie durch die eigenthümlich volle und hohe Persönlichkeit angezogen. „Bei allen Bemühungen, welche sich auf Kunst und Alterthum bezogen — so erzählt Goethe selber — hatte jeder stets Winckelmann vor Augen, dessen Tüchtigkeit im Vaterlande mit Enthusiasmus anerkannt wurde." Alle freuten sich, den Gefeierten bald mit leiblichen Augen anschauen zu dürfen, da fiel „wie ein Donnerschlag bei klarem Himmel" die Nachricht zwischen sie nieder, auf heimischem Boden sei durch feigen Mord dem kaum Fünfzigjährigen ein frühes Grab bereitet. „Dieser ungeheure Vorfall that eine ungeheure Wirkung; es war ein allgemeines Jammern und Wehklagen, und sein frühzeitiger Tod schärfte die Aufmerksamkeit auf den Werth seines Lebens." Winckelmann hat in der That auf Goethe dessen ganzes Leben hindurch tiefen Einfluß ausgeübt, ihre Naturen sind in gar manchen Punkten einander verwandt. Winckelmann verband mit der in Rom ihm zuströmenden Fülle der künstlerischen Anschauung die glücklichste Naturanlage, welche ihn in den Stand setzte, die an ihn herantretende Schönheit rein in sich aufzunehmen und in sich neu zu beleben, so daß sie sein ganzes Wesen durchdrang und all sein Dichten und Trachten erfüllte. Dazu kam die wunderbare Gewalt seiner Rede, welche der Fülle und Macht des Stoffes ein treuer Spiegel wird, welche die klar erfaßten Gedanken, die in seltener Lebendigkeit ihm vorschwebenden Anschauungen stets mit dem angemessensten, wahrhaft schwungvollen Ausdruck zu umkleiden weiß. Nirgend treten diese Eigenschaften in höherer Vollendung uns entgegen, als in seiner Geschichte der Kunst. Wie sollten sie nicht mächtig auf Goethe gewirkt haben, der ja auch von Jugend eine ungewöhnliche Begabung für die bildende Kunst besaß, in dessen Poesie und Prosa wir die plastische Gestaltungskraft vor allem zu bewundern gewohnt sind? Den Beweis giebt uns Goethes römischer Aufenthalt. Da steht er inmitten der Wunderwerke, an denen einst Winckelmann sich gebildet hatte, nun auch selber eifrig bemüht zu schauen, in sich aufzunehmen, zu erkennen. Längst sind Oesers Lehren und der Einfluß seiner zur Reflexion und Allegorie übermäßig hinneigenden künstlerischen Richtung überwunden, aber immer ist ihm Winckelmann der treue und bewährte Führer, von dem er mit der höchsten Anerkennung, mit der größten Verehrung spricht. Freilich verhehlt er sich nicht das Unvollkommene der Kunstgeschichte; „wie viel that Winckelmann nicht und wie viel ließ er uns zu wünschen übrig. Mit den Materialien, die er sich zueignete, hatte er so geschwind gebaut, um unter Dach zu kommen. Lebte er noch, und er könnte noch frisch und gesund sein, so wäre er der Erste, der uns eine Umarbeitung seines Werks gäbe." Gewiß; waren doch der Kunstgeschichte die Anmerkungen dazu, diesen die neue kürzere Bearbeitung in italienischer Sprache auf dem Fuße gefolgt, war doch die verhängnißvolle Reise nach Deutschland vorzugsweise unternommen, um wegen einer neuen Ausgabe der Kunstgeschichte Unterhandlungen anzuknüpfen. Goethe bedauert es, daß das Einzelne im ungewissen Dunkel liege, den Begriff aber findet er richtig und herrlich aufgestellt, die Epochen wohl gesondert, den historischen Verlauf in seiner Gesammtheit richtig gezeichnet. Und wo es dann fehlt, da hat er einen treuen Führer an Heinrich Meyer, dem Schüler von Winckelmanns Freund Füßly, dem nicht genialen aber treu fleißigen Forscher auf Winckelmanns Pfaden, der wohl verstand Einzelnes nachzutragen und zu berichtigen, im Allgemeinen aber sich ganz innerhalb der von Winckelmann gesteckten Schranken bewegte. Der Verkehr der beiden Männer überdauerte die Zeit des italienischen Zusammenlebens und ward zum eifrigsten Zusammenwirken, seitdem Meyer in den letzten Jahren des vorigen Jahrhunderts seinen festen Wohnsitz in Weimar aufgeschlagen hatte. Da begann die Thätigkeit der weimarischen Kunstfreunde, die in der theoretischen Begründung und praktischen Durchführung winckelmannscher Lehren ihre eigentliche Aufgabe fanden. Aus ihrem Kreise gingen die Propyläen hervor, denen außer Goethe und Meyer auch Schiller und Wilhelm von Humboldt ihre Theilnahme widmeten. Es war freilich nicht die erfreulichste Consequenz der winckelmannschen Grundsätze, welche hier gezogen ward. Seine Lehre von der abstracten Schönheit, dem reinen Wasser ohne Geschmack vergleichbar, als einem der Natur fremden Ideal fand hier die eifrigste Verbreitung. Lebhaft widersetzte man sich der schon auftauchenden Ketzerei, welche das Charakteristische, den Ausdruck als höchstes Princip der Kunst an die Stelle der Schönheit setzte, den Inhalt gegenüber der einseitigen Betonung der Form hervorhob. Jenes Ideal war am reinsten in der alten Kunst zum Ausdruck gekommen, also fand man in ihr die alleinige Lehrmeisterin und Gesetzgeberin auch der neueren Kunst, ohne zu beachten, wie die griechische Kunst an der gewissenhaftesten Naturbeobachtung groß geworden und erstarkt war, und ohne alle Rücksicht auf die im Laufe der Zeiten so ganz und gar geänderte Anschauungsweise. Endlich wirkte die Alleinberechtigung der alten Kunst auch dadurch verhängnißvoll, daß aus den zufällig so zahlreich uns erhaltenen Reliefs allgemeine Regeln gezogen wurden, welche man ohne Weiteres auf die Malerei übertrug, da es für diese — ebenso zufällig — an alten Mustern fehlte. Herders Bemühungen waren also vergeblich gewesen, und hatte man früher die Sculptur malerisch behandelt, so trat jetzt das entgegengesetzte Extrem ein. Nicht zufrieden mit der Darlegung der angedeuteten Principien, suchte man dann auch dieselben durch Preisaufgaben und Kunstausstellungen praktisch zu beleben; wer erinnerte sich nicht jener akademischen Gemälde, welche ebenso correct in den Linien sind als kalt und leblos in Ausdruck und Empfindung? bei denen man sich unwillkürlich fragt, warum der Maler nicht wenigstens ein Relief geschaffen, da er auf alle seiner Kunst eigenthümlichen Vorzüge geflissentlich verzichtete. — Je weniger diese Art Winckelmanns Ansichten zu befolgen und auszubilden unsere Billigung finden kann, desto inniger dürfen wir jenes schöne Zeugniß warmer und verständnißvoller Pietät anerkennen, welches Goethe und Meyer im Vereine mit Friedr. Aug. Wolf in ihrer Schilderung Winckelmanns und seines Jahrhunderts niederlegten; namentlich was Goethe hier über Winckelmanns Charakter, Eigenthümlichkeiten, Bedeutung bemerkt, sind goldne Worte, ebenso würdig dessen, der sie spricht, wie dessen, dem sie gelten:

Es ist wohl eine bedeutsame Thatsache, daß drei der Männer, welchen unsre deutsche Literatur ihre Neugründung und ihre schönsten Erzeugnisse verdankt, so eng mit Winckelmann und seinen Werken verbunden dastehen. Der gewaltige Einfluß Winckelmanns und ganz besonders seiner Kunstgeschichte auf die ganze geistige Bewegung der damaligen Zeit, wie sie sich namentlich in der gährenden deutschen Literatur aussprach, wird heutzutage leicht übersehen oder gering angeschlagen. Und doch erkennen wir die Größe und Bedeutung eines Mannes nicht allein an seinen unmittelbaren Schöpfungen, sondern ebenso sehr, oft noch deutlicher an dem Anstoß, den er Andern gegeben, an den anhaltenden und kräftigen Schwingungen, welche diesem Anstoß folgen. Wir haben aus Herders Worten gesehen, daß man nicht unempfindlich war gegen die Bereicherung, welche die deutsche Muttersprache in ihrem Wortschatze sowohl wie besonders in der Ausdrucksfähigkeit für hohe, mit Inhalt gesättigte Gedanken und für schwungvolle, fast seherhafte Anschauungen durch

Winckelmanns Schriften empfing. Aber höher ist noch die Anregung anzuschlagen, welche die ästhetische Betrachtung der Kunst mittelbar und unmittelbar durch den auch hierin mit Lessing vereinten Winckelmann erhielt. Das war die Saite, welche ganz besonders in Deutschlands Forschern nachtönte, welche in allen den fruchtbaren Untersuchungen, Debatten, Speculationen wiederklang, in denen ein nicht geringer Theil der literarischen Wiedergeburt Deutschlands sich vollzog. Wir denken jetzt wohl anders über das Verhältniß des Ideals zur Natur; uns scheint auch der zu Anfang des Jahrhunderts so lebhaft erörterte Gegensatz zwischen Schönheit und Ausdruck weder an sich so unlösbar, noch auch die ausschließliche Anwendung eines dieser beiden Principien auf die griechische Kunst den historisch erkennbaren Thatsachen zu entsprechen. Wir glauben ferner die verschiedenen Gesetze nicht blos der bildenden und der dichtenden Kunst, sondern auch der einzelnen bildenden Künste klarer zu erkennen; aber nie dürfen wir vergessen, auf wessen Schultern wir stehen, und immer wird dann Winckelmanns Name unter denen genannt werden, welchen das Verdienst der ersten Anregung gebührt.

Neben der hohen Formvollendung und der ästhetischen Grundlage kommt aber bei Winckelmanns Kunstgeschichte ein andres, vielleicht noch wichtigeres Moment in Betracht. Man denke nur, wie es damals noch meistentheils im Gebiete historischer und antiquarischer Forschung aussah. Bei wie Wenigen zeigte sich auch nur eine Ahnung davon, daß Geschichtsforschung etwas Anderes sei als das fleißige Zusamentragen der uns überlieferten Notizen. Es war eine dürre Citatengelehrsamkeit, die über all dem Kleinen und Vereinzelten nur selten den Blick zu dem großen Zusammenhang des Ganzen zu erheben vermochte, welche aus eben diesem Grunde die Kritik nur unsicher und unmethodisch zu handhaben verstand, welche sich ängstlich auf die so vielfach abgerissenen Zeugnisse der alten Schriftsteller beschränkte und, da sie von der in sich zusammenhangenden und aus einem Kerne heraus nach den verschiedensten Richtungen wirksamen Schöpferkraft des menschlichen Geistes keine Ahnung hatte, auch jedes noch so kleine Gebiet der Forschung als ein vollständig für sich bestehendes betrachtete. Daß vollends die Geschichtsforschung nicht blos ein äußeres Aneinanderreihen der Thatsachen, sondern ein Erkennen und eine Darstellung der organischen Entwicklung aus dem innern Wesen heraus bezwecke, das war eine von Wenigen erkannte Wahrheit; noch war auf keinem Gebiete historischer oder philologischer Forschung der Versuch gemacht, ein etwas umfangreicheres Ganze von solchem Gesichtspunkte aus zu betrachten und zu behandeln. Das Werk, welches zuerst mit vollem Bewußtsein diese Aufgabe zu lösen strebte, welchem daher ein Ehrenplatz an der Spitze moderner Geschichtsschreibung gebührt, ist Winckelmanns Geschichte der Kunst. Klar und deutlich spricht es die Vorrede aus. „Die Geschichte der Kunst des Alterthums, welche ich zu schreiben unternommen habe, ist keine bloße Erzählung der Zeitfolge und der Veränderungen in derselben, sondern ich nehme das Wort Geschichte in der weiteren Bedeutung, welche dasselbe in der griechischen Sprache hat, und meine Absicht ist, einen Versuch eines Lehrgebäudes zu liefern. Dieses habe ich in dem ersten Theile, in der Abhandlung von der Kunst der alten Völker, ... auszuführen gesucht. Der zweite Theil enthält die Geschichte der Kunst im engeren Verstande, das ist in Absicht der äußeren Umstände. .... Das Wesen der Kunst aber ist in diesem sowohl als in jenem Theile der vornehmste Endzweck." Es versteht sich, daß Winckelmann, um dieses Ziel zu erreichen, sich nicht mit einer Musterung und kritischen Behandlung der so fragmentarisch aus dem Alterthum auf uns gekommenen Nachrichten von der Kunst und den Künstlern begnügte, sondern daß er vor allem die Kunstwerke selber, die ja nicht allein Quelle, sondern auch Gegenstand der Forschung sind, herbeizog und befragte. Welche Antwort sie dem berufenen Frager gaben, das weiß ein jeder, der einmal die begeisterte Beschreibung des belvederischen Apollon oder den Hymnus auf den Heraklestorso im Vatican gelesen hat. Indessen auch diese Mittel der Erkenntniß genügten ihm nicht, da er wohl einsah, daß in der Kunst sich nur eine Seite desselben schöpferischen Geistes offenbart, welcher den Glauben und die religiösen Anschauungen, die Staatseinrichtungen und die Sitte des täglichen Lebens, die Dichtung und das Denken desselben Volkes hervorbringt und bedingt, daß also aus der genaueren Erforschung aller dieser Zweige auch in die Erkenntniß der Kunst neues Licht strömen muß. Andrerseits konnte er sich nicht verhehlen, daß der menschliche Geist diese Thätigkeit nicht ausübt, ohne auch seinerseits auf das Stärkste in Abhängigkeit von äußeren Einflüssen zu stehen; die Menschen machen nicht blos die Geschichte, sondern jeder Einzelne wird auch wieder durch das Geschehene und durch die Umgebung, kurz durch alle die Bedingungen und Voraussetzungen seiner Existenz in seinem Handeln bestimmt. So zog also Winckelmann die Art des Klimas und die Natur des Landes, die Körperbildung der einzelnen Völker und ihre Trachten, die politischen Verhältnisse, unter denen die Kunst geübt ward und die Stellung der Künstler zu Staat und Publikum, endlich auch die Verschiedenheit des Materials und der technischen Behandlung in den Kreis seiner Betrachtung. Es ist wahrhaft staunenswerth, mit welchem Scharfblick er kein Moment übersah, aus dem die Betrachtung der Kunst Gewinn ziehen konnte, wenn ihm auch bei der Durchführung natürlich manche Thatsache verborgen blieb oder in ihrer Bedeutung entging. Dazu aber, daß er die Aufgabe so groß und richtig erfaßt hatte, kam noch der geniale Seherblick, mit dem er aus der chaotischen Masse des Stoffes die Unterschiede herausfand, die Zeiten und Stile sonderte und, da ihm jede Einzelheit das Bild des Ganzen vervollständigte, die klare Einsicht des Ganzen aber jedes Einzelne in ein helleres

Licht setzte, auch da richtig erkannte oder errieth, wo in dem ihm vorliegenden Material kaum ein schwacher Anhalt zur Divination gegeben war. Denn vergessen wir nur nicht, Griechenland mit seinen Schätzen war noch nicht wieder geöffnet; was Winckelmann von Kunstwerken kannte, gehörte fast ausnahmslos der Zeit der sinkenden Kunst oder gar des gänzlichen Verfalls an, während er die ältere Zeit und die höchste Kunstblüthe nur in dem trüben Spiegel späterer Copien erblicken konnte. Und doch zeichnet er mit dem sicheren Griffel des Meisters die großen Epochen des Wachsthums, der Blüthe und des Verfalls, des harten, des großen, des schönen und des sinkenden Stils, so anschaulich und so wahrheitsgetreu, daß wir hieran vielleicht am schlagendsten den echten Propheten der Kunst in ihm erkennen.

Auch die eben geschilderten Eigenschaften, durch welche Winckelmanns Geschichte der Kunst für die Geschichtsforschung wie für die Alterthumswissenschaft epochemachend geworden ist, wurden rasch in ihrer Bedeutung erkannt. Herder stellte sofort die gleiche Forderung an eine Geschichte der griechischen Dichtkunst und Weisheit, „welche mit der Kunstgeschichte einen großen Weg zusammen thun könne". Aber wie lange dauerte es, ehe auf den übrigen Gebieten Aehnliches auch nur versucht ward! Lebhafter war die Mitarbeit auf dem nunmehr vorbereiteten Felde der Kunstgeschichte selber. Heyne verschaffte dieser das Bürgerrecht in den Hörsälen der Universitäten und machte dadurch eine allgemeinere Betheiligung möglich; was er durch eigne Arbeit gerade auf diesem Gebiete förderte, das war gewiß dankenswerth, aber es verschwand neben den Leistungen des Vorgängers, dessen hohe Begeisterung und Intuitionsgabe seine kühle Natur, die jeglicher eigenen Anschauung entbehrte, nicht zu fassen und zu schätzen vermochte. Von andrer Seite machte Hirt Opposition gegen Winckelmann. Er war es, der, wie ich vorhin andeutete, in der Kunst den Ausdruck anstatt der Schönheit als das Maßgebende betonte und diese nicht minder einseitige Auffassung durchzuführen suchte, mit einer unveräcthlichen eigenen Kenntniß der Kunstwerke, die aber nicht durch eine entsprechende selbständige Durchforschung der übrigen Hilfsmittel, namentlich der von den alten Schriftstellern überlieferten Nachrichten, geläutert ward. Letzterer Mangel trifft auch Heinr. Meyer, der überhaupt nicht anders als in Einzelheiten über Winckelmann hinauszublicken vermochte — und das in einer Zeit, da schon die ganze Grundlage unsrer Erkenntniß von der alten, namentlich von der griechischen Kunst eine durchaus andere geworden war.

In Rom war bald nach Winckelmanns Tode und zum Theil infolge der von ihm ausgehenden Anregungen durch Sammlung der zerstreuten Kunstschätze und durch erfolgreiche neue Ausgrabungen ein überaus reiches und bequem übersehbares Material zusammengebracht in dem neugegründeten vaticanischen Museum, durch dessen feinsinnige Erklärung sich Ennio Quirino Visconti wenigstens mittelbar ein großes Verdienst auch um die Kunstgeschichte erwarb. In ähnlicher Weise war dort Georg Zoega thätig, den Inhalt andrer Sammlungen für die Wissenschaft nutzbar zu machen. Zu Anfang unsres Jahrhunderts sah dann das kaiserliche Museum zu Paris, aus der Kriegsbeute namentlich Italiens gebildet, alles was von bedeutenden Kunstwerken erreichbar gewesen, in sich vereinigt und bot in ziemlicher Vollständigkeit das Material dar, welches damals den Stoff der Kunstgeschichte bildete. Da nun hier die Blüthezeit der griechischen Kunst nur in späten römischen Copien, die spätgriechische und römische Kunst aber in Originalen vertreten war, so konnte sich bei Visconti und bei dem unter seinem Einfluß stehenden Thiersch jene Ansicht festsetzen, daß die Kunst, nachdem sie mit Pheidias die Höhe erklommen, von da an lange Zeit gleichsam auf einer Hochebene in gleichmäßigem Schritte hingewandelt sei, bis sie unter Hadrian in raschem Falle wieder herabsank. Es ist uns heute kaum begreiflich, wie eine allem Wesen der Geschichte so durchaus widersprechende Ansicht überhaupt Wurzel fassen konnte. Man denke sich, sechs Jahrhunderte soll die Kunst auf immer gleicher Höhe bleiben, während Religion und Literatur in vollständiger Umgestaltung sich befinden, während Staat und Nation den größten Wechsel durchmachen! Dort das perikleische Athen, der feste Gottesglaube des Aischylos, die klare und gemessene Schönheit der sophokleischen Poesie, der feine Kunstsinn des hellenischen Volkes; hier die römische Weltherrschaft und die Mordlaune des augenblicklichen Gewalthabers, das zerbröckelnde Heidenthum, in der Literatur ein Treibhaus statt eines blumenprangenden Gartens, ringsum nur Prunk- und Prahlsucht; dazwischen alle die Stufen, welche von dort hierher geführt hatten. Ja freilich wenn das möglich war, daß die Kunst von alledem nicht berührt ward, da war Winckelmanns Glaube an die Gemeinsamkeit und den festen Zusammenhang aller Culturentwicklung gar thöricht, da konnte und mußte sich ja die Kunstgeschichte auf den Isolirschemel stellen und alle Berührung mit der übrigen Geschichtsforschung sorgfältig vermeiden.

Wenige Jahre vor seinem Tode ward Visconti auf Veranlassung des englischen Parlaments nach London gerufen, um sein Urtheil über die Marmorwerke abzugeben, welche der frühere englische Gesandte an der Pforte, Lord Elgin, aus Athen mitgebracht und dem Staate zum Verkauf angeboten hatte. Visconti fand in den Parthenonsculpturen nur eine Bestätigung seiner Ansicht, er erkannte in ihnen denselben Stil wie im Laokoon, im Torso vom Belvedere, im borghesischen Fechter. Winckelmann hatte den „schönen" Stil erst mit Praxiteles beginnen lassen, hier zeigte sich ja, daß er auch schon dem Pheidias eigen war — also ein neuer Beweis für das Axiom von der gleichen Höhe der Kunst in jenen Epochen! Erscheint uns ein solches Urtheil bei einem so gründlichen Kenner wie Visconti schwer begreiflich, so dürfen wir doch nicht ungerecht gegen ihn sein. Wer zum ersten Male ein fremdes Land betritt, dem drängt sich zunächst das Uebereinstimmende in der Gesichts- und Körperbildung der Bewohner auf, ehe er die individuellen Besonderheiten klar zu erfassen vermag; wer zuerst eine Landschaft unsres deutschen Vaterlandes besucht, in welcher ein ihm fremdartiger Dialekt herrscht, der glaubt anfangs, es sei kein Unterschied zwischen den Organen, der Aussprache, den Ausdrucksweisen der Einzelnen erkennbar, bis fortgesetzte und genauere Bekanntschaft ihn eines Besseren belehrt. So erging es auch Visconti, und es ist das um so erklärlicher, da seine Meinung sich auf die Ueberzeugung eines langen, ganz der Kunst gewidmeten Lebens stützte. Thiersch, der damals noch jugendlich war, hat in späteren Jahren, je genauer er die neuen Entdeckungen studirte und je rascher diese sich mehrten, desto bestimmter den früheren Ansichten entsagt und sich zur Anerkennung einer wahrhaften und ununterbrochenen Entwicklung bekehrt.

In ungeahnter Fülle entstiegen dem griechischen Boden die treu behüteten Schätze, auch ohne daß Winckelmanns später von L. Roß und der preußischen Regierung wieder aufgenommener Plan, in der nur mit Flußschlamm überdeckten Ebene von Olympia Ausgrabungen anzustellen, bis zum heutigen Tage eine Wahrheit geworden wäre. Am geringsten ist natürlich die Ausbeute der neueren Entdeckungen auf dem Felde der Malerei, deren Erzeugnisse ja die vergänglichsten sind. In Griechenland selbst ist kein antikes Gemälde zum Vorschein gekommen. Pompeji hat zwar noch reiche Schätze an Wandgemälden geliefert, aber sie alle sind doch bloße Decorationsarbeiten einer späten Zeit, welche nur in seltenen Fällen einen directen Rückschluß auf die kunstmäßige Malerei früherer Zeiten gestatten. Andrerseits hat sich durch die umfangreichen Funde namentlich in Etrurien und Unteritalien die Menge der bemalten Vasen sehr beträchtlich vermehrt. Winckelmann hatte zuerst der früher herrschenden Ansicht von dem etruskischen Ursprung solcher Thongefäße widersprochen und sie als griechisch erkannt; neuere Untersuchungen haben dies Resultat nur bestätigt und weiter festgestellt, daß dieselben größtentheils in Griechenland, namentlich in Attika, gefertigt und auf dem Wege des Handels nach allen Weltgegenden verbreitet worden sind. Dieselben begleiten nun allerdings einen großen Theil der griechischen Kunstentwickelung, aber nur als Erzeugnisse des Handwerkes, wo neben vielen trefflichen Gefäßen eine Masse unbedeutender Waare sich erhalten hat. Theils wegen der Mannigfaltigkeit der auf ihnen dargestellten, vorwiegend mythologischen Gegenstände, theils als Zeugniß für die allgemeine Verbreitung des Kunstsinnes bei den Griechen sind uns die Vasen unschätzbar, aber um die alte Malerei daraus kennen zu lernen genügen sie so wenig, wie heutzutage Bilderbogen oder die Schildereien unsrer Kaffetassen und Pfeifenköpfe uns einen Ueberblick über die Entwickelung unsrer Malerei gewähren können. Wir würden also fast vollständig auf die Nachrichten der alten Schriftsteller von der Malerei und von einzelnen Gemälden der berühmten Meister angewiesen sein, wenn nicht hier das neubelebte Studium der neueren Malerei durch Ermittelung der allgemeinen Gesetze der Kunst und der besonderen Regeln für jeden einzelnen Zweig der Technik einen weiteren Anhalt böte. So ist z. B. der namentlich von Letronne und Raoul-Rochette so lebhaft geführte Streit nach der Verbreitung der Wand- und der Tafelmalerei bei den Alten bei der Beschaffenheit der Nachrichten kaum anders zu lösen, als indem wir die erhaltenen Beschreibungen und namentlich die daraus ersichtliche Compositionsweise mit modernen Fresco- und Oelbildern vergleichen; wobei sich dann ergiebt, daß die in den Farben so einfachen, in der Menge der Figuren so mächtigen, in der Composition so streng gegliederten Bilder des Polygnotos in Delphi kaum anders als in engster Verbindung mit der Architektur, d. h. als Wandmalereien sich auffassen lassen. Es liegt auf der Hand, daß eine farbige Wand, welche also der Theil eines Bauwerkes ist, viel ruhiger in der Farbe behandelt und viel strenger in der Composition aufgebaut sein muß, als ein isolirtes Staffeleigemälde, welches die speciell malerischen, auf der Farbe und Perspective, auf Schatten und Licht beruhenden Wirkungen in den Vordergrund stellen wird. Daß übrigens den Alten alle Künste auch dieser Illusionsmalerei bekannt waren, das zeigten theils deutliche Zeugnisse, theils die wenigen erhaltenen Reste antiker Tafelmalerei; grundfalsch ist also die Ansicht derer, die in der alten Malerei durchweg nichts Anderes als eine Art farbigen Reliefs erblicken zu dürfen glauben.

Weit ergiebiger als für die Malerei waren zahlreiche Reisen und Entdeckungen für die beiden Schwesterkünste, die Architektur und Sculptur. Im Anfange unsres Jahrhunderts haben Reisende aller Nationen Griechenland hinsichtlich seiner Kunstreste geradezu wiederentdeckt, und jeder einzelne Fund verbreitete unerwartetes Licht über viele und bis dahin dunkle Gebiete; ähnlich wie Winckelmanns Untersuchung der Tempel von Pästum den ersten Blick in die Verschiedenheit der griechischen Architektur von der römischen hatte werfen lassen. Dodwell und Gell lenkten ihre Aufmerksamkeit auf die polygonen, sogenannten kyklopischen Mauern der alten Burgen und Städte; sie entdeckten die Thesauren, die Schatzhäuser und Grabmäler der ältesten griechischen Fürstengeschlechter, deren architektonische Construction, ohne Säulen wie ohne Bogen, den späteren hellenischen und italischen Baustilen so ganz fremdartig gegenübersteht. Indem man diese Bauweise über das ganze Gebiet, welches einst die griechisch-italischen Völkerschaften inne hatten, und nur hier verbreitet fand, vermochte man darin eine diesen Stämmen von Alters her gemeinsame und eigenthümliche Entwicklungsstufe der Baukunst zu erkennen. — Dann folgte die Auffindung der Giebelgruppen des Athenatempels auf Aigina, welche fast gleichzeitig mit der Aufstellung der elginschen Sculpturen im britischen Museum, nach München in die Glyptothek gelangten. Also war es kein vereinzelter Statuenschmuck, den die Giebelfelder des Parthenons getragen, auch andere Tempel hatten einst in ähnlicher Schönheit geglänzt! Die Anwendung dieses Fundes auf die längst bekannte Niobegruppe, die Vertheilung der letzteren Statuen in dem festen Rahmen eines Giebelfeldes war die nächste Folge; eingehende Untersuchungen über verloren gegangene Giebelgruppen, von denen nur eine schwache Kunde zu uns gelangt ist, schlossen sich an und fanden in jenen erhaltenen Beispielen ein sicheres Fundament. — Andere Funde an dem Tempel von Aigina sowie die Entdeckung eines großen Frieses im Apollotempel von Bassai unweit Phigaleia, dessen Platz im Innern des Tempels über den Säulen noch erkennbar war, erwiesen unwiderleglich, wenn auch nicht ohne Widerspruch, die vielfach angezweifelte Nachricht, daß die größeren unter den alten Tempeln hypäthral waren, d. h. ihr Licht durch eine Oeffnung im Dache erhielten. Die Richtigkeit dieser Ansicht ward fernerhin durch die genauere Untersuchung bestätigt, welche nach jenen Funden im griechischen Mutterlande den zahlreichen Tempelresten Siciliens zu Theil ward; die hier üblichen langen und schmalen, durch abgeschlossene Vorräume und tiefe Säulenhallen noch mehr verdunkelten Tempelcellen würden ohne jenes Auskunftsmittel vollständig finster gewesen sein. — Noch etwas Anderes aber lehrten uns die Tempel Siciliens und der von Aigina. Das unedlere, poröse und nicht schön gefärbte Material, aus welchem dieselben errichtet sind, hatte einen Ueberzug von Stucco, dieser wiederum wegen seines harten Weiß eine farbige Bemalung hervorgerufen. Ein einfacher Ton bedeckte Säulen, Wände und andere Flächen, künstlichere Malereien die Gesimse und sonstigen Verbindungsglieder, wie wir das von den pompejanischen Gebäuden ja schon länger kannten. Die Frage lag nahe, bis zu welchem Umfange überhaupt in der alten Architektur zu verschiedenen Zeiten Farbe angewandt worden sei. Unser Sinn hat sich an das spröde Weiß und Gold in der Ausschmückung unsrer Prachtsäle und an die nüchterne Kalktünche unsrer Gotteshäuser so gewöhnt, daß eine lebhaftere Färbung dem Ernst und der Würde des Baues nicht recht entsprechend scheint. Und doch hat eine genauere Untersuchung gezeigt, daß nicht blos in den mit Stucco überzogenen, sondern auch in den aus Marmor errichteten Gebäuden in der That unverkennbare Spuren von Bemalung sich erhalten haben. Bei diesen letzteren ist dieselbe jedoch auf diejenigen Theile der Architektur beschränkt, welche von minder einfachem Wesen und minder klarer Form einer Erklärung ihrer Bedeutung zu bedürfen schienen; während andere Theile, wie die aufstrebende und tragende Säule, das darauf lastende Gebälk, die verschließende Wand ihr einfacheres Wesen auch ohne eine solche Erklärung aussprechen. Das ist aber überhaupt einer der bedeutendsten Fortschritte, den die Erkenntniß griechischer Kunst seit Winckelmann gemacht hat, die Einsicht, daß Inhalt und Form eins sein und einander decken sollen, daß „des Körpers Form auch seines Wesens Spiegel" ist. Diese Einsicht ist zunächst auf dem Felde der Architektur gewonnen. Der hellenische Tempel wurzelt in bestimmten Anschauungen und Gebräuchen des Cultus, aus diesen herauswächst sein Grundplan, der in der Tempelcella einen abgeschlossenen Raum als Wohnung der Gottheit und einen geöffneten Raum zur Vermittlung des Allerheiligsten mit der Außenwelt in den Säulenhallen erheischt. Vom Boden empor aber wächst ein System von tragenden und getragenen, schwebenden und deckenden Gliedern, alle nicht blos ihrem Einzelzweck entsprechend, sondern auf das Innigste auf einander berechnet und untereinander verbunden durch eine Anzahl feinerer Glieder, die bald eine engere Verknüpfung, bald einen Conflict zwischen zwei entgegengesetzten Functionen zum Ausdruck bringen; wie z. B. das Kapitell der Säule den Widerstreit des mit seinen senkrechten Kanälen aufwärts strebenden Säulenstammes und des darauf lastenden, zur Aufnahme der Decke wie des Daches dienenden Gebälkes darstellt. Diese Bedeutung der so wichtigen Zwischenglieder anschaulicher zu machen hilft das Ornament, welches sich besonders gern farbiger Zeichnung bedient, um an eine bezeichnende Analogie der allen bekannten Natur zu erinnern. So weisen die Kannelüren der Säule auf die Rippen eines aufschießenden Stengels, jenes unter dem irreleitenden Namen des Eierstabes bekannte Ornament auf die durch einen Druck von oben umgebogenen aber doch noch elastisch widerstrebenden Blätter hin; ein bald eckig, bald rund gewundenes Muster (wie in den Verzierungen à la grecque) auf ein Riemen- oder Bandgeflecht, welches bald zu festem Umschnüren gebraucht, bald schwebend in der Höhe über dem freien Raum ausgespannt werden kann. Es ist nicht zu viel behauptet, wenn wir sagen, daß der Einblick in den Organismus des hellenischen Tempels uns verschlossen war, ehe die „Tektonik der Hellenen" erschien. Dasselbe Kunstgefühl aber, welches hier die Form nur als den congruenten Ausdruck des Wesens gestaltete, durchdringt auch alle andern Zweige der Kunst. —

In der Sculptur ist wiederum die Bereicherung des Stoffes ebenso unendlich als die Fülle der daraus für die Wissenschaft neu erwachsenden Aufgaben. Auf die Statuen vom Parthenon und von Aigina, wie auf die Reliefs von Bassai ward schon hingewiesen, auch die sicilischen Tempel lieferten bedeutende Ausbeute; aus der reichen Masse der übrigen Werke möge nur eines der schönsten, die Aphrodite von Melos, und zwei der neusten Funde Erwähnung finden, die Entdeckung der für die älteste wie für die spätere Zeit gleich wichtigen Sculpturen Lykiens durch den Kohlenhändler Ch. Fellows, und die Ausgrabung des Maussolleions in Halikarnasos. Dieselbe Frage nach der Polychromie, welche wir oben bei der Architektur erwähnten, ist durch die neuen Entdeckungen auch für die Sculptur besonders nahe gelegt. Es treten nämlich an manchen jener Marmorwerke unzweifelhafte Reste von Malerei hervor, ja in einigen der selinuntischen Reliefs finden wir gar die nackten Körpertheile aus Marmor, den Rest aus bunt bemaltem Kalktuff gebildet. Dies kann nicht auffallen, wenn wir bedenken, daß die berühmtesten Götterbilder des Alterthums aus Elfenbein und theilweise emaillirtem Golde zusammengesetzt waren und daß Praxiteles unter seinen Marmorstatuen diejenigen besonders hoch schätzte, bei denen er sich der Hilfe des berühmten Malers Nikias bedient hatte. In der That besitzen wir — auch abgesehen von den ganz gefärbten Figuren aus gebranntem Thon — noch Marmorstatuen genug, welche eine mehr oder minder vollständige Bemalung aufzuweisen haben. Die in Pompeji ausgegrabenen Standbilder zeigen fast durchgängig gefärbte Haare, Augen und Lippen, sowie auch die Säume der Gewänder durch einen farbigen Streifen hervorgehoben zu werden pflegen; an einer kürzlich in der Nähe Roms entdeckten Kolossalstatue des Augustus ist sein Mantel ganz und gar purpurn, die Reliefs an seinem Harnisch in mehren Farben ausgemalt. Da das Factum der Bemalung somit feststeht, so ist nunmehr die Untersuchung ihrer Grenzen unabweisbar geworden, für welche vor allem eine möglichst genaue Feststellung des noch nachweislichen Thatbestandes erforderlich ist.

Auch außerhalb des griechischen Bodens ist in unserm Jahrhundert der Entdeckungen das Material emsig vermehrt. Aegypten ist seit der Expedition Bonapartes zu wiederholten Malen neu erforscht; in den letzten Jahrzehnden sind im Wetteifer der Engländer und Franzosen die Paläste der assyrischen Hauptstädte wieder ans Tageslicht gezogen. Da ist denn natürlich auch die Frage nach den Anfängen der griechischen Kunst wiederum in den Vordergrund getreten. Bekanntlich hat Winckelmann die Herleitung der griechischen Kunst aus Aegypten geläugnet; „es wäre — sagt er — für diejenigen, welche alles aus den Morgenländern herführen, mehr Wahrscheinlichkeit auf Seiten der Phönicier, mit welchen die Griechen sehr zeitig Verkehr hatten." Auch hier scheint Winckelmann das Richtige gesehen zu haben. Einen umfassenden Einfluß der ägyptischen Kunst auf die griechische können wir mit ziemlicher Sicherheit in Abrede stellen; nicht so vollständig lassen sich dagegen die Zusammenhänge der ältesten griechischen Kunst mit dem asiatischen Orient abweisen, mit jener eigenthümlich erstarrten Kunst, die uns in Assyrien entgegentritt und, wie im Mittelalter die romanische Sculptur, mit ihrem leblosen Schematismus nur das Ende einer langen Kunstentwicklung zu bezeichnen scheint. Hier bedarf es noch einer eindringenden Untersuchung der assyrischen Kunstwerke, wie sie nur erst eben begonnen ist. Auch die Frage nach der Rolle, welche etwa die Phönicier durch selbständige Kunstübung oder als Vermittler fremder Kunst gespielt haben, harrt noch ihrer Lösung, wenn auch so viel schon jetzt sich sagen läßt, daß die spätere, für uns mustergiltige Kunst der Griechen ein eigenstes hellenisches Erzeugniß ist und ohne bedeutende fremde Einflüsse sich entwickelt hat.

Bei solchen Forschungen kann die Archäologie natürlich der Beihilfe der philologischen Schwesterdisciplinen nicht entrathen. Wie ließen sich wohl die zuletzt bezeichneten Fragen lösen, ohne die allgemeineren politischen und culturhistorischen Verhältnisse und Verknüpfungen zu berücksichtigen? Ebenso verdanken auch eine ganze Reihe andrer Fragen aus der Kunstgeschichte der lebendigen Thätigkeit innerhalb der verwandten Zweige der Wissenschaft ihre Anregung und zum Theil die Möglichkeit ihrer Lösung. Längst war es anerkannt, daß in der Geschichte Griechenlands die Stammesunterschiede, namentlich der Gegensatz des dorischen und ionischen Stammes, eines der allerwesentlichsten Momente bilden; der Gegensatz tritt nicht allein in der äußeren Geschichte hervor, sondern ebenso in allen Einrichtungen und Gebräuchen. Allmälig entdeckte man ihn auch in der Literatur als nicht minder wirksam: den beweglicheren, feineren, für die Außenwelt und ihre Eindrücke empfänglicheren Sinn der Jonier gegenüber der Abgeschlossenheit, dem Ernst und der Tiefe, aber auch der Härte und Schwerfälligkeit des dorischen Stammes, endlich die Auflösung der Gegensätze bei den am reichsten begabten Attikern. Was sich früher nur vermuthen ließ haben die neueren Entdeckungen uns sichtbar vor Augen geführt, daß dieselben Gegensätze auch die Entwicklung der Kunst bedingen. Der plumpen Unbeholfenheit der sicilischen Sculpturen, welche sich neuerdings ebenso in alterthümlichen Werken des dorischen Griechenlands wiedergefunden hat, steht die feine Anmuth und Zierlichkeit altattischer und altionischer Werke, wie des sogenannten Harpyienmonuments von Xanthos, gegenüber. In Aigina erreicht der dorische Stil in vollendeter lebensvoller Darstellung des Körpers seine höchste Blüthe, indessen das Gesicht noch in althergebrachter Starrheit verharrt; in Athen entwickelt sich theils die feine Behandlung des Gewandes, theils das Schwierigste aber auch Höchste der Kunst, die Darstellung des Inneren durch den Ausdruck des Gesichts. Ja noch in der höchsten Blüthezeit der Kunst ist der Dorier Polykleitos mit seiner Schule vorzugsweise thätig, die Schönheit des jugendlichen Körpers in den mannigfachsten Variationen zum Ausdruck zu bringen, während aus der attischen Schule ein Götterideal nach dem andern hervorgeht, eine große gedankenvolle Composition der andern folgt. Nicht ganz so deutlich läßt sich der Gegensatz in der Malerei verfolgen (wo auch die Schulzusammenhänge stärker in einander greifen), obgleich die Alten ihn hier bestimmt erkannten. Die hauptsächlichen Anregungen scheinen auch hier von Jonien und Attika ausgegangen zu sein, wogegen bei den Doriern die Tendenz auf das Lehrbare, bis zur Einführung des Zeichenunterrichts in die Schulen, vorherrschte. Wie der Gegensatz in der Baukunst zu Tage tritt, bedarf nur einer Andeutung, und gerade hier zeigt sich das Vermittelnde, die Gegensätze Abschleifende des attischen Charakters besonders deutlich in der Ausbildung, welche sowohl der dorische wie der ionische Stil in Athen erhalten hat.

Vielleicht am allernächsten von allen Zweigen der Alterthumswissenschaft ist mit der Archäologie die Mythologie verbunden. Wiederum ist es Winckelmann, der diese Verbindung zuerst streng durchführte, da er erkannt hatte, daß nicht Geschichte, am wenigsten römische, sondern die Gestalten und Begebenheiten der griechischen Götter- und Heldensage den Hauptinhalt der alten Kunst bilden. Er hatte auch von der griechischen Religion bessere Vorstellungen als die meisten seiner Zeitgenossen; während diese in schalem Pragmatismus nur entstellte Historie in den Mythen erkannten, hatten für Winckelmann die Götter der homerischen Gesänge ein wahrhaft göttliches Dasein. Doch erst in unsrem Jahrhundert ist die Mythologie zur Religionsgeschichte geworden, und erst so kann sie nicht blos mit der Kunsterklärung, sondern auch mit der Kunstgeschichte in das richtige Verhältniß treten. So lange die Kunst in schönster Blüthe stand, ist die Schöpfung der Göttergestalten ihre höchste Aufgabe gewesen; in der verschiedenen Art und Weise, wie sie diese Aufgabe zu lösen suchte, spiegelt sich am treusten ihre Entwicklung. Zunächst gilt es nur noch der äußeren Form Herr zu werden: ein ruhiger Typus mit eng angeschlossenen Armen und kaum getrennten Beinen neben einem bewegteren, weit ausschreitend und die Arme gewaltsam ausgestreckt oder gehoben — diese beiden Gestaltungsweisen genügen für die Menschen sowohl wie für die männlichen Götter allzumal, die nur durch das äußere Beiwerk sich von einander unterscheiden Trägt die Hand einen Blitz, so ist Zeus gemeint, ein Dreizack bezeichnet Poseidon; der übrige Ausdruck zeigt keine Verschiedenheit, ein stereotypes Lächeln ist überhaupt noch die einzige Weise, wie sich das Innere äußert, wie sich die Freundlichkeit des gnädigen Gottes offenbart. Nicht anders ist es bei den weiblichen Gottheiten; auch hier deuten blos die Attribute auf die verschiedenen Göttinnen hin, mögen sie steif und vierkantig da sitzen, die Hände auf den Schenkeln, oder vor uns stehen und durch ein leises Heben des Gewandes auch in dieses ein erstes bescheidenes Motiv der Bewegung bringen, wie durch das Lächeln ins Gesicht. Ganz langsam erstarkt so, im Einzelnen verfolgbar, die Fähigkeit, das Aeußere darzustellen. Kaum aber ist diese Schwierigkeit überwunden, da tritt mit voller Gewalt die Aufgabe an die Kunst heran, nicht mehr blos durch Attribute das Wesen der Gottheit anzudeuten, sondern ihr Inneres in dem Körper und auf dem Antlitz selber wirklich auszudrücken. Und noch empfand die Zeit in gläubigem Sinne die Tiefe der Gottheit. Da schafft Pheidias seinen Zeus für den Tempel von Olympia, wo die Sieger bekränzt werden; zum bedeutsamen Vorbild nimmt er sich die homerischen Verse, wo Vater Zeus der flehenden Thetis für ihren Sohn Ehre und Sieg verheißen hat:

 Also sprach und winkte mit schwärzlichen Brauen Kronion.
 Und die ambrosischen Locken des Königes wallten ihm vorwärts
 Von dem unsterblichen Haupt — es erbebten die Höhn des Olympos.

Nie ist gnädige Gewährung und übermächtige Majestät schöner gepaart worden als in den wenigen Versen. In diesen beiden Eigenschaften liegt das ganze Wesen des Zeus wie im Kerne enthalten; das erkannte Pheidias mit wahrer Genialität, und indem er in der Stirn, in den Brauen und dem Löwenhaar die Majestät, in dem leise geöffneten Munde die Gnade thronen und alles andre Beiwerk des Bildes nur diese Eigenschaften weiter entwickeln ließ, schuf er seinen Hellenen den Zeus, bei dessen Anschauen sie all ihr Leid vergaßen. Diese Fülle des übermenschlichen Gottesbegriffes zum reinen und gesammelten Ausdruck zu bringen, vermochte nur die attische Kunst der besten Zeit. Nach dem peloponnesischen Kriege ist der Glaube ein andrer geworden und damit auch die künstlerische Auffassung der Götter. Der eine Künstler zerlegt unter dem Einflusse der Philosophie das einige Wesen der Gottheit in seine verschiedenen Seiten; neben Eros, den Liebesgott, stellen sich Himeros und Pothos, Sehnsucht und Verlangen, Aphrodite erhält Peitho und Paregoros, die Göttinnen der Ueberredung und des Liebestrostes, zu Begleiterinnen, ja es dienen sogar Doppelbüsten, um zwei Seiten eines Wesens zum Ausdruck zu bringen. Der andre Künstler schwelgt in der Darstellung schöner Formen und verlockenden Liebreizes; ihm sind die Götter den Menschen gleich geworden, Aphrodite ist nicht mehr die Herrscherin der Liebe, sondern das schöne, von Liebe beherrschte Weib. So nähern sich die Grenzen der Götter, Heroen und Menschen einander, bis sie in der Hofkunst Alexanders des Großen und seiner Nachfolger ganz ineinander fließen. Die Götterdarstellungen werden seltener, dafür erhalten die irdischen Gewalthaber den Blitz des Zeus als Abzeichen. Die Künstler geben nicht so sehr darauf aus, das gesammte Wesen, sei es auch in einzelne Seiten zerlegt, hinzustellen, sondern sie begnügen sich mit einer Seite, oft der allerindividuellsten; wie wenn Herakles, in dem frühere Zeiten das Ideal des kraftvollen Helden schilderten, zu dem von Liebesnoth gepeinigten Diener der Omphale wird. Endlich zerstört die Allegorie, die Darstellung ganz abstracter Reflexionen, alle Kunst; der Inhalt, und zwar der unkünstlerische, überwuchert und vernichtet die Form. —

Winckelmanns Werk hat uns zu solchen Betrachtungen den Anlaß gegeben. Alle Geschichte der griechischen Kunst wird immer wieder von Winckelmann ausgehen, aber sie darf nicht mehr bei ihm stehen bleiben. Die innere Kräftigung der gesammten Alterthumswissenschaft nicht minder als der gewaltige Zuwachs an Material schaffen stets neue Aufgaben, führen aber auch ihre Lösung näher. Zugleich wird, je mehr der Stoff auch wächst, derselbe dennoch in gleichem Maße zugänglicher. Im Gebiete der Archäologie herrscht ein reges Zusammenwirken vieler Gleichstrebender, zahlreiche Publicationen sorgen für weite Verbreitung des zerstreuten Materials. Die Originale selbst sind in den Museen bequemer vereinigt, Gipsabgüsse überall erreichbar; der Verkehr wird von Tage zu Tage leichter. Seit in Zeitschriften und Einzelarbeiten der Stoff unablässig durchforscht wird, seit das britische Museum die Ecksteine der griechischen Kunstgeschichte in sich schließt, seit auch Athen, Rom und Neapel durch Dampfschiffe und Eisenbahnen bis auf wenige Tagereisen uns nahe gerückt sind, seitdem bedarf es nicht mehr eines Wechsels der Confession, um zur zusammenhangenden Anschauung des Schönen zu gelangen. Findet sich doch jetzt allwinterlich auf dem Capitol eine ganze Schaar älterer und jüngerer Forscher zusammen, um in gemeinsamer Arbeit Winckelmanns Werk durch tiefere Ergründung der einzelnen Aufgaben fortzusetzen. Gar mancher Schritt zum Ziele ist auch gethan diesseits wie jenseits der Alpen, manch trefflicher Baustein zu dem neu zu errichtenden Palast der Kunstgeschichte herbeigebracht. Und doch, bei all der Gunst der Verhältnisse, wagt nach Ablauf eines vollen Jahrhunderts Keiner Winckelmanns Erbe im Ganzen anzutreten! Für die jetzt lebende Generation ist das eine ernste Mahnung, für Winckelmann der höchste Ruhm!

Der Krieg in Nordamerika.

Der Schluß des Jahres 1861 sah die Krieg führenden Theile der Union vollständig gerüstet einander gegenüber. Der Norden mit einer Bevölkerung von 21 Millionen und im Besitze aller Hilfsmittel, welche reicher Boden, vollständig entwickelte Industrie und ausgedehnter Handel gewähren, hatte sich die Aufgabe gesetzt, den Süden mit seiner Einwohnerzahl von höchstens 10 Millionen Seelen, inbegriffen das feindselige Element der fast 4 Millionen Sklaven, zum Verbleiben in der Union zu zwingen.

Das Heer, welches der Norden ins Feld führte, zählte über 600,000 Mann. Der Süden hatte sich mit der Hälfte dieser Stärke begnügen müssen, da seine Einwohnerzahl und die Bewachung der Sklavenbevölkerung keine Steigerung zuließen. Der große Unterschied des beiderseitigen Machtverhältnisses wurde einiger Maßen ausgeglichen 1) durch die bessere militairische Organisation des Südens, 2) durch den für Kriegsoperationen wenig geeigneten Kriegsschauplatz und 3) durch die Beschaffenheit der Einwohner des zu erobernden Landes; hier nämlich kommt einestheils die geringe Dichtigkeit der Bevölkerung, andererseits die Unabhängigkeit der Existenz des Einzelnen in Betracht; beides Umstände, welche moralische Eroberungen durch große Schläge, wie wir sie in unsren Kriegen kennen gelernt haben, fast unmöglich machen. Der Krieg in Nordamerika erinnert in diesen Beziehungen an die Kämpfe Napoleons in Rußland 1812, wo die Franzosen zwar überall siegten und Städte einnahmen, aber dennoch das Land nicht eroberten. Die Kriegsgeschichte lehrt uns, daß in Fällen, wo ein ganzes Volk als Feind bekriegt wird, so daß eigentlich jeder einzelne Mann erobert oder geschlagen werden muß, nur die volle Beherrschung des Landes zum Ziele führt, nicht aber der Gewinn einzelner Schlachten. Beim Kampfe gegen die Spanier konnte sich Napoleon nur durch Occupation der großen Städte und Festungen im Lande halten. Nordamerika entbehrt aber auf seinem Kriegsschauplatz solcher Schwerpunkte der Landschaft in hohem Grade. Die Kriegführung der Römer mit ihren großartigen Straßenanlagen, Netzen von Lagern und dem systematischen Vorschreiten ihrer Herrschaft, könnte hier als Maaßstab zur Beurtheilung der Richtigkeit des Verfahrens der Nordstaaten dienen, wenn der Norden schon beim Beginne des Krieges die Ueberzeugung gehabt hätte, daß der Süden nur durch Eroberung zu bezwingen sei. Man wähnte aber statt dessen auch nach den Erfahrungen vom Jahre 1861, daß es nur einer Tracht Schläge bedürfe, um den Jungen zur Raison zu bringen, und zu dieser Operation hielt man sich als das stärkere Stammvolk berechtigt und befähigt. In dieser pädagogischen Auffassung der Sachlage irrte man sich gewaltig und sah erst nach harten Erfahrungen ein, daß es an der Zeit sei, den Abtrünnigen entweder als gleichberechtigt neben sich zu dulden oder aber in die Zwangsjacke zu stecken.

Das Richtige wäre also offenbar gewesen, möglichst systematisch vorzugehn, auf den beiden großen Operationslinien, im Osten von Washington nach Richmond, im Westen von Cairo nach New-Orleans am Mississippi, Festung nach Festung zu bauen, sich immer mehr zu basiren und keinen Schritt vorwärts zu thun, der nicht mindestens einmal zurück gethan war. — Wie aber die allgemeine Stimme, welche den Norden mehr lenkte als die Vernunft der Sache, solche systematische Kriegführung beurtheilte, spricht niemand klarer aus wie Pope, als er an die Spitze der Potomacarmee berufen, der Welt das Programm seiner künftigen, natürlich nur kurzen Thätigkeit verkündete. Er sagte in seinem ersten Armeebefehl: „Ich habe beständig vom Einnehmen und Behaupten starker Positionen gehört, — von Rückzugslinien, Operationsbasis und Depots für Hilfstruppen, laßt uns solche Ideen über Bord werfen." Und ferner: „Laßt uns vielmehr die wahrscheinliche Rückzugslinie unsers Feindes studiren, die unsere wird für sich selber sorgen."

Wirkliche d. h. in ihrem Metier durchgebildete Generale fehlten den Nordamerikanern. Der Süden hatte wenigstens solche, deren frühere Studien ihrem jetzigen Berufe zu Gute kamen, der Norden hatte außer Mac Clellan Keinen, der dieses Vorzugs genoß, dieser war aber und ist heute noch nicht Soldat, sondern nur Verwalter. Die Folge davon war, daß auch in diesem Jahre die

Leitung der Angelegenheiten der Sicherheit, ja beinahe jedes durchgebenden Gedankens entbehrt und diese Systemlosigkeit macht es schwierig, ein scharfes Bild der kriegerischen Ereignisse zu geben. Um dies annähernd thun zu können bleibt nur übrig, den Gang derselben örtlich zu theilen nach den Kriegstheatern, 1) gegen Richmond und 2) am Mississippi als den Hauptgebieten, daneben die einzelnen Begebenheiten auf den Zwischengebieten zu erwähnen und dabei denjenigen Zusammenhang der Dinge zu zeigen, welcher sich durch die Leitung der Armee im Süden stellenweise ergiebt.

General Mac Clellan führte beim Beginn des Jahres 1862 noch neben der Potomacarmee das Commando der gesammten Streitkräfte der Union und hatte deshalb auf dem Kriegstheater von Virginia die bedeutendsten Streitkräfte vereinigt. Sein nächstes Streben war vorwiegend auf Organisation und Ausbildung der eigenen Truppen gerichtet. Die ersten Monate verstrichen daher in Virginien ohne kriegerische Thaten, sehr unbedeutende Ereignisse des kleinen Krieges abgerechnet. Anfang März erhielt die Potomacarmee feste Formen durch eine Eintheilung in 5 Armeecorps unter den Generalen Mac Dowell, Sumner, Heinzelmann, Keyes und Banks. Jedes Armeecorps zählte 3 Divisionen, die Division bestand aus 3 Brigaden Infanterie à 4 Regimentern oder Bataillonen; jeder Division waren zugetheilt 4 Batterien, von denen 3 den Freiwilligen, die 4. aber der regulären Armee angehörten. — Ein Armeecorps zählte mithin 36 Bataillone oder über 36,000 Mann und kann mit den andern Waffen in voller Stärke auf 40,000 Mann und 96 Geschütze berechnet werden. Eine durchschnittlich permanente Einbuße durch Kranke, deren Zahl einen monatlichen Abgang von 10,000 Todten für die Nordstaaten ergab, läßt aber 30.000 Mann als höchste Stärke eines Corps oder von 10,000 Mann für eine Division in Anschlag bringen. An Cavallerie war die Armee außerordentlich schwach, sie betrug wahrscheinlich nur 3—4 Regimenter oder 2000 Pferde. Das ist für den Dienst der Cavallerie selbst auf dem sehr bedeckten nordamerikanischen Kriegstheater viel zu wenig. Dies empfand man, als es sich herausstellte, daß der Wirkungskreis derselben sich auf den Vorpostendienst beschränkte und die ohnehin geringe Geschwindigkeit der militärischen Bewegungen durch die Reiterei keine wesentliche Förderung erfuhr. In den europäischen Armeen fordert man den 8. bis 7. Theil der Armee als Cavallerie. Diese Truppe will aber nicht nur zur Handhabung, sondern auch zur Erhaltung des Materials eine Disciplin, wie sie das Freiwilligenheer des Nordens nicht darbot.

Die Potomacarmee zählte also ungefähr 150,000 Mann und tummelte sich fleißig auf Parade- und Exercierplätzen. Das schien aber der beurtheilenden und regierenden Welt höchst überflüssig. Die öffentliche Meinung erhob sich gegen Mac Clellan, er verlor das Obercommando der gesammten Streitkräfte und der Präsident Lincoln und sein Kriegsminister, welche beide in der Advokatur die

Vorstudien ihrer jetzigen Stellung gemacht hatten, übernahmen es selbst. Hatten sich ihre Kräfte und diejenigen ihrer schlecht organisirten und schlecht basirten Verwaltungsmaschine schon bei Bildung, Bekleidung, Ausrüstung und Erhaltung der Armee nicht als hinreichend bewährt, so mußten sie jetzt vollständig Fiasko machen, natürlich nicht ohne erheblichen Nachtheil für das Land. Das blieb denn auch nicht aus; aber erst im Herbst trat Halleck wieder an die Spitze der Armeeleitung.

Mac Clellan behielt nur das Commando in Ostvirginia mit dem bestimmten Befehl, sofort gegen Richmond vorzugehen, während Fremont, der sich bereits in Missouri als unthätig erprobt hatte, das Departement in den virginischen Gebirgen (dem Shenandoahthal) und Banks, der bis dahin nur in der Niederhaltung von Maryland seine militärischen Fähigkeiten geübt hatte, die obere Leitung in Westvirginien erhielt. Zu diesen drei unabhängigen Befehlshabern auf demselben Kriegstheater trat nach der Ankunft Mac Clellans vor Richmond noch ein vierter, Mac Dowell, der mit der besondern Deckung Washingtons beauftragt war. Mac Clellan behielt nur 11 Divisionen, während 4 Divisionen seiner Truppen und noch 2 neuformirte Divisionen den drei andern genannten Generalen zugetheilt wurden.

Am Mississippi und Ohio wurde die zweite größere Armee unter Halleck formirt und zwar in Missouri General Pope mit 2 Divisionen, bei Cairo General Grant mit 5 Divisionen und in Mitteltennessee Gen. Buell mit 5 Divisionen. Der Westarmee zur Seite stand eine Flottille, aus Kanonen- und Mörserbooten, sowie einer Anzahl Transportdampfern bestehend und von sehr tüchtigen, im Kampf mit den Elementen entwickelten Seeoffizieren geführt, an deren Spitze Commodore Foote stand. Hier im Westen begann die kriegerische Thätigkeit frühe im Jahre, indem Foote die Frühjahrswasser benutzte und gefolgt von Grant am 6. Februar den Cumberland hinauf ging und das Fort Henry an der Grenze von Kentucky und Tennessee nahm; dasselbe hatte nur 120 Mann Besatzung. Grant ging von hier quer durch das Land nach dem auf derselben Grenze gelegenen Fort Dowelson am Tennessee, während Foote erst wieder durch den Ohio dorthin fuhr. Hier standen die Conföderirten in einer Stärke von 15,000 Mann verschanzt. Vom 14. bis 16. Februar ein heftiger Kampf, der mit der Uebergabe des Forts und der Besatzung schloß, nachdem die Hauptmasse des Gegners in der Nacht abgezogen war. Im Laufe des ganzen Feldzugs ist es auffallend, wie kurz in der Regel der Widerstand der Vertheidiger in verschlossenen Orten ist. Das tritt der Natur der Sache nach am meisten bei den fast stets als Vertheidiger kämpfenden Conföderirten hervor und beweist die geringe Ausdauer und mangelhafte Disciplin der Heere. Nur momentane Leistungen bemerken wir, keine Reihe von Thaten, welche den Krieg fördern. Erst in der neuesten Zeit scheinen die Führer in höherem Grade Herren der Gesammtkräfte der Soldaten und dadurch zu nachhaltigen Unternehmungen befähigt zu werden.

Nach Wegnahme des Fort Dowelson setzten Foote und Grant ihre Operationen auf und an dem Tennessee fort und gelangten bis zur Grenze von Alabama, wo sich Grant auf dem linken Ufer des Flusses bei Pitsburgh Landing festsetzte, einerseits um hier die Beherrschung seiner Verbindungslinien des Tennessee zu sichern, andrerseits um sich mit General Buell zu vereinigen, der längs der Eisenbahn von Nashville her operirte. Dann wollte Grant, der Eisenbahn folgend, über Farmington und Corinth gegen Memphis vordringen und sich hier wieder mit Foote in Verbindung setzen, der mit Zurücklassung weniger Kanonenboote bereits nach dem Mississippi abgesegelt war und auf diesem, die Vertheidigungsforts zerstörend, ebenfalls gegen das starkbefestigte und vertheidigte Memphis anrücken sollte. Auf der Linie Pitsburgh Landing und Memphis stehend, hätte man so zwei große Ströme und zwei Eisenbahnen als Verbindungslinie nach rückwärts, eine sehr gute Basis zum weitern Vordringen innegehabt.

Das wurde vom Südgegner C. Gl. Beauregard vollständig erkannt. Er beschloß deshalb Grant anzugreifen, ehe er sich mit Buell vereinigt hatte. Alle disponibeln Kräfte der Conföderirten vereinigten sich bei Corinth, überfielen Grant am 6. April bei Pitsburgh Landing, und warfen ihn an den Tennessee. Dort gaben die Kanonenboote und die einbrechende Dunkelheit einen Halt und Schutz. Durch den Kanonendonner zur Eile angetrieben, aber aufgehalten durch den Tennessee langte Buell am Abend dieses Tages und im Laufe der Nacht an, so daß der am 7. April neu beginnende Kampf mit frischen und überlegenen Kräften fortgesetzt werden konnte und mit einem Zurückweichen des Gegners endigte. Die Schlacht kostete der Union 13,000 Mann und nöthigte die Westarmee, sich die nächste Zeit mit sich selbst zu beschäftigen, während Beauregard von derselben verschwand und auf den Kampfplatz bei Richmond eilte.

Foote hatte unterdessen vor den Grenzbefestigungen Tennessees im Mississippi auf dem Island Nr. 10 gelegen, konnte aber erst nach dreiundzwanzigtägigem Bombardement und nach einer Kanallegung, welche die Flotte mit dem von Missouri herankommenden General Pope in Verbindung brachte, die Werke nehmen. Sie ergaben sich am 7. April, nachdem die Besatzung abgezogen war. Pope folgte dem fliehenden Feinde, an den er bis dahin keinen Weg gefunden hatte, mit großer Entschiedenheit und berichtete von bedeutenden Erfolgen. Zu einem wirklichen Gefecht gelangte er aber erst, als er in der Nähe von Grant angekommen, bei Farmington auf die Conföderirtenarmee stieß. Hier wurde er am 7. Mai geschlagen, bewerkstelligte aber dennoch seine Vereinigung mit Grant.

Nun waren die Truppen der Westarmee unter Grant, Buell und Pope vollständig vereinigt. Gen. Halleck traf zur Uebernahme des Commandos ein und besetzte das von den Conföderirten verlassene Corinth am 30. Mai. — Commodore Foote war unterdeß unausgesetzt auf dem Mississippi in Thätigkeit gewesen. Am 6. Juni legte sich eine seiner Abtheilungen unter Capitän David vor Memphis und nahm dasselbe nach kurzem Bombardement. Halleck, der so ohne Anstrengung Besitz von der Linie Memphis-Corinth erhielt, hatte nun alle Freiheit, gegen Süden vorzudringen und Butler nach Orleans hin die Hand zu bieten, da die Conföderirten fast alle ihre Kräfte auf Richmond gezogen hatten. — Halleck aber begnügte sich mit dem, was er besaß, und verharrte in der Hitze des Sommers in Ruhe, bis er im Juli das Obercommando der gesammten Streitkräfte der Union übernahm, nachdem Pope kurz vorher zum Commandeur der Potomacarmee ernannt worden war. Grant erhielt das Obercommando der Westarmee.

Weniger erfolgreich waren inzwischen die Kämpfe der Ostarmee gewesen. Am 10. März hatten die Conföderirten ihre Stellung vor Washington über Nacht geräumt, um sich bei Richmond zu concentriren und die verfügbaren Kräfte im Westen zum Angriff bei Pitsburgh Landing zu verwenden. Die öffentliche Meinung drängte schon lange zum Handeln, jetzt mußte Mac Clellan seine sorgsam gedrillte und gepflegte Armee an den Feind bringen. Aber wie? das war die Frage. Einfach gerade darauf loszugehen, bis man auf den Feind traf, das erschien zu wenig systematisch; dabei hatte man im vorigen Jahr zu schlechte Erfahrungen gemacht, ein dunkler Drang nach Flankenbewegungen und Umgehungen machte sich geltend, man entschloß sich endlich, die Armee zunächst eine Seereise nach Fort Monroe machen zu lassen, die Flotte der Conföderirten bei Norfolk, welche in ihrem Merrimac (dem ersten Panzerschiff) einen sehr gefährlichen Gegner besaß, zu schlagen, dann zu landen und auf der an Wegen armen, ganz dicht bewaldeten Halbinsel von Yorktown gegen Richmond vorzudringen. Man hatte dabei einen zwei bis drei Meilen nähern Landweg zurückzulegen, wie von Manassas Junction aus, entbehrte aber der dort vorhandenen beiden Eisenbahnen und sonstigen bessern Straßen, deckte auch nicht die eigne Hauptstadt, sondern mußte zu diesem Zweck noch eine eigene Armee bei Manassas Junction aufstellen. — Für einfache Anschauung der Dinge ist diese Operation ganz unverständlich; aber gerade der Unwissende sucht nach Absonderlichem statt nach dem Einfachen.

Am 2. April trat Mac Clellan seine Fahrt nach Fort Monroe an, am 4. beginnt die Landung und gerade einen Monat darauf rückt er in dem drei Meilen entfernten, vom Feinde verlassenen Yorktown ein; am 5. Mai kam es zum ersten Gefecht, welches 2500 Mann kostete; am 22. entwickelte sich die Armee am Chickahoming und am 31. kam es nach vollendetem Uebergang über diesen Fluß zur Schlacht bei Fair Oaks, deren Fortsetzung am 1. Juni mit einem kurzen Rückzug Mac Clellans schloß und das Mißlingen seines ganzen Unternehmens bezeichnete. Die Union verlor hier 6000 Mann.

Unterdessen hatte Mac Clellan zwei Divisionen unter General Porter auf die Verbindung zwischen Richmond und Washington geworfen, um sich auf Fredericksburg, wo Mac Dowell stand, basiren und von dort möglicherweise Hülfe erhalten zu können. Es gelang ihm auch, durch ein glänzendes Gefecht Herr der beiden von Richmond nördlich führenden Eisenbahnen zu werden, aber aus Washington kam der Befehl, die geöffnete Communication durch Zerstörung aller Brücken sofort zu unterbrechen, damit die Conföderirten keinesfalls diesen Weg dorthin benutzen könnten. Dem Conföderirtengeneral Jackson war es nämlich gelungen, längs und in den Rocky Mountains gegen den Potomac vorzubringen und mit seinen höchstens 20,000 Mann nicht nur die beiden gegen ihn in Thätigkeit gesetzten, mindestens gleich starken Corps von Banks und Fremont einzeln zu schlagen, sondern auch Mac Dowell mit 40,000 Mann bei Fredericksburg in Schach zu halten. Diese Erfolge allarmirten das Land und forderten eine energische Sicherung der Hauptstadt. Lincoln legte deshalb den Befehl der einzelnen Corps in eine Hand und berief Pope zu diesem Zweck; Fremont trat in Folge dessen zurück und Sigel kam an seine Stelle. Aber selbst den vereinten Bestrebungen des übermächtigen Gegners verstand es Jackson noch Erfolge abzuringen, sich dabei durch rechtzeitigen Rückzug allen umfassenden Manövern zu entziehen und dann nach Richmond zur großen Entscheidung zu eilen, während der Gegner stehen blieb und sich freute, daß er fort war. Anfang Juni schlug Jackson noch in der Nähe des Potomac, am 26. griff er schon den Flügel Mac Clellans am Chickahominy an und warf ihn. Lee mit dem Hauptheer der Conföderirten verband sich mit ihm und beide drängten den Gegner in wiederholten Schlachten bei Gaineshill, bei Pead Orchard, bei White Oak Swamp und bei Malvern Hills, mit einem Verlust von über 15,000 Mann nach dem James-River, wo derselbe unter dem Schutze seiner Kanonenboote am 1. Juli Halt gewann. Hier traf der General Burnside, der bisher in Nordcarolina commandirt hatte, zur Verstärkung ein und die Armee benutzte die gewonnene feste Position, um sich zu erholen und zu reformiren.

Mac Clellan hoffte nach Heranziehung seiner Depots und nach dem Eintreffen noch einiger frischer Truppentheile von seiner neuen Basis aus, mit wieder neu zu erbauenden Straßen, Brücken und Werken gegen Richmond vorzugehn. In Washington aber hatte man die Lust zu so weit ausgreifenden und die eigene Hauptstadt bloßlassenden Operationen verloren, man konnte sich jedoch noch nicht entschließen, vor der Welt offen einzugestehen, daß der mächtige Norden geschlagen war. Man ließ Mac Clellan, außer Stande, etwas zu thun, auf seiner Halbinsel stehen, bis der Feind vor den Thoren Washingtons stand und alle irgend verwendbaren Streitkräfte der Union dorthin zwang.

Bereits am 10. Juli verschwand C. Gen. Lee von der Front Mac Clellans; die Conföderirten, bis dahin in ihrer eigenen Hauptstadt angegriffen und genöthigt, alle andern Punkte von Truppen zu entblößen, gingen jetzt am Mississippi sowohl als auch gegen Washington zur Offensive über, während dem 70—80,000 Mann starken Mac Clellan gegenüber nur 30,000 Mann stehen blieben. Freilich ging auch bei ihnen zur Erholung und Stärkung der Truppen der Monat Juli ohne äußere Thaten vorüber und erst mit dem Anfang August traten sie wieder vor den Feind.

Zur Deckung der Unionshauptstadt standen, wie schon angedeutet: Mac Dowell bei Fredericksburg, nach Abgabe von zwei Divisionen an Mac Clellan nur noch zwei Divisionen, also 20,000 Mann stark. Westlich davon Gen. Pope mit den ebenso starken Corps von Banks und Sigel; der Rapidann und Rappahannock, an welchem Fredericksburg liegt, bildeten die Front der Vorposten. Am 3. August rückte Jackson längs der Eisenbahn von Gordonsville an den Rapidann, überschritt ihn und stieß auf Banks, es kam zu einem lebhaften Gefecht bei Cedar Mountain, das bis in die Nacht währte und Jackson zum Rückzug und zum Abwarten größerer Streitkräfte bestimmte. — Mac Clellan hatte inzwischen auch den Befehl zur Rückkehr erhalten und begann die Einschiffung unter dem Schutze eines Angriffs ohne Belästigung. Am 14. August war die ganze Armee auf dem Rückzuge.

Der Präsident stellte nunmehr die gesammten Streitkräfte der Union in Virginien unter den Befehl des Generals Pope, um den sich ebenfalls concentrirenden und gegen Washington heranrückenden Conföderirten unter Lee entgegenzutreten.

Die Welt erwartete eine Entscheidungsschlacht, aber von beiden Seiten wich man derselben aus, von dem angreifenden Süden, indem man statt einfach drauf los zu gehen durch Jackson und den Reitergeneral Stuart eine großartige Umgehung mit weitem Bogen durch das Shenandoah-Thal machte, von dem vertheidigenden Norden, indem Pope unter einzelnen Gefechten sich eiligst zurückzog. Dabei gelang es den U. Gen. Hooker und Sigel, dem C. Gen. Ewell bei seiner Umgehung nicht unbedeutende Verluste beizubringen. — Am 30. August hatte Pope in der alten Stellung am Bull Run einen Theil seiner Macht concentrirt und wurde hier von Lee angegriffen und geschlagen. Die Conföderirten folgten am nächsten Tage, aber nur mit geringen Kräften, deren Angriffen Pope bei Centreville glücklich genug widerstand, um zu ungestörtem Rückzuge nach Washington Zeit zu gewinnen. Die Conföderirten gingen wieder vom geraden Wege ab, passirten sechs Meilen oberhalb der Hauptstadt den Potomac und drangen in Maryland ein, wahrscheinlich in der Voraussetzung, daß dieser Staat ihnen zufallen und damit die Union ohne Kampf noch weiter nördlich verwiesen würde. Sie täuschten sich aber. So lange das feindliche Heer im

Felde stand, konnte Lee nicht auf wirkliche Eroberungen rechnen; er mußte jetzt erst die Schlacht schlagen und zwar nun in ungünstiger strategischer Front, die Rückzugslinie in der Verlängerung des rechten Flügels, gegen einen inzwischen verstärkten und innerlich gekräftigten Gegner, den er vierzehn Tage früher bei schlechter Verfassung in seiner eignen guten Lage vermieden hatte. Pope hatte mittlerweile das Comando verloren und Mac Clellan, immer noch der beste der obern Führer, war wieder an die Spitze der virginischen Armee getreten. Am 15. September fiel noch Harpersferry mit 11,000 Mann Besatzung in die Hände Jacksons, am 17. aber stand ihnen am Antietam das ganze Unionsheer in der Stärke von 115,000 Mann gegenüber, während die Conföderirten nur 80,000 zählten. Sie verloren die Schlacht, für welche der Norden seinen Verlust auf 12,000 Mann angiebt, mußten sich in der Nacht zurückziehen und gewannen in den folgenden Tagen unbelästigt das rechte Ufer des Potomac. Harpersferry räumten sie am 20. September wieder, während Stuart noch mit seiner Reiterei einen kühnen Streifzug nach Maryland hinein machte. — Lee nimmt von neuem seine Aufstellung bei Manassas Junction und fährt fort die Hauptstadt zu bedrohen, während die siegreiche Armee hier eine defensive Stellung behält und mehrfach erneute Einfälle Stuarts in Maryland nicht zu hindern vermag. Am 25. October erst beginnt Mac Clellan bei Harpersferry und östlich den Uebergang über den Potomac, folgt aber erst mit allen Kräften am 31. October, als Lee sich dem drohenden Schlag durch Beginn des Rückzugs entzieht. — Dies Zaudern kostete Mac Clellan wieder das Obercommando; am 5. November wird Burnside, der im Lauf des Sommers wohlfeile Lorbeern gegen die nordcarolinischen Milizen errungen hatte, sein Nachfolger. Er formirt die jetzt aus 7 Armeecorps, also 210,000 Mann bestehende Potomacarmee in 4 größere Corps, den rechten Flügel unter Sumner, die Mitte unter Hooker, den linken Flügel unter Franklin, alle 3 bestehen aus 2 Corps, 1 Corps Reserve erhielt Sigel. Am 15. November brach Burnside gegen Fredericksburg auf, wo Lee Stellung genommen hatte; am 17. traf Sumner, der die Avantgarde hatte, gegenüber dem Orte ein und die Armee beginnt die Arbeiten, um die Verbindung mit rückwärts sicher zu stellen und die zum Brückenbau nothwendigen Materialien herbeizuschaffen; am 12. December geht Burnside über, Sigel als Reserve zurücklassend, am 13. kommt es zur Schlacht. Die Unionsarmee verlor nahe an 8000 Mann und zog sich in den nächsten Tagen wieder hinter den Rappahannock zurück, diesen für den nächsten Winter als Grenzlinie zwischen sich und dem Feinde lassend. — So endete der Feldzug in Virginien nach vielen blutigem Anstrengungen und ganz kolossalen Opfern an Menschen und Geld für die Union, aber ohne ihre Herrschaft im Geringsten ausgedehnt zu haben. —

Die Westarmee haben wir im Juli frei von einem Gegner im Besitz der

Linie Corinth-Memphis und unter Commando des General Grant gelassen. Dieser scheint nach den wenigen über ihn vorhandenen Nachrichten zu schließen, seine Kräfte zunächst auf die Organisation des besetzten Landes und auf die Beherrschung des Mississippi gewendet zu haben. Erst im Monat September wurde er aus seiner Ruhe durch den gegen ihn anrückenden C. Gen. Price gestört. Er warf ihm den General Rosecrans mit einem Armeecorps entgegen, um sich unterdeß bei Corinth concentriren zu können. Rosecrans gelang es, den Gegner durch ein Gefecht bei Juka am 19. September zum momentanen Halt zu zwingen, er konnte ihn aber nicht von weiterm Vordringen abhalten; Grant jedoch hatte die nothwendige Zeit gewonnen, empfing den Gegner am 3. October mit überlegener Zahl bei Corinth, schlug ihn und brachte ihm auf einer mehre Tage anhaltenden Verfolgung noch bedeutende Verluste bei. Er ging nunmehr mit seinen Kräften dem Lauf des Mississippi nach und entsandte Gen. Shermann gegen Vicksburg, hatte hier aber keine Erfolge. — Der Schluß des Jahres sieht Grant in Corinth und Shermann in Memphis. So fest ersterer den errungenen werthvollen Besitz zur Beherrschung des Mississippi und Tennessee hielt, so wenig glücklich im Behaupten waren seine Nachbarn. In Missouri und Arkansas wogte der Kampf hin und her, ohne daß eine der beiden Seiten zu einem festen Besitz gelangte.

Aehnlich stellten sich die Verhältnisse im mittlern und östlichen Tennessee und Kentucky. Buell verlor nach und nach immer mehr Terrain und Mitte September standen die Conföderirten unter den Generalen Bragg und Morgan sogar am Ohio, Cincinnati bedrohend, Cumberland Gap und das Terrain bis nach Westvirginien hin beherrschend.

Lincoln hatte nämlich alle bereiten Kräfte zur Deckung Washingtons herangezogen. Erst nach der Schlacht bei Antietam gelang es den nördlichen Truppen wieder vorwärts zu kommen und wieder in den Besitz der Hauptstädte zu gelangen. — Buell aber wurde von seinem Commando entfernt und Rosecrans kam an seine Stelle. Dieser organisirt seine geringen Kräfte und unternimmt es im Anschluß an die Stellung Grants das Terrain östlich des untern Tennessee wieder in seine Hand zu bekommen und durch die Eisenbahn von Louisville über Nashville nach Corinth mit Grant in Verbindung zu treten. Dies Streben führte mit dem Schluß des Jahres 1862 zur fünftägigen Schlacht bei Murfreesboro in welcher der Zweck, wenn auch mit dem Verlust von beinahe 12,000 Mann erreicht wurde.

In den östlichen Theilen dieser Landschaften jedoch behaupteten sich die Conföderirten infolge der günstigen Resultate der Schlachten in Ostvirginien.

Die kleinen Gefechtsfelder in Texas, Neumexiko und in den Indianerterritorien lieferten der Union ebenfalls keine günstigen Erfolge. Unbestritten sieghaft war sie nur zur See und in den mit der Flotte zusammen gewagten

Unternehmungen an der Küste. Nord- und Südcarolina, Georgia, Florida und vor allem Louisiana wurden längs der ganzen Küste angegriffen und rasch ihrer festen Punkte beraubt. Aber diese Erfolge, so jubelnd man sie im Norden begrüßte, weil sie fast die einzigen waren, blieben doch auf den Gang des Krieges mit Ausnahme der Einen größern Unternehmung, der Eroberung von Neworleans, ohne Einfluß und die dorthin geworfenen Kräfte waren verschwendet; doppelt verschwendet, da das Festhalten dieser Küstenpunkte in der heißen Jahreszeit nur mit einem ungeheuren Opfer von Menschenleben möglich war und der Feind ihnen nicht seine Feldtruppen, sondern meist nur die heimathlichen Milizen gegenüberließ. — Wir können deshalb die einzelnen Ereignisse übergehen und nur auf die Eroberung von Neworleans uns beschränken, die zwar ohne alle Schwierigkeit vor sich ging, aber gerade in dem geringen Widerstand, welcher hier factisch geleistet wurde und in der Zähigkeit, mit welcher die unterworfene Stadt der Regierung der Union widerstand, den Krieg sehr charakterisirt.

Schon im December 1861 langten Truppen von der Mississippimündung an und setzten sich auf dem Ship Island fest. Am 25. März 1862 erst traf ihr Führer, der General Butler, bei ihnen ein. Die Truppe zählte 15,000 Mann, die Flotte unter dem alten Commodore Farragut hatte 48 Fahrzeuge mit 310 Kanonen. — Neworleans war geschützt durch General Bragg, der Angabe nach mit 20,000 Mann, durch sehr bedeutende Festungswerke und durch eine Flottille, welche an Zahl der der Union mindestens gleichkam. Alle diese Vertheidigungsmittel verschwanden, lösten sich in ein Nichts auf durch den Willen eines einzigen Mannes, des Commodore Farragut, der ohne das Landungsheer abzuwarten mit seinen hölzernen Schiffen an allen Hindernissen und Forts vorbeifahrend sich unmittelbar vor die Stadt legte und die Capitulation forderte. Zwanzig Meilen weit steuerte er in den Fluß hinein, ließ die ganz unbeschädigten Forts hinter sich und erklärte diese, die nun zwischen ihm und Butler lagen, für abgeschnitten; die für unüberwindlich geachteten Forts ergaben sich und unter dem Eindrucke des Falles dieser für unüberwindlich geachteten Werke, die im Vorbeifahren genommen wurden, folgte die Stadt. Gen. Bragg zog mit seinen Truppen ab und Butler ein. Jetzt begann ein kleiner Krieg jedes einzelnen Einwohners gegen die Eroberer, der mit einer Energie geführt wurde, die vorher entwickelt, den Feind gar nicht in die Stadt gelassen hätte und jetzt nur den General Butler selbst wieder daraus vertrieb. Im December ersetzte ihn General Banks. — Butler hatte in dieser Zeit nicht nur Stadt und Land in feste Hand genommen, sondern auch mit Hilfe Farraguts den Mississippi hinauf bis Natchy beherrscht; zu Eroberungszügen, welche Grant hätte unterstützen können, fehlten ihm aber die Kräfte.

Wenn wir nun zurückblicken auf die Ereignisse des Jahres, so kommen wir zu dem Resultate, daß die beiden Gegner im Ganzen an innerer Kraft ziemlich gleichstehn, daß der, wenn auch nur geringe Erfolg des Feldzugs aber dem an Mitteln stärkern Norden gehört. Das Resultat bestand darin, daß am Mississippi von Norden durch Grant, von Süden durch Butler die Union ihre Herrschaft geltend gemacht hat, im Uebrigen weder Terrain gewonnen, noch verloren worden ist. Was haben die beiden Armeen aber an Männern in diesem Jahr hervorgezogen, denen sie die Zukunft anvertrauen können? Der Süden hat seine höhern Führer trotz mancher Fehlgriffe erhalten. Lee und Beauregard haben immer Gutes, wenn auch nicht Hervorstechendes geleistet, Jackson hat bewiesen, daß er ein ausgezeichneter General, Stuart, daß er ein genialer Reiterführer ist. Der Norden aber hat mit allen seinen Generalen Fiasco gemacht trotz alles Wechselns und Suchens. Nur im Westen haben Grant und Butler ihren Aufgaben genügt und können für die Zukunft Hoffnungen erwecken. So sehr die Union aber kräftiger Männer und genialer Soldaten bedarf, so sehr fürchtet sie deren Gewalt und Einfluß auf das eigene Land. So kommt es, daß mancher Name von der Armee genannt wird, den die Regierung nicht kennt und daß die letztere immer wieder Personen in entscheidende Posten bringt, die von der Armee längst verurtheilt sind. —

Oestreich und Italien.

Die italienische Einheitsbewegung hat seit der französisch-italienischen Convention einen Schritt vorwärts gethan. Wenigstens sehen die Italiener die neu geschaffene Situation als einen Fortschritt an, und es läßt sich mit ziemlicher Sicherheit annehmen, daß die italienische Diplomatie durch kluges und geduldiges Temporisiren die ihr günstigste Auffassung der vieldeutigen Bestimmungen des Vertrages zur Geltung bringen wird. Mit Recht hatte Oestreich in dem Frieden zu Villafranca viel weniger Gewicht auf den Besitz der Lombardei als auf die Erhaltung der kleinen Dynastien gelegt. Denn so lange diese bestanden, blieb es die Vormacht Italiens, wenigstens des officiellen Italiens; ein Verhältniß, in dem die Erwerbung der Lombardei durch Piemont nichts änderte. Denn die Dynastien waren mehr als jemals vorher gezwungen, Oestreich als Schutzmacht und Rettungsanker anzusehen. Mit der Durchführung des Annexionsprincips ist dies anders geworden. Oestreich ist von jedem Einfluß auf die italienischen Dinge ausgeschlossen. Venetien kann nur regiert werden, wie eine eroberte, widerwillig gehorchende Provinz. Und wenn Oestreich den Italienern den höchsten Grad politischer Freiheit, die Aussicht auf die glücklichsten staatlichen Zustände bieten könnte: sie würden jedes Glück verschmähen, welches ihnen von Wien aus dargebracht wird; für sie giebt es nur eine Befreiung: die Vereinigung mit dem Königreiche Italien. Wie hierüber in Oestreich, selbst unter den Liberalen, Illusionen bestehen können, ist nur daraus erklärlich, daß man bei aller Schwarzseherei es doch nicht über sich zu gewinnen vermag, die Quellen der den Staat bedrohenden Uebel da zu suchen, wo sie sich wirklich befinden.

Die Schwierigkeiten der Lage sind so einleuchtend, daß man sich nicht wundern kann, wenn Oestreich wiederholt der Rath gegeben worden ist, eines so unbequemen Besitzes, der es hindert, den Bestand seines Heeres zu vermindern und seine Finanzen zu verbessern, der es mit beständiger Kriegsgefahr bedroht, und ihm für alle diese Uebelstände doch keinen nennenswerthen Vortheil bietet, sich auf möglichst anständige Weise zu entäußern. Wie denkt man sich aber diese Entäußerung? Soll Oestreich seinen Besitz für eine stattliche Geldsumme verkaufen? Dies wäre wohl ein sehr vortheilhaftes, aber doch nicht grade ehrenvolles Geschäft, und ein Vermittler, der den Verkauf Venetiens als Grundlage eines Abkommens zwischen Italien und Oestreich aufstellen wollte, würde von der östreichischen Regierung ohne Zweifel trocken abgewiesen werden, ja er würde kaum Aussicht haben, die Zustimmung eines bedeutenderen Theiles der östreichischen Bevölkerung zu gewinnen. Es giebt nur zwei Arten, von einer Großmacht eine Gebietsabtretung zu erlangen, durch die Waffen, oder im äußersten Falle durch einen Ländertausch. Da es aber für jetzt noch an einem Tauschobjecte fehlt, so muß die venetianische Frage entweder mit den Waffen entschieden werden, oder man muß versuchen, dieselbe zu vertagen, bis ein geeignetes Tauschobject gefunden sein wird.

Ob eine derartige Vertagung möglich oder wahrscheinlich ist, das hängt größtentheils von der Bedeutung der französisch-italienischen Convention ab. Durch diesen merkwürdigen Vertrag ist eigentlich niemand gebunden. Den Italienern ist ein förmliches Aufgeben ihrer Tendenzen gar nicht zugemuthet worden, und wenn Frankreich die Verlegung des Regierungssitzes als Garantie für ein loyales Verhalten ansieht, so kann niemand die Italiener hindern, Florenz als Station auf dem Wege nach Rom anzusehen, vorausgesetzt, daß Victor Emanuel den letzten Theil des Weges nicht an der Spitze seines Heeres zurücklegt. Was Frankreich betrifft, so hat es allerdings Cautelen für das Papstthum getroffen. Indessen bleibt trotzdem die Thatsache bestehen, daß es seine Hand zunächst von dem Papstthume abzieht, und es von den Umständen abhängig macht, in wie weit es ihm im Falle der Noth wiederum Schutz gewähren wird. Der Kaiser hat also zwar keineswegs Italien den Weg nach Rom geöffnet, im Gegentheil, er hat Rom mit einem Bollwerk von Garantien umgeben; wohl aber hat er dem Papste zu erkennen gegeben, daß der bisher gewährte Schutz ein Ende nehmen werde, und daß die Curie daher sich rüsten müsse, den Rest ihres weltlichen Besitzthums mit eigener Kraft zu schützen.

Indessen läßt sich nicht in Abrede stellen, daß der Territorialbesitz der Curie besser als durch äußere Gewalt durch die Schwierigkeit, eine befriedigende Antwort zu geben auf die Frage, welche Stellung der Papst nach Verlust der weltlichen Herrschaft einnehmen solle, geschützt wird. Man macht sich in Italien die Antwort auf diese Cardinalsfrage sehr leicht, wenn man sie zu lösen glaubt durch Formeln wie: „Versöhnung des Papstthums mit Italien", oder: „eine freie Kirche im freien Staate". Diese Formeln aber sind nicht Lösungen, sie sind nur Paraphrasen des Problems. Auch anderswo, selbst im protestantischen Staate, hat man mit dem Grundsatze: „die Kirche ist frei" keineswegs unmittelbar eine feste Grundlage für die Ordnung der Beziehungen zwischen Staat und Kirche gewonnen. Der Gedanke ist ganz richtig, in sofern er als ideales Ziel für eine langsam reifende, mit besonnener Weisheit und kräftiger Hand geleitete Entwicklung vorschwebt: er ist eben das Ziel einer Entwickelung, nicht aber ein Grundgesetz, das man in völligem Verkennen des Verhältnisses als Ausgangspunkt der Entwickelung setzen könnte. Versucht man dies dennoch, so ruft man, während man die Absicht verfolgt, mit einem großen Worte eine Principienfrage zu entscheiden, gerade den allererbittertsten Principienstreit hervor. Man stiftet nicht den Frieden zwischen Staat und Kirche, sondern schafft ihnen nur Raum zu gegenseitiger Bekämpfung. Indessen im protestantischen Staate, und auch in der großen Mehrzahl der katholischen Staaten, ist die Gefahr dieses Kampfes doch nicht so groß, daß sie die Existenz des Staates selbst bedrohen könnte. Wo im protestantischen Staate die Kirche in Ueberspannung des Begriffes der Autonomie dem Staate feindlich entgegentreten sollte, würde die Staatsgewalt unbedingt auf die Zustimmung der öffentlichen Meinung rechnen können, wenn sie eine derartige Anmaßung mit Entschiedenheit in ihre Schranken zurückweist, und wenn sie den Satz, daß keine Macht innerhalb der Grenzen des Staates einen höheren Grad von Selbständigkeit beanspruchen kann, als mit den Staatszwecken vereinbar ist, in jedem einzelnen Falle mit dem gebührenden Nachdruck zur Geltung bringt*). Für Italien aber wird die Frage, wie die freie Kirche und der freie Staat neben einander be-

---

*) Ein überwiegend protestantischer Staat steht natürlich zu den Selbständigkeitsbestrebungen der evangelischen Landeskirche in einem anderen Verhältnisse als zu denen der katholischen Kirche; indessen ist es nicht nöthig, auf diesen Unterschied hier näher einzugehn. Das oben Gesagte findet im Wesentlichen Anwendung auf beide Verhältnisse.

stehen sollen, noch bei weitem schwieriger zu beantworten sein, als für jedes
andere Land; die übrigen rein oder zum großen Theil katholischen Staaten
nicht ausgenommen. In jedem andern Lande kann die Stellung der katho‐
lischen Kirche zum Staate, sei es durch die Landesgesetze, sei es auf dem
allerdings nicht unbedenklichen Wege des Concordates, d. h. eines völker‐
rechtlichen Vertrages mit dem souveränen Haupte der Kirche geordnet werden:
Sache der Diplomatie ist es, die etwa entstehenden Zwistigkeiten auszugleichen.

 Anders in Italien. Sobald Victor Emanuel in Rom seinen Einzug
gehalten hat, ist Rom, wenn der Papst auch in diesem Falle im Vatican
bleibt, der Sitz zweier Souveräne. Denn der Papst, als Haupt der
allgemeinen, ihrer Idee nach weltumfassenden, ihrem Streben nach welt‐
beherrschenden Kirche, kann sich nicht dem Könige eines Nationalstaates unter‐
ordnen, er kann nicht der Unterthan des Königs von Italien werden. Er
muß unabhängig dastehen und wenigstens den Bezirk seines Palastes als Sou‐
verän bewohnen. Glaubt man aber, daß durch eine Combination, die eine
Stadt zum Sitze zweier Herrscher macht, die vorliegende Frage genügend gelöst
sein würde? Unmöglich, das geben wir zu, ist ein solches Arrangement aller‐
dings nicht; der Papst könnte in eine Lage gebracht werden, in der ihm nichts
übrig bliebe, als die ihm gebotenen Bedingungen — natürlich unter offenem
oder verstecktem Protest — anzunehmen. Würde aber für Italien ein solches
Verhältniß wünschenswerth sein? Man beachte wohl: Der Papst, als Sou‐
verän des Vaticans, wird ein Pfand sein, welches die gesammte katholische
Kirche dem Könige Italiens anvertraut. Dies müßte aber von der größten
Bedeutung für das Verhältniß Italiens zur Kirche sein; es würde dem Könige
Rücksichten auferlegen, wie sie kein anderer Souverän zu nehmen hat. Denn
jeder wirkliche oder vermeintliche Eingriff in die dem Papste der italienischen
Kirche gegenüber gebührenden, oder auch nur von ihm beanspruchten Rechte
würde in dem gehässigen Lichte einer Vergewaltigung des Schwachen durch den
Starken erscheinen; die Curie würde nicht säumen, sofort die ganze katholische
Christenheit als Zeugen des gegen ihren Oberhirten ausgeübten Attentates auf‐
zurufen; als Zeugen und wo möglich als Rächer. Der Papst, zum Märtyrer
geworden, würde aus seiner Schwäche neue Kraft schöpfen. Es würde sich auf
engerem Raum der Kampf des Mittelalters zwischen Staat und Kirche wieder‐
holen, ein Kampf, in dem die Kirche der Bundesgenossenschaft aller Italien
feindlichen Mächte sicher sein könnte. Diese Gefahr für Italien kann nur da‐
durch, wenn nicht beseitigt, doch gemildert werden, daß die Rechte des Staates
aufs genaueste bestimmt und codificirt werden, daß die italienische Kirche eine
Verfassung erhält, die sie zu einem selbständigen, von der Curie möglichst un‐
abhängigen Gliede der katholischen Gesammtkirche macht, und daß ferner die
freie Religionsübung und die staatsbürgerlich vollberechtigte Stellung der Nicht‐

katholiken in unwiderruflicher Weise verfassungsmäßig gewährleistet werden. Auf dem Wege einer Convention mit Rom wird dies nicht geschehen; es muß geschehen, ehe Unterhandlungen mit Rom ihren Anfang nehmen, auf dem Wege verfassungsmäßiger Gesetzgebung. Ja, noch mehr, die Selbständigkeit der italienischen Kirche muß nicht nur gesetzmäßig festgestellt sein, sie muß gewissermaßen zu einem Bestandtheile des Nationalbewußtseins geworden sein, so daß keine Macht der Erde im Stande wäre, sie zu verletzen. Dies Ziel ist aber jedenfalls nicht schnell zu erreichen, denn noch fehlt viel daran, daß der Romanismus in den Herzen der Bevölkerung überwunden wäre.

Man darf wohl annehmen, daß auch die weitblickenden unter den italienischen Staatsmännern, mögen sie noch so geläufig über jene Formeln sich ergehn, doch von klaren Vorstellungen über das künftige Verhältniß Italiens zum Papstthum noch weit entfernt sind, und daß daher eine Ausgleichung der scharf collidirenden Interessen, falls nicht der Knoten unerwartet und mit Gewalt zerhauen wird, in nächster Zukunft nicht wird gefunden werden. Es ist allerdings unbestreitbar, daß die römische Frage durch die Convention in Bewegung gesetzt und ihrer Lösung um einen Schritt näher geführt ist: die Frage ist nämlich aus einer französisch-italienischen bis zu einem gewissen Grade eine rein italienische geworden. Aber die nächste Folge dieser Wendung kann und wird nur die sein, daß man sich in Italien der Schwierigkeit einer „Versöhnung des Papstthums mit Italien" jetzt, wo es sich darum handelt, die leicht ausgesprochene Formel vom staatsmännischen Gesichtspunkte aus praktisch zu entwickeln, ihr einen bestimmten, positiven Inhalt zu geben, allgemein bewußt werden wird. Und da man klar sieht, daß die Ereignisse für Italien arbeiten, da man sich also mit einem gewissen Rechte der Hoffnung hingeben kann, daß unerwartete Zwischenfälle einen Theil der Schwierigkeiten ebnen werden, da man sich ferner nicht verhehlen kann, daß jeder directe Versuch, die Curie zu gewinnen, diese in die günstige Lage versetzen würde, bei den Verhandlungen der umworbene Theil zu sein: so wird man thun, was man schon oft gethan: man wird warten, geduldig aber zäh, bis der Augenblick gekommen ist, wo der König von Italien nicht in Folge eines drückenden Vertrags, sondern eines Actes des Nationalwillens seinen Einzug in Rom halten kann. Man wird also vorläufig resigniren, aber gewiß nicht um das bis jetzt Gewonnene in Ruhe zu genießen. Man wird das so glänzend begonnene Werk der inneren Erstarkung, der festen Vereinigung und Verschmelzung der bisher gesammelten Glieder fortsetzen: und wer könnte verkennen, daß diese Arbeit die nothwendigste für den jungen Staat ist? Und zugleich ist es eine Arbeit, zu der bereits der Grund gelegt wurde, zu der die Kräfte vorhanden sind, für die das Verständniß in den weitesten Kreisen verbreitet ist. Wird man sich indessen damit begnügen, zunächst ausschließlich in dieser einen Richtung das nationale Werk zu fördern? Wir bedauern, diese

Frage nicht mit Zuversicht bejahen zu können. Denn so lange noch ein Theil des italienischen Gebietes nicht blos dem nationalen Leben entfremdet, sondern auch in den Händen einer fremden und feindlich gesinnten Macht ist, kann der junge Staat sich des bereits erworbenen Besitzes nicht mit Sicherheit erfreuen. Venetien in den Händen Oestreichs muß den Italienern als eine beständige Bedrohung ihrer Unabhängigkeit erscheinen. Ein aufrichtiger Friede ist zwischen den beiden Staaten nicht möglich. Ihr Verhältniß zu einander ist das einer Waffenruhe auf unbestimmte Zeit, die beiden mit jedem Tage lästiger und drückender wird. Die italienischen Staatsmänner machen kein Hehl daraus, daß sie in dem Ziele vollkommen mit der Actionspartei übereinstimmen. Und daß man in Oestreich auf alles gefaßt und zu allem entschlossen ist, geht aus der Entschiedenheit hervor, mit der Graf Mensdorf unter scharfer Hinweisung auf das gespannte Verhältniß zu Italien die Möglichkeit einer Entwaffnung in Abrede gestellt hat. Und man hat alle Ursache, auf seiner Hut zu sein und sich für jede Eventualität bereit zu halten. Denn wenn, woran sich doch nicht zweifeln läßt, die italienische Regierung feindliche Absichten hegt, so kann sie die Ausführung derselben nicht besser vorbereiten, als durch Verlegung des Regierungssitzes von dem nach der ersten entschiedenen Niederlage aufs Ernstlichste bedrohten Turin nach dem durch die Apenninen geschützten Florenz. Wir wollen nicht behaupten, daß die Rücksicht auf Verbesserung der militärischen Lage des Landes das vorwiegende Motiv bei dem Abschluß der Convention gewesen sei; aber die Thatsache, daß durch die Verlegung des Regierungssitzes die Defensivstellung Italiens unberechenbar gestärkt und damit auch die Befähigung desselben zur Offensive gesteigert wird, steht nun einmal fest, und diese eine Thatsache ist hinreichend, um die Gefahr eines italienisch-östreichischen Krieges nahe zu rücken und die Italiener zur Vertagung der einer raschen Lösung widerstrebenden römischen Frage bis nach der Befreiung Venetiens geneigt zu machen.

Die Aussicht auf einen italienischen Krieg ist aber für Oestreich nichts weniger als erfreulich. Daß die östreichische Armee zunächst militärische Erfolge davontragen wird, mag man als wahrscheinlich annehmen können. Was würde aber mit einigen gewonnenen Schlachten in politischer Beziehung gewonnen sein? Welches Ziel kann sich überhaupt Oestreich bei einem Kriege gegen Italien stecken? Die Vertheidigung seines Besitzes, wird man sagen. Wird denn aber ein glücklicher Feldzug die Venetianer in gute Oestreicher, die Italiener in freundliche Nachbarn umwandeln? Kann Oestreich dies aber nicht erreichen, so würde, vorausgesetzt, daß Oestreich nur an Vertheidigung denkt, die Lage der Dinge auch durch den glücklichsten Krieg auf die Dauer nicht verändert werden. Ein Krieg in Italien zur Aufrechterhaltung des Statusquo ist ein Unding. Will Oestreich Krieg führen, so kann es sich kein anderes Ziel setzen, als die Eroberung der Lombardei und die Wiedereinsetzung der vertriebenen

Fürsten, d. h. also die Vernichtung des Königreiches Italien. Es bedarf aber nicht des Beweises, daß ein solcher Restaurationsversuch durchaus unausführbar sein würde, selbst für den Fall unausführbar, daß Italien ohne Bundesgenossen Oestreich gegenüberstehn sollte. Nun würde aber Italien aller Wahrscheinlichkeit nach nicht allein stehen. Es würde vielmehr, wenn nicht früher, doch sobald Oestreich Miene machte, das Restaurationswerk zu beginnen, mit Sicherheit auf den Beistand Frankreichs rechnen können. Denn wenn Frankreich auch principiell ohne Zweifel einem lockeren italienischen Staatenbunde vor einem kräftigen Einheitsstaate den Vorzug geben würde, so kann es doch nicht Oestreich gestatten, einen Bau zu zertrümmern, der größtentheils der französischen Hilfe seine Entstehung verdankt, mag der Bau auch solider auszufallen versprechen, als es dem Architekten an der Seine selbst erwünscht ist.

Somit sind die Chancen eines italienischen Krieges für Oestreich unter allen Umständen höchst bedenklich. Nun giebt es aber in Oestreich eine wenigstens numerisch sehr starke Partei, die Venetien festhalten und dabei doch mit Italien in Frieden bleiben will. Die Erfüllung dieses doppelten Wunsches hoffte man von Frankreichs gutem Willen. Der Kaiser Napoleon soll die Vermittlerrolle zwischen beiden Staaten übernehmen, wobei man von der an sich ganz richtigen Ansicht ausgeht, daß Italien gegen den entschieden ausgesprochenen Willen Napoleons schwerlich wagen wird, einen Krieg gegen Oestreich zu unternehmen. Worauf aber gründet sich die Hoffnung, daß der Kaiser der Franzosen Italiens Angriffsgelüsten auf die Dauer entgegentreten wird? Glaubt man denn, daß Napoleon ein definitives Abkommen zwischen Italien und Oestreich auf einer anderen Grundlage als auf der einer Abtretung Venetiens für möglich hält? So lange Napoleon des Friedens für Frankreich bedarf, so lange wird er natürlich auch Italien nicht zum Schauplatz eines Krieges gemacht zu sehen wünschen, bei dem er schwerlich die Rolle eines müßigen Zuschauers würde spielen können, da er weder eine Wiederherstellung der östreichischen Macht in Italien dulden kann, noch ein Sieg der Italiener ohne französischen Beistand, der gleichbedeutend wäre mit einer Emancipation Italiens von Frankreich, seinem Interesse entsprechen würde. Es ist in der That möglich, ja wohl wahrscheinlich, daß der Kaiser für das nächste Jahr, vielleicht für die nächsten Jahre, keinen Krieg wünscht. Aber es wäre ein Irrthum, zu glauben, daß die gegenwärtige Friedenspolitik Frankreichs Venetien zu einem auf die Dauer haltbaren Besitz für Oestreich machen würde. Mehr als eine kurze Frist, die weder zu einer Verminderung des Heeresbestandes, noch zu einem ernstlichen Versuch, die Finanzen zu verbessern, hinreichen würde, vermag Napoleon selbst beim besten Willen (den vorauszusetzen übrigens durchaus kein Grund vorliegt) Oestreich gar nicht zu bieten. Eine systematische Allianz zwischen Oestreich und Frankreich zur Unterdrückung der übergreifenden Begehrlichkeit Italiens ist auf lange Zeit hin undenkbar. Napoleon wird lieber einige Unarten seines eigenwilligen Zöglings ertragen, als sich mit Oestreich zur Zügelung und Züchtigung desselben verbünden. Denn letzteres kann er nicht, weil er damit seinem Princip, Oestreich von jedem Einfluß auf Italien auszuschließen, untreu werden würde. In diesem Verhältnisse liegt gegenwärtig die Stärke der politischen Stellung Italiens, welches sich dieses Vortheils wohl bewußt ist.

Die Verlegenheiten und Gefahren Oestreichs sind also durch die Convention in hohem Grade gesteigert, und zu dem ungelösten Conflict im Innern tritt die Aussicht auf einen Krieg, dessen Dimensionen sich noch nicht berechnen lassen, einen Krieg um ein Object, dessen Besitz Oestreich seit einer Reihe von Jahren nur Kosten auferlegt und keinen Vortheil gebracht hat. Da ihm nun aber ein Krieg voraussichtlich eine Befestigung des Besitzes nicht bringen wird, leicht aber den völligen Ruin des Staates herbeiführen kann, so bleibt Oestreich nichts übrig, als den peinlichen Versuch, durch Temporisiren die Entscheidung hinzuziehen, so lange fortzusetzen als es möglich ist. Die Gefahren und Unzuträglichkeiten einer derartigen Politik haben wir offen anerkannt, schlagen sie aber geringer an, als die Gefahren eines Krieges, bei dem jedenfalls der Bestand der Monarchie eingesetzt werden müßte. Oestreich wird also jeden Schritt zu vermeiden haben, der die schon vorhandene Spannung noch steigern könnte; es wird sich vor allem jeder Maßregel zu enthalten haben, die in ihren Consequenzen zwingen könnte, selbst den Angriff zu eröffnen. Es ist mit einem Worte auf eine durchaus passive Politik angewiesen.

Oestreich vermag nach Süden ebenso wenig wie nach Westen und Norden eine fruchtbare Wirksamkeit auszuüben. Die einfache Folge dieser unbestreitbaren Thatsache ist, daß es seine ganze Thätigkeit nach Osten zu lenken hat, wo ihm die Aussicht auf eine lebenskräftige Entwickelung, auf dauernde und werthvolle Eroberungen winkt. Also auch aus der Lage der italienischen Dinge geht die dringende Mahnung an Oestreich hervor, vor allem Ungarn mit dem Gesammtstaat zu versöhnen, um nur erst die Grundlage zu einer thätigen Politik zu gewinnen. Sobald dies gelungen, ist Oestreich im Stande, die Angelegenheiten des Ostens ins Auge zu fassen und gestaltend und bildend in die Geschicke der bald von Anarchie zerrütteten, bald in Lethargie verkommenden Länder an der unteren Donau einzugreifen. Inzwischen hat die auswärtige Politik sich wesentlich darauf zu beschränken, die italienische Krisis bis zu einer orientalischen Krisis, deren Ausbruch, sobald Oestreich mit Ungarn sich gesetzt haben wird, nicht auf sich wird warten lassen, hinzuziehen. Denn, wir müssen wiederholen, was wir schon früher ausgesprochen haben, die Entschädigung für den Verlust Venetiens, das nun einmal ein unhaltbarer Besitz ist, kann nur im Oriente gesucht werden. Von dem Augenblicke dieser Wendung an kann Oestreich auch mit Sicherheit auf die Mitwirkung Preußens und

Deutschlands rechnen. In dem Besitz Italiens — das fühlt man auch in Wien sehr gut — kann Preußen Oestreich nicht unterstützen. Wohl aber kann und wird es die Ausbreitung Oestreichs nach Osten hin begünstigen. Daß aber die Sicherheit Oestreichs von dem guten Einvernehmen mit Preußen abhängig geworden, ist eine Thatsache, deren Erkenntniß wenigstens bei einem Theil der östreichischen Staatsmänner allmälig, wenn auch langsam, Eingang zu finden scheint. Ob Oestreich den Ausbruch der italienischen Krise noch auf eine Reihe von Jahren hin wird verschieben können, das ist freilich nicht allein von der Weisheit seiner Staatsmänner, sondern auch von der Gunst des Glückes abhängig. Aber mag die östreichische Politik welche Richtung sie wolle einschlagen, sie wird sich dem Glücke anzuvertrauen haben. Der Unterschied ist nur der: Beharrt Oestreich auf seinen alten Traditionen, so wird es auch die glücklichste Wendung der Dinge fruchtlos und unbenutzt vorübergehen lassen müssen; schlägt es dagegen unbeirrt die Wege ein, welche die Natur der Dinge ihm vorschreibt, so wird es im Stande sein, den günstigen Moment zu ergreifen, ihn festzuhalten und dadurch die Fähigkeit zum Handeln wieder zu gewinnen, die ihm versagt bleibt, so lange es die neuen Formen nur als Hülle und Schmuck für die alten abgelebten Tendenzen ansieht. 3.

Annexion oder Anschluß der Herzogthümer.

Die undeutliche Politik Preußens in Sachen der Herzogthümer hat einen Wirrwarr von Vermuthungen, einen Sturm von Anschuldigungen hervorgerufen, sie hat, was uns wichtiger ist, auch in der liberalen Partei lebhafte Erörterungen veranlaßt. Ein großer Theil der liberalen Preußen ist für Annexion, ein Theil der liberalen Süddeutschen ruft seine heimischen Regierungen auf zum Schutz gegen die Annexionswünsche der preußischen Regierung. Nirgend fehlt es an aufrichtigen Liberalen, welche sich grade zu als Annexionisten aussprechen und nicht wenige unserer tüchtigsten Männer gehören in diese Zahl, daneben solche, welche zur Zeit keine lebhafte Betheiligung an unserer Tagespolitik bewährt haben, stille Friedliebende, welche jetzt durch die Ohnmacht der kleineren Staaten und durch die Zerrissenheit Deutschlands bitterlich gekränkt sind. Es lohnt einmal, das Für und Wider solcher Erörterungen kurz zusammenzustellen, wie es sich innerhalb der liberalen Partei, zumal außerhalb Preußens ausdrückt.

Zuerst sprechen die entschiedenen Annexionsmänner, zu denen vor andern liberale Preußen gehören, aber auch einzelne Stimmführer in den Herzogthümern selbst, nicht wenige im übrigen Deutschland bis südlich vom Main:

wir wollen keinen neuen Kleinstaat mit all seiner Schwäche, wir wollen keine neue Fürstenfamilie, wir sind damit reichlich begabt, wir wollen keinen neuen Hof, wir wollen im Volke keinen neuen Particularismus, dies alles würden uns neue Gegner sein, welche wir in der Zukunft zu bekämpfen hätten. Ein Anschluß der Herzogthümer an Preußen würde die Herzogthümer mehr drücken als heraufheben, er würde ihnen Lasten geben ohne die besten entsprechenden Vortheile, er würde eine Art von Vasallenstaat schaffen, ein doppeltes Regiment, dem Conflicte der Gewalten niemals fehlen würden, zumal unsere Preußen leider als Befehlende büreaukratisch ungeschickt, an unrechter Stelle hochfahrend, bei aller Tüchtigkeit unbequeme Herren sind. Eine Vereinigung der Herzogthümer mit Preußen dagegen giebt den Schleswig-Holsteinern für größere Lasten auch größeres Selbstgefühl, sie werden Theil eines großen Staatskörpers, ihre gesammte Intelligenz erhält ein weites Gebiet, in dem sie sich zum Wohl Anderer geltend machen kann, ihre Vertreter stellen sich neben die Altpreußen in den Kammern und der Regierung, das Volk erhält Antheil an einem großen politischen Leben. Auch pecuniär wird wahrscheinlich seine Lage günstiger, die gute Seite der preußischen Verwaltung, wohlgeordnete Finanzwirthschaft, vermag auch ihm vielfach zu Hilfe zu kommen. An Stelle der provinziellen Abgeschlossenheit wird ein frisches Gemeingefühl treten, kurze Zeit und die Herzogthümer werden mit Preußen verwachsen sein. Preußen selbst aber wird durch diesen neuen Erwerb gezwungen, energisch auf neuem Wege fortzuschreiten, seine Stellung zu Deutschland, ja zu fremden Mächten wird eine total andere, es muß nach Occupation der Herzogthümer, um sich zu erhalten, große deutsche Politik treiben und die deutsche Frage, deren Lösung wir schmerzvoll und ungeduldig ersehnen, tritt dadurch der Entscheidung näher.

Es sind Liberale, welche so sprechen. Gegen die Gründe dieser Entschiedenen haben wir zunächst einen einzigen geltend zu machen. Wir haben kein Recht, über die Zukunft eines deutschen Stammes zu beschließen **gegen seinen Willen**. Daß das Volk selbst die entscheidende Stimme haben müsse ist ein Fundamentalsatz der liberalen Politik, von dem wir unter keinen Umständen, auch bei der lockendsten Versuchung nicht abgeben dürfen. Wir haben das Recht des Herzogs Friedrich von Schleswig-Holstein stark betont, so lange dieses Recht der Schutz der Herzogthümer gegen die Herrschaft der Dänen war, wir dürfen dies Recht jetzt nicht als gleichgiltig bei Seite werfen, aber wir dürfen allerdings dem Herzog zumuthen, daß er selbst sein Recht opfere, ebenso wie wir jeder anderen deutschen Dynastie, auch der preußischen zu Gunsten der deutschen Frage Resignation zumuthen. Das ist nach unsern Parteigrundsätzen erlaubt. Aber in keinem Fall dürfen wir dem Volke von Schleswig-Holstein Zwang oder Gewalt anthun lassen, selbst nicht um das zu fördern, was wir für sein bestes Heil halten. In dem Respect vor dem Volkswillen liegt das letzte Geheimniß unserer Stärke, diese Rücksicht bestimmt und beschränkt auch gebieterisch die Mittel und Wege unserer Politik.

Das geben viele unserer Freunde zu. Aber sie knüpfen ein anderes Argument daran: Wohl, was wir niemals thun dürfen, mögen wir doch unsre Gegner thun lassen, deren politisches Credo ihnen solche Pflicht nicht auflegt. — Ohne Zweifel giebt es in der Politik Conflicte, wo eine politische Partei in der Stille erfreut ist, daß ihre Gegner thun, was ihr selbst aus Parteirücksichten durchzusetzen unmöglich ist. Jede Partei kommt zeitweise in die Lage, auch ihre fundamentalen Sätze zu revidiren und zu erkennen, daß wenige davon eine absolute Geltung haben. In Deutschland ist manchen feurigen Geistern die Sehnsucht nach stärkerer Concentration so hoch gesteigert, daß sie auch eine Tyrannis mit Freuden begrüßen würden, welche ihnen die Grundlagen eines großen Staatslebens zu schaffen vermöchte. In manchen Landschaften empfindet grade der Liberalste mit bitterem Schmerz, wie unvollständig in der Majorität seiner Mitbürger das politische Bedürfniß nach einem größeren Staatsbau entwickelt ist, und wie wenig Berechtigung dort die Tagesstimmung der Bevölkerung hat, welche über den Kirchthurm der Heimath noch nicht hinausreicht. Solcher Erkenntniß liegt die Auffassung nahe, daß auch der Werth des Volkswillens in der Politik weder ein unveränderlicher noch ein höchster Werth sei, daß eine Schwäche und Beschränktheit des Volkswillens zu gleicher Zeit eine Schwäche und Beschränktheit unserer Partei wird und daß wir deshalb allerdings in die Lage kommen können, uns in der Stille über das freuen zu müssen, was kühne Gegner gegen unsere formulirten Parteigrundsätze wagen.

Diese Auffassung vermag sich auf den wirklichen Lauf der Dinge zu stützen. Selten vollzieht sich ein großer politischer Fortschritt nach den Wünschen und Grundsätzen einer Partei, auch die am besten berechtigte wird durch unvorhergesehene Thatsachen überrascht, sie muß selbst nahe am Siege ihren Gegnern Concessionen machen. Mehr als einmal ist offnes Unrecht zu gutem Recht geworden, auch die Vereinigung Italiens zu einem Staat ist viel weniger durch die Majorität der Volkswünsche als durch die Stimmung des Kaiser Napoleon bewirkt worden, und der Preis, den die Italiener dafür bezahlten, Savoyen und Nizza, wurde ihnen deshalb nicht weniger schmerzlich, weil die Bevölkerung dieser Landschaften durch die tyrannische Parodie einer Volksabstimmung von ihnen gelöst ward. Sie fühlen tief das Unrecht gegen ihr patriotisches Ideal, welches damals begangen wurde, sie fühlen auch, daß diese Abtretung wie ein schwarzer Schatten auf ihrem jungen Staatsleben liegt, und doch empfinden sie bereits jetzt lebhaft den Segen, zu einem großen politischen Körper vereinigt zu sein. Wenn in Deutschland die gegenwärtige preußische Regierung Muth und Kraft hätte, große Eroberungspolitik zu treiben — die Verhältnisse liegen nicht ungünstig dafür und ein Erfolg erscheint wenigstens nicht unmöglich — so würde ohne Zweifel durch die Resultate des Kampfes nicht nur das gegenwärtige System in Preußen modificirt werden, es würden auch nach wenig Jahren sehr viele der Unzufriedensten völlig bekehrt sein. Dies alles soll hier zugegeben werden. Aber wir meinen, auf die Taktik unserer Partei darf auch diese Annahme keinen Einfluß ausüben.

Zunächst aus einem Grunde der Zweckmäßigkeit. Preußen ist bereits auf dem besten Wege, die deutschen Stämme mit sich zu verbinden. Auf die einzelnen Thatsachen soll kein übergroßer Werth gelegt werden, weder auf den Zollverein noch die Gründung einer Flotte, noch darauf, daß Preußen mit dem Auslande bereits als Vertreter deutscher Interessen Verträge schließt. Thatsame ist aber, daß durch die friedlichen und gesetzlichen Fortschritte, welche Preußen seit Gründung des Zollvereins gemacht hat, nicht mehr der Weg und das Ziel, nur die Zeit in Frage gestellt sind. Die eine Hälfte Deutschlands heißt Preußen, die andere Hälfte ist in vielen wichtigen Beziehungen bereits von dem Leben dieses Staates so abhängig, wie nur ein Clientelstaat sein kann. Wenn wir das Ungenügende solches Fortschritts lebhaft fühlen, vergessen wir leicht, wie groß er in der That war. Dieser Fortschritt aber ist durchaus und nur nach den Grundsätzen des Liberalismus erworben und wir haben durchaus kein Recht zu zweifeln, daß dieser seine siegreiche Gewalt weiter bewähren werde, sobald Preußen die großen Hilfsquellen, welche er eröffnen kann, benutzt. Eine jede Regierung in Preußen muß anstehen, mit schnellem Sprunge den betretenen Weg aufzugeben und den einer gewaltsamen Erwerbung gegen Cabinete und Völker zu betreten. Vollends die liberale Partei, als solche, darf ihre Operationen nicht sofort ändern, weil die Chancen für einen kecken Entschluß gestiegen sind. Aber die schleswig-holsteinische Frage darf von unserer Partei überhaupt nicht nach Gründen der augenblicklichen Zweckmäßigkeit beurtheilt werden. Weshalb sind wir liberal? Weil unserem Herzen Bedürfniß ist, von dem Menschen groß zu denken. Weshalb betonen wir überall das Selbstbestimmungsrecht der Völker? Weil wir darin den edelsten Ausdruck der politischen Freiheit finden, welche wir für uns, wie für andere fordern. Ist es redlich und klug hier liberal zu sein, dort octroyiren zu lassen? Heute einen großen, Grundsatz mit Emphase zu betonen, morgen denselben Satz aus Utilitätsgründen gleichgiltig fallen zu lassen? Mit welchem Recht maßen wir uns an, besser als die Schleswig-Holsteiner zu verstehen, was ihnen und dem Ganzen frommt? Sie sind es, um deren Zukunft sich zunächst handelt, sie müssen doch die erste Stimme haben, und ihre Entscheidung haben wir doch vor allem zu respectiren. Deshalb dürfen wir als Liberale keineswegs schweigend zusehen, wenn man sie, ohne sie zu fragen oder gar wider ihren Willen zu dem machen wollte, was wir ihnen und uns nützlich halten, zu Preußen.

Wir sind der Meinung, daß die Liberalen in Deutschland dann das Rechte thun, wenn sie die Ueberzeugungen der Majorität in Schleswig-Holstein respectiren, das heißt mit den Forderungen, die sie erheben, nicht weiter gehn als diese; in jedem Falle aber nicht müde werden zu betonen, daß die Frage nur nach dem Willen der Schleswig-Holsteiner erledigt werden dürfe. Was wir für sie und uns wünschen steht erst in zweiter Linie, das Nächste ist, daß ihnen nichts aufgedrungen werden darf, was sie selbst nicht wollen.

Es scheint, daß die preußische Regierung ebenfalls die öffentliche Meinung für sich zu gewinnen sucht und eine Wandelung der Ueberzeugungen im Lande von der Zeit erwartet. Man argwöhnt, daß sie die Entscheidung der Frage in die Länge zieht, um den Bewohnern der Herzogthümer den Gedanken der Annexion populär zu machen. Es ist möglich, daß dieser Gedanke auch dort einiges Terrain gewinnt, aber es ist ein bedenkliches Spiel, deshalb die Entscheidung der Frage hinauszuziehen, denn jeder Tag kann Veranlassung zu einer neuen Verwicklung bringen, welche die Stellung der Großmächte ändert und die verhältnißmäßige Gleichgiltigkeit, mit welcher sie bisher diese Frage betrachtet haben, in lebhafte Parteinahme verwandelt. Eine der klügsten Operationen des Kaisers Napoleon war, daß er schnell den Frieden von Villafranca schloß und ebenso schnell seine Beute in Sicherheit brachte. Die Preußen haben schon einmal das Versehen gemacht, mit dem Friedensschluß zu säumig zu sein, es war Glück, daß daraus kein wesentlicher Nachtheil erwuchs. Weit gefährlicher ist jetzt das lange Aufschieben der Entscheidung, denn es sichert ihnen keinesfalls den größern Gewinn und setzt sie in Gefahr, auch das noch zu verlieren, was ihnen jetzt so ungenügend däucht, den Anschluß der Herzogthümer. Schnelle Entscheidung und ein mäßiger Vortheil, und in allem Uebrigen freie Hand, das wäre wohl auch für die Regierung Preußens die beste Politik. Für uns aber, die Liberalen der preußischen Partei, darf in Sachen der Herzogthümer die nächste Forderung gar nicht sein weder die Annexion, noch Anschluß, sondern die Forderung, daß dem schleswig-holsteinischen Volk sein Recht der Mitentscheidung über diese Frage nicht verkürzt werde.

Verantwortlicher Redacteur: Dr. Moritz Busch.

Verlag von F. L. Herbig. — Druck von C. E. Elbert in Leipzig.

Rudolf Reichenau. Oscar Pletsch.

Bei **F. W. Grunow** in Leipzig ist neu erschienen und in allen Buchhandlungen vorräthig:

Aus unsern vier Wänden von **Rudolf Reichenau**; mit 66 Originalzeichnungen von **Oscar Pletsch**, in Holzschnitt von **Prof. H. Bürkner. I. Abth.** Bilder aus dem Kinderleben. 10. Aufl. Prachtausgabe. Quart. cart. 3½ Thlr., fein gebunden 4½ Thlr.

Dies Werk ist bekanntlich nicht für Kinder, sondern für Eltern — namentlich Mütter — und Freunde der Jugend bestimmt. Das Buch ist ein echtes Familienbuch, das man immer von Neuem gern wieder lesen und vorlesen und an den Bildern sich stets dabei erfreuen wird.

Blätter für literarische Unterhaltung.

Herausgegeben von **Rudolf Gottschall**.
(Verlag von F. A. Brockhaus in Leipzig.)

Die erste Nummer des neuen Jahrgangs ist soeben erschienen und in allen Buchhandlungen als **Probenummer gratis zu haben**.

Die Zeitschrift erscheint wöchentlich in einer Nummer von zwei Bogen. Um die Aufnahme derselben in Lesecirkel und öffentliche Locale sowie das Privatabonnement zu erleichtern, hat die Verlagshandlung den **Preis des Jahrgangs von 12 Thlr. auf 10 Thlr. ermäßigt**. Bestellungen auf den ganzen Jahrgang oder das erste Vierteljahr (2½ Thlr.) werden von allen Buchhandlungen und Postämtern angenommen.

Diese geachtete und beliebte Zeitschrift, deren Leitung nach dem Tode Hermann Marggraff's jetzt in die Hände von Dr. **Rudolf Gottschall** übergegangen ist, gibt ihren Lesern ein möglichst vollständiges, anschauliches und lebensvolles Bild von den Strömungen der Gegenwart auf dem Gebiete der deutschen Nationalliteratur und setzt sie dadurch, wie kein anderes Blatt, in den Stand, unter der Fülle des neu Erscheinenden sich leicht und sicher zu orientiren.

Bei **Fr. Wilh. Grunow** in Leipzig ist erschienen und durch alle Buchhandlungen zu beziehen:

Julian Schmidt.
Geschichte des geistigen Lebens in Deutschland
von Leibnitz bis auf Lessings Tod 1681—1781.
2 Bände. Preis 7 Thlr. 20 Ngr.

Das Buch entwickelt den innern Zusammenhang der deutschen Dichtung mit der großen Bewegung auf dem Gebiete des religiösen, politischen und socialen Lebens. Es stellt das allgemeine Leben der Nation in dem Leben, Denken und Empfinden ihrer bedeutendsten Menschen dar.

Es schließt sich der Zeit nach — rückwärts — desselben Verfassers „Geschichte der deutschen Literatur seit Lessing's Tod" ergänzend an, ist jedoch, wie es der Stoff bedingt, streng historisch behandelt und bildet auch für sich ein geschlossenes Ganzes.

Julian Schmidt.
Geschichte der französischen Literatur.
2 Bände. 5 Thlr. 18 Ngr.

Julian Schmidt.
Schiller und seine Zeitgenossen.
2 Thlr.

Inserate aller Art werden gegen den Betrag von 2 Ngr. für die gespaltene Zeile angenommen. Die Beilagegebühr für die Grenzboten beträgt 3 Thlr.

Verlag von **Friedrich Ludwig Herbig**. — Druck von C. E. Elbert in Leipzig.

XXIV. Jahrgang.   I. Semester.

Die Grenzboten.

Zeitschrift für Politik und Literatur

No. 3.
Ausgegeben am 13. Januar 1865.

Inhalt:

Die Bildung des modernen Künstlers . . . . Seite	81
Räuberleben und Gaunerthum bei Griechen und Römern . . .	98
Zur Geschichte des Fürstenvereins von Verona	114
Literatur	117
Aus Wien. (Eingesandt.)	118

Grenzbotenumschlag: Literarische Anzeigen.

Leipzig, 1865.
Friedrich Ludwig Herbig.
(F. W. Grunow.)

Die Bildung des modernen Künstlers.

Aus München.

Ihrer Zerfahrenheit hat es die monumentale Kunst der Gegenwart größentheils zuzuschreiben, daß sie weder zu einer stetigen Entwicklung noch zu einer eigenthümlichen und stilvollen Anschauungsweise hat gelangen können. Sie hätte sich vor der charakterlosen Vielseltigkeit, welche über der Mannigfaltigkeit und der Bedeutung des Stoffs die Formenvollendung und den schönen Ausdruck des Lebens aus den Augen verliert, wohl behüten lassen, wenn sie der Schule großer Vorbilder, in welche sie anfänglich eingetreten, von Seite der fürstlichen Kunstherren mehr erhalten als entfremdet worden wäre. Allerdings empfand die ganze moderne deutsche Kunst, von der Zeitbildung mitgezogen, den Trieb in sich, aus dem neuentdeckten Schacht der Vergangenheit alle möglichen, auch die abgelegensten Formen hervorzuholen, um sich in ihnen mit neuer, doch auch künstlich gesteigerter Lebenslust spielend zu versuchen. Aber diese Universalität, welche wohl Sache der Bildung ist und deren diese allmälig für die Zwecke ihres Zeitalters Herr wird, kommt über die Kunst wie eine fremde Gewalt, der sie unterliegt. Denn die Bildung dringt durch das Aeußere zum Geist, zum Inhalt der Vergangenheit durch und nimmt ihn zu freiem Gebrauch in sich auf; die Kunst aber, wenn ihr nicht eine mächtige eigene Kraft einwohnt, verwickelt sich in der Fülle des Stoffes und bleibt, was noch schlimmer ist, an der Form hängen, auch an der vergänglichen und ausgelebten, die nur als Ausdruck einer bestimmten Zeit beseelte Gestalt war. Die Umkehr aber zu solchen unentwickelten Formen ist keineswegs im Wesen der Kunst begründet, sondern nur in einer launenhaften Vorliebe für das Ungewöhnliche und Geheimnißvolle oder in einer Ueberspanntheit des Gemüthslebens: in einem Reiz der Empfindung, die durch das ahnungsvolle Dämmerlicht gefangen wird, mit welchem aus den unreifen Zügen jener Formen eine in der Wirklichkeit unbefriedigte Seele hervorbricht. Diese romantische Stimmung paßte zu gut in die rückströmende und erschlaffte Bewegung vergangener Jahrzehnte, um von der Kirche und den Fürsten nicht benutzt zu werden; dabei ließ sich zugleich diese gemachte Gefühlsinnigkeit für deutsch ausgeben und von „nationaler" Kunst schwärmen. Sich selber überlassen, wäre diese Kunstweise bald in sich zusammengefallen, und wie über ihren Inhalt, so über die gezierte Unbeholfenheit ihrer Formen und die süßliche Schwäche ihres Ausdrucks die innerlich von gesunden Trieben bewegte Zeit zertretenden Schrittes weggegangen. Einer der vornehmsten Vertreter der neuen deutschen Kunst, Cornelius, bietet an sich selber ein bezeichnendes Beispiel, wie bald eine kräftige und gut angelegte Natur sich aus dieser künstlichen Rückversetzung in eine gebundene Anschauungsweise der Vergangenheit herausarbeitet.

Welche Pflege und Verbreitung diese unklaren Richtungen der Neuzeit, in der Malerei das Nazarenerthum, in der Architektur die für das moderne Bedürfniß zurechtgemachte romanische Bauweise, in München gefunden haben, ist bekannt, und wir werden sehen, wie sie ihre Schößlinge bis in die jüngsten Tage treiben: von den byzantinischen und gothischen Zwischenspielen, welche mitunterliefen und auch jetzt noch einzelne schwache Nachklänge vernehmen lassen, nicht zu reden. Durch diese Neuerungen war die kurze classische Kunstblüthe, die mit Cornelius, Klenze und Rottmann angesetzt hatte und erst im vollen Aufgehen begriffen war, mit einem Male abgeschnitten. Zugleich tauchte mit wahrhaft fanatischer Unduldsamkeit die Idee der „nationalen Kunst" auf. Selbst die Nazarener, deren überreizte Empfindung sich doch an der vorraphaelischen Malerei entzündet hatte, meinten in ihren Producten dem deutschen Gefühl einen neuen Ausdruck gegeben zu haben, und jene Bauart, die in Gärtner über Klenze triumphirte und in der Ludwigsstraße das hochmüthige Angesicht einer versteinerten Langeweile zur Schau trägt, erklärte sich unumwunden für die wahre, deutsche und zeitgemäße, da sie doch nichts war als eine bald abgeschwächte, bald vergröberte, immer aber kenntnißlose Anwendung der romanischen Kunstweise. Daneben mußten echt deutsche Stoffe, die Gebilde deutscher Dichter, die Nibelungensage und die Geschichten der größten deutschen Kaiser, deren Gestalten in der Nacht der Jahrhunderte vergraben waren, im Bilde noch einmal aufleben. Wie hätte man für die alten Recken und die blonden noch halb barbarischen Kraftmenschen classische Formen gebrauchen können? In der wilden Größe des Ausdrucks und der Ungeschlachtheit ihrer hünenhaften Glieder, in der sie gern die dichterische Phantasie sich denkt, mußten die Helden an den Wänden des königlichen Schlosses daherschreiten. Zu solchen Aufgaben berufen schlug sich der deutsche Künstler stolz an die eigene Brust und ging keuschen strengen Blicks an der nackten Anmuth der Antike, wie an der weichen Ueppigkeit der Renaissance vorüber. Das war die Zeit, wo der junge Maler — immer noch mit langwallendem Haupthaar — nur in deutschen Kunststädten Studien machte und Italien mied, wie die leibhaftige Frau Venus, in deren Armen seine zarte deutsche Seele und Phantasie nur Schaden leiden könnte.

Aber noch war die deutsche Kunst nicht fertig. Deutsche Empfindung, deutsche Sage, deutsche Geschichte — es fehlte offenbar Eins, gerade das, worauf wir uns am meisten zu Gute thun: der deutsche Geist. Daß die Kunstwerke sein Gepräge trugen, das genügte nicht. Er selber in seiner ganzen modernen Vielgewandtheit, mit seiner philosophischen Weltanschauung, welcher alles Göttliche menschlich und die ganze Welt ein verständliches Diesseits ist, und doch wieder mit seinem Gemüth, welches das Jenseits nicht missen mag, mit seiner Ironie, welche an jeder Erscheinung die erbärmliche Kehrseite zu finden weiß, endlich noch mit seiner verkappten Sinnlichkeit, die im Stillen nur um so brünstiger ist, als sie öffentlich vor der Keuschheit des deutschen Wesens sich beugen muß: der Geist selber mit allen diesen Attributen mußte sich in der Kunst verkörpern. Und das Unglaubliche geschah. Das neunzehnte Jahrhundert brachte einen Künstler zu Stande, der den modernen deutschen Geist auf die Malerleinwand zu bannen wußte, mit dem „Narrenhaus" begann und nun, am Ziele seiner Laufbahn, sowohl den Entwickelungsgang der Weltgeschichte als die schönsten Schöpfungen der deutschen Dichtung, Goethes Frauengestalten, im Bilde faßt. Wenn auch Kaulbach über eine so beschränkte Empfindung, wie das Nationalgefühl, hinaus ist, so beruht doch seine ganze Kunst lediglich darauf — und eben das hat ihn bedeutend gemacht — daß er unsere moderne Denkweise und Reflexionsbildung und ebenso unsere Begierden wie unsere Ideen aus seinen Gebilden herausblicken läßt. Freilich nicht, was das Rechte wäre, als den eigenthümlichen Inhalt lebensvoller und das Leben ganz in sich tragender, ausdrucksvoll in sich zusammengefaßter Gestalten; sondern als ein Scheinspiel, das er seine Figuren mit allen den Bewegungen und Beziehungen, welche die moderne Anschauung in der Welt findet, in unterhaltender Mannigfaltigkeit aufführen läßt (daher Reinecke Fuchs sein bestes, ein sicher bleibendes Werk). Natürlich ist mit diesem bedeutungsvollen Spiel der Kunst nicht geholfen. Es weidet den Gestalten ihre Seele aus und setzt ihnen dafür ein besonderes Licht ein, daher werden sie schemenhaft und maskenartig; es häuft, um eine Welt von Geist auszuschütten, Figuren auf Figuren und verliert so alles Maß der Gruppirung; es kennt nur einen scheinbaren und gemachten Formenreiz, weil ihm vor allem am witzigen oder tiefsinnigen Einfall liegt, dem die Erscheinung nur wie ein verlockendes Kleid umgeworfen wird; es verhält sich endlich stumpf und gleichgiltig gegen seine farbige Verkörperung, weil es schon im abstracten, mehr geistigen Zug der Linien seinen befriedigten Ausdruck findet. Es fürchtet überhaupt die malerische Durchführung und die sinnliche Wärme des Daseins, weil dann zu Tage kommt, wie viel ihm zum Ausdruck und zur Fülle des Lebens fehlt. Denn im Grunde ist dieses Spiel unschöpferisch und gestaltungslos, weil dem Künstler, wie viel die Natur auch sonst ihm gegeben haben mag, die vornehmsten Bedingungen des künstlerischen Schaffens fehlen: der Ernst, die Begeisterung und die Empfindung für die still in sich erfüllte Schönheit, nicht zu rechnen, daß bei ihm, dem Meister des Scheins, auch die Beherrschung der Darstellungsmittel, die gründliche Formenkenntniß — nur Schein ist.

Doch von Kaulbach ist in d. Bl. schon oft die Rede gewesen. Hier gehörte er her, weil er die Richtung unserer Kunst, welche nur auf ihren eigenen Füßen stehen und deutsches Wesen zum Ausdruck bringen will, auch ohne daß er es Wort hat, zu einer Art von Abschluß bringt. Mag auch bisweilen seine Formengebung die raphaelische Anmuth und Reinheit uns vorspiegeln wollen: von dem edlen Blut der italienischen Anschauung ist schon deshalb kein Tropfen in ihm, weil ihm die Gestalt nur ein Gefäß ist für den Sinn, den er hineinlegt, und der ihr umgehängte Formenschein nichts weiter als ein Reizmittel. Auch ihm fehlt, wie der ganzen Richtung, der wir ihn zugezählt haben, das tiefere Verständniß, die Vollendung der Form (im weitesten Sinne des Wortes), welche allein dem Kunstgebilde das beseelende Gepräge des Lebens giebt, auch ihm ist der Inhalt, der ausgedrückt werden soll, sei er nun mehr geistiger oder mehr sinnlicher Natur, die Hauptsache.

Diese Merkmale sind es auch, welche die auf ihre Selbständigkeit so eifersüchtige „nationale" Kunst mit jenen Erneuerungen halbentwickelter Kunstweisen der Vergangenheit gemein hat. Fast überall derselbe Mangel liebevoller Durchführung, dasselbe Unvermögen zu der Durchdringung der Form mit dem vollen Schein des Lebens, die doch allein dem Kunstwerk seinen wahren bleibenden Reiz geben. Das gilt nicht blos von der Malerei — es ist immer von der monumentalen die Rede — sondern ebenso von der münchner Architektur, die von den Bauten Gärtners an bis zu dem „modernen Baustil" herab dieselben Erscheinungen zeigt, und von der Plastik, die doch vor allem auf lebendige Durchbildung der Gestalt angewiesen ist. Auch sie sucht, in ihrer gegenwärtigen Hauptaufgabe der Bildnißstatuen zwischen modernem Realismus und antiker Formenidealität hin- und herschwankend, eine eingebildete und schließlich doch unsichere Selbständigkeit und versäumt darüber die künstlerische Vollendung. Für die Malerei aber dieser ganzen Richtung ist es bezeichnend, daß die Meister es gemeinhin nur bis zum Carton bringen und die farbige Ausführung den Schülerhänden überlassen; für die Architektur, daß von Jahr zu Jahr das Bauhandwerk mittelmäßiger und die Ausführung der Ornamente roher, unsicherer und schablonenhafter wird.

Das also ist damit erreicht worden, daß man einerseits die mystische

Empfindung noch gährender und dunkler Kunstperioden wieder heraufbeschwor, andrerseits das Banner der nationalen Kunst und der deutschen Originalität aufsteckte. Was die bayerischen Fürsten bewog, diese Richtungen zu unterstützen und so viel an ihnen war auszubilden, ist an andrer Stelle besprochen; die Künstler trieb, wie wir gesehen, eine gewisse Strömung des Zeitalters in diese Bahnen und ein unklares Streben nach Eigenthümlichkeit. Allein unter der Decke und manchem unbewußt spielten noch andere Beweggründe: die Scheu vor dem strengen Studium nach der mustergiltigen Kunst und die Aengstlichkeit, in einer gewissen conventionellen Nachbildung stecken zu bleiben. Es war weit bequemer, sich blos an die Natur oder an minder entwickelte Formen zu halten und im stillen Bewußtsein, daß man über deren befangene Anschauung doch hinaus sei, ihre Weiterbildung keck in die Hand zu nehmen. Denn Männer wie Overbeck, dem es mit der frommen Versenkung in die umbrische Schule wenigstens eine Zeit lang Ernst war, gab es wenige. Die vollendeten Formen der Antike und der Renaissance, so machte man sich vor, seien der abgeschlossene Ausdruck einer in sich erfüllten Lebensauffassung und Ideenwelt, von diesen nicht abtrennbar und in ihrer fertigen Erscheinung eine Fessel für die Freiheit der modernen Phantasie. Man liebte es, als abschreckendes Beispiel einer gespreizten Classicität, welche die Eigenthümlichkeit abtödte, die davidsche Schule anzuführen, ja an den Erneuerern der deutschen Kunst Schick und Wächter bei kühler Anerkennung den Mangel an schöpferischer Kraft und lebendiger Gestaltung hervorzuheben, an Karstens endlich zu tadeln, daß er in michelangelesken Formen befangen es zum Maler nicht habe bringen können. Daß in der Architektur Klenze über eine mittelmäßige Nachahmung nicht hinausgekommen, war nun vollends gewiß. Wenn nur die Herren selber, die mit achselzuckender Weisheit derlei Dinge vorbrachten, die Eigenschaften besessen hätten, deren Mangel sie an jenen rügten! Doch die Beispiele selber waren unpassend und zeugten von der beschränkten Reflexion, die absprechenden Emporkömmlingen eigen ist.

Jede neuanhebende Kunst sucht sich an den überlieferten Mustern der Vergangenheit zu bilden, und es ist natürlich, daß ihre noch ungeübte Hand nicht sofort deren Formvollendung erreicht oder, von der Ungeduld der Production getrieben, blos ihren äußeren Schein äußerlich sich aneignet. Denn nur allmälig, durch hingebende Liebe und Arbeit erhält die neue Zeit die Fähigkeit, in ihren jugendlichen Schooß die reife Frucht der vorangegangenen aufzunehmen. Machte sich denn die erwachende italienische Kunst mit einem Griff die Formenschönheit der Antike zu eigen? Fast drei Jahrhunderte liegen zwischen Nicolo Pisano und Raphael, und so oft auch die Neubelebung des Alterthums unterbrochen, derselben die eigene Empfindung der Zeit, ihre malerische Anschauung und der Anschluß an die Natur entgegenzutreten schienen, dennoch nahm sie in wenn auch langsamem und nicht selten verborgenem Wachsen ihren stetigen Fortgang. Dabei fiel es auch dem eigenartigen Künstler nicht ein, die Formen, welche die Arbeit des Vorgängers oder des Zeitgenossen aus dem Schacht der Antike wieder hervorgeholt hatte, eigensinnig von sich abzuweisen, sondern er nahm sie aus dieser zweiten Hand, um was ihm seine Phantasie eingab, in um so klarerer und festerer Erscheinung an den Tag zu bringen. So bildete sich der lebendige Zusammenhang und die Wechselwirkung der verschiedenen Richtungen, durch welche die italienische Kunst das Höchste erreichte. Denn auch diese selbständige Umbildung der überlieferten Formen durch den neuen Inhalt und die neue Naturanschauung wirkte auf die classischen Schulen zurück und aus diesem fruchtbaren Doppelleben entstand zuletzt die wunderbare Verschmelzung der antiken und der neuen Formenwelt, in welcher die Lionardo, Raphael, Michelangelo und Tizian, die Brunelleschi, Peruzzi und Bramante das zweite Vorbild der Kunst schufen.

So widerlegt die Renaissance auch noch das Andere: daß nämlich die Rückkehr zu den vollendeten Mustern den Künstler in einer sklavischen Nachbildung halte. Wem unter den Künstlern jener Zeit hätte die Begeisterung für die antike Schönheit Abbruch gethan? Die Poeten, ein Petrarca und Boccaccio, schrieben sogar in lateinischen Versen über Dinge des alten Roms und im römischen Sinne, ja deshalb hielten sie sich für unsterblich; sind deshalb ihre italienischen Dichtungen weniger eigenthümlich und unvergänglich? Selbst wenn die Cinquecentisten zur griechischen Götterwelt zurückgriffen und nur um so enger also an die antiken Formen gebunden schienen, blieben sie eigenthümlich sie faßten i h r e Lust und Empfindung des Lebens in die nackten Idealgestalten und gaben ihnen den malerischen Wurf i h r e r Anschauung. In abgeschlossenen Bildungen schienen die griechische und römische Architektur verfestigt zu sein; und doch haben die Italiener von Brunelleschi bis auf Bramante und Palladio ihre Formen wieder in Fluß zu bringen und zu neuen organischen Schöpfungen für neue Zwecke, für kirchliche, wie öffentliche und für den edlen Genuß eines reich entwickelten Daseins zu gliedern und zu verbinden vermocht. Freilich, die in unserm Jahrhundert neu aufgelegte „deutsche" Baukunst (sie will es natürlich nicht Wort haben, daß sie im Grunde französischen Ursprungs ist) sieht im stolzen Bewußtsein ihrer „nationalen" Constructionsstrenge auf das Formenspiel und die ausländische Schönheit des Renaissancestils mit Geringschätzung herab. Aber sie selber muß ja, wenn sie den Raum für unsere Lebensart und unsere Bedürfnisse herstellen will, ihrem constructiven Princip, dem einseitig vertikalen Aufbau und dem Spitzbogen — der nur als die Form für die Einheit in der Mannigfaltigkeit des Gewölbebaues, daher nur als constructives Glied Sinn und Ausdruck hat — abtrünnig werden und sich mit einem bedeutungslosen Ornamentenspiel begnügen, das armselig in der Erfindung blos eine fortwährende Wiederholung der großen structiven Formen im Kleinen, halb organisch, halb geometrisch und daher keines von beiden ist, das zudem losgelöst von der streng gemessenen und doch phantastischen Pracht des Kirchenstils unvermittelt an der Mauer klebt. Dagegen ist selbst noch in dem Reichthum der Spätrenaissance das sichtbare Maß einer gesetzlichen Ordnung und Gliederung; wenn sie auch in dem überquellenden Gestaltungstrieb der ganzen Mauerfläche den Schein bewegter Schönheit zu geben, structive Formen verschwenderisch wie Ornamente gebrauchte, so ist dieser Ueberfluß noch lange kein Beweis, daß es dem Stile, wie man wohl behaupten hört, an einem einheitlichen und strengen Gesetz des Aufbaues gebreche. Doch von dem Werthe und der Entwicklungsfähigkeit desselben auch für die Bedürfnisse des heutigen Lebens war in diesen Blättern schon bei Gelegenheit der münchener Ausstellung von 1863 die Rede. Hier sollte uns diese Bauart nur zeigen, wie ein späteres selbst schöpferisches Zeitalter die Formen der Antike aufnahm und sie mit Verständniß und künstlerischer Freiheit zugleich zu gebrauchen wußte, um in den Combinationen derselben zu neuen Bildungen seine Zwecke zu erfüllen und seine Phantasie auszuprägen. Und nicht blos für sich, auch für die Gegenwart liefert jener Stil den Beweis, daß die spätere Zeit, indem sie die entwickelte Kunst einer früheren zu ihrer Grundlage macht, weit entfernt, sich in ein todtes Spiel der Nachahmung zu verlieren, vielmehr eine neue lebensfähige Kunst hervorzubringen vermag: denn die besten deutschen und französischen Architekten dieser Tage haben es durch die That bewiesen, daß unser Jahrhundert in diesem Stile seine schönsten Bauwerke, solche zugleich, welche seine Eigenthümlichkeit am klarsten aussprechen, zu schaffen vermag.

Die Furcht, durch das Studium der mustergiltigen Kunst an der Selbständigkeit, sei es der allgemeinen Zeitanschauung oder der individuellen Phantasie, Schaden zu nehmen, zeugt von einem groben Mißverständniß, mag dieses nun aus der Enge künstlerischer Einsicht oder aus träger Scheu vor der Anstrengung herrühren. Nicht darum handelt es sich ja, die Auffassung eines vergangenen Lebens, den Vorstellungskreis eines ausgelebten Bewußtseins sich anzueignen. Sondern die Art, wie die früheren großen Kunstepochen auf dem Gipfel ihrer Entwicklung die Erscheinung der Natur, befreit vom Zwang und der Noth zufälliger Wirklichkeit, zur schönen, vollendet künstlerischen Gestalt umgeschaffen haben: daran soll die jüngere Kunst sich bilden. Die Welt der Formen, in welcher die Natur mit dem vollen Ausdruck ihrer schöpferischen Freiheit, dem unverkümmerten Gebrauch ihrer Kräfte, gleichsam in einer glücklichen Stunde, festgehalten und durch eine gereifte künstlerische Anschauung zu einem neuen idealen Dasein wiedergeboren ist: das ist und bleibt das unvergängliche Vorbild des später kommenden Künstlers. Diese Formenwelt bildet eine zweite zum reinen Schein des Daseins geklärte Wirklichkeit, welche, gleichsam aus der Vermählung der Natur mit dem menschlichen Geiste hervorgegangen, die eigentliche Heimath des Künstlers ist. Im Verkehr mit ihren Gestalten wird ihm der dunkle Inhalt seiner eigenen Seele lebendig und ringt sich allmälig zu klarer, geordneter Erscheinung an den Tag. Sie überliefert ihm die unvergänglichen Gesetze, nach denen er, was im inneren Bilde ihm vorschwebt, leicht und sicher zu gestalten vermag; sie zeigt ihm, wie er die Natur zu fassen hat, um sie zum vollen Ausdruck des Wesens zu bringen, das er in ihr entdeckt oder in sie hineinlegt. Sie offenbart ihm, wie im Bilde die flüchtige Bewegung des Lebens greifbar sich ausprägt und doch wieder mit bald sanftem, bald mächtigem Zuge fortzufließen scheint, sie endlich enthüllt ihm auch in der gebrochenen und getrübten Erscheinung die Schönheit.

Was Jahrhunderte vor ihm gethan und glücklich errungen haben, das sollte er, ein Kind seiner Zeit, die selber auf den Schultern der Vergangenheit ruht, als fremd von sich abweisen, um aus eigenen Kräften die Arbeit ganzer Geschlechter aufs Neue vorzunehmen? wozu es des Kreislaufs ganzer Epochen bedurfte, vom Zwang der Natur uns loszulösen und ihre Erscheinung zur geläuterten Hülle des Geistes umzubilden, auf eigene Faust vollbringen? Er sollte aus eigenen Mitteln leisten können, was bevorzugte Zeiten unter günstigen Verhältnissen, in einer Natur, die mit dem ungebrochenen Schwung ihrer Formen der Phantasie entgegenkam, und nur durch eine ganze Kette schöpferischer Kräfte allmälig zu Stande brachten? Doch, auch wenn er durchaus selbständig sein und lediglich aus sich und der Natur die Formen seiner Darstellung holen wollte: er könnte es nicht. Mehr als jeder frühere findet sich der moderne Künstler in einem Bildungskreise, der nicht blos den ganzen Inhalt der Vergangenheit, sondern auch einen großen Theil ihrer Anschauungen in sich aufgenommen und die Arbeit früherer Zeiten als das Erbe angetreten hat, von dessen richtigem Gebrauch der Erfolg seiner eigenen Wirthschaft abhängt. Auf der Bildung beruht ja die Macht und die Eigenthümlichkeit des Jahrhunderts. Durch ihre Verbreitung liegen mehr als je die Vorstellungen verflossener Zeiten in der Luft, ihren Einflüssen kann sich auch die selbständigste Kraft nicht entziehen. Der die Natur und die Welt nur mit eigenen Augen zu sehen glaubt, merkt nicht, daß schon sein Auge eine ihm überlieferte Anschauung mitbringt. Willenlos und unbewußt unterliegt er so den Eindrücken der mit fremden Elementen geschwängerten Zeit und seine Phantasie, statt, wie er meint, ein reiner Spiegel zu sein, den er der Natur, um ihr Bild zu empfangen, nur vorzuhalten brauche, ist vielmehr eine von unfertigen und verworrenen Gestalten angehauchte und blind gewordene Scheibe, welche die Wirklichkeit nur falsch und trüb reflectiren kann. Statt also frei zu sein, ist er vielmehr den zufälligen Wirkungen einer halben und verschwommenen Bildung unterworfen, die ohne sein Zuthun über ihn gekommen ist: während doch seine Phantasie ihre volle Freiheit zurückerhielte, wenn er durch eigene Arbeit und ernstes Studium den Zwang dieser Einflüsse überwunden und sich so zugleich die Bedingungen und Mittel für seine eigene Kunstübung erworben hätte.

Denn die entwickelte Formenwelt, welche in den guten Denkmälern classischer Zeiten erhalten, auch auf das heutige Auge noch den alten Zauber ausübt, ist nicht mehr der bloße Ausdruck einer bedingten Lebensanschauung und eines besonderen Zeitinhaltes. Sie ist „die Gestalt, welche frei von jeder Zeitgewalt die Gespielin seliger Natur ist." Nur dann vermochte die Kunst diesen ewig schönen Leib zu schaffen, wenn sie im Bilde des bestimmten Lebens, das sie darzustellen hatte, die beschränkten Züge hinter die allgemein menschlichen zurückdrängte und so ein Werk hervorbrachte, das die Zeit über sich selbst hinaushob und ihren Gestalten die blühende Jugend eines unvergänglichen Daseins gab. Die vollendete Kunst mit einem Wort befreit die Phantasie des Zeitalters von der Schranke des Tages und der Einmischung stofflicher Interessen und unreiner Empfindungen; wie sie ihren Schöpfungen die Selbständigkeit der nur aus sich beseelten Erscheinung giebt, so prägt sie zugleich die Form zu einem selbständigen, für alle Zeiten mustergiltigen Dasein aus. Sowohl die Aphroditen des Praxiteles als Raphaels Madonnen haben sich für uns ihres göttlichen Nimbus begeben: aber beide haben das Ideal des schönen Weibes gestaltet und indem der eine über die enthüllte Form die verklärte Sinnlichkeit des Heidenthums ausgoß, der andere im Angesicht den Liebreiz seelenvoller Innerlichkeit aufschloß, hat jeder in seiner Art ein Bild des Weibes geschaffen, dessen Züge in der menschlichen Phantasie selber liegen, und das ihr nun in ewig giltiger Vollendung gegenübersteht.

Nicht also um in ihren Vorstellungskreis sich einzuleben, oder ihre Gestalten nachzubilden, soll sich der Künstler an die Meisterwerke vergangener Zeiten halten; sondern um in ihrer Schule seinen Formensinn zu bilden und sich die Handhabung der künstlerischen Mittel zu erwerben, in deren Besitz allein er was ihn bewegt zu lebendiger Erscheinung und ausdrucksvoller Schönheit zu bringen vermag. Dabei soll er um so weniger das Studium der Natur aufgeben, als er auch diese kennen und verstehen muß, wenn er an jenen Vorbildern lernen will, wie sie die Natur angeschaut und gestaltet haben. Eines freilich ist unerläßliche Bedingung, falls er die überlieferten Formen zu seinen Zwecken frei gebrauchen soll: daß er sie sich gründlich zu eigen gemacht habe und bis zu einem gewissen Grade beherrsche. Mit einem Absehen von Kunstgriffen und Handfertigkeiten, mit dem Schein einer oberflächlichen Sicherheit ist es nicht gethan, so wenig wie mit der bloßen Geschicklichkeit, welche mit täuschender Hand nicht sowohl die Form als den Charakter und Ausdruck einer vergangenen Kunst, gleichsam ihren eigenthümlichen Hauch wiederzugeben sucht. Vielmehr handelt es sich darum, den innern Zusammenhang der Formen, ihr lebendiges Gefüge, die klare und sichere Art, wie in ihrem Ganzen der organische Bau der Natur zur schönen Erscheinung gefaßt ist, verstehen und wiederbilden zu lernen. Wer auf diesem Wege vordringt, dem werden die Vorstellungen seiner eigenen Phantasie nicht verschwimmen, sondern immer deutlicher sich ausprägen. Wer aber in die Welt der classischen Kunst, sei es der Antike oder der Renaissance, ganz aufgeht und in ihr verloren scheint, weil er unter diesen stillen idealen Gestalten sich heimischer fühlt, als in der drängenden Wirklichkeit des Tages, für den ist die Gegenwart und ihr Inhalt doch nur ein spröder widerstrebender Stoff, den er auch ohnedem in den Fluß der Form nicht hätte bringen können. Der ist von Haus aus den Interessen der Zeit entfremdet, er sieht nur ihr gestaltloses Wesen, nur das Angesicht derselben, welches der Kunst abgewendet ist; da er sich einmal in die heitere Welt der letzteren flüchtet, thut er nicht Recht, in ihrem schönsten Theile sich anzusiedeln?

Indessen, wenn auch die Formenwelt der Antike und der Renaissance das eigentliche Vorbild für den modernen Künstler ist, so soll er deshalb auf sie nicht beschränkt bleiben. Insbesondere bietet die Malerei, welche die verflossenen Jahrhunderte als die eigentliche Kunst der Neuzeit nach allen Richtungen entwickelt haben, eine Mannigfaltigkeit in ihrer Art musterhafter Formen, nach denen die Gegenwart sich bilden kann; wie denn neben den Venetianern namentlich die belgische und holländische Schule das farbige Element, einerseits die Pracht und den Schimmer der Stoffe und des Fleisches, andererseits das ahnungsvolle Wechselspiel von Licht und Schatten, das Stimmungsleben der Luft und das eigenthümliche Verschweben der Dinge im harmonischen Ton des Ganzen in meisterhafter Weise ausgebildet haben. Immer aber bleiben auch für diejenige Kunst, welche eine ähnliche Richtung einschlägt, die classischen Muster durch ihre große Anschauung der Natur, durch den schwungvollen und sicheren Bau ihrer Formen die unentbehrliche Grundlage des Studiums. Daß eine einseitig coloristische Schule nach den Vorbildern jener zweiten Gattung es in der Behandlung monumentaler Stoffe meistens nicht weiter bringt, als zu einer überraschenden Wirkung, welche sich bald überlebt, das hat sich an der neuesten belgischen Malerei gezeigt.

Auf die Nothwendigkeit der Kunstbildung, die für den unbefangenen Blick längst außer Zweifel ist, haben wir hier noch einmal deshalb die Rede gebracht, weil aus ihrer Vernachlässigung zum großen Theil die Schwächen und Mängel herrühren, welche bis auf den heutigen Tag eine ganze Classe von monumentalen Werken der münchner Kunst kennzeichnen. Schon Cornelius hat es mit dem Studium der großen Vorbilder nicht allzu genau genommen; um von der Farbe nicht zu reden, ist auch die künstlerische Durchbildung seiner Formengebung mehr als zweifelhaft. Indessen spricht doch aus allen seinen Werken eine lebendige Erinnerung an die Antike und die ersten italienischen Meister, wie er denn auch inmitten seiner Laufbahn an den römischen Kunstwerken seine Anschauung immer wieder bildete und begeisterte. Zudem war hier ein großes ursprüngliches Talent, das wie im Fluge die Gestalten der Vergangenheit fassend ihre Hauptzüge festhielt, und eine schöpferische von Ideen erfüllte Phantasie, welche im Sinne der classischen Kunst und doch mit eigenthümlicher Kraft die gehaltschweren Stoffe, welche sie aus der Bildung der Gegenwart aufnahm, in reicher geistvoller Gruppirung zu einem organisch gegliederten Ganzen zu versinnlichen vermochte: ein Geist, der ebenso viel dachte als gestaltete, und umgekehrt, eine merkwürdige, doch in ihrer Art harmonische Doppelnatur. Das aber war ein Irrthum des Meisters, daß er glaubte eine Schule bilden zu können. Die Herrschaft über die künstlerischen Mittel und seine Formenkenntniß waren zu wenig ausgebildet als daß er seinen Schülern eine feste Grundlage hätte geben können; die ihm eigenthümliche Anschauung aber konnte er so wenig auf Andere übertragen, als die Gewalt seiner Phantasie. Doch natürlich meinten jene es dem Meister nachthun zu können, um so mehr, als sie dieser gewöhnt hatte, nach seinen Entwürfen die Werke selber — was auch schließlich so ans Licht treten mochte — auszuführen. Sank schon in diesen die künstlerische Erscheinung unter das Maß der Mittelmäßigkeit herab: was mußte erst werden, als nicht bloß die Darstellung, sondern auch die Erfindung und Composition ihnen überlassen war. Da kam zu Tage, wie gefährlich die in ihrer Breite und Tiefe erschlossene Stoffwelt, der von der Gegenwart gehobene Schatz der Vergangenheit für die neue Kunst war. Nur hineingreifen zu müssen glaubte der Künstler, und je größer der Gegenstand war, den er zu fassen bekam, um so mehr fühlte er sich ihm gewachsen, um so gewisser dachte er, nun sein Meisterstück zu liefern, auch wenn er kaum in seiner Kunst über den Elementarunterricht hinaus war.

So ging es fort und noch schlimmer, als die Schule zersprengt und die classische Richtung von der romantischen und nationalen abgelöst war. Denn nun wurde mit aller Ueberlieferung gebrochen, jede gemeinsame Entwicklung, selbst das lebendige Verhältniß zwischen Meister und Schüler aufgegeben, das doch eine Art Geschick und Sicherheit in die Behandlung hätte bringen können, und jeder wurde ein Original auf eigene Hand. Doch diese Zustände und ihre Ergebnisse sind schon früher besprochen. Ganz spät endlich, als man sich in der allgemeinen Verwirrung ebenso von der Kunst wie von der Natur entfernt hatte, und sich nur noch einige Meister lediglich durch ihre natürliche Begabung darüber empor hielten, während andere, deren Phantasie an der classischen Kunst groß gezogen war, wie Rahl und Genelli es auf diesem Boden nicht mehr aushielten und anderswo innere Nahrung und äußeren Er-

folg suchen mußten: da that sich endlich in der Malerei wenigstens eine Schule
auf, die wieder begriff, daß die Erscheinung, die Gestalt und ihr sichtbares
Leben in der Kunst nicht die Nebensache, nicht ein beliebiger Lappen sei, welcher
der Idee oder dem Stoff des Kunstwerks, weil das nun einmal so herkömmlich,
müsse umgehängt werden: Piloty und seine Anhänger. Doch auch sie griffen
nicht zu den künstlerischen Vorbildern zurück, sondern meinten sich nur an die
äußere Form des Urbildes, die Natur, halten zu müssen, angeregt zudem durch
den glänzenden Erfolg der neuen belgischen Versuche, von denen oben die Rede
war. Da die münchener Malerei mehr noch als die Form die farbige Erscheinung der Dinge vernachlässigt hatte und von ihren schemenhaften blutlosen
Schatten der äußere natürliche Schein des Lebens gewichen war, so war die
neue Schule vor allem darauf bedacht, diesem, der greifbaren, vom Licht des
Tages beschienenen und in ihrer farbigen Bestimmtheit hell hervortretenden Oberfläche der Wirklichkeit zu ihrem Rechte zu verhelfen. Man fiel also wie immer,
wo eine Richtung einseitig fortgetrieben eine neue als Gegensatz hervorruft,
von einem Extrem ins andere: von der Idee und dem bedeutsamen Object der
Darstellung in den körperhaften, vom Inhalte abgezogenen Schein der Realität.
Wie viel die Kunst bei diesem schroffen Wechsel gewann, sollte sich erst allmälig zeigen; daß sie auch jetzt nicht die Bildung nach der mustergiltigen
Kunst zu ihrer Angelegenheit machte, das war von vornherein ausgemacht, da
ja das Abbild der äußeren, sichtbaren Wirklichkeit, von ihr selber durch die
künstlerische Hand treu und mit schlagender Wahrheit abzunehmen, nach dem
Programm der Schule das neue Ideal war.

Doch indem wir von dem Mangel der Kunstbildung und ihrer Pflege in
München reden, scheinen wir eines ganz übersehen zu haben: die Wirksamkeit
der Akademie der Künste. Die Akademien haben ja von Staatswegen die
Aufgabe übernommen, den jungen Talenten nicht blos die wissenschaftliche Vorbereitung zu geben, welche sie zu ihrer Kunst bedürfen, sondern auch im gründlichen und allseitigen Unterricht die Mittel der Darstellung zu überliefern, welche
durch die reichen Kunstentwickelungen vergangener Epochen ausgebildet auf
unsere Zeit gekommen sind. So ist durch ihre Errichtung die Nothwendigkeit
der Schule und der Durchbildung nach den von großen Mustern gegebenen
Regeln thatsächlich anerkannt; gerade weil die neue Zeit sich wohl bewußt ist,
daß sie den im Lauf der Jahrhunderte angehäuften Bildungsstoff in sich aufzunehmen und zu verarbeiten habe, hat sie das Lernen unter einem einzelnen,
selbstgewählten Meister unzureichend gefunden und jene Anstalten gegründet,
welche die Summe der überlieferten Kenntnisse und die entwickelte Technik, in
ein faßbares System gebracht, dem Schüler mitzutheilen haben. Hier haben
wir nicht auseinanderzusetzen und zudem ist bekannt genug, wie durch diese
Institute, was auf der einen Seite gewonnen wurde, auf der andern verloren

ging: wie denn schon nach jenem Programm, das stillschweigend oder offen ausgesprochen den Schulen zu Grunde liegt, die Technik von der künstlerischen Anschauung losgelöst und damit ihrer Seele beraubt, zu einem todten Inbegriff von Regeln, zu einem bloßen Schema, in der Ausübung zu einer mechanischen und charakterlosen Fertigkeit herabsinken mußte. Es war, wie wenn man der Kunst die Haut abzog und nun an dieser den Bau ihres Körpers, die Bewegung ihres Lebens demonstriren wollte. Das also, worauf es gerade ankam, die lebendige Ueberlieferung der vollendeten Formen durch eindringendes Verständniß der classischen Kunst und ihrer Naturanschauung, das eben konnten die Akademien nicht leisten. Und nur noch schlimmer wurde die Sache im praktischen Verlaufe einerseits durch den Beamtengeist, der mit Haut und Haar d. h. mit seinem Zopf in die lehrenden Künstler fuhr, andererseits durch das phantasielose Einerlei des durch kein innerliches Verhältniß zwischen Meister und Schüler getragenen Unterrichts. Doch wir halten uns bei diesen Uebelständen nicht weiter auf, da ja gerade die münchener Akademie zum Theil wenigstens ihnen abzuhelfen versucht hat: durch die Errichtung nämlich der sogenannten Meisterschulen, d. h. der Werkstätten, in welche der Zögling nach beendigtem Vorunterricht zum praktischen Betrieb seiner Kunst unter der anregenden Leitung bestimmter Meister eintritt. Mit dieser Reform, so schien es, war das geistlose und unfruchtbare Lehrsystem beseitigt, das von jeher die Akademieen in Verruf gebracht hat und den jungen energischen Talenten nichts übrig ließ, als ihre Fesseln zu brechen und sich mit offener Kriegserklärung auf ihre eigenen Füße zu stellen. Ja als die münchener Akademie mit Piloty eine junge naturwüchsige Kraft in sich aufnahm, die ja von vornherein aller hergebrachten Regeln spottete und auf die reinnatürliche Wahrheit der Erscheinung, daher auf eine eigenthümliche und wirkungsvolle Technik den Schwerpunkt der Malerei legte, da schien wenigstens den Malern sich die anregende, bildende Schule einer neuen Kunstweise zu eröffnen, wo sie sich früher mit einem todten Gerippe abgezogener Vorschriften zu quälen hatten.

Doch ist es durch jene Reform in München mit der Kunstbildung, dem gründlichen Studium nach den mustergiltigen Werken wirklich besser geworden, hat sich die Akademie überhaupt dieses Studiums — in dem oben besprochenen Sinne — je mit Eifer und Einsicht angenommen? Darauf, daß bis jetzt große Talente, namhafte Künstler, welche ihr vorab ihre Bildung zu verdanken hätten, nicht hervorgegangen sind, wollen wir kein Gewicht legen; was sie leisten kann, wird sich am sichersten aus ihrer Organisation und der Beschaffenheit ihrer Lehrer abnehmen lassen.

Der vorbereitende Unterricht beginnt wie überall mit Zeichnen nach Abgüssen antiker Statuen. Schon hier also handelt es sich darum, den Schüler vor einem verständnißlosen Wiedergeben des bloßen Umrisses und des räumlichen

Nebeneinander der Formen zu bewahren. Der Lehrer hat ihm zu zeigen, wie sich einerseits in der Verbindung derselben und in ihren Uebergängen der innere organische Bau ausspricht und der Umriß nichts anderes ist als die Grenze dieser Verhältnisse, wie andererseits in der Breite der Behandlung, der Vereinfachung der Natur, dem Hervortreten der Hauptzüge, in der klaren Verbindung und Trennung der Glieder, endlich dem eigenthümlichen Fluß der das Leben aussprechenden Bewegung sich die vollendete Anschauung der classischen Kunst ausspricht. Glaubt man, daß das die beiden Zeichnungsprofessoren zu lehren vermögen, welche der Eine, ein Schüler von Cornelius, der Andere — der als Lehrer in der tüchtigen sichern Führung des Strichs immerhin sein Verdienst haben mag — von Schnorr, beide mit der mangelhaften Kunstbildung behaftet, die wir an jenen Schulen kennen, sich selber das nicht haben erwerben können, was sie Andern mittheilen sollen? Von den Bildern des Einen — der Andere hat wenig producirt — wollen wir nicht einmal reden, da wir es hier nur mit dem Lehrer zu thun haben. Doch wird sich auch unseres Wissens darum nicht gekümmert, ob dem Schüler bei seinen Zeichnungen das Verständniß des Körperbaues und der classischen Formenanschauung aufgehe, wenn nur das Gypsmodell in sauberen Strichen und ziemlich treu auf der Papierfläche nachgemacht ist. Wie es dann dem Zögling der Natur gegenüber „im Kopf und Busen bang" wird, er sich nicht zu rathen und zu helfen weiß, läßt sich denken. Auf den Zeichenunterricht nach der Antike folgt die Malclasse, die nun vollends auf den Unverstand errichtet ist, daß „die Maltechnik" — der sinnlose Ausdruck ist nicht blos unter den Schülern, auch unter Künstlern gäng und gäbe — die doch ihrer Natur nach an sich unfaßbar ist, von der künstlerischen Anschauung und Phantasie, den großen Meistern, welche die Malerei als solche geschaffen und ausgebildet haben, sich absondern und sich ebenso gut wie das Farbenreiben- und mischen überliefern lasse. Noch weniger als die Zeichnung läßt sich ja die Färbung von der eigenthümlichen Auffassung des Künstlers trennen; in ihr spricht sich jene geheimnißvolle Welt der Seelenstimmungen, andrerseits des Licht- und Luftlebens in einer Unendlichkeit von Tönen aus und nur in diesem Zusammenhang mit dem innerlichen Leben sowohl des Künstlers als der Natur hat sie Sinn und Charakter. Ihre handwerksmäßige Grundlage aber lernt sich leicht und rasch unter dem Meister. Wie es sich in dieser so beschaffenen Classe mit dem Lehrer — dessen Fähigkeit übrigens besonders zweifelhaft ist — verhält, kommt da kaum noch in Anschlag. Neben diesen beiden Classen geht das Zeichnen und Malen nach der lebenden Natur, nach dem Nackten, in Winterabendstunden beiher. Davon abgesehen, daß sich hier die Uebelstände der Zeichnenclasse wiederholen, wird dieser ganze Zweig viel zu beiläufig und als Nebensache betrieben. Schon früher ist bemerkt, daß das Studium nach den großen Vorbildern immer von dem der Natur begleitet sein muß, denn es gilt ja zu sehen, wie in jenen diese aufgefaßt und behandelt ist, und so hat immer der Unterricht beides zugleich zu umfassen. Vollends hier thäte die Pflege des letzteren um so mehr noth, als schon das erstere nachlässig und ungenügend behandelt wird.

Doch dies alles erscheint ja von untergeordneter Bedeutung gegen die „vortreffliche" neue Einrichtung der Meisterclassen. Hier also erwirbt sich endlich der Schüler das lebendige Verständniß der Natur und der unvergänglichen Muster. Doch wie? Ist auch nur ein einziger der „Meisterlehrer" selber bei den alten Meistern in die Lehre gegangen? Etwa Schraudolph — der Professor für die Heiligenmalerei —, welcher jener süßlichen modern verflachten Richtung der Nazarener angehört, die nicht einmal wie Overbeck an den Vorraphaeliten, geschweige an der vollendeten Kunst sich gebildet haben? oder Philipp Folz, der sich eine Zeit lang in der romantischen Kunst umgetrieben, welche sich für malerisch hielt, weil sie sich mit wenig Phantasie und Sinn für das eigenthümliche Leben ihrer Kunst die eine und andere poetische Stimmung vom Dichter borgte; der endlich durch ein halb naturalistisches halb empfindsames Genre hindurch in den Hafen der Geschichte eingelaufen ist, auf dieser ganzen Fahrt aber den Ballast der vergangenen Kunst und des Studiums nach den alten Meistern mit sich zu nehmen offenbar für überflüssig hielt? Was Piloty, den anderen Meister der historischen Kunst anlangt, so haben wir schon gesehen, daß er mit seiner Richtung auf den körperlichen Schein der Natur und der Ausbildung der Technik in diesem äußerlich realistischen Sinne sich der Kunstbildung geradezu entgegensetzte. Eine gewisse Fertigkeit der Behandlung, welche die farbige Oberfläche und den stofflichen Schein der Dinge keck wiederzugeben weiß, mögen sich seine Schüler wohl aneignen können; auf die echte ideale Wahrheit der Erscheinung, welche die großen Kunstepochen ausgebildet haben, sehen sie natürlich mit dem Lehrer geringschätzig herab. Schwind endlich, ein Mann für sich und ein Talent ganz eigenthümlicher Art, ohnehin der alten wie der ausländischen Kunst abgeneigt, zählt kaum hierher, da er weder Schule bildet, noch was ihm eigen ist und in seinen Mitteln liegt, mittheilen kann. Hier hatten wir es nur mit den Lehrern zn thun; was die Künstler und ihre Werke betrifft, so wird darauf später die Rede kommen.

Doch was sollen auch die Jünger der Meisterclassen nach den großen Vorbildern sich schulen und entwickeln lernen? Sie haben Besseres zu thun. Mit ihrem Eintritt in die Werkstätten haben sie den Schulstaub von den Füßen geschüttelt und werden rasch gemachte Leute, denen über kurz oder lang die eine oder andere öffentliche Wand zur Verherrlichung der bayrischen Geschichte überlassen wird. Zu monumentalen Arbeiten berufen oder doch auf dem Sprunge, gehoben von dem stolzen Gefühl, ihr Jahrhundert zu vertreten und die Zukunft vorzubereiten, können sie mit der alten Kunst sich nicht mehr befassen. Daß auf der Akademie Meisterwerke copirt werden — die eigentliche Feuerprobe für den jungen Maler, die er bestehen muß, um in die Welt der Kunst einzutreten und aus dem Schüler zum Meister zu werden —, daß ihr Zögling den Raphael, Tizian und Rubens anders als von Hörensagen oder durch die oberflächliche Bekanntschaft einiger Galeriebesuche kenne, davon hat sich bis jetzt eine sichere Spur nirgends auffinden lassen.

Wie es mit dem Unterricht in der Plastik und Architektur bestellt ist, darüber können wir uns um so kürzer fassen, als, wie das die Zeit so mit sich bringt, diese beiden Fächer mehr in den Hintergrund der Schule treten. Auch gilt für den jungen Bildhauer, was von dem Zeichnenunterricht und dem Studium des Nackten oben bemerkt ist. Was die Lehrer der Sculptur anlangt, so wird sich bei Gelegenheit der neuen münchener Monumente zeigen, daß der Eine, seinen Werken nach zu urtheilen, schwerlich im Stande ist, dem Schüler das lebendige Verständniß der Form, sei es nach der Natur oder nach der Antike, aufzuschließen. Eine eigene Classe ist — wie in Bayern begreiflich — der kirchlichen Sculptur gewidmet. Sie steht unter einem Mann von Talent, der aber natürlich in die Bildwerke, auch in ihre Form, einen eigenthümlich christlichen, ins Gothische hinüberspielenden Ausdruck zu bringen und demnach seine Schüler so zu unterrichten sucht, wie wenn es neben dem ein für alle Mal mustergiltigen Stil der antiken Plastik noch jetzt eine besondere schulgerechte Weise katholischer Bildnerei gäbe. In der Architekturschule ist unseres Wissens der lebendige organische Zusammenhang der classischen Formen, wie er in den Meisterwerken der großen Epochen als sichtbares Vorbild erhalten ist, kein Gegenstand des Unterrichts. Dagegen ist seit mehren Jahren der „moderne Baustil" ein eigener Lehrgegenstand unter einem besonderen Professor, und hier bleibt uns nur übrig, den Lehrer zu bewundern, der sich den Mann fühlt, das der neuen Baukunst eigenthümliche Mißverständniß der überlieferten Formen und Gesetze und ihre sinnlose abenteuerliche Vermischung, in ein System gebracht, der jugendlichen Phantasie einleuchtend und begreiflich zu machen.

Doch wir erinnern uns ja, daß eines der merkwürdigsten Lebenszeichen, welches die münchener Akademie von sich gegeben, in dem Programm des Jahres 1851 bestand, das nicht blos die architektonische Aufgabe unserer Zeit, „eine neue Bauart zu finden", mit unwidersprechlichen Gründen darthat, sondern auch die Mittel und Wege zu ihrer Lösung bezeichnete und so den neuen Baustil förmlich und feierlich in die Kunstgeschichte einführte (das Nähere in den Artikeln über „die münchner Maximiliansstraße und den modernen Baustil" im Jahrgang von 1863 dieser Blätter). Das rühmliche Zeugniß muß man jener Körperschaft überhaupt lassen, daß sie darauf aus ist, die Kunst zu bereichern, nicht blos mit neuen Formen, sondern auch mit neuen Fächern. So hat sie neuerdings der Photographie den Ritterschlag ertheilt, der sie in das Gebiet der Kunst erhebt, zwar mit einer Beschränkung, welche dieselbe zum Theil wieder in ihre Knappenstellung zurückweist: daß sie nämlich in gewissen Fällen als Kunst betrachtet werden könne. Beiläufig bemerkt, ist diese neue Standeserhöhung der Photographie durch ein officielles vom Schriftführer der Akademie unterzeichnetes Actenstück (in den wiener Recensionen über bildende Kunst Nr. 44 v. J.) in einer Weise motivirt, die für den Unterricht der Aesthetik, falls er in ähnlicher Art an der Anstalt betrieben wird, alles befürchten läßt. Das Erste, meint die Akademie, bei einem Werke der Kunst sei der künstlerische Gedanke oder die künstlerische Auffassung der Natur, das Zweite die Mittel zur „vollständigen" Versinnlichung der Idee oder zu schöner „Durchbildung" des Naturobjectes, beides aber vermöge der Photograph zu leisten. Die schwache Sophistik dieser Auseinandersetzung liegt auf der Hand. Davon abgesehen, daß die künstlerische Auffassung des Photographen, wenn überhaupt vorhanden, immer eine bedingte ist, weil sie die Natur an sich lassen muß, wie sie ist, der Darstellung nur vorangeht und daher ihren Gegenstand von den zufälligen Trübungen der Wirklichkeit nicht zu befreien, in die läuternde Kraft der Phantasie nicht hereinzunehmen vermag; das nicht zu rechnen, daß die künstlerische „Durchbildung" in der Photographie lediglich in der Retouche bestehen kann, welche zudem nicht zur Sache gehört und den Mängeln des Abbildes nur mangelhaft abhilft: so ist ja der eigentliche künstlerische Proceß, der allein das Kunstwerk hervorbringt und durch die eigene Natur der Photographie geradezu ausgeschlossen ist, die wirkliche Gestaltung, die freie, vom Zwang der Natur losgelöste Production aus der Phantasie heraus (einerlei nun, ob ihr Werk gut oder schlecht ist). Diese volle Mitte des künstlerischen Schaffens, welche jene zwei Momente „Auffassung und Durchbildung" (= Vollendung) bestimmend in sich zusammenfaßt, hat jenes seltsame Schriftstück übergangen, wohl weil sie ihm zur Rechtfertigung jenes die Photographie zur Kunst erhebenden Gutachtens jeden Ausweg versperrte, dagegen einen solchen in jener zweideutigen und gewundenen Fassung gesucht, welche das Wesen der künstlerischen Production auf jene zwei nur mitwirkenden Momente beschränken möchte (durch den Doppelsinn des Ausdrucks: „Durchbildung" und durch das Einschieben des Wortes „vollständig" bei „Veranschaulichung der Idee"). Daß es der Akademie darum zu thun schien, die Arbeit des Photographen gegen unbefugte Nachbildung zu schützen, dagegen ist nichts zu sagen: wenn aber das Gesetz hier eine Lücke hat, weil es eine neue Erfahrung in sein System noch nicht hat bringen können, so geziemt es nicht der Akademie, durch einen falschen Gebrauch unzweifelhafter Kunstbegriffe eine doch unpassende Anwendung des nun einmal unvollständigen Gesetzesparagraphen herbeizwingen zu wollen. Neben dieser künstlichen Begriffsverwirrung trägt übrigens das Schriftstück noch das rührende Gepräge eines menschlich naiven Zuges, den wir dem Leser nicht vorenthalten wollen, weil er so treffend den akademischen Standpunkt bezeichnet. Nachdem der Vorwurf des Dünkels, welcher der Anstalt gemacht worden war, mit würdiger Fassung abgewiesen ist, werden schließlich — von dem Schriftführer der Akademie, durch dessen Mund doch wohl diese selber spricht — ihre Mitglieder als Männer bezeichnet, „welche durch ihre künstlerischen Leistungen (als ob diese hierher gehörten) wenigstens zu den namhaftesten im In- und Ausland geehrtesten der Gegenwart gehören:" zum Argument, so scheint es, daß menschliches Irren an diese Region nicht hinanreiche, für den Leser aber zum tröstlichen Beweis, daß es auch im neunzehnten Jahrhundert noch Akademieprofessoren giebt, denen es „bei ihrer Gottähnlichkeit nicht bange" wird.

Doch genug von der Akademie und davon, was sie für die Kunstbildung leisten sollte und in Wirklichkeit nicht leistet. Was sonst in München für dieselbe, namentlich durch die Erhaltung und Pflege der alten Kunstwerke geschieht, davon im nächsten Capitel.

μ. ρ.

Räuberleben und Gaunerthum bei Griechen und Römern.

Bei den Epigonen der beiden classischen Völker des Alterthums ist bekanntlich die Sicherheit des Eigenthums, ja des Lebens seit undenklicher Zeit nie ganz ungefährdet gewesen. Der Hang zu wildem, abenteuerndem Treiben ist besonders den Gebirgsbewohnern angeboren und die Neigung zu gewaltsamer Selbsthilfe hat nach und nach dem Morde sein Ungewöhnliches genommen, selbst den Abscheu vor dem Mörder gemildert. Nur einzelnen energischen Regenten ist es gelungen, durch Handhabung unerbittlicher Strenge größere Achtung gegen das Gesetz zu erzielen. Das Uebel kehrte aber immer wieder und besonders in Zeiten politischer Verwirrung wuchs die Unsicherheit in schreckenerregender Weise. Gerade jetzt wagt es wieder einmal der Reisende nicht, ohne Bedeckung die Hauptstadt des griechischen Königreiches nur einige Stunden weit zu verlassen und in Italien beschäftigt der Kampf mit den nur zu gern nach dem politischen Deckmantel haschenden Briganten die volle Aufmerksamkeit und Kraft der herrschenden Gewalt. Diese Erscheinungen greifen bis in das classische Alterthum zurück. Allein eine kurze Vergleichung zeigt doch, daß dergleichen Unordnungen dort der eigentlichen guten Zeit fremd waren, daß sie am häufigsten vorkamen in der der Civilisation vorangehenden roheren und wüsteren Periode, sowie in der Zeit des Verfalls, der Entartung und Verarmung, daß endlich die Wegelagerer und Diebe selbst ihre Banden weniger aus geborenen Römern und Hellenen, als aus den eingeschleppten Sklaven barbarischer Zunge rekrutirten.

In der griechischen Sagengeschichte findet man mancherlei Belege für ein der gesitteren Heroenzeit vorangehendes Intervall kriegerischer Rohheit und rücksichtslosen Faustrechts. Der Weg von Athen nach dem Peloponnes soll damals so unsicher gewesen sein, daß die Reisenden die Seefahrt vorzogen. Schon an der Grenze zwischen Attika und Megaris hauste der berüchtigte Räuber Skiron, der die Fremden nicht blos ausplünderte, sondern sie auch zwang, ihm auf einem seinen Namen tragenden Felsen die Füße zu waschen, worauf er sie ins Meer stieß. Den korinthischen Isthmus machte ein andrer Bandit, Sinis, „der Fichtenbeuger", unsicher, so genannt, weil er die Vorübergehenden nach der Beraubung an zwei umgebogene Fichten band, die er dann schnell losließ, so daß die Unglücklichen zerrissen wurden. Auch die sprichwörtlich gewordenen Bettstellen des eleusinischen Straßenräubers Prokrustes deuten auf die raffinirte Grausamkeit der Unholde dieses Schlags hin. Sie sind aber nur die Koryphäen des Handwerks; denn daß überhaupt große Unsicherheit herrschte, sieht man schon daraus, daß sich die Familie des Königs Lajos von Theben, der von seiner Reise nach Delphi nicht wiederkehrte, schnell damit beruhigte, daß er von Räubern erschlagen worden sei. Die Sage schreibt dem Theseus und Herakles großen Antheil an Vertilgung dieses Gesindels zu. Gleiches Verdienst soll sich der Kreterkönig Minos durch Unterdrückung der Piraterie erworben haben. Doch hatte diese Besserung keinen langen Bestand; denn noch in dem von Homer geschilderten Zeitalter wird der Seeräuberei als eines ganz gewöhnlichen Gewerbes Erwähnung gethan. Nicht blos phönizische und tapbische Schiffe trieben neben Handelsgeschäften Freibeuterei, besonders Menschenraub, auch den hellenischen Helden verunehrte es nicht, Raubzüge ohne weitere Veranlassung zu unternehmen. War es doch sogar keine Beleidigung, wenn man fremde Gäste fragte, ob sie vielleicht Seeräuber wären, die da das Meer durchstreiften „das Leben aufs Spiel setzend, Unheil den Fremden bringend". Von dem bewegten Flibustierleben dieser Zeit entwirft Homer ein treffliches Bild, indem er den Ithakerkönig selbst in der Hütte des treuen Eumäos seine Erlebnisse unter der Maske eines kretischen Seeräubers erzählen läßt, der nie in seinem Leben für Anderes Sinn hatte, als für Raubschiffe, glatte Wurfspeere und Pfeile. Auch lernen wir aus dieser Erzählung, daß der Corsarenführer sich nicht nur unter der Beute das beste Stück herauszulesen, sondern auch bei dem Verloosen des Uebrigen einen Loosantheil zu beanspruchen pflegte. Dagegen findet sich unter den homerischen Helden keine heimliche Dieberei, wiewohl das Stehlen wohl unter dem gemeinen Volke vorkam, da ja der Dichter die Staubwolken der trojanischen Ebene vergleicht dem sich über die Berggipfel verbreitenden Nebel, „dem Hirten nicht angenehm, dem Diebe aber lieber, als die Nacht". Auch Hesiod räth dem Landmanne, sich einen scharfzähnigen Hund zu halten, damit ihm nicht ein „tagschlafender" Mann seine Habe entfremde. Bei Stämmen, wo der Hauptreichthum in Heerden bestand, war natürlich der Viehraub an der Tagesordnung. Bei dem Gelage, das der thrakische Fürst Seuthes dem griechischen Heere unter Xenophon gab, führten unter Anderem Thassalier einen mimischen Waffentanz auf, der folgendermaßen beschrieben wird. „Der Eine legt die Waffen ab, säet und pflügt, sich furchtsam dabei nach allen Seiten umblickend. Da erscheint der Räuber und der Bauer rafft seine Waffen empor und vertheidigt nach der Musik fechtend sein Gespann. Endlich bindet der Räuber den Mann und führt das Ochsenpaar fort; bisweilen thut dies auch der Pflüger mit dem Räuber." Auf dieselbe Sitte weist endlich klar die in Arkadien entstandene Mythe vom Rinderdiebstahl des jungen Erzdiebes Hermes hin, der auch der Freund und Hort der Eigenthumsverwechsler geblieben ist. „Und doch, so oft du deinem Herrn ein Hausgeräth entwandtest, hielt ich's stets geheim und half dir durch," sagt Hermes zu Karion im aristophanischen Plutus, und bekommt zur Antwort: „Mit dem Beding, Dieb, daß du selbst was abbekamst; ein wohlgebackner Kuchen lief dir immer zu!" Ueberhaupt schwächte sich das eigentliche Räuberhandwerk in der historischen Zeit mehr und mehr zu Dieberei und Gaunerei ab. Eine Ausnahme machten die Aetoler, Akarnaner und ozolischen Lokrer, die nicht nur die Sitte des Waffentragens nicht aufgaben, sondern auch dem Raubleben fröhnten, weshalb sich selten andere Griechen in diese Gegenden verirrten. Während der Diebstahl von Lebensmitteln in Sparta, als Vorübung für den Krieg, den Knaben straflos hinging, so lange sie sich nicht ertappen ließen, hatte in Athen der Gesetzgeber Drakon auf die geringfügigste Entwendung die Todesstrafe gesetzt, was Solon dahin mäßigte, daß der Dieb das Doppelte des Werthes als Strafe erlegen mußte und zur Schärfung derselben fünf Tage lang gefesselt ausgestellt werden konnte. Wurde freilich der Delinquent auf frischer That ertappt und war der That geständig, so wurde er sofort der Executivbehörde übergeben und ohne langen Proceß hingerichtet. Besonders galt dies von Einbruch, Tempelraub und dem an öffentlichen Orten, z. B. in Bädern und Gymnasien verübten Diebstahl. Darum lautet auch eins der aristotelischen Probleme: „Warum wird derjenige, welcher aus dem Bade oder der Ringschule oder auf dem Markte oder an einem ähnlichen Ort gestohlen hat, mit dem Tode bestraft, während der Bestehler eines Privathauses mit dem zweifachen Ersatze des Gestohlenen davonkommt?" und der Grund wird darin gefunden, daß der Diebstahl an öffentlichen Orten viel leichter auszuführen sei, als im verschlossenen Hause, also der

Gesetzgeber im Interesse der öffentlichen Sicherheit gehandelt habe; daß ferner der Hausbesitzer nach Gutdünken die Leute annehmen und abweisen könne, während in öffentlichen Localen kein Unterschied stattfinde, daß die vor aller Augen Stehlenden besserungsunfähige und ganz schamlose Subjecte seien und daß endlich an öffentlichen Orten der Bestohlene noch außerdem dem Gelächter und Spotte Anderer durch den Dieb ausgesetzt werde. Der letzte Grund bezieht sich auf den sehr häufig vorkommenden Kleiderdiebstahl in den Badehäusern, wo die Diebe sich zugleich mit vielen Andern badeten, dann sich etwas eher ankleideten und im Nu unter dem weiten Obergewande fremde Kleider mitgehen ließen. Es war deshalb eine allgemein beobachtete Klugheitsregel, beim Baden seine Kleider im Auge zu behalten. Theophrast sagt, schon Manche, die in den Bädern recht eifrig mit einander politisirt hätten, wären um ihre Kleider gekommen und auch im „Rudens" des Plautus äußert Trachalio: „Du weißt doch: wer baden geht und im Badehause noch so sorgfältig auf seine Kleider Acht giebt, dem werden sie doch gestohlen. Er täuscht sich nämlich in den Leuten, die er im Auge behalten soll. Der Dieb sieht leicht, wen er zu beobachten hat; der Wächter weiß aber gar nicht, wer der Dieb ist." Da die Kleider der Alten, besonders die der Männern von gleichem, der Mode wenig unterworfenen Schnitte und Stoffe waren, da zumal das Obergewand aus einem ungenähten großen Zeugstücke bestand, das fast durchgängig ungefärbt war, so ließ sich das Eigenthumsrecht des Bestohlenen sehr schwer nachweisen. Weil aber ferner das obere Gewand blos als Hülle umgeworfen, nicht angezogen wurde, war es leicht, einem Sorglosen vermittelst eines starken Ruckes das Kleid vom Leibe zu reißen und die Aeußerungen von Furcht vor solchen Gaunern, die hinter den Säulenhallen und Denkmälern aller Art außerdem reichliche Gelegenheit hatten, sich des Nachts zu verbergen und auf Vorübergehende zu lauern, sind recht häufig. In den „Vögeln" des Aristophanes erzählt Euelpides:

„Ach! wegen des Haushahns kam ich einmal um das Kleid aus phrygischer Wolle.
Man lud mich am Kindtauffeste zu Gast in die Stadt. Da trank ich ein Bischen,
Und schlief dann; ehe die Andern noch am Gelag sind, krähte der Haushahn.
Da wähn' ich, es sei schon Morgen und will nach Alimus; drücke mich eben
Vor die Mauer hinaus, und ein Gaudieb schlägt mit der Keule mich über den Rücken.
Ich falle zur Erd' und versuche zu schrein, und hinweg huscht der mit dem Mantel."

Die psychologische Erfahrung, daß der Dieb von Profession darauf erpicht zu sein pflegt, seine Beute in sinnlichen Genüssen zu verschleudern, veranlaßte den Komiker Alexis in seiner „Erbtochter" folgenden Rath zu geben: „Wer selbst in Bettelarmuth, reichlich Fische kauft und, sonst in Mangel, hierzu Geld baar, der macht des Nachts, die ihm begegnen, alle des Mantels baar. Darum, ist jemand ausgezogen worden, gleich am Morgen paß' er auf den Fischmarkt und wen armselig und noch jung er sieht bei Mikion um Aale handeln, den pack' er und schlepp' ihn ins Gefängniß!" Auch vor den Einbrechern hatte man arge Furcht in Athen; denn die leichte Bauart der Häuser ermöglichte es, ohne große Schwierigkeit die Mauern und Wände zu durchbrechen und andrerseits waren auch die Räuber mehr auf diesen Weg angewiesen, da die nach der Straße gehenden Fenster zu hoch und gewöhnlich zu klein waren, um das Durchpassiren zu gestatten. Man nannte deshalb auch die Einbrecher „Wanddurchgraber". In dieselbe Kategorie gehörten vor dem Gesetze die Berauber der Todtengrüfte und die Seelenverkäufer, welche entweder Freigeborene auf irgendeine Weise der Sklaverei überlieferten, oder auch fremde Sklaven ihren Herren abspenstig machten. Die Landstraßen dagegen scheinen ziemlich ohne Gefahr zu bereisen gewesen zu sein. Doch fehlt es nicht an Erzählungen von Mordthaten, die habsüchtige Gastwirthe an Reisenden verübten. (Vergl. Cicero de invent. II, 4. de divinat. I, 27.) „Seit Skiron und Prokrustes todt sind," läßt Xenophon den Sokrates sagen, „thut niemand den Kindern etwas zu leid." Man pflegte ja auch niemals ohne Begleitung wenigstens eines Dieners zu reisen und von ganzen Räuberbanden hört man nichts. Als freilich später infolge der politischen Zerrissenheit und der bürgerlichen Kriege die Parteien sich mit fanatischer Wuth verfolgten und eine Masse heimathloser Flüchtlinge im Lande umherirrten oder zu Tausenden als Söldner in fremde Kriegsdienste zu treten gezwungen wurden, überhaupt eine allgemeine Verarmung und Nahrungslosigkeit um sich zu greifen begann, da wucherte auch das Unkraut der Wegelagerei lustig empor, gleichen Schritt haltend mit der sittlichen Verwilderung des Volkes. So erwähnt Diogenes, der Laertier, in seiner biographischen Anekdotensammlung, daß im dritten Jahrhundert vor Christus der Philosoph Menedemos einem Freunde den Gefallen erwies, dessen Gemahlin von Delphi in Phokis bis nach Chalkis auf Euböa zu geleiten, da dieselbe sich vor den Dieben und Räubern auf dem Wege fürchtete. In der römischen Zeit scheint sich das Banditenwesen in Griechenland noch sehr vervollkommnet zu haben. In dem von Lukian und noch weitläufiger von Appulejus aus Madaura in goldenen Esel benutzten Romane des Lucius von Paträ, der vielleicht dem ersten Jahrhundert nach Christus angehörte, liefert das Räuberleben mit seinen Abenteuern reichen Stoff zur Unterhaltung. Der in einen Esel verzauberte Held des Stückes wird in der thessalischen Stadt Hypata aus dem Hause seines Gastfreundes durch Räuber entführt, die während der Nacht sich einen Weg durch die Mauer gebahnt hatten und alle Schätze des Gebäudes mit sich nahmen. Nach einem forcirten Marsche gelangt die Bande Mittags zu einem Gehöfte, dessen Besitzer ihr befreundet war und wo Rast gemacht wurde. Am Abend erreichte man endlich im Gebirge die durch Gunst der Natur wohl versteckte, auf einem hoben Berge gelegene Räuberhöhle, in der ein altes Weib die Wirthschaft und Küche der Strolche besorgte. Kaum hatten sich die Angekommenen durch ein warmes Bad gestärkt und zum Schmause gelagert, so erschien eine andere Abtheilung, die unterdessen einen Raubzug nach Böotien ausgeführt hatte und ebenfalls mit reicher Beute an goldenen und silbernen Münzen und Geschirren, seidenen und golddurchwirkten Gewändern zurückkehrte. Bei dem wüsten Gelage, das nun folgt, wird endlich der zweiten Partei vorgeworfen, daß sie ohne ihren tapfern Hauptmann zurückgekehrt sei und wahrscheinlich aus Feigheit sich nur mit lumpigem Diebstahl befaßt habe. Dies giebt Veranlassung, das Ende des Lamalbos nebst einigen anderen charakteristischen Abenteuern zu erzählen. In Theben angelangt, hatten die Banditen ihre Augen sogleich auf das Haus eines steinreichen, aber filzigen Geldwechslers gerichtet. Sie schlichen sich daher des Nachts hinein, und da sie es nicht wagten, die Thür mit Gewalt zu erbrechen, so steckte der Hauptmann Hand und Arm in das im Thürriegel befindliche Schlüsselloch, um so die in dasselbe von oben einfallenden Bolzen zu heben. Allein der Wucherer hatte die Anstalten bemerkt und wie der Räuber seinen Versuch begann, trieb er durch einen einzigen starken Hammerschlag einen großen Nagel durch das Holz und nagelte die eingedrungene Hand fest an die Thür. Dann stieg er schnell auf das Dach seines Hauses und schrie Feuer, um die Nachbarn durch die jeden näher angehende Gefahr herbeizuziehen. Da blieb denn den Räubern nichts übrig, als den Oberarm ihres Führers durch einen Schwertbieb abzutrennen und auf schleuniger Flucht Rettung zu suchen. Weil jedoch die Fortschaffung des Verwundeten das Fortkommen erschwerte und die Gefahr steigerte, so bat derselbe die Genossen, ihn lieber zu tödten, da er überhaupt seine Hand nicht überleben wollte, mit der er ja allein rauben und morden könnte, und da sich keiner zu dem Liebesdienst verstehen wollte, küßte er sein Schwert und stieß es sich mit der Linken in die Brust. — Einen noch schmachvolleren Tod fand ein anderes Mitglied der Bande, Alkimos. Er war in das Häuschen einer alten Frau eingebrochen und hatte dieselbe im oberen Stocke schlafend angetroffen. Weniger aus Mitleid, als weil er ihren Widerstand nicht fürchtete, unterließ er es, sie zu erwürgen und begann alle werthvollen Habseligkeiten durch ein Fenster zu werfen, damit seine Genossen die Beute leicht wegschaffen könnten. Nachdem er nun alles auf diesem Weg expedirt hatte, gelüstete es ihn auch nach dem Bette der Alten; er warf sie also heraus und wollte eben das Bettzeug durch das Fenster entsenden, als das listige Weib sich ihm zu Füßen warf und sprach: „Ich beschwöre dich, mein Sohn, wozu machst du mit den Bettellumpen einer unglücklichen alten Frau den reichen Nachbarn dort ein Geschenk, nach deren Hause dieses Fenster führt?" Bei diesen Worten wurde der Räuber stutzig, bog sich zum Fenster hinaus, um die Lokalität zu prüfen und be-

sonders das reiche Nachbarhaus zu recognosciren. Die Alte aber faßte sich ein
Herz und beförderte ihn durch einen gewaltigen Stoß kopflings ihren Sachen
nach! Die Leiche des Alkimos wie die des Lamatbos warfen die Räuber der
Sicherheit wegen ins Meer. Nachdem ihr durch solche Unglücksfälle der Aufenthalt in Theben verleidet worden war, zog die Schaar nach dem nahen Platää.
Dort wollte gerade ein angesehener, reicher Mann, Namens Demochares, ein
großartiges Gladiatorengefecht, verbunden mit einer Thierhetze dem Volke geben.
Die geübtesten Fechter, die gewandtesten Jäger standen bereit; Zimmerleute
und Maler waren in voller Arbeit, um die zur theatralischen Ausstattung des
Schauspiels gehörigen Gerüste, Maschinen und Coulissen auf das Glänzendste
herzustellen. Auch eine große Menge theils gekaufter, theils geschenkter riesiger
Bären war bereits zusammengebracht, die bei dem Feste natürlich eine Hauptrolle spielen sollten. Da brach plötzlich unter den Bestien eine an-
steckende Krankheit aus, welche die meisten wegraffte und man überließ
die dem Tode nahen Thiere dem Pöbel als leckeren Braten, ein Umstand,
der unsere Räuber auf einen äußerst verwegenen Plan brachte. Sie verschafften
sich einen der Todescandidaten, zogen ihm das Fell ab und präparirten es zur
Aufnahme eines der Ihrigen, der, in des Demochares Haus geführt, während
der Nacht seinen Kameraden Portierdienste leisten sollte. Die Wahl traf einen
gewissen Thrasyleon und nachdem man noch einen Brief im Namen eines thra-
kischen Gastfreunds geschrieben hatte, als dessen Geschenk der falsche Bruder
Petz ankommen sollte, überbrachten einige Räuber den Käfig gegen Abend dem
Demochares. Hocherfreut zahlte dieser ein gutes Douceur und wollte den Bären
sogleich in seinen Thiergarten außerhalb der Stadt schaffen lassen. Dies war
natürlich den Gaunern keineswegs gelegen; sie redeten ihm eifrig ab und
empfahlen ihm, das Behältniß an einem schattigen und kühlen Ort des Hauses
aufzustellen, sich selbst zu Wärtern und Wächtern anbietend. Letzteres lehnte
Demochares ab; doch ließ er den Bären im Hause. Die Räuber entdecken unterdessen in einer entlegenen Gegend außer der Stadtmauer ein verfallenes Grab-
monument und bestimmen die darin gefundenen Särge zur Aufnahme der zu
hoffenden Schätze. Um Mitternacht erscheinen die bewaffneten Gesellen am
Hause; Thrasyleon schlüpft aus seinem Zwinger, tödtet alle Wachen sammt
dem Thürhüter im Schlafe, riegelt die Thür auf und zeigt den Gefährten die
Kleinodienkammer, worauf das Fortschleppen beginnt, während Einer an der
Thür Wache hält und der Pseudobär im Hause herumspaziert, um alle etwa
erwachenden Diener zurückzuscheuchen. Aber gerade in diesem Punkte täuschte
sich die umsichtige Berechnung. Denn ein Sklave, den das Geräusch erweckt hatte,
spähte leise aus seiner Zelle hervor und verkroch sich nicht wieder zitternd, als
er das Unthier frei umherlaufen sah, sondern schlich sich zu den Hausgenossen
und macht Lärm. Plötzlich stürzt das zahlreiche Gesinde des Hauses, mit

Knütteln, Schwertern und Lanzen bewaffnet hervor; Fackeln, Kerzen, Laternen machen die Nacht zum Tage; große Jagdhunde werden auf den unglücklichen Bären gehetzt, kurz Thrasyleon ist gezwungen, entweder die angenommene Rolle zu Ende zu spielen oder durch Geständniß sich auf seine Menschenwürde zu berufen, was ihm freilich ohne Zweifel denselben qualvollen Tod, nur einige Wochen später, gebracht haben würde. Er wählte das Erste, kämpfte muthig, bald angreifend bald zurückweichend gegen die feindliche Uebermacht und gewann endlich, aus mancher Wunde blutend, das Freie. Doch hier erwarteten ihn die Hunde der ganzen Nachbarschaft und endlich durchbohrte eine Lanze aus der Hand eines wüthenden Insassen des bestohlenen Hauses den bis zum letzten Athemzug nach Bärenart brüllenden Räuber.

Während bei den erwähnten Abenteuern die Räuber rottenweise agirten, begaben sich auch einzelne auf Kundschaft und lieferten das Geld, das sie auf eigene Faust den Reisenden abnahmen, an die gemeinschaftliche Kasse ab. Endlich aber ereilte die ganze Bande das Verderben. Sie hatten nämlich mitten aus einem reichen Hochzeitshause am hellen Tag die Braut entführt, um von den Eltern ein großes Lösegeld zu erpressen, und der Bräutigam, ein starker und muthiger Mann, entschloß sich das Aeußerste zu wagen und sich selbst unter dem Schein eines Handwerksgenossen zu den Feinden zu begeben, was ihm um so leichter gelang, als die Räuber gerade darauf ausgingen, durch Werbung ihre geschwundene Zahl zu ergänzen. Er führte sich sogleich bei ihnen als Räuberhauptmann ersten Rangs ein. „Ich habe eine sehr tapfre Schaar commandirt," sprach er, „und ganz Macedonien ausgeplündert. Ich bin der berühmte Räuber Hämos aus Thracien, vor dessen Namen ganze Provinzen zittern; ich stamme von einem ebenfalls ruhmreichen Bandenführer ab, bin mit Menschenblut genährt worden, habe meine Erziehung in der Compagnie erhalten, als Erbe und Rival der väterlichen Tüchtigkeit." Nach dieser großsprecherischen Einleitung, deren Ton aber vielleicht für solche Kreise in jener Zeit charakteristisch war, gab er als Grund seiner Flucht nach Süden an, seine ganze Bande sei von kaiserlichen Soldaten vernichtet worden, nachdem sie durch Beraubung einer vornehmen römischen Beamtenfamilie den speciellen Zorn des Kaisers auf sich gezogen hätte. Sein Anerbieten, an die Spitze der verwaisten Bande zu treten, wird mit stürmischer Freude angenommen, um so mehr, als er ein paar tausend Goldstücke mitbringt. Das Uebrige läßt sich leicht errathen. Bei dem großen Verbrüderungsschmause, den man sogleich anstellte, zeigt der neue Führer auch seine Geschicklichkeit als Koch und Mundschenk, bringt aber den Kameraden so viel betäubende Mittel bei, daß sie schließlich alle in Morpheus' Armen sich von einem Manne fesseln lassen und der Justiz übergeben werden.

Heliodor, ein im vierten Jahrhundert nach Christo lebender Romanschriftsteller, der lieber den Krummstab — er war Bischof von Trikka in Thessalien

— als die Feder niedergelegt haben soll, da ihm von einer Synode nur diese Wahl gelassen wurde, schildert in seinen „Aethiopischen Geschichten" ein großartiges Räubernest an der Küste von Aegypten. „Die ganze Gegend," heißt es bei ihm, „wird von den Aegyptern das Hirtenland genannt. Es ist dies aber eine Vertiefung des Erdreichs, welche Ueberströmungen des Nils in sich aufnimmt und zu einem See wird, der in der Mitte eine unermeßliche Tiefe hat, aber in einen Sumpf ausgeht. In diesem wohnt alles, was bei den Aegyptern vom Raube lebt. Der Eine hat sich auf einem Fleckchen Land, das etwa aus dem Wasser emporragte, eine Hütte gebaut; ein Andrer lebt auf einer Barke, die ihm als Nachen und Wohnung dient; auf dieser wirthschaften die Frauen, auf ihr gebären sie." Die Strandräuber selbst beschreibt er als schwarze Gestalten mit düsteren Gesichtern und lang flatternden Haaren. Ihre Beute theilten sie nicht nach dem eigentlichen Werth, sondern nach dem Gewicht und auf einer Insel hatten sie mühsam eine kunstvoll verborgene und vielfach verschlungene Höhle zu deren Aufbewahrung ausgegraben. Zu Seneca's Zeit gab es in Aegypten eine Art Straßenräuber, die man Phileten oder Liebende nannte, weil sie die Begegnenden umarmten — um sie zu erdrosseln. Heliodor schildert auch den Angriff eines Seeräubers auf ein von Zante nach Afrika segelndes Kauffartheischiff. „Da sich jetzt Frühlingslüfte erhoben," schreibt er, „segelten wir Tag und Nacht und der Steuermann lenkte das Schiff gerade nach Libyen hin; denn er sagte, bei so günstigem Winde sei es möglich, das Meer in gerader Richtung zu durchschneiden; auch thue es noth, Land und Hafen zu gewinnen, da sich im Rücken ein Schiff zeige, das er für einen Kaper halte. Seitdem wir, sagte er, das kretische Vorgebirge verlassen haben, folgt es uns auf der Spur und segelt unverrückt denselben Kurs. Auch habe ich bemerkt, daß es öfters an uns vorübergesegelt ist, wenn ich unser Schiff bisweilen absichtlich von der geraden Richtung ablenkte. Diese Worte machten auf Viele Eindruck, und diese forderten die Mannschaft auf, sich zur Vertheidigung zu rüsten. Andere nahmen die Sache ganz leicht. Es sei, sagten sie, auf dem Meere gewöhnlich, daß die kleineren Fahrzeuge den größeren Lastschiffen folgten, weil diese mit größerer Erfahrung gelenkt würden. Während nun hierüber von beiden Seiten gestritten wurde und die Sonne sich neigte, ließ die Heftigkeit des Windes nach und mit der eintretenden Stille näherte sich das Schiff ungemein schnell mit Hilfe seiner Ruderkraft. Bei seiner Annäherung rief einer von den Zantiern: Da haben wir's! Wir sind verloren: es ist ein Raubschiff! Bei dieser Nachricht gerieth unser Fahrzeug in große Bewegung und trotz der Windstille füllte es sich mit Sturm und Wellen; großer Lärm, Wehklagen, Geschrei und Hin- und Herrufen tobte darin. Die Einen verbargen sich im Schiffsraum, die Andern ermunterten sich zum Verdeckkampf. Einige wollten in das Beiboot springen und entfliehen. Unterdessen näherten sich die Räuber und drangen in schräger

Richtung von der Seite auf uns ein, und indem sie das Schiff ohne Blutvergießen in ihre Gewalt zu bekommen suchten, thaten sie keinen Schuß, hinderten uns aber durch beständiges Umkreisen, von der Stelle zu weichen, nicht anders, als ob sie uns belagert hielten und unser Schiff durch Capitulation zu nehmen gedächten. Ihr Unglückseligen, riefen sie uns zu, warum seid ihr so rasend, gegen eine so ungleiche Macht die Hände zu erheben und euch dem offenbaren Tode auszusetzen? Noch gestatten wir euch, das Beiboot zu besteigen und euch zu retten, wenn ihr wollt! Unsere Mannschaft aber war voll Muthes und weigerte sich, das Schiff zu verlassen. Als aber einer der kühnsten von den Räubern auf unser Schiff sprang und wer ihm in den Wurf kam, niederhieb und ihnen zeigte, daß es ein Kampf auf Leben und Tod sei, und auch die Uebrigen ihm folgten, da gereute die Phönizier ihr Widerstand, so daß sie sich niederwarfen und um Gnade flehten, die ihnen auch gegen alle Erwartung vom Hauptmann gewährt wurde." Auch hier war es allgemein geltendes Corsareurecht, daß der, welcher das feindliche Fahrzeug zuerst bestieg, sich ein beliebiges Beutestück wählen durfte.

In der früheren Zeit wurde der Seeraub ebenfalls weniger von Griechen als von Barbaren, besonders von Ciliciern und Isauriern getrieben, und zu Kriegszeiten gab man nicht blos Kaperbriefe aus, sondern nahm auch bekannte Seeräuber in Dienst, deren Schiffe sich durch ihre leichte und scharfe Bauart ausnehmend nützlich erwiesen. Lysander z. B. sendete nach Xenophon den milesischen Seeräuber Theopompos nach Lakonien, um die Nachricht vom Siege am Ziegenfluß zu überbringen und dieser landete bereits am dritten Tage am Peloponnes. Bekanntlich erreichte die cilicische Piraterie ihren Höhepunkt nach dem ersten mithridatischen Kriege, wo die Frechheit und Macht der Räuber so hoch stieg, daß sie mit mehr als tausend Schiffen, die zum Theil ersten Ranges und luxuriös ausgestattet waren, das mittelländische Meer befuhren, den ganzen Handel auf demselben lahm legten, feste Plätze mit Sturm nahmen, ja endlich die italischen Küsten selbst brandschatzten, die Handelsschiffe im Hafen von Gaeta kaperten, in dem von Ostia verbrannten, zwei römische Prätoren gefangen nahmen! Die Summen, die sie durch Erpressung von Lösegeld (von Cäsar verlangten sie, ohne ihn zu kennen, 20 Talente!) durch Plünderung und durch Wegführung der Schätze aus den berühmtesten Tempeln zusammenrafften, müssen ungeheuer gewesen sein. Wie Plutarch erwähnt, ertönten auch die Gestade des Meeres von ihrem Gesang, von dem Saiten- und Flötenspiel, womit sie ihre Schmausereien und Zechgelage begleiteten. Der römischen Herrschaft gegenüber zeigten sie sich am erbittertsten. Denn wenn ein Gefangener sich darauf berief, daß er ein Römer sei und seinen Namen nannte, heuchelten sie Schrecken und Furcht, fielen ihm zu Füßen und baten um Verzeihung, so daß er an eine Sinneswandlung glaubte. Dann bekleideten sie ihn mit der

Toga und dem römischen Schuh, als ob er dadurch gegen abermalige Verkennung gesichert sein sollte. Endlich, nachdem sie ihn lange genug verspottet hatten, legten sie mitten auf der See eine Leiter ins Wasser hinab und befahlen ihm, hinunterzusteigen und sich in Frieden zu entfernen. Zögerte er, den freiwilligen Tod zu wählen, so stießen sie ihn hinab. Pompejus der Große, der mit ungemeiner Schnelligkeit und Energie das Mittelmeer von diesen Flibustiern säuberte, befreite endlich in Cilicien, ihrem Hauptsitze, eine große Menge auf Lösegeld harrende Gefangene und sehr viele zum Schiffsbau gepreßte Handwerker. Die Seeräuber selbst, von denen er 20,000 gefangen nahm, erhielten Pardon und wurden größtentheils in Cilicien angesiedelt. Während aber das Mittelmeer in der späteren Zeit mit Ausnahme kriegerischer Unruhen ziemliche Sicherheit vor Piraten gewährte, klagt noch Strabo über die Frechheit, mit welcher die im Nordosten des schwarzen Meeres vorhandenen Zygen und Heniochen das Flibustiergeschäft betrieben. Ihre kleinen, nur fünfundzwanzig bis dreißig Mann fassenden Schiffe hatten weit über das Wasser hervorragende und nach oben hin convergirende Rippen, die gewissermaßen ein Dach bildeten, und waren so leicht, daß sie dieselben in die Wälder trugen und verbargen, während sie auf Menschenraub ausgingen. In vielen Häfen des Bosporus verkauften sie ungescheut ihre Beute und die römischen Gouverneure trafen gewöhnlich seltener Maßregeln zum Schutze ihrer Untergebenen als die Fürsten selbständiger Länder.

Auch zu Lande war die Sicherheit der asiatischen Provinzen unter römischer Herrschaft kaum größer, als heute. Von den Pamphyliern und Pisidiern sagt Strabo, daß sie zur Räuberei geneigt wären. In Paphlagonien fehlte es nicht an Stämmen, die von hölzernen Thürmen aus die Reisenden überfielen. Ueber den an der Grenze von Mysien, Bithynien und Phrygien liegenden Berg Olympos (Keschisch Dagh) heißt es bei demselben Geographen: „Auf seinen Höhen sind viele große Wälder und von Natur feste Plätze, die zu guten Zufluchtsörtern für die Räuber sich eignen, welche sich hier oft eine geraume Zeit gegen jeden Ueberfall der Feinde vertheidigt haben. Ein solcher war Kleon, das Haupt aller Räuber zu unserer Zeit, aus dem Flecken Gordium gebürtig. Zu seinem Raubschloß bediente er sich anfangs des sehr festen Castells Kallydion und war dem Antonius sehr nützlich, indem er diejenigen, welche dem damaligen Statthalter von Kleinasien, Labienus, die nöthigen Gelder zu liefern hatten, überfiel und demselben alle Einkünfte abschnitt. Nach der Schlacht bei Actium verließ er die Partei des Antonius und ging zu Augustus über, von dem er größere Wohlthaten empfing, als er werth war. Denn Augustus fügte dem, was er ohnehin durch die Freigebigkeit des Antonius besaß, neue Geschenke hinzu, so daß er nun, während er vorher nur für einen Räuber galt, für einen Fürsten angesehen wurde." Auch bei andern Gelegenheiten zeigten kleinasiatische

Räuber, wie gut sie des Handwerks kundig waren. Ein cilicischer Sklave, ebenfalls Kleon genannt, in seiner Jugend ein dreister Räuber, spielte eine Hauptrolle im ersten sicilischen Sklavenkrieg; im zweiten stand Athenion an der Spitze der Insurgenten, ein vorher in seiner Heimath Cilicien gefürchteter Banditenchef und wieder ein Cilicier, Agamemnon, leistete den Picentinern im Bundesgenossenkrieg gute Dienste, „da er", wie Diodor sagt, „im Räuberwesen viel Erfahrung hatte". Die Sklaveninsurrection auf Sicilien wurde freilich durch die dort längst von den Sklaven der reichen Plantagenbesitzer betriebene Räuberwirthschaft sehr gefördert und begünstigt. Jene reichen Herren, deren Sklavenzwinger von importirter Menschenwaare wimmelten, waren ebenso luxuriös und sittenlos als hartherzig gegen ihre Leute. Besonders den zahlreichen Hirten ihrer ungeheuren Viehheerden verweigerten sie Nahrung und Kleider und wiesen sie gradezu an, vom Raube zu leben. Diodor, selbst ein Sicilianer, schreibt hierüber: „Die Besitzer vieler Sklaven gewöhnten ihre Hirten, denen sie keine Nahrung reichten, an so freches Betragen, daß sie ihnen erlaubten, Räuberei zu treiben. Da nun diesen Leuten, welche wegen ihrer Körperstärke im Stande waren, alles, was sie beschlossen hatten, durchzusetzen, so viel Freiheit gestattet wurde, so geschah es, daß bald die Gesetzlosigkeit überhand nahm. Denn zuerst ermordeten sie auf den bevölkertsten Straßen diejenigen, welche einzeln oder zu zweien reisten; dann rotteten sie sich gegen die Landhäuser der minder Mächtigen bei Nacht in Massen zusammen und besetzten diese mit Gewalt, plünderten die Habe und erschlugen, wer sich ihnen widersetzte. Da nun die Frechheit immer höher stieg, so konnte man in Sicilien weder bei Nacht reisen, noch war der Aufenthalt derer, die auf dem Lande zu leben gewohnt waren, sicher, sondern alles war voll Gewalt, Räuberei und Mordthaten aller Art." Dasselbe geschah während des zweiten Aufstandes und das Schlimmste dabei war noch, daß der Pöbel und das Proletariat mit den empörten Sklaven gemeinschaftliche Sache machte, so daß kaum noch das innerhalb der Stadt befindliche Eigenthum für gesichert betrachtet werden konnte.

Unter den westlichen Provinzen standen besonders Spanien und Sardinien nicht im besten Rufe der Sicherheit, ja Varro erwähnt in seiner Schrift über den Landbau, daß viele treffliche Gegenden dort nicht ordentlich bebaut werden könnten wegen der Räubereien der Nachbarn. Der Kaiser Tiberius schickte im Jahre 19 viertausend junge Leute aus dem Stande der Freigelassenen, welche Proselyten der jüdischen und ägyptischen Religion geworden waren, nach Sardinien, um die Räuber zu bekämpfen; „wenn sie durch die Ungesundheit des Klimas umkämen, sei es ein geringer Verlust." Noch schlimmer spricht Strabo von den wilden Bewohnern des felsigen Corsika. In Italien selbst waren es ebenfalls die Gebirgsbewohner der Apenninen, hauptsächlich im Süden, die bei politischen Umwälzungen und kriegerischen Unruhen gar zu gern den Hirtenstab mit dem Schwerte vertauschten. Bereits um 180 v. Chr. hatte das Räuberwesen in Apulien so überhand genommen, daß die Straßen und Triften ganz unsicher waren. Von den damals verschworenen Hirten wurden auf einmal gegen 7000 Mann verurtheilt; viele flohen, viele wurden hingerichtet. Am schrecklichsten litt das Land im großen Räuberkriege des Spartacus, der, selbst ein ehemaliger thracischer Bandit, seine anfangs nur aus Gladiatoren bestehende Schaar bald durch entlaufene Sklaven, Hirten und Schäfer vergrößerte, „die," wie Plutarch sagt, „alle tüchtige Fäuste und schnelle Füße besaßen." Nach Niederwerfung dieses gefährlichen Aufstandes wurde zwar Apulien und Lukanien von dem Gesindel gesäubert; aber in den bald darauf ausbrechenden Bürgerkriegen schossen auch die Rinaldos wieder wie die Pilze aus dem fruchtbaren Boden und Octavian kostete es viel Mühe, dem Unwesen zu steuern. „Rom selbst und Sicilien," schreibt Appian, „wurde um diese Zeit durch förmliche Banden von Räubern beunruhigt, die ihr Wesen so offen trieben, daß es mehr einer frechen Plünderung, als einer heimlichen Räuberei ähnlich sah. Zur Abstellung dieser Unordnung wählte Cäsar den Sabinus. Unter den gefangenen Räubern richtete er eine große Niederlage an, brauchte aber doch ein ganzes Jahr, bis er wieder allgemeine Sicherheit und Frieden hergestellt hatte." Jene Zeit, wo es nach Properz sogar ein Wagstück war, ohne bewaffnetes Geleit von Rom nach dem nahen Tibur zu reisen, mag wohl auch Plinius der Aeltere im Auge haben, wenn er sagt, daß vor dem Beginne des häufigen Straßenraubs vor jedem Fenster in Rom kleine Blumen- und Gemüsepflanzungen gegrünt hätten, daß man aber später die durch Verschluß der Fenster bewirkte Sicherheit dieser Annehmlichkeit vorgezogen habe. Schon zu Ciceros Zeit war die Umgebung der Hauptstadt höchst unsicher. Er schreibt an seinen Freund Atticus: „Mein lieber C. Quintius ist beim Grabmal des Basilius verwundet und ausgeplündert worden," und nennt in der milonischen Vertheidigungsrede dieselbe Strecke der appischen Straße „gefährlich, von Straßenräubern wimmelnd." Von der Menge der Banditen bekommt man eine Vorstellung, wenn man bei Strabo liest, daß in dem großen, besonders berüchtigten gallinarischen Fichtenwald bei Cumä in Campanien die Offiziere des Sextus Pompejus während des Krieges mit den Triumvirn förmliche Werbungen unter den Räubern anstellten! So gerade den Zustand der Unsicherheit vorschützend trugen die Wegelagerer ganz ungescheut das Schwert an der Seite! August ließ die Straßen erweitern, die Hohlwege abgraben, legte überall, besonders an verrufenen Orten, Soldatenstationen an und traf selbst militärische Vorkehrungen, so oft er in einem künstlichen See an der Tiber dem Volke das Schauspiel einer Seeschlacht geben wollte. Daß es ihm dennoch nicht gelang, das Uebel auszurotten, sieht man daraus, daß schon sein Nachfolger sich genöthigt sah, die zu diesem Zwecke angelegten militärischen Posten in Italien zu verstärken. Auch in der Folgezeit schwand die Furcht vor Straßenraub nie ganz aus dem Herzen der Reisenden. Während der Nacht pflegte man ganz gewöhnlich Fackeln bei sich zu führen und Juvenal schreibt: „Magst du auch nur kleine Büchschen reinen Silbers bei dir tragen, wenn du des Nachts eine Reise antrittst, so wirst du dich fürchten vor Schwertern und Wurfstangen, und erzittern vor dem Schatten des im Mondschein schwankenden Rohrs. Leeren Beutels wird nahe dem Räuber fröhlich singen der Wanderer." In der Hauptstadt selbst war es zur nämlichen Zeit trotz der aus sieben Cohorten bestehenden Scharwache um die nächtliche Sicherheit nicht besser bestellt. „Vor dem Nachtschwärmer nicht allein graue dir," liest man bei demselben Satiriker, „denn nicht ausbleiben wird, der dich beraubt, nachdem die Häuser geschlossen sind und allenthalben der schließende Riegel der eingeketteten Bude verstummt. Zuweilen treibt auch der hurtige Gauner mit dem Stable sein Handwerk, so oft von sicherer Hut der Bewaffneten umstellt ist hier der pomptinische Sumpf, dort der gallinarische Wald. Alle rennen dann von dort hierher, wie zu einem begenden Park." Ueberhaupt erreichte die Gaunerei zu Rom in der Kaiserzeit einen hohen Grad der Verfeinerung. Sogar die Eitelkeit des schönen Geschlechts wurde zum Betruge ausgebeutet. Ovid warnt in seiner Liebeskunst die Damen vor galanten Gaunern in folgenden Worten: „Manche Räuber verbergen sich unter dem lügnerischen Schein der Liebe und suchen durch solche Annäherung schamlosen Gewinn. Weder das von duftendem Nardenöl glänzende Haar möge euch täuschen, noch der in feine Falten gepreßte knappe Gürtel, noch betrüge euch die Toga aus feinstem Gewebe, noch wenn Ring neben Ring die Finger zieren wird. Vielleicht gerade unter der Zahl solcher Leute befindet sich jener feingekleidete Dieb, der da glüht von Liebe — zu deinem Gewande. Mein Eigenthum gieb her! schreien oft die beraubten Mädchen; mein Eigenthum gieb her! hallt es über den ganzen Markt hin."

In den römischen Rechtsbestimmungen findet man alle Arten des Diebstahls und Raubes vertreten. Da werden die Taschendiebe erwähnt, „welche durch magische Künste aus fremden Beuteln das Geld verschwinden lassen," die Einschleicher, die Einbrecher, welche sich bereits trefflich auf die Kunst verstanden, vermittelst eingeschlagener Eisenstacheln senkrechte Wände zu erklimmen, die Ausplünderer, die bewaffneten und unbewaffneten Ritter von der Landstraße, die Bäderdiebe, die gewöhnlich berittenen Viehwegtreiber. Bewaffnete Straßenräuber und Mitglieder verschworner Banden wurden, gewöhnlich durch Kreuzigung, hingerichtet und zwar meist an dem Hauptorte ihrer Thaten, „damit Andere von demselben Verbrechen abgeschreckt werden und die Verwandten der von ihnen Ermordeten darin einen Trost finden." Die Schärfung der Todesstrafe aber durch Ablieferung der Delinquenten an die Gladiatoren- und Venatorenschulen wurde immer häufiger, als unter den Kaisern sich die Zahl der hierzu verbrauchten Menschenleben riesig steigerte und kaum läßt sich annehmen, daß bei allen zu diesem schrecklichen Tode verdammten Missethätern die Strafe in gesetzlichem Verhältniß zur Schuld stand. Von Claudius, nicht dem willkürlichsten Kaiser, erwähnt es Sueton ausdrücklich, daß er, das gesetzliche Strafmaß überschreitend, Leute, die nur größerer Eigenthumsvergehen überwiesen waren, zum Kampfe mit den wilden Thieren verurtheilte und von Caligula sagt Dio Cassius: „Allgemeinen Tadel zog er sich dadurch zu, daß er so viele Bürger als Gladiatoren auftreten ließ und daß er sich an keine Gesetze band und überall nach Willkür schaltete. Seine Grausamkeit vermochte ihn einmal, als es an zum Tode verurtheilten Verbrechern bei einer Thierhetze fehlte, aus dem an den Schranken aufgestellten Volke Einige aufgreifen und den Thieren vorwerfen zu lassen!" Die Hinrichtung der Koryphäen unter den Räubern und Mordbrennern umgab man oft mit theatralischem Pomp, wenn man sie nicht nackt und wehrlos an den Pfahl gebunden den wilden Bestien preisgab. Zu Strabos Zeit wurde ein sicilischer Räuberhauptmann, der lange Zeit die Gegend um den Aetna gebrandschatzt hatte und sich selbst „Sohn des Aetna" nannte, nach Rom geschafft und dort auf dem Forum in der Weise hingerichtet, daß er zuerst auf einem hohen Gerüste in Form eines Bergs, das den Aetna vorstellen sollte, sich präsentirte, dann aber, als die Bretter unter ihm durch einen Maschinenzug auseinanderfielen, zu den unten lauernden wilden Thieren hinabstürzte! Ausgezeichnete Diebe wurden zuweilen unter der Maske des Herkules verbrannt oder unter der des Orpheus von Bären zerrissen, und als Domitian einst einen Verbrecher den Tod des berüchtigten Räubers Laureolus in der Arena sterben ließ, der zuerst gekreuzigt, und dann von Raubthieren zerstückelt wurde, so tröstete sich Martial damit, daß der Unglückliche wohl noch ein schwererer Uebelthäter gewesen, als sein auch als dramatischer Stoff dienendes Vorbild, vielleicht seinem Vater oder Herrn die Gurgel durchschnitten oder sich an heiligen Tempelschätzen vergriffen oder Brandstiftung versucht habe! Einem ähnlichen Schicksal verfiel auch der größte Banditenhäuptling der Kaiserzeit, Bullas, genannt Felix, fast in jeder Beziehung bereits das Urbild der echten, Züge von Hochherzigkeit, Großmuth und Galanterie zur Schau tragenden Fra Diavolos des modernen Italien. Seine Bande war gegen 600 Köpfe stark und ihrem Führer blind ergeben. Während die römischen Legionen gegen Parther, Gallier und Schotten siegreich fochten, während sich der Kaiser Septimius Severus selbst in Italien aufhielt und starke Truppenabtheilungen Italien besetzt hielten, beherrschte Felix die ganze appische Straße. Er war genau unterrichtet über alle, die von Rom abreisten oder in Brundusium landeten; er kannte ihre Namen, ihre Zahl, ihre Habe. Er plünderte die Reisenden aber nie vollständig aus, sondern begnügte sich mit Procenten ihres Vermögens. Künstler jedoch und Handwerker, deren Dienste er nöthig hatte, behielt er oft Monate bei sich, bezahlte ihnen aber auch dann freigebig Mühe und Versäumniß. Dabei entging er allen Verfolgungen mit bewundernswerther Gewandheit und Klugheit: „weder sah man ihn, wenn er gesehen, noch fand man ihn, wenn er gefunden, noch hatte man ihn, wenn er gefangen worden war." Die Anhänglichkeit seiner Leute sicherte er sich durch Freigebigkeit und aufopfernden Beistand in der Noth. So waren einst zwei seiner Genossen in einem Flecken in Gefangenschaft gerathen und hatten keine Hoffnung, den Zähnen der wilden Thiere zu entgehen. Da verkleidete sich Felix als Magistratsperson, begab sich zum Gefängnißwärter und verlangte einige Gefangene zu irgend einer öffentlichen Arbeit. Der Cerberus ließ sich übertölpeln und die Spießgesellen waren gerettet. Schlimm spielte er aber einem Hauptmann mit, der ihm durch zu eifrige Nachstellungen lästig geworden war. Als Landmann verkleidet erschien er im Quartier und versprach, gegen eine Belohnung den Schlupfwinkel des Räuberhauptmanns verrathen zu wollen. Arglos folgte der Verrathene mit wenigen Begleitern dem gefährlichen Führer und kam nach beschwerlichem Marsche durch das wilde, unbekannte Gebirg endlich in die romantische Waldschlucht, die man zu seiner Falle auserseben hatte. Ein Signal ertönte und von allen Seiten umzingelt mußte sich der Leichtgläubige ohne Widerstand ergeben. Hierauf warf sich Felix in ein fürstliches Prachtgewand, ließ, von seinen Getreuen umgeben, den Centurio vor seinen Richterstuhl führen und befahl, dessen Haupt kahl zu scheren. Dann, verließ er ihn mit den Worten: Geh nun heim und verkündige deinem Herrn von mir folgenden Rath: „Gebt euern Sklaven genug zu essen, damit sie nicht Räuber werden!" Er hatte nämlich viele ehemalige kaiserliche Diener bei sich, die theils sehr geringen, theils gar keinen Gehalt bekommen hatten. Severus, ein höchst jähzorniger und ungeduldiger Herr, gerieth nun in den heftigsten Zorn und sandte einen hohen Offizier seiner Leibgarde mit vielen Reitern aus, schwere Drohungen beifügend, wenn sie den Räuber nicht lebendig brächten. Nun wurden alle Hebel in Bewegung gesetzt und Felix fiel zuletzt seinen Verfolgern in die Hände, als Opfer seiner Neigung zum schönen Geschlechte! Es gelang, den habgierigen, vielleicht auch eifersüchtigen Mann einer Schönen, die er liebte, zu gewinnen, welcher auch seine Frau überredete, den Geliebten zu verrathen und so wurde er schlafend in einer Höhle ergriffen und beschloß seine Laufbahn in der Arena unter den Tatzen der Raubthiere.

Herm. Göll.

Zur Geschichte des Fürstenvereins von Verona.

Es wird immer lehrreich sein, die Genesis der reactionären Gewaltstreiche, an denen die zwanziger Jahre unsers Jahrhunderts so reich sind, genau kennen zu lernen. Als ein Beitrag hierzu mag die folgende Aufzeichnung dienen, die sich in den Papieren eines mit Metternich enge befreundeten deutschen Staatsmannes fand. Nach den Mittheilungen über die drei Fürstenvereine, die wir Gervinus verdanken (Gesch. d. 19. Jahrh. IV. S. 785—877) ist sachlich nicht mehr viel Neues zu erwarten. Dennoch ist die vorliegende Aufzeichnung nicht ohne Interesse, weil sie präciser, als dies Gervinus vermochte, für alle in Verona zu behandelnden Fragen das Stadium feststellt, in welchem sich dieselben zur Zeit der dem Congresse voraufgehenden Besprechungen der Minister zu Wien befanden. Wir lassen die Aufzeichnung selbst folgen:

Bei den vorläufigen Besprechungen, welche in Wien Statt hatten, sind sämmtliche Minister übereingekommen, die Berathungen des Congresses in Verona (welchem der Name „Cabinetsverein" beigelegt wird) auf folgende Gegenstände zu beschränken:

I. Orient.

Die Hauptfrage ist als entschieden zu betrachten und es kann von einem Krieg mit der Pforte um so weniger mehr die Rede sein, als Rußland sich jetzt nicht mehr in eine Fehde einlassen wird, die es früher mit weit mehr Vortheil hätte beginnen können. Die Erhaltung des Friedens ist demnach nicht mehr zu bezweifeln und es handelt sich dermalen mehr um die Formen der noch zu beendigenden Negotiationen, als um die Resultate, die von denselben zu erwarten sind. Zu Gunsten der Griechen soll von Verona aus noch ein letzter kräftiger Versuch gemacht werden, von dem aber wenig zu erwarten steht, weil das türkische Cabinet hartnäckig darauf besteht, diese Angelegenheit ohne fremde Einmischung zu ordnen und verlangt, daß man sich desfalls auf die feierlichst gegebenen Zusicherungen einer milden Behandlung und vollkommener Garantie der Person und des Vermögens aller Griechen, welche die Waffen niederlegen und sich unterwerfen, verlassen könne und müsse.

II. Italien.

a) Neapel.

Nachdem der König von Neapel selbst die Fortbesetzung seines Landes durch die darin sich befindende östreichische Armee wünscht und bei den Monarchen feierlich nachsuchen wird, so wird in Verona von nichts anderem die Rede sein, als die Mittel ausfindig zu machen, wie auf die Verpflegung dieser Truppen gespart werden könne, um das Land in pecuniärer Hinsicht möglichst zu erleichtern.

b) Sardinien.

Der König von Sardinien hat bereits officielle Schritte bei den größeren Höfen gethan, um den Abzug der Oestreicher aus seinem Königreich zu erwirken und dabei erklärt, daß er sich bereits stark genug glaube, um mit eigenen Kräften die Ruhe zu erhalten. Da aber sowohl gesandtschaftliche Berichte als andere Nachrichten nicht so beruhigend über den inneren Zustand dieses Landes lauten und man Ursache hat, zu vermuthen, daß der König selbst diesen Schritt nur gethan habe, um sich dadurch populär zu machen, im Grunde aber nichts anderes wünsche, als daß seinem Ansinnen von den Mächten nicht willfahrt werden möge oder daß wenigstens alle Truppen, die zurückgezogen werden dürften, auf östreichischem Grund und Boden stehen bleiben möchten, so wird diese Frage einer gründlichen Erörterung unterworfen und dem König erklärt werden, daß von der Aufstellung einer östreichischen Observationsarmee an den Grenzen seines Königreiches keine Rede sein könne, daß demnach, wenn er den Mächten die Ueberzeugung zu geben im Stande wäre, daß nach dem Abzug der Oestreicher keine Unruhen mehr zu befürchten seien, man keinen Anstand nehmen würde, seinem Wunsche zu willfahren. Aller Wahrscheinlichkeit nach wird es dahin kommen, daß die östreichischen Truppen zwar zurückgezogen, die Hauptfestungen des Landes hingegen von denselben besetzt bleiben werden.

III. Spanien und Portugal.

Ueber das, was in Rücksicht dieser beiden unglücklichen Länder zu beschließen sein dürfte, sind bis jetzt die Meinungen noch sehr verschieden. Nur darüber ist man einig, daß dies einer der wichtigsten Gegenstände der Berathung sein müsse. Im verflossenen Jahre hatte Rußland den Antrag förmlich gestellt, den Unruhen in Spanien mit gewaffneter Hand im Namen der Allianz ein Ende zu machen. Frankreich hat vor wenigen Monaten noch sich anerboten, dieses Geschäft allein zu übernehmen, jedoch ebenfalls im Namen der Alliirten, so wie Oestreich gegen Neapel verfahren hat. Seit den letzten bedeutenden Fortschritten, welche die Armee des Glaubens gemacht hat, besteht das Cabinet der Tuilerien nicht mehr auf seinem Antrag und glaubt nur, daß sich seine Einmischung auf die Aufstellung der Occupationsarmee beschränken und man die weitere Entwicklung der Gegenrevolution abwarten solle.

Zu den vielfältigen Bedenklichkeiten und Hindernissen, die sich einer Einmischung fremder Mächte in die inneren Angelegenheiten Spaniens entgegenstellen, kommt noch der Umstand, daß England feierlich erklärt hat, nie an einem solchen Unternehmen theilnehmen zu können. Es würde demnach eine factische Trennung der Allianz daraus erfolgen, deren Fortbestand und Befestigung das Hauptaugenmerk der Cabinete bei jeder Gelegenheit bleibt.

Man wird sich daher fürs Erste beschäftigen, die verschiedenen Folgen, welche aus dem dermaligen Zustande Spaniens sich entwickeln können, möglichst zu berechnen und für jeden der kommenden und gedenkbaren Fälle bestimmte und für sämmtliche europäische Gesandte zu Madrid gleich verbindliche Instructionen aufzusetzen. In solchen werden die Ereignisse vorgesehen werden, wo die Gesandten sich von Madrid entfernen und die Verbindungen somit aufheben sollen. In diesem jetzt nicht mehr so wahrscheinlichen Fall ist sodann eine fernere Berathung über die alsdann zu ergreifenden Maßregeln vorbehalten.

IV. Prinz von Carignan.

Vom König von Sardinien ist den Alliirten bereits vorläufig Anzeige geschehen, daß, da infolge der stattgehabten Untersuchungen über die letzte Revolution es sich ergeben habe, der präsumtive Thronerbe, Prinz von Carignan, durch die revolutionäre Partei verleitet, die Hand zu diesem strafbaren Unternehmen geboten und sich bei dieser Gelegenheit selbst staatsverrätherische Handlungen zu schulden habe kommen lassen — er Willens sei, dem Prinzen durch einen eigenen Gerichtshof den Prozeß machen zu lassen und nach erwiesener Schuld ihn — jedoch unbeschadet der Rechte seines Sohnes — von der Thronfolge auszuschließen, wozu der König sich vor allem der Genehmhaltung sämmtlicher Monarchen versichern müsse. Obschon der König beigefügt hat, daß auf den Fall, daß sein Antrag Schwierigkeiten begegnen sollte, er selbst die Krone niederlegen würde, so scheint es doch nicht, daß die Mächte in einen Vorschlag, wodurch der Grundsatz der Legitimität so sehr angegriffen werden dürfte, je einwilligen werden, sondern daß man vielmehr alles versuchen wird, um die Sache beizulegen und den König mit dem Prinzen zu versöhnen.

V. Die deutschen Angelegenheiten

werden jedenfalls einer der wichtigsten Gegenstände der Berathung sein, indem man überzeugt zu sein glaubt, daß, vorzüglich in den südwestlichen Staaten des deutschen Bundes fortwährend ein Geist der Unruhe und der Uebertreibung im constitutionellen Wesen herrscht, der sowohl die Ruhe dieser als auch der übrigen Staaten gefährden würde, wenn nicht Mittel gefunden werden, diesem immer wachsenden Uebel Einhalt zu thun. Indessen werden die Alliirten (als solche) sich nur mit dem Gesammtbund als europäischem Staat und Mitalliirten einlassen, demselben wie allen übrigen Mächten Europas von ihren Beschlüssen Kenntniß geben und sodann dem Bundestag überlassen, den aufgestellten Grundsätzen auf bundesverfassungsmäßigen Wegen die zweckdienliche Anwendung zu verschaffen.

Literatur.

Odysseus' Heimkehr. Ein Heldengedicht in funfzig Liedern. Nach den Grundlinien der homerischen Dichtung ausgeführt und den deutschen Frauen gewidmet von C. Th. Gravenhorst. Hannover, Carl Rümpler. 1865.

Bei Gelegenheit des Hinweises auf Schmidts Uebersetzung der Odyssee sprachen wir aus, daß als einzige Form der Wiedergabe Homers außer der Uebersetzung in Hexametern uns die in Prosa erscheine. Wir erhalten nun hier eine Odyssee in deutschen Reimversen. Der Uebersetzer, der früher schon mehre Versuche veröffentlicht hat, antike Poesie durch Assimilation an deutsche Formen uns näher zu bringen, hat sich nicht genöthigt erachtet, sich über dieses neue Unternehmen zu erklären, Gründe für seine Wahl und Absicht anzudeuten. Die Sache soll, wie es scheint, selbst für sich reden. Wir finden, grad heraus gesagt, daß das Unternehmen von der ersten Seite ab sich als ein vollständiger Mißgriff offenbart. Die jambischen, dann und wann mit trochäischen wechselnden Verse der funfzig Lieder fließen geschmeidig dahin, aber alle Kraft des Heldenmäßigen, ja des Epischen überhaupt ist vollständig verloren; erschreckend trivial, nicht selten im übelsten Sinne modern tritt alles vor uns, woran sonst die Phantasie sich voll ergötzt hat. Von Talent zeigt sich nicht mehr als ein mäßiges Geschick, Prosa durch Reimzeilen abzutheilen. Aber selbst wenn die Gedichte zehnmal besser gelungen wären, sie würden nicht im Stande sein, uns zu überreden, daß es künstlerisch gerechtfertigt sei, die Odyssee auf diese Weise wiederzugeben. Die Form ist beim Epos so nothwendig wie bei andern Gattungen der Poesie und sie verdient die gleiche Pietät wie andere; vollends wenn Homer in Frage kommt. Giebt uns jemand ein Bild der Erzählung in poetischer Prosa, wie dies Ferdinand Schmidt mit Glück versucht hat, so zieht er eben nur einen Theil, wenn auch einen sehr wichtigen, vom Ganzen ab; wer aber den Inhalt in eine völlig andere poetische Form prägt, die gar nichts mit der Welt zu thun hat, in welcher Homers Gesänge leben, so ist das schlechterdings verwerflich. Und wir fragen: wozu das ganze Bemühn? Man mag behaupten dürfen, daß die vossische Uebersetzung manche Unebenheiten und Geschmacklosigkeiten an sich habe, die zum Theil auf Rechnung des in einzelnen Zügen bemerkbaren Fortschrittes unsrer Sprache kommen, immerhin; aber solchen Versuchen gegenüber, wie der vorliegende ist, hat Voß in allen Punkten recht; seine Fehler erscheinen nicht mehr als solche, wenn sie mit diesem völlig unberechtigten Bestreben, einem Bedürfniß von heute zu entsprechen, verglichen werden. Ein solches Bedürfniß ist entweder gar nicht vorhanden, oder es ist vom Uebel, wenn es anerkannt oder gar, wenn es befriedigt wird. Das Werk wendet sich an die Frauen. Verstehen unsre Frauen den Homer nicht so, wie er von Voß übersetzt ist, so mögen sie es lernen; es hält nicht schwer; aber sie sind es, die ihm entgegenzukommen haben. Wer dem großen Alten zumuthet, Handschuhe anzuziehn und sich in modisches Habit zu stecken, damit er den Damen ohne Mühe verständlich werde, der verkennt den Homer, sich selbst und wie wir glauben, auch die deutschen Frauen. —

Elisabeth-Album, zur belehrenden Unterhaltung für heranwachsende Mädchen von Aurelie. Wien, R. Lechner.

Das Buch, obgleich es in seiner Ausstattung den bunten Lichtern des Christbaums angepaßt ist, verdient doch auch nach der Festzeit eine angelegentliche Empfehlung. Die bekannte Jugendschriftstellerin versteht in ausgezeichneter Weise für den literarischen Bedarf junger Damen zu sorgen, denen sorgliche Mütter noch ungern den Schlüssel zu einer Bibliothek unserer ästhetischen Literatur in die Hand geben. Auch in Auswahl und Erfindung des vorliegenden Buches hat sich Talent und Tact der Herausgeberin bewährt. Wo sie selbst erzählt, freut die lebhafte und anmuthige Darstellung, eine feine Laune und der gebildete liberale Sinn, wo sie Uebersetzungen bringt, aus dem Französischen nach Madame Guizot, aus dem Englischen nach Miß Edgeworth, ist die Uebersetzung ungewöhnlich gut. Das aus dem Reisewerke des Herzogs von Coburg zwei hübsche Episoden mitgetheilt sind, ein Auszug aus dem Tagebuch der Herzogin Alexandrine und ein Jagdabenteuer des Herzogs, wird Vielen willkommen sein, denen das Reisewerk nicht zugänglich ist. Druck und Ausstattung des Buches thun ebenfalls das Ihre, die freundliche Gabe jungen Leserinnen zu empfehlen.

Aus Wien.

(Eingesandt.)

Geehrte Redaction wird im Interesse der Sache um Aufnahme des Folgenden sowohl dringend als ergebenst von den Unterfertigten ersucht.

Wenn man die Summe prüft, welche im Budget für Pensionen der Generale, Admirale, Stabs- und Oberoffiziere, sowie der Militärbeamten angesetzt erscheint und wenn man Zahl und Gattung der Pensionisten im Schematismus derselben (— käuflich in Wien, Benedicts Buchhandlung —) einsieht, möchte man glauben, daß wir eine zweite, invalidgeschossene Armee zu erhalten haben, wenn es nicht auffiele, daß die Zahl der höhern Ständen angehörigen Pensionirten in keinem Verhältniß zu der Zahl und Gehaltsziffer der gemeinen Mannschaft steht.

Dagegen, so oft man in den Garnisonen die zahlreichen rein vegetirenden pensionirten Militärbeamten und Offiziere etwas näher betrachtet, hat man Ursache; sich über die sehr guten Gesundheitsumstände, das rüstige Mannesalter und auch über die Bildung und Intelligenz einer großen Anzahl dieser meist zu unfreiwilligem Nichtsthun Bemüssigten zu wundern. Viele unter ihnen leiden Elend, da ein großer Theil derselben mit bestem Willen einen Nebenerwerb entweder nicht auftreiben kann oder darf, wieder Andere leben in Behäbigkeit und Reichthum, welche geradezu auffallen. — Graz, das bekannte

Pensionopolis und Eldorado hat mehre Tausend der letztern Art aufzuweisen. — In unserem Staate soll die Pensionirung der Staatsangestellten ein gesetzlicher Ruheplatz und ein Asyl für solche Leute sein, welche durch Wunden, hohes Alter oder Siechthum zum activen Dienst ohne ihr Verschulden untauglich geworden sind. Derlei Pensionirte haben wir in den höhern Ständen jedoch nur in der Minderzahl. — Ausnahmsweise gestattet die Militärgesetzgebung bei gerichtlichen Untersuchungen die zeitweilige Pensionirung solcher Inquisiten, deren Schuld erwiesen ist, um dieselben bis zu deren eventueller Verurtheilung oder Entlassung wohlfeiler im Arrest erhalten zu können. Diese Classe ist selbstverständlich nicht zahlreich.

Als gesetzliche Strafe jedoch soll die Pensionirung höchster Verordnung zufolge nie in Anwendung kommen. Am 12. Mai 1864 erließ sub. Nr. 2928, Abth. 1. das Kriegsministerium eine streng stilisirte darauf bezügliche Verordnung, nachdrückliche Erinnerung an alle Militärcommandanten, daß man dem Pensioniren solcher Individuen Einhalt thun möge, die unter irgend einem Vorwande sich auf diese Art dem Dienste entziehen oder entzogen werden sollten.

Dieses Verbot wäre sehr zeitgemäß schon vor funfzehn Jahren gewesen: aber es dürfte in der Armee wohl selten, in der Marine fast nie beachtet worden sein.

Die Millionen, welche für Pensionen derer verausgabt werden, die dem Offiziers- und Beamtenstande angehören, sind also wie nachstehend verwendet: 1) Mit circa ⁸/₁₀ des Budgetpostens für solche Individuen, die wirklich durch Wunden, Alter oder unverschuldete, unheilbare schwere Krankheiten und Siechthum gesetzlichen Anspruch auf Ruhe und Pensionsgenuß haben. 2) Mit vielleicht ¹/₁₀ des Budgetpostens für solche zweideutige Individuen, welche infolge gerichtlicher Untersuchungen u. dgl. wegen Mangel an Beweisen, wegen bedeutenden Fehlern oder halberwiesenen Verbrechen, oder solchen, die man ihrer Charge oder Person halber nicht strafen wollte, sich in Pension und meistens wohl befinden. Der größte Theil dieser Art Ruhegenießender hätte mindestens die Entlassung statt der Pension verdient. 3) Mit circa ⁸/₁₀ der Anzahl — für solche Individuen, welche ihren Vorgesetzten nicht zu Gesichte standen, oder irgendwie sonst mißliebig wurden oder Protegirten Platz machen mußten, indem man wirkliche oder errichtete kleine Fehler derselben als Anlaß der Pensionirung vorschützte. Derlei unglückliche Opfer von Bosheit, Beschränktheit und Parteilichkeit der Höhergestellten sind meistens rüstige, freimüthige und intelligente Menschen, welche dem Staate noch lange Jahre sehr ersprießliche Dienste leisten konnten.

Dieses sind die kostspieligsten Pensionisten, deren Plätze oft bis zehnmal der Staatsrechnung zur Last fallen, d. h. einmal für den, welcher den bezüglichen activen Posten besetzt hält, und neun nach und nach pensionirte, die dem jeweilig Begünstigten Platz machen mußten. Namentlich sind derlei Pensionirungen in der kleinen Kriegsmarine im Schwunge, wo man z. B. nur ein Linienschiff, dafür aber ein Dutzend theils active theils pensionirte Linienschiffcapitaine (Oberste) und mehr als ein Dutzend theils active, theils pensionirte Admirale zählt, des Unfuges mit der Pensionirung der übrigen Beamten und Offiziere gar nicht zu gedenken, während taube, halbblinde und idiotische Günstlinge ungenirt fortdienen müssen.

Diese Classe ist eine schreiende Beeinträchtigung der Staatskasse sowohl wie der persönlichen Rechte des Einzelnen.

Die unglücklichen Opfer dieser Art von Pensionirungen vermögen beinahe nie den eigentlichen Grund derselben zu erfahren, um zu ihrem Rechte gelangen zu können. Die über sie entscheidende geheime Vehme motivirt ihr Vorgehen fast nie der Wahrheit getreu, alle Anfragen der Betheiligten bleiben systemgemäß unbeantwortet. Hatte man sich doch schon so weit emancipirt, einem solchen Individuum officiell und schriftlich zu antworten, man sei nicht in der Lage, die vom Petenten erbetene unparteiische Untersuchung der Ursache seiner Pensionirung bewilligen zu können. — Dieses that das k. k. Marine-Commando mittelst Erlaß T. 2. Nr. 1566 vom 24. Juli 1864, um einige Vorgesetzte zu decken, die durch eine unparteiische Untersuchung — nebst einem ganzen Amte — in Beheiligung gerathen wären. 4) Mit circa $^1/_{10}$ solche für Individuen, die einer Beförderung nicht wohl fähig sind, aber diejenige Charge, welche sie bekleideten, ziemlich gut versahen. Diese sollte man belassen, wo sie zu brauchen sind, offenbar stupide Individuen gar nicht anstellen, dumm oder nachlässig gewordene eventuell entlassen oder bestrafen. 5) Mit circa $^1/_{10}$ für Solche, die, nachdem sie ihre Zwecke erreicht haben oder nicht mehr dienen wollen, sich zur Pensionirung freiwillig und vorsätzlich hindrängen, Krankheiten fingiren, Aerzte täuschen oder gewinnen, simuliren — kurz auf alle mögliche Weise ihre Pensionirung selbst herbeiführen. Solche Leute giebt es überall.

Um den Staat von der Unzahl von nichtinvaliden Pensionisten zu befreien, wäre vor allem:

Ein streng controlirtes Pensionsgesetz zu erlassen, und unter persönlicher Verantwortlichkeit des Kriegsministers nur für den Fall 1., und ausnahmsweise 5., Pensionirungen zu gestatten. Ferner darauf zu dringen, daß eine eigens zusammengesetzte strenge und unparteiische Commission alle bereits Pensionirten unter sechzig Jahren einer genauen Superrevision unterzöge. Dabei wären die Pensionirten eidlich über den Grund ihrer Pensionirung zu befragen, um den Nichtinvaliden oder ungerecht Pensionirten auf die Spur zu kommen und die Pensionsveranlasser zur Rechenschaft ziehen zu können.

Alle diensttauglich gefundenen Pensionisten der Classe 3., welche das sechzigste Lebensjahr nicht überschritten haben, müßten in die Activität gesetzt und bis zu deren Einbringung alle bezüglichen Neuavancements eingestellt bleiben. Halbüberwiesene, den Gerichten entschlüpfte oder entzogene Pensionisten, und solche, wo die Umstände auf Simulationen, erdichtete Krankheiten und Unlust zum Dienste hinweisen, wären sofort zu entlassen. Für die Zukunft müßte man ernste Sorge tragen, damit das Pensioniren aus Haß, Mißliebigkeit, oder um anderen Begünstigten Plätze zu schaffen, wenigstens sehr erschwert werde, weil diese Art Willkür der betreffenden Machthaber dem Staate außer namhaftem Baargeldschaden auch die besten Kräfte und namentlich offene und freimüthige Charaktere zu entziehen pflegt.

Diesen wichtigen Gegenstand Ihrem Interesse empfehlend, zeichnen

Hochachtungsvoll

Mehre persönlich Unbetheiligte.

Wien, Januar 1865.

Verantwortlicher Redacteur: Dr. Moriz Busch.
Verlag von F. L. Herbig. — Druck von C. E. Elbert in Leipzig.

Rudolf Reichenau.   Oscar Pletsch.

Bei **F. W. Grunow** in Leipzig ist neu erschienen und in allen Buchhandlungen vorräthig:

Aus unsern vier Wänden von Rudolf Reichenau; mit 66 Originalzeichnungen von **Oscar Pletsch**, in Holzschnitt von Prof. H. Bürkner. I. Abth.: Bilder aus dem Kinderleben. 10. Aufl. Prachtausgabe. Quart. cart. 3½ Thlr., fein gebunden 4½ Thlr.

Dies Werk ist bekanntlich nicht für Kinder, sondern für Eltern — namentlich Mütter — und Freunde der Jugend bestimmt. Das Buch ist ein echtes Familienbuch, das man immer von Neuem gern wieder lesen und vorlesen und an den Bildern sich stets dabei erfreuen wird.

Bei Fr. Wilh. Grunow in Leipzig ist erschienen und in allen Buchhandlungen vorräthig:

Böttger, Adolf, Liederchronik deutscher Helden für die reifere Jugend. 4. Aufl. Min.-Ausg. cart. 24 Ngr.
 — Der Fall von Babylon. Dichtung. Tasch.-Ausg. broch. 1½ Thlr., eleg. geb. mit Goldschn. 1 Thlr. 25 Ngr.

Eyth, Max, Volkmar. Historisch-romantisches Gedicht. 2. Ausgabe. 27 Ngr.

Lied und Bild deutscher Dichter und Künstler, in eleg. Cart. 1⅔ Thlr., fein geb. 2 Thlr. 2½ Ngr.

Longfellow, H. W., Das Lied von Hiawatha, deutsch von Ad. Böttger. Tasch.-Ausg. broch. 1½ Thlr. eleg. gebund. mit Goldschn. 1⅔ Thlr.

Meißner, Alfred, Gedichte. 8. Ausg. 27 Ngr. M.-A. eleg. gebnd. mit Goldschn. 1 Thlr. 27½ Ngr.
 — Ziska. 8. Ausgabe. 22½ Ngr., M.-Ausg. eleg. gebund. mit Goldschn. 1 Thlr. 25 Ngr. — Das Weib des Urias. Tragödie. 24 Ngr. — Der Prätendent von York. Trauerspiel. 1 Thlr. — Reginald Armstrong. Trauerspiel. 1 Thlr.

Meyern, G. v., Ein Kaiser. Drama. Min.-Ausg broch. 20 Ngr., eleg. geb. mit Goldschn. 28 Ngr.

Rodenberg, Jul., Die Harfe von Erin. 2. Ausg. 27 Ngr.

Tempeltey, Eduard, Mariengarn. 4. Aufl. M.-A. broch. 16 Ngr., eleg gebdn. mit Goldschn. 24 Ngr.
 Hie Welf hie Waiblingen. 2. Aufl. M.-A. brosch. 27 Ngr., eleg. gebdn. mit Goldschnitt 1 Thlr. 6 Ngr.

Diese Dichtungen eignen sich besonders durch ihren innern Gehalt und äußere Ausstattung zu passenden Festgeschenken.

Bei Fr. Wilh. Grunow in Leipzig erschien soeben und ist durch alle Buchhandlungen zu beziehen:

Hahn, E. H. Th. Handbuch der Volkswirthschaftslehre. 3 Bde. 3 Thlr. 7½ Ngr.
 — Finanzwissenschaft. 1 Thlr. 10 Ngr.
 — Allgemeines und deutsches Staatsrecht. 1 Thlr. 24 Ngr.
 — Völkerrecht. 1 Thlr.

Bei Fr. Wilh. Grunow in Leipzig erschien neu und ist in allen Buchhandlungen und Leihbibliotheken vorräthig:

Deutsche Früchte aus England. Erzählungen und Erlebnisse von H. Bela. 2 Bände 2½ Thlr.
 Inhalt: „Der Sohn des Nebels." — Humoristische „Erinnerungen eines Flüchtigen". Berlin 1838—1848. — 1848. — Flucht. — Zehn Jahre in London. — Heimkehr. — Englisch Erlebtes in kurzen, drastischen Erzählungen.
 Der Verfasser schilderte England von London aus zehn Jahre lang in „Gartenlaube". „Magazin für die Literatur des Auslandes" u. s. w. und ist dadurch rühmlich bekannt geworden.

In der Dieterich'schen Buchhandlung in Göttingen sind neu erschienen:

Andresen, K. G., Register zu J. Grimms Deutscher Grammatik. gr. 8. geh.
1 Thlr. 10 Ngr.

Ritter, H., Encyclopädie der philosophischen Wissenschaften. Band 3. Schluß. gr. 8. geh.
3 Thlr.
(Band 1. und 2. kosten 4 Thlr. 24 Ngr.)

Orient und Occident, insbesondere in ihren gegenseitigen Beziehungen. Forschungen und Mittheilungen. Eine Vierteljahrsschrift, herausgegeben von Th. Benfey. Jahrg. III. Heft 1. gr. 8. geh. pro 1—4. 5 Thlr.

Philologus. Zeitschrift für das klassische Alterthum, herausgegeben von E. v. Leutsch. Band XXII. Heft 1. gr. 8. geh. pro 1—4. 5 Thlr.

Zeitschrift für Chemie. Archiv für das gesammte Gebiet der Wissenschaft. Unter Mitwirkung von F. Beilstein und R. Fittig herausgegeben von H. Hübner. (Fortsetzung der Zeitschr. von Erlenmeyer Jahrg. 8.) **Neue Folge. Band I. Heft I.**
pro 24 Hefte 3 Thlr. 15 Ngr.

Verlag des Bibliographischen Instituts in Hildburghausen.

Soeben wurden ausgegeben die ersten Lieferungen des X. Bandes von

Meyer's
Neues Konversations-Lexikon.
Zweite gänzlich umgearbeitete Auflage in 15 Bänden.

Ein vollständiges Wörterbuch allgemeiner Bildung umfasst dies Werk in e[iner] fachen, deutlichen und gefälligen Form der Darstellung, und im Geist einer freien von den Best[en] unserer Zeit getragenen Anschauung mit Sorgfalt geprüft und gesichtet Alles, was dem gr[ossen] telligenten Publikum von Nöthen ist, theilt Alles mit, was in der Völker- und Menschen-G[eschichte] sich bis auf die neueste Zeit herab begeben, Alles, was der denkende Geist Dauerndes ge[schaffen]. Im Besondern behandelt es in diesem Sinne die Disciplinen der Philosophie, der Rechts[-] der Staats- und Volkswirthschaft, der Heilkunde und Diätetik, ferner die g[esammten] Naturwissenschaften, die verschiedenen Zweige der Technologie und Gewerbeku[nde, der] Handelswissenschaft und Landwirthschaft, und sind von letzteren die praktische[n Seiten] mit besonderer Aufmerksamkeit hervorgehoben; Staaten- und Völkergeschichte, phys[ikalische und] politische Geographie, Topographie und Biographie sind mit grosser Genauigkeit [und Aus]führlichkeit bearbeitet.

Alle Artikel sind von competenten Fachschriftstellern (wie Dr. K. Andree, Dr. D[...,] Dr. A. Emminghaus, Dr. Emmrich, Dr. Jungermann, Dr. Karl v. Lützow, Dr. Me[yer,] W. v. Plönnies, Dr. M. Schaster, Dr. Schwarzkopf, Prof. Klun, Dr. Henry Lange, [Dr. ...] müller, Dr. W. Hoffmann, Dr. Fr. Steger, Prof. Wuttke und mehren) bearbeitet.

Beigegeben sind zahlreiche Karten und Illustrationen, in Stahlstich, Farbendruck [und Holz]schnitt, aus dem Gebiete der Geographie, Naturwissenschaften, Kunstgeschichte, Technolog[ie, Land]wirthschaft etc.

Die Ausgabe geschieht auf Subscription
1) in 300 Lieferungen. . . . . à 3 Sgr.
2) broschirt, in 30 Halbbänden. . . . à 1 Rthlr.
3) gebunden, in 15 Leinwandbänden, . à 2½ „
4) gebunden, in 15 Halb-Franz-Bänden, à 2½ „

☞ Erschienen ist von der zweiten Auflage Band I—IX, und sind [Vorbe]reitungen getroffen, dass die Vollendung des ganzen Werkes noch in diese[m Jahre] zu erwarten steht.

Von neuesten Beurtheilungen der angesehensten Zeitungen lassen wir nur einige auszugsweis[e folgen:]

(**Frankfurter Postzeitung.**) Meyer's Werk kann wegen seines grossen Umfangs über Alles, was es bringt, ausführlicher berichten und ist weit erschöpfender als seine Konkurrenten. Seine äussere Ausstattung übertrifft die von Pierer um ein Bedeutendes und lässt auch die Brockhaus'sche hinter sich.

(**Hamburger Freischütz.**) Durch die zugleich wissenschaftlich-präcise und populär-verständliche Behandlung der meisten Artikel hat dies Werk einen wesentlichen Vorzug vor allen seither erschienenen Encyklopädien.

(**Vossische Zeitung.**) Will man ausführliche Artikel, welche mit grosser Genauigkeit in einer einfachen und gefälligen Form im Geiste der Humanität und einer freien Anschauung geschrieben sind: so wähle man dies neue Meyer'sche Konversations-Lexikon.

(**Ueber Land und Meer.**) Das grosse und verdienstvolle Unternehmen ist seiner Aufgabe in vollem Masse nachgekommen.

(**Kölnische Zeitung.**) Wir können wiederholt constatiren, dass die neue Bearbeitung eine der brauchbarsten Encyklopädien zu werden [verspricht.]

(**Aachener Zeitung.**) Wir können nur wiederholen, dass unter den populären Encyklopädien diese jedenfalls die höchste Stelle einnimmt.

(**Bayrische Zeitung.**) Die bekannten ähnlichen Werke von Brockhaus und Pierer werden durch dieses neue weit in den Schatten gestellt.

(**Wiener Zeitung.**) Die Gründlichkeit der Behandlung und die Klarheit der Darstellung macht das Werk in der That zu einem „Wörterbuch des allgemeinen menschlichen Wissens". Die vielen Illustrationen sind in ihrer trefflichen Ausführung eine nicht genug zu schätzende Ergänzung des Werkes.

(**Athenär.**) Dieses grossartig angelegte Werk nimmt unter den neuen Encyklopädien unbedingt eine hervorragende Stellung ein und verspricht eine Zierde unserer Literatur zu werden.

(**Europa.**) Im Meyer'schen Konversations-Lexikon, dem ausführlichsten von allen, sind die Artikel vollkommen erschöpfend etc.

(**Weserzeitung.**) Das ebenso populäre als gründliche Werk hat sich eine so grosse und allgemeine Aner[kennung...]

die ausser seinem Fachstudi[um] in der That vollständig orie[ntirt,] bietet für jeden Falle reichenden Ersatz für [eine Bi]bliothek von. Hand[buch] aller der hier vorkom[menden] Zweige des Wissens. [Es ist] hoch genug auszuschlagen[,] der das Meyer'sche Werk vor [alle an]ren noch auszeichnet, bilden reicher vortrefflich ausgeführ[te Illustra]tionen, kartographischer, techn[ischer,] anatomischer und naturges[chichtlicher] Gattung, die ebenso wesent[lich zum] Verständniss der Dinge sind, [das] Werk würdig schmücken.

(**Hamburger Nachrichten.**) [...] terlich verbreitet sich in der [über] den gesammten Schatz des a[llgemeinen] Wissens ebenso vollstä[ndig und] sorgfältig. Den Inha[lt eines] umfänglichen Biblio[thekswerkes in] gedrängtem Auszuge wi[e in alp]habetischer Uebersichtlichkeit wiedergegeben richtet es zugleich über eine [Menge von] Gegenständen weit genauer, [als man] bibliothek erwarten vermögen etc.

(**Hamburger Correspondent.**) schon vielfach in der em[...] Weise von uns gedachte N[...]

XXIV. Jahrgang. I. Semester.

Die Grenzboten.

Zeitschrift

für

Politik und Literatur

№ 4.

Ausgegeben am 20. Januar 1865.

Inhalt:

Bewegungen im Protestantismus Frankreichs . . . . . Seite 121
Die Katastrophe Hessens im napoleonischen Kriege 138
Im Tower von Oestreich 147
Literatur 157

Grenzbotenumschlag: Literarische Anzeigen.

Leipzig, 1865.
Friedrich Ludwig Herbig.
(F. W. Grunow.)

Bewegungen im Protestantismus Frankreichs.

T. Colani, Jésus-Christ et les croyances messianiques de son temps. Strasbourg 1864.

Es würde uns schlecht anstehen, wenn der blendende Glanz des Renanschen Buches uns dasjenige übersehen ließe, was sonst die französische Wissenschaft auf dem Gebiet der Erforschung des Urchristenthums zu Tage fördert, oder wenn wir wegen des vielfach Verfehlten, wodurch Renan allerdings bei uns mehr ein zweideutiges Renommée erlangt hat, die überrheinischen Leistungen sammt und sonders über die Achsel ansehen wollten. Mit Recht ist von französischen Beurtheilern bemerkt worden, daß in der Vie de Jésus an manchen Punkten unvermerkt der Katholik, der unter dem savant désintéressé verborgen steckt, zum Vorschein komme. Die tiefe Kluft zwischen dem orthodoxen Katholicismus und der modernen Bildung, welche doch nur durch die Entwicklungen des Protestantismus organisch ausgefüllt ist, konnte der ehemalige Seminarist von St. Sulpice nicht ungestraft überspringen. Auch in Frankreich ist deshalb Renan gewissermaßen eine abnorme Erscheinung, und wir haben allen Grund uns zu dem französischen Protestantismus zu wenden, wenn wir von dem wissenschaftlichen Stand der urchristlichen Fragen in Frankreich einen richtigen Begriff erhalten wollen.

Damit sind wir an die straßburger Schule gewiesen, und wir denken uns schon im Voraus, daß der Aufschwung, welchen in Frankreich nicht minder als in Deutschland eben diese Studien neuerdings genommen, wesentlich auf die nähere Berührung mit der deutschen Wissenschaft zurückzuführen ist. So ist es, und die Franzosen machen daraus gar kein Hehl. Sie geben bereitwillig zu, daß deutsche Forschung das schwerste Material aus der Tiefe heraufgegraben hat, mit welchem nun weiter zu bauen ist. Aber eben hier, in der Verwendung dieses Materials, zeigt die französische Theologie ihre eigenthümlichen Verdienste. Wenn sie schon einen glücklichen Instinct für das besitzt, was in den Erzeugnissen der deutschen Theologie, von welcher wohl das Wort von den mancherlei Gaben, aber nicht das vom einerlei Geiste gilt, einen wirklichen Fortschritt der Wissenschaft bedeutet, so ist ihr namentlich eigen die Leichtigkeit, mit der sie die wissenschaftlichen Ergebnisse in genießbarer Form zu verbreiten, zu anziehenden

Darstellungen abzurunden und Problemen, die bei uns allzulang in der Gelehrtenwelt verschlossen blieben, eine praktische Spitze zu geben weiß. Besonders voraus sind uns die Franzosen in der Anwendung der wissenschaftlichen Fortschritte auf das kirchliche Leben, auf Kanzel und Schule. Ihnen ist es undenkbar, daß die Theologie in den letzten dreißig Jahren Riesenschritte gemacht hat und das kirchliche Leben sich in dem hergebrachten Schlendrian fortbewegen soll; unbegreiflich ist ihnen die Schwerfälligkeit, die uns kaum daran denken läßt, den Gewinn aus den Gelehrtenstuben hinauszutragen in die lebendige Wirklichkeit. Der einzige praktische Erfolg aus den neuesten Debatten, dessen wir uns rühmen können, ist der durch Schenkels Buch veranlaßte Erlaß der badischen Oberkirchenbehörde. Aber so hoch wir unter unsern Verhältnissen dieses Votum anschlagen, was ist doch dieser Erlaß einer Behörde gegen die spontane frische Bewegung, welche der französische Protestantismus seit etwa einem Jahrzehnt zeigt, und die sich unter Laien wie unter Geistlichen, auf den Pastoralconferenzen wie in den Salons, in Kirche und Schule, in der Literatur und in der Presse zu erkennen giebt! Diese ganze praktische Richtung, welche auch die gebildeten Laien weit tiefer als dies bei uns möglich ist, wieder in das Interesse für religiöse und kirchliche Fragen gezogen hat, fordert unser ernstes Nachdenken heraus. Wir dürfen in dieser Beziehung von dem französischen Protestantismus um so eher lernen als wir nur die Früchte unserer eigenen Geistesarbeit von ihm zurückerhalten werden. Daß wir außerdem auch noch für die wissenschaftliche Erörterung etwas profitiren können, mag neben den gelehrten Werken von Ed. Reuß, dessen Geschichte der christlichen Theologie im apostolischen Zeitalter soeben in dritter Auflage erschienen ist, das in der Ueberschrift genannte Buch von T. Colani bezeugen, welcher in seiner eigenen Person die Verbindung von Praxis und Wissenschaft in einer Weise darstellt, wie sie bei uns seit Schleiermacher mehr und mehr abhanden gekommen ist. Denn Colani, derselbe, der vor einem halben Jahre trotz des Geschreis der Orthodoxen zum ordentlichen Professor an der theologischen Facultät zu Straßburg ernannt wurde, ist nicht blos unbestritten der erste Prediger des heutigen protestantischen Frankreich, sondern er hat in seiner Revue de theologie (seit 1850), dem Sammelplatz der freisinnigen Theologenschule des Elsaß, auch für die Besprechung wissenschaftlicher Fragen ein einflußreiches Organ gegründet, das für die Vermittlung deutscher und französischer Geistesarbeit epochemachend gewesen ist.

Den Charakter einer Mittelstellung zwischen französischer und deutscher Wissenschaft hat nun auch sein Buch über Jesus und die Messiasidee, schon hinsichtlich der Methode, welche von der straußschen wie von derjenigen Renans gleichweit entfernt ist. Denn einerseits ist es weit kritischer, es hat einen weit solideren wissenschaftlichen Boden als das berühmte Werk seines Landsmanns, es zeigt eine vielseitige gründliche Kenntniß der deutschen Literatur und ist vom

Geiste derselben hinlänglich berührt, um nicht da, wo die Quellen unzureichend sind, zu phantastischen Combinationen die Zuflucht zu nehmen. Andrerseits aber hat es nicht nur jene Formvollendung, jenen glatten Fluß der Rede, der dem Franzosen ebenso natürlich ist, als er uns noch immer schwer erreichbar zu sein scheint, sondern es geht zugleich mit einer Energie auf bestimmte abschließende Resultate aus, welche nicht wenig contrastirt mit der bedächtigen Art, wie Strauß zu Werke gegangen ist, der sich lieber mit einem non liquet bescheidet, als ein vorschnelles Urtheil aussprechen will. Diese Tendenz zu entscheidenden Resultaten giebt der ganzen Schrift etwas anziehend Bewegtes, etwas logisch Consequentes, hat aber freilich auch ihre bedenkliche Seite, sofern leider nun einmal die Beschaffenheit der Quellen eine solche ist, welche weit weniger logische Consequenz als vielmehr eben jenes bedächtige Abwägen erfordert, um zu denjenigen Resultaten verarbeitet zu werden, welche sich überhaupt noch gewinnen lassen.

Colani greift einen ganz bestimmten Punkt im Leben Jesu für seine Untersuchung heraus, aber es ist derjenige, der für das Ganze centrale Bedeutung hat. Er stellt sich die Frage: in welcher Beziehung steht die Mission, welche sich Jesus selbst beigelegt hat, zu jener mysteriösen Person der jüdischen Glaubensvorstellungen, welche man Messias nannte, — mit anderen Worten: bis zu welchem Grade ist Jesus Jude gewesen? Um diese Frage zu beantworten, erzählt er zuerst die Entwicklung des messianischen Glaubens der Juden und sucht besonders festzustellen, was die Gestalt und der Sinn dieser Vorstellung zur Zeit Jesu war. Im zweiten Theil untersucht er, ob Jesus diesen Erwartungen entsprochen und sich für denjenigen Messias ausgegeben habe, auf den die Juden hofften.

Wenige Ideen, sagt Colani, zeigen eine so regelmäßige und natürliche Entwicklung, wie diese. Anfangs ist es nur der poetische, bildliche Ausdruck, welchen einige Propheten den Hoffnungen des jüdischen Volks auf einen endlichen Sieg über die heidnischen Völker verleihen. Ihre Vorstellung ist, daß Gott durch die Vermittlung des auserwählten Stammes Davids, durch einen großen Helden, ähnlich dem Gründer der Dynastie, das neue theokratische Reich beherrschen werde. Als indessen die Familie Davids verschwand und die Juden sich an die Herrschaft einer Priesteraristokratie unter fremder Oberhoheit gewöhnten, schwebte die Persönlichkeit des Messias, von der übrigens im alten Testament überhaupt nur selten die Rede ist, nur noch wie ein flüchtiger Schatten durch die Träume von der Zukunft, und so blieb es auch als dieselben unter dem Eindruck der Leiden und Verfolgungen der Makkabäerzeit größere Lebhaftigkeit und Bestimmtheit annahmen. Man träumte den Sieg der Häupter, unter welchen man litt und kämpfte, den Sieg Gottes, nicht den eines Davidsohns. Erst als die nationale Aristokratie der verworfenen Dynastie des

Idumäers Herodes Platz gemacht hatte, gaben der Schmerz und die Empörung, welche die Gemüther erfüllten, dem Davidssohn wieder ein außerordentliches Relief; er bleibt von nun an die lebendige Personification alles dessen, was die unterdrückte und erniedrigte Nation von der Zukunft hofft.

Um den historischen Verlauf der Messiasidee zu verstehen, kommt es also wesentlich darauf an, von den messianischen Hoffnungen im Allgemeinen die Erwartung eines **persönlichen** Messias zu unterscheiden, und vielleicht hätte Colani diese wichtige Unterscheidung noch strenger durchführen sollen. Die ursprüngliche Vorstellung, in welche sich die unzerstörbare Gewißheit des Volkes kleidete, besonders vor allen Völkern von Gott bevorzugt zu sein, war die, daß Jehova selbst nicht nur zur Niederwerfung der Feinde, sondern auch zur Aufrichtung seiner Herrschaft in Israel erscheinen werde. Die ältesten Propheten (Mitte des neunten Jahrhunderts vor unsrer Zeitrechnung) wissen noch nichts von einem Davididen. Das künftige Reich ist ihnen das Reich Gottes; dieser selbst wird, nachdem er in einer Entscheidungsschlacht sein Urtheil gesprochen, in Zion residiren. Später, als die davidische Dynastie in um so herrlicherem idealem Glanze strahlte, je mehr sie der Zeit entrückt wurde, und je schmerzlicher mit ihr die Gegenwart contrastirte, entlehnten die nationalen Hoffnungen ihre Farben den nationalen Erinnerungen. David wurde der Typus des großen theokratischen Fürsten, der nach dem gewonnenen Sieg über die Heiden das Volk wieder sammeln und durch ein Regiment des Friedens, der Gerechtigkeit und der wahren Gottesverehrung das goldene Zeitalter heraufführen sollte. Es sind die großen Propheten im Zeitalter vor der babylonischen Gefangenschaft, im achten und siebenten Jahrhundert v. Chr., welche diesen Typus in ihren Visionen ausbilden.

Allein während der Gefangenschaft schwächte sich die Anhänglichkeit an die Dynastie ab. Bei der Wiederherstellung des Tempels sehen wir noch Serubabel den Davididen neben dem Priester Josua in gleich hervortretender Weise thätig. Aber bei dem Verlust der staatlichen Unabhängigkeit konnte sich kein nationales Fürstenthum befestigen, und die Nachkommen Serubabels verlieren sich in das Dunkel. Fortan bildet der Tempeldienst den nationalen Mittelpunkt, und demgemäß behaupteten sich die regierenden Priesterclassen, an ihrer Spitze die Familie der Zadokiten, als die eigentlichen Herrscher im Volk. Dies war von unmittelbarem Einfluß auf die Messiasidee. Schon bei den jüngeren Propheten, welche während und nach dem Exil auftreten, finden wir keine Spur mehr vom Davididen. Dieser bleibt verschollen, und selbst die messianischen Hoffnungen im weiteren Sinn sehen wir allmälig erkalten. Es ist sehr bezeichnend, daß in den Ereignissen der tiefaufgeregten Zeit des heldenmütigen Makkabäeraufstandes gegen die Seleuciden uns nicht die geringste Spur eines Einflusses dieser Idee begegnet, die man sich gewöhnlich als den beherrschenden

Mittelpunkt des Nationalbewußtseins der Juden vorstellt. Es ist nicht minder bezeichnend, daß wir, um ihre weitere Entwickelung zu verfolgen, einzig auf die sogenannte apokalyptische Literatur angewiesen sind, welche an die alten Formen der hebräischen Prophetie sich anschließend als eine Geheimliteratur nur in engen Kreisen fortlebte.

Das Buch Daniel ist bekanntlich auf die Ausbildung der christlichen Messiasidee vom größten Einfluß gewesen, aber in seinem Texte findet sich Nichts vom Messias, noch weniger vom Davidssohn. Diese Apokalypse oder Offenbarung, welche der Makkabäerzeit angehört, giebt in ihren Visionen eine Art von Elementarphilosophie des Weltverlaufs, dargelegt an den auf einander folgenden Weltherrschaften, ebenso wie in der persischen Religionssage, deren Einfluß dieses Buch auch sonst verräth, eine Reihe von tausendjährigen Reichen dem ewigen Reiche Ormuzds vorausgeht. In einer dieser Visionen sieht der Prophet vier Thiere, welche nach ihren Attributen das chaldäische, das medische, das persische und das griechische Weltreich bedeuten. Es erscheint der Alte der Tage, umgeben von himmlischen Heeren auf einem feurigen Throne, und sobald er die Bücher öffnet, wird das vierte Thier getödtet. Und nun folgt die berühmte Stelle: „Und siehe, mit den Wolken des Himmels kommt wie eines Menschen Sohn, gelangt zum Alten der Tage und wird vor ihn gebracht. Und ihm wird gegeben das Reich, die Ehre und das Königthum, damit alle Völker ihm dienen. Sein Reich ist ein ewiges Reich und hat kein Ende." Die christliche Auslegung verstand seit den ältesten Zeiten unter diesem Menschensohne den Messias, der auf den Wolken vom Himmel herabkommen werde. Unser Text weiß nichts davon, er giebt selbst unmittelbar darauf eine ganz andere Auslegung vom Menschensohn, der überdies gar nicht auf den Wolken des Himmels herabkommt, sondern im Gegentheil zu Gott hinaufgebracht wird. Die Symmetrie der Vision erfordert offenbar, daß der Menschensohn wie die vier Thiere gleichfalls die Personification eines Weltreiches ist, dessen unterscheidende Züge eben damit bezeichnet sein sollen, daß es nicht unter thierischer, sondern unter der edlen menschlichen Gestalt dem Seher erscheint. Es ist das jüdische, das auf die vier anderen folgen, sich über alle Völker erstrecken und kein Ende haben soll. Und ausdrücklich wird, wie der Prophet selbst sein Gesicht erklärt, die Herrschaft und die Macht über alle Reiche „den Heiligen des Höchsten", dem „heiligen Volke des Höchsten" verliehen. Vom Messias, von einem Haupt der Heiligen ist gar nicht die Rede. Es ist vielmehr, wie aus einer anderen Vision noch deutlicher hervorgeht, vielmehr die Form einer Aristokratie, unter welcher er sich das künftige Reich vorstellt.

Eine Nachahmung des Buches Daniel ist das Buch Henoch, das unter Johannes Hyrkanos, dem dritten Fürsten der Makkabäerfamilie etwa um das Jahr 110 vor Christus verfaßt ist. Auch dieses Buch, das bei den ältesten

Christen im höchsten Ansehen stand und sogar in einer unserer neutestamentlichen Schriften, dem Brief des Judas, als eine echte Schrift vom Urgroßvater des Noa angeführt wird, enthält unter einem Schwall von gesuchten Bildern, in deren Häusung die ganze Productivität der Zeit sich zusammenzudrängen scheint, einen prophetischen Ueberblick über die gesammte Weltgeschichte von der Schöpfung bis zum Weltgericht. Ausführlich werden in der Hauptvision die Geschicke des jüdischen Volkes während der Seleucidenzeit geschildert, unter dem Bild einer Schafheerde, die von ihren Hirten (den heidnischen Königen) mißhandelt, von Raben und Geiern (den heidnischen Völkern) verheert wird. Aber es erstehen muthige Lämmer (die Makkabäer), welche die Raben bekämpfen, insbesondere eines von ihnen (Johannes Hyrkanos) ist mit dem Horn, dem Zeichen der fürstlichen Würde geschmückt, und die anderen folgen ihm. Die Hirten und Raubvögel versuchen einen letzten Andrang gegen die Lämmer. Da erscheint der Herr der Heerde (Gott) zur Hilfe, vernichtet die feindlichen Thiere, dem Judenthum wird die Weltherrschaft verliehen, ein Thron wird in Palästina errichtet und Gott spricht das Gericht über die gefallenen Engel, über die Hirten und über die abtrünnigen Juden aus. Den Treugebliebenen wird ein neuer Tempel gebracht, die versprengten Juden und besseren Heiden werden gesammelt; der Krieg hört auf, und allen Schafen werden die Augen geöffnet, daß sie das Gute sehen. Jetzt erst wird ein „weißer Farre" geboren mit großen Hörnern, welchen alle Heiden fürchten und anflehen; die Schafe aber werden alle verwandelt und gleichfalls zu weißen Farren, und der Herr der Heerde hat seine Freude an ihnen. Dieser weiße Farre, der zum Schluß auftritt, ist die einzige Spur, welche die Idee eines persönlichen Messias in unserem Buch, das eine so ausführliche Schilderung der künftigen Dinge enthält, zurückgelassen hat. — Unmittelbar daran schließt sich eine andere Vision, die sich gleichfalls über den gesammten Weltverlauf verbreitet. Aber obwohl hier der letzte Kampf, die Aufrichtung eines Thrones, das große Gericht, der Weltuntergang, noch einmal ein Gericht, endlich die Schaffung eines neuen Himmels noch viel ausführlicher und scheinbar chronologisch genauer erzählt werden, hat doch der Messias gar keine Stelle gefunden. Gehören beide Darstellungen demselben Verfasser an, was allerdings zweifelhaft ist, so liegt auf der Hand, welche geringe Bedeutung für ihn die Messiasidee hat. Aber auch in der ersten Darstellung macht der weiße Farre, der am Ende geboren wird, ganz den Eindruck, als wolle der Verfasser schließlich noch etwas nachholen, was er vergessen, oder wofür er keinen rechten Platz gefunden. Auch ist nicht zu übersehen, daß der Messias nicht blos aus dem Volke Gottes selbst hervorgeht, sondern auch alle anderen gleich ihm weiße Farren werden, er also nur als der Erste unter Gleichen erscheint. Er ist mehr als Priester, denn als Fürst gezeichnet. Die alte Idee des Messias, des Davididen, ist kaum zu erkennen.

In einem dritten Abschnitt des Buches Henoch erscheint allerdings ein sehr ausgebildeter Messiastypus, zugleich schon ganz in das Uebernatürliche erhoben, aber auch bereits mit so unverkennbaren Anklängen an den Messias der christlichen Lehre, daß man diesen Abschnitt allgemein für ein Erzeugniß des Christenthums hält. Aus einer merkwürdigen Stelle, welche auf das wollüstige Badeleben einer westlichen Gegend deutet, „am Fuße eines Berges mit flüssigen Metallen, über einem unterirdischen, mit Flammen erfüllten Thale, welches der Aufenthalt der gefallenen Engel ist und woraus Feuerbäche ausströmen," aus dieser Stelle, welche Hilgenfeld auf Bajä am Fuße des Vesuvs gedeutet hat, darf man mit Sicherheit schließen, daß dieser Abschnitt nach dem ersten Ausbruch dieses Vulkans im Jahre 79 nach Christus geschrieben ist. Eben dieser Theil des Buches war es aber, auf welchen sich die Christen besonders stützten. Apologeten wie Tertullian nahmen dessen Echtheit gegen die Zweifler eifrigst in Schutz. Däucht es doch diesem gelehrten Kirchenvater ganz natürlich, daß Noa dieses Werk seines Urgroßvaters mit in die Arche nahm, oder wenn es etwa in der Sündfluth untergegangen sein sollte, so sei es ja Gott ein Leichtes gewesen, es durch seine Allmacht wieder herzustellen.

Ist schon in dieser Geheimliteratur unsre Ausbeute dürftig genug, so ist sie es noch mehr in den übrigen Schriften dieser Epoche, in den sogenannten Apokryphen des alten Testaments. Die messianischen Erwartungen, so weit sie überhaupt aufzufinden sind, reduciren sich auf das Allgemeinste, was der ganzen Idee zu Grunde lag: auf die Erwartung einer künftigen glücklichen Zeit für das Volk Gottes. Selten nur taucht die Vorstellung auf, daß Gott vor der großen Entscheidung den Propheten Elias senden werde; dieser erscheint dann nicht als der Vorläufer eines Messias, sondern als Vorbote des Gottesgerichts, ebenso wie die persische Religionssage den großen Propheten Sosiosch vor dem Beginn des Reiches Ormuzds auftreten läßt. Nur in einer einzigen apokryphischen Schrift des Makkabäerzeitalters, in den sogenannten Psalmen des Salomo, begegnen wir der altprophetischen Hinweisung auf den Davidssohn, aber sie ist einfach eine Reproduction der Schilderungen der großen Propheten, zusammengetragen aus Stellen ihrer Visionen. Bei Philo endlich, dem Vertreter des alexandrinischen mit griechischer Weisheit gesättigten Judenthums finden wir den ganzen Vorstellungskreis nur noch in einer sehr vergeistigten Form, die mit der Idee eines nationalen Fürsten nichts mehr zu thun hat.

Mit einem Mal sehen wir nun zur Zeit des Herodes in Palästina die Erwartung eines persönlichen Messias, des Davidssohns wieder aufflammen. Je überraschender dieses plötzliche Wiederauftauchen ist, um so berechtigter ist unsre Frage nach den Beweismitteln, auf welche sich diese Annahme stützte. Und hier zeigt sich denn, daß wir nächst den schon erwähnten Schriften, welche zum Theil selbst schon in die Zeit des Herodes reichen, einzig und allein auf secundäre Quellen, ja eigentlich blos auf unsre Evangelien angewiesen sind. Denn Josephus schweigt, und die Targume, welche man herbeigezogen hat, d. h. die damals entstandenen Uebersetzungen des alten Testaments in die Volkssprache, haben ihre Endredaction erst in einer viel späteren Zeit erhalten. Solche Stellen, wo die Uebersetzung den Messiasglauben verräth, sind also für diese Zeit keineswegs beweisend. Wie vorsichtig aber unsre Evangelien gerade in dieser Frage als historische Quellen zu gebrauchen sind, liegt auf der Hand. Sie sind geschrieben vom Standpunkt des Glaubens an den erschienenen Messias, sie haben das natürliche Interesse, Jesus als die Erfüllung aller Prophetie darzustellen, und es lag von hier aus nahe, auch die Erwartung gerade zur Zeit Jesu als hochgesteigert, als der Erfüllung entgegenkommend zu schildern. Jedenfalls bedarf dieser Punkt, auf welchen alles ankommt, wenn man auf historischem Weg von Seiten der Messiasidee in die Entwicklungsgeschichte des Christenthums eindringen will, einer noch genaueren und allseitigeren Erforschung, als sie bei Colani sich findet, wobei insbesondere auch das jüdische Parteiwesen zu berücksichtigen ist. Eine schärfere Unterscheidung dessen, was sich wirklich als Vorstellung der Juden zur Zeit Jesu nachweisen läßt, und dessen, was die Messiasidee erst dem durch die Erscheinung Jesu gegebnen Anstoß verdankt, und zwar nicht blos im Kreis seiner Bekenner, sondern auch innerhalb des Judenthums selbst, dürfte zu dem Resultat führen, daß zwar unter der erdrückenden Wucht der Römerherrschaft die messianischen Erwartungen aufs neue lebendig wurden, daß aber damit die Erwartung eines persönlichen Messias gar nicht nothwendig verbunden war. Alle Erscheinungen des damaligen Judenthums weisen auf eine angespannte Erregung der Geister. In der gesteigerten reichsstürmerischen Frömmigkeit der Pharisäer, in den mystischen Vereinen der Essäer, in der weltflüchtigen Askese der Therapeuten in Aegypten, in dem Auftreten von Wüsteneinsiedlern spricht sich der allgemeine Drang der Zeit aus, sich auf ein nahe bevorstehendes Neues vorzubereiten. Aber gerade die Erwartung eines persönlichen Erretters läßt sich ungleich schwerer nachweisen. Auch aus dem herkömmlichen Bilde des Täufers Johannes werden wir zwar nicht die Hinweisung auf das Gericht, wohl aber die Hinweisung auf den nahen Messias zu streichen haben*). In jedem Fall kann von einem dogmatisch fixirten Glauben an das Kommen des Davidssohns nicht die Rede sein. Das ganze Volk aufs Tiefste von der Messiasidee aufgeregt sein lassen, ist ungefähr

---

*) Dem alten Bund ist die Vorstellung des Messias als des Weltrichters durchaus fremd und die Vergleichung der Berichte des Matthäus, des Lucas und des Johannes zeigt deutlich, wie die ursprüngliche Hinweisung des Täufers auf das Kommen Gottes zum Gericht von der Tradition zur Hinweisung auf das Kommen des Messias umgebildet wurde.

ebenso, wie wenn in tausend Jahren ein Schriftsteller aus einem Dutzend unserer Dichter die Belegstellen zusammentragen wollte, daß in der ersten Hälfte des neunzehnten Jahrhunderts das Volk der Deutschen erwartungsvoll den Kyffhäuser umstanden, den Flug der alten Raben beobachtet und jeden Augenblick die Erhebung des verzauberten Kaisers von seinem elfenbeinernen Stuhle erwartet habe.

Wird der Messias vor oder nach dem Gericht erscheinen? Die Frage scheint bei einem Gegenstande, der nur der Phantasie angehört, von wenig Bedeutung. Aber sie führt auf eine eigenthümliche chronologische Veränderung, welche im Lauf der Zeit die messianischen Ideen erfuhren. Die alttestamentliche Vorstellung ist die, daß die kommenden Zeiten eingeleitet werden durch den Gerichtsact, d. h. durch das Kommen Jehovas zur Entscheidungsschlacht gegen die heidnischen Völker; denn die Intervention Gottes in den menschlichen Angelegenheiten wurde eben als ein Gericht vorgestellt. Nach der Entscheidung tritt erst der Messias auf und beherrscht das theokratische Reich. Nach der christlichen Lehre geht umgekehrt das Messiasreich dem Gericht voraus, das folgerichtig in eine höhere übernatürliche Sphäre gerückt ist; und was ein weiterer unterscheidender Zug ist, der Messias fungirt selbst als Weltrichter, während in der jüdischen Prophetie dieses Amt stets Gott allein vorbehalten ist. Diese chronologische Umwälzung tritt aber keineswegs plötzlich mit dem Christenthum ein, sie ist vielmehr innerhalb des Judenthums selbst schon vorbereitet und geht in der christlichen Epoche auch in die jüdischen Vorstellungen ein, während andrerseits die Vorstellung vom Messias als dem Weltrichter auch dem ältesten Christenthum noch fehlt und erst auf Paulus zurückzuführen ist, der es ausdrücklich betont, daß seinem Evangelium zufolge Gott durch Jesus Christus das Richteramt ausüben lassen wird, also der Neuerung sich wohl bewußt war.

Noch in den Visionen Daniels wird erst nach dem Gericht das neue theokratische Reich aufgerichtet, hier, wie schon gesagt, ohne persönlichen Messias. Nun tritt aber im Buch Henoch und in den Weissagungen der Sibylle, unter welcher pseudonymen Form damals auch Juden ihre Ideen in der Heidenwelt zu verbreiten suchten, die neue Vorstellung von einem starken glänzenden Fürsten auf, dessen Herrschaft dem Gericht vorangeht. Im dritten Buch der sibyllinischen Orakel, das von einem alexandrinischen Juden um die Mitte des zweiten Jahrhunderts v. Chr. verfaßt ist, sendet Gott vor dem Gericht vom Osten her einen Fürsten, der eine glückliche Epoche für das Volk Gottes heraufführt, während dann nach der großen Katastrophe erst die allgemeine Friedensära auf der ganzen Erde eintritt. Jener Fürst vom Osten bezieht sich ohne Zweifel auf einen Makkabäer, wie aus dem Buch Henoch hervorgeht, das bei der Schilderung der Herrschaft des Johannes Hyrkanos, gleichfalls vor dem Gericht, auf welches dann die messianische Periode folgt, mit besonderem Nachdruck verweilt. Dies hing nun zunächst ganz mit den damaligen politischen Verhältnissen zusammen, welche den Gedanken nahelegten, daß die Wiederaufrichtung des politischen Fürstenthums die Einleitung zu der großen Entscheidung bilde. Aber es führte bald weiter. Man begann eine glückliche Zeit vor dem Gericht zu hoffen. Je mehr das letztere allmälig ins Wunderbare ausgemalt wurde, während man doch die politische Idee festhielt, um so mehr trat beides auseinander, das Messiasreich und das Gottesgericht, und es war schließlich nur consequent, wenn jenes vor das letztere gestellt wurde. Zunächst aber war ein unsicheres Schwanken in den chronologischen Bestimmungen die Folge. Neue Vorstellungen wie die von der künftigen Auferstehung der Todten, später die von einem Ort der Seligkeit und der Verdammniß, an welche die Seele sofort nach dem Tod gelange, reißen das alte prophetische Schema aus den Fugen, die Grenzen zwischen der gegenwärtigen und der künftigen Weltepoche werden unsicher. Als Jesus auftritt, können ihn — den Evangelien zufolge — Einige bereits als den Messias anerkennen, während die Mehrzahl, der älteren Vorstellung getreu, ihn nur für einen der Propheten hält, die als Vorläufer vor dem Gericht kommen sollten. Noch während des jüdischen Kriegs unter Titus scheint die ältere Vorstellung dominirt zu haben, da wenigstens von keiner Seite ein Messias auftrat. Erst im vierten Buch Esra, welches in der christlichen Aera, etwa 96 bis 98 unsrer Zeitrechnung, von einem frommen Pharisäer verfaßt ist, aber schon mannigfache christliche Einflüsse verräth, kommt der Messias bestimmt vor der großen Katastrophe. Er kommt auf den Wolken vom Himmel herab, denn so wurde jetzt die bekannte danielsche Stelle ausgelegt. Aber er ist ein irdischer König, sein Reich hat eine begrenzte Dauer, und die Vorstellung, daß der Messias der Weltrichter sei (die wir aber auch in der Offenbarung des Johannes noch nicht finden), wird ausdrücklich unter deutlichem Protest gegen die christliche Lehre zurückgewiesen. Während der letzten Erhebung der Juden gegen die Römer im Jahre 132 n. Chr. war die neue Idee von dem Kommen des Messias vor der Katastrophe schon so weit durchgedrungen, daß Bar-Kochba als der Messias anerkannt werden konnte. Es brauchte jetzt nicht mehr erst der Katastrophe des Gerichts, damit der Messias, der nationale Heros erscheinen konnte. Diese letzte Lebensäußerung des nationalen Judenthums beweist am besten, wie eng der Messiasbegriff bei den Juden an ihre politischen Hoffnungen gebunden blieb. Dennoch ist unverkennbar, daß die messianischen Vorstellungen, wenn wir sie im weiteren Sinne fassen, im Lauf der Zeit mehr und mehr nach der geistigen Seite ausgebildet und ihrer schroffen sinnlich-nationalen Bestandtheile entkleidet wurden. Hierdurch wird eben die Auflösung des alten bei aller Freiheit der dichterischen Phantasie doch in den Grundzügen geschlossenen Messiastypus herbeigeführt und die spätere Umdeutung des ganzen Vorstellungskreises ins Geistige vorbereitet. Allerdings hatten der Messiaserwartung niemals ideale Momente gefehlt. Es war ja ein theokratisches, ein Gottesreich, welches die Geschicke des Volkes vollenden sollte, und die alten Propheten hatten die geistige Umwandlung, welche dann mit dem Volke vorgehen werde, in beredter Weise geschildert. Allein jene siegreiche Schlacht gegen die Heiden bildete doch die Voraussetzung dieses Reichs. Der Triumph über die fremden Völker, unter deren Herrschaft man seufzte, blieb der dominirende Gesichtspunkt; auch die Bekehrung der Heiden, welche schon einige der älteren Propheten nach der Katastrophe eintreten ließen, wurde als eine Unterwerfung unter Jehova als den Gott der Juden gedacht. Während der Verbannung erlitt dieses einseitig particularistische Bewußtsein einen ersten Stoß. Die Juden waren in vielfache Berührung mit den Heiden gekommen, hatten von ihnen Sitten und Kenntnisse, selbst religiöse Vorstellungen angenommen; ihr Horizont erweiterte sich, ein universalgeschichtliches Interesse begann den starren Nationalismus zu durchbrechen. Konnten sie sich auch die Zukunft nicht anders als den definitiven Sieg und die Vollendung ihrer Sache denken, so wurde doch auch der Verlauf des Heidenthums als ein nothwendiges, im göttlichen Heilsplan vorherbestimmtes Glied des Weltganzen anerkannt. Es waren eben die Apokalypsen der Makkabäerzeit, in welchen dieser erste Schritt gegen den Universalismus hin geschah.

Jene Umänderung vollzog sich aber ganz besonders an dem Begriff des Gerichts. War das Gericht ursprünglich nichts andres als der letzte Entscheidungskampf mit der Heidenwelt, so wurde zwar diese Bedeutung fortan festgehalten, aber es entwickelten sich daran bald auch diejenigen Momente, welche im Begriff eines Gerichtes liegen. Die Scene wurde ein wirklicher Gerichtsact, eine Entscheidung zwischen Guten und Bösen, und es beweist schon ein Nachlassen des schroffen Particularismus, wenn dieses Gericht zu einer Scheidung der Guten und Bösen innerhalb des erwählten Volks selbst wird. Indem ein Theil der Juden als abtrünnig verworfen wird und andrerseits ein Theil der Heiden sich zur wahren Gottesverehrung beugt, kommen die nationalen Anschauungen in einen Conflict mit den moralischen, oder vielmehr die letzteren beginnen als die höheren anerkannt zu werden. Die weitere Folge ist die, daß die Schlacht und der Gerichtsact, welche ursprünglich identisch sind, nun auch zeitlich auseinandertreten. So sehen wir im Buche Henoch eine Folge von verschiedenen Schlachtscenen sowohl als von Gerichtsscenen. Die ursprüngliche Bedeutung des Gerichts hat sich jetzt verloren, das politisch-nationale Ereigniß wird zum Finale des Weltdramas, und es beweist nur, wie ungeschickt noch die Verfasser sind, diese kolossale Idee zu bemeistern, wenn sie in der Schilderung desselben immer wieder neue Ansätze machen und Scene auf Scene häufen, um den Inhalt möglichst zu erschöpfen.

Vom Buch Daniel an kommt nun dazu noch die dem Parsismus entlehnte Vorstellung von einer Auferstehung der Todten zum Gericht und zur Theilnahme an den Freuden des künftigen Reichs, und, wie phantastisch sie ist, so liegt doch auch hierin ein bedeutsames Moment der Verallgemeinerung. Die Katastrophe wird weit über das äußere historische Ereigniß hinausgehoben, wenn nicht blos die zufällig damals Lebenden davon betroffen werden. Indem den Gestorbenen ein zweites Leben eröffnet wird, dämmert der Begriff des Jenseits auf, das Gericht wird in eine höhere ideale Form gerückt, es bekommt welthistorische, ja kosmische Bedeutung. und wenn gleichwohl die politischen Erwartungen nicht aufgegeben werden, so ist die Folge, daß beides getrennt und schließlich das Messiasreich als eine Episode des gegenwärtigen Weltverlaufs betrachtet und das Gericht an das Ende verlegt wird. Eben dies ist die tiefere Bedeutung jener chronologischen Umwälzung. Selbst das Zurücktreten der messianischen Persönlichkeit ist nur ein Beweis, wie der ganze Vorstellungskreis sich erweiterte und vergeistigte. Bei Philo sehen wir die politischen Vorstellungen nahezu überwunden. Die Pharisäer, welche so stark den theokratischen Charakter des künftigen Reichs betonen und zu den politischen Bewegungen vor und nach Jesus wesentlich den Anstoß geben, bilden gleichwohl die ethischen Bestimmungen des Reiches Gottes als einer Herrschaft der Gerechtigkeit Aller vor Gott, als eines allgemeinen Priesterthums besonders aus. Und in der Vorstellung, daß jede Seele gleich nach dem Tode an einen Ort der Wonne oder der Qual versetzt werde, die wir nicht blos bei den Essäern finden, sondern welche bereits allgemeiner Volksglaube gewesen zu sein scheint, wie aus dem Gleichniß vom reichen Mann und vom armen Lazarus zu schließen ist, tritt eine Idee auf, welche nur consequent gedacht zu werden brauchte, um die ganze Symbolik der Eschatologie über den Haufen zu werfen. Denn was kann ein Schlußgericht hinzufügen zu der Seligkeit, deren die Einen, zu der Qual, deren die Anderen schon mit dem Eintritt des Todes theilhaftig werden?

Hieraus erhellt nun, mit welchem Recht Colani sein Schlußurtheil dahin fällt, daß die Messiasidee nur Ausdruck des exclusiven Patriotismus des jüdischen Volkes war, daß Jesus mit diesem Messias nicht das Mindeste gemein hatte, und daß folglich diese Idee gar keinen Einfluß auf das Werk Jesu gehabt habe. Es ist wahr, der Messias war den Juden nichts anderes, als ein theokratischer König, und insbesondere ist alles, was von einem leidenden, sterbenden, sich opfernden Messias im alten Testamente stehen soll, erst durch die christliche Auslegung in dasselbe hineingetragen worden. Aber es ist nicht minder wahr, daß gerade die Idee eines persönlichen Messias sehr in den Hintergrund gedrängt war durch andere Vorstellungen, die in enger Verbindung mit ihr standen, und deren allmälige Ausbildung über den exclusiven Rationalismus weit hinausführte und die spätere Umdeutung des ganzen Messiasglaubens ins Geistige einleitete. Auch von dieser Seite her ist die Vorbereitung welche das Christenthum in den vorausgegangenen Religionsbildungen fand, nicht zu verkennen, und es ist nur das natürliche Seitenstück dazu, daß wir auch das christliche Messiasideal keineswegs mit einem Mal fix und fertig, vielmehr auch nach Jesus in einen geschichtlichen Proceß gestellt finden, in welchem es sich von verhältnißmäßig gröberen, sinnlicheren und particularistischeren Formen erst loszuringen hat zu höheren und geistigeren Anschauungen. Die Offenbarung des Johannes, welche den Standpunkt des ältesten Christenglaubens repräsentirt, steht unstreitig den jüdischen Büchern Henoch und Esra nicht ferner, als dem vierten Evangelium.

Aber in welchem Verhältniß stand nun Jesus persönlich zur Messiasidee? Offenbar ist durch die Uebersicht über ihre historische Entwickelung für diese Hauptfrage wenig genug gewonnen. Wir haben allerdings zwei Grenzpunkte. Unsere sichere geschichtliche Kenntniß hört auf in der Zeit des Herodes, und sie beginnt wieder mit dem schon festgebildeten Glauben der Jünger an die Messianität Jesu. In die durch diese Endpunkte bezeichnete Lücke fällt aber nicht blos die Erscheinung Jesu, sondern auch die Bildung des Messiasglaubens der Jünger, und die Frage ist eben, ob wir noch im Stande sind, mit Sicherheit zu unterscheiden, was wir Jesus selbst zuzuschreiben und was wir erst auf Rechnung des Jüngerglaubens zu bringen haben.

Colanis Ansicht kennen wir bereits. Es ist im Wesentlichen dasselbe Resultat, zu welchem auch die neuere deutsche Wissenschaft sich neigt. Aber er gelangt dazu auf einem eigenthümlichen Wege. Anstatt, wie z. B. Strauß, vorsichtig aus den vermuthlich ältesten Bestandtheilen der Evangelien das religiöse Bewußtsein Jesu herzustellen und daraus dann auch sein Verhältniß zur Messiasidee abzuleiten, geht er sofort mitten in die Sache, hält sich an eine Erzählung, der er unbedingt geschichtliche Autorität vindicirt, und macht sie zum Mittelpunkt seiner Schlußfolgerungen. Es ist die Erzählung von dem Bekenntniß des Petrus, in welcher allerdings die drei ersten Evangelien auch in den Orts- und Zeitbestimmungen auffallend zusammentreffen. Es ist kurz vor dem Aufbruch Jesu zu seinem entscheidenden Gange nach Jerusalem; da richtet er an seine Jünger die Frage: wer sagen die Leute, daß ich sei? Sie antworten: Einige sagen, du seiest Johannes der Täufer, Andere, du seiest Elias oder ein anderer der Propheten. Jesus fährt fort: und was saget ihr, daß ich sei? Petrus antwortet: Du bist der Messias (Christos), der Sohn des lebendigen Gottes, ein Bekenntniß, das Jusus unter Seligpreisung des Petrus annimmt, aber weiterzuverbreiten verbietet. Von dieser Zeit beginnt er dann auch von seinem bevorstehenden Leiden zu sprechen. — Auch Baur hat in dieser Erzählung wiederholt die Spur eines geschichtlichen Vorganges anerkannt, der einen Wendepunkt in dem messianischen Bewußtsein Jesu bezeichne.

Colani ist kühner und führt nun von diesem Punkte aus in einem glänzenden exegetischen Versuche aus, daß Jesus erst im Moment des Aufbruchs nach Galiläa sich den Messiasnamen beigelegt, daß er aber von ihm nur die Idee eines geistigen Hauptes der Menschheit sich angeeignet habe, daß er wohl Messias sein wollte, aber nicht ein triumphirender, sondern ein leidender und sterbender, daß er das Gottesreich als ein universelles menschheitliches Ideal aufgefaßt und an die Stelle der Katastrophen der Apokalypsen den Begriff einer organischen Entwicklung gesetzt habe. Auch nach dem Vielen, was schon über das Reich Gottes, den Namen Menschensohn u. s. w. geschrieben worden ist wird man die Erörterungen Colanis mit Nutzen lesen. Das Ganze ist eine originelle, scharfsinnig begründete Hypothese. Aber es ist doch nur Hypothese.

Zwei gewichtige Einwendungen liegen nahe. Wenn Jesus das Gottesreich rein geistig faßte, wenn er mit dem Messiasnamen einen ganz andern Begriff verband, als die jüdische Vorstellung war, wie kam es, daß er überhaupt diesen Titel annahm, daß er sich also, — wie man fast sagen muß — für einen anderen ausgab, als er war? Und dann: wie kommt es, daß wir in der ersten Gemeinde, bei den eigenen Jüngern Jesu doch wieder einen weit sinnlicheren und selbst particularistischeren Messiasbegriff finden, der sich erst durch die inneren Entwickelungen des Christenthums der ersten zwei Jahrhunderte läuterte, aber auch zugleich so ins Uebernatürliche steigerte, daß er im Grund sich von dem Gedanken Jesu noch weiter entfernte? In diesen beiden Fragen liegt offenbar die Hauptschwierigkeit des ganzen Problems, das nur durch eine Erklärung des urchristlichen Bewußtseins ganz gelöst werden könnte.

Letzteres nun lag der Untersuchung Colanis ferner. Aber dem ersteren Einwand, wie Jesus trotz seines geistig hohen und freien Standpunkts seinem Berufe jene Aufschrift habe geben können, sucht er einmal durch die Erinnerung an die allegorische Schriftauslegung zu begegnen, deren sich damals jedermann bediente. Jesus konnte es also aus Stellen des alten Testaments herauslesen, daß der künftige König Israels anstatt ein zweiter David zu werden, das Loos der Propheten und des „Knechts Gottes" im Jesaia theilen werde. War der Messias nicht ein siegreicher König, sondern vielmehr ein Opfer, so konnte er unbedenklich sich für den Messias halten. Allein dieselbe Umwandlung des Messiastypus war auch möglich ohne diese künstliche Herleitung aus der Schrift. Jesus fühlt mehr und mehr seine Bestimmung, ein Mann des Opfers zu sein, das Leben für seine Sache zu lassen; denn er kann nicht in Galiläa bleiben ohne zurückzuweichen, und er kann nicht den Mächten in Jerusalem entgegengehen ohne sich dem sichern Tod auszusetzen. Dieses Entschlußes einmal gewiß, erkennt er es als Gottes unwürdig, wenn der Messias ein solcher wäre, wie ihn die Juden erwarten und die Propheten verkündigten, daß der Messias vielmehr nothwendig der sein müsse, der er selbst ist, der Mann des Opfers, da im Reich Gottes nichts größer ist als den Brüdern zu dienen und für sie zu sterben. Oder aber — die andere Möglichkeit — Jesus, der sich seit lange als der große Religionsstifter der Menschheit fühlt, nimmt nicht ohne Widerstreben den Titel Messias an, als denjenigen, der im Geist der Jünger am leidlichsten seiner Mission entspricht, nur daß er sofort die Perspective des Martyriums eröffnet, und er muß sich für den Messias erklären, damit sie aufhören einen anderen zu erwarten. Nach der letzteren Ansicht accommodirt sich also das Evangelium äußerlich dem Messianismus aus Rücksicht auf die Schwäche der Jünger. Nach der andern wandelt das Evangelium den Messianismus um, assimilirt ihn sich, behält den Namen, der aber einen völlig anderen Inhalt bekommen hat und wirft das Andere zur Seite. Welche von beiden Erklärungen hat mehr Wahrscheinlichkeit? Aber, fährt Colani fort, muß man nothwendig zwischen beiden wählen? Das geistige Leben, insbesondere das der Größten und Besten, spottet unserer Classificationen, es ist weiter, complicirter und zugleich spontaner. Gewiß, seitdem Jesus sich als wahres Haupt des Reichs Gottes fühlte, mußte er sich fragen, ob außer ihm Raum für einen Messias sei, er mußte sich sagen, daß der einzige Messias, den in Wahrheit die Propheten ankündigen konnten, nur er war, der Mann der Schmerzen. Aber andrerseits konnte er diesen Titel, der nichts zu seinem Ruhm hinzufügte, nur in Rücksicht auf die Jünger annehmen, weil er in ihren Augen, wenn er nicht der Messias war, auch nicht ihr oberstes Haupt sein konnte. Es war also beides zugleich, eine Vergeistigung der Messiasidee und eine Accommodation.

Es ist also schließlich nur die bedenkliche Accommodationstheorie, durch welche Colani seine Hypothese zu stützen vermag, — bedenklich, weil sie Jesus den Jüngern gegenüber einen bedeutsamen Titel annehmen läßt, den er nach den übrigen Voraussetzungen sich nicht mit voller Ueberzeugung aneignen konnte. Hat Jesus sich die Messiasidee angeeignet, so mußte dies, wie Strauß sich ausdrückt, im Wesen eine innerlich entsprechende That sein. Umgekehrt, je höher wir Jesus mit seinen Ideen vom Gottesreich stellen, um so schwieriger ist zu erklären, wie er sich in die Rolle des Messias hineindenken konnte. Die Frage: wie konnte Jesus einen unter jenen Voraussetzungen so mißverständlichen Titel annehmen, der auch in der That mißverstanden worden ist, so daß die Folgen des Mißverständnisses heute noch nachwirken, ist nicht beantwortet und sie wird nicht zu beantworten sein, wenn es nicht gelingt, schärfer als bisher geschehen ist, vom Bewußtsein Jesu dasjenige auszuscheiden, was erst das Bewußtsein der Jünger nach der großen Krisis der Auferstehungsvisionen in dasselbe hineingelegt hat. Es treibt an diesem Punkt noch eine Art von Harmonistik ihr Wesen, die ebenso zu beseitigen ist wie auf dem Gebiet der Evangelienkritik.

Zu dieser Aufgabe hat aber Colani selbst am Schlusse seines Buchs einen sehr wesentlichen und verdienstvollen Beitrag geliefert durch seine Untersuchung über die Ansichten Jesu in Betreff der zukünftigen Dinge. Das Kapitel: „Hat Jesus geglaubt, daß er nach dem Tode wiederkehren werde, um das wahre messianische Reich zu gründen?" ist ein Meisterstück der Kritik. Die apokalyptischen Reden, welche die Evangelisten Jesu in den Mund legen, waren immer ein mißlicher Punkt für den Biographen. Glauben zu sollen, daß Jesus selbst seine Auferstehung und seine Wiederkunft auf den Wolken des Himmels zum nahe bevorstehenden Weltgericht vorausgesagt habe, war eine starke Zumuthung, und doch schien nichts so sicher bezeugt zu sein als diese Reden. Zwar daß sie in der uns überlieferten Form nicht echt sein können, lag wenigstens bei einem Theil derselben nahe genug, nämlich bei denjenigen, unter welche die Tradition Züge aus der Zerstörung von Jerusalem gemischt hat. Allein für die Hauptsache war damit wenig gewonnen. Renan war der katholischen Tradition am treuesten geblieben und hatte auf den Glauben Jesu an sein schwärmerisches Wiederkommen im Grund seine ganze dramatische Charakterentwicklung gebaut. Baur schrieb zwar Jesus ein weltrichterliches Bewußtsein zu, „weil die Lehre, nach deren Norm die Menschen gerichtet werden, seine Lehre ist," wies aber den concreten sinnlichen Ausdruck in den Evangelien ab. Schleiermacher erklärte den ganzen Gegenstand für eine der schwersten Aufgaben, die man gar nicht hoffen könne befriedigend zu lösen, gab aber deutlich zu verstehen, daß was Jesus von seiner Wiederkunft und vom Gericht sage, nicht buchstäblich, sondern nur als Parabel genommen werden könne. Schenkel meint, Jesus könne wohl die nunmehr beginnende Periode der christlichen Weltgemeinde als die Periode seiner Zukunft, gleichsam seiner zweiten Ankunft auf Erden beschreiben. Dabei sei es ganz natürlich, daß er sich der dem theokratischen Vorstellungskreise geläufigen Bildersprache bediente, aber ebenso natürlich sei, daß ihn die Jünger mißverstanden. Dagegen sagt Keim, nur in der Idee der Wiederkunft mit göttlicher Glorie habe Jesus das glühende Messiasbewußtsein mit dem unerbittlichen Todesschicksal ausgleichen können. Auch für Weizsäcker gehört es zu den gewissesten Bestandtheilen der Geschichte Jesu, daß er seine Wiederkunft mit dem Himmelreich vorausgesagt habe. Allein das weltrichterliche Bewußtsein Jesu faßt er doch nur wie Baur; eine Apokalypse der Zukunftsgeschichte habe Jesus nicht gegeben, und die einzige Angabe, die man auf ihn selbst zurückführen dürfe, sei die, daß das gegenwärtige Geschlecht die künftigen Dinge selbst noch erleben werde. Strauß, der, wie immer, am umsichtigsten die Gründe für und wider erörtert, wagt gar kein abschließendes Urtheil auszusprechen, doch scheint seine Meinung eher die, daß es psychologisch undenkbar sei, Jesu jenen Glauben zuzuschreiben. Neuerdings hat Zeller eine sinnreiche Hypothese aufgestellt. Die Form der Zukunftsreden giebt er preis; allein wenn auch nur hypothetisch, habe Jesus doch denken müssen: falls ihm der Tod bestimmt sei, werde dies nicht das Letzte sein. Denn so lange er sich für den Messias hielt, habe er von der persönlichen Betheiligung an der Stiftung des Reichs nicht abgehen können. Aber er mildert die Undenkbarkeit dieser Vorstellung einmal durch die Erinnerung an den weltüberwindenden Idealismus, an den felsenfesten Glauben an die Zukunft, der hinter dieser Hülle lag, und dann durch die Hindeutung auf den der damaligen Judenwelt geläufigen Auferstehungsglauben. Der Glaube an seine Wiederkunft sei nur die eigenthümliche durch sein messianisches Bewußtsein bestimmte Anwendung eines Glaubens gewesen, der allen gemein war; die Auferstehung sollte sich an ihm blos zuerst vollziehen, und damit die Vollendung des messianischen Reichs eintreten.

Colani weist vor allem, und mit Recht, die Annahme, daß jene Reden bildlich zu nehmen seien, in ihre gebührenden Schranken zurück. Jesus habe sich allerdings der Bildersprache und der Begriffe seiner Zeit bedienen können und wirklich bedient, aber die Accommodation habe ihre Grenzen und niemand könne in einem Kurs der Astronomie, wenn es sich darum handle, die Beziehungen der Sonne zur Erde darzulegen, sagen: die Sonne geht auf, die Sonne geht unter. Und nun weist er — nicht vom Standpunkt der psychologischen Denkbarkeit oder Undenkbarkeit, was doch zumal bei einer so außerordentlichen Erscheinung immer eine zweifelhafte Instanz bleibt — sondern auf exegetischem Weg, durch Untersuchung der einzelnen Stellen, durch Vergleich der Berichte, durch Gegenüberstellung von Worten größerer und geringerer Authentie nach, daß jene Wiederkunftsreden unecht seien und Jesus weder geglaubt habe, auferweckt zu werden, noch wiederzukommen, noch dem Schlußgerichte vorzustehn.

Dieser negative Beweis ist überzeugend geführt. Vielleicht daß sich durch ein ähnliches Verfahren noch weitere Resultate gewinnen lassen. Nachdem durch Strauß die Kritik des Thatsächlichen in der evangelischen Geschichte abgeschlossen ist, wäre es vielleicht an der Zeit, die uns überlieferten Reden Jesu gleichfalls im Zusammenhang zu untersuchen, und so die Aufzeigung der mythischen Geschichte durch die Aufzeigung der mythischen Reden zu ergänzen. An wichtigen Vorarbeiten fehlt es nicht. Es handelt sich blos darum, Forschungen, deren Resultat bisher nur nach der Seite des apostolischen und nachapostolischen Zeitalters verwerthet worden sind, auf die Geschichte Jesu anzuwenden. Was auch das Ergebniß wäre, das wirkliche Geschichtsbild Jesu könnte davon nur gewinnen, wie ja erst durch den Nachweis der mythischen Elemente das, was wir vom Leben Jesu noch wissen können, sicher gestellt worden ist. Aber auch davon könnte nicht die Rede sein, daß damit der Größe der Persönlichkeit unseres Religionsstifters Eintrag geschähe. Denn alles das, womit die Phantasie und das Glaubensinteresse der Jünger nach dem Hingang ihres Meisters sein Bild ausstatteten, vergrößerten und endlich über die Wolken erhoben, giebt doch nur Zeugniß für den ungemeinen, unauslöschlichen Eindruck, welchen diese einzige Persönlichkeit in den Jüngern und durch sie in der ganzen Menschheit zurückgelassen hat. W. Lang.

Die Katastrophe Hessens im napoleonischen Krieg.

Hessen spielte bekanntlich in dem großen Drama des letzten Krieges mit Frankreich eine ganz abgesonderte Rolle. Dem Regenten wie dem Volke war es versagt, selbstthätig nach irgendeiner Seite hin mit einzugreifen und so wurde einer der tüchtigsten deutschen Volksstämme, in welchem Patriotismus, Muth und Aufopferung reichlich zu finden sind, zu kläglichster Passivität verurtheilt, Dank deren er den harten Druck der übermüthigen Eroberer am empfindlichsten und am längsten ertragen mußte.

Der Hesse ist sprichwörtlich bekannt als der beste, tapferste, hingebendste Soldat; aber bei keiner deutschen Truppe ist der Probierstein an all die guten Eigenschaften schärfer angesetzt worden, als bei der hessischen. Trotz der peinlichsten Situationen, der verführerischsten Anfechtungen, in die er gerieth, hat sich der hessische Kriegerstand bis auf den heutigen Tag musterhaft verhalten, nie ist er durch eigenes Verschulden mit einem Makel behaftet worden.

Was bei solcher Eigenschaft der hessische Soldat während der napoleonischen Herrschaft gelitten, kann nur der ermessen, der diese Zeit bis ins Einzelne zu würdigen weiß. Es drängt sich aber zunächst die Frage auf: wie sind die armen Hessen in jene Calamität hineingerathen und war es möglich, ihr zu entgehen? Würde unter anderen Umständen der leichtfertige Jerome König von Westphalen geworden sein und hätte er wohl seine luftige Regentenbude gerade im Herzen des Kattenlandes aufgeschlagen? Vom hessischen Gouvernement ist bekanntlich am wenigsten gethan worden. Aufklärung zu geben, und Eingang in die hessischen Archive sich zu verschaffen, ist bis jetzt ein Ding reiner Unmöglichkeit gewesen. Selbst für den bekannten hessischen Geschichtschreiber Rommel blieb vieles unter Schloß und Riegel. So müssen uns denn Aufzeichnungen einsichtiger, urtheilsfähiger und solider Männer aus der betreffenden Zeit besonders willkommen sein. Dem Einsender dieses liegen solche von einem höheren hessischen Militär vor, wie er sie im März 1807 niedergeschrieben.

Der Leser wird finden, daß das Ganze das Gepräge der Wahrheit, Unparteilichkeit und der genauesten Kenntniß trägt. So wollen wir denn auch das interessante Schriftstück seinem wesentlichen Inhalte nach wiedergeben.

Das harte Schicksal des Kurfürsten von Hessen und seiner braven Militärs begann mit der Besitznahme Kassels durch den **Marschall Mortier** am 1. November 1806. Wir fragen zunächst, gab es kein Mittel, wodurch jene schimpfliche Lage hätte gemildert werden können?

Um darauf richtig zu antworten, muß man sich die Bemühungen des preußischen Cabinets seit dem Juli des Jahres 1806, den Kurfürsten zur Theilnahme an dem nun einmal so unvorsichtigen Kriege gegen Frankreich zu bewegen, und das Betragen des Letzteren gegen Napoleon vergegenwärtigen. Da er wußte, wie mißlich die Lage seines Landes im Fall eines Krieges gegen Frankreich sei, und da er eingedenk war, wie oft ihn schon das preußische Cabinet durch Versprechungen getäuscht, ja hintergangen hatte, widerstand der Kurfürst lange den directen Anmuthungen Preußens sowie den Anreizungen vieler durch preußische Vorstellungen elektrisirter Stimmen seiner Umgebung. Dennoch schienen zu Anfang September diese Machinationen zu siegen, denn es wurde befohlen, einen Theil der Truppen mobil zu machen, sowie auch die beiden unbedeutenden und unhaltbaren Festungen Ziegenhain und Hanau einigermaßen in Vertheidigungsstand zu setzen; aber alles wurde so heimlich, so kärglich, so langsam betrieben, daß die Verständigen an einer Verbindung mit Preußen um so mehr zweifelten, als man bestimmt wußte, daß der Kurfürst um Beibehaltung seiner Neutralität in Paris nachgesucht hatte und noch in Unterhandlungen darüber stand. Als jedoch im October die Mobilisirung der Cavallerie factisch in Angriff genommen, auch ein Corps unter dem Vorwande des Manövrirens zwischen der **Edder** und **Schwalm**, in enge Cantonnirungen verlegt wurde, schien die Theilnahme am Kriege mehr als wahrscheinlich*). Dieses Corps, wozu noch drei Bataillone und fünf Schwadronen, letztere aber noch unvollständig beritten, stießen, rückte den 11. October in die Gegend von **Ziegenhain** und besetzte die darmstädtsche Grenze, jedoch mit der Weisung, diese nicht zu überschreiten, sowie keine Feindseligkeiten gegen Frankreich und dessen Verbündete auszuüben und nur bei einem Angriff Gewalt mit Gewalt zu vertreiben. Einige Tage zuvor traten indeß Begebenheiten ein, welche den entscheidendsten Einfluß auf das Schicksal des Kurfürsten und seines Landes, viel-

---

*) Dieses Corps bestand, mit Hinzuziehung der Garnisonen von Homberg und Fritzlar, aus 7 Bataillonen und 20 Schwadronen, es zählte aber, da bei der Infanterie die Beurlaubten nur zur Hälfte eingezogen waren, die Cavallerie aber nur zur Hälfte beritten war, kaum 4000 Mann.

leicht auch auf die preußische Armee gehabt haben. Die nachgesuchte Neutralitätszusicherung kam aus Paris unter der Bedingung an: daß der Kurfürst seine Truppen auf dem Friedensfuß lassen und keine Preußen aufnehmen würde.*) Ferner aber rückte der Vortrab des blücherschen Corps aus Westphalen kommend in Hessen ein und marschirte durch Kassel, wahrscheinlich um sich mit den Hessen zu vereinigen und mit diesen dann gemeinschaftlich gegen den Main zu operiren. Das war der Moment, wo für den Kurfürst die Alternative eintrat, entweder mit Preußen zu stehen und zu fallen und dann seine Truppen nach schleunigster Einziehung aller Beurlaubten der Feld- und Garnisonregimenter, wodurch ein Corps von 18 bis 20,000 Mann anwuchs, mit denen des Königs zu vereinigen, oder, was das Vernünftigere war, bei der mangelhaften Verfassung der preußischen Armee die Neutralitätszusicherung Napoleons anzunehmen und zu proclamiren, und die Truppen zu entlassen. Leider geschah keines von beiden; der Kurfürst reiste schleunig ins preußische Hauptquartier nach Erfurt und bewirkte, daß das blüchersche Corps umkehren und einen anderen Weg einschlagen mußte, wodurch in diesem kritischen Augenblick die Operation des rechten Flügels der preußischen Armee wenigstens abgeändert und eine kostbare Zeit verloren wurde. Das hessische Corps blieb inzwischen ruhig in den Cantonnementsquartieren bei Ziegenhain liegen, man fuhr fort zu mobilisiren, ohne jedoch die auf Urlaub befindlichen Mannschaften einzuziehen. Daß der Kurprinz zur preußischen Armee abging, geschah, wie man sagte, gegen den Willen seines Vaters.

Die halben Maßregeln hatten wie immer, so auch hier, Verderben zur Folge. Nach dem späteren Verlauf der Dinge würde das Unglück von Jena allerdings auch eingetreten sein, wenn das hessische Corps sich mit den Preußen vereinigt hätte; aber man hätte dann doch einen Entschluß gehabt. Auf diese Weise jedoch konnte man nur die Ungunst des Geschickes auf sich ziehn. Um einige Tausend Thaler zu sparen waren die Beurlaubten auch jetzt noch nicht alle eingezogen, es fehlte noch an vielen zum Kriegführen sehr wesentlichen Dingen, besonders an Pulver, was auch in der kurzen Zeit nicht wohl mehr zu beschaffen war.

Am 14. October erfolgte nun die Niederlage der Preußen. Das furchtbare Ereigniß ist noch lange nicht befriedigend aufgeklärt. Ob zu dieser Cam-

---

**) Am 2. October 1806 hatte der Fürst von Benevent an den hessischen Botschafter in Paris, den Minister v. d. Malsburg geschrieben:

La Hesse tenant son armée sur le pied ordinaire de paix et ne relevant point de troupes prussiennes, aura rempli envers la France les conditions d'une véritable neutralité, dans la situation ou Elle se trouve placée.

Sa Majesté l'Empereur et Roi reconnaîtra cette neutralité, et la respectera avec une fidélité parfaite.

pagne bei der preußischen Armee ein vernünftiger Operationsplan für den
Angriff entworfen gewesen ist, bleibt ziemlich zweifelhaft. Der Schreiber dieser
Mittheilungen befand sich Ende des Monats August am unteren Main, als
Einer seiner Bekannten ihm folgende Stelle aus dem soeben erhaltenen Briefe
eines nicht unbedeutenden preußischen Offiziers, von Gotha geschrieben, vorlas:
„Der Krieg gegen Frankreich ist beschlossen; zwischen hier und Jena werden
die ersten Schläge ausgetheilt werden." Das Letztere war mir zu unwahrscheinlich, als daß ich nicht darüber hätte lächeln sollen, und doch hat der Erfolg alles bewahrheitet. —

Am 16. October erklärte Mr. Bignou, kaiserlich französischer Gesandter
zu Kassel, die Neutralität des Kurfürsten für treulos (perfide), weil die Truppen
zum Theil noch versammelt und die auf den Kriegsfuß gesetzten nicht wieder
demobilisirt wären. Hätte sich nach dieser Erklärung der Kurfürst entschließen
können, sogleich zum Kaiser zu reisen, um sich mit ihm zu verständigen, er
würde wahrscheinlich sich und sein Land gerettet haben; so aber wurden von
diesem Augenblick an, Gott weiß auf wessen Rath, die widersprechendsten
Maßregeln getroffen. Von dem bei Ziegenhain zusammengezogenen Corps
marschirten nun nach und nach 5 Bataillone und 20 Schwadronen in ihre
Garnisonen zurück, mußten auch die von den Bauern erhaltenen Pack- und
Wagenpferde an dieselben wieder zurückgeben; aber zu eben der Zeit wurde
auch die Mobilmachung von noch 5 Bataillonen und einer Batterie schwerer
Artillerie anbefohlen. — Diese auf so ganz entgegengesetzte Zwecke abzielenden
Befehle mußten natürlich bei jedermann Mißtrauen und Verwunderung erregen. In und um Ziegenhain blieben nur noch 7 Bataillone, 5 Schwa-
dronen Husaren und 150 Jäger, in allem kaum 3000 Mann stehen.

Vom 7. October an sammelte der Marschall Mortier das 8. Corps der
großen französischen Armee in der Gegend von Frankfurt, die kurhessische Grenze
des Fürstenthums Hanau wurde jedoch, wie bisher, genau respectirt. Den
22. October setzte sich dieses Corps in Marsch und schien, der eingeschlagenen
Direction nach, der großen Armee durch Sachsen folgen zu wollen; am 29.
rückte dasselbe jedoch ganz unerwartet über Fulda, ungefähr 6000 Mann stark,
in Herschfeld ein. Der Marschall äußerte noch immer die friedlichsten und
freundschaftlichsten Gesinnungen, vorgebend, daß er vom Kaiser Befehl erhalten
habe, über Münden ins Hannöversche zu marschiren. Den 30. ging dieses
Corps bis Melsungen und es wurde befohlen, den andern Tag weiter bis Münden zu marschiren, dieser Befehl aber den 31. October Morgens unter dem Vorwand abgeändert, daß die Truppen zu sehr ermüdet wären und einen Rasttag
bedürften, im Grunde aber wohl nur, weil man hier auf Nachricht warten mußte,
wie früh der König von Holland mit seiner Armee auf der andern Seite von
Kassel erscheinen könne. Als man Morgens 9 Uhr darüber im Klaren war,

setzte sich der Marschall Mortier in Bewegung, marschirte aber nur 1¼ Meile bis Dörnhagen, machte dort Halt und ließ den Wald und die Anhöhen zwischen diesem Ort und Cassel militärisch besetzen.

Denselben Morgen langte nun auch der Vortrab der holländischen Armee, von deren Annäherung man in Cassel nicht das Mindeste geahnt zu haben scheint, in der Gegend von Ziegenhain an. Nun konnte dem Kurfürsten kein Zweifel mehr über die nicht friedlichen Absichten der um seine Residenz sich sammelnden fremden Truppen bleiben; dennoch geschah weiter nichts, als daß einige Patrouillen ausgeschickt und einige Infanterie-Pikets vor die Thore postirt wurden, die so wenig wie die ganze Garnison mit scharfen Pationen versehen waren. Ja, man versäumte sogar die räthlichsten Sicherheitsvorkehrungen, obgleich Zeit genug dazu gewesen wäre.

In dieser Unentschlossenheit und Unthätigkeit wurde verharrt, bis Abends 11 Uhr der französische Chargé d'affaires, Mr. St. Genest, die bekannte Note überreicht hatte. Nunmehr, da beide feindliche Corps vor Kassel's Thoren standen, war kein Zusammenziehen der Hessen und keine Vertheidigung mehr möglich. Die an den Marschall Mortier in der Nacht zum Unterhandeln abgesendete Deputation wurde mit der Antwort von diesem zurückgewiesen, daß er hierzu keinen Auftrag habe. Obwohl der Kurfürst zum feindlichen Bund zu treten versprach und seine Truppen zur Disposition dem Kaiser hatte anbieten lassen, wurde dennoch französischerseits gefordert, die Waffen niederzulegen und das ganze hessische Militär aufzulösen. Hierzu erschien in Kassel am 1. November 1806 folgende kurfürstliche Ordre:

„Die kaiserl. französische Armee wird sämmtliche hessen-kassel'schen Lande in Besitz nehmen und sollen nach Uebereinkunft, gleich Kassel, in allen übrigen Garnisons den Leuten der Regimenter ihre Gewehre und Armatur abgenommen und an schickliche Orte zusammengelegt werden, damit keine gewaltsame Entwaffnung geschehe. Die Soldaten und Cavalleristen mit Pferden werden einstweilen nach Hause beurlaubt, bis nach Zurückkunft Ihro Kurfürstl. Durchlaucht aus dem Hauptquartier Sr. kaiserl. Majestät von Frankreich andere Einrichtungen getroffen werden. Den Soldaten in Garnisons, welche die Compagniechefs nicht beurlauben können, sollen ihre Löhnungen ausbezahlt werden, wie auch Officiers und Civilbeamten ihre Gage behalten. Die gelieferten Pferde aus dem Lande bei der Cavallerie werden ihren Eigenthümern zurückgegeben."

C. v. W.

Mit höchstem Auftrag.

Auch den Gouverneurs und Commandanten der Festungen Ziegenhain, Hanau und Rinteln wurde die Ordre ertheilt, diese ohne Vertheidigung und ohne weitere Bedingungen zu übergeben. Der Kurfürst nebst dem seit 14 Tagen von der preußischen Armee zurückgekehrten Kurprinzen, anstatt wie man erwartet, nach Berlin zum Kaiser Napoleon zu reisen, flüchteten sich kurz vor dem Einrücken des mortierschen Corps am 1. November nach Arolsen und gingen von da weiter zum Landgrafen Karl nach Schleswig.

Beim ganzen Benehmen des Kurfürsten im September und October, indem er seine Truppen zum Theil mobil machte, gegen die darmstädtische Grenze zusammenzog, sogar nach der bedingungsweise erhaltenen Neutralitätszusicherung in diesen Maßregeln beharrte, war mit Gewißheit vorauszusehen, daß Kaiser Napoleon über kurz oder lang sich rächen würde; denn wollte der Kurfürst die Rolle einer bewaffneten Neutralität mit einiger Wahrscheinlichkeit spielen, so mußte er gleich zu Anfang October nicht allein die südliche Grenze Hessens gegen Frankreich, sondern auch die nördliche, östliche und westliche gegen Preußen besetzen lassen. Das unerwartete Einrücken des Marschalls Mortier in Herschfeld am 29. October mußte den Kurfürsten trotz aller gegebenen friedlichen Versicherungen schon überzeugen, daß dieser Augenblick der Züchtigung bereits gekommen sei. Nun war noch Zeit, seine sämmtlichen in Niederhessen zerstreuten Truppen (sicher an 12,000 Mann) auf einen beliebigen Platz an der Schwalm oder Eder zusammenzuziehen. Gesetzt aber auch, man habe sich in diesem Augenblicke noch mit Hoffnungen getäuscht, so konnten doch am 31. October Mittags, wo Mortier bei Dörnhagen Halt gemacht hatte und die von der andern Seite anrückende holländische Armee nur noch 4 bis 5 Stunden entfernt war, kein Zweifel mehr übrig bleiben, und es mußten Vorkehrungen getroffen werden. Ich weiß sicher, daß, obgleich Mr. St. Genest die Note in diesem Augenblick noch nicht überreicht hatte, der Kurfürst doch bestimmt von dem Herannahen der beiden Corps unterrichtet war.

Kassel zu vertheidigen war unmöglich, wenn man die Stadt nicht einer gründlichen Plünderung und Verheerung aussetzen wollte; hätte man aber, anstatt unthätig zu bleiben, am 31. October Mittags sogleich die nöthigen Verfügungen getroffen, so konnten am 2. November etwa 10,000 Mann bei Ziegenhain versammelt sein, und entweder mit den Waffen in der Hand accordiren oder fechten. Man sagt, der Kurfürst habe diesen Gedanken gehabt, habe seinem Bruder, dem Landgrafen Friedrich das Commando übertragen, für seine Person aber nebst dem Kurprinzen direct nach Berlin zum Kaiser Napoleon reisen wollen, es wäre ihm jedoch von alle dem abgerathen worden. Daß er dem Rathe folgte, entschied sein Verhängniß.

Um die Möglichkeit dieser so schnellen Zusammenziehung der Truppen bei Ziegenhain zu beweisen, welche von Manchem bezweifelt werden könnte, muß im Detail angegeben werden, wie die verschiedenen Regimenter seit dem 26. October verlegt waren, und welche ungefähre Stärke sie hatten nach Abzug der auf entfernten Commandos oder sonst abwesenden Mannschaften:

Regimenter.	Stärke.	Wo solche am 31. October sich befanden.	Wenn sie nach forcirten Märschen bei Ziegenhain eintreffen konnten.
Infanterie.			
1) Garde-Regim.	1000 M.	Kassel	1. Nov. Morgens.
2) Garde-Grenad.	1000 „	"	
3) Reg. Kurfürst.	1000 „	In u. um Neukirchen	„ „ „
4) „ „ v. Wurmb.	1000 „	Eschwege, Allendorf, Witzenhausen.	„ „ Abends spät.
5) „ Landg. Karl.	1000 „	Ziegenhain, Treysa	„ „ „
6) „ „ v. Schenk.	500 „	In und um Kassel	„ „ Mittags.
7) „ „ v. Offenbach.	500 „	Um Ziegenhain u. Treysa	„ „ „
8) 3 Bataillone v. Biesenroth.	350 „	Borken	„ „ Morgens.
9) Brigade leichter Infanterie	400 „	Herrschaft Rodenburg, Bade, Neustadt	„ „ Abends.
10) Artillerie.	300 „	Kassel.	„ „ Morgens.
Cavallerie.			
1) Garde du Corps	76 „	Kassel.	„ „ Morgens.
2) Gensd'armes	340 „	In u. um Melsungen, Lichtenau, 1 Schwadron Cappel.	„ „ Abends.
3) Carabiniers	340 „	In u. um Homburg.	„ „ Morgens.
4) Leibdragoner	340 „	In u. um Geismar.	„ „ Abends.
5) Reg. Landgraf Friedrich	300 „	Zwischen Kassel und Fritzlar.	„ „ Morgens.
6) Husaren	340 „	Kirchhain und Umgegend.	„ „ Morgens.
	8786 „		

Hierzu hätten in 48 Stunden von den Beurlaubten sämmtlicher Infanterieregimenter leicht noch 1000 Mann eingezogen werden können. Am 2. November würden demnach gegen 10,000 Mann unter dem Oberbefehl des Landgrafen Friedrich bei Ziegenhain versammelt gewesen sein. Man wird mir die unsinnige Annahme nicht unterlegen, als hätten diese wenigen Hessen in der Verfassung, worin sie sich befanden, nur der combinirten französisch-holländischen Armee, die doch gegen 18,000 Mann zählen mochte, oder gar dem, was von Frankfurt und Mainz aus sich ihnen gar bald im Rücken gezeigt haben würde, lange Widerstand leisten können. Es war jedoch sicher, daß dadurch Zeit gewonnen werden konnte, und hierauf kam in diesem Augenblick alles an. Wenn der Kurfürst am 31. October Nachmittags schleunigst nach Berlin abgereist wäre, so daß Mr. Genest die bekannte Note ihm nicht mehr hätte überreichen können, so war es möglich, daß Mortier unschlüssig geblieben wäre, was zu thun sei. Wahrscheinlich ist indeß, die combinirte Armee würde nach Besetzung der verlassenen Residenz am 1. November noch bis an die Edder, dann bis gegen Ziegenhain vorgerückt sein. Hätte nun Landgraf Friedrich laut eines gemessenen Befehles vom Kurfürsten erklärt, keine Feindseligkeiten gegen Frankreich und dessen Verbündete auszuüben, im Falle eines Angriffs aber sich bis auf den letzten Mann zu vertheidigen und hätte er, da sein Bruder abwesend sei, den König von Holland um die Erlaubniß gebeten, einen Courier an jenen abzusenden, um nähere Verhaltungsbefehle einzuholen, bis zu dieser Frist aber Waffenstillstand begehrt, so konnte die Situation offenbar verbessert werden.

Aus mehren Gründen glaube ich, daß das alles nicht nur zugestanden worden wäre, sondern auch, daß der Kurfürst durch sein persönliches Erscheinen Mittel gefunden haben würde, den Zorn Napoleons zu besänftigen und so das harte Geschick seiner selbst, seines Militärs und seines Landes zu mildern. Gesetzt aber auch, der König von Holland und Marschall Mortier hätten das Gesuch des Landgrafen abgelehnt und die sofortige unbedingte Niederlegung der Waffen verlangt, so ist kein Zweifel, daß die Hessen durch eine tapfere Vertheidigung ihren alten Ruhm behauptet haben würden. Sie wären überwunden, aber nicht beschimpft worden. Was nicht auf dem Wahlplatze geblieben, was in den Festungen, die sich 14 Tage halten konnten, gefangen worden wäre, kam dann in französische Gefangenschaft. Der unsinnige sechs Wochen später ausbrechende Aufstand hätte nicht stattgefunden; es wären keine Patrioten füsilirt, keine Häuser angezündet, keine Städte übermäßig gebrandschatzt worden. Hessen würde nur das allgemeine Schicksal des ganzen Norddeutschlands habe theilen müssen, aber es wäre ein Leid in Ehren gewesen.

Es ist hinreichend bekannt, wie der Kurfürst nach siebenjähriger Entfernung wieder in seinem Lande einzog, wie er von den erschütternden Zwischenfällen gar keine Notiz nahm, und, weder Zeit noch Zustände beachtend, gerade so zu regieren fortfuhr, wie er, durch die „fatalen Accidents" unterbrochen, begonnen hatte. Am meisten hatten die Offiziere zu leiden. Männer, die, von ihrem Kriegsherrn im Stich gelassen, widerwillig unter den fremden Adlern gefochten, aber in vielen Schlachten und Gefechten geblutet und durch ihr tapferes, ritterliches Benehmen sich die Achtung Aller erworben, wurden auf das Empörendste zurückgesetzt; ihre derzeitigen Chargen hatten beim Kurfürsten keine Giltigkeit. Alles, was unter der Fremdherrschaft gedient, haßte er gründlich, namentlich aber die Neuerungen, die eine so bewegte Zeit mit sich gebracht hatte. Des Kurfürsten ganzes Streben ging nur dahin, jede Spur davon möglichst zu verwischen und hierzu scheute man kein Mittel. Wurde doch selbst der alte, bereits vergessene Zopf wieder aus der Rumpelkammer hervorgesucht, damit die in ihn hineingeflochtenen Ideen wieder neuen Halt gewännen! —

Wir fügen hier noch eine darauf bezügliche Cabinetsordre an, die Zeugniß davon ablegen mag, wie Wilhelm der Erste die Zeit auffaßte und wie er,

als er wieder fest im Sattel saß, seinen braven Kriegern, die ihn bei der Rückkehr mit jubelndem Herzen empfingen, dankte.

Wilhelmshöhe d. 5. July 1816.

An die Chefs der sämtlichen Brigaden.

Die Ordre v. 3. dieses hat sattsam bewiesen, daß Ich nun alles gethan habe, was man von meiner besondern Gnade und Liebe für mein Armee Corps erwarten möge, der empörende Vorgang einer beyspiellosen, strafbaren Verbindung sämtlicher subaltern officiers aller Regimenter und Corps ist nun beendigt. Aber nie darf ein gleicher und ähnlicher Auftritt wieder statt finden. Alle sträfliche Verbindungen zu einem solchen Endzweck dürfen weder unter den Officiers eines Regiments vielweniger mehreren, vorfallen; Ich würde sonst furchtbare Maßregeln und die strengsten Strafen anwenden müssen. Der Ruhm der hessischen Militair Disciplin war sonst ausgezeichnet! leider hat sich jetzt eine Ausartung desselben gezeugt, sie liegt in Usorpatorischen Westpha-lischen Grundsätzen oder in vorderblichen Modischen Gesinnungen der Einzelnen die aus so verschiedenen Ständen zum Militair kommen, oder, und vieleicht größtentheils in dem Mangel einer so nothwendigen Aufsicht, ohne welche ein Armee Corps ja dem (sic) Staat selbst in die größte Gefahr kommen kann.

Ich hege nunmehro das Vertrauen zu Meinen Brigade Chefs daß sie als die ersten Befehlshaber meines Corps, gewarnt durch einen Vorgang den ich selbst in meiner langen nunmehr 63jährigen Militair Cariére nie erfahren hatte, jetzt alle ihre Bemühungen anstrengen werden, um für immer Thatsachen zu verhindern die für die hessische Militair Geschichte sonst unauslöschliche Flecken bleiben. Zu dem Ende fordere Ich sie auf sich nunmehro nach folgender Instruction pünctlichst und unter ihrer persönlichen Verantwortung für deren Beobachtung zu richten.

1.) Müssen sie die genauste Aufsicht in ihrer anvertrauten Brigade in den Regimentern Battl. u. Corps derselben halten, und ebenso auch die Commandeurs, Capitains u. Subaltern Offics: überhaupt.

2.) Der Capitain soll von allem in seiner Compagnie der Battr. Commandeur eben so in dem unterhabenden Battl. der Chef oder Commandeur von allen in seinem Regiment und der Brigadier von allen Vorfällen in seiner Brigade unterrichtet sein.

3.) Keine geheime Verbindungen geheime Versammlungen oder geheime Correspondenzen und Verschickungen von einigen oder mehreren Officiren dürfen nicht statt finden, sie müssen wen sie nun endeckt sind sogleich der Militair Behörde und Mir angezeigt werden, und haben in dieser Rücksicht die Brigadiers selbst mit ein ander zu Comuniciren.

4.) Kein officir darf sich zu Bewürkung oder zur Erkentniß in einer

Militairischen Angelegenheit ohne Erlaubniß seines Obern an eine Nicht Militairische Behörde wenden.

5.) In den sogenanten Militair Casinos oder Clubs wenn sie länger geduldet werden sollen muß jeder Zeit Ruhe und Ordnung herschen, es dürfen darin keine Handlungen vorgenommen, keine Äußerungen gehört werden, die nicht ganz öffentlich geschehen könnten.

6.) Die Offrs: sollen sich hinführo auch immer mehr zu ihrem eigenen Stande u. nicht zu den andern Ständen des Staats halten oder mit denselben in engere Verbindung treten.

Da die Chefs und Commandeurs nach vorstehenden Punkten nun künftig von den Qualitaiten und der Moralitait, eines jeden Officiers genauer wie bisher Kentniß erlangen sollen, so kan ich auch mit Recht fordern, daß in den künftig einzureichenden Conduitten Listen die wichtigsten Angaben umständlich und bey jedem Officier mit den Abänderungen eingezeicht werden. Zu noch besserer Erreichung dieses Zwecks aber soll außer dem Chef oder Commandeur des Regiments noch ein Staabs Officier die Conduitten Liste mit abfassen und unterschreiben, wozu der Brigadier den schicklichsten erwählt. Schließlich wird erinnert daß Ich jede minder oder größere Vergehung wieder Meine Vorschrift in Zukunft was die Aufsicht angehet so wohl von Staabs Officiers als wegen der Conduite der Subaltern Offics: auf das aller strengste ahnden und bestrafen werde.

Wilhelm K.
ret: von Marschall.

Im Tower von Oestreich.

Wer von der Höhe des Leopolds- oder des Kahlenbergs auf das Häusergewirr, das sich um den Stephansthurm gruppirt und das Wien heißt, herunterblickt, gewahrt am Südostende desselben, durch eine Blachfeldstrecke von den letzten Häusern geschieden, einen düsteren quadratischen Fleck, der ungefähr den Raum einer kleinen Provinzialstadt einnimmt. Etwas entfernt von ihm ragen rechts und links andere, kleinere Punkte aus der Ebene auf; das Fernrohr läßt sie als die gewaltigen Bauten der Südbahn erkennen, welche über und durch die Alpen die morgenländische Welt mit ihren Handelsschätzen uns näher rückt. Weiter hinauf liegt die Raabbahn; das Glas irrt über ihren weitzerstreuten, rauchgeschwärzten Gebäuden hin — dann setzt es ab und was als eine Gruppe von Palästen erschienen, schwindet wieder in ein winziges Fleckchen zurück neben jenem oben erwähnten Viereck, wie Trabantenvolk neben der Sonne.

Dies freilich ist die einzige Aehnlichkeit mit der Sonne, die jenes Viereck beanspruchen kann; wenigstens hat das Sonnenspectrum uns bis jetzt noch keine Aufklärung darüber verschafft, ob unsere milde Himmelsfreundin auch so viel Eisen in ihren glühenden Adern birgt, daß daraus eine andere Aehnlichkeit mit dem Inhalt der Feueressen jenes Quadrates abzunehmen wäre. Sonst bildete schon sein äußerer Anblick den vollständigsten Gegensatz zu einem leuchtenden und noch mehr zu einem freundlichen Gestirn. Die in doppelter Mannshöhe über dem Boden beginnenden dichtvergitterten Fenster schauen grämlich ins Land hinaus; die rothen Ziegelsteine, aus denen es erbaut ist, scheinen ihren bräunlichen Teint nicht allein vom Wetter bekommen zu haben; basteiartige Thürme erheben sich hier und da aus der einförmigen Linie und decken die Flanken wie Elephanten, die eine Heerde von Rhinozerossen escortiren. Jeder andere Vergleich würde noch mehr hinken als dieser.

Ich habe es glücklicherweise nur bei Sonnenschein gesehen; bei Regenwetter, glaube ich, könnte sein Anblick einen Harlequin mit tödtlicher Melancholie erfüllen. — Schnell rollte unser Fiaker dahin, passirte die Barrière der Metropolis, kreuzte den Schienenstrang der Raabbahn — noch ein paar Minuten zwischen unfruchtbarem Ackerland, das auf beiden Seiten trostlos und humusbegehrend zu mir aufblickte, und der Wagen hielt vor dem riesigen Einfahrtsthor, ein Unteroffizier löste sich von dem starken Wachtposten unter der Halle und trat an uns heran. Mein Gefährte reichte ihm die speciell für uns ausgewirkten Erlaubnißkarten, deren Unterschrift jener einen Augenblick aufmerksam betrachtete. Dann trat er militärisch grüßend zurück, und wir flogen in den Hofraum des Arsenals zu Wien, will sagen in den Tower von Oestreich.

An dem Namen des Towers hingen Jahrhunderte lang die Geschicke Englands. Jenes Gebäude auf dem Themsehügel, das Zwinguri Albions, zu dem die Römer den Grund gelegt, hat lange und gute Dienste geleistet. Wer den ummauerten Hügel in Händen hielt, der mochte nach Belieben schalten. Nach den Römern kamen die Sachsen und schwangen sich auf seine Zinne, nach ihnen die Dänen und den Dänen folgten die Normannen — alle wußten und erprobten: wer ihn hielt, der hielt London, und wer London hält, der hält England.

Der Zügel, den der habsburgische Reiter seinem angestammten Reitpferde angelegt, ist nicht so alt wie jener von Britannien. Im Gegentheil, er ist sehr modernen Ursprungs und schon deshalb nicht so schwerfällig eingerichtet. Das mystische Gewebe fehlt, das die Vorzeit um jenen gewoben; es fehlt die Romantik, die fehdelustigen Barone, der Werth persönlicher Kraft und Tapferkeit. So fehlen hier die Wälle und Gräben, die Ausfallsthore und Zugbrücken des Urbildes; es ist sicher nicht zu besorgen, daß die Barone des Kaiserstaats mit dem Schwert in der Hand heranrücken gegen ihn, um für Oestreich eine Magnacharta zu erzwingen, und darum trägt er auch keinen hochpoetischen, erinnerungweckenden Namen, sondern man nennt ihn einfach „das wiener Zeughaus" oder wie man sich in hiesiger Stadt, um der Majorität der Bewohner verständlich zu sein, lieber ausdrückt, „das Arsenal".

„Voilà l'Autriche", sagte mein Begleiter lächelnd zu mir, während einer von den wachthaltenden Panduren vor uns aufschritt, vor dessen eiserner Wünschelruthe die massiven Thüren des unheimlichen Palastes knarrend aufsprangen. „Sie werden am Schluß überraschter sein als Sie erwarten. Sie kommen in der Voraussetzung, gewaltig aufgehäuftes Kriegsmaterial zu finden, Zerstörungswerkzeuge alter und neuer Construction, künstliche, complicirte Maschinerien, in denen der menschliche Geist über die Widerstandsfähigkeit der Natur triumphirt. Und am Ende werden Sie entdecken, daß in diesen Räumen eins der wunderbarsten Erhaltungssysteme geschmiedet wird, welche die Erde kennt. Was Sie für Kanonen, für Geschosse, für Gewehrläufe gehalten, wird sich vor Ihren Augen in ebenso viele Klammern und Ketten umgestalten, mit denen man einen morschen Riesenleib, der seit Jahrhunderten an tödtlichem Siechthum im Innern krankt, krampfhaft zusammenhält. Sie werden ein Dampfwerk sehen, in welchem Völker von unheimlicher Kraft bewegt sich als Stempel benutzen lassen, um Völker zu zermalmen; geschickte, dämonische Triebkraft, die eins durch das andere engt und preßt, bis es die Form erhalten, in die man es zwängen will, bis es sich wieder benutzen läßt, im großen Getriebe der Maschine andere in ähnliche Form hineinzupressen — — bis der Kessel einmal springt und in furchtbarer Explosion das ganze Zwangssystem zerschmettert durcheinanderwirft. Denn es ist halt Alles möglich unter der Sonne."

Der Pandure machte das dümmste Gesicht, das sich in Slavonien auftreiben läßt. Wir waren aus der glänzenden Marmorvorhalle in den ersten Saal getreten, der mit Reliquien aus der Vergangenheit des habsburgischen Kaiserhauses und seiner Anhänger angefüllt ist. „Ja, ja, gewiß." sagte er verschmitzt lächelnd, als mein Gefährte seine technische Exposition beendet; dann buchstabirte er mühsam die in die goldene Tafel neben uns eingravirten Worte: „In Deinem Lager war Oesterreich."

Es ist das der Stab, den der seligverstorbene Feldmarschall Radetzky als Anerkennung seiner vieljährig um den Kaiserstaat erstrittenen Verdienste erhalten. Derselbe ist aus Gold und hat die Form eines auf der Lafette ruhenden Kanonenrohrs: Saphire, Rubine und sonstige Orientalien schmücken den Rand; hauptsächlich aber Amethyste, die nach der morgenländischen Sage vor Untreue respective demagogischen Verlockungen bewahren. Rundumher, in den Lorbeerkranz gefügt, den man den Wohltätern der Menschheit immer aufs Grab legt, laufen Tafeln, welche die Namen der Schlachten zeigen, in denen er die äußern und innern Feinde Oestreichs zu Boden geschmettert. Die Jahreszahlen datiren von dem Tode des großen Napoleon. Unter ihnen aufgestapelt liegen die vergoldeten Embleme seines Handwerks, Kanonen, Degen, Fahnen, Kugeln, Lafetten, Helme, Pistolen, Bandeliere, Reitgeschirr, Bajonnette und Ketten. Nichts ist vergessen, als die Leichname, die anderswo in unvergoldeten Gräbern eingescharrt sind.

Man sieht, der Stab ist sehr werthvoll und es müssen werthvolle Dienste gewesen sein, die er dem Kaiserstaat oder richtiger dem Beherrscher desselben geleistet. Ja es muß gewissermaßen „das Verdienst par excellence" sein, für das man ihm bei Lebzeiten dies Monument errichtet, denn es bildet den Mittelpunkt des Saales und alles Licht scheint nur von ihm auszugehen. Riesenhafte Stadtthorschlüssel aus dem Mittelalter, auf verschossenen Sammetkissen, wie sie dereinst ehrwürdige Bürgermeister und langperrückte Magistratspersonen in demüthigem Zug mit schlotternden Knieen den Vorgängern Radetzkys, vielleicht dem Tilly entgegengetragen. Zerrissene Fahnen von hier und dort; Trophäen aus dem dreißigjährigen Kriege. Aus dem siebenjährigen gewahrte ich keine; daß diejenigen aus der Zeit der deutschen Freiheitskriege sehr neu und frisch aussehen, wird sich aus der Kürze der Zeit erklären. Ab und zu hing ein verstäubtes Etwas dazwischen, das ich nicht zu erkennen vermochte.

An dem kugeldurchlöcherten Hute Pappenheims vorüber, dessen Filzkrämpe nach ihrer Breite zur Beschattung einer halben Dragonerschwadron bestimmt gewesen scheint, gingen wir auf einen Glasschrank zu, auf den der Führer besonders hinwies, dann hielt ich erstaunt inne vor dem Unerwarteten.

Inmitten dieser denkwürdigen Ausstellung von Ueberbleibseln der körperlichen Existenz von Erzherzögen und Fürsten, die der alleinseligmachenden Kirche angehört, rings umgeben von den goldgestickten Waffenröcken und Uniformen seligmachender kaiserlicher Generale älterer und neuerer Datums hing ein graues Büffelkoller von so protestantisch nüchterner Einfachheit, daß man den Träger desselben auf hundert Schritte als Ketzer herausgewittert haben müßte, und unter dem schlichten Wamms stand ein theurer Heldenname. — Wie kam dieser Saul unter die habsburgischen Propheten?

„Sein kewesen kroßer Räuber — hat kelassen kroßer Kaiser Ferdinand hinrichten," bruchstückte mein Pandure, der mir nachgekommen und meinen Ausruf als Frage nach dem Gegenstand meiner Betrachtung aufgefaßt. Mein Begleiter warf einen Blick auf denselben und wandte sich lächelnd mit dem Commentator nach dem anstoßenden Saal. Ich aber blieb noch einen Augenblick zurück, von seltsam durcheinander wogenden Gefühlen bestürmt. Du warst kein habsburgischer Prophet! Ohne die kleine Kugel in deinem Rücken, wo wäre heut der Staat der vierzehn Königreiche und Herzogthümer? Wer säße heute drüben in den alten Prachtsälen der Burg und was für Decrete bestimmten mit Gesetzeskraft die Eigenschaften und Liebhabereien des höchsten Wesens? Der Anblick deiner Reliquie an dieser Stelle machte mich zweifelhaft, ob Schiller wirklich recht hatte, als er von dir sagte, der größte Liebesdienst, den du Deutschland erwiesen, sei gewesen, daß du damals starbst.

Mit einer kleinen Kugel ballotirt die Weltgeschichte über das Geschick von Jahrhunderten. Vielleicht hinge sonst im Museum zu Stockholm der Purpurmantel Kaiser Ferdinands und der dumme Lappe, der als Aufseher fungirte, spränge ebenfalls mit den historischen Thatsachen in seiner Weise anachronistisch um. Die Lappländer sind übrigens, obgleich sie Protestanten und zum Theil sogar noch weit weniger, nämlich halbe Heiden sind, doch bei Weitem nicht so dumm als die Panduren. Letztere besitzen nur mehr Glauben und das ist vielleicht der Grund dafür, daß jene mehr historischen Sinn haben. Mindestens hätte ein Lappländer mehr als unser Begleiter von den deutschen Kaisern gewußt, in deren eherne Reihe wir jetzt hinabstiegen. So glaubte ich wenigstens anfangs; später entdeckte ich, daß ich dem armen Cicerone Unrecht gethan. Er hielt nämlich ein kleines Büchlein in der Hand, aus dem er vor jedem Harnisch einen Abschnitt vorlas. Da er dies nun, der deutschen Sprache unkundig, methodisch that, ohne selbst zu verstehen, was er las, so bemerkte er nicht, daß er einen Mißgriff begangen und uns die Kaiser des habsburgischen Hauses statt nach einem geschichtlichen Compendium nach einer Taschenausgabe des „Lebens der Heiligen" erklärte. Das gab zu komischen Verwechslungen Anlaß, wenn Kaiser Karl der Fünfte z. B. als ein demüthiger Knecht des Herrn gepriesen wurde, der in Sanftmuth und Menschenliebe sein Leben begonnen und beendigt, oder wenn sein Großneffe Rudolf immer siegreich den Verlockungen der Sinne und des Satans widerstand. Welchem armen Menschenkinde wird ein Billigdenkender ein harmloses Gelächter bei so ergötzlichen Mißverständnissen verargen. Meine Heiterkeit aber verscheuchte unsern Declamator, so daß er sich mit dem Leben der Heiligen stillschweigend in einen Winkel zurückzog und uns die deutschen Kaiser oder vielmehr die Chrysaliden, aus denen die glänzenden Falter vor manchem Jahrhunderte ausgeflogen, allein überließ. Sie standen da in Reih und Glied, lebensgroß, eine ernste, stille Versammlung. Die verschiedensten Zeitalter, die mannigfachsten Trachten und Rüstungen. Und alle echt und authentisch; alle „eigenhändig", ja sogar „höchst eigenhändig" um weiland blühende Leiber gelegt.

Wenn ich Kaiser von Oestreich wäre, ich ließe nur den Thronfolger diesen Saal betreten, aber nicht mit dem „Leben der Heiligen", sondern mit einem guten specifischen Geschichtswerke, das leider noch nicht geschrieben ist. Einstweilen würde ich zur Vertretung des (bis jetzt) letzten Bandes desselben die derzeitigen Tagesblätterberichte über die Verjagung der nord- und süditalienischen Fürsten anempfehlen.

Es sind weit über hundert Erzgestalten in langer Parade den Saal hinab aufgestellt und sie bilden ein breites Spalier. Man geht unwillkürlich leise, als fürchtete man sie aufzuwecken und als könnte ihnen dann plötzlich eine Anwandlung kommen, mit ihren breiten Riesenschwertern über einander herzufallen. Auf der rechten Seite vom Eingang aus stehen die Rüstungen der Kaiser, meist reich verziert und eingelegt: Feld- und Paraderüstung derselben Person neben einander, oft mehrfach, wie von Karl dem Fünften; seine Galarüstung, die von oben bis auf die Füße übergoldet ist, blitzt wie ein Sonnenstrahl durch graue Wolken aus den andern hervor. Ab und zu steht eine Figur im Lederkoller mit verbrämtem Wamms und Puffärmeln dazwischen. Diese haben nur wenige kriegerische Embleme, häufig nur Buckelschild und Schwert und mögen bei Lebzeiten mehr darnach gestrebt haben, Frauenherzen als Königreiche zu erobern. Dafür sprechen auch die bei diesen, da sie kein Visier tragen, unter dem Barett hervorblickenden bemalten Puppenkopfgesichter. Sie sehen friedfertiger aus als die andern und scheinen sich vor ihren bramarbasirenden Nachbarn zu fürchten.

Ihnen gegenüber steht eine gleiche Zahl von Rüstungen, in denen einst Grafen, Barone, Ritter und Edle gehaust. Durch ihre Stellung ist hin und wieder auf ihre Lieblingsbeschäftigungen hingedeutet. Einige halten die Lanzen gegeneinander und sind im Begriff die Spitzen derselben sich durch die Panzerfugen in die Gelenke zu bohren. Andere strecken die Eisenfinger aufs Schwert und schwören auf seinem Kreuzgriff dem Lehnesherrn Urphede. Es ist als hörte man ihre Zähne hinter dem Gitter ingrimmig dazu knirschen, während man durch das Visier ihrer Nachbarn deutlich die Augen funkeln sieht, mit denen sie wie Raubthiere in zusammengehockter Stellung sprungbereit den Kaufmannszug beobachten, der unter den Mauern ihrer Burg vorüberzieht.

In der letzteren Reihe saß ein Arbeiter, der beschäftigt war, die im Laufe der Zeit rostig gewordenen Eisenplatten abzupoliren und glänzend zu erhalten. Er war gerade mit einer Figur fertig geworden und kam auf eine andere zu, vor der ich bewundernd stand. Eine hohe, gewaltige Gestalt; das geschwungene Schwert in der Rechten mochte ehemals ebenso dichte Schaaren gemeiner Krieger zaghaft ferngehalten haben, wie der adlig erlauchte Name, der darunter verzeichnet stand, heutzutage ihre gemeinen, unkriegerischen Nachkommen. Der Arbeiter jedoch ging unerschrocken darauf zu und nahm ihm den Helm herab, und unter dem Helm steckte, um den Gehirnraum auszufüllen, ein verschimmelter hölzerner Kloß. Den warf er mit plebejischen Händen dröhnend in die Ecke in den Staub.

Ich hatte kaum einige Schritte weiter gethan, als sich die Panzerreihe plötzlich unterbrach und ein seltsamer Anblick sich den Augen darbot. Zusammengethürmt standen die schönfarbigen Banner mit dem weißen Kreuz auf rothem Grunde, wie es dereinst in Esthland der Himmel selbst dem allerchristlichsten Könige Waldemar zum Siege über die Heiden in die Hände geworfen. Es war das damals im Grunde keine glückliche Anleitung, denn es veranlaßte die Nachkommen des großen Eroberers, wenn sie unter der Fahne kämpften, bis auf unsere Tage zu dem Wahn, sie hätten es immer noch mit Heiden zu thun, die man auf jede Weise, wenn nicht anders mit Feuer und Schwert, zum kopenhagener Glauben bekehren müsse. Was aber noch schlimmer, sie meinten auch stets, der Himmel sei dabei mit ihnen und im heiligen Eifer für diese Ueberzeugung ließen sie sich so weit fortreißen, bis das Symbol ihres Glaubens, der Danebrog, noch weiter fortgerissen wurde, nämlich bis in das k. k. Arsenal zu Wien.

Dieser hängt dort aber jedenfalls an der unrechten Stelle und ist wohl nur durch ein Mißverständniß in die antike Gesellschaft östreichischer Trophäen gerathen. Wie ich nachträglich vernommen, wird er dort auch nur kurze Frist bis zur Uebersiedelung an den ihm ursprünglich bestimmten Platz verbleiben, und ich beklage nur, daß es durch dies Provisorium in den Augen Spottsüchtiger den Anschein erhalten, als sähe ein Staat von vierzig Millionen seinen Kriegsruhm durch diesen Gewinn vermehrt. Ich erinnere mich, daß ihm vor einem halben Decennium von anderer Seite zugerufen wurde: Hic Rhodus, hic salta! — aber ich kann mich schlechterdings nicht erinnern, Spolien dieser Tanzleistung in dem k. k. Arsenal erblickt zu haben. Ich vergesse, man sagte mir, auf dem Hofraum hinter dem Kugeldepot habe lange die französische Broncekanone gelegen, welche ihre früheren Besitzer, ich weiß nicht ob bei Magenta oder Solferino unbrauchbar gefunden. Sie ist augenblicklich dem Schmelzofen übergeben und wird, anstatt in einem Winkel übersehen zu werden, als Medaille von vielen bestaunt, die Brust der Tapferen schmücken, die inmitten ihrer Niederlage ein Herz für das Bedürfniß ihres Vaterlandes nach Metall besessen.

Wir treten in die Arsenalkirche, wo der alte weißbärtige Krieger-Küster andachtsvoll vor dem wunderbaren, rosenumgürteten Madonnenbilde anhält. „Sie sehen hier, meine Herren," begann er mit feierlicher Stimme, die wohl schon manchen fremden Hörer mit den Schauern eines großen Augenblickes überrieselt hatte, „das gebenedeiteste Bild der heiligen Mutter Gottes in Oestreich. Bei der Erstürmung des Gebäudes, in dem es sich befand, sind die feindlichen Kugeln rings umher eingeschlagen; jede Rose bedeutet eine Kugel, aber durch den Schutz der allerherrlichsten Jungfrau ward es ihnen verwehrt, auch nur den Saum ihres geheiligten Gewandes zu verletzen."

Daß die Schützen Insurgenten und gottlose Empörer waren, versteht sich von selbst, denn vor den Kugeln loyaler Soldaten hätte die heilige Jungfrau ihr Bild nicht zu schützen gebraucht. Das ist aber Nebensache neben der unbezweifelten Erhabenheit des Wunders selbst. Dagegen ist das aufthauende Blut des heiligen Januarius ein Kinderspiel; denn es müssen wenigstens hundert dieser boshaften Umstürzler das erhabene Gemälde als Zielscheibe ihrer gestohlenen Donnerbüchsen gewählt haben. Eine wahre Hekatombe von Rosen umgiebt dasselbe; und in der That, nicht einmal der Rock ist berührt, ja sogar wo derselbe von den Händen der Zeit am Rande etwas ausgefranzt erscheint, sind die herabhängenden Fäden respectirt. Sonst ist ihr ganzer Körper von den Zerstörungswerkzeugen so dicht umrahmt wie der eines gewöhnlichen Menschen von der Luft. Giebt es ein schöneres Symbol der Religion in einem Arsenale, als daß der Glaube Kugeln in Rosen verwandelt? Wie manches Dutzend wettermorsche Madonnenbilder hatte ich schon auf einsamen Gebirgspässen Bayerns oder Badens mit abgehackten Nasen und verhagelten Gesichtern angetroffen. Wären sie echt gewesen, sie würden vor dem Unglimpf des Wetters und der Menschen bewahrt worden sein. Um so ergreifender wirkte hier die Erhaltung. Was Wunder, wenn den Oestreicher, wie er sein soll, angesichts dieses Bildes das große Gefühl entzückt, daß die Mutter Gottes nur dem Staate des Concordates in voller Wunderherrlichkeit zu erscheinen würdigte?

Ihm wird es auch nicht entgehen, welchen erhabenen Sinn es hat, daß hier unter dem wunderthätigen Madonnenbilde, dem Symbole der mit dem Kaiserstaat verbündeten göttlichen Macht, der Danebrog als spolia opima seine Stelle finden wird.

Mit diesem freudig erhebenden Gefühl ging ich weiter und machte mich an die Besichtigung der eigentlich activen Rüstkammern der göttlichen Providenz. Es nahm mich freilich Wunder, daß das Erste, was mir darin aufstieß, 50,000 Gewehre waren, die auf Bestellung des Sultans für die Türken verfertigt wurden, von deren Bekehrung zum Katholicismus mir noch nichts bekannt geworden. Indeß bedachte ich noch zeitig genug, daß diese ehemals die erbittertsten Feinde Oestreichs gewesen und daß zu vergeben und Böses mit Gutem zu vergelten ein christlicher Grundsatz sei. Ich bedachte, daß ja auch das Geld der Ungläubigen, zu frommem Zweck verwandt, von seinem Schmutz gereinigt werde. Ich sah ein, daß ein kranker Mann heilkräftiger Medicin bedarf, um sich gegen das Uebel, das ihm droht und leicht weiter um sich greifen könnte, zu wehren; daß eine umsichtige Sanitätsbehörde Präservativmaßregeln ergreift und daß, wenn es auch nicht gerade dient, den k. k. Glauben zu befestigen, nach der Variante eines alten Wortes ein Türke doch immer noch kein Protestant sei.

Mochten aber jene 50,000 Exemplare immerhin nur indirect den Zwecken der alleinseligmachenden Kirche zu dienen bestimmt sein, was verschlägt dies gegen die Riesenbibliothek der Heilsüberzeugung, die sich jetzt vor meinen staunenden Augen aufthat, gegen diese ⁶/₄ Millionen k. k. Musketen, die in den nächsten Räumen paradirten, und gegen die Kanonen jeden Kalibers, die unten im Hofraum aufgespeichert waren?

Meine Anmerkungen über den erstaunlichen Apparat mußte ich unterdrücken; denn wir hatten noch einen ansehnlichen Cursus vor uns, den Gang durch die höllisch-heißen Werkstätten, wo die Donnerkeile für die k. k. Götter des Lichts geschmiedet werden. Ich folgte mechanisch von Saal zu Saal: überall dieselbe glühende, erstickende Atmosphäre, überall an den Wänden das dumpfe Schnurren und Summen der riesigen Zahnräder, die in verschiedener Weise alle demselben großen Hauptzweck, der Vertilgung menschlichen Lebens, dienten. Dazwischen die rußgeschwärzten, halbnackten Cyklopen, aus allen Stämmen und Sprachen zusammengewürfelt, in unermüdlicher Hast die eignen Ketten sich schmiedend. Auch Knaben befanden sich unter ihnen und lagen den leichteren Handthierungen ob; alle wie Ameisen durcheinander wimmelnd, jeder nur seiner engbegrenzten Bestimmung bewußt.

Hier bereitet man „jene gefalzten Cylinder mit einer konischen Verlängerung, die weder eigentlich spitz noch rund, gewiß aber keine Kugeln sind". Fortwährend in ununterbrochenem Zug tragen keuchende Arbeiter aus der anstoßenden Werkstatt dünne, 5 Fuß lange Bleistangen herbei; eilige Hände raffen diese auf und legen sie in ein Dutzend webstuhlartiger Maschinen, welche sie rastlos abschneidend in zollgroße Stücke verkleinern, die in Körbe herabfallen, aus denen andere Hände sie wieder heraufholen, um sie in ein Dutzend andere Maschinen zu werfen. Ein knackender Schlag und im selben Augenblick fällt auf der andern Seite die Spitzkugel heraus, vollständig fertig, um in einem andern Saal in Patronen verpackt, und auf irgendeinem Felde irgendeinem Menschenkinde in die Brust gejagt zu werden, den man dann mit hundert anderen in irgendeiner Grube einscharrt, während vielleicht hundert Meilen davon in irgendeinem Hause ein paar Augen noch jahrelang um das dumme Ding weinen, das ich da in meiner Hand halte. Wenn man die Sache so im Werden ansieht, würde es gar nicht befremden, wenn der ganze Kreislauf ihrer Bestimmung gleich hintereinander wegfabricirt würde.

Ein ähnliches Bild, nur mit entsprechenden Größemodificationen der Maschinerien in den anstoßenden Sälen, wo die Kugeln für die Artillerie angefertigt werden. Auch hier Spitzkugeln für die gezogenen Kanonen. Dieselbe Thätigkeit der Menschen und Maschinen, nur der Widerstandsfähigkeit und Schwere der Objecte gemäß etwas verlangsamt. Dennoch fällt in jeder Minute eine fertige Kugel, die in rohem Zustande hineingeworfen, in glänzend ausgearbeitetem Bleimantel aus der Maschine hervor. Ich versäumte nicht, die in meiner Anwesenheit Neugebornen mit dem Fuße zu bekreuzigen und heimlich einen furchtbaren chaldäischen Segen darüber auszusprechen; aber ich habe ihnen damit vielleicht zu viel gethan; denn es gilt als langjährige Beobachtung, daß diese Producte der k. k. Prometheuse die hohen Zwecke, für welche sie verwendet zu werden pflegen, allzugenau in ihrem Laufe nachahmend in humanem Schwunge über die Häupter der Sterblichen hinwegsausen.

Dann kommen Säle, wo neue Kanonen in zierlich modellirter Lehmform gegossen und alte in weißglühenden Oefen, die auf zwanzig Schritt eine unerträgliche Hitze ausströmen, umgeschmolzen werden; Säle, wo mit eintönigem Gebrumm der Stahlbohrer sich in die massive Rohrstange hineinfrißt, langsam aber unaufhaltsam durch die harte Masse vorwärts dringend. Säle, wo von ähnlichen Stahlmaschinen die frappantesten Züge der Neuzeit, die neu erfundenen Zugstreifen in das rundgebohrte Rohr gegraben werden; Säle, wo die gezogenen Broncekanonen den letzten Schliff für die pädagogische Bearbeitung ungezogener Gegner erhalten.

Hier hört man durcheinander schwirrende Urtheile, wie sie dem Laien „in seines Nichts durchbohrende Gefühle" stumm Augen und Ohren sperren machen, und Sterne, der sich darüber wunderte, wie geläufig in Frankreich jeder Straßenjunge französisch spreche, würde noch mehr durch die Fülle kriegswissenschaftlicher Kenntnisse in Erstaunen versetzt worden sein, die hier jeder lumpenbehängte Kroate in präadamitischen Kehllauten auskramt. Still schlich ich mich fort, mit dem gesteigerten Gefühl, die Menschheit zerfalle in zwei Theile, in den, der todt schieße und den, der zum Todtgeschossenwerden bestimmt sei; oder kürzer ausgedrückt, in Kanonenbedienung und Kanonenfutter.

Mein Begleiter rüttelte mich aus meinen Kreuz- und Quergedanken auf, in die ich versunken war. „Jetzt aufgeschaut, jetzt sollen Sie das wunderbarste von allen diesen Wundern sehen." Er öffnete eine Thür und ein imposanter Anblick bot sich dar. Es war ein Saal wie die vorigen, nur ganz von einer einzigen Maschine ausgefüllt. Ein riesenhaftes Schwungrad, das von ihr in immer gleichmäßiger Bewegung erhalten wurde, theilte diese durch Züge, die sich in den Wänden verloren, an sämmtliche Maschinen sämmtlicher Säle mit, die wir zuvor betrachtet hatten. Die größte wie die kleinste Arbeit derselben, jedes Vernichtungswerkzeug, das aus dem Ganzen hervorging, war das Werk ihres Antriebs. Sie war noch nicht alt; an ihrer Spitze über einem dünnen Stahlcylinder stand wie in allen Sälen eingravirt: F. J. I.

Der Aufsicht haltende Posten, der uns geführt, hatte schon längere Zeit meinem Begleiter die complicirte Einrichtung der Maschine erläutert; doch ich stand zu fern und hatte die Beschreibung über dem wüsten Getöse des Rades nicht vernommen. Er schloß gerade seinen Sermon, als ich hinzutrat, und sagte, auf den vorher von mir betrachteten Stahlcylinder deutend: „Schauens, Euer Gnaden; dies kleine Strifterl hält das Ganze z'sammen, man sollt's net denke. Aber wenn man ihn raußzög oder er bräch' z'sammen, da ständ d' ganze G'schicht still und's wär' alles aus und nix mehr." — —

Wir traten ins Freie. Ueber uns fing eine mächtige Glocke an mit weitdröhnendem Geläut die Mittagsstunde zu verkünden und von allen Seiten strömten die Arbeiter aus den Thüren hervor und drängten in dunklen Schaaren über die weiten, sonnenheißen Räume innerhalb der Ringmauern ihrem Mittagsmahle zu. Bruchstücke von Uniformen, welche sie unterschieden, ließen mich den Aufseher, der uns vor die Thür begleitet hatte, fragen, ob die Arbeiter aus lauter Soldaten beständen. „Größtentheils," antwortete er; „es sind nur etwa 200 Civilisten mitbeschäftigt." Er sprach das Wort mit einer gewissen Verachtung aus. „Wie viele sind ihrer denn im Ganzen?" fragte ich erstaunt. „Wenn alle anwesend sind 14—15,000 — kommt halt fast nimmer vor — küss' d' Hand Euer Gnaden."

„Glauben Sie wirklich, daß darum die Geschichte stillstände?" — fragte mein Begleiter nachdenklich, als wir wieder in unserm Wagen saßen. Ich nickte zustimmend mit dem Kopfe; hinter uns war schon fern die dunkle Zwingburg verschwunden und wir rollten blitzgeschwind durch die Straßen der schönsten Stadt, die wie ein tändelnder Knabe über den Schlünden eines Kraters lagert. — H. H.

Literatur.

Henry Thomas Buckle's Geschichte der Civilisation in England, deutsch von Arnold Ruge. Zweite, rechtmäßige Ausgabe, sorgfältig durchgesehen und neu bevorwortet von dem Uebersetzer. 1. Band, Leipzig und Heidelberg, C. F. Wintersche Verlagshandlung. 1864.

Die neue Ausgabe von Ruges Uebersetzung des viel berühmten Werkes, das seiner Zeit in die historische Literatur als ein Hecht in den Karpfenteich geworfen wurde, bringt natürlich keine materiellen Erweiterungen, sondern ist im Wesentlichen nur stilistische Ueberarbeitung. Dank verdient es, daß Ruge derselben einen kurzen Abriß vom Lebens- und Studiengange des merkwürdigen und ungewöhnlichen Forschers vorausschickt, der sich durch sein erstes großes Buch auch sein Todtenmal setzte. Da derselbe für die deutschen Verehrer Buckles manches Neue enthält, so glauben wir einen kurzen Auszug davon mittheilen zu sollen. — Henry Thomas Buckle ist am 24. Nov. 1822 geboren und in seinem 40sten Jahre als Junggesell gestorben. Seiner zarten Natur wegen wurde er früh aus der Schule genommen und hat weder eine Gelehrtenschule noch eine Universität besucht. Was er wurde, ist er vollständig als Autodidakt geworden, d. h. lediglich durch den edlen Wahrheits- und Wissensstrieb, mit dem er sich der Gelehrsamkeit aus Büchern bemächtigte. Er war von mittler, zarter Statur, von gefälligem Aeußern und echt englischem Typus. Als er 18 Jahr war, starb sein Vater, Schiffseigner in London, und hinterließ ihm ein ansehnliches Vermögen. Die Mittel verführten ihn nicht, wie es in England so leicht geschieht, äußeren Zielen nachzujagen; sondern sie dienten ihm nur dazu, sich große wissenschaftliche Sammlungen anzuschaffen und seine Muße ganz der Gelehrsamkeit zu widmen. Durch sein unermüdliches Lesen und Notizausschreiben erhöhte er seine Gedächtnißkraft in wahrhaft staunenswürdiger Weise. Das so aufgenommene Material soll keineswegs eine unorganische Masse in seinem Gehirn gebildet haben, sondern wurde mit überlegenem Geist geordnet; aber dennoch, sagt Ruge selbst, übernahm er sich dergestalt, daß er sich eben doch buchstäblich „todtgelesen" hat. Die Meinung, Buckle habe ungerecht und gering über die Deutschen geurtheilt, wird allerdings glänzend widerlegt durch Mittheilungen von Aussprüchen, aus denen hervorgeht, wie außerordentlich hoch er das Verdienst der deutschen Wissenschaft gestellt hat. Beim Anblick der Essays und Reviews der oxforder Theologen, die er als einen merkwürdigen Schritt der Engländer zur Geistesfreiheit achtete, fügte er unaufgefordert hinzu: „freilich haben wir Engländer noch weit hin, um es den Deutschen in der Freiheit und Kühnheit des Denkens gleichzuthun." Seine Hochachtung vor Hegel drückte er lebhaft aus; so wenig er sich auch im Stande erklärte, ihm in seinen systematischen und dialektischen Werken zu folgen, so habe er doch viel von ihm gelernt. — Seine Vorbereitungen auf das umfassende Geschichtswerk, dessen Anfänge wir von ihm besitzen, beschränkten sich nicht auf literarische Quellenstudien, sondern dehnten sich auf Reisen aus, die er nach Spanien, Frankreich, Italien und Deutschland machte. Der erforderlichen neuen Sprachen war er hinreichend mächtig, ebenso der alten. Seine nachgelassenen Collectaneen zur Geschichte der Civilisation in England sollen einen trefflichen Begriff von der Art seiner Arbeit geben. J. S. Stuart Glennie rühmt sie in seinen Berichten an die Times als Muster von Mannigfaltigkeit und methodischer Anlage. Von Entwürfen sind außerdem vorhanden Abhandlungen über den Geldzins, ferner über Bako, Shakespeare und über den Einfluß des nördlichen Palästina auf den Ursprung des Christenthums. Im Frühling 1861, nach dem Abschlusse des 2. Theiles seiner Geschichte, stellte sich eine bedenkliche Veränderung in seinem Befinden heraus: sein sonst so getreues Gedächtniß ließ nach. Die Aerzte schickten ihn in den Süden, damit er sich erholen sollte. Im Herbst ging er in Begleitung der beiden Söhne eines Freundes nach dem Nil. Sein Zustand besserte sich sehr schnell; der Aufenthalt in der Wüste schien ihn völlig curirt zu haben, so daß er sich nicht scheute, eine beschwerliche Reise zu Pferd durch Palästina zu machen. Sie bekam ihm anfangs gut; aber in Nazareth und in Sidon wurde er durch Krankheit aufgehalten. Dennoch beschloß er, bis Damaskus vorzudringen, dessen Anblick ihn ungemein entzückte. Aber die unvermeidlichen Strapazen brachten die Krankheit von neuem zum Ausbruch und diesmal mit unerbittlichem

Ernste. Zur Unterleibsentzündung, bei welcher ihm Opium gegeben wurde, das häufiges Irrereden verursachte, trat noch das Nervenfieber, dem er am neunten Tage, am 29. Mai 1862 erlag. Er wurde auf dem protestantischen Friedhofe beerdigt, über dessen schöne Lage er sich noch kurz vorher sehr gefreut hatte. Unter seinen letzten Sorgen nahm sein Buch den ersten Platz ein. Im Fieber klagte er oft, daß er es nicht zu Ende bringen werde. — Der Nachlaß fiel an die Schwester des Verstorbenen, seine Manuscripte an einen Vetter, welcher Advocat ist und von dessen mehr als spärlicher Muße das Schicksal dieser Schätze abhängt.

Aus einem gewissen Pflichtgefühl gegen sich selbst und gegen den gefeierten Todten läßt Ruge den biographischen Notizen ein orato pro domo folgen. Er beabsichtigt, den Vorwurf, „daß er mit der Uebersetzung des buckle'schen Werkes ins Lager der Materialisten übergelaufen sei", zurückzuweisen, indem er es einestheils für Willkür erklärt, daß man seine Anschauungen mit denjenigen des Engländers identificire, blos weil er sein Buch übersetzt habe, anderntheils indem er läugnet, daß Buckle selbst Materialist gewesen sei. Vielleicht hat man bei uns in Deutschland, wo das englische Buch von mancher Seite als eine zweite Phänomenologie begrüßt wurde, zu schnell zurückgeschlossen auf das innere Verhältniß des Uebersetzers zum Urheber, der ja dasselbe mit sehr principiellem Nachdruck in die Hände seiner Landsleute legte; vielleicht, — die neuen Bemerkungen Ruges überzeugen uns nicht davon. Stünde er der Sache objectiv gegenüber, wozu dann diese gesuchte Phraseologie, dieses unerfreuliche Echauffement, diese leeren Tiraden der zweiten Vorrede? Zwei Beobachtungen drängen sich uns auf: R. scheint den lapsus calami zu empfinden, der ihm durch die übertriebene Empfehlung von Buckles Werk passirt ist, er kann es aber nicht über sich gewinnen, dies einzugestehn oder auch nur zu schweigen. Da er nun aber in Verlegenheit ist, welchen principiellen Gegner er anreden soll, so macht er sich selber einen zurecht und führt mit Behagen Lufthiebe gegen das Phantom, unter dem seine Vertrauten so etwas wie die deutsche Geschichtswissenschaft verstehen zu sollen scheinen. Oder wer in aller Welt sind die Leute, die er im Sinne hat bei der Parabase über den wissenschaftlichen Götzendienst gegen die Dreieinigkeit der Herren, Haudegen und Pfaffen, oder diejenigen, welche „auf der Kommandantenstraße oder dem Gensd'armenmarkt den Finger an die Nase heben und einsehn, daß der Krieg, das Stigma der Barbarei, weil er Sklaven macht, nicht abgenommen hat, sondern in voller Blüthe steht, obgleich jeder Krieg wesentlich Krieg gegen den Krieg, Krieg gegen das Princip des Krieges sei; — welche erkennen, daß das Denken ab- und der Glaube zugenommen hat und daß alle Revolutionen des Volkes nur den Despotismus stärker gemacht haben?" Das sind Ausfälle, die wenig Aussicht haben, für etwas anderes als für Phrasen genommen zu werden. Sie zeigen leider, wie leicht der Deutsche trotz noch so lebhaften literarischen Verkehrs mit dem Vaterlande in der Fremde die Fühlung des Geistes der Heimath verliert, wenn er auch noch so sehr zeigt, wie er mit der Schwäche behaftet geblieben ist, sich von fremden Producten, namentlich von englischen, imponiren zu lassen. Die Art, wie das nicht blos naive, sondern in seiner negativen Meinung äußerst bedenkliche Axiom Buckles von der Souveränetät des Wissens und der Ausschließlichkeit des Werthes der blos intellectuellen Fortschritte der Menschheit hier wiederholt als ein neues Evangelium gepredigt wird, ist in Wahrheit sehr bedauerlich, weil es wiederum die Kluft befestigt, die zwischen den Anschauungen dieses Predigers und seiner Nation besteht. Denn wer allen Ernstes einen Weltzustand träumt, in welchem die Späne der Völker statt mit Karthaunen blos mit der Dialektik ausgeglichen würden und aller mittelalterliche und asiatische Plunder, worunter Herr R. das meiste real Gewordene zu begreifen Miene macht, dessen Natur es ist, den idealen Entwicklungsgang der Menschheit aufzuhalten, der hat in Utopien das Ehrenbürgerrecht zu beanspruchen, aber vermuthlich selbst in Deutschland, der Heimath der Ideologen, keine Gemeinde mehr. Denn bei uns ist, Gott sei Dank, praktisch und theoretisch die Einsicht lebendig, welch eingefleischte Unart der Realitäten es sei, daß sie nicht verschwinden, wenn man die Augen zumacht oder sie läugnet. Mit solchem Aberglauben wird trotz aller Courtoisie, die ihm R. zu erweisen fortfährt, Hegel überhegelt und, wie wir glauben, auch Buckle überbuckelt.

Mit den Theorien des Engländers haben sich die Grenzboten gleich beim Erscheinen der ersten deutschen Auflage seines Buches gründlich auseinandergesetzt. Es ist nicht nöthig, den Nachdruck zu wiederholen, mit welchem es geschehen mußte. Schlimm für ein Werk, wenn es gerade in dem Punkte, den es als seine principielle Rechtfertigung und gar als Titel einer neuen Wissenschaft zur Schau trägt, für uns nicht nur ohne Werth, sondern sehr ernstlich vom Uebel erscheint. Als er glaubte, der Geschichte durch die naturwissenschaftliche Methode — wie er sie begreift — zum Range einer Wissenschaft zu verhelfen, that er einen Schritt, der nicht ohne Interesse war, der aber seiner eigentlichen Meinung nach in die Reihe anderer sehr alter Phänomene gehört, über deren Werth sich heute nur Wenige noch täuschen.

Geflügelte Worte, der Citatenschatz des deutschen Volks von Georg Buchmann. 2. Auflage. Berlin 1865. Haude und Spenersche Buchhdl. (F. Weidling.)

Auf Grund einer umfassenden Belesenheit, mit Geschmack und Fleiß hat der Verf. den Citatenschatz unseres Volkes in reicher Auswahl zusammengestellt. Daß die Mühe dankbar gewesen ist, bezeugt er selbst und beweist die zweite Auflage des Buches. Gern fügen auch wir unsere aufrichtige Anerkennung hinzu. Der Sammler verwahrt sich im Vorwort gegen eine falsche Auffassung seines Zweckes. Seine Sammlung von esprit des autres — wie das der Franzose bezeichnet — soll kein Salbenkästchen der Scheinbildung sein, die sich gern auf billige Weise mit den Quintessenzen fremder Anschauungen und Redeblumen schmückt, sondern ein Promptuarium für den Kenner und ernsthaften Liebhaber unseres Volksgeistes und seiner Art, sich prägnant zu äußern. Indem es uns eine lange Reihe bekannter Citate aus Dichtungen vorführt, welche zur täglichen Scheidemünze im Umgang der Gebildeten geworden sind, und manchen überraschenden Aufschluß über ihre Entstehung giebt, erhalten wie Belehrung darüber, wie Dichterwort und Volksweisheit, bewußte Sentenz und naives Sprichwort gegenseitig auf einander wirken, wie sich der Geist der Nation und ihrer Lehrer und Lieblinge begegnen und befruchten. Auch fremde Literaturen sind herangezogen und man erkennt mit Genugthuung, daß unser Volk mit seinem allseitigen Aneignungsvermögen auch auf diesem Gebiete das Recht hat, von sich zu sagen, daß alles Beste ihm national sei. Ebenso schätzenswerth sind die Nachweise über den Ursprung der historischen Wörter und Redensarten, welche der Anhang giebt. Wir wünschen dem kleinen anspruchslosen Buche fernere Verbreitung und dem Sammler fortdauernde Erfolge auf diesem nicht minder wichtigen wie anziehenden Gebiete.

Verantwortlicher Redacteur: Dr. Moritz Busch.
Verlag von F. L. Herbig. — Druck von C. E. Elbert in Leipzig.

Abhandlungen der königlich sächsischen Gesellschaft der Wissenschaften. IX. Band. Abhandlungen der mathematisch-physischen Classe. VI. Band. Mit 10 Tafeln. hoch 4. 6 Thlr. 12 Ngr.

Ammon, Fr. A. v., Die ersten Mutterpflichten und die erste Kindespflege. 11. verb. Auflage, durchgesehen und vermehrt von Dr. W. L. Greuser. Mit Titelvignette. 12. Geb. mit Goldschnitt. 1 Thlr. 7½ Ngr.

Baltzer, R., Theorie und Anwendung der Determinanten. Zweite Auflage. gr. 8. 1 Thlr. 15 Ngr.

Berichte über die Verhandlungen der königlich sächsischen Gesellschaft der Wissenschaften zu Leipzig. Mathematisch-physische Classe. 1863. 1. u. 2. Heft. gr. 8. à 10 Ngr.

- Philologisch-historische Classe. 1863. 3. Heft und 1864 1. u. 2. Heft. gr. 8. à 10 Ngr.

Die Chroniken der deutschen Städte vom 14. bis ins 16. Jahrhundert. Herausgegeben durch die historische Commission der königl. Academie der Wissenschaften in München. Dritter Band (herausgegeben von Professor Karl Hegel in Erlangen). Nürnbergische Chroniken III. Mit historischen und sprachlichen Erläuterungen, einem Glossar und Registern. gr. 8. 2 Thlr. 20 Ngr.

Freytag, G., Die verlorene Handschrift. Roman in 5 Büchern. Erste und zweite Auflage. 3 Bände. 8. 4 Thlr. 15 Ngr.

Friedländer, L., Darstellungen aus der Sittengeschichte Roms in der Zeit von August bis zum Ausgang der Antonine. 2. Theil. gr. 8. 2 Thlr. 7½ Ngr.

Grimm, Jacob und **Wilhelm,** deutsches Wörterbuch. Fortgesetzt von Dr. R. Hildebrand und Dr. K. Weigand. Fünften Bandes 1 Lieferung. Bearbeitet von Dr. R. Hildebrand. hoch 4. 20 Ngr.

Hagenbach, K. R., Encyclopädie und Methodologie der theologischen Wissenschaften. Siebente verb. Aufl. 8. 1 Thlr. 15 Ngr.

Handbuch, kurzgefasstes exegetisches, zum Alten Testament. Vierte Lieferung: Die Bücher Samuels, erklärt von O. Thenius. Zweite Auflage. gr. 8. 1 Thlr. 15 Ngr.

Handbuch, kurzgefasstes exegetisches, zum Neuen Testament. Von Dr. W. M. L. de Wette. Zweiten Bandes dritter Theil: Briefe an die Galater und Thessalonicher. Dritte Auflage, bearbeitet von Dr. W. Möller. gr. 8. 26 Ngr.

Hansen, P. A., Darlegung der theoretischen Berechnung der in den Mondtafeln angewandten Störungen. Zweite Abhandlung. hoch 4. 3 Thlr.

Königer, J., Die Völkerschlacht bei Leipzig nach den Hauptzügen ihres Verlaufs und ihrer Bedeutung. Für Deutschlands Schule und Haus. Mit einer Uebersichtskarte für die Schlacht und einem Plane für die Einnahme der Stadt. gr. 8. 22½ Ngr.

Lotze, H., Mikrokosmus. Ideen zur Naturgeschichte und Geschichte der Menschheit. Versuch einer Anthropologie. 3. (u. letzter) Band. 8. 3 Thlr.

Mettenius, G., Ueber die Hymenophyllaceae. Mit 5 Tafeln. hoch 4. 1 Thlr. 6 Ngr.

Möriksofer, J. C., Bilder aus dem kirchlichen Leben der Schweiz. 8. 1 Thlr. 15 Ngr.

Staatengeschichte der neuesten Zeit. Achter Band: R. Pauli, Geschichte Englands seit den Friedensschlüssen von 1814 und 1815. Erster Theil: Von der Schlacht bei Waterloo bis zum Tode Georgs IV. gr. 8. 1 Thlr. 15 Ngr.

Treitschke, H. v., Historische und politische Aufsätze vornehmlich zur neuesten deutschen Geschichte. gr. 8. 2 Thlr.

Weber, W., Elektrodynamische Maassbestimmungen insbesondere über elektrische Schwingungen. hoch 4. 1 Thlr.

Wörterbuch, mittelhochdeutsches. Mit Benutzung des Nachlasses von Georg Friedrich Benecke ausgearbeitet von Wilhelm Müller und Friedrich Zarncke. Des zweiten Bandes zweite Abtheilung (S), bearbeitet von W. Müller, 3. Lieferung. Lex. 8. 1 Thlr.

Als ein Wort religiösen Friedens für wahrhaft Gebildete wird empfohlen:

Die christliche Gemeinde des 19. Jahrhunderts.

Ein Wort der Vereinigung an gebildete Christen aller Confessionen.
Berlin, bei F. Seelhaar. Preis 3 Sgr.

☞ Inserate aller Art werden gegen den Betrag von 2 Ngr. für die gespaltene Zeile angenommen. Die Beilagegebühr für die Grenzboten beträgt 3 Thlr.

Verlag von Friedrich Ludwig Herbig. — Druck von C. E. Elbert in Leipzig.

XXIV. Jahrgang. I. Semester.

Die Grenzboten.

Zeitschrift

für

Politik und Literatur

No. 5.
Ausgegeben am 27. Januar 1865.

Inhalt:

Die Entstehung der Banken und Pfandhäuser in Deutschland. Seite 161
Eine Ungnade Napoleons des Ersten. 179
Das Vermächtniß des letzten Papst-Königs 187
Regierung und Abgeordnetenhaus in Preußen 195

Grenzbotenumschlag: Literarische Anzeigen.
Literarische Beilage des Bibliographischen Instituts in Hildburghausen.

Leipzig, 1865.
Friedrich Ludwig Herbig.
(F. W. Grunow.)

Die Entstehung der Banken und Pfandhäuser in Deutschland.

Geschichte des Wuchers in Deutschland bis zur Gründung der heutigen Zinsengesetze, aus handschriftlichen und gedruckten Quellen dargestellt von Max Neumann, Dr. und Docenten der Rechte an der Universität Breslau. Halle 1865.

Das Recht der römisch-katholischen Kirche untersagte in weitester Ausdehnung, die Nutzung fremden Capitales zu vergüten. Als dieses Zinsenverbot, ausgerüstet mit der ganzen geistlichen und weltlichen Macht der Kirche, vornehmlich seit der Zeit der Karolinger in Deutschland Eingang gewann, fand es in den weltlichen Gesetzen der Kaiser, Landesfürsten, Städte, in den Rechtsbüchern u. s. w. fast bedingungslose Anerkennung; in dem Betriebe des täglichen Verkehrs dagegen wurde es, sobald dieser sich weiter ausbildete und besonders den persönlichen Credit entwickelte, als naturwidrig auf das heftigste bekämpft. Am Ende dieses großartigen und in der Geschichte des Rechtes und der Volkswirthschaft einzigen Kampfes, dessen Detail obige Schrift mit vielen neuen Resultaten für die deutsche Jurisprudenz und Nationalökonomie streng quellenmäßig darlegt, zwang der Verkehr im sechzehnten Jahrhundert die Gesetzgeber, wenigstens die 5 und 6 Procent Zinsen anzuerkennen, an deren Schranke wir eben jetzt zur völligen Beseitigung jenes kirchlichen Zinsverbotes mit aller Macht rütteln. Aber bereits im Mittelalter vermochte das Wuchergesetz unsere Gesetzgeber doch nicht so weit von dem natürlichen Boden des Capitalverkehrs zu entfernen, daß sie nicht, entsprechend der Natur des deutschen Rechtes, in einigen wichtigen Ausnahmen die Forderung von vereinbarten Zinsen für die vertragsmäßige Nutzung fremden Capitales gestatteten. Eine dieser Ausnahmen bilden die zinsbaren Darlehne der Wechsler.

Seit früher Zeit erforderten die deutschen Münzzustände den Geschäftsbetrieb von Wechslern. Da nämlich die Kaiser das Münzregal als Kaufwaare, Geschenk oder sonst an geistliche und weltliche Fürsten übertrugen, entstand im Reiche durch die verschiedenen Münzfüße, durch die absichtliche oder unabsichtliche Veränderung des Münzgehaltes eine unglaubliche Verwirrung; diese steigerte sich dadurch, daß die Fürsten das Münzregal als ergiebige Finanzquelle nutzten und ausbeuteten. In Schlesien u. a. legten gar seit 1226 die Bischöfe und Herzöge statt der neuen Umprägungen eine jährlich fällige Grundsteuer, „Münzgeld" oder „Abegane" genannt, den Einwohnern auf. Die fremden Münzherren verschlimmerten das Uebel, indem sie die inländischen besseren Münzen aufkauften und einschmolzen. So fiel der Münzwerth stetig und bedenklich schnell; weder die in sich schwankenden Cursnormirungen der Kaiser, noch die oft von den Paciscenten selbst übertretenen Münzvereinigungen benachbarter Münzherren halfen dagegen. Ueberall im Reiche traf man dieselben Mißstände; in Pommern u. a. nutzten selbst die Städte als Ausüber des Münzregals letzteres ebenso zum größten Nachtheile des Verkehrs.

Indeß gerade die Städte als Sitze des Hauptverkehrs mußten am meisten unter dieser Plage leiden, daher suchten viele derselben, und schon seit dem zwölften Jahrhundert, bei der Münzprägung durch Stimme und That mitzuwirken; das Münzrecht selbst erwarben sie nicht. Wo die Kaiser oder Fürsten es hier nicht selbst behielten und übten, übertrugen sie es als Lehn vielfach dienstmännischen oder patrizischen Geschlechtern, welche eine eigene Zunft, „die Hausgenossen", unter dem Münzmeister bildeten und Abgaben an den Lehnsherrn entrichteten.

Eines der Hauptprivilegien dieser Hausgenossen war, daß sie allein in den Städten Geld wechseln durften; das Privileg des wyssel oder wessel erschien so bedeutend, daß nach ihm alle Münzer „Wechsler", (cambiatores, campsores) genannt wurden. Enge hing es mit den sonstigen Geschäften der Münzer, besonders mit ihrer Controle der umlaufenden Münzen und Zahlungen zusammen. Bei der oben erwähnten Münzwirrniß mußte es den Wechslern (Münzern) einen namhaften Gewinn abwerfen, zugleich aber sie in stete Berührung mit dem Volke, vornehmlich den Kaufleuten bringen.

Im Nordosten Deutschlands wie in Polen und Litthauen vollzogen seit dem zwölften Jahrhundert die Thätigkeit der Wechsler nicht die Münzer, die Hausgenossen, sondern angesehene Kaufleute, welche im Uebrigen nur ihren kaufmännischen Geschäften oblagen. Hier handelte es sich vornehmlich um den Wechsel der für den päpstlichen Hof in diesen Gegenden als Abgaben, Geschenke u. s. w. eingegangenen und durch besonders bevollmächtigte päpstliche Sammler an einzelnen Hauptorten zusammengebrachten Geldbeträge. Während nämlich in den übrigen Ländern des europäischen Nordens die Curie durch ihre eigenen Wechsler oder wenigstens durch die Commanditen italienischer Bankhäuser diese Beträge einziehen ließ, mußte sie hier darauf verzichten, weil weder die — wenn auch an sich sehr respectable — Höhe der Beträge, noch der sonstige Zustand des Verkehrs, besonders des Zwischenhandels genügten, um solche Wechsler zur Niederlassung anzulocken. Erst seit dem funfzehnten Jahrhundert wurden hier die Gelder der Curie, welche bisher (nach der Umwechselung) baar und direct an den päpstlichen Hof gingen oder baar nach Flandern und von Brügge dann durch die dortigen italienischen Zweigbanken in Form von Wechselbriefen nach Avignon wanderten, von deutschen und italienischen Wechslern aus Krakau und Breslau baar oder in Wechselbriefen nach Italien gesendet.

Neben diesen Kaufleuten endlich und jenen Münzern, zuweilen vielleicht aus letzteren hervorgegangen, besorgten den Geldwechsel schon seit dem dreizehnten Jahrhundert eine Reihe von Nebenwechslern. Von den Münzern beaufsichtigt oder unabhängig von ihnen, durch die städtische Obrigkeit gegen Caution und jährliche Abgaben concessionirt, wechselten dieselben ebenfalls Geldbeträge und besorgten den Baartransport; sie liehen aber auch zinsbare Darlehne gegen Pfänder, Bürgen und andere Sicherheit, nahmen Depositen und schafften Wechselbriefe auf Bestellung, nur nicht nach entfernten Zahlungsorten. An der Münzprägung indeß waren sie nicht betheiligt. Derartige Wechsler wohnten in Lübeck z. B. 1290 zwei, Oberartus und Hinrikus, welche u. a. dem lübischen Gesandten in Flandern, Reinekinus Morneweb für die Stadt Darlehn gaben; außerdem werden dort in demselben Jahre vier andere Nebenwechsler genannt, welche für ihre Wechselbuden auf dem Markte dem Rathe je fünf Mark jährlichen Miethzins zahlten. 1316 befanden sich in Lübeck bereits zwölf solcher Wechsler, welche, obgleich ihre Buden ihnen eigenthümlich gehörten, dem Rathe jährlich je 12 Mark Abgaben zahlten; der Minimalsatz der Abgaben war indeß 60 Mark, sodaß, wenn weniger als fünf Wechsler dort wohnten, diese doch jedesmal 60 Mark, also jeder mehr als 12 Mark steuern mußten; außerdem hinterlegten sie beim Rathe je 200 Mark Caution. In gleicher Weise schieden sich in Hamburg Münzer und Wechsler seit dem dreizehnten Jahrhundert. Viele der letzteren besaßen erbliche Wechselbänke (Buden) nahe dem Rathhause und der Börse, welche sie nach Belieben wie andere Realrechte übertrugen. Eine Brüderschaft bildeten sie nicht, nur ein Amt mit Amtsmeistern, ihre Abgaben vom Gewerbe oder den Buden zahlten sie hier vielleicht an die Münzer; frühe schon wurden sie hier von dem städtischen Münzmeister und Wardein verdrängt, denen der Rath auch den Geldwechsel gestattete.

Nebenwechsler in ganz ähnlicher Stellung und Thätigkeit wie jene findet man dann auch in den preußischen und polnischen Städten, so in Danzig, Königsberg, Thorn, Krakau, Breslau, Brieg schon seit dem vierzehnten Jahrhundert. Sie beschränken sich entweder darauf, für einen einzelnen Fürsten, für den Rath einer Stadt, für jedermann Geld gegen Geld zu wechseln und Darlehn gegen Sicherheit zu geben, oder sie dehnten ihren Geschäftsbetrieb auf Geldtransporte und Besorgung von Wechselbriefen selbst bis Süddeutschland und Flandern hin aus. Italienische und niederländische Wechsler, die sich seit dem funfzehnten Jahrhundert in diesen Gegenden ansiedelten, mochten letztere Erweiterung ihres Geschäftes gefördert haben. Eben der Erweiterung wegen mußten diese Wechsler jährlich mehrmals Geschäftsreisen zwischen den einzelnen Orten ihrer Geschäftsdistricte selbst und mit den die Nebenorte besuchenden Dienern unternehmen. Hier erleichterten ihnen die regelmäßigen Waarenmärkte, vornehmlich die von Danzig, Thorn, Posen, Breslau, Naumburg, Leipzig, Frankfurt, Augsburg, Nürnberg die Abwicklung der Verbindlichkeiten. Denn wie in den großen Wechselmessen der Champagne erwiesen sich auch hier die Märkte dazu besonders geeignet, wenn sie auch nicht, wie jene, Mittelpunkte des Waaren- und Geldverkehres bildeten. Sie vereinfachten die Handhabung der Wechselgeschäfte indem z. B. die Wechsler Deckung für die auf die Messe gezogenen Wechsel mitbrachten und dort gegenseitige Forderungen regulirten, nicht selten auch den Wechselcurs vereinbarten. In der Mitte des siebzehnten Jahrhunderts, als in den Wechselordnungen so eingehende Rücksicht auf die Meßwechsel genommen wurde, beeinträchtigte das damals gerade erstarkende Indossament deren Bedeutung. — Erst im sechzehnten und siebzehnten Jahrhundert wurden solche Geschäftsreisen der Wechsler weniger nöthig, da abgesehen von der wachsenden Bedeutung der Märkte die einzelnen Wechsler selbst von ihren Wohnsitzen aus sich mit einander in regelmäßige Geschäftsverbindung setzten und so bis zu den nächsten Märkten auf einander ziehen konnten, wie in Süd- und Westeuropa die italienischen und französischen Wechsler.

Neben diesem deutschen Ursprunge der Wechsler läßt sich ein **italienisch-niederländischer** nachweisen. Bekanntlich errichteten schon seit dem achten Jahrhundert die Hauptplätze des italienischen Handels, Amalfi, Ankona, Venedig, dann auch französische Handelsorte Niederlassungen im Orient. Noch über die dem Handel besonders förderlichen Kreuzzüge hinaus blühten diese Niederlassungen. Von solcher Grundlage aus verbreitete sich der verzweigte Waaren- und Geldhandel der italienischen Kaufleute und Bankiers trotz der mannigfachsten Verfolgungen über Frankreich, die Niederlande und England. Die Commanditen der großen italienischen Bankhäuser folgten den Kaufleuten in die Fremde, um ihnen bei Regulirung des von ihnen im Eigenhandel eingenommenen Geldes zur Ermöglichung ihrer Geldgeschäfte Geldsendungen nach und von der Heimath und sonst erwünschte Dienste zu leisten. So betraten sie auch das Gebiet des deutschen Handels als Kaufleute und Wechsler.

In Süddeutschland war dies bei den steten, unmittelbaren alten Handelsverbindungen mit Italien und Frankreich (besonders mit den Wechselmessen der Champagne) vornehmlich der Fall. Zahlreiche Nachrichten hierüber bezeugen dies bereits seit dem Anfange des dreizehnten Jahrhundert für den größeren Theil der bedeutenden und unbedeutenden Städte in Süddeutschland und selbst am

Niederrhein. Hier wie in Norddeutschland hießen sie Lombarden (Lomparter, Lummert), Walen (d. h. Wallonen), caorcini (ca- co-wertschin), und gerade in Süddeutschland befand sich unter den Geschlechternamen nach dem Orte der Abstammung auch der „unter den Walen" (inter Latinos).

In Norddeutschland concurrirten schon vor den Bankniederlassungen in Flandern italienische Kaufleute als Zwischenhändler südländischer Producte mit den Hanseaten. Wie letztere traf man auch sie in den Haupthandelsorten Englands, Schwedens und tief in Rußland; in den Mittelpunkten des nordischen Handels zu Flandern nahmen sie dann ihren Hauptsitz und erwarben sich durch ihre Handelskenntniß, ihre Geldmacht und ihren mittelst dieser errungenen Einfluß bei den weltlichen und geistlichen Machthabern bis zu Papst und Kaiser hinauf ein ausgedehntes und gefürchtetes Ansehn. In den deutschen Küsten- und Binnenstädten suchten sie auf denselben Wegen als Kaufleute, Schiffsbaumeister, Pächter von Zöllen, Bergwerken u. s. w. ihre Bedeutung zu sichern. — Die italienischen Wechsler aber übten auf diese Gegenden die erste Einwirkung von Flandern aus, indem nämlich deutsche Kaufleute und Boten die für die Curie, wie oben erwähnt, im Norden und Nordosten Deutschlands gesammelten und in Gold umgewechselten Gaben seit Uebersiedlung der Päpste nach Avignon (1305) nicht mehr direct an den päpstlichen Hof brachten, sondern zu den italienischen Bankcommanditen, den Mandataren des Papstes, nach Flandern; letztere sandten die Beträge dann in Wechselbriefen, auf ihre Bankgenossen ausgestellt, nach Avignon. Aber die wechselnden Kaufleute in Nordostdeutschland nutzten bald ihr concurrenzloses Geschäft zu sehr aus. Die Boten ferner, welche die Goldbeträge nach Flandern transportirten, kehrten mit den unabgelieferten Beträgen wiederholt nach Schlesien und Polen zurück; denn 1329 waren die Bankiers Peruzzi in Italien und Flandern fallirt, 1339 stürzte ebenso in Brügge das große Bankhaus der Bardi, das bis dahin als Bevollmächtigter der Curie jene päpstlichen Gelder übernommen und nach Avignon gesandt hatte. Gerade im Anschlusse hieran suchte einer der schon oben genannten päpstlichen Sammler 1336 durch den Einfluß des Papstes italienische Wechsler zur Ansiedlung in Schlesien und Polen zu bewegen. Kurze Zeit darauf erfüllte sich sein folgenreicher Plan; seit dem Ende des vierzehnten Jahrhunderts ließen sich wirklich italienische Wechsler, wenn auch immer in geringer Zahl, in diesen Gegenden nieder.

Zuvor beschränkte sich der Einfluß der Italiener hier fast nur auf die Verbindung einzelner nord- und nordwestdeutscher Kaufleute oder sonstiger Ansässiger mit den großen Wechselmessen der Champagne. Seit dem Anfange des dreizehnten Jahrhunderts läßt sich diese Verbindung nachweisen, wo unter andern der Erzbischof von Köln durch einen in Rom ausgestellten Solawechsel verpflichtet wird, die Schuldsumme auf der nächsten Wechselmesse der Champagne den dortigen Vertretern der römischen Gläubiger zu zahlen. Die Zahlung geschah meistens durch die auf den Messen regelmäßig erscheinenden Vertreter der Bürger einzelner deutscher Städte.

Seit dem Ende des dreizehnten Jahrhunderts traten dann die norddeutschen Kaufleute, die Gesandten, die Obrigkeiten der hanseatischen Städte besonders mit den italienischen Bankiers in Flandern in Geschäftsverkehr. Sie ließen durch sie Geldbeträge nach entfernteren Orten, vornehmlich nach Frankreich und Italien, mittelst Wechselbriefen übersenden oder verschafften sich durch sie Geld, indem sie ihnen Wechselbriefe, gezogen auf ihre heimischen Geschäftsfreunde und Auftraggeber, verkauften. Hiervon nannte man den im Hansagebiete ursprünglich ausgebildeten Wechselbrief „Ueberkauf".

Alles dieses mußte bei dem steigenden Verkehr im Hansagebiete schließlich die italienischen Wechsler der Niederlande reizen, an einzelnen Hauptorten des deutschen Handels wenigstens Commanditen zu errichten, wenn nicht selbst sich niederzulassen. Dies geschah seit dem Anfange des funfzehnten Jahrhunderts, wie angedeutet wurde, in Schlesien und Polen; zu derselben Zeit etwa durch „Gerardo den Walen" in Lübeck. Bald zog dieser den hanseatischen Geld- und Wechselverkehr mit Italien und Flandern an sich, die Behörden und Kaufleute von Reval und Riga bis Stralsund kauften von ihm Wechselbriefe, und als durch Schuld eines brügger Bankhauses ein Wechselbrief über 200 Dukaten, welche Danzig seinem Vertreter am päpstlichen Hofe in dem Processe gegen den Bischof von Breslau am 28. September 1431 gesandt hatte, erst im August 1432 dem Remittenten in Rom ausgezahlt wurde, wandte auch Danzig dem Walen Gerardo in Lübeck seine ergiebige Kundschaft zu. Diese Kundschaft steigerte sich, als der danziger Vertreter zur Fortführung jenes Processes zum Concil nach Basel übersiedelte und Gerardo seine Bankcommandite neben der einer banco Bonsinior aus Brügge in Basel errichtete, so daß Danzig seinem Vertreter offenen Credit bei Gerardo auswirken konnte. Uebrigens scheint diese Zweigniederlassung des lübecker Lombarden in Basel zu verrathen, daß das Bankgeschäft in Süddeutschland nicht besonders blühte. Auch nach des Summisten Chr. Kuppeners Berichten vermittelte am Ende des funfzehnten Jahrhunderts ein lübecker Wechsler den Geld- und Wechselverkehr zwischen Leipzig, Nürnberg, Frankfurt a. M. und Venedig, Padua und Rom.

Endlich müssen bei der Frage vom Ursprunge der Wechsler in Deutschland die Judenwechsler genannt werden. Die Juden erwiesen sich überall, wo der Geldverkehr durch äußere Hemmnisse unterbrochen wurde, als unersetzbares Bindeglied zur Förderung des persönlichen Credites. Ihre Zinsgeschäfte mit allen Schichten der Gesellschaft, besonders auch mit den kleinen Handwerkern, traten eine lange Zeit hindurch fast allein dem kirchlichen Zinsverbote direct entgegen und bahnten vornehmlich dessen endliche Beseitigung an.

Bekanntlich schon in der ersten Zeit des erwachenden Verkehrs wohnten in Deutschland Juden, vereinzelt, in Worms z. B. hat man ihr Alter selbst auf den Anfang der christlichen Zeitrechnung zurückführen wollen. (Daher fromme Juden, die Christum nicht kreuzigten.) Neben den Klerikern waren sie seit jeher die allbereiten Geldquellen an den Sitzen der geistlichen und weltlichen Machthaber. Bei dem Entstehen vieler Städte bildeten sie den unentbehrlichen Eckstein ihrer Gründung. Als Nichtchristen und Bürger eines fremden Staates wohnten sie in besondern Stadttheilen und Gemeinden, blieben ausgeschlossen vom Rechte der christlichen Einwohner und zahlten an die Kaiser oder an die von diesen ernannten Inhaber des Judenregales als ihre Leibeigenen oder „Kammerknechte" für Duldung und Schutz eine hohe Geldabgabe; außerdem entrichteten sie kleinere Steuern an die ihnen zunächst übergeordneten Machthaber, wogegen sie sich zur Ermöglichung ihres Unterhaltes besonderer Privilegien erfreuten.

Diese Privilegien bezogen sich auf ihre Gemeindeverfassung, ihren Frieden, ihr Gericht, ihr Beweisrecht und speciell auch auf ihre Geldgeschäfte. Unter letzteren waren, was hier sogleich erwähnt werden mag, zwei die bedeutendsten: die Juden durften straflos Zinsen und Darlehn fordern und öffentliche Pfandhäuser, Banken, kurz Institute halten, welche die regelmäßige Ausleihung von Capitalien gegen Zinsen und Sicherheit zum Zwecke hatten.

Die Wechsler in Deutschland nun, deren dreifache Entstehung bisher dargelegt worden, besorgten von den **Geschäften** der großen italienischen Bankhäuser vornehmlich nur drei, entsprechend den hiesigen Verhältnissen: den **Handwechsel, das Darlehn und den Betrieb der Wechselbriefe**. Erstere zwei Geschäfte vollzogen indeß besonders nur die Judenwechsler und die Wechsler deutschen Ursprungs, den Wechselbetrieb besorgten diese höchstens innerhalb kleinerer Entfernungen, kaum über Deutschlands Grenzen hinaus nach Flandern und Italien. So fiel der Wechselbetrieb innerhalb Deutschlands wesentlich den deutschen Kaufleuten selbst anheim, für die Wechsel nach Italien, Frankreich, Niederlande aber pflegten ihn die italienischen Wechsler in Deutschland. Mannigfach aber, je nach Zeit- und Ortsverhältnissen, griffen die Einen in den Geschäftskreis der Andern hinüber und regten gerade durch ihren gewinnreichen Betrieb nach einer Seite auch die Vertreter der andern Geschäfte an, sich hierin zu versuchen. Da der Wechselbetrieb somit nicht den Wechslern in jener Zeit eigenthümlich, vielfach ferner bereits in dem bisher Besprochenen berührt wurde, bleibt hier von den Geschäften der Wechsler besonders der Handwechsel und das Darlehn zu betrachten.

Vermöge ihrer Kenntniß der Münzsorten und der Curse derselben, vermöge ihrer mannigfachen Verbindung mit den Münzmeistern und den Prägeanstalten, endlich wegen ihrer vielen Rundreisen in den hauptsächlichern Marktplätzen der

Nachbargebiete eigneten sich für den Betrieb des Handwechselns vornehmlich die deutschen und Judenwechsler. Der Gewinn bei demselben mußte nach den oben dargelegten Münzverhältnissen bedeutend sein; als Ersatz der Arbeit und der Vor- und Auslagen der Wechsler fiel er nicht unter das kirchliche, noch weniger unter das weltliche Wucherverbot.

Viele Wechsler begnügten sich hiermit zweifellos neben ihren kaufmännischen Privatgeschäften. Andere hielten, was sich damit trefflich verbinden ließ, außerdem Darlehn gegen Zinsen und Sicherheit jederzeit bereit. Wie vereinte sich dies mit dem im Mittelalter so mächtigen Zinsenverbote der Gesetze? Die Juden zunächst standen außerhalb der Christenheit und ihrer specifisch christlichen Gesetze, deren eines das Wuchergesetz war. Das alte Testament gestattete ihnen sogar, Zinsen für Capitalsnutzung von Nichtjuden zu fordern. Und wenn einzelne Päpste wie Innocenz der Dritte in besonders heiligem Eifer die weltlichen Behörden aufforderten, die Zinsen der Juden zu behindern, widrigenfalls aller Verkehr zwischen Juden und Christen aufhören müsse, so fand dieses Vorgehen mit geringen Ausnahmen bei Klerus und Laien in Deutschland wenig Folge. Man gestattete ihnen hier ganz allgemein, Zinsen und Darlehn straflos zu fordern, damit sie, sonst vielfach beschränkt, hierin eine Erwerbsquelle hätten und umso ununterbrochener und ergiebiger ihre Judenabgaben an große und kleine Obrigkeiten entrichteten. Einzelne und selbst geistliche Machthaber sprachen sogar unverhohlen dem kirchlichen Zinsverbote gegenüber aus, der Judenwucher sei nötig, da den Christen Zinsen verboten würden; auch thäten jene damit nichts Sündliches; denn Juden hätten in diesem Punkte kein Gewissen. Selbst in den Gesetzen des Kaisers Friedrich des Zweiten, des Freigeists, für Sicilien ließ man diese Begründung.

Hiermit hatten die Kirche, der Kaiser und die ihnen untergebenen Gewalthaber zuvörderst mittelbar die Wechsler und deren zinsbare Darlehen bereits anerkannt. Sie sahen ihre Stellung und ihre Geschäfte ganz wie diejenigen der Juden an. Am klarsten drückt dies der eisenacher Stadtschreiber Purgoldt, der ganz auf Seiten des Zinsverbotes steht, am Anfange des sechzehnten Jahrhunderts aus: „Es sind auch etzliche Christenleute offenbare Wucherer, die heißen Kawerzaner (italienische Wechsler und Wechsler allgemein, s. oben) und haben Schutz und Steuer von den Fürsten, unter denen sie gesessen sind, umb ir gelt. Diese Kawerzaner nehmen tägliche Zinsen auf Pfänder, Bürgen oder Briefe, wie die Juden und darum sind sie offenbar Sünder und sind beraubt der heiligen Sacramente, sie haben denn Reue darum und ihre Buße muß offenbar sein; und darum so sind sie auch rechtlos und ehrlos vor geistlichen und weltlichem Gerichten. Sie sind der Fürsten Kammerknechte gleich also die Juden, dieweil sie das Wucher antreiben, an (ohne) das sie mit dem Leibe nicht Eigne sind." So war die rechtliche, kirchliche und gesellschaftliche Stellung der

Wechsler allgemein diejenige der Juden; ihre zinsbaren Darlehen billigte man aus denselben Gründen wie die jener. Als sie immer mehr sich nothwendig erwiesen für die großen und kleinen Geldbedürftigen, erkannte man ihre Zinsforderungen erst thatsächlich, dann in besonderen Privilegien an, endlich gar in allgemeinen Gesetzen.

Solche Billigung konnte um so weniger ausbleiben, als die Kunde von den selbst für unsere Zeit großen Zinsgeschäften der italienischen Bankhäuser und ihrer Zweigbanken sich immer wieder auf den angegebenen Wegen von Italien durch Deutschland verbreitete. Das geschah vor den Augen der Päpste, der Hauptwächter des Zinsenverbotes. Die Salimbeni in Florenz liehen dem Rathe von Siena im J. 1260 allein 20,000 Gulden auf Zinsen; noch größere zinsbare Capitale liehen andere florentiner Bankiers dem Könige von England 1307, der ihnen dafür den Marktpreis der englischen Wolle als Zinsen zahlte; als die Zinsen, dann die Capitalien nicht gezahlt wurden, fallirten 1329 die Brusini, später die Bardi in Florenz mit einem Ausfall von 16 Millionen Gulden. Ja um 1220 schon deponirte die heilige Jvetta von Huy in Belgien Beträge bei den dortigen Wechslern, um an deren Zinsgewinn theilzunehmen; solcher zinsbarer Depositen von Geistlichen waren bei den Bardi 550,000 Gulden eingelegt; und in England errichtete Richard v. Cornwales, der reiche Bruder Heinrichs des Dritten, mit Hintansetzung seiner Stellung zum Throne eine Generalwechselbank, indem er durch ein königliches Privileg sich die alleinige Bankconcession ertheilen, jeden andern Bankhalter durch harte Strafen von der Concurrenz ausschließen ließ. Gestatteten doch selbst die Päpste — welche bis auf diesen Tag in der Person von Pius dem Neunten jede Zinsforderung im Kirchenstaate verbieten — nicht blos Laien unter verschiedensten Ausnahmen Zinsgeschäfte, sondern mußten auch selbst der unerbittlichen Noth des Verkehrs weichen. Papst Clemens der Vierte nahm gerade die Wechsler und deren Zinspraxis aus, als er den Einwohnern von Siena die Excommunication auflegte, und eben er klagte bitter über die Zinsengier der Wechsler, die ihm einst 50 Procent von 100,000 Pf. Darlehnscapital als Zinsen vorweg abzogen. Paul der Vierte aber machte unter dem Deckmantel einer nur gedachten Bankanlage eine Anleihe von 100,000 Scudi auf neun Jahre für „unerträglich hohe Zinsen" zur Tilgung der Schulden aus den feierlichen Bestattungen Julius des Dritten und Marcells des Dritten.

So liehen denn auch in Deutschland von den Wechslern und Juden weltliche und geistliche Machthaber bis zum Kaiser und den Erzbischöfen hinauf, Gemeinden und Privatleute jedes Standes entnahmen bei ihnen Befriedigung ihres stets neuen Geldbedürfnisses; jene wurden die eigentlichen Inhaber der flüssigen Geldcapitalien, die Träger und rastlosen Förderer des persönlichen

Credites. So standen 1358, 1365 der Jude Moscho und der Christ Pezlo Cyndal zum Herzog Ludwig v. Brieg, ebenso die Herzogin v. Schweidnitz 1384. In Erfurt verpfändete für zinsbare Darlehn 1291 selbst der Erzbischof jüdischen Wechslern die Gerichtsgefälle. Das sind Einzelheiten aus einer zahllosen Reihe von Schuldurkunden und andern Nachrichten. In gleicher Weise finden wir seit dem dreizehnten Jahrhundert das Verhältniß in Norddeutschland, obgleich hier den Juden insbesondere wiederholt der Eintritt oder wenigstens der Handel in den Ländern oder Städten untersagt wurde. Noch im sechzehnten Jahrhundert seufzte Bogislav der Zehnte in Pommern, wie die lakonischen Worte in seinem Notizbuche zeigen, unter der Wucherlast dieser Gläubiger. Nicht anders war es in Litthauen und Polen.

Auch die Depositen der Behörden (selbst mit Geldern, welche pupillarische Sicherheit verlangten), so wie der Privatleute bei den Wechslern, um sich Antheile am Zinsgewinn zu schaffen, waren in Deutschland üblich. Eine Einzelheit hiervon soll sogleich unten bei den frankfurter Bänken 1403 erwähnt werden. Im sechzehnten Jahrhundert deponirten u. a. die städtischen Behörden zu Amsterdam, dann auch zu Hamburg überschüssige Summen in die Banken, damit durch den von den Wechslern daraus gezogenen Gewinn ein Fonds zur Unterstützung schuldlos fallirter Kaufleute gebildet werde. Und selbst die Geistlichen scheuten sich nicht, auf diesem Wege ihr oder der Kirchen und Klöster Vermögen zu häufen. Eben deshalb und wegen der von ihnen gegebenen zinsbaren Darlehn setzte manches Stadtrecht geradezu sie auf eine Stufe mit den wuchernden Juden, und die Concilien und Synoden beschworen sie mit weltlichen und himmlischen Drohungen und Strafen, von solcher zwiefachen Uebertretung des Zinsverbotes abzulassen, — vergebens! die Macht des Verkehrs und der Reiz des Geldes waren stärker.

Weniger aber mit den großen, in Italien üblichen Geldgeschäften konnten wegen ihrer geringere Capitalien, schwankenden Verbindung unter einander wegen der allgemeinen factischen und rechtlichen Unsicherheit und des durch alles dies gelähmten Unternehmungsmuthes die Wechsler in Deutschland sich versuchen, als mit kleinen Darlehn, welche sie gegen Empfang von Faustpfändern oder Erzielung anderer Sicherheit und gegen Entrichtung hoher, nur auf kurze Zeiten gemessener Zinsbeträge an die unbemittelteren Handwerks- und Handelsleute in großer Zahl verabreichten. So bildeten sie die Vermittler des Geldumlaufes nach den unteren Schichten der Gesellschaft hin, von Woche zu Woche liehen sie diesen die Beträge für die Geschäfts- und Haushaltskosten, ein weniger nöthiges Hausgeräth oder Kleidungsstück nahmen sie zum Pfande und erhielten ihr Capital und reiche Zinsen jedesmal wieder, sobald die Kunden des Schuldners ihre natürlich hierdurch gesteigerten Kaufschulden tilgten. So glichen jene Wechsler den Marktfrauen unserer Zeit in Paris, welche sich wöchentlich für ein Darlehn von 3 Livres 2 Sous (173% jährlich) zahlen ließen und doch damit ein so brennendes Bedürfniß der unteren Volksschichten erfüllten, daß die Schuldner für sie baten, wenn sie wegen Wuchers bestraft werden sollten.

Eben weil diese Wechsler auch im Mittelalter — ja hier wegen des allem Geldumlauf entgegentretenden Wucherverbotes und der geringen wirthschaftlichen Entwicklung noch viel mehr — die so überaus zahlreichen unbemittelteren, doch sicheren Glieder der Gesellschaft von einem Hauptübel, dem Geldmangel, zu befreien vermochten, festigte sich allmälig die Stellung der Wechsler zunächst thatsächlich der Art, daß die Inhaber der Wechselbänke und Darlehntische jederzeit unter bestimmten Bedingungen der Sicherheit und Zinsen Darlehen verabreichten. Seitdem mußten die Geldsuchenden, daß sie, sobald sie nur jene Bedingungen erfüllten, stets baare Darlehn hier vorfinden mußten.

So erstand die **Darlehnsbank** neben der Wechselbank für Schuldner und Gläubiger. Ein besonderer Hinweis auf dieselbe liegt in dem sogenannten „Schadennehmen". Wenn nämlich bei Darlehen der Gläubiger zur Zahlungszeit vergebens die Zahlung Seitens des Schuldners erwartete und des Geldes so dringend bedurfte, daß er die endliche Zahlung des Darlehns und des Verzugsschadens nicht abwarten konnte, so gestatteten ihm die weltlichen Gesetze im Anschlusse an das kirchliche Recht, sich das Darlehnscapital von den nach obiger Ausführung eben stets geld- und leibfertigen Wechslern gegen Zinsen und Sicherheit zu leihen, und der Schuldner war verpflichtet, diese Beträge, welche der Gläubiger „auf des Schuldners Schaden" vom Wechsler geliehen hatte, nebst Zinsen und allen Unkosten dem Gläubiger zu erstatten. Es mag hier sogleich darauf verwiesen werden, daß dieses Institut des „Schadennehmens" ganz besonders das Zinsverbot illusorisch machte, da der Gläubiger, gesetzlich befugt, die ihm sonst untersagten Zinsen (der darin privilegirten Juden und Wechsler) gegen den Schuldner einklagen durfte. Daß das Rechtsgeschäft nicht blos in Süddeutschland, wo die Stadtrechte genaue Vorschriften darüber enthielten, sondern seit dem dreizehnten Jahrhundert auch in Norddeutschland und gerade von den oben genannten unbemittelten Handwerkern und Kleinhändlern üblich war, läßt sich vielfach nachweisen. In allen hierher gehörigen Fällen gestatteten die weltlichen Gesetze also den Wechslern wenigstens stillschweigend, für die Darlehen ihrer offnen Darlehnsbänke Zinsen zu fordern.

Aber in weiterem Verlauf des Verkehrs erwies die Darlehnsbank sich trotz des kirchlichen Zinsverbots oder auch durch dessen Ausschluß gesunder Darlehnsconcurrenz so nöthig und nicht selten heilsam für das Geldbedürfniß zunächst der niederen Stände; daß die Gesetze nicht blos die zinsbaren Darlehn der Wechsler wie ein nothwendiges Uebel anerkannten, sondern sogar die bisher nur freiwilligen Darlehnsgeber nöthigten, unter bestimmten Bedingungen offene Darlehnsbänke, diese Anfänge unsrer Banken und Pfandhäuser zu halten. Eine Zahl von Stadtrechten, welche eben dies Institut für die Städte als wesentlich kennzeichnen, schrieben ihnen dabei nur ein hohes, doch bestimmtes Zinsmaximum, verschieden für leihende Bürger oder Gäste, meist nur auf Wochenfrist und kleine Capitalien berechnet, das in Frankfurt a. M. seit 1338 nicht einmal von den Parteien herabgesetzt werden durfte, und etwa Einzelnes über die Sicherheit vor. Damit hing zusammen, daß nach dem freiburger Stadtrecht (im Breisgau), der Priester es von der Kanzel herab den Gläubigen anzeigen mußte, wenn ein Wechsler oder Jude aus der Stadt fortziehen wollte, damit jeder gegen Rückzahlung der Darlehen und Zinsen seine Pfänder auslöste.

Der Regierungssäckel bereicherte sich durch diese Darlehnsbänke zwiefach. Einmal hob sich in ihren Darlehn, Depositen, Kassirungen und Geschäften mit Wechselbriefen der Verkehr; der Wohlstand der kleinen Gewerbtreibenden stieg nicht selten; sodann reizte der Verdienst die Wechsler, sich zahlreicher in den Städten anzusiedeln, und so boten sie ihre Fonds den Fürsten selbst zu schwer getilgten Darlehen und nie endenden Erpressungen dar. Hierüber folgt unten Näheres. Für solche Vortheile billigten die Fürsten und sonstigen Obrigkeiten natürlich wieder die hohen Zinsforderungen der Wechsler und zeigten ihnen, wie sie durch das kirchliche und weltliche Zinsverbot fast von jeder Concurrenz frei, um so schonungsloser ihr Vorrecht auf Kosten der zwiefach eingeengten Schuldner ausbeuten konnten. In Zeit und Ort wechselten diese zwei Bereicherungen der Fürsten mit einander.

Letzteres veranlaßte die Inhaber des Münzregals (s. oben), selbst oder durch den Rath der Städte eigene, besonders **städtische Wechselbänke, städtische Leih- oder Pfandhäuser**, und zwar zuweilen mehre in derselben Stadt zu errichten, wofür dann oft der Rath der betreffenden Stadt wiederum hohe Abgaben an die fürstliche Kasse zahlen mußte. Dieses Institut mußte sich um so leichter Eingang verschaffen, als bereits seit dem Anfange des vierzehnten Jahrhunderts städtische Leibrentenbänke in Uebung waren, welche gegen Empfang eines angemessenen Capitals von diesem etwa 12½ oder 10% Renten (Zinsen) während ihrer Lebensdauer den Einzahlern entrichteten, beim Tode derselben aber das Capital als Eigenthum zurückbehielten. Da bei privaten Leibrentenverträgen ebenso wie noch heute bei den im Bauernstande häufigen Altentheilsverträgen sich über die schlechte Behandlung, die unregelmäßige Rentenzahlung für die Rentengläubiger, deren schneller Tod eben den Rentenschuldnern erwünscht ist, ewige Klage erhob, machten die regelmäßig und streng verwalteten städtischen Leibrentenbänke ein vortreffliches Geschäft und warfen der öffentlichen Kasse namhaften Gewinn ab; das Zinsenverbot aber verletzten sie nicht, weil Ausgang und Gewinn dieser Geschäfte stets zweifelhaft waren wegen der ungewissen Lebensdauer der Versicherten.

An die Leibrentenbänke schlossen sich nun die städtischen Wechsel-, Darlehnsbänke und Pfandhäuser, indem die Behörden sich entweder vornehmlich Antheil an dem Gewinne der privaten Banken gleicher Art sichern, oder gleichzeitig damit den zu hohen Wucher der privaten Banken unmöglich machen wollten.

Für die Banken ersteren Zweckes giebt Frankfurt a. M. einen höchst interessanten Beleg. Der dortige Rath, welcher seit 1346 das Regal des Handwechselns erwarb und es den oben erwähnten Nebenwechslern zur Ausübung übertrug, welcher ferner seit 1346 das Recht, kleine, seit 1429 das große Münzen zu prägen, von den Kaisern erhielt, „bestellte 1402 den Wessil". Er errichtete nämlich eine Handelsbank, deren kaufmännische Geschäfte er mit seinem eingeschossenen Capitale durch vierzehn gemiethete Geschäftsleute besorgen ließ. 900 fl. gab er der Bank als Stammcapital und ließ außerdem 1500 fl. für die Stadtkasse durch die Bank einziehn. Privatleute durften von vornherein ihre Gelder bei derselben anlegen und deponiren. Die Geschäfte der Bank bestanden wesentlich in Handwechsel, Depositen und Geldgeschäften, besonders Darlehn. Die darin angelegten Privatgelder schützte der Rath zu seinem eigenen Vortheile durch das Gesetz vom October 1402 dahin, daß diese Gelder niemand (also auch nicht ein Gericht) sollte „verkümmern oder aufhalten" dürfen. Schon 1403 erwies diese Bank sich so vortheilhaft, daß der Rath statt ihrer vier neue, von einander unabhängige Banken errichtete, deren eine er selbst, wie jene erste, verwaltete, während er die drei andern durch Concessionen an Privatleute vermiethete. Die Hauptconcession enthielt folgende Hauptsätze: Joh. Palmstorf und Druden seine eheliche Hausfrau sollen den Wechsel in ihrem Hause zum Quydenbaum treiben, der Rath leiht und bestellt „an den Wechsel" 2000 fl. Stammcapital, ebensoviel die Miether. Was diese mit den 4000 fl. ferner mit den Geld- und andern Depositen anderer Leute, endlich mit dem Handwechseln und Wiegegeld (der Gelder und Kostbarkeiten) verdienen, sollte zur Hälfte der Stadtkasse, zur Hälfte den Miethern (Bankhaltern) gehören und jährlich zweimal, nach jeder der zwei frankfurter Messen, berechnet und getheilt werden. Der Rath und die Bankhalter sollten sich gegenseitig nach freiem Willen bei ihren Ausgaben mit Darlehn unterstützen. 3 Jahre mit halbjähriger, und für die Wechsler wegen mangelnden Lebensunterhaltes oder Krankheit selbst innerhalb dieser Miethszeit mit vierteljähriger Kündigung sollte der Vertrag dauern, danach beliebig verlängert werden. Der Geschäftskreis der Bank erhellt hieraus. Die Geldgeschäfte waren unbegrenzt, sie erstreckten sich auf zinsbare Darlehn, Anweisungen, Wechselbriefe; letztere stellte sie auf Verlangen aus, die auf sie — meist in den Messen fälligen — gezogenen Wechsel, zum Theil von weiten Orten her, löste sie ein; das Discontiren war bekannt,

Der Gewinn des Rathes aus diesen vier Banken schwankte in den ersten neun Jahren zwischen 100 und 991 Gulden. Letztere Summe aber bildete im Jahre 1409 $^{1}/_{33}$ der Staatseinnahmen; daß die Banken auf die städtischen Finanzen höchst günstig einwirkten, läßt sich erweisen.

Anderer Art waren die städtischen Banken, welche sich den Privatbanken der Juden und Wechsler gerade gegenüberstellten, um deren übermäßige Zinsen zu hindern. Hier forderten die an sich zur Zinsforderung nicht privilegirten Bankhalter nur Namens der städtischen, fürstlichen, kaiserlichen Macht von dem Bankdarlehn regelmäßige, doch nicht zu hohe Zinsen. Ein Privileg für solche Bank gab unter andern Kaiser Maximilian der Erste 1498 an den Rath von Nürnberg; in diesem wird ausdrücklich auf den Wucher der Juden gewiesen und an die Hilfe für die kleinen Geschäftsleute gedacht, die „Wegelbank" sollte nicht nach Gewinn streben, und den Zinsertrag auf ihren Unterhalt, dann zum „gemeinen Nutzen und Gut der Stadt" anwenden. Das kirchliche und weltliche Zinsenverbot wurde hier im Drängen des Verkehrs von den Behörden offen verletzt. —

In den Niederlanden hatte der entwickeltere Verkehr schon weit früher (seit 1297) solche Banken hervorgerufen. Der Generalstatthalter, welcher sein Recht zur „Tafel van leeninge" vom Kaiser herleitete und es ganz ähnlich wie in obigen deutsch-städtischen Banken, an Private gegen Caution, Abgaben, Gewinnraten zur Ausübung in öffentlichen Licitationsterminen übertrug, wendete es ebenso zu städtischen Banketablissements an, indem er oft die ganz unabhängigen Privatbanken daneben verbot. Eben hieraus entspann sich 1640 der große Streit zwischen den Juristen, Theologen und Volkswirthschaftlern über Privileg und Zahl der Banken, in welchem sich Salmasius in überraschend klarer volkswirthschaftlicher Einsicht für die freie Concurrenz und für die mehren Privatbanken der Lombarden entschied.

Gerade bei den Nachrichten der niederländischen Banken lassen sich Einblicke in die gleichgestalteten deutschen Banken und deren Stellung zu den Behörden, den Inhabern des Münz-, Wechsel-, Bankregals in trefflichster Weise thun.

Außer dem Inhalte der obenerwähnten frankfurter Bankconcession wurde den Bankhaltern (Wechslern) vorgeschrieben, unter welchen Bedingungen der Zinsen und der Sicherheit sie jederzeit darleihen müßten, welche Abgaben sie zu zahlen hätten. Für diese Leistungen verpfändeten die Wechsler ihr Vermögen, die Stadt für ihre Pflichten gegen jene ihre sämmtlichen Einkünfte, außerdem sicherte sie ihnen besondere Vorrechte zu.

Insbesondere zahlten die Privatwechsler und -Bankiers eine namhafte Caution, ähnlich den Münzern, an die städtischen Behörden; in Amsterdam

u. a. verzinste man ihnen dieselbe nur mit 4%, während die Stadt selbst diese Caution in dem Betriebe ihrer concurrirenden Bank anlegte und daraus mindestens 8% zog.

Natürlich konnten da die Zinsen der Bankdarlehn nicht niedriger sein. Insbesondere steigerte sich ja bei den Schranken des Wucherverbotes im Verkehre die Zahl der Nachfragenden, während die Anbieter an einzelnen Orten, wie gezeigt, vermindert wurden. Abgaben und Caution wurden dem Betriebscapitale vorweg entzogen, um dem Gegner zu dienen, dazu kamen die unausbleiblichen Geschäftsverluste und Geschäftsunkosten für das stete Bereithalten der Capitalien, für die großen Pfandlocale, für deren Sicherheit, für die Schaar der Diener, für das Unterbringen vieler kleiner Geldposten. Und wie nutzten die Obrigkeiten, die Gewalthaber auf das rücksichtsloseste ihre öffentlich-rechtliche Stellung gegen die Wechsler, zumal gegen die Juden darunter, in vielen Orten aus! Betrachteten sie sich doch zum Theil als Eigenthümer des baaren Vermögens dieser Leute und ihrer ausstehenden Forderungen. Von den einzelnen Darlehn ließen sie sich zuweilen Abgaben entrichten, sie stellten auf sie, unbeschadet ihrer sonstigen Leistungen, erhebliche und nicht fällige Anweisungen aus, diese Anweisungen veräußerten sie wieder und gaben den Käufern derselben noch größere Erpressungen der Angewiesenen anheim. Oder der Papst für die Kreuzfahrer, der Kaiser für seine Unterthanen erließen — wohl gar noch gegen bestimmte Abgaben der Schuldner an ihre Kasse — den Schuldnern wiederholt und oft in ganzen Territorien ihre ungezahlten Zinsen, oder gar zum Theil oder ganz ihre Schuldcapitalien an Judenwechsler. Eine große Zahl von Urkunden bezeugt diese schmachvolle Behandlung der Juden und Wechsler Seitens der Behörden, die doch mit immensen und vielnamigen Abgaben sich ihren besondern Schutz für jene Armen bezahlen ließen.

Natürlich mußten die Schuldner alle diese Mißstände durch um so größere Zinsen büßen, und nur um letzteren Gewinns willen ertrugen die bedrückten Judenwechsler besonders jene Uebel. Daß sie da nicht selten über die Grenze des billigen Maßes hinausgingen, soll nicht geläugnet werden; aber die erste und Hauptursache lag nicht in ihnen, sondern in dem Gebahren der Obrigkeiten gegen sie und in den Fesseln des Zinsenverbotes der Christen.

In Deutschland schwankte gegenüber dem gewöhnlichen Zinsfuße (der Renten), der von 12 und 10% im dreizehnten und vierzehnten Jahrhundert sich durchschnittlich im fünfzehnten und sechzehnten Jahrhundert allgemach auf 6—5% niederzog, der Zinsfuß der Wechsler zwischen 40—20% (jährlich) für Wochenzahlungen. Eben deshalb zogen die Gesetze oder die einzelnen Bankconcessionen diesem Zinsen, wie erwähnt, bestimmte Grenzen, und die öffentlichen Banken (der Behörden) suchten durch ihre Concurrenz,-was sie bei ihren oben gezeichneten vielen Vortheilen natürlich sehr gut konnten, den Zinsfuß herabzudrücken. Doch selbst jene gesetzlichen Zinsmaxima mußten sich dem Verkehre fügen und so schwankten auch sie vom dreizehnten bis fünfzehnten Jahrhundert für Mittel-, Süd- und Westdeutschland etwa von 40—20%. In Brandenburg gestattete man ihnen bis zum achtzehnten Jahrhundert 24%, in Breslau im vierzehnten Jahrhundert 25%, dagegen schon in Brieg 54% in derselben Zeit. (In Spanien schon 1228 nur 20%, in Sicilien eben dann nur 10%, in Frankreich aber 1360 86⅔%). In Oestreich blühte wegen Verschuldung der Fürsten der Wucher der Judenwechsler, denen nicht selten wichtige Finanzquellen des Staates dafür verpfändet wurden; 1246 unter Friedrich dem Zweiten, dem letzten der Babenberger, war er 174%, unter dessen Vater Leopold „dem Ruhmreichen" gar 304%. Ottokar der Zweite von Böhmen, der vom Kaiser Richard (im Interregnum) Steiermark und Oestreich zu Lehn erhielt, verwarf jede gesetzliche Grenze dieser Zinsen 1254, Rudolf v. Habsburg stellte die der 174% wieder her. Im sechzehnten Jahrhundert sanken allmälig auch die Zinsen der Wechsler auf 12—10%, doch gestattete man selbst in Belgien noch 1606 ihnen gesetzlich 50% per Woche. 1640 etwa nahmen die Privatbanken dort 16%, die öffentlichen 8%. Aber schon Salmasius wies 1640 darauf hin, daß man diese nur für ganz kurze Zeitfristen, Woche oder Monat, entrichteten Zinssätze nicht mit dem Jahresmaße messen dürfte, ohne ungerecht zu sein. —

Schon früher erhoben sich, durch immer neue Schulden, immer höhere Zinsen unrettbar bedrückt, in England, Frankreich, Italien die Massen der Schuldner gegen ihre durch die Verhältnisse gezwungenen Peiniger und ruhten nicht eher, als bis die Herrscher deren Güter eingezogen, sie selbst aus dem Lande getrieben hatten.

In Deutschland fühlten die Volksmassen, daß ihre Wechslergläubiger nicht selten ihnen übermäßige Zinsen abforderten. Das Zinsenverbot fesselte nach allen Seiten ihren ersehnten Capitalverkehr; immer von neuem wurden sie in die harten Hände derselben Gläubiger zurückgestoßen. Sie sahen, wie auch Kirche und Kaiser und Fürst und Rath den nämlichen Gläubigern sich beugten. Als diese aber — den Quell des Uebels verwechselnd — immer rücksichtsloser gegen die Judenwechsler vorgingen, als sie so zu immer stärkerem Zinsdrucke diese Gläubiger zwangen, als gar Hungersnoth und Pest hereinbrachen, da fiel das fanatische Wort der eifernden Priester zündend in die heiß erregte Masse, an vielen Orten, wieder und wieder loderte der Haß der schuldenden Christen gegen die wuchernden Judengläubiger empor. „Die Kirche weiht die Klagen des Volkes, sie verdammt die Söhne Israels und schleudert das kirchliche Zinsverbot auch ihnen entgegen; gemieden von allen, ein Auswurf des Menschengeschlechtes, auch äußerlich gebrandmarkt, sollen die Juden, sich selbst überlassen, in eigener Sünde vergehen."

„Und dem Volke gilt es, auf ein Mal die Qual der Schulden zu tilgen, und ein für alle Mal; das Volk steht auf gegen die Juden. Am Ende des dreizehnten Jahrhunderts, dann in der Mitte des vierzehnten, dann in immer neuen Wallungen dieses und das folgende Jahrhundert hindurch fällt die Volksmasse rasend über die Judenviertel der Städte her, vornehmlich in Süd- und Westdeutschland, dann auch in Mitteldeutschland, zuerst die Schaar der gequälten Schuldner, dann die von Pest und Glaubenshaß zugleich getriebene Masse des fieberhaft erregten Volkes. Mit Wollust wüthen sie gegen ihre schirmberaubten, halb schuldlosen Opfer. Die Verfolger selbst machten die Gläubiger sich zur erdrückenden Last, nun sollen diese es büßen. Welch ein Hohn christlicher Gerechtigkeit, christlicher Liebe! Sie plündern, rauben erbarmungslos, den Wucher auszugleichen, sie stoßen ihre Feinde in die Verbannung hinaus, sie martern, sie morden die Uebelthäter und ihr ganzes Geschlecht. Sie zerreißen ihre Schuldurkunden, sie löschen die Summen mit des Gläubigers Blute, mit seinem Leben zahlen sie die Zinsen. Die großen, die grenzenlosen Summen, ruft der Chronist, welche Adel und Herr, Bürger und Bauern ihnen schuldeten, das war der Juden Verderben!

„Die Machthaber gedachten der Hilfe, welche sie von den Juden bedurften, mit harten Strafen züchtigten sie den Aufstand. Vergebens! Je mehr die Juden verloren, desto mehr mußten sie in Zinsen wiedergewinnen. Von Neuem stürzte das Volk sich auf die Verhaßten. Die Behörden setzten die Zinsen, die Capitalien, den Zinsfuß herab, sie verkürzten die Schuldposten. Aber für alle Zeit wollen die Schuldner der Bedrängniß los sein. Die Gesetzgeber verboten den Juden jeden Wucher, verboten, Recht zu sprechen über Zinsen, untersagten, die gesprochenen Urtheile auszuführen; jeder Richter, jeder Bürger sollte verpflichtet sein und berechtigt, den Wucher der Juden vor Gericht zu ziehn; jeden Verkehr zwischen Juden und Christen verboten sie, der nicht vor dem Richter stattfand oder für die nöthigsten Bedürfnisse, oder auf offnen Märkten. Ja, aus ihren Gebieten vertrieben sie die Unseligen.

„Aber wieder und wieder kehrten diese zurück und wucherten von Neuem. Die Christen selbst, durch ihre Lage genöthigt, durch die Gesetze nicht genügend zurückgehalten, begannen mit ihnen jenseits der Landesgrenzen die alten Geschäfte. Wo sollten sie sonst darleihen? Die schmählich Vertriebenen riefen sie zurück und ihre Wucherklagen begannen wieder. Wo die Particulargerichte den armen Gläubigern das Urtheil verweigerten, verklagten sie ihre Schuldner bei dem nächsten kaiserlichen Gerichtshofe. Die Schuldner wurden verurtheilt; da sie ihr heimisches Gebiet überschritten, strafte man sie mit der Acht. Und wieder reformirte man die Gesetze, im nächsten Augenblicke schon waren sie den reißend fluthenden Ereignissen nicht mehr gewachsen. Mit härtesten Strafen bedrohte man wuchernde Juden und ungehorsame Christen. Es fruchtete nichts! Der Verkehr ließ sich in seiner einzig möglichen Bahn nicht fesseln, nicht hemmen, nicht zertreten. Die Gesetzgeber wußten nicht mehr, wie zu helfen.

„Das Mittel freilich, welches zweifellos half und von Grund aus, wußte man nicht anzuwenden, weil es unmöglich schien; die Verträge zwischen Juden und Christen mußte man für ungiltig erklären, die Wucherer durch Ueberredung und Hilfe zum Ackerbau und anderen Beschäftigungen" gewöhnen oder — das kirchliche Zinsverbot beseitigen. That man das nicht, so mochte man die Folgen tragen aus den selbst verschuldeten Mißständen, man mußte dann die Verfolger mit ganzem Nachdrucke niederwerfen und den Juden endlich die Hilfe vergelten, die man so oft von ihnen empfing. Der Zorn der Verfolger und das Blut der Verfolgten schrien auf gegen das Gesetz der Kirche."

Diese Judenverfolgungen aber, von denen jeder der obigen Sätze mit Quellen belegt werden kann, sprechen eben, weil sie neben dem Wucher der Judenwechsler noch den religiösen Haß und dessen Steigerung durch die Pest zur Ursache hatten, nicht gegen die frühere Behauptung, daß die hohen Zinsforderungen der Wechsler beim Volke Nutzen brachten. Daher zeigten sich auch nirgend in Deutschland allgemeine Verfolgungen der Wechsler, außer der Judenwechsler, wie in den oben genannten Ländern. Die deutschen Fürsten aber suchten, wenn sie auch nicht selten die Zinsen der Wechsler beschränken mußten, und von den Rücksichten der eigenen Kasse zu leicht zu Bedrückungen derselben sich bewegen ließen, doch vornehmlich die Wechsler zu Gunsten des Verkehres in ihrem Lande und eben auch zu Nutzen ihrer Privatkassen heranzuziehen. In Frankreich genossen bekanntlich gerade die Wechsler trotz ihrer häufigen Verfolgungen bereits seit dem dreizehnten Jahrhundert eine Reihe erheblicher Vorrechte; ihre Erbschaften sollten ihnen hier unbeschränkt durch die todte Hand bleiben, von Militärdienst, Einquartierung waren sie frei, behielten ihre eigenen Vorsteher und Consuln, entrichteten nicht den Zins des Königs von Schiffbrüchigen u. s. f.

Daher zürnten auch auf das heftigste gegen diese Schirmherren der Wechsler, wie gegen die Wechsler selbst, die kirchenrechtlichen Schriftsteller jener Zeit. Sogar gegen den Wucher der Juden, der doch, wie gezeigt, das Volk zu Aufständen reizte, wandten die Gesetzgeber selten die härtesten der ihnen zu Gebote stehenden Mittel an; und gerade die Reichsgesetze zeigten sich hier auffallend milde, da sie wohl seit Anfang des sechzehnten Jahrhunderts die Zinscontracte der Juden für nichtig erklärten, doch den Territorialfürsten aufgaben, ihre Juden zum ehrenhaften Gewerbe überzuleiten. Und schon im Reichsabschiede von 1548 gestatteten sie den Juden ausdrücklich, wieder fünf Procent bei ihren Darlehn zu fordern und suchten nur weiteren betrügerischen Umgebungen dieser Zinsgrenze durch Juden und Judenwechsler vorzubeugen.

Und eben Kaiser Karl der Fünfte, welcher in den Niederlanden durch eine

Reihe von Edicten den Wechslern und Privatbanken die Zinsen ganz untersagte, dann die Wechsler wenigstens mit sittlichem Makel behaftete und ihnen den Zutritt zu Kirche und Altar verweigerte, ließ sich in Deutschland ebenso wenig wie seine Vorgänger von jenen Schriftstellern und den Grundsätzen des Zinsverbotes betreffs der Wechsler und Banken leiten, sondern gestattete ihnen auf den oben gezeichneten Wegen ihre Entwicklung in richtiger Erkenntniß, wie wichtig für die Gestaltung des Capitalverkehres die Wechsler, ihre Banken und Pfandhäuser waren.

Eine Ungnade Napoleons des Ersten.

Mémoires du Cardinal Consalvi secretaire d'état du pape Pie VII. Paris, Henri Plon, 1864.

1.

Jetzt, wo die römische Frage wieder in den Vordergrund tritt, dürfte es nicht unpassend sein, an das Verhältniß Napoleons des Ersten zum heiligen Stuhle zu erinnern. Ein Augenzeuge und Mitagirender, Cardinal Consalvi, der zuerst nach Paris gekommen war, um die Verhandlungen wegen Abschlusses des Concordats zu leiten, entwirft in seinen Memoiren ein lebhaftes Bild der damaligen Zustände, und die Aufzeichnungen dieses Kirchenfürsten verdienen um so größere Beachtung, als seine Aussagen den unverkennbaren Stempel der Wahrhaftigkeit tragen. Der Cardinal, der diese Memoiren im Exile schrieb, strebt sichtlich nach Mäßigung; er bemüht sich, so objectiv als möglich zu bleiben und man merkt seiner Darstellung an, daß er fürchtet, schon die schlichte Wahrheit könnte unwahrscheinlich dünken.

Noch unterwegs erfuhr Consalvi, der in Gesellschaft des Cardinal Pietro reiste, daß Napoleon durch eine dem Senate mitgetheilte Civilacte seine Heirath mit Josephine Beauharnais als nichtig erklärt habe und daß die geistliche Behörde von Paris ebenso wie die erzbischöfliche sich für die Nichtigkeit auch des religiösen Bandes erklärt hätten.

Einige Tage nach der Ankunft Consalvis in Paris (Januar 1810) wurde das Ehebündniß des Kaisers mit der östreichischen Erzherzogin bekannt gemacht und die Hochzeit sollte im Monat April in der französischen Hauptstadt gefeiert werden, nachdem sie, der Sitte des französischen Hofes gemäß, zuerst in Wien vermittelst Procuration vollzogen worden war. Cardinal Fesch, welcher die erste Ehe Napoleons eingesegnet, übernahm auch diesmal, das hohe Priesteramt zu bekleiden.

Zu jener Zeit befanden sich im Ganzen neunundzwanzig Cardinäle in Paris, und je näher der Tag der Hochzeit kam, um so lebhafter wurde unter ihnen das Verhalten besprochen, das sie diesem wichtigen Ereignisse gegenüber zu beobachten haben würden. Einige der Cardinäle beschäftigten sich mit den theoretischen Nachforschungen, welche der Fall erheischte, und sie behaupteten, daß die Heirathsangelegenheiten gekrönter Häupter ausschließlich vor den Richterstuhl des Papstes gehörten, es sei nun, daß der heilige Vater das Urtheil in Rom spreche oder durch Vermittlung besonderer Legaten fällen ließe.

In jedem Jahrhundert finden sich Beispiele solcher Entscheidungen, und Consalvi sagt, es ließe sich auch nicht ein einziges gegen die Regel anführen. Ja dieses Recht des heiligen Stuhles sei selbst vom französischen Kaiser anerkannt, wie dies unter andern aus den „pariser Conferenzen" erhelle, einem Werke, das unter dem Cardinal von Noailles, einem Gegner der römischen Hierarchie, gedruckt worden ist. Die Officialität in Paris bekannte sich selbst in ihrem Nichtigkeitsspruche zu dieser Ansicht. Sie hatte nämlich zuerst ihre Dazwischenkunft in dieser Angelegenheit als nicht in ihren Bereich gehörig verweigert. Hierauf setzte der Kaiser einen aus mehren in Paris anwesenden Bischöfen gebildeten Ausschuß zusammen, in welchem Cardinal Fesch den Vorsitz führte. Diesem Ausschuß gelang es nach langem Zureden die Officialität von Paris zu bestimmen, ihre Competenz anzuerkennen. In dem betreffenden Urtheilsspruche hieß es, daß die Officialität von Paris unbeschadet der Rechte des augenblicklich nicht zugänglichen Papstes, competent befunden sei, die Heirath mit der Kaiserin Josephine aus den in den Actenstücken angeführten Gründen für nichtig zu erklären. Später ließ die kaiserliche Regierung dieses Document vernichten, wohl fühlend, daß es ihrer Sache mehr nachtheilig sei als dienlich war.

Dreizehn Cardinäle, Mattei, Pignatelli, della Somaglia, di Pietro, Litta, Saluzzo, Ruffo Scilla, Brancadoro, Galeffi, Scotti, Gabrielli, Oppizzoni und Consalvi, waren entschlossen, die Rechte des heiligen Stuhles zu vertheidigen, und dem Nichtigkeitsspruche, so weit es in ihren Kräften stand, ihre Beistimmung zu verweigern. Funfzehn dagegen ließen sich für die Wünsche des Kaisers gewinnen, darunter Joseph und Anton Doria, Roverella, Dugnani, Vincenti, Fesch, Albani, Erskine und Bayane. Cardinal Capra lag am Tode.

Einige der Erstgenannten waren schwankend wie Dugnani und die beiden Doria, andere erklärten, sie wollten sich keinen Quälereien aussetzen, und verweigerten es, sich auszusprechen. Am energischsten zu Gunsten der Nichtigkeit des Ehebündnisses mit Josephine traten auf Roverella, Spina, Carelli, Manry, Erskine, Bagane und Vincenti.

Nach Beendigung der Hochzeitsfeierlichkeiten gaben die Funfzehn vor, die Dreizehn hätten ihren Entschluß, sich nicht an denselben zu betheiligen, geheim gehalten. Dies ist falsch. Die Dreizehn machten aus ihrem Entschlusse keineswegs ein Geheimniß; sie wollten aber vermeiden, daß man ihnen den Vorwurf mache, sie hätten einen Druck auf ihre Collegen auszuüben gesucht, was die Regierung noch unwilliger gemacht haben würde. Von einem Geheimnisse könne um so weniger die Rede sein, als Mattei, der älteste der Dreizehn, die sämmtlichen Collegen von dem Entschlusse der Opponenten persönlich in Kenntniß gesetzt hatte.

Zugleich waren die Letzteren bemüht, ihren Widerstand in so gelinde Form als möglich zu kleiden. Der genannte Cardinal Mattei begab sich in dieser Absicht zu Fesch und theilte ihm mit, daß er und zwölf seiner Collegen dem Urtheilsspruch der geistlichen Behörde von Paris nicht beitreten könnten und beschlossen hätten, den Hochzeitsfeierlichkeiten nicht beizuwohnen. Mattei ließ zugleich die Bemerkung fallen, es wäre leicht, jeden öffentlichen Skandal zu vermeiden, wenn blos ein Theil der Cardinäle Einladungen bekäme, wie dies bei dem Senate und bei dem gesetzgebenden Körper auch der Fall sei. Man dürfe nur die Beschränktheit des Raumes vorschützen, und auf diese Weise würden diejenigen Cardinäle, die sich nicht betheiligen wollten, ohne Aufsehen zu erregen wegbleiben können. Nachdem Cardinal Fesch sich vergeblich bemüht hatte, die Opponenten von ihrem Vorhaben abzubringen, versprach er endlich, mit dem Kaiser, der sich damals in Compiègne befand, über den Gegenstand zu sprechen. Napoleon gerieth in heftigen Zorn, wollte aber von dem Vorschlage Matteis nichts hören, indem er die Ueberzeugung aussprach, die Dreizehn „würden es nicht wagen, ihr Complot auszuführen".

Der Hochzeitstag näherte sich. Die neue Kaiserin traf in Compiègne ein und begab sich hierauf mit dem Kaiser nach St. Cloud. Daselbst sollten am Samstage oder am Freitage die vorzüglichsten Staatskörper dem Fürstenpaare ihre Aufwartung machen. Am Sonntag fand die bürgerliche Heirath in St. Cloud statt, am Montag die kirchliche Antrauung in den Tuilerien und auf Dienstag Vormittag endlich war die allgemeine Cour im Thronsaale angesagt.

Die widerspenstigen Cardinäle hielten es unter ihrer Würde und auch nicht mit ihrer Pflicht vereinbar, Krankheit vorzuschützen und sie waren entschlossen, dem Zorn des Gebieters zu trotzen. Sie kamen überein, dem zweiten und dritten Acte fern bleiben und blos am ersten und vierten Acte, das heißt an den beiden Aufwartungen sich betheiligen zu wollen.

Also am Samstag oder Freitag Abend begaben sich sämmtliche Cardinäle nach St. Cloud, wo sie in Gesellschaft der Würdenträger des Staates, den Ministern, den Prinzen von Geblüt u. s. w. die Ankunft der Majestäten erwarteten.

Fouché, zu dem Consalvi während seines ersten Aufenthaltes in Paris in freundschaftlichen Beziehungen gestanden hatte, kam auf diesen zu, begrüßte ihn mit Herzlichkeit und fragte, ob es wahr sei, daß einige Cardinäle sich weigerten, der Heirath des Kaisers beizuwohnen. Als Consalvi schwieg, bemerkte der Polizeiminister, daß er aus purer Höflichkeit die fragende Form gewählt habe, da er in seiner Stellung mit Bestimmtheit wissen müsse, wovon er spreche. Consalvi erwiederte dem Minister, daß er mit einer der Eminenzen spreche, die sich fern halten wollten. „Ach, was Sie mir sagen," rief Fouché aus, „der Kaiser hat mir heute Morgen davon gesagt und in seinem Zorne auch Sie genannt, aber ich habe ihm mit Bestimmtheit erklärt, daß, was Sie betreffe, diese Behauptung gegen alle Wahrscheinlichkeit sei." Der Minister führte nun Consalvi die gefährlichen Folgen einer solchen Handlung vor die Augen, Folgen, welche den Staat, die Person des Kaisers und sogar die Thronfolge berührten. Diese Handlung würde den Feinden des Kaiserthums neue Kühnheit einflößen u. s. w. Der Polizeiminister schloß mit der Bemerkung, daß man sich zur Noth darüber hinwegsetzen würde, falls die Cardinäle sich damit begnügten, blos bei der Civiltrauung nicht zu erscheinen, dagegen müßten sie bei der kirchlichen anwesend sein, wollten sie die Dinge nicht bis zum Aeußersten treiben (jusqu'à la dernière ruine).

Mittlerweile war der Kaiser eingetreten und jedermann beeilte sich, den ihm zugewiesenen Platz einzunehmen. Napoleon hielt die östreichische Prinzessin an der Hand und nannte ihr jede Person beim Namen, so wie er an ihr vorbeikam. Als das Paar an dem Platze anlangte, wo die Cardinäle sich aufhielten, rief der Kaiser aus: Ach, die Cardinäle! Hierauf stellte er mit großer Liebenswürdigkeit und Höflichkeit einen nach dem andern vor, indem er bei Nennung einiger derselben gewisse Einzelheiten hinzufügte, so bei der Vorstellung Consalvis die Worte: „der das Concordat gemacht hat."

Die Eminenzen verneigten sich stumm; Napoleon setzte die Vorstellung fort und verließ den Saal, um sich ins Theater zu begeben. Nach Paris zurückgekehrt versammelten sich die Dreizehn bei ihrem Collegen Mattei, und Consalvi berichtete sein Gespräch mit Fouché, ohne daß diese Mittheilung irgend etwas an dem Entschlusse der Anwesenden geändert hätte. Am folgenden Sonntag fand die Civiltrauung statt, bei welcher von den fünfzehn Cardinälen jedoch nur zwölf erschienen waren. Cardinal Bagane lag krank im Bette; zwei andere schützten Krankheit vor. Alle drei hatten Cardinal Fesch geschrieben, um sich zu entschuldigen, daß sie nicht nach St. Cloud kämen.

Auf den Montag, 2. April, war der feierliche Einzug des Kaisers und der Kaiserin in Paris sowie die kirchliche Trauung in der Tuilerienkapelle anberaumt.

Man hatte gehofft, die Vorstellungen Fouchés würden nicht ohne Wirkung bleiben, und darum Sitze für das gesammte heilige Collegium bereit gestellt, obgleich die Dreizehn bei der bürgerlichen Trauung nicht zugegen gewesen. Als die entscheidende Stunde geschlagen hatte und man sich überzeugte, daß die opponirenden Cardinäle nicht erscheinen würden, ließ man rasch die leeren Sitze wegschaffen, damit wenigstens den Uneingeweihten die Lücke nicht auffalle.

Auch in den Tuilerien waren bloß zwölf Cardinäle erschienen. Der kranke Bayane raffte sich auf, um nicht abwesend zu bleiben; dagegen wurde Erskine, schon angekleidet, durch zwei Ohnmachten verhindert, an der Feierlichkeit theilzunehmen. Die Cardinäle Dugnani und Despuig entschuldigten ihr Wegbleiben abermals durch Unpäßlichkeit.

Während der Feier der bürgerlichen wie der kirchlichen Trauung blieben die dreizehn Cardinäle in ihren Wohnungen eingeschlossen und verließen dieselben nicht einmal am Abend. Sie wußten durchaus nicht, welchen Eindruck ihr Verhalten auf den Kaiser hervorgebracht hatte, da niemand gewagt hätte, durch einen Besuch bei ihnen sich zu compromittiren. Beim Eintritt in die Kapelle fiel Napoleons erster Blick auf die den Cardinälen angewiesenen Stühle und als er nur elf bemerkte (Cardinal Fesch befand sich vor dem Altare), „funkelten seine Augen dermaßen und nahm sein Gesicht einen solchen Ausdruck von Zorn und Wildheit an, daß alle, die ihn beobachteten, den Ruin derer prophezeiten, welche sich geweigert hatten, der Heirath beizuwohnen."

Die Dreizehn begaben sich einem mit Stimmenmehrheit gefaßten Entschlusse gemäß zu der auf den folgenden Tag angesetzten Vorstellung, trotzdem daß Cardinal Consalvi und andere sich lebhaft dagegen ausgesprochen hatten. Sie mußten mit den Senatoren, Deputirten, Bischöfen, Ministern, Palastdamen, Kammerherren zwei Stunden in den an den Thronsaal stoßenden Gemächern warten. Endlich öffnet sich die Thüre zu dem Saal, in welchem der Kaiser und die Kaiserin, die Könige und Prinzen von Geblüt sich befanden. Zuerst wurden die Senatoren eingeführt, nach ihnen die Mitglieder des Staatsrathes, sogar den Deputirten wurde der Vortritt vor den Cardinälen gewährt. Als die Reihe an die so sehr gedemüthigten Eminenzen kam, sah man plötzlich einen Ordonnanzoffizier des Kaisers aus dem Thronsaal hereinstürzen. Napoleon hatte ihn zu sich herangerufen und ihm befohlen, ins Vorgemach zu eilen und sämmtliche Cardinäle, welche nicht bei der Heirath zugegen waren, fortzuschicken, da S. M. nicht geruhten, sie zu empfangen. Als der Offizier schon an der Thür war, rief der Kaiser ihn zurück und befahl ihm, bloß die Cardinäle Oppizzoni und Consalvi hinauszuweisen. Aber der Ordonnanzoffizier mißverstand diesen zweiten Befehl und glaubte, daß nach Abweisung der unliebsamen Cardinäle die beiden erwähnten besonders genannt werden sollten. So geschah es denn auch. Alle Augen waren auf die Verjagten geheftet und diese eilten beschämt und verwirrt durch die Vorzimmer. Ihre Wagen waren im Wirrwarr verschwunden und so mußten sie denn in Purpur gekleidet zu Fuße nach Hause gehen, erfüllt von trüben Gedanken und Ahnungen. Im Augenblick, wo die zurückgebliebenen Cardinäle an Napoleon vorüberzogen, überließ dieser sich den heftigsten Aeußerungen und Drohungen gegen die nicht Vorgelassenen, namentlich gegen Oppizzoni und Consalvi, indem er hinzufügte, den andern könne er noch verzeihen, da sie nur von Vorurtheilen aufgeblasene Theologen wären, für die zwei Genannten aber habe er keine Gnade. Der erstere sei voll Undank, da er ihm, Napoleon, das Erzbisthum von Boulogne und den Cardinalshut verdanke, aber der schuldigste von allen wäre Consalvi. Dieser habe nämlich nicht aus Vorurtheil gehandelt, sondern aus Haß, Feindschaft und Rache, weil der Kaiser sein Ministerium gestürzt habe. Der Cardinal sei ein tiefer Diplomat, daß er seinen Nachkommen die ernsteste aller Erbfolgeschwierigkeiten, die der Unehelichkeit bereitete. Die Wuth des Kaisers gegen Consalvi war aufs Aeußerste gestiegen, so daß dessen Freunde das Schlimmste befürchteten.

Schon am Tage der kirchlichen Trauung war Napoleon in argen Zorn gegen diese Cardinäle verfallen und beim Austritt aus der Kapelle befahl er, drei der abwesenden Cardinäle, Consalvi, Oppizzoni und einen dritten (der Verfasser vermuthet, es sei Pietro gewesen) erschießen zu lassen; aber schließlich sollte sich die Sentenz auf Consalvi beschränken. Dieser glaubt die Nichtvollstreckung dieser Sentenz den Bemühungen seines Freundes Fouché zu verdanken, es ist aber wahrscheinlich, daß Napoleon keiner Ermahnung bedurfte, um das Gefährliche der ihm von der ersten Aufwallung zugeflüsterten Eingebung zu erkennen.

Am folgenden Tage wurde Oppizzoni und den anderen zum Episkopate beförderten Cardinälen, welche an die Dreizehn sich angeschlossen hatten, unter Androhung von Gefängnißstrafe befohlen, ihre Entlassung zu geben, was sie denn auch mit Vorbehalt der päpstlichen Genehmigung thaten. Am Abend desselben Tages wurden sämmtliche der Ungnade verfallene Kirchenfürsten zum Cultusminister beschieden.

Im Cabinet dieses Ministers fanden sie Fouché, der vorgab, er wäre zufällig zum Besuche bei seinem Collegen. Der Minister hieß die Cardinäle Platz nehmen und hielt eine lange Ansprache, welche die wenigsten verstanden, da eben nur wenige der französischen Sprache kundig waren. Er führte darin aus, daß sie ein Staatsverbrechen begangen hätten, das Verbrechen der Majestätsverletzung; daß sie gegen den Kaiser complottirt hätten, wie aus dem Umstand erhelle, daß sie ihren Entschluß in tiefes Geheimniß zu hüllen suchten, auch hätten sie die öffentliche Ruhe gefährdet, indem sie sich bemühten, die Legitimität der Thronfolge in Zweifel zu ziehen. Der Kaiser und König betrachte sie als Rebellen, als Verschworene und habe ihm befohlen, ihnen zu bedeuten: 1) daß sie aller ihrer Güter verlustig seien, zu deren Beschlagnahme die Befehle schon ertheilt seien; 2) daß Se. Majestät die dreizehn nicht mehr als Cardinäle ansehe und ihnen verbiete, irgend ein Abzeichen dieser Würde zu tragen; 3) daß Se. Majestät sich das Recht vorbehalte, weitere die Widerspenstigen betreffende Verfügungen bekannt zu machen. Der Minister schloß mit der Andeutung, daß gegen die Schuldigsten ein Criminalproceß anhängig gemacht werden solle.

„Als er geendigt hatte," schreibt Consalvi, „nahm ich das Wort und erwiederte, daß man uns mit Unrecht eines Complottes und der Rebellion anklage, Verbrechen, die des Purpurs wie unserer persönlichen Charaktere unwürdig seien; daß unser Betragen sehr einfach und freimüthig gewesen; daß es falsch sei, wir hätten unseren Collegen ein Geheimniß aus unserer Meinung gemacht, wir hätten mit ihnen über den Gegenstand vielmehr gesprochen, daß wir es aber mit jener Mäßigung gethan hätten, die nothwendig schien, um uns gegen die Anklage zu sichern, als suchten wir Proselyten zu machen und die Zahl der Fernbleibenden zu vergrößern; daß, wenn man uns jetzt ob dieser Zurückhaltung tadele, man uns noch mehr getadelt haben würde, wenn wir auch diejenigen unserer Collegen überführt hätten, welche unsere Meinung nicht theilten; daß wir allerdings dem Cultusminister keine Eröffnung gemacht hätten, wohl aber dem Cardinal Fesch, dem wir in seiner Eigenschaft eines Cardinals und als Onkel des Kaisers offen unsere Meinung bekannt hätten, gerade um alle Oeffentlichkeit zu vermeiden; daß der Aelteste von uns ihm ein Mittel angegeben habe, alles Aufsehen zu verhüten, indem er den Kaiser gebeten, blos diejenigen Cardinäle einzuladen, die nicht unserer Ansicht gewesen wären. Ich fügte hinzu, daß die Mittheilung eines Complottes an den Onkel mit der Bitte, es dem Neffen bekannt zu machen, eine ganz neue Art von Verschwörung sei."

Die Cardinäle Litta und Tomaglia sprachen sich ungefähr in demselben Sinne aus, die anderen schwiegen, weil sie der Sprache nicht mächtig waren. Die Minister schienen erschüttert und gestanden, daß sie glaubten, der Kaiser würde sich langmüthig bezeigen, wenn er diese Entschuldigung mit angehört hätte. Die Cardinäle ermächtigten die Minister, Sr. Majestät die Worte mitzutheilen, worauf letztere meinten, Napoleon würde ihnen keinen Glauben schenken; wir thäten besser daran, ihm zu schreiben.

Als die Cardinäle einwilligten, gaben die Minister den Rath, im Briefe an den Kaiser zu erklären, sie hätten kein Complott gemacht, doch sollten sie durchaus vermeiden, von der Uebergehung des Papstes zu sprechen und irgendeinen gleichgiltigen Grund angeben wie z. B. Krankheit, oder daß man zu spät gekommen sei oder sonst eine unbedeutende Entschuldigung. Die Cardinäle erwiederten, sie wollten um keinen Preis die Wahrheit verheimlichen, ebenso wenig als ihren dem Papste geleisteten Eid der Treue verletzen.

Hierauf wurden verschiedene Vorschläge von den Ministern gemacht, und einer derselben erbot sich sogar einen Brief zu entwerfen, der allen Anforderungen entsprechen würde. Er setzte sich auch wirklich an den Schreibtisch und warf verschiedene Phrasen aufs Papier, die im Briefe an den Kaiser aufgenommen werden könnten.

Consalvi sah, daß einige seiner Collegen anfingen schwankend zu werden und daß die wenigsten die Wichtigkeit des Schrittes, zu dem man sie bestimmen wollte, erkannten. Deshalb bestand er darauf, daß man ihnen gestatte, sich im Hause des in der Nähe wohnenden Cardinals Mattei zu versammeln, um ungestört und unbeeinflußt verhandeln zu können. Jedenfalls solle der an den Kaiser zu richtende Brief noch in der Nacht fertig werden. Er machte geltend, daß die Mehrzahl der Anwesenden des Französischen unkundig wäre und daß sie daher gar nicht verständen, was von ihnen verlangt würde.

In der Wohnung Matteis angekommen setzte Consalvi seinen Collegen die Lage auseinander und es wurde sofort beschlossen, nichts zu unterschreiben, was wie eine Pflichtwidrigkeit gedeutet werden könnte. Man wolle nur die Wahrheit sagen, wenn auch nicht die ganze Wahrheit. Die Schwierigkeit wurde dadurch vermehrt, daß man sich möglichst wenig von dem Entwurfe des Ministers entfernen durfte und die Arbeit erforderte fünf Stunden. Endlich kam ein Actenstück zu Stande, dessen Inhalt den eben erwähnten Worten Consalvis entsprach.

Man trennte sich um vier Uhr, und Cardinal Litta, der bei Mattei wohnte, wurde beauftragt, das Schreiben dem Minister zu überreichen. Dieser las den Brief, schien davon befriedigt und versprach, denselben dem Kaiser in St. Cloud zu übergeben. „Am Abende desselben Tages erhielten wir aber ein Zettelchen vom Minister, worin er uns anzeigte, der Kaiser hätte seine Abreise von St. Cloud beschleunigt, er habe daher nicht mit S. M. sprechen können und so müßte er denn die frühern Befehle seines Herrn vollziehen."

Die Cardinäle blieben also ihrer Würden entsetzt und wurden mit dem Namen „schwarze" Cardinäle bezeichnet, im Gegensatz zu den nachgiebigen, welche die rothen hießen. Auch die Güter der Dreizehn wurden mit Beschlag belegt und ihre Einkünfte flossen in den öffentlichen Schatz.

Als der Kaiser, der sich nach Holland begeben hatte, nach Compiègne zurückgekehrt war, wurde versucht, ihn milder zu stimmen, aber alle Fürsprache zu Gunsten der Widerspenstigen blieb ohne Erfolg. Am 10. Juni wurden die Cardinäle zu zwei zum Cultusminister beschieden und ihnen die Mittheilung gemacht, daß sie sämmtlich ins Innere von Frankreich gebracht werden sollten. Consalvi und der ihm als Gefährte beigesellte Cardinal Brancadoro wurden nach Reims geschickt. Man hatte sich nämlich darin gefallen, diejenigen Cardinäle zu trennen, die auf vertraulichem Fuße miteinander gelebt hatten und paarte solche zusammen, die sich weniger kannten.

Consalvi schließt seine Erzählung damit, uns zu versichern, er habe von den ihm als Reisegeld angewiesenen fünfzig Louis ebenso wenig Gebrauch gemacht, wie von den zweihundert Franken, die man ihnen als monatliche Pension ausgesetzt hatte.

Das Vermächtniß des letzten Papst-Königs.

Wenn ein Papst des neunzehnten Jahrhunderts — die Annalen des Papstthums erzählen diese Geschichte von Leo dem Zwölften — einen Mönch heilig spricht, dessen Hauptverdienst in dem Wunder bestand, daß er Vögel, die schon halb gebraten waren, vom Bratspieß abstreifte und lebendig wieder fortfliegen ließ, so ist dies eine häusliche Angelegenheit, die in ihrer Harmlosigkeit niemandem zu nahe tritt, Viele erheitert. Wenn aber ein Papst in die Mitte der modernen Gesellschaft hinein ein Manifest schleudert, das der Autonomie der Wissenschaft wie den Grundlagen des Staats den Krieg erklärt und seine sämmtlichen Organe, die ihm zu unbedingtem Gehorsam verpflichtet sind, anweist, diesen Krieg mit den ihnen zu Gebote stehenden Mitteln zu führen, so ist dies unläugbar ein Ereigniß, eine kühne Herausforderung, die verhängnißvoll sein muß für den einen oder den andern Theil, denn sie constatirt die Macht oder die Unmacht des Herausfordernden. In seiner Encyklika vom 8. December hat Pius der Neunte das Gebäude des Katholicismus und die moderne Weltanschauung als unversöhnliche Gegensätze hingestellt, er selbst ist es, der diesen Gegensatz principiell formulirt hat, er selbst berechtigt dazu, in dem Erfolg seiner Bulle die Antwort auf die Frage zu lesen, wem Gegenwart und Zukunft gehören: der päpstlichen Hierarchie oder dem modernen Staate.

Bestünde die neueste That des Vatikan nur in der Ankündigung des Jubiläums, so wäre auch dies eine häusliche Angelegenheit, sie ginge nur diejenigen an, welche Lust tragen, von der Ablaßgelegenheit Gebrauch zu machen, und die übrige Welt könnte sich damit begnügen, es seltsam zu finden, daß der

Papst in einer Zeit, die er in den schwärzesten Farben malt, Anlaß zu einem Jubelfeste findet. Bestünde sie nur in der Ansprache an die Bischöfe und Prälaten der Christenheit, so wäre es eine der gewöhnlichen Jeremiaden, welche schon zu häufig wiederholt worden und in ihrem schwülstigen, vergangenen Jahrhunderten entlehnten Stile der Gegenwart zu fremd sind, als daß diese sich viel um sie bekümmern könnte. Allein diesmal ist es eine außerordentliche Kundgebung. Es ist nicht zufällig, daß der Papst aus den Allocutionen seiner ganzen Amtsthätigkeit Excerpte hat zusammenstellen lassen zu einem Syllabus oder Verzeichniß aller Hauptirrthümer der Zeit, deren es genau achtzig an der Zahl sind. Unserer Zeit sollte von derjenigen Macht, welche die Judenknaben Mortara und Coën der sündigen Welt entzogen hat, ein Spiegel entgegengehalten werden, darin sie sich mit allen ihren Lastern, mit ihren grundverderbten Tendenzen und fluchwürdigen Grundsätzen spiegeln soll, in systematischer Zusammenstellung wird ihr die Summe ihrer Nichtswürdigkeit vorgerechnet, und um diesem Katalog die höchste Autorität zu geben, läßt Pius der Neunte die Actenstücke seiner ganzen Regierungszeit wider die Welt zeugen. So ist es zugleich ein Rechenschaftsbericht des Papstthums Pius des Neunten, die Summe seiner Weisheit und Thätigkeit, es ist das Vermächtniß des letzten Papst-Königs.

Freilich, was die systematische Zusammenfassung betrifft, so bedarf dies der Einschränkung. Es würde dem Vatican übel anstehen, der gewöhnlichen Logik dieser Welt sich zu bedienen, und der belesene Jesuit Perrone, welcher die Excerpte zusammentrug, hat sich nicht blos von dem Gifte der modernen Wissenschaft intact erhalten, sondern er trägt auch dadurch seinen [gründlichen Abscheu und die Verachtung unserer 80 Irrthümer zur Schau, daß er sie — zur Verschärfung der Strafe — in die Kategorien seiner Jesuitenlogik gebracht hat. Es macht einen erheiternden Eindruck, im ersten Paragraphen den Pantheismus, den Naturalismus und den absoluten Rationalismus, im zweiten den gemäßigten Rationalismus, im dritten den Indifferentismus und Latitudinarismus abgehandelt, und im vierten vollends in bunter Reihe den Socialismus, den Communismus, die heimlichen Gesellschaften, die Bibelgesellschaften und die liberalen Klerikervereine zusammengewürfelt zu finden. Proudhon wird sich noch im Grabe wundern, mit dem Domprediger Hofmann, mit Guizot und Passaglia sich in einer Verdammniß zu wissen. Auch erscheint es doch ziemlich bequem, dem Gegner Sätze in die Schuhe zu schieben, wie den, daß Gott und die Welt, Geist und Materie, Nothwendigkeit und Freiheit, Wahres und Falsches, Gutes und Böses, Gerechtes und Ungerechtes identisch seien, und dann solchen Irrthum zu verdammen. Allein was auch wir Pedanten diesseits der Berge auszusetzen haben, der Inhalt läßt wenigstens an Deutlichkeit nichts zu wünschen übrig. Es sind die alten Forderungen des Papstthums, wie sie weder durch Copernikus und Galilei, noch durch die Reformation und das

Jahr 1789 erschüttert worden sind. Die freie Forschung ist verdammt, die Wissenschaft unter die Autorität der Kirche gesprochen. Der Katholicismus für die einzige legitime Kirche erklärt, für ihn allein der Schutz des Staates, für ihn die Disposition über die weltlichen Machtmittel in Anspruch genommen. Verdammt ist der Grundsatz, daß der Staat auf eigenen Füßen stehen und die bürgerliche Gesellschaft sich von der Kirche emancipiren solle; verdammt ist die Lehre, daß das Papstthum auf weltlichen Besitz verzichten und sich mit den modernen Ideen verständigen solle. Dies ist deutlich geredet. Niemand hat das Recht, über mißverständliche Dunkelheit zu klagen.

Wenn nun das Papstthum sich darauf beschränkte, an seinen historischen Rechten festzuhalten, oder die Grundsätze zu proclamiren, von welchen es jetzt und in Zukunft sich leiten zu lassen gedenkt, so wäre auch hiergegen nichts einzuwenden. Allein es sind zum Theil anerkannte, zu Recht bestehende Verhältnisse, es sind Verträge, zu welchen sich das Papstthum selbst im Laufe der schlimmen Zeit hat bequemen müssen, für nichtig erklärt, freilich unter der schützenden indirecten Form einer Verdammung der Grundsätze, auf welchen sie beruhen. Daß der Vatican dem Protestantismus die Legitimität abspricht, dies versteht sich ohnedies von selbst, und wir verdienen es auch nicht besser. Aber dazu gehörte doch angesichts so zahlreicher Concordate einige Kühnheit, gegen das Recht der Staatsgewalt zur Ertheilung des Exequatur zu protestiren, und Sätze wie den, daß die bürgerliche Gewalt den freien wechselseitigen Verkehr der Bischöfe und Gläubigen mit dem Papste hindern dürfe, als Irrthümer zu verdammen. Der reichhaltige Paragraph, welcher die Irrthümer im Bezug auf die Kirche und ihre Rechte enthält, stellt das bestehende Verhältniß des modernen Staats zur Kirche geradezu auf den Kopf. Es sind recht eigentlich destructive Tendenzen, welche der Vatican proclamirt hat. Den Vorwurf der Untergrabung der menschlichen Gesellschaft wird derjenige gegen niemand mehr schleudern können, der selbst die Grundlagen der Gesellschaft angreift, wie sie thatsächlich bestehen und in Geltung sind. Und die Sache wird nur um so schlimmer, wenn es eine officielle Autorität ist, ausgestattet mit einem wohldisciplinirten Apparat einflußreicher Werkzeuge, welche ein solches Manifest ergeben läßt. Der einzelne Ideologe, der mit keinen andern Waffen als mit denen des Wortes das Bestehende angreift, wird als Friedensstörer von den Gewalten unschädlich gemacht. Welcher Sturm, so sollte man denken, müßte eine Kriegserklärung, von solcher Stelle ausgesprochen, überall hervorrufen! Welcher Aufruhr in protestantischen und katholischen Ländern, welche Bestürzung in der Familie, in den Kreisen der Wissenschaft, in den Spitzen des Staats! Wie wird sich alles rüsten, mit Aufgebot aller Kräfte den Angriff des gefährlichen Gegners abzuschlagen! — Nichts von alledem. Mit Staunen vernahm die Welt die Stimme eines vergangenen Zeitalters und ging ruhig wieder ihren

Geschäften nach. Seit vier Wochen macht die päpstliche Bulle die Runde durch die Presse aller Völker, und noch ruht die Gesellschaft unerschüttert auf ihren Grundlagen. Bewegung nur im eigenen Lager des Katholicismus, Betrübniß oder affectirter Trotz bei den Freunden des Papstes, sonst die gelassenste Stimmung von der Welt, hier Kopfschütteln, dort Heiterkeit, nirgends Bestürzung; in Neapel ein Freudenfeuer der Studenten, welches die Asche des verbrannten Actenstückes zu der Statue Giordano Brunos emporträgt — dies der Eindruck einer päpstlichen Bulle in der Mitte des neunzehnten Jahrhunderts.

Doch es hat dem Papstthum nicht an Bundesgenossen gefehlt, und sie kamen zum Theil von unerwarteter Seite. Von der Mitte des norddeutschen protestantischen Staats erhob sich die Stimme eines Predigers in der Wüste und vereinigte sich mit dem Weherufe über den Alpen. Die Kreuzzeitung bewunderte „die geschickte Abfassung", wie „den Muth des Auftretens", der in dieser Kundgebung liege, und sprach die Hoffnung aus, daß „der Mahnruf des Papstes auch in anderen (!) Herzen wiederklinge". Sie bedauerte nur, daß der heilige Vater „die evangelische Kirche und was zu ihr gehört, mit den sonstigen (!) Irrthümern der Zeit in Einem Verdammungsurtheile zusammenfasse". Die Sympathie der Kreuzzeitung ist begreiflich. Wir erinnern uns eines noch nicht ein Jahr alten Hirtenbriefs eines pommerschen Generalsuperintendenten, der eine nicht zu verkennende Familienähnlichkeit mit der päpstlichen Bulle hat. Waren gleich die Irrthümer unsrer Zeit nicht so schön classificirt, so wurde doch auch hier Wehe gerufen über „die entsetzlichen Verderbnisse unsrer entfesselten Zeit", über „den kecken und alle Rücksichten verläugnenden Gegensatz gegen Aufsicht und Zucht der Kirche, namentlich in den Stadtgemeinden" („Landeskloaken", wie neuerdings die reinliche Kreuzzeitung sich ausdrückt), und Angesichts dieser Entsetzen erregenden Erscheinungen wollte der Oberhirt den Geistlichen seiner Diöcese „zum lebendigen Bewußtsein bringen", wie sie dagegen anzukämpfen und „den wohlgemeinten Intentionen unsres Kirchenregiments zu entsprechen haben". Gegen solche Copien unsrer evangelischen Oberhirten hat freilich eine päpstliche Bulle immer noch eine gewisse Großartigkeit, einen Reiz alterthümlicher Originalität, welcher der Kreuzzeitung und ihren Helden besonders imponiren und ihnen neidische Bewunderung entlocken muß. Auch die Ruine zeugt noch von der Größe der einstigen Anlage, unwillkürlich erwachen die Reminiscenzen an die große Vergangenheit, die Worte haben noch denselben Klang wie damals, als sie nicht blos klangen, sondern trafen und erschütterten. Allein für eine Kundgebnng, welche in der Gegenwart wirken soll, vermag ein von der Vergangenheit erborgter Schimmer doch kaum einen succès d'estime zu verbürgen. Sie ist ja recht dazu gemacht, den Gegensatz von Einst und Jetzt, — um mit dem Generalsuperintendenten Dr. Jaspis zu reden, „zum lebendigen Bewußtsein zu bringen". Eben weil man diesen Gegensatz sofort empfand, konnte man mit dem Gefühl behaglicher Sicherheit die aufregende Encyklika sammt Syllabus von Anfang bis zu Ende lesen. An einer Perlenschnur von achtzig wohlgezählten Sätzen vergewisserte man sich des Fortschritts der Jahrhunderte und gab sich dem erfreuenden Gefühle hin, wie weit die Zeiten der Gregore und der Innocenze hinter uns liegen.

Aber selbst dieser Eindruck hätte in unsrer abgestumpften Zeit, in welcher auch das Ueberraschende und Seltene rasch sich vorüberdrängt, die Bulle nicht vor dem gewöhnlichen Schicksal ihrer Schwestern bewahrt, in acht Tagen wieder vergessen zu sein, wenn sie nicht außer der Kreuzzeitung noch einen andern wirksameren, obwohl gleichfalls unerwarteten Bundesgenossen gefunden hätte: die Verlegenheit und das Ungeschick der französischen Regierung.

Frankreich war die eigentliche Adresse der Encyklika, denn sie war die Antwort des päpstlichen Stuhls auf die Convention vom 15. Sept. Ist es wahr, daß das Actenstück seit zwei Jahren auf Lager war und der Papst bisher nur keine schickliche Gelegenheit zur Veröffentlichung fand, vielleicht auch von besonneneren Rathgebern bisher zur Zurückhaltung bewogen worden war, so ist der Umstand, daß gerade jetzt der Veröffentlichung alle Rücksichten weichen mußten, entscheidend für den eigentlichen Sinn der Kundgebung. Die Anklage des französischen Ministers, daß die Regierungsweise des Kirchenstaates zu wünschen übrig lasse und zuweilen im Widerspruch mit den Grundsätzen der französischen Regierung stehe, erwiedert der Papst mit einer Anklageacte gegen den gesammten modernen Staat, den Vertrag über die Räumung Roms mit einer feierlichen Verdammung des Grundsatzes, daß weltliche und geistliche Gewalt zu trennen seien, die Hoffnungen der liberalen Katholiken mit einer kategorischen Weigerung, jemals „mit dem Fortschritt, mit dem Liberalismus und der modernen Civilisation sich zu versöhnen und zu vertragen."

Die Convention selbst hatte den französischen Klerus nur mäßig aufgeregt. So lange die französischen Truppen vor der Engelsburg Wache halten, stünde es auch dem Klerus übel an, diejenige Regierung anzugreifen, welche die einzige Stütze für das weltliche Papstthum ist. Auch für die Zukunft war ja noch nicht alle Hoffnung verloren, und an wen konnte sich diese knüpfen als an den guten Willen des französischen Kaisers? In der That hatte Drouyn de Lhuys die Convention im Licht einer unschädlichen, für das Papstthum sogar vortheilhaften Maßregel darzustellen gewußt, der Klerus war beruhigt, er schien es wenigstens. Mit dieser Harmlosigkeit der Convention wollte es freilich nicht ganz stimmen, daß gleichzeitig mit ihr die gallikanischen Tendenzen da und dort wieder auftauchten und von der Regierung offenbar begünstigt wurden. Aber sie schienen doch wenig mehr zu bedeuten, als ein unschuldiges Geplänkel; denn an eine Rückkehr zu der Kirche Ludwigs des Vierzehnten konnte doch im Ernste niemand denken. Es verrieth sich darin wohl eine gewisse Unruhe, ein unsicheres Tasten nach einem Programm für die Auseinandersetzung zwischen Kirche und Staat, wie es durch den Gedanken an etwaige Eventualitäten in Rom natürlich hervorgerufen wurde; aber an einen ernsten Conflict dachte offenbar weder Regierung noch Klerus. Beiden schien die zweijährige Frist, durch welche die römische Frage glücklich vertagt war, ein erwünschtes Auskunftsmittel um jeder principiellen Entscheidung aus dem Weg zu gehen.

Eben dieser Waffenstillstand war nun durch das Erscheinen der päpstlichen Bulle plötzlich bedroht. Hatten die Organe des Herrn Drouyn de Lhuys betheuert, daß dem weltlichen Papstthum kein Leids geschehen solle, so nahm der Papst sie beim Wort, indem er von Neuem für seine weltliche Herschaft seine geistliche Autorität einsetzte. Hatte die Regierung mit den gallikanischen Tendenzen gespielt, so trat jetzt von der andern Seite das Verlangen an sie, mit der Lossagung von Rom Ernst zu machen. Die Bulle schien an den Klerus die Aufforderung zu richten, sich definitiv für oder wider Rom zu erklären, ein erbitterter Kampf stand in Aussicht.

Es ist erklärlich, daß die französische Regierung bestrebt war, diesen Kampf im Keime zu ersticken. Nichts konnte ihr unerwünschter sein als eine Verwicklung plötzlich zur brennenden Frage werden zu sehen, die sie glücklich vertagt glaubte. Sie machte von ihrem Rechte Gebrauch, nur für einen Theil der Encyklika die Erlaubniß zur amtlichen Veröffentlichung zu ertheilen. Aber der Erfolg bewies, daß sie damit das ungeschickteste Mittel ergriffen hatte. Das Verbot des Justizministers schürte den Brand, anstatt ihn zu ersticken. Es gab der Bulle eine Wichtigkeit, die sie außerdem nicht gehabt hätte. Die ungehinderte Oeffentlichkeit wäre ohne Zweifel das beste Mittel gewesen, die Unmacht des Vatican sich selbst constatiren zu lassen. Die Einmischung der Staatsgewalt reizte die ultramontane Partei, sich im Glanze eines wohlfeilen Martyriums zu sonnen.

Was mit Erlaubniß des Staats nicht geschehen durfte, geschah, wenigstens von Einzelnen, dem Verbot zum Trotz. Eine Reihe von Bischöfen veröffentlichten protestirende Antwortschreiben an den Minister. Ein Prälat nach dem andern erhob seine Stimme, der Conflict schien immer größere Dimensionen anzunehmen. Die Regierung war von dieser Haltung des Klerus sichtlich betroffen. Aber sie hatte nicht nur im jetzigen Moment Oel ins Feuer gegossen, sie büßte zugleich für alte Sünden. Als nach dem Staatsstreich Louis Napoleon die willige Unterstützung des Klerus gefunden hatte, war seine Regierung nicht unerkenntlich geblieben. Bis zum Jahre 1859 hatte sich das Cultusministerium in einer ultramontanen Strömung bewegt. Die Bischofsernennungen waren alle in diesem Sinne erfolgt. Jetzt zeigten sich die Früchte einer Nachgiebigkeit, von welcher man erst in den letzten Jahren angefangen hatte zurückzukommen. Indem man die Stimmen des Episkopats abzählte, ergab die Rechnung, daß weitaus der größte

Theil sich zu den ultramontanen Grundsätzen bekenne. Die Regierung sah sich unter diesen Umständen in der That machtlos, wenn sie nicht geradezu den offenen Bruch provociren wollte; sie konnte wohl einzelne Bischöfe, die sich zu weit vorgewagt, wegen Mißbrauchs der Amtsgewalt vor den Staatsrath belangen, aber es war dies eine bloße Formalität, durch welche das Ansehen der Regierung nichts gewann, das der Bischöfe nichts verlor. Schritt sie zu wirklichen Strafen fort, die ihr das Gesetz allerdings an die Hand gab, so verwickelte sie sich immer mehr in eine Sache, aus der es für sie schwieriger herauszukommen war, als für die Bischöfe, die stets im Vortheil einer klaren Position blieben und noch unterliegend das Prestige unterdrückter Dulder für sich hatten.

Der Episkopat selbst rettete die Regierung aus dieser Verlegenheit. Er bewies ebenso wenig Lust, den Conflict auf die Spitze zu treiben. Es zeigte sich, daß doch nur eine Minderzahl mit öffentlichen Protesten hervortrat, und daß auch diese nur eine Demonstration, nicht einen entschiedenen Bruch beabsichtigten. Gingen auch Einzelne bis zu offner Renitenz fort, so begnügten sie sich doch damit, ihr geistliches Gewissen salvirt zu haben. Das Bezeichnendste war, daß wohl einige Bischöfe die ganze Encyklika verlasen, daß aber keiner der niederen Geistlichkeit aufgab, ein Gleiches zu thun. Diese blieb somit gänzlich aus dem Spiel, der Conflict beschränkte sich auf die Spitzen der Hierarchie. Möglich daß der Episkopat des niederen Klerus nicht sicher war, aber gewiß ist, daß seine diplomatische Handlungsweise zugleich von dem Wunsche dictirt wurde, es jetzt nicht aufs Aeußerste zu treiben. Wirklich konnte es auch nicht im Interesse des Klerus liegen, einen Kampf voreilig herauszufordern, der doch einmal unausbleiblich ist, uud in welchen er schwerlich mit Siegeszuversicht eintreten wird. So haben sich denn die aufgeregten Wogen bald wieder beruhigt. Die Episode darf als beendigt angesehen werden, sie verlief in einen Federstreit ohne Resultat; der Vatikan hat wenigstens die Genugthuung, mit seiner Bulle ein paar Wochen lang die Federn der Bischöfe und der gesammten französischen Presse in Bewegung gesetzt zu haben.

Daß jede principielle Lösung im jetzigen Augenblick verfrüht und künstlich gewesen wäre, zeigten übrigens auch die Aeußerungen der öffentlichen Meinung in Frankreich. Auch diese war sichtlich unvorbereitet für die Entscheidung eines großen Problems, und die Schlagwörter, welche als Mittel zur Lösung auftauchten, bewiesen nur, wie unklar noch immer die letzten Ziele sind. Das Interesse war aufs Lebhafteste erregt, wie es sich in einer Gesellschaft nicht anders denken läßt, welche eben durch Renans Leben Jesu für die religiösen Fragen wieder empfänglich geworden war und durch die Convention zum Nachdenken über das Verhältniß des Staats zur katholischen Kirche sich aufgefordert sah. Aber die Vorschläge liefen bunt durcheinander und fast wurde der Streit innerhalb der liberalen Parteien so heftig wie der Kampf gegen den gemeinsamen Gegner. Forderten die Einen strenge Anwendung der organischen Artikel vom Jahr 1801, so sahen die Andern die beste Antwort in der sofortigen Räumung Roms. „Rückkehr zur gallikanischen Staatskirche" war von der einen Seite, „freie Kirche im freien Staat" das Losungswort von der andern Seite. Aber es war der Regierung weder zuzumuthen, daß sie zu jenen drastischen Maßregeln griff, noch daß sie Principien proclamirte, von welchen das eine nur noch historischen Werth hat und zwar noch als Waffe gegen den Ultramontanismus, aber nicht als Basis für eine Neuschöpfung zu gebrauchen ist, das andere aber wohl die ideale Formel der Zukunft, aber, wie sich in Italien gezeigt hat, noch keineswegs das Zauberwort ist, um die verwickelten kirchenrechtlichen Verhältnisse der alten Welt mit einem Mal zu lösen.

Dennoch ist die Discussion, die sich bei diesem Anlaß so lebhaft entspann, von hoher Wichtigkeit. Die Bulle und die Renitenz der Geistlichkeit haben ein großes Verdienst. Sie haben die öffentliche Meinung angeregt, sich das Verhältniß von Staat und Kirche klarer zu machen und sich auf die in Rom bevorstehenden Eventualitäten vorzubereiten. Sie haben schon jetzt manche Illusion zerstört. Zum Schweigen gebracht ist jener katholische Halbliberalismus, dessen Traum die Versöhnung der Kirche mit dem modernen Fortschritt war. Eben dieser Fraction hat der Papst den Boden unter den Füßen weggezogen, für sie ist die Bulle im Grund der härteste Schlag. Montalembert findet alle Punkte seines Programms von 1852, alle Freiheiten, zu deren beredtem Apostel er sich gemacht, ausdrücklich verdammt: Gewissensfreiheit, Cultusfreiheit, Preßfreiheit; wird er sie auch in Zukunft noch verlangen können? Aber auch über die wahre Bedeutung des Gallikanismus beginnt man nüchterner zu denken. Man findet es doch wenig verlockend, zu theokratischen Idealen des Alterthums zurückzukehren und, nachdem der Staat die Gemeinden und die Universitäten, das politische und das wissenschaftliche Leben zu seiner Domäne gemacht hat, auch noch die Kirche in seine allmächtige Hand zu liefern. Wer dem Gange der Discussion in Frankreich gefolgt ist, hat sich überzeugen müssen, daß die Zukunft nicht dem Gallikanismus, nicht der Vermischung von Staat und Kirche, sondern im Gegentheil der Trennung von Staat und Kirche gehört. Diese Richtung zeigt sich jetzt schon als überlegen und vorwiegend. Daß die öffentliche Meinung sich in dieser Richtung befestige, daß die Geister sich daran gewöhnen, Gleichstellung aller Culte, Autonomie des religiösen Lebens, aber auch vollständige Autonomie des Staats und der bürgerlichen Gesellschaft unter ihre Forderungen aufzunehmen, dies ist die Hauptsache. Nicht auf einmal lassen sich diese Principien verwirklichen. Aber wenn nur aus Projecten eine feste überwältigende Meinung sich gebildet hat, vermag leicht die nächste Papstwahl einen Proceß zu beschleunigen und abzukürzen, der sonst erst in vielen Stufen und Etappen sich vollzöge.

Bis dahin liegt allen Parteien gleichviel daran, leidlichen Frieden zu halten. Aber das nächste Conclave wird keinen längeren Aufschub gestatten, die politische Entscheidung wird auch die kirchliche mit sich fortreißen. Ob dann die Umwandlung sanft oder unter schweren Kämpfen sich vollziehe, liegt in der Hand des nächsten Papstes. Pius der Neunte hat mit seiner Bulle vom 8. Dec. abgeschlossen. Aber er hat vergessen, in seinen Katalog der Irrthümer einen Satz aufzunehmen, der wohl verdient hätte, als einundachtzigster verdammt zu werden, denn er ist so wahr wie mancher in der Reihe, und lautet: „Mitunter irrt auch der Papst, als ein in der Gnade noch nicht völlig gefestigter irdischer Mensch." Freilich ist es kein moderner Satz, auch ist er durch eine gute Autorität gedeckt; einer seiner Vorgänger hat ihn ausgesprochen, Hadrian der Sechste.

Regierung und Abgeordnetenhaus in Preußen.

Die preußische Thronrede, ein sorgfältig gearbeitetes Schriftstück mit mehren glänzenden Stellen, hat doch in den beiden großen Streitfragen, der schleswigholsteinischen und der innern, nichts enthalten, was eine schnelle und befriedigende Beendigung der Conflicte wahrscheinlich macht. Wenn wahr ist, was preußische Correspondenzen verrathen, daß der Ministerpräsident im Conseil einen andern Entwurf vorgelegt habe, welcher das Budgetbewilligungsrecht der Häuser zu Gunsten der Opposition interpretirte, und zweijährige Dienstzeit empfahl, so wäre tief zu beklagen, daß solche Concessionen an dem Widerspruch der übrigen Minister gescheitert sind. Denn nach den Erfolgen des letzten Feldzuges war ein hochsinniger Entschluß der Krone das beste Mittel, einen guten Frieden zwischen Regierung und Volk herzustellen. Gerade jetzt konnte die Regierung, ohne ihrer Würde zu vergeben, der Majorität Zugeständnisse machen, sie wäre doch als Sieger, das heißt mit verstärktem Ansehn aus dem Kampfe hervorgegangen. Und es war jedermann deutlich, daß das Abgeordnetenhaus gern zur Versöhnung die Hand geboten und jedem Vorschlage, der seine Rechte anerkannte, bereitwillig entgegengekommen wäre. Nun ist der alte Hader wieder aufgebrannt; die Opposition vermag nicht mehr, was im Jahre 1863 noch möglich war, das herrschende System siegreich zu bekämpfen, aber sie lähmt doch die Thätigkeit der Regierung in allen Ecken und beeinträchtigt ihr Ansehn im Auslande.

Immer noch werden in der Presse leidenschaftliche Stimmen für und gegen die Annexion der Herzogthümer laut. Der Streit ist müßig geworden, er ist durch die preußische Regierung selbst gegen die Einverleibung entschieden. Allerdings vielleicht gegen ihren eigenen Willen. Aber der Weg, welchen Preußen zur Erledigung der Sache eingeschlagen hat, ist zuverlässig der bedenklichste von allen, falls nämlich in der That Absicht war, die Herzogthümer zu erwerben. Es gab einen kurzen Zeitpunkt, welcher dafür nicht ungünstig war. Als Oestreich noch ängstlich die Folgen des Septembervertrages erwog, als dort die Ministerkrisis das innere Schwanken verrieth, als die Ohnmacht der Mittelstaaten Allen auffällig, der Eindruck preußischer Waffenerfolge noch frisch war, damals unmittelbar nach geschlossenem Frieden hätte eine große Forderung und kühner Entschluß Manches durchsetzen können, man hätte wenigstens einen Bruch mit Oestreich nicht zu scheuen gehabt.

Das Verfahren dagegen, welches die preußische Regierung eingeschlagen hat, ist in der Form so ausgezeichnet correct, daß in der Sache auf große Erfolge verzichtet werden muß. Denn als man sich entschloß, mit Oestreich über die Rechte zu verhandeln, welche Preußen zur Sicherung seiner und der deutschen Interessen zustehn sollten, bevor man die Successionsfrage ordnete, da gab man den besten Theil des gewonnenen Erfolges wieder preis, man machte von dem guten Willen Oestreichs abhängig, was man niemals seiner Zustimmung hätte unterwerfen dürfen. Man opferte das alte Princip der Preußen, durch Separatverträge mit den betreffenden einzelnen Regierungen Fortschritte zu machen, und verlieh einem alten und argwöhnischen Gegner das Recht, überall zu hindern, auch den kleinsten Fortschritt Preußens als einen Gunstbeweis Oestreichs geltend zu machen, für welchen Gegendienste zu leisten seien. Die indiscrete Veröffentlichung des Inhaltes jener letzten östreichischen Note kann jedermann die Augen öffnen. Die östreichische Politik tritt nicht, wie England oder Frankreich, schnell in schroffem Gegensatz hervor, sie wirft den Verhandlungen einen Stein nach dem andern in den Weg, bis zuletzt die betretene Straße verbarrikadirt ist. Das ist zu Wien nicht System, es ist die Folge der Methode, in welcher dort politische Entschlüsse gefaßt werden. Daß der Ministerpräsident Preußens vorzog, lieber mit Oestreich über die Rechte Preußens an den Herzogthümern zu vereinbaren, als schnell die Successionsfrage zu erledigen und mit dem neuen Fürsten zu verhandeln, das wird, so fürchten wir, zu langwierigen Verwicklungen führen, aus denen weder schneller Entschluß noch späte Resignation befreien mag. Auch was man für diesen Weg sonst sagen könnte, daß hier ein Präcedenzfall geschaffen wird, und daß Oestreich, was es in einem deutschen Lande Preußen eingeräumt hätte, in einem andern doch schwer hindern könnte, hat gegenüber den Gefahren dieses Weges kein großes Gewicht. Wann hat die östreichische Politik sich um Präcedenzfälle gekümmert? sie arbeitet in größrer Unbefangenheit als die eines anderen Staates mit Inconsequenzen, welche ihr gerade nützlich scheinen, heute für das Recht der Nationalitäten, morgen dagegen, hier in sorgfältiger Beobachtung der Verfassung, dort in rücksichtsloser Nichtachtung. Diese Politik hatte sich im Herbst vorigen Jahres resignirt, den Preußen in den Herzogthümern viel einzuräumen, aber jede Woche, die seitdem vergangen, hat wieder Sicherheit und Selbstvertrauen verstärkt, die Mahnungen der eigenen Presse, die stille Arbeit der Parteigänger für die Mittelstaaten haben den guten Willen vermindert, es ist vorauszusetzen, daß man von Wien aus, je länger die Einmischung verstattet ist, um so entschiedener hindern wird. Was der preußischen Regierung von Kiel aus schüchtern, zuletzt etwa durch Herrn von Alefeld, entgegengetragen wurde, das wird mit Oestreichs Einwilligung, wie zu befürchten steht, nicht erreicht werden.

Auch in den Herzogthümern selbst hat die Furcht vor unsicheren Ansprüchen Preußens die nachtheilige Folge gehabt, einen zähen Particularismus wachzurufen, gegen den Eifer einzelner Annexionsmänner erhebt sich der Widerstand im Volke. Bereits wird die Weise, in welcher die Abneigung gegen Preußen sich äußert, sehr unerfreulich. Auch das ist eine nachtheilige Folge der Verzögerung und der zweideutigen Haltung des Siegers. Ob man die Gesinnung eines Volksstammes hoch oder gering achte, man kann sie in unserer Zeit nicht mehr unberücksichtigt lassen. Wäre es auch nur deshalb, weil die Nichtbeachtung dem Ausland erwünschte Gelegenheit gäbe, sich einzumischen.

So sehr haben sich die Gesichtspunkte verschoben, daß Preußen, dessen Interesse gebietet, die Erbfolgefrage schnell zu erledigen, dieselbe hinausschiebt, und daß Oestreich, welches bei anderer Handlungsweise Preußens durchaus kein Interesse hätte, dem Herzoge Friedrich geneigt zu sein, die schnelle Entscheidung über dessen Ansprüche begünstigt. Allerdings nur aus Opposition gegen Preußen, denn von dem Tage, wo man sich in Berlin herabläßt, mit dem Herzog selbst zu verhandeln, wird Oestreich sofort das Interesse für ihn verlieren.

Es ist hier nicht der Ort zu untersuchen, was Herrn von Bismarck gehindert hat, zu seiner Zeit den kürzesten Weg einer directen Verbindung mit Kiel einzuschlagen. Durch Mißtrauen und vorgefaßte Meinung ist in der besten Stunde auf beiden Seiten versäumt worden, die Annäherung durchzusetzen. Das droht auch für Preußen nachtheilig zu werden, denn es hat auf weite und pfadlose Umwege geführt. Und um kurz das Sachverhältniß zu wiederholen, man hat die Zeit der Annexion vorübergehn lassen, ohne einen Gewaltstreich zu wagen, man ist jetzt in Gefahr, auch den Anschluß der Herzogthümer nicht in der für Preußen wünschenswerthen Weise durchzusetzen.

In Einem aber, vertrauen wir, wird der Leiter der auswärtigen Angelegenheiten in Preußen höheres Urtheil erweisen, als einzelne Stimmen der preußischen Presse, welche vorschnell die Knöchlein des Vogels vertheilen, den man leider noch gar nicht in der Hand hat. Wenn der Ministerpräsident auf dem eingeschlagenen Wege die Einverleibung nicht durchzusetzen vermag, so wird er das künftige Bundesverhältniß der Herzogthümer zu Preußen doch so fassen, daß Land und Volk sich nicht in neue Bande eingeschnürt und nicht als Vasallenprovinz empfinden. Kanal, Marine und Vertretung der realen Interessen im Auslande, das ist für Preußen und die Herzogthümer bei weitem die Hauptsache. Sogar auf die Bundesfestung Rendsburg ist kein großer Werth zu legen, denn in der neuen Kriegführung haben Festungen überhaupt ihre alte Bedeutung verloren, auch für das Heer der Herzogthümer wird Anlehnung an die preußischen Heereseinrichtungen genügen. In den inneren Angelegenheiten soll man die Herzogthümer vorläufig sich selbst überlassen, die Kämpfe der Parteien, welche dort bevorstehen, und die Schwierigkeiten einer neuen Organisation, die dem Lande höchst nöthig ist, mögen sich zunächst ohne preußische Einwirkung herausarbeiten. Die Schleswig-Holsteiner sollen Preußen als ihren Bundesgenossen und Beschützer ehren, nicht als Tyrannen fürchten.

Freilich wenn Herrn von Bismarck gelungen wäre, mit Unterstützung der liberalen Partei die schleswig-holsteinische Sache zu Ende zu führen, könnte das Ziel ein höheres, das Resultat für Preußen und Deutschland förderlicher gewesen sein. Der Geist dieses Staatsmannes ist elastisch und fruchtbar an Plänen, aber auch ihm wird Schicksal das System, mit dem er heraufgekommen und die Bundesgenossenschaft, welche er nicht entbehren kann. Man frohlockt in Preußen noch über die Erfolge, welche das gegenwärtige Ministerium errungen hat, wir wünschen sie dem Staate, aber wir sehen sie nicht.

Auch in den innern Kämpfen ist kein Fortschritt sichtbar noch nahe Beendigung zu hoffen. Wir sind als Liberale verpflichtet zu der Opposition zu halten, welche jetzt allein die großen Grundsätze unserer Partei in den preußischen Kammern vertritt, und wir halten ein abfälliges Beurtheilen ihrer Taktik nach jeder Hinsicht für schädlich. Aber es ist unmöglich die Betrachtung fern zu halten, daß auch der Opposition die Aussichten auf einen Sieg verringert sind. Nicht vorzugsweise durch die Thatkraft der Gegner. Der Verfassungskampf, welcher in Preußen seit Auflösung der altliberalen Partei entbrannte, bedurfte nach der Art und Weise, wie er einmal begonnen wurde, schneller Erfolge, vielleicht ein großes Wagen. Bis zu den Juniordonnanzen des Jahres 1863 war die Opposition in der That, was sie nach ihrem Ursprung sein mußte, der angreifende Theil; seitdem ist sie in die Defensive herabgedrückt. Damals war der Conflict zu einer Höhe getrieben, welcher nicht mehr in den Wänden des Abgeordnetenhauses ausgefochten werden konnte und die höchsten Anforderungen an den politischen Charakter der einzelnen Abgeordneten machte.

Es war die Zeit gekommen, wie sie bei jedem erbitterten politischen Kampfe eintritt, wo die Mitglieder der Opposition im Nothfall sich opfern mußten. Sie haben das nicht gethan, das Ministerium hat sich befestigt, sie selbst ringen seitdem mit dem Uebelstand, welcher für jede Partei schädlich ist, daß sie ohne Erfolg streiten. Dieser Uebelstand würde ihnen den Wählern gegenüber noch empfindlicher gewesen sein, wenn nicht das herrschende System in seinem Parteieifer vieles thäte, die Unzufriedenheit in den kleinen Kreisen des Volkes zu nähren. Jede Nichtbestätigung eines Stadtraths, jede Strafversetzung eines Kreisrichters, die Preßprocesse, tendenziöse Erlasse der Landräthe, arbeiten für die Opposition und hindern die Regierung unter den Wählern populär zu werden. So darf man sagen, daß die Regierung seit dem Sommer des Jahres 1863 der beste Helfer der Opposition geworden ist.

Demungeachtet war auch im Volke das Bedürfniß nach Versöhnung sehr lebendig geworden; wie verlautet haben viele Abgeordnete den Wunsch der Wähler zur Hauptstadt genommen, daß sie zu einem erträglichen Frieden die Hand bieten möchten. Nirgend aber kann dieser Wunsch lebhafter sein, als bei der preußischen Partei außerhalb des Landes. Denn wir empfinden weniger die Bitterkeit der innern Zustände und vorzugsweise die Einbuße, welche das Ansehn des Staates durch den ungesühnten Zwiespalt erfährt. Aber man hat den Abgeordneten keine Wahl gelassen als Unterwerfung unter die Gesetzinterpretationen der Regierung oder Fortsetzung des Streites. Die erste Woche des Landtages läßt bereits erkennen, daß er in der alten Weise fortgeführt werden wird. Beide Theile haben verzichtet, ihn in dieser Session zu beenden. Die Opposition hat demnach keine nähere Aufgabe als die Sympathien der Wähler für eine neue Wahl sich zu erhalten, die Regierung muß dagegen den Wunsch hegen, das Ansehn der Opposition herabzudrücken.

Von diesem Standpunkte ist das Thun der Kämpfenden zu beurtheilen. Ob die Rede des Präsidenten Grabow, ob die Ablehnung der Adresse zu loben war oder nicht, das hängt ganz von dem Erfolg ab, den diese Maßnahmen zunächst auf die Wähler in Preußen haben. Darüber steht den Abgeordneten besseres Urtheil zu als uns.

Das Haus war in seinem Rechte, als es die Wahl des Abgeordneten H. v. Tettau für ungiltig erklärte und den nach der Wahlverhandlung unzweifelhaft durch die Majorität der Wähler ernannten Herrn v. Saucken-Julienfelde durch den Präsidenten des Hauses auffordern ließ, seinen Sitz einzunehmen. Das Haus hat nicht nur das Recht zu entscheiden, ob eine Wahl ungiltig sei, sondern auch ob die durch den Wahlcommissar einem Candidaten abgesprochene Mehrheit der Stimmen diesem zukomme. Wenn die königliche Staatsregierung gegen das Recht des Hauses, Herrn von Saucken einzuberufen, zunächst deshalb protestirte, weil nur der Wahlcommissar das Recht habe, den Gewählten, von der auf ihn gefallenen Wahl in Kenntniß zu setzen, so liegt diesem formellen Einwand eine nicht haltbare Auffassung von der Stellung des Wahlcommissars zu dem hohen Hause zu Grunde. Daß Herr von Sauken selbst abgelehnt hat, durch sein Erscheinen in der Kammer dem Conflict ein neues Intermezzo zu geben, bei welchem nichts Gutes herauskommen konnte, war in der Ordnung. In den kleinen Gefechten, welche bis jetzt stattfanden, war die Rede, welche der Minister des Innern, Graf Eulenburg, hielt, deshalb sehr merkwürdig, weil sie bewies, wie lebhaft das Ministerium selbst die Sorgen eines Kampfes empfindet, welchen es für Forderungen der Krone durchzufechten hat. Selten hat ein Minister auf der Rednerbühne mit größerer Offenheit bekannt, daß er an dem Zwist keine Schuld habe, sondern daß hier ein höherer Wille Nachgiebigkeit wünschenswerth mache. Dieser Worte wird die Opposition gedenken, aber sie werden auf den Verlauf des Streites keinen besänftigenden Einfluß ausüben. —

Ob die Regierung ihr Interesse darin finden wird, diese Kammer in fortgesetztem reibendem Gegensatze sich ausleben zu lassen, ob sie ihr nach kurzer Thätigkeit eine Auflösung bereiten will, das steht zuverlässig noch nicht fest und ein etwaiger Plan kann jeden Tag durch ein unvorhergesehenes Ereigniß gekreuzt werden. Darauf aber muß sich die Opposition gefaßt machen, wenn nicht Fehler der Regierung ihr zu Hilfe kommen, bei einer Neuwahl eine beträchtliche Zahl von Stimmen zu verlieren.

Eine solche Fortführung des Zwiespaltes ist aber auch für die Regierung verhängnißvoll. Sie fühlt sich jetzt sicher, aber die Mißerfolge in Schleswig-Holstein werden ihren Rückschlag ausüben und die Stellung des Ministeriums gegenüber der Krone nicht befestigen. Nach einer zu frühen Siegesfreude wird der Aerger über getäuschte Aussichten um so empfindlicher werden. Trauriger ist, daß der kurze Aufschwung, den Preußen durch die militärischen Erfolge erhalten, nicht den Segen bringen soll, welchen wir ersehnen, kräftige Durchführung der Marinepläne, schnelle Ausführung des Kanalbaues zwischen Nord- und Ostsee. Könnten wenigstens diese großen Interessen des Staates nach der Erfahrung der letzten Jahre die Regierung und die Opposition zu gemeinsamem Handeln vereinigen!

Verantwortlicher Redacteur: Dr. Moritz Busch.

Verlag von F. L. Herbig. — Druck von C. E. Elbert in Leipzig.

Zeitschriften für 1865
aus dem Verlage von **Ferdinand Enke** in **Erlangen**, zu beziehen durch alle Buchhandlungen.

Für Mediciner.

Monatsblätter, klinische, für Augenheilkunde. Herausgegeben von Prof. Dr. W. Zehender in Bern. III. Jahrgang 1865. 12 Hefte. gr. 8.   3 Thlr. oder 5 fl. 15 kr.

Zeitschrift, deutsche, für die Staatsarzneikunde. Unter Mitwirkung des Badischen staatsärztlichen Vereins herausgegeben von Dr. P. J. Schneider und Dr. J. H Schürmayer, unter Redaction von Dr. S. A. J. Schneider. Neue Folge. XXIII. Bd. 1865. 2 Hefte. gr. 8.   2 Thlr. 24 Sgr oder 4 fl. 48 kr.

Für Juristen und Kaufleute.

Gerichtssaal. Zeitschrift für Strafrecht und Strafprozess. Herausgegeben von den Professoren Dr. A. Berner, Dr. Th. Gessler, Dr. J. Glaser, Dr. H. Hälschner, Dr. K. J. Mittermaier, Dr. Fr. Walther, sowie von Dr. A. v. Hye-Glunek und Dr. Fr. O. Schwarze. XVI. Jahrgang. 6. Hefte.   2 Thlr. 16 Sgr. oder 4 fl 24. kr.

Jahrbücher der deutschen Rechtswissenschaft und Gesetzgebung. In Verbindung mit mehreren Gelehrten herausgegeben von Prof. Dr. H. Th. Schletter. 1865. XI. Band in 3—4 Heften à   20 Sgr oder 1 fl. 12 kr.

Zeitschrift für das gesammte Handelsrecht. Herausgegeben von Prof. Dr. L. Goldschmidt und Prof. Dr. Laband. VIII. Bd 1865. In 3—4 Heften in der Stärke von 40 Bogen.   3 Thlr. 18 Sgr. oder 6 fl.

Für Gärtner und Gartenfreunde.

Gartenflora. Allgemeine Monatsschrift für deutsche, russische und schweizerische Garten- und Blumenkunde und Organ des Russischen Gartenbau-Vereins in St. Petersburg. Unter Mitwirkung vieler Botaniker und Gärtner Deutschlands, Russlands und der Schweiz herausgegeben und redigirt von Dr. E. Regel, H. Jäger, Fr. Franke, C. Bouché und E Ortgies. XIV. Jahrg. 1865. 12 Hefte. Lex. 8. Mit illumin. und schwarzen Abbildungen.   4 Thlr. oder 7 fl.
———   Ausgabe mit schwarzen Abbildungen.   2 Thlr. oder 3 fl. 30 kr.

Verlag von **Fr. Wilh. Grunow** in **Leipzig.** Zu beziehen durch alle Buchhandlungen:

Aus unsern vier Wänden von Rudolf Reichenau.

9. Auflage. **Wohlfeile Ausgabe.** 3 Abtheilungen in einem Band. carton. 2 Rthlr. 1. Abth.: Bilder aus dem Kinderleben. 2. Abth.: Knaben und Mädchen. 3. Abth.: Auswärts und Daheim.

[Jede Abtheilung wird apart abgegeben.]

Von der 1. Abthlg. existirt auch eine **Pracht-Ausgabe** mit 66 Originalzeichnungen von **Oscar Pletsch.** carton. 3½ Thlr. fein gebunden 4½ Thlr.

Dies von den bedeutendsten Journalen ungemein gerühmte Buch ist bekanntlich nicht für Kinder, sondern für Eltern — namentlich Mütter — und Freunde der Jugend bestimmt. Es ist ein echtes **Familienbuch,** welches man jederzeit von Neuem gern wieder lesen und vorlesen wird.

Bei **Fr. Wilh. Grunow** in **Leipzig** erschien soeben und ist durch alle Buchhandlungen zu beziehen:
Huhn, E. H. Th. Handbuch der Volkswirthschaftslehre. 3 Bde. 3 Thlr. 7½ Ngr.
———   —   **Finanzwissenschaft.** 1 Thlr. 10 Ngr.
———   —   **Allgemeines und deutsches Staatsrecht.** 1 Thlr. 24 Ngr.
———   —   **Völkerrecht.** 1 Thlr.

☞ Inserate aller Art werden gegen den Betrag von 2 Ngr. für die gespaltene Zeile angenommen. Die Beilagegebühr für die Grenzboten beträgt 3 Thlr.

Verlag von Friedrich Ludwig Herbig. — Druck von C. E. Elbert in Leipzig.

XXIV. Jahrgang.   I. Semester.

Die Grenzboten.

Zeitschrift

für

Politik und Literatur.

№ 6.

Ausgegeben am 3. Februar 1865.

Inhalt:

Der preußische Jurist und die neue Examenordnung . . . Seite 201
Die münchener Kunst der Gegenwart. Die Glyptothek, das Nationalmuseum und das Kunsthandwerk. Die alte Pinakothek und die Kunstpflege 210
Der Krieg in Nordamerika 1863 und 1864 227
Kleine Artigkeiten und Anzeigen 239

Grenzbotenumschlag: Literarische Anzeigen.

Leipzig, 1865.
Friedrich Ludwig Herbig.
(F. W. Grunow.)

Der preußische Jurist und die neue Examenordnung.

Die Thatsache, daß der preußische Richterstand, wenige Männer bei den Gerichten erster, ja selbst zweiter und dritter Instanz ausgenommen, in rechtswissenschaftlicher Durchbildung hinter den Richtern der deutschen Länder des gemeinen Rechtes ein gutes Stück zurückstand und zurücksteht, kann bis diesen Augenblick jedem erwiesen scheinen, welcher die von preußischen Gerichten bis zum königlichen geheimen Obertribunal hinauf gefällten Erkenntnisse mit Gründen unter Aufmerksamkeit auf die darin verarbeitete oder angezogene Literatur der Rechtswissenschaft durchgeht und mit denen der Gerichte gemeinen Rechtes, besonders der Obergerichte vergleicht, oder der die Bibliotheken der preußischen Gerichte (zumal erster Instanz) und der preußischen Richter mustert; oder welcher die wenigen, neuerdings um ein Minimum vermehrten, stets wiederkehrenden Namen preußischer Rechtspraktiker unter den Verfassern rechtswissenschaftlicher Arbeiten in den Verzeichnissen der juristischen Verleger oder Zeitschriften verfolgt. Nur theilweise erklärt diese bedenkliche Thatsache der Geist des preußischen allgemeinen Landrechts, welcher seit der Publication des letzteren, den 5. Februar 1794 den Zusammenhang desselben mit den großen Grundlagen aller neueren Rechtssysteme, mit dem römischen und deutschen Rechte, möglichst zu zerschneiden trachtete (vergl. §. 1—8 und §. 18. des Publicationspatentes). Dieser Umstand hätte nachhaltig die Entwicklung des preußischen Rechtes von jenen zwei Hauptquellen alles Rechtes, der Rechtswissenschaft und der Rechtsgewohnheit, kaum zu trennen vermocht, wenn nicht 1) das Rechtsstudium der angehenden preußischen Juristen auf ihren einheimischen und den übrigen deutschen Universitäten, so wie 2) die weitere Ausbildung derselben in der Rechtspraxis an den preußischen Gerichten, endlich wenn nicht 3) die Art der drei juristischen Staatsexamina in Preußen den wissenschaftlichen Geist der Rechtspraktiker zu wenig angeregt, und gereizt hätten.

In das erste und dritte dieser maßgebenden Verhältnisse hat die Hand der Regierung kürzlich theilweise reformirend und tief eingegriffen.

Bisher galt es unter den Studirenden aller Facultäten als zuerst beneidens-, doch bald mehr bedauernswerthes Privileg der preußischen Juristen, in folgender Weise das Triennium zu absolviren. Bei der Immatriculation empfing der Jurist mit den Gesetzen der Hochschule ein Verzeichniß der nach Semestern vertheilten siebzehn juristischen Zwangsvorlesungen, welche er angenommen und nach dem schriftlichen Zeugniß des Docirenden wenigstens „fleißig" besucht haben mußte, wenn er zum ersten, dem Auscultatorexamen zugelassen werden wollte. Er nahm die vorgezeichneten Collegia an, ging hin und wieder oder gar nicht hinein, sammelte seine Testate bei den die Nutzlosigkeit, ja Ungehörigkeit solcher Schülerzeugnisse meist erkennenden, auch an sich gutmüthigen Professoren, woraus er sich und Andere mit Befriedigung überzeugte, daß er die Vorlesungen „fleißig" besucht, und lebte im Uebrigen als „flotter Bursche" in der „Kneipe", auf „Fechtboden und Mensur" oder, falls er bemittelt, auf „Spritzen" (Reisen) bis zum Ende des fünften Semesters. Zwei und ein halbes Jahr hatte er sich „Studirens halber" auf deutschen Hochschulen aufgehalten und wußte häufig vom Rechte nichts, gar nichts, höchstens verzweifelt weniges, was durch sein abgerissenes Detail nur verwirrte. „Nun muß ich anfangen zu arbeiten". Das heißt, er ging im sechsten oder siebenten oder achten Semester ins Repetitorium. Hier wurde ihm mit vielen Collegen für schweres Geld das Nothwendigste der verschiedenen Rechtsdisciplinen völlig schülerhaft und unwissenschaftlich „eingepaukt". Mit dem eingelernten, ganz unverdauten Wissen schritt er voll Angst ins erste Examen, brachte mit Glück und Geschick seine auf die meist sehr lange Zeit fungirenden Examinatoren berechneten Antworten, welche er eingelernt hatte, an, schrieb Einiges, das nothdürftig genügte, über die aufgegebenen kleinen Themata und auszulegenden Stellen des corpus iuris civilis oder canonici unter nicht allzustrenger Clausur zusammen und „war durch". Examinatoren waren unter dem Präsidium eines der Präsidenten desselben Gerichts zwei meist ältere Räthe der sämmtlich als Examinationsorte bestimmten Appellationsgerichte, welche durch ihr Alter oder ihre praktische Berufsthätigkeit meist verhindert wurden, den selbst mehrjährig zurückliegenden Resultaten der nicht speciell preußischrechtlichen Wissenschaft, besonders der des deutschen Rechtes, zu folgen, weshalb es vorkam, daß die wirklich einmal fleißigen Examinanden mit ihren auf der Hochschule gelernten neuen Resultaten der Wissenschaft von den Examinatoren Unrecht erhielten, oder sich unrichtige, nur von den Examinatoren festgehaltene Rechtssätze gegen

besseres Wissen einprägten, um des Erfolges der Prüfung sicher zu sein. Rechtscandidaten obiger Art sollten nach 1½jähriger, nicht selten rein mechanischer
Arbeit der Auscultatur fähig sein, dann als Referendarien nach dem bestandenen
zweiten juristischen Examen die Stelle eines Richters vertreten, und nach ferner 2½jähriger rein praktischer Ausbildung bei Gerichten erster und zweiter
Instanz das theoretische und praktische, verhältnißmäßig schwere Assessorexamen
absolviren, um dann als selbständige Richter über die Streitfragen des
Rechtsverkehrs zu entscheiden. Oft scheiterte das fundamentlose Vorbestreben,
welches fast ausnahmlos in einem ganz unwissenschaftlichen, sehr viel „Urlaub",
Zeit und Geld raubenden Repetitorium in Berlin gipfelte, an der größeren Strenge
der nur zweimal zu wiederholenden dritten Prüfung; günstigen Falles aber
resultirte häufig daraus ein unwissenschaftlicher Richter. Beide Male war der
Candidat 30 Jahre oder älter geworden, Umkehr in ein seinen Anlagen ent-
sprechenderes Fach war verspätet; so sah der Staat sich genöthigt, selbst die im
Assessorexamen wiederholt durchgefallenen Candidaten in seine subalternen Ge-
richtsstellen einzureihen und damit sich schlechte Subalternbeamte zu schaffen, den
alten, verdienten Subalternen aber durch die gesetzlich vorgezogenen Eindring-
linge ihre kümmerliche Carrière noch ungünstiger zu gestalten.

Mannigfach wurde gestrebt, dieser vielseitigen Misère, welcher nur das
spät beginnende und karge, auf die Preise von 1815—20 berechnete Richterge-
halt verglichen werden kann, gründlich ein Ende zu setzen. Eingehende Vorschläge dazu machten vor einigen Jahren u. a. die Professoren Hälschner in
Bonn und Goldschmidt in Heidelberg.

Den jetzigen Cultus- und Justizministerien gereicht es entschieden zum
Lobe, die Reform ernstlich begonnen zu haben. Vor längerer Zeit richteten
sie an die juristischen Facultäten der preußischen Universitäten Anfragen über
die Reform des juristischen Studiums und ersten juristischen Examens. Aus den
eingegangenen Antworten, welche bei sonstiger großer Verschiedenheit doch wesentlich darin übereinkamen, daß eine Aenderung des Studiums auch die Reform des ersten Examens nothwendig bedinge, haben die genannten Ministerien
eine neue Ordnung für das juristische Studium und erste Examen festgestellt,
welche im preußischen Justizministerialblatte vom 9. December 1864, so wie
durch Schreiben an die juristischen Facultäten der Universitäten und an die
Chefpräsidien der in Betracht kommenden sechs Appellationsgerichte veröffentlicht ist und mit dem 1. März 1865 in Kraft treten soll. Diese Reform scheint
uns dem dargelegten Zwecke wesentlich zu entsprechen.

Sie enthält folgende, für den preußischen Richterstand, wie für die sämmtlichen deutschen Hochschulen wichtige Neuerungen.

26*

1) Die **Zwangscollegia** sind für preußische Juristen aufgehoben, d. h. „es bedarf nicht ferner des Nachweises des Besuchs bestimmter Vorlesungen auf der Universität," vielmehr genügt „der Ausweis über den vorschriftsmäßigen Universitätsbesuch" d. h. der Nachweis, daß der Candidat sechs Semester hindurch in jedem Semester wenigstens ein Privatcolleg annahm.

2) Die **Gegenstände** der ersten juristischen Prüfung sollen sein: Rechtsphilosophie, Geschichte und Institutionen des römischen Rechts, Pandekten, deutsche Rechtsgeschichte, deutsches Privatrecht, Kirchenrecht, Lehnrecht, Völkerrecht, Staatsrecht, Criminalrecht, preußisches Privatrecht, Civilprozeß, Criminalprozeß, Grundbegriffe der Staatswissenschaft; für die Prüfung in Cöln auch das rheinische Recht und Prozeßverfahren. Außerdem muß jeder der höchstens in einer Anzahl von sechs zulässigen Candidaten über ein von ihm selbst gewähltes rechtswissenschaftliches Thema eine ihren Gegenstand in eingehender Weise behandelnde Ausarbeitung unter eidesstattlicher Versicherung eigener Anfertigung und genauer Angabe der benutzten Quellen vor der mündlichen Prüfung dem Vorsitzenden der Prüfungscommission (vergl. unten 4) einreichen. Die Arbeit cursirt bei den vier Examinatoren, von denen zwei sie schriftlich censiren.

3) **Ort** der ersten juristischen Prüfung sind nur die sechs preußischen Gerichte zweiter Instanz zu Berlin, Breslau, Cöln, Greifswald, Königsberg und Naumburg.

4) **Examinatoren** sind unter dem Vorsitze eines der Präsidenten obiger Gerichte zwei richterliche Beamte — in Cöln ein Richter und ein Beamter des öffentlichen Ministerii — und zwei Universitätslehrer. Der Justizminister bezeichnet aus den Räthen jedes der sechs obigen Obergerichte und aus den Mitgliedern der Gerichte erster Instanz desselben Ortes bis zum Stadt- und zum Kreisrichter hinunter, ebenso der Cultusminister aus den Universitätslehrern der sechs preußischen Universitäten bis zum Privatdocenten hinunter die Examinatoren für jedesmal zwei Jahre; aus den Designirten wählt der jedesmalige Vorsitzende der Prüfungscommission die zwei richterlichen und die zwei Universitätsmitglieder für jede einzelne Prüfung.

Neuerdings sind bereits die nötigen Ausführungsschreiben obiger Verordnung an die Chefpräsidien der Appellationsgerichte und an die Decane der juristischen Facultäten ergangen. Darin wurden principiell — mit nur durch die augenblicklichen Verhältnisse gebotenen vereinzelten Ausnahmen — hinsichts der Richter nur Mitglieder der genannten Obergerichte, hinsichts der Universitätslehrer nur ordentliche Professoren für die Zeit vom 1. März 1865 bis 1. März 1867 als Examinatoren designirt.

Daß die Zwangscollegia abgeschafft würden, war längst der Wunsch der objectiv urtheilenden juristischen Universitätslehrer, welche nicht in dem gesetzlichen Zwange und ihrem Privileg bestimmter Vorlesungen die alleinige Sicherung ihres akademischen Ansehens und Geldgewinnes sahen. Die Professur ist keine Sinekure, kein Ruheposten, sondern der Posten höchster und schönster menschlicher Arbeit. Daß im ersten Augenblick dieser entschiedene Durchgriff durch die Schranken alter und bequem gewordener Verhältnisse im Kreise der Lehrenden große Erregung, oder gar Bangen um die Zukunft hervorrief, war natürlich; wo das Bangen blieb, zeigt es von Mißtrauen in die eigene Kraft, das Gemeinwesen darf darunter nicht leiden. Es leidet aber unzweifelhaft, wenn es den wissenschaftlichen Trieb der Einzelnen zwingt, bestimmt vorgezeichnete Wege zu gehen. Das Was, das Resultat geistiger Arbeit, kann der Staat als Bedingung späterer Anstellung vorschreiben, dazu beraumte er hier drei Prüfungen an; das Wie kann ihm gleichgiltig sein, mit anbefohlenen Wegen und Stationen schafft er nur eine leidige und verleitende Schablone für die doch ungleichen Geisteskräfte — (wir dürften dahin kommen, selbst das Erforderniß des Trienniums der Universitätsstudien zu beseitigen; dann erst ließen wir das vielgestaltete Geistesleben sich naturgemäß entwickeln). Man entgegnet, die Studenten seien für die Aufhebung der Zwangscollegia nicht reif. Die juristischen Studenten sind ebenso reif hierzu, wie die Studirenden anderer Facultäten in denen längst die Zwangscollegia fielen. Wenn sie ohne das Besuchen der Hörsäle so schnell und gut oder gar schneller und besser, als beim Besuche, sich die für die akademisch-juristische Ausbildung nöthigen Kenntnisse, wenigstens die für das erste Examen erforderlichen anzueignen vermögen, wäre es ungerecht und naturwidrig, von ihnen den Besuch auch nur eines Collegs in jedem Semester zu verlangen; das akademische Triennium würde hier doch zum leeren Scheine. Bedürfen sie aber, wie es in den weitaus meisten Fällen geschehen wird, der allseitigen und sichern Unterweisung der Hochschule, so werden sie jetzt noch eifriger die Vorträge hören, weil sie ein viel schwereres, vornehmlich theoretisches Examen vor sich sehn. Man darf nicht pessimistisch allen wissenschaftlichen Trieb den juristischen Studenten absprechen, äußerlich ergänzt ihn die Furcht vor dem Examen. Ebenso wenig darf man sie so unbillig und unehrenmäßig vermuthen, daß sie die Auditorien füllen werden, ohne die Vorlesungen „belegt" und bezahlt zu haben. Der Universitätslehrer kann ja so leicht die Zahl der blinden Zuhörerschaft controliren und nach billigem Ermessen beschränken oder ganz ausschließen. Aber selbst in diesem Punkte wird die Rücksicht auf das Examen die Studenten zum wirklichen Annehmen der Vorlesungen treiben, wie die Erfahrung der andern Facultäten zeigt; denn befremdend muß es den Examinator immer erregen, wenn der Candidat sich nur über die Annahme der geſetzlich geringſten oder einer geringen Zahl von Vorträgen ausweiſen kann. Selbſt Teſtate über ihren Fleiß werden die Zuhörer aus dieſem Grunde ſich noch ferner erbitten. Die Gefahr andrerſeits, daß die Studenten vorzugsweiſe oder ausſchließlich zu den Vorleſungen der Examinatoren gehen werden, dürfte, ſelbſt wenn die Studenten ſich wirklich nur hierdurch leiten ließen, nahezu dadurch ausgeglichen werden, daß ja alle Grade der Univerſitätslehrer zum Prüfen berechtigt ſein ſollen, und daß in je zwei Jahren der übrigens vorher nicht veröffentlichte ganze Kreis der Examinatoren wechſeln kann, die Examinatoren der einzelnen Prüfung aber erſt unmittelbar vor letzterer ernannt werden. Daß ein Profeſſor ſeine Stellung zur Univerſität oder zum Examen dazu mißbrauchen ſollte, die Zuhörer darauf hin zu ſich allein abſichtlich heranzuziehen, erſcheint ſchon ſittlich undenkbar. Geſchähe es, ſo wäre allerdings die durch die neue Verordnung unzweifelhaft angebahnte Verbeſſerung von Grund aus in die größte Gefahr für das wiſſenſchaftliche juriſtiſche Studium umgewandelt. Da die Studenten ferner aus beſter Einſicht oder urtheilsloſer Gewohnheit eine beſtimmte Reihenfolge der Collegia auch künftig einhalten müſſen, an faſt allen Univerſitäten aber die einzelnen Collegia in jedem Semeſter nur von je Einem der hierin unter ſich wechſelnden Univerſitätslehrer, alſo ohne Concurrenz, geleſen werden, läßt ſich ein Monopol der jedesmaligen Examinatoren auf die Zuhörerſchaft um ſo weniger beſorgen. Daß alle dieſe für Aufhebung der Zwangscollegia und zu Gunſten der neuen Verordnung ſprechenden Gründe nicht rein theoretiſche ſind, zeigt ſich bereits in der akademiſchen Praxis, wo ſelbſt nach Publication der Examenordnung Studenten, welche ſchon den Vorzug der verſchärften Prüfung koſten werden, zahlreicher, als bisher, ſolche Collegia belegen und beſuchen, die ihrer Natur nach mehr zur allſeitigen juriſtiſchen Ausbildung als zur Entſcheidung im Examen beitragen. Deßhalb erſcheint es auch nicht nothwendig, ja an ſich nicht im Sinne der neuen Verordnung, daß etwa juriſtiſche Decane auf der Abgangsurkunde der Studenten von der Univerſität vermerken, welche weſentlichen juriſtiſchen Vorleſungen von ihnen nicht gehört ſeien. Sollten trotzdem die finanziellen Reſultate für einzelne der Profeſſoren und Docenten durch die Reform ſich ungünſtiger erweiſen als bisher, ſo bietet ſich für die Docenten, denen man dies billigerweiſe allein überweiſt, das jetzt um ſo nöthigere wahrhaft wiſſenſchaftliche Repetitorium als Erſatz; weder Profeſſoren noch Docenten aber dürften die Examinationsordnung wegen der eigenen finanziellen Nachtheile aufzuheben trachten, welche den Docenten niemand, den Profeſſoren der Staat allein auszugleichen verpflichtet wäre. Der Nutzen der Verordnung für das ganze Gemeinweſen iſt wichtiger und größer, als für den Einzelnen der des gleichmäßigen oder gesteigerten Gehaltes. Aber ist letzterer nicht bei Vielen der Kernpunkt des ganzen Eiferns gegen die Reform der Zwangscollegia? Schützte denn das Zwangscolleg irgendwie gegen Unwissenschaftlichkeit, Trägheit oder Unbilligkeit der Studenten, gegen Concurrenz der Lehtenden?

Bei Aufzählung der Gegenstände des Examens ist leider nicht die ausführlichere Reihenfolge des alten Studienplanes, sondern das kurze Verzeichniß aus der Verfügung vom 16. November 1844 zu Grunde gelegt. So nimmt das rechtshistorisch sehr wichtige, rechtspraktisch aber fast unwichtige Lehnrecht einen eigenen Platz ein, während es kaum irgendwo als Separatcolleg, meist in der deutschen Rechtsgeschichte und im deutschen Privatrechte behandelt wird; dagegen ist das Wechsel-, See- und Handelsrecht, rechtsgeschichtlich und rechtspraktisch von gleichgroßer Bedeutung, nur als selbstverständlich in dem deutschen Privatrecht einbegriffen angesehn, daher selbständig gar nicht genannt, während es fast überall als gesonderte Vorlesung behandelt wird und werden muß. Ganz fortgelassen sind aus der frühern Zahl 1) die Logik; wir hätten statt dessen die Zufügung der Psychologie zur Logik gewünscht, damit die Studenten durch das Examen gezwungen auf eine gründlichere philosophische Vorbildung hingewiesen wären und nicht in ihrem jetzt naheliegenden unphilosophischen Betriebe der Wissenschaft noch bestärkt würden, ferner 2) die juristische Encyklopädie und Methodologie; ein Examinationsgegenstand konnte diese Disciplin selbstverständlich nicht sein, hoffentlich werden die Studenten bei den jetzt gesteigerten Anforderungen um so mehr veranlaßt sein, sich in diesem Colleg den dringend nöthigen allgemeinen Ueber- und Einblick in ihre Wissenschaft zu gewinnen und zu erhalten, endlich 3) die gerichtliche Medicin; ihr Platz im Studienplane war sehr begründet, sie gab den Criminalisten treffliche Anleitung, das für sie besonders wichtige und interessante Gebiet in der Praxis sich theoretisch und praktisch zugleich anzueignen. Leider scheint die Regierung das Aussterben der allseitig durchgebildeten namhaften Criminalisten begünstigen zu wollen. Im Uebrigen verblieben die alten Prüfungsgegenstände, sie tragen ihre Nothwendigkeit in sich, das staatswissenschaftliche (volkswirthschaftliche) nicht ausgenommen. — Die schriftliche, selbständige Arbeit ist gewiß ein ganz besonderer Vorzug der neuen Ordnung; bei richtiger, angemessen strenger Handhabung derselben werden gerade in ihr die Candidaten eine Probe des Eindringens in ein specielles Rechtsinstitut und der juristischen Urtheilskraft geben.

Die Bestimmungen über den Ort des Examens sind geboten durch die Zusammensetzung der Prüfenden. Nur Bonn und Halle senden ihre Universitätslehrer an die Obergerichte zu Cöln und Naumburg. So erhalten fast alle einzelnen größeren Theile des preußischen Staates ihre Examinationsmittelpunkte, an denen voraussichtlich — nicht obligatorisch — jedesmal diejenigen Candidaten sich werden prüfen lassen, welche in dem betreffenden Landestheile zunächst ihre praktische Rechtsausbildung gewinnen wollen. Hieraus erwächst ein zweifacher Vortheil. Die Prüfung wird bald eine feste, bleibende, gleichmäßige Höhe ihrer Anforderungen gewinnen, ohne daß bei dem steten Wechsel der Examinatoren ein Mißbrauch der auf die constanten Fragen berechneten, unwissenschaftlichen Repetitorien Platz greifen kann, statt deren können die in wissenschaftlichem Geiste gehaltenen Repetitorien der Docenten, wo es erforderlich, die Studenten ersprießlich den gesteigerten Forderungen des Examens entsprechend, ausbilden. Ferner wird voraussichtlich das juristische Contingent der Studenten höherer Semester sich etwas gleichmäßiger auf die einzelnen preußischen Hochschulen vertheilen, so daß nicht mehr, wie jetzt in Greifswald, auf einen einzigen Studiosus juris die ganze juristische Facultät von sieben ordentlichen Professoren angewiesen sein wird.

Die Zusammensetzung der Examinationscommission erscheint insofern wirkungsvoll, als Praktiker und Theoretiker darin vereint sind; hierdurch werden beide Theile stetig bewogen, die Prüfung als theoretisch-praktische zu gestalten. Selbstverständlich wird von jeder Seite mehr das juristische Urtheil und das in sich verarbeitete juristische Wissen, als das unverarbeitete, angelernte der Candidaten erprobt werden. Die Prüfung ist jetzt äußerlich zu einer vorwiegend praktischen geformt; denn die Leitung vor und in dem Examen, so wie die eine Hälfte des Examens ruht in der Hand der Praktiker, ihre Majorität entscheidet. Aber die Candidaten sind ja nur noch Rechtstheoretiker, daher behielt die Prüfung selbst bei den bisher nur praktischen Examinatoren ihren vorwiegend theoretischen Charakter; dieses wird jetzt durch die zwei Vertreter der reinen Wissenschaft noch vielmehr der Fall sein, ja eben wegen der vorwiegend wissenschaftlichen Natur des Examens muß natürlich die Entscheidung von den Praktikern vornehmlich den rein wissenschaftlichen Examinatoren anheimgestellt werden, thatsächlich werden diese zwei Stimmen auf drei Stimmen der ersteren maßgebend einwirken. Sobald erst die glücklich begonnene Reform weiter dahin geführt haben wird, unter Erschwerung der Examina einem ersten die wissenschaftliche, einem zweiten und letzten nur die praktische Prüfung zuzuweisen, wird von selbst die ganze Entscheidung des ersten Examens in die Hand der wissenschaftlichen Examinatoren gelegt sein. — Um jedes etwaige Monopol der Examinatoren auf die Zuhörer der Vorlesungen zu vermeiden, wäre vielleicht eine ausdrückliche Bestimmung über die Nichtveröffentlichung der für zwei

Jahre designirten Commissionsmitglieder, sowie ein häufigerer als zweijähriger Wechsel der letzteren rathsam. Der Wechsel empfiehlt sich um so mehr, da trotz der höchst anerkennenswerthen Berechtigung der außerordentlichen Professoren und Docenten, ferner der Gerichtsmitglieder erster Instanz zur Function der Examinatoren, doch für die nächsten zwei Jahre — mit nur durch äußere Umstände gebotenen, ganz vereinzelten Ausnahmen — lediglich ordentliche Professoren und Appellationsgerichtsräthe dazu designirt worden sind.

So wird von der neuen preußischen Prüfungsordnung zuversichtlich eine unmittelbare Besserung des juristischen Studiums und ersten Examens herbeigeführt, eine mittelbare der Wissenschaftlichkeit nicht weniger preußischer Rechtspraktiker angebahnt. Bei den Examinatoren steht es, das richtige Maß der Strenge in Anforderung und Entscheidung zwischen den Grenzen des bisherigen Auskultator- und des rein wissenschaftlichen Doctorexamens walten zu lassen. Einer der wichtigsten Vorzüge der Reform hängt hiervon ab: so frühe schon können jetzt die Candidaten über ihre juristische Befähigung sich Klarheit verschaffen, daß sie bei deren Mangel noch in geeignetem Alter sich einem ihren Anlagen angemesseneren Lebensberufe zuwenden werden. Dieser große Nutzen für die Candidaten, wie für die Rechtspraktiker und den Rechtsverkehr im Staate rechtfertigt ganz besonders die hohe Zahl der Examinatoren gegen den ihr entgegengehaltenen Zweifel. Gerade diese Rücksicht anderseits, sowie der entschiedene Durchgriff der Reform durch alte Mißzustände lassen um so dringender hoffen und wünschen, daß das Ministerium die so glücklich begonnenen Besserungen durch eine weitere Reform der praktisch-juristischen Ausbildung, insbesondere durch eine Verkürzung der Ausbildungszeit und durch die Vereinigung des jetzigen Referendar- und Assessorexamens in eine einzige und letzte erschwerte praktische Prüfung gegenüber der dann noch zu verschärfenden ersten wissenschaftlichen Prüfung ausbaue und vollende.

Die münchner Kunst der Gegenwart.

Die Glyptothek, das Nationalmuseum und das Kunsthandwerk. Die alte Pinakothek und die Kunstpflege.

Ohne Zweifel stehen die münchner Kunstsammlungen unter den deutschen in erster Linie. In den einzelnen Fächern mögen einige Städte, z. B. Wien, Berlin und Dresden mehr Vorzügliches enthalten: alles aber zusammengenommen, in der Vereinigung so mannigfaltiger und fast alle Epochen vertretender Kunstwerke wird es wohl keiner dieser Orte München zuvorthun. Zugleich möchte nirgends in unserm Jahrhundert sowohl für neuen Erwerb als für würdige Aufstellung der erhaltenen Denkmäler so viel geschehen sein, wie gerade hier. Durch diese Seite ihrer Kunstthätigkeit haben sich die bayrischen Könige ein unzweifelhaftes Verdienst erworben, das ihnen ein dankbares Andenken bei der Nachwelt sichert. So haben in der Glyptothek, der Schöpfung Ludwigs des Ersten, nicht blos fast alle Perioden der antiken Plastik — was viel sagen will — durch gute Werke ihre Vertretung, sondern auch die alten Götter gleichsam eine zweite Heimath gefunden, die ihrer werth ist und sie zu einem neuen menschlichen Cultus als ein der Kunst gewidmeter Tempel umschließt. In der That ist die Glyptothek in ihrer eigenthümlichen Vermählung der antiken und modernen Kunst vielleicht das Schönste, was die Gegenwart hervorgebracht hat, während sie zugleich ein ebenbürtiges Denkmal ist für die von dieser zum zweiten Mal entdeckte und wiederbelebte Gestaltenwelt der Alten. Je unsicherer und zweifelhafter der künstlerische Werth von so manchen Erzeugnissen ist, die später und noch neuerdings in München anspruchsvoll und mit prunkendem Scheine an den Tag getreten sind, mit um so größerer Freude verweilt das Auge bei jenen großen und von echter Begeisterung eingegebenen Werken, welche die neu anbrechende, vom Hauche der Antike beseelte Zeit gleich bei ihrem Eintritt mit schöpferischem Zuge zu Stande brachte. Alles vereinigte sich damals, alle guten Feen schienen an der Wiege der jungen Kunst zu stehen und in ihre noch unbeschriebene Phantasie die schönsten Bilder niederzulegen, daß sie in ihrem Gang durchs Leben wie mit Zauberhand nur alles zu berühren brauchte, um es in schöne Form und beseelte Gestalt umzuwandeln.

Und als sie nun frisch und voll drängender Hoffnungen ihre ersten Schritte in die Welt gethan, da traf sie, wie im Märchen, auf den jungen Königssohn, der, von ihrem jugendlichen und großen Reiz gefangen, sie in sein Reich führte und dort mit ihr ein herrliches Fest der Vermählung feierte. Der Leser lächelt über diese wundersame Einkleidung des mit dem Jahrhundert neu erwachenden Kunstlebens, aber er wird, wenn er näher zusieht, das Märchen vollständig finden. Denn an der Wiege fehlte, zwar verhüllt und versteckt noch hinter den guten Geistern, auch die böse Fee nicht, die dem Kind das verhängnißvolle Geschenk der romantischen Gelüste mitgab und die Einbildung einpflanzte, daß es auch ohne jene spielend und tändelnd das Größte vollbringen könne. Wie es später seine Beschützer mit diesen unheimlichen Reizen berückte, dessen wollen wir nicht wieder und dafür lieber noch einmal seiner Jugend gedenken, da noch alle guten Geister mit ihm waren.

Es war ein wunderbares Zusammenwirken der bildenden Künste, als Klenze den Bau herstellte, Cornelius seine Wände schmückte, um zur Aufnahme der alten Bildwerke den passenden Raum zu bereiten. Und wahrlich, seit ihr Reich zu Ende gegangen, ist es diesen, selbst in der Zeit der Renaissance, kaum je so gut geworden. Was man auch in Nebendingen an dem Bau von Klenze rügen mag, sein Haften am Boden, von dem es sich nicht energisch genug losringt, die unkannelirten Säulen, die Nüchternheit der inneren ornamentalen Ausschmückung: es ist ein Bau, der für seinen Zweck ausdrucksvoller kaum hätte ersonnen und durchgeführt werden können, und zu einer Zeit, da sonst die Antike noch in den schweren Fesseln der kaiserlichen Auffassung lag, von ihrem echten Geiste umweht, von ihrer Phantasie getragen und gehoben. Soweit Klenze in ihm nachbildend zu Werke ging, war das hier ganz am Platze, wo es galt, der classischen Kunst ihren Palast zu errichten. Zugleich aber zeigte sich schon hier sein lebendiges Verständniß der Antike, indem er den vollen Einklang und Rhythmus der Verhältnisse traf, die sich ja schon deshalb nicht nachahmen lassen, weil sie in allen Werken der griechischen Architektur unberechenbar, in ihrem steten lebendigen Wechsel unfaßbar, nur auf der feinen Eigenthümlichkeit ästhetischer Empfindung und architektonischen Sinnes beruhen. Doch auch da, wo er für den modernen Zweck eine Fortbildung der Antike versuchte, zeigte sich die Freiheit seiner von den Alten durchdrungenen Phantasie, indem er in organischer Gliederung an den beherrschenden Mittelkörper die einfachen, aber in demselben Charakter gehaltenen Seitenflügel anschloß und in der Belebung ihrer Flächen die Bestimmung des Baues architektonisch versinnlichte. Dasselbe lebendige Gepräge des Zweckes trägt die innere Eintheilung. Durch die hellen, großen, im Kreislauf sich aneinander reihenden Säle, die von innen ein geschlossenes Licht empfangen, von der Außenwelt aber keinen Strahl und keinen Laut des Tages aufnehmen, ergießt sich gleichsam die stille, gesammelte, in sich befriedigte und vom Geräusch der Welt abgewendete Stimmung des plastischen Lebens.

Allein nicht blos den Raum sollte die moderne Kunst zum gastlichen Empfang der Alten bereiten, sondern sie sollte zugleich den Gedankenkreis der Alten, verjüngt durch die belebende Anschauung der neuen Zeit, auf die Erde zurückführen und so die Vergangenheit mit der Gegenwart zusammenschließen. Hier that die eigenthümliche Kraft von Cornelius ihren großen, einen wahrhaft einzigen Wurf. In die griechische Götter- und Heldensage wußte er den tieferen Zug des modernen Geistes zu bringen, ohne ihr von ihrem eigenen Leben zu nehmen. Er legte in die räumliche Anordnung das geistige Band, welches die einzelnen Momente mit den feinen Fäden innerer Beziehungen umschlingt und unsichtbar sichtbar zwischen den Bildern spielt, während diese selber die Hauptmotive, in denen das Vorher ausklingt, das Nachher sich ankündet, zu voller greifbarer Erscheinung ausprägen. So hängt das Auge bald an den einzelnen Gestalten und Situationen, die in sich ihr erfülltes Leben haben, bald wird es herüber und hinüber geleitet von Gruppen zu Gruppen und findet so den seelenvollen Zusammenhang, den ganzen, eine Welt umfassenden Verlauf in seinem geistigen Fluß gleichsam erhalten und doch wieder zu Form und Farbe verkörpert. Nichts ist hier bedeutungslos und doch ist alles deutlich; alles ist Gestalt, und doch wieder in der Gliederung des Stoffes zur cyklischen Bilderfolge, in der Eintheilung des Raumes, im verbindenden Ornamentenspiel, überall die stille geistige Bewegung des das Ganze ausbreitenden und wieder umspannenden Gedankens. Wie in Goethes Iphigenie der classische Zug der griechischen Phantasie bewahrt und doch, was der Grieche als blinde Schicksalsgewalt über sich oder als sittliche Macht sich gegenüber stellte, nach der tieferen deutschen Auffassung in die menschliche Brust zurückverlegt ist: so ist ähnlich die griechische Sage in den Darstellungen von Cornelius ganz versinnlicht und doch auch ihr innerer, vom modernen Bewußtsein entbundener Sinn zum Ausdruck gekommen. In dieser Vermählung des antiken Körpers mit dem modernen Geiste hat die neue deutsche Kunst ein ganz eigenthümliches Werk geschaffen, dem ich der Auffassung und Anordnung des Stoffes nach selbst aus der Zeit der Renaissance, die einzige Sistinadecke ausgenommen, nichts an die Seite zu stellen wüßte. Freilich, wie wir oben bei dem Bau der Glyptothek die Mängel hintangestellt haben, so müssen wir hier bei den Malereien von Cornelius von der ungenügenden Ausführung absehen. Wären die Gestalten zum vollen Schein des Lebens und zur Freiheit der Bewegung herausgeführt, hinge ihnen die Farbe nicht so äußerlich und fremdartig an, künstlerisch unverarbeitet und fast wie eine reizlose, den Linien umgelegte Hülle: so wäre hier ein der Kunst des Cinquecento ebenbürtiges Werk. Doch daß die Gegenwart nicht dazu kommen konnte, ein solches hervorzubringen, haben wir schon früher gesehen. So, wie die Fresken sind, muß sich der Beschauer an den geistvollen Zug der Phantasie, an die Anordnung und Composition halten; und da im Grunde hierauf die Hauptwirkung des Ganzen beruht, so wird ihm trotz ihrer Mängel diese ideale Welt bei ernster und eingehender Betrachtung einen großen Eindruck zurücklassen.

Indem auf diese Weise durch das Gebäude und seine Ausschmückung eine passende und vom Geist der Antike belebte Umgebung für die alten Bildwerke hergestellt ist, hat die Glyptothek das Museenhafte glücklich vermieden. Sie führt den Besucher gleichsam in die Stimmung des plastischen Lebens der Alten zurück und bringt ihre Götter und Helden seinem Verständniß entgegen. Hierzu trägt auch die Aufstellung der Statuen bei, welche nicht wie gewöhnlich in verwirrender Menge und zu einem bunten Durcheinander die Kunstwerke zusammendrängt, sondern so viel wie möglich der geschichtlichen Entwicklung folgt, den Beschauer in den inneren Zusammenhang einführt und zugleich jedes Bild wie ein Individuum für sich hinstellt, das für sich betrachtet und verstanden sein will.

Hat sich König Ludwig durch diese Sammlung classischer Kunstwerke und die ideale Wohnstätte, welche er ihnen angewiesen hat, ein unvergängliches Denkmal gesetzt, so hat sich seinerseits König Max um die deutsche Kunst der Vergangenheit ein ähnliches, nicht minder großes Verdienst erworben. Die Errichtung des Nationalmuseums beruhte auf dem glücklichen Gedanken, von den ältesten Zeiten bis auf unsere Tage alle Ueberreste des deutschen Culturlebens zu sammeln, in denen eine künstlerische Hand mit thätig war oder doch der künstlerische Sinn der verschiedenen Zeiten sich ausspricht. Man ging hierbei von dem engeren vaterländischen Kreise, den bayrischen Denkmälern aus, nahm aber mit richtigem Verständniß für das Ineinandergreifen der ganzen deutschen Kunstthätigkeit die Producte anderer Länder mit auf. Zum Leiter des ganzen Unternehmens hatte Maximilian einen Mann — Baron Aretin — berufen, wie er sich zu diesem Zweck nicht besser hätte finden können; der voll Lust und Liebe zur Sache, mit gründlicher Kenntniß, freiem künstlerischen Blick und unermüdlichem Eifer in wenigen Jahren eine in ihrer Art einzige Sammlung zu Stande brachte. Vom Altarwerk, das sich über das niedere Gebiet des bloßen Nutzens in das höhere der reinen Kunst erhebt, bis zum geringsten Werkzeuge des täglichen Daseins herab, sind alle Geräthe vertreten, deren der Mensch sowohl zu den höheren als zu den gewöhnlichen Zwecken in den verschiedenen Zweigen seines äußeren Lebens bedarf und denen er das Gepräge seiner freien spielenden Phantasie aufgedrückt hat, um ihnen den prosaischen Schein der zwingenden Nothdurft zu nehmen. Ein vollständiges Bild der deutschen Gesittung in allen früheren Perioden und zugleich des deutschen Kunstlebens, das auch das Product des Bedürfnisses durch die künstlerische Form und Zierde zu veredeln und wie ein selbständiges Merkmal des innern Lebens zu behandeln wußte. Als mit der Sammlung begonnen wurde, war es just noch Zeit, die noch erhaltenen Denkmäler zu retten, um sie als öffentliches Gut dem Volke zu übergeben. Was durch die verheerenden Kriegszüge der vergangenen Jahrhunderte oder durch die Unkenntniß der zufälligen Besitzer nicht zu Grunde gegangen war, davon hatten Alterthümler und kunstsinnige Private schon ein gut Theil für sich gesammelt; es stand zu fürchten, daß auch der Rest entweder in staubigen Winkeln unbeachtet zerfallen oder von diesen noch aufgespürt würde. Glücklicherweise fand sich, da die Sammlung mit Eifer und Verständniß betrieben wurde, namentlich in Bayern noch ein reicher Schatz von Erzeugnissen des vergangenen Kunsthandwerks. Diese, nach den verschiedenen Epochen übersichtlich geordnet, führen uns von Stufe zu Stufe durch das ganze deutsche Culturleben, anhebend von seiner ersten Kindheit, da sich der Gestaltungstrieb an überlieferten und schon ausgelebten Formen, namentlich den byzantinischen, unbeholfen abarbeitete, dann durch die phantastisch spielende, im Schmuck des Kirchengeräthes unerschöpfliche Gothik, die lebendige, schwungvolle Pracht der Renaissance hindurch in die wildbewegte ausgelassene Ueppigkeit des Zopfes auslaufend, endlich wie versiegend in dem nüchternen und schwerfälligen, die Antike äußerlich nachäffenden Spiel der Kaiserzeit. Da sich für alle Epochen fast alle Arten des Kunsthandwerks von dem niedrigsten bis zum höchsten, das sich dem selbständigen Kunstwerk ebenbürtig an die Seite stellt, in vortrefflichen Beispielen finden, so sehen wir zugleich, wie der Charakter jeder Periode das ganze menschliche Leben durchdringt, und erhalten ein lebendiges Bild von der Arbeit der vergangenen Geschlechter, in der sich ihre Bedürfnisse und ihre Empfindungen, ja ihre Triebe und ihre Schicksale wieder spiegeln. Denn das ist den Zeiten, die hinter uns liegen, eigenthümlich, daß sie sowohl im geschnitzten Heiligenbilde als in dem Teppich, in dessen bunte Fäden ein Stück Geschichte gewirkt ist, sowohl in dem verzierten Stahl der blanken Waffen als im heimlichen Hausgeräth mit bestimmten Zügen einen Theil ihres inneren Wesens ausprägen.

Wie abgeschnitten erscheint auf einmal mit dem Eintritt des neunzehnten Jahrhunderts diese fortlaufende Verkörperung des Zeitcharakters durch die kunstreiche Arbeit des Handwerkers. Wenn später unsere Nachkommen einer solchen Sammlung von Geräthschaften die Erzeugnisse unserer Industrie hinzufügen wollen, so wird es ihnen zur Auswahl an einer mannigfaltigen Menge nicht fehlen, aber sie werden in Verlegenheit sein, das Bezeichnende und mit künstlerischem Sinne Gestaltete herauszufinden. Die Armuth unseres Zeitalters an eigenthümlichen Formen im Geräthe des täglichen Lebens ist ja so offenbar zu Tage getreten, daß sie auch der nicht bestreitet, der von unserer Kunst noch eine große und selbständige Entwicklung hofft. Auf der einen Seite der kahle und maschinenartige Ausdruck des bloßen Bedürfnisses, so einfach und so reizlos als möglich, wo dann wie bei den englischen Arbeiten eine nüchterne

Sauberkeit der Ausführung und die plumpe, schmucklose Gediegenheit der blos den prosaischen Zweck aussprechenden Gestalt das einzige Verdienst ist; auf der anderen Seite eine mechanische und schablonenmäßige, dabei liederliche Nachahmung bestimmter überlieferter Formen, die wie geborgte abgetragene Faschingskleider den Producten umgehängt werden. Alles was uns als Werkzeug unseres Lebens umgiebt, betrachten und gebrauchen wir mit derselben Gleichgiltigkeit, mit der wir uns in der Einrichtung des Gasthofzimmers umsehen, das wir für einen einzigen Tag bewohnen wollen; und wie wir an dieses alle Ansprüche der häuslichen Bequemlichkeit stellen, so haben wir zu jenem nur das äußerliche und prosaische Verhältniß der Gewohnheit. Wir haben kein Bedürfniß, in ihm den verschönernden Zug der Phantasie wiederzufinden, weil wir selber keine von Formen erfüllte Phantasie haben, die sich getrieben fühlte, auch im umgebenden Geräthe sich kund zu thun. Wir suchen in diesem weder ein vertrautes heimliches Gesicht, noch das Gepräge einer individuellen, mit Liebe arbeitenden Hand; morgen schon verbraucht, mit einem anderen vertauscht, soll es nur durch einen oberflächlich aufgeklebten Zierrath das Auge über seine nackte, der bloßen Nothdurft dienende Form hinwegtäuschen. Daher genügt uns der erste beste Rococoschnörkel, ein Stück gothisches Maßwerk, ein schwerfälliges und ausdruckloses Arabeskenspiel, ein kaum noch erkennbarer Rest antiker Ornamente. Oder wir haben andererseits unsere Freude an der Geschicklichkeit sklavischer Nachahmung, mit der an Prunkgeräthen dies oder jenes Detail der kleinen Naturwelt wiederholt wird, wie denn derartig ausgestattete höchst kostbare Möbel auf der großen pariser Ausstellung Glück machten; wenn wir nicht gar einen Reiz darin finden, daß das Material sich verläugnet und mit trügerischem Schein ein ganz anderes vorzustellen sucht, Papier sich für Gewebe, Holz für Leder und umgekehrt ausgiebt. Und bei alledem haben wir nur die äußere decorative Erscheinung im Auge. Für die Form selber, die Gestalt, in welcher ein edles Handwerk die Dinge des Gebrauchs ihren Zweck aussprechen läßt und doch zugleich in den freien Schwung schöner Linien zu fassen vermag, fehlt uns alles Gefühl; hierin begnügen wir uns, wie schon unsere Gläser und Krüge zeigen, mit den plumpen und rohen Verhältnissen, die der bloße Bedarf an die Hand giebt.

Es ist eben mit dem Kunsthandwerk unserer Tage etwas Aehnliches wie mit der Kunst selber: es fehlt sowohl die lebendige Ueberlieferung von Werkstätte zu Werkstäte, die Tradition der Uebung und der künstlerischen Anschauung, als das gründliche Studium nach den Vorbildern vergangener, mustergiltiger Epochen. Es fehlt allerdings auch die allgemeine ästhetische Stimmung, welche gleichsam die Phantasie aller dunkel bewegend den Sinn und die Hand des Meisters zu schönen Formen hinlenkte. Aber daß wir es doch nicht lassen, uns mit allerlei Ziergeräthe zu umgeben und auch den Dingen des gewöhnlichen

Nutzens einen gefälligen Fetzen umzuhängen, das beweist doch, wie wenig wir des Schmuckes entbehren können, und wie wir auch jetzt noch den Trieb haben, dem äußeren Leben und seinen Werkzeugen durch den selbständigen spielenden Schein der Kunst die Schwere der Prosa zu benehmen.

So hat auch das heutige Handwerk noch die Aufgabe, diesen Trieb — indem es ihn zugleich veredelt — in tieferer und ausdrucksvoller Weise zu befriedigen. Da es aber der Phantasie des Zeitalters wie im Großen so im Kleinen an eigenthümlichen Formen noch gebricht, so ist den Gewerken derselbe natürliche Weg wie der Kunst vorgezeichnet: die Bildung nach den vollendeten Arbeiten der Vergangenheit. In dieser Beziehung nun, als „Vorbild", hat die Sammlung des Nationalmuseums für die Gegenwart einen unmittelbar praktischen, das Leben nahe berührenden Werth. So viele Klagen über den kümmerlichen Zustand der heutigen Kunstindustrie sind schon laut geworden, so Mancherlei hat man versucht, um ihr zu einer neuen Blüthe zu verhelfen: das richtige und naturgemäße Mittel besteht sicherlich in einem einsichtigen Anknüpfen an die Tradition, in einem freien Aufnehmen der vorhandenen Formen. Ist erst die Liebe zu künstlerischer Durchbildung des Handwerks an dem schönen Geräthe, das uns frühere Jahrhunderte überliefern, wieder groß geworden, dann wird sich auch um so leichter und sicherer der Trieb regen, die überkommenen Formen mit selbständigem Sinne und zum vollen Ausdruck unserer Bedürfnisse weiter zu entwickeln. Auch hier werden unter den Mustern die Arbeiten der Renaissancezeit allen voranstehen. Ihr Formenspiel hat nichts mehr von dem Dunkeln und Abenteuerlichen einer noch gährenden Phantasie, sondern indem es in seiner freien Bewegung die Bestimmung des Objectes klar und lebendig ausklingen läßt, verschlingt es in seinen Ornamenten mit dem Reiz organischer Gestalten den Zug der bald sich fliehenden, bald sich findenden Linien zu einem wohlgemessenen und doch wie mit innerer Triebkraft aus sich herauswachsenden Ganzen. Es vereinigt so mit der festen, das Bedürfniß anzeigenden Form die schwungvollen Bildungen der beseelten Natur; und während es sich in den höchsten Bereich der künstlerischen Zierde erhebt, der auch der modernen Phantasie den weitesten Spielraum läßt, fügt sich zugleich das Geräthe, dessen passender Schmuck es ist, mehr wie das jeder andern Zeit den Anforderungen des heutigen Lebens.

Aber freilich, hier macht sich das Studium nach den Vorbildern so leicht nicht, wie in der Kunst. Auf die Tagesarbeit angewiesen hat der Handwerker weder die Muße, noch die nöthige Kenntniß und Vorbildung, um von der Vergangenheit zu lernen. Daher haben denn hier, wie überhaupt in der modernen Industrie, die Künstler vermittelnd und verknüpfend einzutreten; sie haben die Ornamentik nach den überkommenen Mustern auszubilden, um ihre Formen zu lebendigem Verständniß der ausführenden Hand zu überliefern. Ein

Verhältniß, das sich in den schöpferischen Kunstepochen ganz von selbst ergab, da nicht blos der Handwerker vom Künstler die Zeichnung empfing, sondern nicht selten jener schon in sich die Fähigkeit künstlerischer Gestaltung trug und letzterer mit Lust und Liebe, was er ersonnen, auch selber ausführte. Das Eisenwerk des florentiner Schmieds Caparra am Palazzo Strozzi zeigt von einer decorativen Phantasie und einer Feinheit der Zeichnung, deren sich nicht viele Ornamentzeichner von heute rühmen können, und andrerseits verschmähen es Architekten wie Baccio d'Agnolo und die San Galli in ihrer Jugend, Bildhauer wie Benedetto da Majano auch noch später nicht, eingelegte oder geschnitzte Holzarbeiten mit eigener Hand zu verfertigen. Seitdem jedoch die Theilung der Geschäfte durch alle Fächer geht und auf die Ausbildung jedes Nebenzweiges immer ein ganzes Menschenleben geworfen wird, hat natürlich diese innere Verbindung von Kunst und Handwerk fast gänzlich aufgehört. Neuerdings stehen sich diese vollends wenn nicht feindselig, doch ganz fremd gegenüber. Meistens flüchtet sich die Kunst aus dem gegenwärtigen Leben in eine vergangene Welt und wenn sie mit der Wirklichkeit des Tages sich abgibt, so sucht sie diese weniger zu veredeln, als mit überraschender äußerlicher Wahrheit ihren realen Schein festzuhalten; die meisten Künstler haben wenig Sinn und Neigung, ihre Phantasie auf das Alltägliche zu richten und für ein Formenspiel das blos dieses verschönern soll, scheinen sie fast ihr Fach für zu vornehm zu halten. Andrerseits schleppt sich, wie nie geschehen, das Handwerk am Boden des bloßen Bedürfnisses hin und vermag sich um so weniger zu erheben, weil ihm die Kunst nicht beispringt. Man hat in den letzten Jahrzehnten einen Mittelweg eingeschlagen indem man Zeichnen- und Modellirschulen für Decoration und Ornamentik errichtete, um so dem Gewerbmanne eine gewisse künstlerische Ausbildung mit auf den Weg zu geben; auch haben manche dieser Anstalten, wie z. B. die nürnberger, unbestreitbare Verdienste. Einestheils jedoch genügen diese Anstalten insofern nicht, als sie nur über sehr beschränkte Mittel zu verfügen haben und sie sich, was den Unterricht nach der überlieferten Ornamentik anlangt, mehr an die gothischen Formen als an die classischen der Antike und der Renaissance halten; anderntheils wird immer auch die freie lebendige Einwirkung der Kunst und der künstlerischen Phantasie selber auf das Handwerk erforderlich sein, um dieses zu einer charaktervollen Formenschönheit zu erheben. Soll dieses Ziel erreicht werden, so muß sich beides vereinigen: der Handwerker die decorativen Formen und das Ornament selbständig und mit Verständniß gebrauchen lernen, der Künstler zur mannigfaltigen Ausbildung desselben nach der Natur sowohl als nach den überlieferten Vorbildern sein Talent nicht für zu gut erachten. In München geschieht zu dem Ende bis jetzt von beiden Seiten lange nicht genug, und wir haben bereits in einem früheren Artikel von dem geringen Erfolge des Vereins zur Ausbildung der Gewerke geredet. Zwar hat die Vereinsschule, welche junge Handwerker zur künstlerischen Behandlung ihres Fachs anzuleiten sucht, schon recht Anerkennenswerthes geleistet, sie scheint sogar das Vorbild für die größere nürnberger Schule abgegeben zu haben; aber ihr stehen noch geringere Mittel zu Gebote und es fehlt bis jetzt von Seiten der Fachmänner wie der Künstler die fördernde Theilnahme. Fände das Unternehmen von Seite des Staates oder auf irgendwelche Weise eine ausreichende Unterstützung, so würde es sicher Erfolg haben und auch weitere Kreise zur Thätigkeit anregen. An manchen tüchtigen Kräften fehlt es nicht, die, wenn sie nur Beschäftigung und öffentliche Aufmunterung fänden, in fruchtbarem Zusammenwirken das Handwerk heben und, indem sie das uns umgebende Geräthe verschönerten, auch die Kunst wieder fördern könnten. So verbindet z. B. der begabte E. Neureuther mit einem feinen phantasiereichen Sinn für ornamentales Formenspiel und mit der Kenntniß der überlieferten Stile die schöpferische Empfindung, welche das eigenthümliche Leben der Zeit künstlerisch zu fassen vermag, in einem seltenen Grade. Aber die Regierung hat es bisher versäumt, diese Kräfte anzuregen und zu verwenden, und König Max, dem, wie das Nationalmuseum beweist, die Sache wohl am Herzen lag, ging dahin, ehe er die Pläne, mit denen er sich für ihre Förderung zu tragen schien, zur Ausführung bringen konnte. Er hat diese schöne Aufgabe seinem Nachfolger überlassen und es steht nun zu hoffen, daß sich dieser mit Lust und Liebe ihrer Lösung unterziehen werde.

Ohne Zweifel wird auch jene Sammlung, wenn sie erst in dem ihr bestimmten Gebäude für den öffentlichen Gebrauch übersichtlich aufgestellt ist, das Ihrige dazu beitragen, um das Interesse für das Kunsthandwerk neu zu beleben. Der glückliche Einklang freilich, der in der Glyptothek durch den Bau und seine Ausschmückung zwischen Umgebung und Inhalt erreicht ist, wird sich im Nationalmuseum nicht finden. Schon früher war in diesen Blättern von dem Gebäude die Rede, das, im „modernen Baustil" errichtet, ein buntes Durcheinander verkehrt angewendeter und sich widersprechender Formen ist, seine Bestimmung nicht ausdrückt, sondern durch einiges angeflickte und ganz mittelmäßige Bildwerk höchstens andeutet. Auch die innere Eintheilung sollte, wie man vernimmt, passender und zweckentsprechender sein, und es scheint, daß die Geschichtsmalereien, welche die Wände künstlerisch zu schmücken bestimmt sind, den für eine einsichtige Aufstellung der Alterthümer unentbehrlichen Raum zu beeinträchtigen drohen. Doch wie dem auch werden mag, diese selber, die ganze Einrichtung, befindet sich glücklicherweise in den besten Händen, unter der Aufsicht desselben Mannes, der, wie wir oben gesehen, sich um die ganze Sammlung schon so große Verdienste erworben.

Die Aufstellung aber der Kunstschätze, nebst ihrer Erhaltung und Pflege, ist bei allen Museen die Hauptsache. Die neueren Zeitalter sind nun einmal darauf angewiesen, die Schöpfungen der Vergangenheit aus ihrem organischen Zusammenhange, dem lebendigen Rahmen der Wirklichkeit, in dem sie allein ihre volle Wirkung, ihre naturgemäße Stelle haben, herauszunehmen und in todter abstracter Häufung, in einem verwirrenden, den Eindruck abschwächenden und den Beschauer betäubenden Nebeneinander zu vereinigen. Wie im Staate die gesetzliche und polizeiliche Ordnung jede Individualität abstumpft, ihrem thatkräftigen Heraustreten Schranke auf Schranke entgegensetzt und sie mit allen übrigen in eine gleiche verwaschene Linie stellt: ganz so ist im Museum das Kunstwerk behandelt und ihm sein Platz gegeben, wie wenn es überhaupt keine Geltung für sich, kein eigenes Leben hätte. So ist es dem Beschauer überlassen, in der ermüdenden zerstreuenden Menge sich zurechtzufinden, sich das Einzelne mit angestrengter Aufmerksamkeit herauszuholen und Auge, Phantasie und Seele in seinen Anblick zusammenschließend, es zum Leben, zur unverkümmerten Wirkung wieder zu erwärmen. Ihrerseits muß die Sammlung wenigstens so viel als möglich dieser Arbeit entgegenkommen, die betrachtende, genießende Stimmung anregen und steigern. Sie hat einmal die Kunstwerke nach Schulen und Perioden zu ordnen, um den leitenden geschichtlichen Faden an die Hand zu geben; dann aber vor allem — und dies muß der vornehmste Gesichtspunkt der Aufstellung sein — die Meisterwerke in das günstigste Licht, an die besten Plätze zu bringen, ihnen die Producte von geringerer Vollendung nachzusetzen und so dem Blick die Unterscheidung zu erleichtern zwischen dem, was ihn mit ewiger Schönheit zu fesseln vermag und dem, was ihn mehr durch seinen historischen Werth anzieht, als durch seinen rein künstlerischen. Das Zweite, was jeder Sammlung vorab anliegen muß, versteht sich eigentlich von selber: es ist die sorgfältige Erhaltung und Pflege der in ihre stillen Räume geretteten Kunstdenkmäler. Die Vortheile der Museen bestehen darin, daß sie, was sonst zerstreut und weit auseinanderliegt, für die geschichtliche Betrachtung zusammenfassen, und das erhalten, was sonst vielleicht unter der Gewalt der Umstände und dem zerstörenden Spiel des Zufalls zu Grunde gegangen wäre. Natürlich also, daß ihre Schätze mit der größten Sorgfalt so viel als möglich auch vor dem allmählichen Vergehen, dem vernichtenden Einflusse der Zeit geschützt und, wenn sie schon gelitten, so weit wieder hergestellt werden, als sich das thun läßt, ohne das Erhaltene und den Charakter des Kunstwerks auch nur im Geringsten zu beeinträchtigen.

So selbstverständlich sind diese einfachen Grundsätze, daß es ganz überflüssig scheint, sie zu wiederholen. Und dennoch müssen wir hier, wo auf die Sammlungen die Rede kam, derselben wohl gedenken, da sie in München eine Zeit lang fast vergessen schienen. Es handelt sich — wie der Leser vielleicht schon weiß, da die Sache zum Streitobject in öffentlichen Blättern geworden — um die

Pflege der alten Pinakothek. Die Malerei ist die eigentliche Kunst des Zeitalters und gerade nach ihren Meisterwerken muß vorzugsweise die kunsttreibende Gegenwart sich bilden. Von allen Schöpfungen der früheren Jahrhunderte sprechen sie am ergreifendsten und vernehmlichsten zur Phantasie des Laien wie des Künstlers; sie geben ihr die mächtigste Anregung, die Welt im Bilde zu sehen und sich selber zur künstlerischen Anschauung ihres Inhaltes zu erheben. Aber zugleich sind von allen Kunstwerken die Gemälde die vergänglichsten: die elementare Hülle von Licht und Luft, in der die Dinge schweben und die innere Stimmung in Farbentönen sich ausspricht, können sie nur auf leicht zerstörbarer Fläche mit unkörperlichen, unfaßbaren Mitteln wiedergeben. Kein Kunsterzeugniß bedarf so sehr der Schonung und der einsichtigsten Pflege, wenn es nicht beinahe ebenso rasch vergehen soll, als es entstanden ist.

Ohne Zweifel zählt die alte Pinakothek zu den ersten Galerien des Continents, sowohl durch ihre reichhaltige Vertretung aller Schulen, als durch ihre bedeutende Anzahl von Meisterwerken aus den besten Zeiten. Das Gebäude, eines der schönsten Klenzes, spricht seine Bestimmung in der großen, künstlerisch durchgeführten Anlage vortrefflich aus, die innere Raumeintheilung, breit und mächtig gegriffen, ist zur festlichen Aufnahme der Gemälde wohl geeignet. Neuerdings, da in München ganz andere Architektur getrieben wird, hat man an dem Bau und seiner Eintheilung allerlei mäkeln wollen; doch was sich allenfalls daran aussetzen läßt, die Höhe und Beleuchtungsart der Säle, durch welche auf die zu unterst gehängten Bilder nur ein gedämpftes, geschwächtes Licht fällt, das ist wohl kaum dem Architekten zur Last zu legen, da ihm durch einige enorme Bildertafeln, die nicht einmal ersten Ranges sind, der Höhemaßstab gegeben schien. Dieser Uebelstand hätte sich übrigens wohl ausgleichen lassen durch eine mit Kenntniß und richtiger Einsicht angeordnete Aufstellung der Gemälde. Allein — und dies ist weit schlimmer — an dieser hat es gefehlt*). Als die Galerie in den dreißiger Jahren eingerichtet wurde, hatte

---

*) Die Süddeutsche Zeitung hatte den „Zustand und die Pflege der münchener Pinakothek" in einer Reihe von Aufsätzen (Nr. 54. 57. 59. 61. 63 des Jahrgangs 1864) ausführlicher besprochen und auf diese verweisen wir den Leser für das Nähere, da wir uns hier auf einen kurzen Ueberblick beschränken müssen. Die Erwiederungen auf jene Aufsätze — s. die folgende Anmerkung — beschäftigen sich lediglich mit der Rechtfertigung der Commission für Gemälderestaurationen und dem pettenkoferschen Regenerationsverfahren, ohne der dort besprochenen Uebelstände zu gedenken. Man hat dem Verfasser jener Artikel, der auch Schreiber dieses ist, seine Anonymität vorgeworfen: doch da er nur, was diese Uebelstände anlangt, eigenes Material, im Uebrigen aber fremdes redigirt hat, so hatte er kein Recht, durch Namensunterschrift auch dieses für sein Eigenthum auszugeben. Er ist überhaupt

man zum Theil noch ein befangenes, halb romantisches Verhältniß zur vergangenen Kunst: man stand ihr nicht mit dem sachlichen Sinn und Verständniß gegenüber, das jedes Werk als eine in sich berechtigte Welt betrachtet, sondern suchte noch allerlei besondere Empfindungen, besondere Gesichtspunkte, mit denen man an die alten Gemälde herantrat. Nur so läßt sich erklären, wie der frühere Galeriedirector Dillis auf das sonderbare Princip kommen konnte, in der Zusammenstellung der Gemälde nach einer gewissen Farbenharmonie zu streben. Hat dieses dann auch in der Anwendung, wie natürlich, mancherlei Beschränkung erfahren, so scheint es doch die jetzt ungenügende Anordnung mit verschuldet zu haben. Doch was auch hierzu sonst noch mitgewirkt haben mag, wie etwa die allzu patriotische Gesinnung, mit der man der untergeordneten späteren deutschen Schule auf Kosten besserer Gemälde einen allzubreiten und trefflichen Raum überließ, oder die noch lückenhafte Kunstforschung und Kennerschaft jener Tage: genug, es finden sich nicht wenige Meisterwerke in ungünstigem Lichte, an dem Auge weniger zugänglichen Plätzen, während manches Mittelmäßige sich vordrängt und den Blick in Anspruch nimmt. Das Nähere hierüber, wie die Angabe der bezüglichen Bilder kann der Leser in den unten angeführten Aufsätzen finden: hier sei nur das Eine erwähnt, daß eine nicht unbeträchtliche Anzahl unechter Bilder, welche im Katalog die stolzesten Namen der ansteigenden italienischen Malerei tragen (Cimabue, mehre Giotto — zwei echte — Simone Memmi, P. Uccello, Masaccio, M. Basaiti, Pollajuolo, Verocchio; dazu kommen noch einige Namen aus der Blüthezeit, einige sogenannte Lionardo da Vinci, Raphael und Correggio), sich aber dem unbefangenen Blick sofort zum geringeren Theil als unbedeutende Schulbilder, zum größeren als Machwerke einer späteren fabrikmäßigen Nachahmung zu erkennen geben, daß gerade diese günstige Plätze einnehmen, dagegen nicht wenige meisterliche und höchst anziehende Holländer in eine Höhe zurückgedrängt sind, in der sie nur das bewaffnete Auge zu erreichen vermag. Jene willkürliche Taufe der Bilder läßt uns im Vorbeigehen eines andern Uebelstandes gedenken, der in seiner Art einzig ist: des Katalogs, welcher mit einer unerhörten Naivetät

---

bei der ganzen Verhandlung über die Pinakothek nicht näher betheiligt und nur darauf kam es ihm an, die Schäden derselben in ihrer ganzen Ausdehnung aufzudecken, damit ihnen vielleicht desto eher und besser als bis daher abgeholfen würde. Uebrigens hat Fr. Pecht das Verdienst, als der Erste die verschiedenen Mängel der Galerie zur Sprache gebracht und, indem er mit rein sachlichem Interesse und gründlicher Kenntniß seine Untersuchung führte, die bezügliche Behörde wenigstens zu dem Versuch einer Abhilfe angeregt zu haben: wie er denn auch, als sich über diesen selber eine heftige Polemik entspann, seine Sache in einer Weise weiter- und durchführte, die, wie uns scheint, alle Unbefangenen und Vorurtheilslosen, welche der Debatte gefolgt sind, auf seine Seite gebracht hat.

in der weit zurückliegenden traumhaften Kindheit der modernen Kunstforschung stecken geblieben ist. Die neue Ausgabe hat zwar dem Schlimmsten einigermaßen abzuhelfen versucht, indem sie stellenweise das neue Handbuch der Geschichte der Malerei von Waagen zu Rathe zog; aber dabei ist sie über die ersten Bogen, die flandrische Schule — bei der zudem noch die neuesten belgischen Untersuchungen hätten beachtet werden müssen — nicht hinausgekommen und bietet so den bejammernswürdigen Anblick eines Menschen, bei dem es eben gereicht hat, um ein nothdürftiges neues Schuhwerk anzuschaffen, sonst aber die zerfetzten Kleider nach wie vor die traurigen Blößen seines Leibes durchblicken lassen. Die Zeiten, da es noch Brauch der Galerien war, sich in ihren Katalogen mit seltenen Namen aus den dunklen Anfängen der großen Kunstepochen zu brüsten, sind vorüber. Wie in der Kunstbetrachtung an die Stelle einer unterschiedslosen Bewunderung ein ernst eingehendes Verständniß getreten ist, so haben jetzt die Kataloge die Aufgabe, dieses zu unterstützen, das Studium zu erleichtern und die Ergebnisse der vorgeschrittenen Kunstforschung aufzunehmen, um sie in den weiteren Kreis aller Gebildeten überzuleiten.

Ebenso schlimm wie mit der Aufstellung der Gemälde stand es bis vor Kurzem mit ihrer Pflege und Erhaltung, ja steht es trotz der eingeleiteten Verbesserungen im Grunde noch. Bekanntlich ist ein Uebel aller Galerien das Restaurationswesen. Aerger noch als die allmälige Zerstörung durch die atmosphärischen Einflüsse ist die Verwüstung durch die handwerksmäßige Faust der meisten Restauratoren, welche nur darauf bedacht, eine glänzende Oberfläche herzustellen, ohne Sinn sowohl für den eigentlichen Reiz des Kunstwerkes als die Eigenthümlichkeit des Meisters, fast jedesmal den Schimmer der farbigen Erscheinung, das harmonische Spiel der Töne, die zarten Abstufungen von Licht und Schatten geradezu vernichten: wenn sie nicht gar durch eigene Pfuscherzuthat das ganze Bild bis zur Unkenntlichkeit entstellen. Dieses „Herrichten" der Gemälde, so weit es auch in der Pinakothek Brauch war, hat Fr. Pecht mit echter Kennerschaft — deren sich heutzutage so Viele rühmen und doch so Wenige besitzen — so gründlich beleuchtet, daß es überflüssig ist, darauf zurückzukommen. Auch legte er das Uebel so offen zu Tage, daß sich nicht länger darüber wegsehen ließ: es wurde eine Commission ernannt, welche alle Restaurationen sowie die Erhaltung der Bilder überwachen sollte. Aber diese Commission hat bis jetzt nicht leisten können, was sie sollte, denn ihre Zusammensetzung war — ein Irrthum. Man bildete sie größtentheils aus anerkannten ausübenden Künstlern, ohne zu bedenken, daß moderne Kunstübung und Kennerschaft der alten Kunst zwei ganz verschiedene Dinge sind. So wenig war diese Aufsichtsbehörde ihrer Aufgabe gewachsen, daß sie eine — vor ihrer Ernennung begonnene — Restauration gutheiß, welche durch stellenweises Abputzen der Lasuren die harmonische Gesammtwirkung des Bildes und seinen

Farbenreiz beeinträchtigt hat*). Doch dies war das Wenigste; da sie darin wenigstens Einsicht zeigte, daß sie das Restauriren ganz einstellen ließ. Ein weiterer und schlimmerer Uebelstand der Pinakothek, der sich schon auf eine große Anzahl Gemälde erstreckt und mit jedem Jahre zunimmt, ist das Trübwerden der Oberfläche des Bildes (der sogenannte „Schimmel"), das — öfters nicht blos eine Veränderung des Firnisses, sondern auch der unter ihm liegen-

---

*) Die schon erwähnten Pinakothekartikel der S. Z. hatten der Commission aus den oben weiter angeführten Gründen ihre Unfähigkeit vorgehalten und deshalb von jener in Form einer „notbgedrungenen Erklärung" einen so maßlosen Angriff erfahren, daß es die Redaction der Zeitung für angemessen hielt, ihn seiner „ungebührlichen" Haltung wegen an das Ende des Blattes in den Inseratentheil zu verweisen. (S. Z. von 1864 Nr. 87.) Wer münchener Dinge und Verhältnisse näher kennt, den wird eine solche officielle Grobheit nicht befremden. Dort zu Lande vertragen es gewisse Kreise nicht, daß Privatleute aus reinem Interesse an der Sache sich um öffentliche Zustände kümmern und ihre Schäden aufdecken, um womöglich Abhilfe herbeizuführen; man schiebt ihnen entweder unlautere Beweggründe unter oder bewirft sie mit einigen auf der Straße aufgelesenen Redensarten und meint mit derartigen Mitteln ihre Ausstellungen beseitigt zu haben. Dem, der unwürdiges Gezänke haßt und mit gleicher Münze nicht heimzahlen mag, bleibt dann nichts übrig, als achselzuckend vorüberzugehen und einfach auf seiner begründeten Aussage beharrend, der öffentlichen Meinung die Entscheidung anheimzugeben. Das Einzige, was die Commission in ihrer Erklärung berichtigt hat, ist, daß die Restauration des bezüglichen Rubensbildes nicht auf ihre Anordnung hin vorgenommen wurde: doch bleibt der ihr gemachte Vorwurf ganz derselbe, da sie die geschehene Restauration gutgeheißen hat. Aber wäre dem auch nicht so: so sind ja außerdem, wie oben weiter bemerkt, Beweise genug vorhanden, daß sie — damals sicherlich — ihrer Aufgabe nachzukommen nicht im Stande war.

Was endlich die verschiedenen Repliken des Herrn Prof. Pettenkofer anlangt, der keine Gelegenheit versäumte, sich in seiner Sache (s. folgende Seite) vernehmen zu lassen, so müssen wir es dem unbefangenen Urtheil des Lesers überlassen, ob die Art und Weise, wie er sein Verfahren zur Geltung zu bringen suchte und verfocht, so uneigennützig, ernst und sachlich ist, wie wir sie sonst von den deutschen Vertretern der Wissenschaft in ihren Bestrebungen gewohnt sind. Wenn seine Sache eine gute ist, wozu der viele Lärm, die Verhöhnung derer, die noch an ihr zweifeln, und statt sachlicher Erörterungen persönliche Angriffe? Die Zeit ist vorüber, wo man stolz auf die allgemeine Aufklärung den für einen beschränkten Kopf hielt, der nicht gleich ohne Weiteres jeder neuen Erfindung zujubelte. Eher möchte jetzt eben dies für ein sehr zweifelhaftes Zeichen geistiger Umsicht gelten. Ist etwas an dem Verfahren des Prof. Pettenkofer — und möglicherweise ist etwas daran — so wird es, so viel an ihm ist, seinen Weg schon selber machen. Die heftigen Vertheidigungen und Ausfälle seines Urhebers können seinem Fortkommen eher hinderlich als förderlich sein; wie denn durch sie der Erfinder von dem Gebiete der Wissenschaft, in dem er zu Hause ist, auf das ihm fremde der Kunst zu allerlei Behauptungen hinübergetrieben wurde, die ihm von Seite des Galeriedirectors Engert in Wien eine gründliche Abfertigung eingetragen haben. (Wiener Recensionen über bildende Kunst 1864, Nr. 27.) Dagegen läßt sich nun freilich in einigen Blättern die zuversichtliche Stimme vernehmen, daß alle gegen das Verfahren gerichteten Einwände und Anstände siegreich widerlegt seien: der längst verbrauchte Operationsplan, den glücklichen Ausgang einer Sache dadurch herbeizuführen, daß man die Welt beredet, er sei eigentlich schon da. Wie in Wahrheit die Dinge jetzt stehen, läßt sich daraus ermessen, daß einige deutsche Regierungen, die darum angegangen worden, sich an dem Ankauf des Verfahrens zu betheiligen, dies abgelehnt haben.

den Farbenschichte — die coloristische Wirkung desselben theilweise oder ganz vernichtet. Aber nicht von der Commission, sondern von anderer Seite wurde das Ministerium auf dieses Uebel aufmerksam gemacht. Als dann das wissenschaftliche Mitglied, das daraufhin als sachverständig zur Untersuchung berufen worden, sowohl die Natur des Uebels erkannt als ein Verfahren zu seiner Beseitigung gefunden zu haben glaubte, da ließ es die Commission geschehen, daß diesem ohne vorhergehende gründliche Prüfung einige Meisterwerke zur „Regeneration", wie man den Herstellungsproceß nannte, anvertraut wurden. Als sich weiter über die Brauchbarkeit und den Erfolg dieses Verfahrens eine Debatte entspann, schlug sie sich ohne Weiteres auf die Seite des Letzteren, statt vorurtheilslos über den Dingen und Parteien zu stehen. Die bedenklichste Verwahrlosung endlich, die sich an den Bildern der Pinakothek zeigt, besteht in dem Aufstehen und allmäligen Sichablösen der Farbe: ein Uebel, das, wie ebenfalls jene Artikel der Süddeutschen Zeitung nachweisen, auch einen Theil der Meisterwerke mit ergriffen hat. Ob und wie weit die Commission hierfür ein Auge gehabt und Abhilfe getroffen hat, ist bis jetzt nicht ersichtlich; es müßte denn sein, daß sie ganz neuerdings, nachdem die Sache öffentlich besprochen ist, sich damit beschäftigt.

Was das — kürzlich von England aus bekannt gewordene — pettenkofersche Regenerationsverfahren anlangt, so wird über dessen endgiltigen Werth nur die Erfahrung eines längeren Zeitraums entscheiden können. Möglich, daß die Natur des Uebels richtig erkannt und da schon damit manches gewonnen, die Untersuchung dankenswerth ist. Die Regeneration selber, welche, so hieß es anfänglich, das Bild durchaus nicht berührt, doch öfters, wie sich nun zeigt, nach der eigentlichen Procedur wieder Firniß oder Kopaivabalsam aufträgt, soll lediglich auf den (durch „den Verlust des molekularen Zusammenhangs") schadhaft gewordenen Firniß wirken, läßt sich also nur da anwenden, wo es sich, um das Bild wieder zu klären, um eine Wiederherstellung des Firnisses handelt. In diesen Fällen entfernt sie allerdings, wie die bezüglichen Bilder zeigen, die Trübung und stellt die Klarheit der farbigen Erscheinung zum großen Theil wieder her. Dagegen giebt sie dieser — wie oft auch die Commission und Professor Pettenkofer es läugnen mögen — sehr oft ein gläsernes, porzellanhaftes Aussehen, benimmt ihr zugleich die Fülle und Feinheit des Tons, verwischt dadurch dessen Charakter und macht nicht blos die vorhandenen Risse und Sprünge noch sichtbarer, sondern bringt nicht selten, nach der sorgfältigen Beobachtung von Kennern, noch neue hinzu: was man freilich von der anderen Seite für eine „optische Täuschung" hat ausgeben wollen (das Nähere hierüber in den Aufsätzen: das „pettenkofersche Verfahren und die münchener Pinakothek von Fr. Pecht in Nr. 210, 212, 214 der Südd. Zeitung von 1864; ferner in dem Gutachten und der Replik des Directors Engert in Nr. 23 und 25 der wiener Rec. über bildende Kunst von 1864)*). Hier haben wir es nur mit den Erscheinungen zu thun, welche die regenerirten Bilder zeigen; da das Verfahren nun bekannt ist, werden sich auch die Ursachen jener Wirkungen wohl finden lassen. Ob daher diese nachtheiligen Folgen des Regenerirens von einer zu lange fortgesetzten Anwendung des Verfahrens — eine solche scheint nämlich die Farben, sofern ihr Bindemittel aus Harz besteht, anzugreifen, wie auch das Harz des Firnisses leicht spröde zu machen — zum Theil vielleicht auch vom Auftrag des Kopaivabalsams herrühren und sonst vermieden werden können, ob ferner in den Fällen, wo der alte Firniß dem Verfahren lange ausgesetzt bleiben muß, dieser nicht auch auf die ganze Farbenschichte wirkt und dieselbe erweichend, die verschiedenen übereinander liegenden Töne in einander verwischt: dies zu entscheiden muß der näheren Untersuchung überlassen werden. Daß es Uebermalungen, Retouchen und fleckige Reste von älteren Firnißschichten, die sich öfters unter den jüngeren finden, nicht entfernen kann, versteht sich von selbst; ebenso wenig vermag es auf die veränderte Farbe wiederherstellend einzuwirken. Doch ist immerhin möglich, daß es in den Fällen, die sich für seinen Gebrauch eignen, bei richtiger und sorgfältiger Anwendung durch technisch geübte Kunstverständige von Erfolg ist. Also nur unter gewissen Bedingungen und Umständen: denn daß nun ein Universalmittel gefunden sei, welches wie mit dem Wink eines Zauberstabes jedes Bild, wie beschädigt es auch sei, in seinen ursprünglichen unversehrten Zustand zurückversetze, für diese Ueberschwenglichkeit, mit welcher das neue Verfahren wie eine epochemachende Entdeckung gepriesen wurde, wird jeder, der von dem technischen wie dem künstlerischen Wesen der Malerei eine Ahnung erhalten, blos ein Lächeln haben. Ebenso verkehrt muß die Behauptung erscheinen, daß die Anwendung auch dem, der in Kunstdingen Laie ist, überlassen werden könne. Nichts ist schwerer, als das durch die Zeit und allerlei Zufälle veränderte Gesicht eines alten Bildes richtig zu beurtheilen: genau zu unterscheiden, wie viel zu dieser Veränderung der Staub der Jahrhunderte, die atmosphärischen Einflüsse, spätere Uebermalungen, Re-

---

*) Vorliegender Artikel war schon an die Grenzboten abgegangen, als die Nr. 349 der A. A. Zeitung 1864 die Uebersetzung eines Athenäumsaufsatzes brachte, der von dem Erfolg des pettenkoferschen Verfahrens, nachdem es an einigen Meisterbildern der londoner Nationalgalerie angewendet worden, ein großes Aufheben machte. Das Lob kommt, so scheint es, aus der Feder eines wohlmeinenden Laien, den offenbar der erste günstige Eindruck (gerade an der Trübung des Firnisses, auf welche das Verfahren zu wirken vermag, leiden viele Gemälde jener Galerie) zu seiner Notiz begeisterte, ohne daß er weder vor noch nach der „Regeneration" eine gründliche Untersuchung der bezüglichen Bilder vorgenommen hätte. Uebrigens hat sich die englische Galeriedirection darin, daß sie, ohne Proben von längerer Erfahrung zu haben, gleich an Meisterwerken Versuche anstellte, desselben Leichtsinns schuldig gemacht, zu dem man sich in München hat hinreißen lassen, und nicht sowohl ihrethalben, als um jener herrlichen Bilder willen, ist zu hoffen, daß sie ihn nicht zu bereuen habe." —

touchen und Verputzungen beigetragen, wie weit der Firniß, wie weit die Farbe gelitten habe. Nur wer hierüber sowohl durch gründliche technische Kenntnisse als durch ein feines Kunstverständniß ins Klare zu kommen vermag, wird eine Herstellung des Bildes, welche es auch sei, ohne Schaden desselben und mit Erfolg vornehmen können. Ob jenes Verfahren angewendet werden dürfe, wird man nur dem anheimgeben können, der aus der praktischen Erforschung der alten Kunst nach allen Seiten sein Fach gemacht und in diesem sich bewährt hat. Wenn in irgendeinem Zweige des Lebens, so gilt in der Kunst der naturgemäße Grundsatz: was die Wissenschaft entdeckt hat, kann sie nicht selber ohne Weiteres auf den gegebenen Fall anwenden, sondern sie muß den Gebrauch der von ihr gegebenen Mittel dem Sachverständigen, hier also dem praktisch erfahrenen Kunstkenner, überlassen.

Die Regierung hat den bedenklichen Zustand, in dem sich ein Theil der Galerie befindet, anerkannt und wenigstens die einleitenden Schritte gethan, ihm abzuhelfen. Kann man sich dazu entschließen, die Beseitigung der verschiedenen Schäden mit Umsicht und Energie zu betreiben und zugleich eine passende Umstellung der ungünstig hängenden Meisterbilder, so weit sie ohne bauliche Veränderungen möglich ist, vorzunehmen: so wird sich der Werth der Sammlung sowohl für den studirenden Künstler, wie den genießenden Laien verdoppeln, ja sie wird erst dann ihren eigentlichen Werth, ihre volle Wirkung erlangen. Für den Künstler freilich wie für den Beschauer wird dann auch erforderlich sein, daß man nicht wie bisher die zum Copiren begehrten Gemälde aus den Galerieräumen in einen eigenen Copirsaal schaffe, sondern sie an Ort und Stelle lasse und so dem Einen das Studium erleichtere, dem Andern den Anblick des Bildes nicht für eine oft ziemlich lange Zeit entziehe. — Will man aber um die Pflege der alten Kunstschätze besorgter sein als bisher, so wird man hoffentlich auch die Schleißheimer Galerie nicht vergessen. Diese enthält noch immer, nachdem sie schon manches an die Pinakothek abgegeben hat, nicht blos kunstgeschichtlich werthvolle Werke, sondern auch eine gute Anzahl von Meistergemälden, die in sich selber absoluten Werth und Bedeutung haben (mehre sehr schöne Rubens; einige gute Italiener, wie Paolo Veronese, Tintoretto, Pinturicchio, Caldara; Altdeutsche wie L. Cranach und Schäuffelin; Franzosen, wie Dughet, Millet, von den Späteren Greuze, J. B. Vanlov; vor allem aber eine gute Anzahl vortrefflicher Holländer — worunter manche, die in München nicht oder schwach vertreten sind wie Molenaer, A. Cuyp, Landschaften von E. van der Neer — mehre Teniers und J. Breughel, dann Eckhout, A. van der Velde, Mirevelt, Goyen, S. Ruysdael, C. Sachtleven, Poelenburg, Vlieger, Backhuysen, D. de Heem, Hupsum u. s. f. Alles indessen in einem bejammernswerthen Zustande, auch die besten Werke von einem trüben, grauen, tauben Aussehen, manche kaum noch erkenntlich, die wenigsten so erhalten, daß sich das Auge ungestört ihrer freuen mag. Bei vielen ist wohl mit Wenigem nachzuhelfen; bei manchen wird die Wiederherstellung schwierig sein und ist diesen vor allem zu wünschen, daß sie nicht schließlich in Restauratorhände kommen, welche ihnen durch eigene Zuthat ein neues Gesicht aufkleben. Man hat angefangen, eine kleine Anzahl Bilder dem pettenkofer'schen Verfahren zu unterziehen, doch da dieses seine Probe erst noch zu bestehen hat und, auch erprobt, nur für gewisse Fälle von Wirkung sein kann, so ist damit wenig gethan. Bleibt die Galerie noch länger in ihrem jetzigen Zustande, so werden die meisten der in ihr enthaltenen Kunstdenkmäler allmälig so gut wie verloren gehen. Werden erst die Meisterwerke der großen Kunstepochen in ihrem unvergänglichen Werth vom Staate dadurch anerkannt, daß er auf ihre Erhaltung und Pflege alle Sorgfalt verwendet, so wird das Interesse für dieselben auch im Volke, unter den Künstlern wie den Laien, allmälig wärmer und lebendiger werden und sich das gegenwärtige Kunstleben an den vollendeten Werken des vergangenen um so sicherer erheben und entwickeln.

µ. ϱ.

Der Krieg in Nordamerika 1863 und 1864.

Die Frage, wie die durch den Krieg von ihren Herren getrennten Sklaven zu behandeln sind, wie überhaupt die Union sich der Sklaverei gegenüber zu verhalten habe, war bis zum Jahre 1863 von dem Präsidenten Lincoln möglichst überhört worden, so sehr auch alle Generale auf ihre Beantwortung drängten, um dies dem Gegner feindliche Element möglichst vollständig ausnutzen zu können. — Lincoln hatte die Antwort vermieden, um für eventuelle Friedensverhandlungen mit den Sklavenhaltern in dieser Richtung frei zu sein. Einerseits aber lehrte die Bitterkeit des Kampfes, daß der Frieden nur durch volle Unterwerfung des Gegners zu gewinnen war, und andrerseits mehrte sich die Zahl der flüchtigen und vom Staat zu ernährenden Sklaven zu solcher Höhe, daß man ihnen gegenüber eine bestimmte Stellung einnehmen mußte.

Im Lauf des Jahres 1862 hatte man den Staat zum Herren der flüchtigen Sklaven erklärt und diese in Arbeitercolonnen formirt; am 1. Januar 1863 aber gab Lincoln den Sklaven der Rebellen die Freiheit; er hob nicht die Sklaverei auf, er gab auch den befreiten Sklaven nicht das Bürgerrecht, er warf die Freiheit nur als Lockspeise in die schwarze Bevölkerung des Südens und gestattete, um diesen Bundesgenossen gegen den Süden auszunutzen zu können, daß die Sklaven in abgesonderten Regimentern als Soldaten mit weißen Offizieren verwendet würden. Im Laufe des Jahres genehmigte die Regierung, daß ausgehobene Weiße einen Neger als Stellvertreter stellten. Der Neger war als Freier nicht dienstpflichtig, konnte sich aber zum Soldaten verkaufen und dann nur bei Negerregimentern dienen. Der flüchtige Sklave war frei erklärt, mußte sich aber die Einstellung in Arbeitercolonnen und in Negerregimenter, je nach Bedarf gefallen lassen. — Dieser Art Freiheit hat der Süden in diesem Jahre die Spitze abgebrochen, indem er ebenfalls Negerregimenter formirte und den schwarzen Soldaten nach dem Kriege die Freiheit versprach. Der Norden ist denn auch weiter gegangen und hat in der Neuzeit gestattet, daß die Farbigen Offiziere werden können; aber von der Gleichstellung mit den Weißen ist man noch weit entfernt.

Farbige Regimenter sind also formirt nicht nur von den Generalen, welche mitten in der Sklavenbevölkerung Eroberungen gemacht haben, wie in Nordcarolina, Louisiana und Mississippi, sondern auch durch die Stellvertreter von allen Neuenglandstaaten. Daß diese Negerregimenter die Leistungsfähigkeit der Unionsarmee wesentlich erhöht hätten, erhellt nicht aus den Ereignissen, ist auch unwahrscheinlich, da nur der freigeborene und dabei disciplinirte Soldat die ganze Fülle der Pflichten des Vaterlandsvertheidigers zu erfüllen im Stande ist. Aber es ist überhaupt das Eigenthümliche des Nordens, daß er auf die Güte der Truppen viel weniger Werth legt, als auf ihre Zahl. — Diese Richtung tritt nirgends mehr hervor als in der Art der Ergänzung der Armee. Man completirt die Truppen nicht, indem man in der Heimath Depots bildet und aus diesen die Zahl der im Feuer gestählten, aber natürlich reducirten Bataillone ꝛc. wieder vollzählig macht, bei welchem Verfahren der Rekrut durch den festen Rahmen, in welchen er gefügt, gleich zum alten Soldaten wird; nein, man ergänzt die Armee, indem man immer neue Truppenkörper formirt und die alten absterben läßt, diese höchstens durch Verschmelzung wieder zu berechenbaren Größen macht. Dies Verfahren hat nicht nur den Uebelstand, daß man immer junge unerfahrene Truppen hat, trotz des langwährenden Krieges, sondern auch das Schlimme, daß die politischen Parteien der Einzelstaaten immer neue Regimentscommandeure und Offiziere mit hohem Rang, aber ohne Kenntnisse auf den Kriegsschauplatz schicken. Man vermehrt die Zahl der Offiziere über Gebühr und läßt die Kraft der Mannschaft nicht zur Entwickelung kommen.

Nur bei der regulären Armee folgt man der beſſern Anſicht; am 1. Januar 1863 zählte dieſe:

19 Regimenter Infanterie à 3 Bataillone à 900 Köpfe 51,300 Mann.
6 „ Cavallerie à 6 Escadrons à 150 „ 5,400 „
5 „ Artillerie à 12 Batterien à 125 „ 7,500 „
64,200 Mann.

Die Volunteersarmee aber zählte an dieſem Tage 893 Bataillone Infanterie, 33 Compagnien Scharfſchützen, 116 Regimenter Cavallerie, 736 Batterien und 1 Regiment Pioniere, welche als vollzählig berechnet über eine Million Soldaten ergäben, zum Theil aber das Regiment oder Bataillon Infanterie aus höchſtens 100, zum andern Theil aus 900 Mann beſtanden. 106 dieſer Bataillone waren bei dem Einfall der Conföderirten in Maryland im September und auf neun Monate einberufen, ihre Dienſtzeit ging alſo Mitte 1863 zu Ende. Im Monat October dieſes Jahres wurden wieder 300,000 Mann auf drei Jahre beordert. Sehr bedeutend vermehrt hatte ſich im Laufe des Jahres die Cavallerie. — Die Conföderirten hatten dieſer Waffe viele Erfolge des letzten Jahres zu danken gehabt und ſo war es natürlich, daß auch die Union nach dieſer Richtung eine Machtentwickelung erſtrebte und in den pferdereichen Gegenden, alſo mehr in den Weſt- als in den Oſtſtaaten, derartige Volunteerstruppen einberief. In Kentucky und Tenneſſee hat dieſe Unionscavallerie im Laufe des Jahres 1863 einige echte Reiterthaten ausgeübt. — Wenn man alle Verhältniſſe in Anſchlag bringt, kann man hiernach die Unionsarmee für 1863 auf höchſtens 600,000 Mann annehmen. Von dieſen ſtanden 200,000 Mann in Virginien, 150,000 am Miſſiſſippi, 100,000 in Tenneſſee und Kentucky, 100,000 in Louiſiana, Miſſouri, in Minneſota gegen die Indianer, in Texas, Nord- und Südcarolina, Florida und den Seeforts, der Reſt aber im Innern, zumal in Californien, Maryland und Neuyork. Außerdem gebot der Norden über 427 Schiffe mit 3268 Geſchützen, darunter 363 Dampfer und 54 Panzerſchiffe.

Ueber die Stärkeverhältniſſe der Conföderirten fehlen beſtimmte Angaben, mehr wie fünf Procent ihrer weißen Bevölkerung, alſo in Summa 300,000 Mann, können ſie nicht aufgeſtellt haben. Ihre beſſere Führung und feſtere Organiſation gegenüber dem Norden glich aber auch in dieſem Jahre den Nachtheil der Minderzahl aus und machte ſie mehrfach zu Siegern.

Was die Regierungsgewalt im Innern betrifft, ſo war dieſelbe im Süden, nach wie vor ziemlich unumſchränkt in den Händen von Jefferſon Davis, während im Norden Lincoln unausgeſetzt im Conflict mit der Gewalt der Einzelſtaaten blieb und nur langſam eine immer größere Autorität der Bundesgewalt entwickelte. Als Fortſchritt in dieſer Beziehung ſei erwähnt, daß Lincoln die Ernennung der Offiziere der regulären Armee ſowie der geſammten Generalität durch den Präſidenten im Congreß errang; daß er die Conſcription zum Geſetz erhob und die Aushebung der Rekruten, aber mit Stellvertretung in Neuengland durch militärische Gewalt durchsetzte, daß er endlich im September die Habeas-Corpus-Acte suspendirte und die Bundespolizei als seine, durch Truppen geschützte, Autorität einsetzte. — Alle diese Schritte wurden naturgemäß in dem bewohnteren und an großen Städten reicheren, überhaupt entwickelteren Neuengland widerwilliger empfunden, als in den für den Krieg mehr begeisterten Weststaaten.

Die größere Kraft, welche die Regierung im Laufe des Jahres 1863 gewann, findet auch ihren Widerschein in den kriegerischen Ereignissen des Jahres. Es bedarf nur noch mehr Kenntniß der militärischen Elemente und mehr Sicherheit in der Handhabung der Autorität, um den Sieg an die Fahnen des Nordens zu fesseln. — Dazu gehört, daß die Regierung sich so sicher fühle, daß sie nicht mehr nothwendig hat, einflußreiche Männer an der Spitze der Armeen zu fürchten. Vielleicht daß nach vollendeter Wiederwahl Lincolns dieser Augenblick gekommen ist.

Gehen wir nun zu einer kurzen Beleuchtung der kriegerischen Ereignisse zunächst des Jahres 1863 über, so ergiebt sich ein ähnliches Bild wie im vorigen Jahre. Erfolge im Westen, große aber resultatlose Schlachten im Osten und dazwischen ein stetes Hin- und Herwogen des Bürgerkrieges; aber doch überall am Schluß des Jahres Beweise für das Vorschreiten des Nordens. —

Auf dem östlichen Kriegsschauplatz hatte die Schlacht bei Fredericksburg am 13. December 1862 den Obergeneral des Nordens, Burnside, über den Rappahannock zurückgewiesen und ihm selbst alle Thatkraft genommen, im Laufe des Januars schien er einige Mal anzusetzen, um wieder gegen den Feind vorzugehen, aber er fand überall Hindernisse. Unter dem 25. Januar verlor Burnside sowohl als seine Unterführer Franklin und Sumner das Commando und einer seiner Corpsgenerale, Hooker, trat an die Spitze der Potomacarmee. Er ließ die Armee zunächst Winterquartiere beziehen. Der Conf. G. Lee folgte diesem Beispiel und so vergehen die ersten vier Monate dieses Jahres hier in voller Ruhe des Krieges. Im Westen aber bleibt der Kampf rege und schreiten die Truppen unausgesetzt vor, um die große Handelsstraße und Verkehrsader des Westens in die Hände der Union zu bringen.

Wir haben Grant am Schluß des Jahres 1862 im Besitz der Linie Corinth-Memphis, zwischen Tennessee und Mississippi basirt gelassen und Rosekrans bei Murfreesboro gegen Bragg im Gefecht gesehen, um die Verbindung mit Grant sicher zu stellen. Diese Schlacht, auch nach dem Fluß Stoneriver genannt, dauerte vom 30. December bis 2. Januar, endete mit dem vollen Rückzug der Conföderirten und gab Grant alle Freiheit der Bewegung. — Es waren die Befestigungen von Vicksburg und Port Hudson, von der Armee Johnstons unterstützt, welche den Mississippi in der Gewalt der Conföderirten erhielten und gegen welche sich nun die Operationen der Mississippiarmee richteten. Die Bedeutung von Vicksburg liegt weniger in seiner Einwohnerzahl von nur 4500 Seelen, als vielmehr darin, daß die Eisenbahn von Monroe nach Jackson hier den Mississippi passirt und den Ort zu einem Centralhandelsplatz macht. Der Ort liegt hoch am Uferrand am ausspringenden Winkel einer starken Strombiegung und beherrscht den Fluß ober- und unterhalb auf einer bedeutenden Strecke. Die Conföderirten hatten den Ort gleich nach Beginn des Krieges mit Batterien versehen und nach und nach zu einer Festung mit einem verschanzten Lager gemacht, dessen Annäherung durch Sumpf und Wasserstrecken sehr erschwert war. Schon im Juni 1862 hatte Farragut von Neuorleans aus mit seinen Kanonenbooten einen Versuch gemacht, Vicksburg durch Bombardement zu nehmen, war aber zurückgewiesen worden. Im December des vorigen Jahres war General Sherman mit seinem Corps und einer kleinen Flotte von Kanonenbooten von Norden her am linken Ufer gegen die Stadt vorgegangen, hatte die Position aber so stark gefunden, daß er umkehrte und dafür von Lincoln im selbständigen Commando durch General Mac Clernand ersetzt wurde. Dieser erhielt nunmehr den Auftrag, sich mit Commodore Porter in Memphis einzuschiffen, den Fluß hinunterzufahren, dabei das rechte Ufer von den Conföderirten zu säubern, hier oberhalb der Festung zu landen und endlich Vicksburg von diesem Ufer aus einzuschließen. Nach einzelnen erfolgreichen Gefechten gegen die Conföderirten in Arkansas, wobei 4700 Gefangene gemacht wurden, landete Mac Clernand am 18. Januar auf dem rechten Ufer von Louisiana und traf am 25. Januar gegenüber von Vicksburg ein. — Grant folgte mit seiner Armee zu Wasser und zu Lande und stand am 4. Februar mit Mac Clernand vereint. Grant hatte vier Armeecorps, das 13. unter Mac Clernand, das 15. Sherman, das 16. Hurlbut und das 17. Mac Pherson. Ein Bombardement durch die Kanonenboote hatte keine Wirkung. Grant versuchte es also, den Mississippi durch einen Kanal von Vicksburg abzulenken und dadurch ein freies Annäherungsverhältniß zu gewinnen, gab dies aber wieder auf und beschloß, den Fluß südlich der Festung zu überschreiten und von dort aus zur Belagerung vorzugehen. Solche Operation wurde nur möglich durch die Aufstellung einer Flotte auch südlich des Orts. Dies bewerkstelligten die Commodore Farragut und Porter, indem ersterer von Neuorleans her die Batterien bei Port Hudson, letzterer von Norden her die Batterien von Vicksburg bei Nacht passirte und bei Grand Golf, sechs Meilen unterhalb, eine Aufstellung nahm. Grant bahnte sich Wege dorthin und ging am 30. April mit drei Armeecorps über den Fluß auf das linke Ufer, nahm am folgenden Tage Port-Gibson und drang gegen die Vicksburg-Jacksoneisenbahn vor, welche die Verbindung mit der Armee der Conföderirten sicherte; diese eilte herbei und es kam am 12., 14., 16. und 17. zu einer Reihe von hartnäckigen und blutigen Einzelgefechten, in welchen Grant mit großer Uebermacht siegte, Johnston überall zurückwarf und gänzlich von der Festung abschnitt. Er schloß nunmehr die Stadt auch auf dem linken Ufer ganz ein und entschied sich, dieselbe zu stürmen, ehe C. G. Johnston mit der aus Tennessee rasch verstärkten Entsatzarmee heranrücken könnte. Am 19. und 20. Mai wurde gestürmt, aber vergeblich, am 23. begann deshalb eine reguläre Belagerung des Ortes und der Feind gestattete ihm dieselbe ohne Störung fortzuführen, bis am 3. Juli der Commandant, C. G. Pemberton sich mit 15 Generalen und 31,000 Mann zur Uebergabe bereit erklärte. Die Gefangenen wurden auf Ehrenwort entlassen, die Stadt besetzt, und ungesäumt gegen Jackson vorgegangen, um diesen Centralpunkt der Eisenbahn zu nehmen und dadurch die Annäherung der Conföderirten zu erschweren. Am 8. Juli capitulirte auch das von G. Banks von Neuorleans her angegriffene Port Hudson und damit waren alle festen Punkte am Mississippi in den Händen der Union. Am 17. Juli langte der erste Dampfer von St. Louis wieder in Neuorleans an. Grant ließ den General Mac Pherson in Vicksburg zurück und zog seine Armee meist zu Wasser wieder in die Linie Memphis-Corinth zurück. — So war der Besitz der Union auf die Flußlinie mit einzelnen festen Punkten beschränkt und die Benutzung der großen Communicationslinie blieb an allen nicht besetzten Punkten den Angriffen der Uferbewohner und Guerilla-Banden ausgesetzt. Die Handelsstraße ist deshalb auch heute noch nicht als vollständig geöffnet anzusehen.

Es muß zunächst auffallen, daß die Conföderirten, nachdem Grant die Festung eingeschlossen, gar keinen Versuch gemacht haben die Festung zu entsetzen und die Truppen der Union in ihrer sehr gewagten Lage anzugreifen. Gewagt muß dieselbe genannt werden, da Grant nur den Fluß mit seiner Flotte als Basis hatte, durch den Fluß die Kräfte getheilt waren und die klimatischen Verhältnisse an der Gesundheit der Mannschaften ganz ungemein zehrten. Andrerseits muß es unerklärlich erscheinen, daß man die Eroberung von Vicksburg von Seiten der Union nicht derart ausnutzte, daß man Jackson als Festung organisirte, die Eisenbahn von hier nach Corinth militärisch besetzte und die Eroberung des Staates Mississippi vollendete.

In der erstern Beziehung wird der Verlauf der kriegerischen Ereignisse darthun, daß die Conföderirten auf dem nächsten Kriegsschauplatz in Tennessee selbst so bedrängt waren, daß sie keine Truppen entbehren konnten und daß sie überhaupt nicht den Werth auf das Kriegstheater am Mississippi legten, welchen es an sich hat, sondern von der Ansicht ausgingen, daß ein Erfolg bei Washington die höchste Bedeutung habe und ihnen allein den Sieg verschaffen könne. Sie concentrirten deshalb dorthin alle Kräfte. Hier aber liegt ein Irrthum, denn da die Weststaaten augenblicklich das Uebergewicht, die leitend

Stimme im Congreß haben, auch die thatkräftigern sind, so steht nicht zu erwarten, daß dieselben nachgeben, so lange ihre Truppen die Sieger sind. — Es ist ein ähnlicher Fehler, wie ihn Napoleon 1814 beging, indem er Blücher freiließ und sich gegen die große Armee unter Schwarzenberg wandte. Dort, nicht hier war das Element, welches nach Paris drängte und Napoleon vom Throne stürzte.

Daß Grant nicht zur vollen Eroberung des Staates Mississippi schritt, dürfte kaum ihm zuzuschreiben sein, sondern allein der obern Leitung in Washington, die den siegreichen Truppen in Tennessee nicht den Befehl gab zur Unterstützung Grants gegen Corinth vorzugehen und diesem die Hand zu geben, sondern es gestattete, daß die Conföderirten wieder von Corinth und Gegend Besitz nahmen. Auch war das wirkliche Erobern, das Herrschen und Organisiren der Generale in den Provinzen nicht im Geschmack der Regierung. Das bewies sie schlagend durch die Entfernung Butlers aus Neuorleans, der es verstand Louisiana wirklich zu unterwerfen, die alten rebellischen Besitzer zu entfernen und die Union zum Eigenthümer der gesammten Production zu machen. Solche kleine Könige konnte man nicht vertragen. Lincoln geht wohl heute noch von der Ansicht aus, daß er nur Schlachten zu gewinnen braucht, um den Gegner zu überwinden und die herrschende Kraft eines Eroberers entbehren könne. Aber die Sachen scheinen so zu liegen, daß man entweder Frieden machen oder eine Herrschaft über den Süden mit den entsprechenden Kraftelementen organisiren muß. Alles Andere ist eine Verschwendung der edelsten Kräfte des Landes.

Grant also zog sich in seine alte Stellung zurück und verlegte seine Truppen zur Erholung in rückwärtige Quartiere, bis im Monat October die Ereignisse in Osttennessee ihn dorthin riefen, und er, wie wir sehen werden, von Neuem Gelegenheit erhielt, die ihm eigne Festigkeit in der Durchführung der gestellten Aufgaben zu beweisen. Banks, der von Neuorleans aus, wie schon gesagt, Port Hudson genommen hatte, gab alle organisirenden Maßregeln Butlers auf und begnügte sich, seine Herrschaft durch Streifzüge nach allen Richtungen, zumal nach Texas hin geltend zu machen. Statt zu erhalten und zu schaffen zerstörte er und vermehrte dadurch die Feinde der Union. Er machte Razzias wie die Franzosen in Afrika und Verwüstung bezeichnete die Bahnen seiner Thaten.

Im Osten waren unterdeß wieder große Schlachten geschlagen worden.

Die Conföderirten hatten Fredericksburg in den ersten Monaten des Jahres immer mehr befestigt und sich überhaupt hinter dem Rappahannock etablirt. Hooker, den wir seit Anfang des Jahres an der Spitze der Potomacarmee wissen, entschloß sich endlich Ende April von seiner Uebermacht Gebrauch zu machen und mit sieben Armeecorps gegen Lee vorzugehen. Die Schwierigkeiten eines Uebergangs bei Fredericksburg für bedeutend erachtend, schob er Sedgwick mit vier Divisionen gegen den Ort, entsandte Gen. Stoneman mit seiner Cavallerie in den Rücken des Gegners bis Richmond hin und ging mit dem Rest einen Tagemarsch oberhalb am 28. April an der Mündung des Rapidann über den Fluß, schwenkte links und stellte sich bei Chancellorsville auf. Hier ging ihm Lee entgegen und es kam am 2. und 3. Mai zu einer Schlacht, in welcher C. G. Jackson am ersten Tage mit seiner Stonewallbrigade den rechten Flügel Hookers, das Corps Howard schlug und dadurch die Armee zum Rückzug nöthigte; in der Nacht vom 2. zum 3. suchte Hooker durch einen Ueberfall den Gegner zurückzutreiben. In der dadurch entstehenden Verwirrung wurde Jackson von seinen eigenen Leuten zu Tode verwundet. Der Ueberfall hatte aber keinen Erfolg und die Schlacht wurde am 3. fortgesetzt, ohne daß Hooker das Verlorene wiedergewinnen konnte. Sedgwick war unterdeß siegreich gegen Fredericksburg vorgedrungen und hatte die dortigen befestigten Höhen am 2. und 3. genommen. Am 4. aber wandte sich Lee gegen ihn und zwang ihn, die errungenen Vortheile aufzugeben. Hooker hatte die dadurch gewonnene Ruhe benutzt, seinen Rückzug anzutreten und Sedgwick folgte ihm. Lee war durch die doppelte Schlacht ebenfalls sehr aufgelöst und verhindert, von seinen Siegen sofort Gebrauch zu machen. Er blieb hinter dem Rappahannock stehen. Stoneman, der bereits verloren gegeben war, traf auf großen Umwegen ohne zu große Verluste am 8. Mai glücklich von seinem verwüstenden Abenteuerzuge wieder ein.

Die beiderseitigen Verluste werden auf je 15,000 Mann berechnet, der herbste Verlust aber traf die Conföderirten durch den Tod des talentvollsten Generals, den dieser Krieg bis jetzt erzeugt, des Generals Jackson. Der Sieg war ihm bisher immer treu geblieben und die Truppen hingen mit aller Kraft an ihm. Nächst Jackson verdankte Lee seinen Sieg der Trennung der Armee Hookers, welche ihm gestattete, einen Theil nach dem andern zu schlagen. — Am 5. Juni erst begann Lee seinem Siege Folge zu geben, indem er wieder, statt dem Feinde einfach entgegenzugehen, mit einer weiten Umgehung durch das Shenandoahthal in Maryland eindrang und dort dem verstärkten Gegner in einer Schlacht entgegentrat. Die Cavallerie der Conföderirten unter ihrem bewährten Reitergeneral Stuart griff am genannten Tage den rechten Flügel der feindlichen Vorposten an, schlug ihn zurück, begegnete am 9. Juni bei Beverly Fords 8000 Pferden unter den U. G. Buford und Gregg und warf sie. Stuart ließ nun ein Corps von circa 2000 Reitern gegen Washington stehen, während er mit dem Rest von circa 6000 Pferden seinen Marsch fortsetzte und am 11. Juni zwischen Harpersferry und Washington den Potomac passirte und durch Maryland in Pennsylvanien einfallend den Schrecken in die Neuenglandstaaten trug. Die Städte warfen in aller Eile Befestigungen auf, 120,000 Mann Milizen wurden eingerufen und alle nur irgend disponibeln Truppen zur Hilfe beordert.

G. G. Ewell mit dem Corps Jacksons war Stuart zunächst gefolgt. Er nahm rasch hintereinander die feindlichen Besatzungen der kleinen Städte im Shenandoahthal gefangen und besetzte am 16. Juni Harpersferry; am 21. erreichte ihn Lee und am 22. ging die Armee der Conföderirten wieder über den Potomac. Hooker, statt den marschirenden Feind anzugreifen, blieb unentschlossen stehen und eilte erst auf den Hilfeschrei der pennsylvanischen Städte mit seiner Armee durch Washington den Conföderirten nach. Lee hatte bei Gettysburg in Pennsylvanien seine Hauptmacht stehen, hierhin dirigirte sich auch Hooker, mußte aber vor dem Tage der Entscheidung, am 27., das Commando an einen seiner Untergenerale, Meade abtreten. Am 30. Juni standen das 1. Reynolds, 3. Sickles und 11. Corps Howard unter Oberbefehl des ersteren einen Tagemarsch südlich Gettysburg; er ging am 1. mit dem 1. und 11. Corps gegen den letzteren Ort vor, traf auf das Corps von Ewell, wurde zurückgeschlagen und fiel; G. Howard sammelte die Truppen und wurde im Rückzug von den heraneilenden 3. und 12. Corps Slocum gegen Abend aufgenommen. In der Nacht traf mit Meade das 2. Hancock und 5. Corps Sykles ein, denen im Lauf des nächsten Morgens auch das 6. Corps Sedgwick, sowie Abtheilungen pennsylvanischer und marylländischer Miliz folgten.

Am 2. Juli hatte auch Lee seine Kräfte, die Corps von Ewell, Longstreet und Hill bei Gettysburg concentrirt und es kam zur Schlacht mit verkehrter Front, die Armee des Südens stand im Norden der Unionsarmee, und eine wirklich verlorne und durchgeführte Schlacht mußte für den Sieger die reichsten Früchte, für den Geschlagenen die schlimmsten Folgen bringen. Alle Truppen kamen zum Gefecht und Gl. Lee hatte am Abend des Tages mit seinem linken Flügel entschiedene Fortschritte gemacht, aber noch keinen Sieg errungen. Am 3. wurde die Schlacht erneuert und alle Angriffe Lees zurückgeschlagen, ohne daß jedoch Meade sonstige Vortheile gewann. Unter diesen Umständen mußte Lee an die Sicherung seines Rückzugs denken. Er marschirte am 4. und 5. um den linken Flügel Meades herum, ohne daß dieser es wagte ihn anzugreifen und zog sich nach dem Potomac zurück. Harpersferry war durch die Unionstruppen genommen und die dortige Brücke zerstört worden. Lee ging deshalb nach Williamsport, fünf Meilen oberhalb, nahm am 12. daselbst eine

Aufstellung, in der Meade nicht wagte ihn anzugreifen und passirte auf einer inzwischen gebauten Brücke am 14. Juli wieder den Potomac. — Der Union kostete dieser Feldzug in Maryland und Pennsylvanien 23,000 Mann, die Conföderirten werden kaum weniger verloren haben. Lee ging unangefochten hinter den Rappahannock zurück, Meade nahm ihm gegenüber wieder seine Stellung und beide Armeen widmeten die nächste Zeit der Erholung. Diese Ruhe wurde unterbrochen durch die Nachrichten vom Kriegsschauplatz in Tennessee, welche sowohl die Süd- als auch die Nordarmee veranlaßten, Verstärkungen dorthin zu senden; von der letztern rückten die Corps von Howard und Slocum unter dem Befehl des kürzlich erst entfernten Hooker, von der Südarmee aber die Corps von Longstreet dorthin ab. Zur Deckung dieses Abmarsches unternahm Lee einen Angriff von seinem linken Flügel aus, welchem Meade auswich. Es folgten einige kleine, zumal Reitergefechte, dann trat Lee wieder den Rückzug an und Anfang December bezogen hier beide Armeen Winterquartiere, der Rapidann und Rappahannock bildeten wieder die Grenze der beiderseitigen Vorposten.

In Tennessee hatten wir den dortigen Oberbefehlshaber der Union, den General Rosecrans Ende December 1862 und Anfang Januar 1863 in den Gefechten bei Murfreesboro oder am Stone River verlassen und gesehen, daß er durch seine dort errungenen Erfolge die Verbindung mit Grant am Tennessee gewann. Diese Erfolge waren aber mit dem bedeutenden Verlust von 12,000 Mann verbunden, führten eben nur zur Behauptung der innebabenden Stellung und geboten Ruhe. So wurden die nächsten Monate nur mit einzelnen kleinen Gefechten und Reiterunternehmungen ausgefüllt, so sehr auch die Thaten Grants zu unterstützenden Unternehmungen aufforderten. Erst im Monat Juni entschloß sich Rosecrans, gegen Mitteltennessee und den dort stehenden Gl. Bragg vorzugehen. — Die Unionsarmee bestand aus drei Armeecorps, Mac Cook, Crittenden und Thomas und war den Conföderirten bedeutend überlegen. Die letztern wichen deshalb dem Angriff aus und zogen sich hinter den Tennessee in die Stellung von Chattanooga an der Grenze der Staaten Tennessee, Alabama und Georgia gelegen. Rosecrans folgte sehr vorsichtig nach und stand am 21. August der feindlichen Stellung gegenüber. Einem weit umfassenden Angriff wich Bragg auch hier aus und wählte eine neue Position hinter den Chickamauga, wo Longstreet, von Lee gesandt, zu ihm stieß und wo er am 19. September die Schlacht annahm. Bragg hatte vor seinem weit überlegenen Gegner sich von Shelbyville längs der Eisenbahn bis gegen Dalton in Georgia, 20 Meilen Wegs zurückgezogen und dabei den Gegner mit dem unbedeutenden Verlust von höchstens 3000 Mann, wie die nordstaatlichen Nachrichten selbst angeben, fast zwei Monate aufgehalten. Die Schlacht am

Chickamauga dauerte vom 19. bis 21. September und endete mit dem Rückzug der Nordarmee; nur der Ausdauer des Corps Thomas verdankte es Rosecrans, daß er nicht in volle Flucht geschlagen wurde. Die Schlacht kostete dem General 16,000 Mann und seine Stellung. Thomas wurde sein Nachfolger, während Sherman das Commando der Armee Grants erhielt und letzterer das Obercommando sowohl über diese beiden als auch über Burnside in Kentucky bekam und also über die gesammten Streitkräfte in Tenneßee und Kentucky verfügte, während bisher diese drei Heere und drei Departements unter den Namen Mississippi, Cumberland und Ohio von einander unabhängig waren. Er disponirte damit über acht Corps und erhielt die beiden schon genannten Corps unter Hooker von der Potomacarmee noch als Verstärkung. Wir müssen den Fortschritt in der Leitung der militärischen Angelegenheiten des Nordens in dieser Vereinigung einer so bedeutenden Macht in einer Hand anerkennen und werden sehen, daß sie die besten Folgen hatte.

Grants Aufgabe war, Bragg aus seiner Siegeslaufbahn nach Georgia zurückzuwerfen und Burnside wieder Luft zu machen, der in Knoxville hart bedrängt war. Bragg hatte im Verein mit Longstreet die rosecransche Armee an den Tenneßee gedrängt und ihm durch starke Streifcorps um beide Flügel herum und bis Shelbyville hin die Zufuhren auf den Eisenbahnen und dem Tenneßee abgeschnitten. Zunächst wurden diese Streifcorps zurückgeworfen und dann eilte Grant mit der Armee Sherman und Hooker den Truppen jetzt unter Thomas über den Tenneßee zu Hilfe. Am 23. und 24. Nov. ging er über den Fluß, während Thomas von seinem Gegner hart bedrängt wurde. Am 24. griffen die vereinten Kräfte Bragg und Longstreet in ihrer verschanzten Stellung bei Chattanooga an, schlugen und trennten sie. Thomas folgte Bragg nach Georgia gegen Dalton, während Sherman nach einiger Zeit Longstreet folgte, der gegen Burnside in Knoxville gezogen war.

Burnside nämlich hatte mit schwachen Kräften sich den Sommer über in Osttenneßee und Kentucky in einer Menge Einzelgefechten gehalten, war dann im Monat August verstärkt worden, hatte Cumberland Gap, eine Paßbefestigung und Knoxville genommen, hatte sich dann aber zersplittert, war geschlagen und nach Knoxville hineingeworfen worden, wo auch Longstreet am 29. Nov. anlangte und ihn bedrängte. Die heranrückenden Truppen Shermans befreiten ihn, es kam zu mehren Gefechten am 3. und 6. Dec., welche Longstreet zwangen sich zurückzuziehen. G. Foster folgte ihm, erhielt von Longstreet einige kräftige Rückschläge, nöthigte ihn aber trotzdem sich nach Virginia zurückzuziehen. Foster hatte sich vorher schon sehr ausgezeichnet und wurde dafür jetzt Burnsides Nachfolger im Departement von Ohio.

Mit dem Schluß des Jahres war so die Union zum ersten Male seit Beginn des Krieges im unbestrittenen Besitz von Kentucky und Tennessee.

Von den übrigen Schauplätzen des Krieges ist nur zu berichten, daß hier die kleinen Kämpfe durch lokale Interessen genährt und immer verwüstender gemacht wurden, aber wie bisher nicht bestimmend auf den Gang des Krieges wirkten. Nur in Missouri und Arkansas veranlaßte Lincoln, daß die Kräfte möglichst concentrirt und längst des Flusses Arkansas zur Verstärkung der Unternehmung Grants gegen Vicksburg geleitet wurden. Der Kampf gegen die Indianer wurde von Pope mit verhältnißmäßig starken Truppentheilen ohne hervortretende Erfolge geführt, bewirkte aber doch eine gewisse Ermattung der Gegner. An den Küsten Nord- und Südcarolinas fanden unausgesetzt kleinere Raub- und Verwüstungszüge der nordstaatlichen Truppen statt. Größere Kräfte concentrirte allein G. Grillmore gegen Charleston, er landete am 10. Juli am Hafen, nahm die nächstliegenden Forts und schritt bis zum Schluß des Jahres in unausgesetzten Arbeiten belagernd gegen die Stadt vor, ohne sie in Besitz zu nehmen.

Wenn wir nun die Gesammtresultate der kriegerischen Ereignisse des Jahres zusammenfassen, so ergiebt sich, daß zwischen Washington und Richmond die Vortheile eher dem Süden als dem Norden gehören, denn der erstere hat hier mit Glück die bedeutende Uebermacht des Gegners zurückgeschlagen. Im Westen aber hat der Norden unter Grant erst die Herrschaft über den Mississippifluß und dann über die beiden Staaten Kentucky und Tennessee gewonnen. Die Conföderirten haben hier mindestens den vierten Theil ihrer gesammten Einwohnerzahl der Herrschaft ihrer Gegner abgetreten und die Gestellung der zum ferneren Kampf nothwendigen Truppenzahl muß ihnen ungemein erschwert sein. Nur der Umstand läßt die Fortschritte des Gegners nicht zu sehr ins Gewicht fallen, daß es ihm nicht gelingt seine Eroberungen zu organisiren. Der innere Kampf, das blutige Ringen dauert auch auf den eroberten Gebieten fort. Grant hat sich als thatkräftiger General, aber nicht als erobernder Organisator bewährt. (Schluß in der nächsten Nummer.)

Kleine Artigkeiten und Anzeigen.

Das Dresdner Journal enthält in Nr. 20 vom 25. Januar einen langen Artikel gegen die gothaische Partei, zunächst gegen Herrn Professor Häusser und seine publicistischen Parteigenossen, in welchem maßvoll aber unwillig gegen die Idee eines preußischen deutschen Bundesstaats polemisirt wird. Der Streit darüber ist in diesem Augenblick für die Tagespresse müßig. Preußen hat gegenwärtig zu viel mit sich selbst zu thun, als daß es die Bundesverfassung Deutschlands wesentlich alteriren könnte und das Dresdner Journal sollte dem in Preußen herrschenden System dankbar sein, denn dies ist in der That sein bester Bundesgenosse. Unterdeß wird selbst während der innern Krisis Preußens das Uebergewicht eines Staates von 19 Millionen in jeder Richtung des politischen und Verkehrslebens fühlbarer, nicht am wenigsten in Sachsen, gerade hier kann man ruhig der Zeit und gegebenen Verhältnissen überlassen, die große Frage zur Entscheidung zu bringen. Wenn aber das Dresdener Journal zuletzt auch einen Artikel der Grenzboten — die Besprechung des Werkes von Treitschke — heranzieht und ein aufrichtiges Bekenntniß von argen Hintergedanken der preußischen Partei in den Worten findet, daß jeder Bundesstaat zuletzt zum Einheitsstaat führe, und wenn das Dresdner Journal dies „aufrichtige Bekenntniß" als eine Warnung für seine Leser hinstellt, so wollen wir ihm nachbarlich bemerken, daß wir mit diesem Bekenntniß durchaus nicht die Absicht verbinden, Regierungen und Völker durch Empfehlung des Bundesstaates — wie das Journal sich ausdrückt — zu übertölpeln. Dieser Ausdruck war am Ende einer schönen stilistischen Arbeit nicht wohl gewählt. Wir trauen Regierungen und Völkern zuviel Einsicht zu, als daß sie je in solche ungemüthliche Lage kommen könnten. Wir meinen die Regierungen werden sich sträuben, so lange sie können, sie werden wie bisher jedes ihnen mögliche Mittel anwenden, sich der verhaßten Genossenschaft zu entziehn, im Volke aber wird, wer Urtheilskraft und ein Interesse hat, sich allmälig mit und ohne Journalartikel immer mehr von der Nothwendigkeit solcher innern engern Verbindung überzeugen. Und die Regierungen werden zuletzt durch die Intelligenz ihres eigenen Landes, wie durch die unerträglichen Schwierigkeiten ihrer Lage zur Nachgiebigkeit veranlaßt werden. In der That ist das Dresdner Journal selbst bereits ein preußisches Oppositionsblatt. Daß es schreiben kann wie es schreibt, einem wohlwollenden, grißigen, alten Herrn ähnlich, dem einiger Zank mit seinen Nachbarn gemüthliches Bedürfniß ist, das verdankt es dem ärgerlichen Preußen allein. Ohne diese widerwärtige Erfindung der letzten Jahrhunderte würde entweder ein russischer General oder ein französischer Präfect seinen Leitartikeln größere Kürze befehlen; ohne dies lästige Preußen würde es vor ungefähr fünfzehn Jahren die Veranlassung verloren haben, sich über Bundes- und Einheitsstaat zu betrüben. Ja noch in den Tagen des Fürstencongresses zu Frankfurt wurde es durch das Ausbleiben des unzuverlässigen Preußens in die zwar unbequeme, aber doch zuletzt tröstliche Lage gebracht, von dem Bundesstaatsproject Oestreichs befreit zu werden. Daß es in der Lage ist, überhaupt eine Ansicht auszusprechen, wie sie auch sei, und gegen einen Bundesstaat zu polemisiren, verdankt es allerdings nur dem Umstande, daß es in der Stille unter preußischem Schutz steht. Wir haben so viel Mitgefühl mit seiner schwierigen Lage, daß wir uns in diesem Artikel enthalten auszuführen, wie auch das sächsische Volk den kräftigen Aufschwung seines Verkehrslebens, wie selbst die sächsischen Particularisten ihren Saxonismus nur dem Gegensatz zu dem ungefälligen preußischen Staat verdanken.

Ob Bundesstaat, ob Einheitsstaat, ist in diesem Augenblick keine Frage, bei welcher die Tagespresse mit Fug verweilt. Verhältnisse, welche größer und dauernder sind als die Parteistellung des Dresdner Journals und der Grenzboten, bestimmen unabänderlich unsere Zukunft. Die Bedeutung des Mannes aber, welcher jetzt für eine Ueberzeugung kämpft, wird von der Nachwelt unfehlbar darnach geschätzt werden, ob er das Unvermeidliche rechtzeitig erkannt und für das gerungen hat, was der späteren Zeit eine Thatsache geworden ist, oder ob er schöne und der Theilnahme würdige Kraft im vergeblichen Streite gegen die Logik der Thatsachen und den Zwang der Verhältnisse verschwendet hat.

Von Gustav Freytag wird der Redaction der Wunsch ausgedrückt, den Barmer Anzeiger, das dortige Kreisblatt, auf eine literarische Inconvenienz aufmerksam zu machen. Die Nr. 18. dieses Blattes enthält die Fortsetzung einer Novelle unter dem Titel: „Aus einem Frauenleben von G. Freitag." Wenn der Verfasser jener Novelle in der That den vorgesetzten Namen führt, so verlangt die Rücksicht auf seinen Namensgenossen, seinen Verleger und die eigene Ehre, daß er dem Namen ein jedem deutliches und unzweifelhaftes Unterscheidungszeichen zusetze. Es scheint aber, daß hier noch etwas Anderes vorliegt, als eine zufällige Namensgleichheit. Schon vor Jahren erschienen in den Stuttgarter „Erheiterungen" Novellen unter gleichem Namen, welche zum Theil nichts als Uebersetzungen französischer Geschichten waren. Bei der vorliegenden Erzählung scheint dasselbe der Fall zu sein. Dann würde eine doppelte literarische Täuschung vorliegen, indem der Unbekannte zuerst fremde Habe mit einem ungehörigen Namen versehn und zweitens dazu den Namen eines Anderen gemißbraucht hat. In jedem Falle fordern wir Herrn Julius Tadbel, Redacteur des Barmer Anzeigers auf, in der nächsten Nummer, welche nach Zusendung dieses Heftes von ihm ausgegeben wird, seine Leser davon in Kenntniß zu setzen, daß der Einsender der Novelle: „Aus einem Frauenleben" nicht der uns bekannte Schriftsteller Gustav Freytag ist. Wir erlauben uns dazu die Bemerkung, wie es in seinem eigenen Interesse liegt, daß sein Blatt nicht in den Verdacht einer absichtlichen Täuschung des Publikums komme.

Verantwortlicher Redacteur: Dr. Moritz Busch.
Verlag von F. L. Herbig. — Druck von C. E. Elbert in Leipzig.

Verlag von Fr. Wilh. Grunow in Leipzig; zu beziehen durch alle Buchhandlungen:

Aus unsern vier Wänden von Rudolf Reiche

9. Auflage. **Wohlfeile Ausgabe.** 3 Abtheilungen in 1 Band. carton. 2 Rthlr. 1. Abth: [illegible] dem Kinderleben. 2. Abth.: Knaben und Mädchen. 3. Abth.: Auswärts und Daheim.

[Die Abtheilungen werden auch einzeln abgegeben.]

Von der 1. Abth. existirt auch eine Pracht-Ausgabe mit 66 Originalzeichnungen von Oskar [illegible] in Holzschnitt von H. Bürkner. carton. 3⅓ Thlr. fein gebunden 4½ Thlr.

Die Abonnenten der Gartenlaube, Volksgarten, Illustr. Zeitung, Land und [illegible] Daheim und Kinderlaube verweisen wir auf die günstigen Besprechungen im letzten Quartale 18[illegible] Jede Mutter wird ihre Freude an diesem Buche haben, es ist ein **echtes Familienbuch.**

Bei Friedr. Wilh. Grunow in Leipzig ist erschienen, durch alle Buchhandlungen zu beziehen [illegible] allen Leihbibliotheken vorräthig:

Busch, Moritz, Eine Wallfahrt nach Jerusalem. Neue Ausgabe. 2 Bde. 2½

Cosmar, A., Erziehung und Ehe. 3 Bde. 4 Thlr.

Gundling, Jul., Pêle-mêle. 3 Bde. 4 Thlr.

Helene, Marie, Bilder aus dem Leben. 1⅓ Thlr.

Herbert, Luc., Napoleon III. 8 Bde. à 1⅓ Thlr. — Napoleon III. und sein Hof. 1⅓

Meißner, Alfred, Zwischen Fürst und Volk. N. A. 3 Bde. 3 Thlr. — Neuer N. A. 3 Bde. 3½ Thlr. — Charaktermasken. 3 Bde. 4 Thlr.

Pichler, Louise, Die Kaiserbraut. 2 Bde. 2⅔ Thlr.

Smetana, Aug., Geschichte eines Excommunicirten. 3. Auflage. 24 Ngr.

Stein, Paul, Albrecht v. Brandenburg. 3 Bde. 4 Thlr. — Handwerk u. Industrie. N. A. 2 Bde. [illegible]

Stifft, A., Von Nord und Süd. 1⅓ Thlr.

Wartenburg, Karl, Französisches Leben. 1⅔ Thlr. — Neue Propheten. N. A. 2 Bde. 2[illegible]

Die Freunde dieser gern gelesenen Autoren werden auf diese neuen Erscheinungen besonders aufmerksam g[illegible]

Bei **Fr. Wilh. Grunow** in **Leipzig** erschien neu und ist in allen Buchhandlungen und Leihbibli[illegible] vorräthig:

Deutsche Früchte aus England.

Erzählungen und Erlebni[illegible] **H. Bela.** 2 Bände 2[illegible]

Inhalt: „Der Sohn des Nebels." — Humoristische „Erinnerungen eines Flüchti[illegible] Berlin 1838—1848. — 1848. — Flucht. — Zehn Jahre in London. — Heimkehr. — Englisch Erle[illegible] kurzen, drastischen Erzählungen.

Der Verfasser schilderte England von London aus zehn Jahre lang in „Gartenlaube", „Maga[illegible] die Literatur des Auslandes" u. s. w. und ist dadurch rühmlich bekannt geworden.

Bei Fr. Wilh. Grunow in Leipzig erschien und ist in jeder Buchhandlung und Leihbibliothek vo[illegible]

* **Herbert, Lucian,** Louis Napoleon. 2. Volks-Auflage 5 Bände. 4⅔ Thlr.
— — Napoleon III. 8 Bände. à 1⅓ Thlr.
* — — Carlo Alberto und Louis Napoleon. 4 Bände. à 1⅓ Thlr.
* — — Victor Emanuel. 4 Bände. à 1⅓ Thlr.
— — **1830.** (Juli-Revolution.) 2 Bde. 2⅔ Thlr.
— — **1831.** (Polens letzte Tage.) 2 Bände. 2⅔ Thlr.
— — Aus Frankreich. 1⅔ Thlr.
— — Napoleon III. und sein Hof in Anekdoten. 1⅓ Thlr.
* — — Neue Anekdoten aus dem Leben Napoleon III. 1⅓ Thlr.

Die 4 mit * bezeichneten Artikel sind Novitäten dieses Jahres.

In diesen Werken sind die Hauptmomente der Geschichte unseres Jahrhunderts geschichtlich rom[illegible] bearbeitet.

Bei **Fr. Wilh. Grunow** in **Leipzig** erschien soeben und ist durch alle Buchhandlungen zu beziel[illegible]

Huhn, E. H. Th., Handbuch der Volkswirthschaftslehre. 3 Bde. 3 Thlr. 7½
— — **Finanzwissenschaft.** 1 Thlr. 10 Ngr.
— — **Allgemeines und deutsches Staatsrecht.** 1 Thlr. 24 Ngr.
— — **Völkerrecht.** 1 Thlr.

☛ **Inserate aller Art werden gegen den Betrag von 2 Ngr. für die gespaltene [illegible] angenommen. Die Beilagegebühr für die Grenzboten beträgt 3 Thlr.**

Verlag von Friedrich Ludwig Herbig. — Druck von C. E. Elbert in Leipzig.

XXIV. Jahrgang. I. Semester.

Die Grenzboten.

Zeitschrift für Politik und Literatur.

No. 7.
Ausgegeben am 10. Februar 1865.

Inhalt:

Shakespeares „Wie es euch gefällt" auf der deutschen Bühne. Seite 241
Der nordamerikanische Krieg im Jahre 1863 und 1864. (Schluß.) 248
Die englischen Dialecte 263
Neue Monatschrift für Kunst. 269
Neue Werke über das constitutionelle Staatsrecht 272

Grenzbotenumschlag: Literarische Anzeigen.

Leipzig, 1865.
Friedrich Ludwig Herbig.
(F. W. Grunow.)

Shakespeares „Wie es euch gefällt" auf der deutschen Bühne.

Im vorigen Jahre haben die meisten größern Bühnen Deutschlands sich daran erinnert, daß es 300 Jahre her ist, seit Shakespeare geboren wurde, mehre haben in dieser Zeit eine Reihenfolge seiner Stücke, die in dem Gesichtskreis des Repertoirs waren, neu ausgestattet und einstudirt. Das Publikum ließ sich das Dargebotene gern gefallen, selbst wo ihm durch die Zahl der aufgeführten Stücke und die Auswahl viel zugemuthet wurde, denn es liebt bei solcher Gelegenheit sich ein Großes zugetraut zu sehn. Das Karlsruher Theater hat unter Eduard Devrient seit zwölf Jahren so viele Dramen des großen Dichters zu stehenden Repertoirstücken gemacht, daß es die Erinnerungsfeier wie ein Familien- und Freundesfest begehn durfte. In diesem Winter wird dort ein Drama nach dem andern zwischen Oper und den Tagesneuigkeiten aufgeführt, die meisten sind alte Habe des Repertoirs; dadurch, daß ein und das andere, an dem sich die Kräfte der Bühne noch nicht versucht hatten, zu dem vorhandenem Schatz gefügt wird, hofft man die Zahl zwanzig zu erreichen.

Unter den neueinstudirten Stücken war auch das Lustspiel: „Wie es euch gefällt", der deutschen Bühne fast fremd, dem Leser ein wunderliches, vertrautes Spiel, das er gern überschlägt. Und doch war die Aufführung in Karlsruhe reich an schönen Wirkungen auch dem großen Publikum willkommen, sie stellte den Schauspielern, noch mehr dem Leiter der Bühne interessante Aufgaben. Gerade dies Stück gewährt einen fesselnden Einblick in den höfischen Geschmack jener Zeit und in des Dichters Methode zu schaffen.

Wie viel auch in unserer schreiblustigen Zeit über Shakespeare geschrieben ist, noch wird als empfindlicher Mangel fühlbar, daß keine Arbeit die Geschichte der einzelnen Stücke nach den etwa erhaltenen abweichenden Recensionen, nach den allerdings spärlichen Notizen über Zeit und Veranlassung ihrer Entstehung und nach ihrer innern technischen Verschiedenheit, mit genauer Kenntniß des alten und neuen Theaters auseinanderlegt. Was uns jetzt unter Shakespeares Namen erhalten ist, Echtes und Angezweifeltes, zeigt eine so große Verschiedenheit in Bau, Ton und innerem Werth, wie bei keinem neueren Kunstdichter möglich wäre. Auf dem weißen Papier unserer modernen Prachtausgaben stehn die großen sorgfältig gearbeiteten Tragödien, welche nicht nur die Gewalt seines Genies, auch die volle Sorgfalt des gereiften Künstlers zeigen, neben rohen Jugendwerken, flüchtigen Gelegenheitsstücken, neben Tagesarbeiten, zu denen ihn der Bedarf seiner hungrigen Bühne zwang, ja wohl auch neben fremdem Gut, das er nur eilig zurichtete und durch eingesetzte Scenen besserte. Polterabendscherze, wie der Sommernachtstraum, Staatsactionen wie Heinrich der Fünfte, leichte Waare des Sommertheaters, welche auf offenem Brettergerüst ohne jede Decoration unter freiem Himmel aufgeführt wurde, und Stücke der Winterhäuser, bei denen auf die Architektur der Scene und die dadurch möglichen Effecte sorgfältig Rücksicht genommen ist. Aus den Bänden der Shakespeareausgaben und ihrer Uebersetzung sind die Dramen auf unsere Podien übergegangen und einige derselben sehn bei den vergoldeten Schnörkeln und Gasflammen der modernen Salontheater sehr seltsam aus.

William Shakespeare war Schauspieler und Regisseur und zugleich Theaterdichter, eine Thätigkeit, die in seiner Zeit mit den beiden ersten häufig in Verbindung stand. Für den täglichen Bedarf seiner Truppe mußte er sich in seinen Dichtungen den localen und persönlichen Verhältnissen seines Publikums und seiner Gönner anschmiegen. Nur die Rücksicht und geübte Beachtung des momentanen schauspielerischen Erfolges konnte ihn leiten, selten die Absicht, kaum wohl die Hoffnung: seine Werke würden seine Zeit überleben.

Für seine Zwecke griff er nach Novellen, nach Balladen, nach schon vorhandenen Dramen, die er mit der sichern Hand des Regisseurs seinen Collegen und seinem Publikum anpaßte.

Dieß der Grund, warum wir in mehren seiner Stücke nur ab und zu, wie Körner in der Spreu, eine Scene finden, aus welcher der volle, warme Hauch seines schöpferischen Odems uns anhaucht. Wenn sich die großen Werke seiner Kunst in der Form, der poetischen Ausarbeitung, der großartigen Entwicklung der Charaktere so weit von den Eintagsfliegen seiner Theaterzeit unterscheiden, so dürfen wir schließen, daß dies Vorwürfe waren, die er besonders lieb gewonnen hatte. Sie unterwarf er einer mehrfachen Umarbeitung, ihnen ließ er, wie echten unter Pflegekindern, auch volle Liebe und volle Zucht angedeihen, ehe er sie in die Welt hinaussandte.

Das vorliegende Stück gehört, wenn irgendeines, in die Zahl der Gelegenheitsstücke und darf nur als solches beurtheilt werden.

Es ist einer Novelle von Thomas Lodge entnommen, Rosalynd, or Euphue's Golden Legacye, 4. 1590. Die Novelle führt in der zweiten Ausgabe von 1592 den langen wunderlichen Titel: „Rosalynde. Euphues goldenes Vermächtniß, nach seinem Tode in seiner Zelle in Silexedra aufgefunden. Den Söhnen des Philautus vermacht, die mit ihrem Vater in England erzogen worden. Von den Canarischen Inseln hergebracht von T. L. Edelmann."

In seiner Widmung an Lord Hunsdon sagt Lodge, er habe mit dem Capitän Clarke eine Reise nach den Terceras- und canarischen Inseln gemacht, und, um sich die Zeit mit Arbeiten zu vertreiben, dies Buch geschrieben.

Etwa hundert Jahre später erschien ein englisches Gedicht unter dem Namen: „The Coke's Tale of Gamelyn", das man fälschlich den Canterbury Tales von Chaucer einverleibte. Es benutzt ebenfalls Lodges Erzählung und hat irrthümlich für Shakespeares Quelle gegolten.

Ein Verzeichniß der londoner Buchhändlergilde, etwa von 1600, erwähnt schon das Theaterstück „as you like it". Erhalten ist es jedoch erst in der Foliogesammtausgabe Shakespeares von 1623. Der Inhalt der lodgeschen Novelle ist, in Kurzem folgender:

König Gerismond von Frankreich (bei Sh. der Herzog) ist von seinem Bruder Torismond (Friedrich) um sein Reich gebracht worden und irrt mit wenigen Getreuen im ardenner Walde umher. Seine Tochter Alinda (Celia) folgt endlich aus Zärtlichkeit ihrer Muhme Rosalinde in die Verbannung, als Friedrich diese in jähzorniger Laune ihrem Vater nachjagt. Die arme Rosalinde hat zuvor eine glühende Neigung für den kecken jungen Rosader (Orlando) gefaßt, den jüngsten Sohn des Sir John von Bourdeaux (Rowland de Bois), den sein ältester Bruder Saladynn (Olivier) aus Mißgunst um das Seinige betrogen und wie einen „Bauerntölpel" gehalten hatte.

Der jugendkräftige Rosader empfindet plötzlich, gemahnt durch seines Vaters treuen Diener Adam Spencer, die Unwürdigkeit dieser Behandlung. Er tritt seinem Bruder entgegen und fordert mit handgreiflichen Drohungen sein Recht. Saladinn macht in der Angst Zugeständnisse und weiß den thatendurstigen Rosader zu bewegen, sich im Zweikampf gegen des Königs Ringer zu versuchen. Im Stillen hatte er den riesigen Charles geworben, der dem Rosader den Tod geschworen. Der Kampf beginnt und Charles unterliegt.

Für so gefährliche Tugenden von Bruder und König gehaßt, flieht Rosader ebenfalls in die Ardennen, begleitet vom alten Adam. Beide sind verirrt und dem Hungertode nah, da führt sie der Zufall dem verbannten Könige zu, der just zur Feier seines Geburtstages unter schattigen Bäumen mit seinem Gefolge eine reiche Mahlzeit hält. Freundlich werden die Beiden aufgenommen und schließen sich dem Hofstaat an.

Rosalinde in Knabentracht unter dem Namen Ganymed und Alinda als Schäferin Aliena trafen indessen die Schäfer Corydon (bei Shakespeare Corinnus) und Montanus (Silvius). Corydon kauft für sie die Meierei seines Herrn, in welcher die Mädchen verborgen leben wollen. Schäfer Montanus klagt ihnen seine Liebe zur schelmischen Phoebe, die ihn verschmäht, bis ihre eigne heftige Liebe zum Ganymed sie bekehrt und dem immer getreuen Montanus zuführt.

Bald trifft Rosader den scheinbaren Knaben Ganymed im Walde, der ihm vorschlägt, um seinen Liebesseufzern Nahrung zu geben, seine Rosalinde vorzustellen.

Indeß hat den bösen Bruder Saladynn die gerechte Strafe ereilt. Denn der Usurpator Torismond legt ihm die Flucht Rosaders zur Last und jagt auch ihn in die Ardennen. Dort rettet ihm der schwergekränkte Bruder das Leben, indem er den Löwen erlegt, der sich den Saladynn zum Fraße ausersehen. Da erwacht des Bösewichts Reue) und mit ihr sanftere Gefühle. Er verliebt sich beim ersten Begegnen in Alinda (Celia). Jetzt kommen die zwölf Pairs von Frankreich, um Gerismond wieder in seine Rechte einzusetzen. Torismond fällt in der Schlacht und mit allgemeiner Heirath und allgemeiner Versorgung der Betheiligten schließt die Novelle.

Es ist ersichtlich, daß Shakespeare hier mit noch größerer Genauigkeit als irgend sonst, oft bis in den Wortlaut getreu, seinem Originale gefolgt ist.

Seiner Erfindung verdanken wir nur den melancholischen Jacques, der dem Herzog in die Verbannung folgte, einen rabenschwarzen, gallsüchtigen Spötter, dessen Geist von Welt- und Hofleben übersättigt, sich in giftigen Scherzen gegen das Menschenvolk ergeht; dann den munteren Gegensatz desselben, den scheckigen, geschickten, behäbig satten Narren Probstein, bei dem die Nahrung des Hofes zu fröhlicher Laune anschlägt, und den Celia sich vom Hofe in die Wildniß mitnimmt; ferner den plumpen Schatz des Narren, den dieser sich im Walde gesucht, die einfältige Käthe sammt ihrem Anhang; zuletzt als Aenderung in der Fabel die freiwillige Entsagung des Usurpators und des Herzogs friedliche Wiedereinsetzung.

Der seltsame Titel: „as you like it" gab Anlaß zu mannigfachen Auslegungen. Man wollte ihn ironisch nehmen und Shakespeare zumuthen, ein ganzes Lustspiel gewissermaßen als Persiflage auf den Geschmack seiner Zeit geschrieben zu haben. Eine flüchtige Prüfung des Stückes widerlegt diese Anschauung. Der Dichter geißelt in jeder Scene den Unfug und die üblen Gebräuche seiner Zeit, wie war denkbar, daß er für solche Wirkungen ein mit Absicht caricirtes Stück benutzt habe? Auch liegt diese Art, Talent und Bühnenkraft zu vergeuden, gar nicht in Shakespeares gesundem Wesen. Das Stück ist durchaus für die Aufführung geschrieben. Eine parodirende Caricatur mögen blasirte Leser gähnend bewundern, auf die Bretter dürfte man sie nicht bringen, vollends nicht in einer Zeit, welche mit faulen Orangen freigebig war und in der die Schauspieler selbst ein pecuniäres Interesse an dem guten Erfolge hatten. Die Vermuthung liegt nahe, er habe es auf Wunsch oder „zu Gefallen" eines seiner Gönner, vielleicht jenes Lord Hunsdon selbst bearbeitet, dem Lodge seine Novelle gewidmet. Es sieht ganz so aus, als ob es zu irgendeiner Festfeier auf dem

Lande geschrieben und unter den Bäumen eines Parkes auf dem Besitzthum eines vornehmen Gönners zuerst aufgeführt worden sei. Als ein leichter übermütbiger Scherz mit den damals bereits modischen Schäfermasken, mit lustiger Parodie einzelner lebender Personen, z. B. in Probstein und Jaques, zwischen Hörnerklang und den Bechern einer höfischen Jagdgesellschaft.

Vielleicht gab der Prolog hierüber nähere Auskunft. Daß ein solcher existirte, geht aus Rosalyndens Worten des Epiloges hervor: „Es ist nicht Gebrauch, eine Dame als Epilog zu sehen, aber es ist nicht unziemlicher, als den Herren (the lord) als Prolog zu sehen." Man kann hieraus entnehmen, daß der verbannte Herzog (the lord) den Prolog gesprochen hat. Im Allgemeinen war es Brauch, den Prolog von einer Nebenfigur reden zu lassen, die womöglich die Sympathie des Publikums genoß oder vertrat. Der Usurpator konnte deshalb nicht gemeint sein. Auch spricht des verbannten Herzogs spätes Auftreten dafür, es ließ ihm Zeit, die Kleidung zu wechseln. Am meisten würde sich sonst Adam dafür geeignet haben, den, wie man mit Grund annimmt, Shakespeare selbst gespielt haben mag. Allein sein Auftreten beim Beginn des Stückes machte dies unbequem. Daß Adam am Schlusse des Stückes seltsamerweise fehlt, während ihn Lodge noch zum Capitän der Garden ernennen läßt, deutet allerdings darauf hin, daß Shakespeare die kleine, sorgfältig gearbeitete Rolle übernommen hatte, die ihm in der ersten Hälfte des Stückes Raum gönnte, seinen Regiepflichten nachzukommen. Am Schlusse häufen sich die Auftritte, das Melodram erfordert die ganze Aufmerksamkeit des Bühnenleiters und darum mußte wohl das Publicum den wackern Adam im Schlußeffect entbehren.

Die Aufführung des Stückes war keine leichte Aufgabe. Das Publicum mußte die vielen hier und da hingestreuten, lose angereihten, oft innerlich zusammenhanglosen bunten Bilder und Neckereien einer originellen Laune sich selbst zusammennaschen und zu einem Totalgenuß gestalten. Das war eine Aufgabe, welche die eines Theaterpublikums im Allgemeinen übersteigt. Ist doch der Zuschauer gewöhnt, in ruhiger Aufnahme lebenswarmer dramatischer Handlung den Geist und die Moral sich unmerklich zutragen zu lassen, er verlangt vor allem festen Zusammenhang, steigende Spannung, wohlgewogenes Verhältniß der Theile.

Der Bearbeiter mußte das Stück dem modernen Geschmacke näher führen, wollte er es seinen Schauspielern zu eigen machen und dem Publicum die Freude gewähren, die Wirkungen des alten Theaterstückes lebhaft zu empfinden.

Daher wurde entfernt, was allzu sehr verletzte, unwahrscheinlich war und aufhielt, anderes, das nur leicht angedeutet war, für das moderne Verständniß verstärkt. Der häufige Scenenwechsel war zwanglos umgangen; die Handlung auf drei Acte vertheilt. Der Schauplatz war zuerst vor Oliviers Hause zunächst dem herzoglichen Palaste; dann im Schlosse selbst; bald in Busch und Wald — ohne Scenenwechsel im Act — wo abwechselnd der vertriebene Herzog mit seinem

Hofstaate auf Steinen und Moosbetten sich lagerte, bald der ausgelassene Probstein in Hecken und auf Baumstämmen sitzend seine neue Schäfercompagnie verspottete. Zur Kleidung war die malerische Tracht des dreizehnten und des vierzehnten Jahrhunderts gewählt, die wie keine andere geeignet ist, die Charaktere zu sondern und Alter und Stand zu bezeichnen: der Hofstaat im langen Mantelgewande, die jugendlichen Rittergestalten im knappen anliegenden Kleid die Jäger in der geschürzten Kutte, mit dem Kragen und der verbrämten Mütze, die Frauen im angeschmiegten Schleppvock mit dem Schoosmieder, der Narr im getheilten Kleide, das mit seinen Festons und Schellen die Falkoniere und Balets jener Zeit lächerlich macht, die Diener und Schäfer in der schlichten Kutte.

Der bedenkliche Ringkampf im Anfange war dem Auge entzogen und ging scheinbar hinter einer Veranda vor sich, von der in malerischer Gruppirung der Usurpator mit seinem Hofstaat, die Prinzessinnen und der Narr hinabsahen, indeß das Volk sich zur Seite drängte und durch seine Rufe den Fortgang des Kampfes kundgab.

Das Erscheinen des zweiten Bruders Oliviers, Jakob, war vermieden und seine Meldung von Olivier gebracht. Es wäre für die Bühnenwirkung von Nachtheil noch am Schluß eine Figur erscheinen zu lassen, die Interesse wecken müßte, ohne es befriedigen zu können. Auch Oliviers und Celias Liebe blieb aus; genug, daß man an seine Besserung glauben soll.

Rosalindens herzloses Begegnen mit ihrem Vater im Walde war uns erspart und dem neckischen, heißblütigen Mädchen, dem Musterbilde aller reizenden Koketten, dadurch die Sympathien gewahrt. Ohne Mißstimmung sah man sie die Gluth ihrer Leidenschaft in neckendem Spiele mit ihrer und ihres Liebsten Neigung verbergen und verrathen; man wußte, was sie übermüthig that, entsprang heißem Gefühle und die Qual, welche sie dem Geliebten bereitete, würde durch Kuß und Umarmung in der Erkennungsscene gesühnt werden. Eine Tochter, die den Vater in Elend wiedersieht und mit derbem Spaß davon läuft, hätte eine moderne Empfindung schwerer vergeben.

Auch ihren schnellen Entschluß, den Knaben zu spielen, nahm man bei der Darstellung willig hin. Zu Shakespeares Zeiten war es so sehr Brauch der Damen, wenn sie incognito reisen wollten, sich als Pagen in Männerkleidung zu hüllen, daß ihm leicht erlaubt war, was uns mißlicher erscheint. Auch Viola reist als Mann, selbst die feinfühlende Julia in den „beiden Edelleuten von Verona" ist nur um das Wie bange, das Ob macht ihr keine Sorgen. Ein Publikum, das viele shakespearesche Stücke gesehn hat, ist in diesen Gebrauch so eingeweiht, daß es nichts mehr darin findet.

Aber die Bühne jener Zeit benutzte besonders gern die Verkleidung der Heldinnen in Männertracht, um die armen Knaben, welche in den Weiberrollen ihr Geschlecht verläugnen mußten, für den größten Theil der Aufführung in ihre Rechte wieder einzusetzen. Allerdings beweist diese Neigung, wie weit zu jener Zeit auf die Einbildungskraft der Zuschauer zu rechnen war, da man ihnen zumuthete, die doppelte Illusion festzuhalten: in Männertracht ein zum Knaben verkleidetes Mädchen zu sehen, das denn doch nach Fleisch und Blut ein Knabe war.

Rosalindens etwas zudringliche Art, dem Orlando ihre Neigung anzuzeigen, schiebt man wohl auch dem Costüm zu, in dem das Stück sie uns darstellt.

Weit wichtiger war es, des Helden Orlando Zärtlichkeit gegen den Knaben Ganymed von bedenklichen Nebenvorstellungen zu befreien, welche der damalige modische Ton und die Hofsitte nicht scheute. Es erscheint unserer heutigen Anschauung fremdartig und unbehaglich, wenn wir Jünglinge in warmer Begeisterung von schönen Knaben reden hören, wie z. B. die beiden Königskinder in Cimbelyne, wie den Prinzen in „Was Ihr wollt", wie den jungen Orlando in „Wie es Euch gefällt" u. a. m.

Devrient hat diese tändelnden Liebesscenen vortrefflich eingerichtet. Er fand in dem halben Erkennen, in dem Staunen und Fragen bei des vermeintlichen Knaben Anblick, in dem unerklärbaren Zuge des Herzens, der den Orlando fesselt und zwingt, auf den Scherz der Verstellung einzugehen und seine Liebe der verkleideten Rosalinde zu gestehen, ein sehr glückliches Motiv, jeden Anstoß zu vermeiden. Durch feines, bescheidenes Hervorheben dieser Stimmungen, durch Zusatz und Wegnahme weniger Worte wurde das Spiel des Orlando unserem Bedürfniß angepaßt. Man fühlte bei allen seinen treuherzigen Betheuerungen, daß seine ganze Sehnsucht und Phantasie bei der fernen Rosalinde war, die ihm durch die Aehnlichkeit des anwesenden Knaben nur theurer wurde, über der er immer wieder den Gegenwärtigen vergaß.

So war denn das Stück auf einen harmlosen Grundton gestellt, und mit ungetrübter Freude konnte man sich den zahlreichen Schönheiten hingeben, mit denen Shakespeares übersprudelnde Begabung selbst diese flüchtige Arbeit erfüllt hat. Bunte Bilder, reiche Schilderungen, phantastische Schwärmerei, derbe Schläge einer gesunden Laune, geistreiche Witzeleien und Seitenhiebe, anmuthige Gleichnisse und heiße Leidenschaft winden sich in einander zu einem gefällig geordneten Strauß, der die vielen farbigen Blumen in einen künstlerisch wohlthuenden Totaleindruck sammelt.

Was der Aufführung selbst Werth und Reiz gab, waren außer der Kunst einzelner Mitglieder — vor andern war die Rolle der Rosalinde Leistung eines schönen Talentes — zumeist die alten Vorzüge der karlsruher Bühne, das sorgfältige Einstudiren bis auf das Kleinste herab und die bescheidene Einführung des Stückes in die Bedingungen der modernen Bühne. Die Einrichtungen shakespearischer Stücke durch Eduard Devrient haben den Vorzug, daß sie mit großer Pietät für den Dichter genaue Kenntniß dessen, was unser Theater von seinen Wirkungen wiedergeben kann, verbinden. Es wäre zu wünschen, daß diese Bearbeitungen auf andern Bühnen Verbreitung fänden und daß eine Form ermittelt würde, in welcher sie ohne Abdruck des ganzen Shakespearetextes auch weiteren Kreisen zugänglich würden. B.

Der nordamerikanische Krieg im Jahr 1863 und 1864.

1864.

Die Ereignisse des Jahres 1863 hatten, wie wir gesehen, die Thaten der Armee der Union mit bedeutenden Erfolgen gekrönt und den Besitz der Conföderirten fast allein auf die Staaten Carolina, Florida, Alabama, Georgia, Ostmississippi und Virginia eingeschränkt. Der Norden hatte dies Resultat vorzüglich der Energie Grants und dem Umstande zu verdanken, daß in dessen Hand die gesammten Streitkräfte des Westens gelegt waren. — Alles wies darauf hin, daß es nur einer weitern Ausdehnung der Gewalt Grants bedürfe, um auch auf dem entscheidenden Kriegsschauplatz gegen Richmond hin Erfolge zu gewinnen und dadurch den markfressenden Krieg im Laufe des Jahres 1864 zu beschließen. —

Grant wurde im März Obergeneral der gesammten Streitkräfte der Union, erhielt alle Kräfte des Landes zu seiner Verfügung, gab die Nebenkriegstheater Preis, concentrirte alle Kräfte in Virginien und Tennessee, versah die beiden hier aufgestellten großen Armeen mit allen nothwendigen Mitteln und veranlaßte ihre concentrische Wirksamkeit gegen die feindlichen Hauptlande. Trotzdem hat die Union im Jahre 1864 keine entscheidenden Fortschritte gemacht, scheint vielmehr, wenn die Nachrichten sich klären, auf allen Kriegstheatern ohne großen Erfolg geblieben zu sein. Es beweist dies noch einmal, welche Bedeutung für den Krieg die bessere politische Organisation hat; denn nur dieser letzteren allein, der erhöhten Kraft der Leitung, der größern Gewalt der Führer und der Stetigkeit der gehorchenden Elemente verdankt der Süden die der Welt so unerwarteten Erfolge. Den großen Gegensatz zwischen Lincoln und Jefferson Davis haben wir schon früher kennen gelernt, er ist noch bedeutender geworden in den schwankenden und abhängigen Verhältnissen, welche für Lincoln durch den unerledigten Wahlact herbeigeführt wurden. Vielleicht daß die erfolgte Wiederwahl seine Leitung nunmehr fester, schärfer macht. — Um die größere Gewalt der Führer zu verstehen, bedarf es nur des Hinweises, daß der Süden im Jahr 1864 noch dieselben Generale an der Spitze der Armee hatte, welche beim Beginn des Krieges dazu berufen wurden und noch am Leben sind. Sie haben sich mit dem Kriege und mit den Truppen eingelebt, sie haben durch Glücks- und Unglücksfälle gelernt, sind zu Feldherrn gereift; ihre Autorität ist unabhängig von dem augenblicklichen Erfolg, ihr Schicksal hängt nicht von des Zufalls Glück ab, sondern ist mit dem des Landes, mit dem endlichen Erfolg des Krieges verwebt. — In der Unionsarmee dagegen tauchen immerfort neue Menschen auf, um mit der ersten, über sie fortgehenden Welle der Ereignisse auch wieder für immer zu verschwinden. Die Kraft, welche sie in der Handhabung ihrer Truppe und in der Zueignung der Leute entwickeln, wird als eine feindliche angesehen; nicht der endliche, sondern der momentane Erfolg bestimmt ihre Stellung. Nicht die Solidität des erstrebten Ziels, sondern der äußere Effect, das in die Augen Springende ihrer Handlungen macht ihren Ruf. Und was nun endlich die Stetigkeit der gehorchenden Elemente betrifft, muß zu dem schon früher hierüber Erwähnten hinzugefügt werden, daß, während in diesem Jahre die Noth die Conföderirten nöthigte, alle ihre weißen Einwohner vom 18. bis zum 40. Jahre unbedingt in den Dienst zu zwingen und selbst den Milizen die Verpflichtung aufzuerlegen, außerhalb ihrer Staaten zu dienen, im Norden vor allen Dingen der Neger und der in Europa gekaufte Söldling zum Soldaten gewählt wurde. — Während im Süden das Volk selbst immer mehr und mehr in den Kampf hineingezogen wird, vertraut man im Norden die Durchführung desselben immer mehr solchen Elementen an, welche den Staatsgewalten fremd sind. — Während im Süden die Leute durch den Krieg immer brauchbarer, zu alten Truppen werden, wirft der Norden immer neue Formationen und neue Mannschaften in die Wagschale. — In Betreff dieser Verhältnisse des Nordens bedarf es noch einiger Auseinandersetzungen. Hier waren aus der für die letzten Monate 1863 ausgeschriebenen Gestellung von 300,000 Mann factisch 11,000 Mann hervorgegangen, und zwar weil nicht das Bedürfniß der Armee, sondern das des friedlichen Bürgers die dabei leitenden Grundsätze aufgestellt hat. Die Aushebungen finden nämlich in folgender Art statt: Die ausgeschriebene Zahl wird nach der Einwohnerzahl auf die einzelnen Staaten vertheilt und ausgeschrieben. Was nun an Freiwilligen aus dem Staat eingestellt ist, kommt in Abrechnung, die zum Dienst Untauglichen werden nicht vor, sondern nach der Ziehung ausgesondert, kommen also in Anrechnung und endlich können die wirklich Gezogenen sich mit 300 Dollars, welche nicht die Hälfte Courswerth haben, für die Ziehung innerhalb eines Jahres loskaufen. — Diese Summe bringen die Meisten auf und machen die

Ziehung mehr zu einer Geldoperation, als zu einer Rekrutengestellung. Im Laufe 1864 sind noch zweimal 500,000 Mann, also eine Million Rekruten ausgeschrieben und haben hoch gerechnet 100,000 Mann gebracht. — Das Schlimmste aber ist, daß jedem das Recht zusteht, einen Stellvertreter zu stellen und hierzu auch Neger genommen werden können. Daraus ist ein Menschenhandel entstanden, der einerseits sich nach Europa wendet und dort Männer zur Auswanderung verführt und bei der Ankunft zum Soldaten preßt, andrerseits aber in den Sklavenstaaten, selbst innerhalb der conföderirten, seinen Markt aufgeschlagen hat und Neger zur Freiheit durch Soldatendienst verlockt. — Die besten und zahlreichsten Elemente für Soldatendienst, die Deutschen und Irländer, hat man durch auffallende Bevorzugung des englischen Elements im Avancement zurückgestoßen und so mehrt sich das dem Staate fremde Element in der Armee mit jedem Tage. Im Anfang dieses Jahres hatte die Unionsarmee 65,000 Mann Neger in eignen numerirten Regimentern activ; heute betragen sie mindestens das Doppelte. In große Verlegenheit mit seinen Truppen kam der Norden im Laufe des Jahres 1864 dadurch, daß die Dienstzeit der 1861 eingestellten, dreijährigen Volunteers mitten im Sommer zu Ende ging. Man suchte diese Veteranen durch Neuanwerbung zu erhalten und in eigene Corps zu formiren. Man gewann hierdurch eine Elitetruppe, das zweite Corps von Hancok, aber keine Cadres für die Rekruten und beging den Fehler, das Corps statt zur letzten Entscheidung, immer zur Einleitung aller Gefechte zu verwenden und dadurch sehr rasch abzunutzen. Den vorwiegenden Ersatz der Unionsarmee nahm man dann in Negern, die stets in sich eine eigene Truppe bilden. Welche Schwierigkeiten der Union und der Republik aus diesen farbigen Regimentern am Schluß des Krieges und in der Hand eines ehrgeizigen Generals oder Präsidenten erwachsen können, wollen wir der Zukunft überlassen.

Wie wenig Werth die Regierung auf den Soldaten als Staatsmitglied legt, geht aus dem Umstande hervor, daß man die Kriegsgefangenen, deren Dienstzeit inzwischen abgelaufen war, nicht austauschen wollte, sondern in den von den Conföderirten wahrscheinlich absichtlich immer ungesunder ausgewählten Kerkern fortsterben ließ, bis das Geschrei der Angehörigen nicht mehr überhört werden konnte. Der Staat wollte dem Süden nicht Soldaten wiedergeben und dagegen nur Bürger austauschen, man wollte nicht einen Gegner verstärken, den man nur durch Erschöpfung zu überwinden weiß.

Die Conföderirten leiden vor allen Dingen Mangel an Menschen, um die Heere auf der entsprechenden Stärke zu erhalten; nur durch die größte Strenge und Härte in der Durchführung der Conscription gelang es ihnen, im Laufe des Winters ihre Heere wieder widerstandsfähig zu machen und diesen eine der Stärke des Gegners einigermaßen entsprechende Anzahl zu geben. — Sie waren aber nicht im Stande, die Zeit der Schwäche des Gegners, das Frühjahr, in welchem die Union ihre ausgedienten Leute entließ, resp. neu formirte, zu benutzen. Sie empfingen in diesem Jahr zum ersten Mal vom Gegner das Gesetz zur eignen Bewegung.

Grant entblößte die Nebenkriegstheater, welche bisher so viel Mannschaften verbraucht und zum Verlaufe des Krieges nicht beigetragen hatten, mehr oder minder von Truppen und stellte zwei Hauptheere auf, das eine am Tenneßee, 7 Armeecorps stark, das 4., 14., 15., 16., 17., 20. und 23. unter Sherman, das andere gegen Richmond, 6 Armeecorps stark, das 2., 5., 6., 9., 10. und 18. unter Meade, jedoch dem directen Oberbefehl von Grant untergeben. Das 7. Corps stand in Arkansas, das 8. hatte das Hauptquartier in Baltimore, das 19. in Neuorleans und das 22. in Washington. Die in der Reihenfolge dieser Zahlen fehlenden Corps waren aufgelöst. Die Corps hatten eine sehr verschiedene Größe. Das 2., wie schon gesagt, meist aus Veteranen bestehende Corps zählte beim Beginn des Feldzuges 50,000 Mann, das 9. nahe ebensoviel; die anderen Corps aber variirten bis zu 10,000 Mann herunter. — Nach den wenigen über die Stärke der Truppen gegebenen Details zählte die Armee von Sherman 150,000 Mann, die von Grant 200,000 Mann. Die Conföderirten hatten diesen Massen entgegen 90,000 Mann unter Lee am Rapidann; 40,000 Mann unter Johnston in Nordgeorgia und endlich 40,000 Mann unter Longstreet zwischen beiden aufgestellt, um nach Bedürfniß die eine oder die andere Seite zu unterstützen; während Beauregard mit den virginischen Milizen in Richmond stand. —

Die kriegerischen Ereignisse des Jahres 1864 beginnen eigentlich erst mit dem Monat Mai, bis dahin ist nur von zahlreichen Raub- und Plünderungszügen der beiderseitigen Cavallerie und den durch die Union versuchten Bombardements von Seestädten zu berichten. In Betreff der ersteren ist zu bemerken, daß, was Großartigkeit der Unternehmungen und Reichthum des Erfolges betrifft, die Südstaaten entschieden den Vorrang behalten und daß die von der Reiterei berichteten Wegnahmen von Städten, Zerstörung von Eisenbahnen und dergl. nur dadurch zu erklären sind, daß die nordamerikanische Cavallerie überhaupt mehr als eine berittene Infanterie anzusehen ist und ihre Kraft auch zu Pferde mehr im Feuergefecht als in der Vehemenz und Kraft ihres unmittelbaren Angriffs sucht. Der bereits früher geschilderte, bedeckte Kriegsschauplatz würde eine Cavallerie, welche allein zu Pferde kämpft, nur sehr ausnahmsweise zur Anwendung kommen lassen. In Betreff der Hafenbombardements sei bemerkt, daß die Eroberung der Mündungen der in der Regel sich sehr tief in das Land erstreckenden Häfen überall sehr rasch durch die gut organisirte und starke Flotte der Union erfolgte, daß aber die weiteren Vorschritte meist an den bedeutenden Landbefestigungen und anderen künstlichen Mitteln scheiterten. So sehen wir den Angriff auf Charlestown im Anfang des Jahres, von Mobile im Laufe des Frühjahres und Sommers und den von Wilmington Ende des Jahres trotz aller ersten Erfolge schließlich aufgegeben.

In der Nacht vom 3. zum 4. Mai begann Grant seine Operationen, indem er mit 4 Corps (2., 5., 6. und 9.) in der Stärke von 150,000 Mann gegen Lee und seine befestigte Stellung hinter dem Rappahannock zum Angriff vorging, während das 10. Corps, das bis dahin in Nordcarolina gefochten hatte, und das 18., das in Norfolk unter Butler formirt war, vereint von Fort Monroe aus zu Wasser den Jamesriver hinauffuhr und durch Landung in der Nähe von Petersburg Richmond direct bedrohte. — Diese Trennung seiner Macht ist der erste Fehler Grants, der wie eine Reihe folgender darin seinen Ursprung hat, daß er die Eroberung von Richmond als Ziel seiner Thaten setzte, während diese von selbst erfolgte, wenn es ihm gelang, die Armee unter Lee zu schlagen. Statt also alle seine Kräfte zu vereinen und unausgesetzt zu verwenden, um den lebendigen Gegner todt zu machen und dadurch Herr des Landes zu werden, sehen wir, wie Grant immer den Gegner umgehend und nur soweit kämpfend als nothwendig, der todten Masse Richmond zuzieht und hier seine Kräfte an Verschanzungen und Einzelkämpfen vergeudet. Es ist das alte Lied, daß schwache Feldherrn die Eroberung von Festungen der entscheidenden Schlacht vorziehen und dabei mehr Zeit, Menschen und Geld verlieren, als in der blutigsten Schlacht.

Grant umging den linken Flügel des hinter Fredericksburg stehenden Lee und entwickelte sich am 4. Mai Morgens in der südlich des Rapidann gelegenen, mit Wald ganz bedeckten Landschaft. Lee griff ihn an, um ihn hinter den Fluß zurückzuwerfen, an den beiden folgenden Tagen wiederholte er seine Versuche, Grant aber, der entschieden stärker war, behauptete sich und Lee zog sich nunmehr in eine rückwärtige befestigte Stellung bei Spottsylvania zurück. — Grant griff nunmehr seinerseits an und es kam wieder zu einem dreitägigen Ringen, aber zu keinem directen Erfolge. Die wenige Uebersicht, die schmalen Fronten, in welchen das Terrain gestattete an den Feind zu kommen, die geringe Anwendung von Artillerie, welche bei den kurzen Gefechtsfeldern möglich war, gaben Lee trotz der Minderzahl die Mittel, seinem übermächtigen Gegner zu widerstehen. — Diese sechstägigen Kämpfe kosteten der Union 35,000 Mann und viele Generale, und gewannen nur einen Vormarsch von zwei Meilen. Unterdeß war Butler mit seinem meist aus Schwarzen bestehenden Corps im Herzen des Feindes bei City P. und Bermuda Hundred gelandet und hatte auf der Eisenbahnverbindung zwischen Petersburg und Richmond gewirkt, war aber im Uebrigen durch die dort aufgestellten Milizen von wirklichen Erfolgen abgehalten worden. Lee hatte Longstreet herangezogen und blieb Grant gegenüber kampfbereit stehen. Am 11. Mai ruhten die beiderseitigen Armeen, aber in der Nacht zum 12. überfiel das 2. Corps die südliche Armee, nahm 40—50

Kanonen und 3000 Gefangene, darunter 2 Generale, die darauf sich entwickelnde allgemeine Schlacht aber raubte die gewonnenen Vortheile zum großen Theil wieder und kostete der Union 10,000 Todte und Verwundete.

Mit diesem Tage gab Grant die unmittelbare Besiegung Lees auf, hätte er die Truppen Butlers zur Stelle gehabt, war dies nicht nöthig. So thatkräftig, schlachtenbegierig und Erfolge versprechend er in diesen ersten zehn Tagen verfahren hatte, ebenso unentschlossen, in Demonstrationen, Flankenbewegungen, Bedrohungen des Rückzuges den Erfolg suchend, verfuhr er fortan. Von jetzt ab hatten die Conföderirten wieder die Gewißheit, dies Kriegsjahr zu überstehen. Grants Bestreben war nunmehr die Vereinigung mit Butler vor Richmond. Er leitete diese Bewegung ein, indem er die Cavallerie seiner Armee unter Sheridan am 11. Mai um den rechten Flügel des Gegners in dessen Rücken entsandte und ihn die Verbindungen des Gegners zerstören und verwüsten ließ. Lee aber blieb ruhig stehen und sandte seinerseits nur Stuart mit seiner Cavallerie Sheridan entgegen. — Es gelang Stuart, seinem Gegner bedeutende Verluste beizubringen und ihn zu nöthigen, nach dem Jamesriver zu Butler auszuweichen; aber er fiel dabei und die Conföderirten verloren in ihm ihren besten und kühnsten Reitergeneral. — Grant, nunmehr um sein Cavalleriecorps schwächer, versuchte am 13. durch eine Bewegung nach dem linken Flügel sich zu concentriren, um in die rechte Flanke des Gegners zu kommen. Lee folgte der Bewegung, anhaltender Regen aber machte die Wege unbrauchbar und gebot Ruhe. Beide Corps befestigten ihre Stellung. Am 17. trafen sehr bedeutende Verstärkungen bei Grant ein und erst am 18. versuchte er die Widerstandskraft des Gegners, fand ihn aber fest in seiner Stellung. Am 19. griff Lee an, wurde aber zurückgeschlagen. In der Nacht vom 20. zum 21. Mai begann Grant seine erste Umgehung des Gegners; er schob seine Armee in weitem Bogen um den feindlichen rechten Flügel. Lee, statt ihn im Marsch anzugreifen, schob sich ihm, sobald er den Abmarsch bemerkte, am Nordanna entgegen, wo die Heere am 23. wieder aufeinandertrafen, der Uebergang des Flusses aber nach einigen von der Nordarmee geführten kräftigen Schlägen nicht gehindert wurde. Am Südanna dagegen gewannen die Conföderirten wieder eine feste Stellung, verstärkt von Beauregard aus Richmond, der unterdeß Butler geschlagen und ihm 5000 Mann Verlust beigebracht hatte. Grant versuchte deshalb in weiterem Bogen um den feindlichen rechten Flügel herumzukommen, indem er wieder über den Nordanna zurückging und den 27. Mai den Pamunkey, die Vereinigung der beiden Anna passirte. Er gewann auf diesem Wege den Yorkriver, die Operationsbasis, welche Mac Clellan vor zwei Jahren zu seinem ersten Angriff auf Richmond gewählt hatte. Die bisherige Operationsbasis wurde ganz aufgegeben und verwüstet. Nicht durch Eroberung, durch Zerstörung und Erschöpfung soll der Süden unterworfen werden, wie der ganze Krieg des Jahres, zumal der sonst unverständliche Zug Shermans darthut. — Lee, statt sich zwischen Grant und Richmond zu schieben, und sich dadurch dem auszusetzen, daß er in die Stadt hineingeworfen und gleich Pemberton im vergangenen Jahr in Vicksburg jetzt in Richmond belagert und ausgehungert würde, nahm Richmond auf seinen rechten Flügel und stellte sich Grant auf die rechte Flanke. — Dieser, der das 18. Corps von Butler zu Wasser an sich gezogen und sich mit der Cavallerie Sheridans wieder vereinigt hatte, mußte also die Südarmee aus dieser Stellung vertreiben, ehe er gegen Richmond vorgehen konnte. Das freiere Terrain der hiesigen Gegend versprach in einer Schlacht seinem numerischen Uebergewicht eine günstigere Gelegenheit sich zu entwickeln, als ihm bisher geworden. Am 31. Mai, 1. und 2. Juni suchte er durch kleinere allseitige Gefechte die Stellung des Gegners, die inzwischen befestigt worden war, zu erkennen. Am 3. Juni aber unternahm er mit seiner ganzen Macht, 5 Corps, den Angriff des Gegners. Dieser schlug ihn mit einem Verlust von 7000 Mann Todten und Verwundeten zurück.

Grant hatte unterdessen gegen Lee Front machend sich auf dem Jamesfluß basirt und war so in die Stellung gekommen, aus welcher Mac Clellan vor zwei Jahren seinen Rückzug angetreten hatte und welche für den bevorstehenden Sommer mit ihrem feuchten Boden furchtbare Krankheiten versprach. Aus diesem Grunde und weil er nicht noch einmal hier eine Schlacht wagen wollte, beschloß Grant wieder seine Basis zu wechseln, also sich in die vierte zu versetzen; er ging am 14. Juni über den Jamesriver und griff schon am 15. das wohl befestigte Petersburg im Verein mit dem 10. Corps Butlers an. Die Milizgarnison vertheidigte den Ort aber wacker, trotzdem einzelne Trupps in denselben eindrangen. Am 16. traf Beauregard mit den ersten Verstärkungen ein und es gelang ihm, die nun folgenden Angriffe, von welchen die des 18. und 19. Juni die bedeutendsten waren, glücklich zu vereiteln. Die Union verlor in diesen Stürmen 10,000 Mann an Todten und Verwundeten. — Am 22. und 23. Juni schob Grant seine Truppen weiter links und hier die Weldoneisenbahn hinter sich zerstörend, brachte er es wieder zu lebhaften aber nicht glücklichen Gefechten. Grant zog sich zurück, nahm eine Aufstellung, die er in der nächsten Zeit befestigte und ging nun zu einem geregelteren Angriff von Petersburg über, in welchem er heute noch begriffen ist. Von seinem ersten Eintreffen an bis heute haben Reiterschaaren Züge nach West und Süd gemacht, um die, die Conföderirten nährenden Eisenbahnen und Landschaften zu zerstören und zu verwüsten.

Die wiederholten Wechsel der Operationsbasen beweisen, wie vortheilhaft für die Union die Herrschaft des Meeres war, sie zeigen aber auch den Mangel einfacher Anschauungen in der Führung. — Jeder Wechsel der Basis ist ein Abschneiden der alten Verbindungslinien und ein Anknüpfen neuer, führt also

nothwendig Stockungen der Verpflegung, der Ergänzung und der Sorge für
Kranke und Verwundete herbei, entfernt die Leichtkranken ꝛc. plötzlich für lange
Zeit von der Armee und ist ein Aufgeben des bisher mühselig Eroberten. —
Der von Grant unternommene Wechsel gab ganz Nordvirginia und damit die
nächste eigene Verbindungslinie Preis. Die Folgen dieses Fehlers zeigten die
Conföderirten schlagend, indem sie ihre disponibeln Kräfte dorthin warfen und
den erfolgreichsten Einfall in Maryland und Pennsylvanien machten, den sie im
bisherigen Krieg unternommen haben.

Grant hatte, um seinen Abmarsch über den Jamesriver zu decken, Sheridan
mit einem großen Theil seiner Cavallerie, wieder um den feindlichen linken
Flügel herum, verwüstend in dessen Rücken gesandt und ihm den Auftrag gegeben, in Verein mit Hunter gegen Lynchburg vorzugehen und dadurch Lee in
der Front zu schwächen. Letzterer Ort nämlich war das bedeutendste Depot und
Lazareth der Conföderirten und Hunter commandirte Truppen des 8. und 23.
Corps am obern Potomac und im Shenandoahthal. Am 5. Juni nahm Hunter mit Ueberfall Staunton und zerstörte es größtentheils, während Sheridan
auf gleicher Höhe bei Gordonsville, dem Kreuzpunkt der Eisenbahn nach Lynchburg und nach Staunton, ankam. Beide gingen nunmehr gegen Lynchburg
vor; Sheridan aber, da er kaum einen Gegner fand, begnügte sich mit möglichster Zerstörung der Eisenbahn und führte dann seine Truppen in weitem
Bogen wieder der Hauptarmee zu, doch nicht ohne schwere Verluste, die ihm
der Gegner, der sich ihm in den Weg legte, beigebracht hatte. Aufgelöst und
abgehetzt kam er wieder bei Grant an. Hunter aber drang zerstörend weiter
gegen Lynchburg vor und griff es am 18. an, ward aber zurückgeschlagen und
floh nach Westvirginien, das Shenandoahthal dem Gegner Preis gebend.

Lynchburg war für Lee, der mit der Front nach Süden gegen Grant
stand, von der äußersten Wichtigkeit, er hatte deshalb bei den ersten Nachrichten
einer Gefahr sofort ein ganzes Corps unter Early dorthin entsandt und dieser
war gerade rechtzeitig gekommen, um Hunter zu vernichten und nunmehr der
Hauptarmee durch einen Einfall nach Pennsylvanien hinein eine große Erleich-
terung zu verschaffen. Early eilte im Shenandoahthal vor, schlug die kleinen
dort zurückgelassenen Besatzungen unter Sigel, der hiermit von der militärischen
Bühne verschwindet, besetzte die Uebergänge des Potomac und drang in Maryland und Pennsylvanien ein, selbst Baltimore und Washington bedrohend und
eine unermeßliche Beute heimführend.

U. G. Wallace, welcher die disponibeln Truppen des 8. und 23. Corps
und die bereits eingetroffenen Theile der eiligst einberufenen 30,000 Mann
Milizen commandirte, wurde bei Hagerstown am 9. Juli geschlagen und nur
neue Truppen konnten Washington retten. Diese trafen infolge früherer Anordnungen glücklich in dem von Neuorleans zur Unterstützung Grants heran-

gezogenen 19. Corps ein, verhinderten aber nicht, daß die Conföderirten, welche inzwischen hinter den Potomac zurückgegangen waren, mit höchstens 2000 Pferden noch einmal einen sehr einträglichen Zug bis in das Herz von Pennsylvanien machten und hier eine ganze Armee hinter sich her in Bewegung setzten, ohne selbst den geringsten Verlust zu erleiden. Es ist charakteristisch für den Norden, daß bei diesen Raubzügen, welche durchschnittlich von schwachen Truppentheilen gegen große bevölkerte Städte unternommen wurden, es nicht ein einziges Mal vorgekommen ist, daß die Bevölkerung sich organisirt und zur Wehr gesetzt hätte, während im Süden dies fast alle Mal stattfindet. — Der aristokratische Süden hat stets Führer, während der Norden in lauter Individuen sich auflöst und nicht zur Machtentwicklung kommt. Ueber einen Monat hatten die Conföderirten jenseits des Potomac sich brandschatzend gehalten, am 9. August erst verließen sie Maryland. Theile des 8., 23., des 19. und endlich auch des 6. Corps, letzteres von Grant zur Hilfe gesandt, waren gegen sie, welche alles in allem bis 10,000 Mann stark waren, in Bewegung gesetzt und das Commando über diese Truppen war Sheridan anvertraut worden. Am 10. August ging dieser gegen Early, der sich bei Straßburg aufgestellt und hier Verstärkungen von Lee erhalten hatte, vor, ward aber zurückgeschlagen und gleichzeitig in beiden Flanken von feindlicher Cavallerie unter G. Mosby immerfort harcelirt. Sheridan zieht sich, von Early verfolgt, nach Harpersferry zurück und verschanzt sich hier, um verheißene Verstärkungen abzuwarten. Grant, den wir am 23. Juni vor Petersburg verlassen haben, hatte am Tage vorher den G. Wilson mit 8000 Pferden und 16 Geschützen über die Weldonbahn und gegen Lynchburg entsandt, am 1. Juli kehrte Wilson ohne Geschütze, ohne alle Bagage und mindestens um 2000 Mann geschwächt, vollständig aufgelöst zurück. Wilson hatte viele Meilen Eisenbahn zerstört, die übrigens in diesen holzreichen Gegenden immer rasch wieder hergestellt werden, war aber auch mit seiner Cavallerie für lange Zeit außer Thätigkeit gesetzt. —

Grant begann nun eine Art von regelmäßiger Belagerung gegen Petersburg, indem er eine Stellung von fast einer Meile Länge gegen die Stadt befestigte und unter dem Aufwurf von Schanzen immer weiter vorzubringen suchte. Eine große, gegen den feindlichen linken Flügel angelegte Mine sollte endlich zum Sturm führen. Um denselben aber durch Schwächung der Besatzung zu erleichtern, schob Grant Mitte Juli nach und nach drei Corps in seinen rechten Flügel über den Jamesriver und ließ sie von hier einen directen Angriff gegen Richmond unternehmen. Die daraus folgenden Gefechte wurden so energisch, daß Lee am 26. und 27. Juli sich hier zu einer größern Entwicklung seiner Kräfte verleiten ließ. Am 28. und 29. hatte er infolge dessen östlich Richmond Erfolge, da er aber inzwischen auch Early entsandt, war Petersburg so sehr entblößt worden, daß nur drei Divisionen unter Beauregard dort verblieben.

Dies hatte Grant gewollt, er zog in der Nacht zum 30. das 2 Corps über den Jamesfluß zurück, ließ in aller Frühe des 30. die Mine fliegen und unternahm mit zwei Corps, dem 9. und 18. den Sturm. Beauregard schlug ihn zurück und brachte dem Gegner einen Verlust von 5600 Mann bei, während er selbst nur 1200 Mann opferte. Die Angriffe nördlich des Jamesflusses hatten der Union ebenfalls über 5000 Mann gekostet und so war die Unternehmungslust Grants für die nächste Zeit abgeschwächt, er gab willig ein Corps, das 6., nach Washington ab, um den Einfall der Conföderirten in Maryland zurückzuschlagen. Vor Petersburg und Richmond trat ein Stillstand ein, der bis heute nur durch partielle Unternehmungen, entweder an der Weldonbahn oder aber nördlich des Jamesriver unterbrochen wurde. Die Thätigkeit des Belagerungsheeres wurde durch Befestigungsarbeiten in Anspruch genommen, die nur deshalb bis heute noch keine in das Gewicht fallende Fortschritte gemacht haben, weil sie in zu großer Ausdehnung unternommen wurden. — Grant, dessen Truppen durch die klimatischen Verhältnisse anhaltend decimirt werden, hat nach den verlustreichen Schlachten des Sommers die Ueberzeugung gewonnen, daß er ohne das Eintreffen bedeutender Verstärkungen nicht im Stande sei, seine Aufgabe, die Eroberung von Richmond durchzusetzen. Hoffend blickt er auf Sherman, aber wenn die Conföderirten nur ein wenig ihre alte Thatkraft behalten haben, kann dieser nur mit Trümmern seiner Armee zu Grant stoßen. Das Klügste wäre deshalb, er zöge sich zurück und begönne den Kampf von Neuem von Washington aus, das Land erobernd und organisirend, aber nicht verwüstend; doch der Stolz hält ihn fest. Die Union hatte ihm beim Beginn des Jahres vertrauensvoll die gesammten Streitkräfte in die Hand gegeben, sie war überzeugt, daß er den Krieg in diesem Jahre zu Ende führe und nun soll er sich selbst besiegt bekennen, das kann er nicht. Er wird bleiben bis er zurückgerufen wird, oder Lee ihn durch glücklichen Angriff nöthigt, oder aber bis der Winter ihn zwingt Schutz zu suchen.

Aber nicht nur Grant, sondern auch Sherman hat das große Vertrauen, das man in ihn gesetzt, getäuscht. An Energie hat es keiner von beiden fehlen laffen, wohl aber an der einfachen Fundamentirung seiner Unternehmungen. — Sherman, der Nachfolger Grants in dem Commando der Truppen im Westen, hatte bereits vor Antritt dieses Commandos in den ersten Tagen des Februar von Vicksburg aus mit dem 16. und 17. Corps einen Einfall bis in den Staat Alabama gemacht und hatte diese Bewegung mit einem Vormarsch des U. G. Smith mit 10,000 Pferden von Corinth aus combinirt, den Conföderirten war es aber gelungen, sich zwischen beide zu werfen, sie einzeln zu schlagen und gleichzeitig die beiderseitige lange Rückzugslinie zu bedrohen. Die Folge war, daß beide Generale sich beeilten, wieder zurück zu kommen; natürlich unter obligater Zerstörung der Eisenbahn und möglichster Verwüstung des

Landes. Anfang März traf Sherman wieder in Vicksburg, Smith in Memphis ein. Nunmehr eilte Sherman nach Tennessee, um seine große Armee zu formiren und seine ferneren Unternehmungen vorzubereiten. Diese Vorbereitungen bestanden neben der Heranziehung und Ausbildung der Truppen in der Anhäufung der Munition und des Proviants und endlich in der Herstellung der Wege und Brücken über den Tennessee.

Anfang Mai begann Sherman seine Operationen. Ihm gegenüber stand der C. G. Johnston mit ungefähr 45,000 Mann in den festen Stellungen, welche der gebirgige Nordwesten Georgias in reicher Zahl bot. Sherman folgte der Nashville-Dalton-Atlanta-Eisenbahn, zog auf dieser seinen Proviant heran, und benutzte seine dreifache Uebermacht, um durch stete, weite Umgehungen den Gegner zum Verlassen seiner starken Positionen zu zwingen; nur in einzelnen Fällen gelang es Johnston, durch Angriff des getheilten Gegners einen Aufenthalt in das stete Vordringen desselben zu bringen; am erfolgreichsten war in dieser Beziehung das Gefecht bei Resaca am 14. und 15. Mai, in welchem die Union 4800 Mann verlor, dem Gegner aber 8 Geschütze und 1000 Gefangene nahm. Die Conföderirten wichen nach Calhoun zurück und zerstörten die dortige große Eisenbahn; Sherman bedurfte acht Tage, um zu folgen, dann aber drang er, durch Nachschub verstärkt, dem sich unausgesetzt wehrenden Johnston nach, der endlich bei Atlanta, dem Centralpunkt der in das fruchtbare Centralgeorgia rückwärts führenden drei Haupteisenbahnen, Halt machte, hier Verstärkungen unter Polk und Pemberton an sich zog, 8000 Mann Milizen um sich sammelte und sich zu einem entschiedenen Widerstande rüstete. Sherman concentrirte alle seine Kräfte und begann am 14. Juni den Angriff der feindlichen Position; er hatte aber dadurch seine Verbindungen entblößt und diesen Umstand benutzten die conföderirten Reitergenerale Morgan und Forrest, um ihm seine Nachschübe abzuschneiden und plündernd und zerstörend in Tennessee und Kentucky, ja bis in den Staat Illinois einzufallen. Sherman ließ sich hierdurch nicht stören, seine Aufgabe war, in Atlanta die Wegnahme von Richmond abzuwarten, die Grant infolge seiner Passage des Jamesflusses und Erstürmung von Petersburg in diesen Tagen erwartete. — Dann sollten beide Armeen, in das Innere der Südstaaten vordringend, sich in Südcarolina vereinigen und dem Gegner den Rest geben. Sherman also schritt zum Angriff der Position vor Atlanta; es kam zunächst auf Erzwingung des Uebergangs des Chatahochee an, welchen Johnston in der Stellung von Kenesan vertheidigte. Am 22., 23. und 27. Juni kam es zu blutigen Gefechten, welche nicht siegreich waren und in denen die Union allein am letzten Tage über 3000 Mann verlor, welche aber doch den Gegner nöthigten, den Fluß in den nächsten Tagen zu räumen und sich nach Atlanta zurückzuziehen. Mitte Juli erst entwickelte Sherman seine Kräfte vor diesem Ort; am 2. September besetzte er ihn, nachdem in vergeblichen Sturmversuchen und wiederholten Ausfällen beide Armeen ungeheure Verluste erlitten hatten und nachdem es Sherman gelungen war, mit seinem rechten Flügel die Eisenbahn von Atlanta nach Macon und damit die Rückzugslinie des Gegners zu besetzen. Hood, der für den inzwischen erkrankten Johnston das Commando übernommen hatte, entzog sich glücklich durch Abmarsch nach Osten dem drohenden, umfassenden Angriff in Atlanta. Neben diesem Angriff um Atlanta her gehen Reiterzüge der Union unter Stoneman und der Conföderirten unter Wheeler, welche beide die Verbindung des Gegners wiederholt fassen, die Eisenbahnen zerstören und die Nachschübe unterbrechen, aber für Sherman die Vernichtung seiner Cavallerie herbeiführen und ihm damit die Freiheit der Bewegung nehmen. Das Corps Stonemans nämlich, das sich zu weit vorgewagt und getheilt hatte, wurde dabei fast ganz aufgerieben.

Sherman richtete Atlanta zur Festung ein, vertrieb alle Bewohner aus dem Ort und folgte Hood, der bereits am 8. September sich ihm wieder entgegenstellte und ihn zur Umkehr nach Atlanta nöthigte. Die Verbindung nach Tennessee war für Sherman inzwischen ganz unterbrochen worden und Hood bedrohte durch eine Flankenstellung den Rückmarsch. Die Reiterei der Conföderirten beherrschte die ganze Umgegend. Unter diesen Umständen war es das Natürlichste, daß Sherman mit seiner Armee kehrt machte, den Tennesseefluß als sichere Communicationslinie wieder gewann, sich mit Cavallerie completirte und dann seine Operationen von Neuem gegen Hood unternahm. Das wohlbefestigte Atlanta konnte er einer Garnison anvertrauen und einer Belagerung überlassen, bis er wiederkam. — Statt dessen suchte er durch Separatverhandlungen mit dem Staate von Georgia seine Gegner zu sprengen; als dies scheiterte, ging er noch einmal gegen Hood vor, dieser wich aber und da Sherman wegen seiner unsicheren Verbindungslinie nicht weit folgen konnte, kehrte er wieder nach Atlanta zurück und faßte nunmehr den überraschenden Entschluß, dieses und das nördliche Georgia dem General Thomas mit dem 4. und 23. Corps zu überlassen und mit den andern fünf Corps nicht die rückwärtige, naturgemäße, sondern die vorliegende Verbindung mit Grant oder mit einem der östlichen Häfen am atlantischen Ocean zu eröffnen. Er hoffte wohl, daß Hood ihm nachfolgen und Thomas die Behauptung der eroberten Lande gestatten würde. — Der Conföderirtengeneral beschloß aber, die Uebermacht des Gegners ziehen zu lassen, den zurückbleibenden Theil zu schlagen und das verlorne Terrain wieder zu gewinnen. Es gelang ihm. Am 28. October trat Sherman seinen Zug nach Süden an und Ende November belagerte Hood seinen Gegner Thomas in der Hauptstadt von Tennessee, in Nashville. Freilich ist es diesem gelungen, aus dem reichen Norden wieder Kraft zu schöpfen und seinen Gegner in einer zweitägigen Schlacht zu schlagen, aber der Schluß des Jahres sieht Hood noch im Besitz des südlichen Tennessee und das ganze Georgia mit

Ausnahme der Hafenstadt Savannah vom Gegner befreit. Letzterer Ort wurde am 22. December von Sherman nach achttägiger Belagerung am Ende seines langen Zuges eingenommen.

Sherman zählte bei seinem Abmarsch von Atlanta ungefähr 60,000 Mann und hatte bis nach Savannah oder Charleston, wohin die beiden nach Osten gehenden Eisenbahnen führten, einen Weg von 50 deutschen Meilen zurückzulegen, mußte also auf einen mindestens 25tägigen Marsch rechnen, der dadurch verdoppelt wurde, daß er keine Verpflegung bei sich führte, sondern immer große Stationen zu machen hatte, um Proviant aus der, wenn auch fruchtbaren, doch äußerst dünn bevölkerten Gegend weither heranzuführen. — Nach den bisher gewordenen Nachrichten hat Sherman am 12. December die Umgegend von Savannah in einer Stärke von 30,000 Mann erreicht, hat also 45 Tage zu jenem Marsch verwandt und dabei die Hälfte seiner Leute verloren, ohne einen andern als einen stets vor ihm weichenden, aber von allen Seiten ihn umgebenden Feind gegen sich zu haben. Die Milizen, welche überall gegen ihn aufgeboten wurden, waren nicht im Stande ihn zu schlagen, aber sie zwangen ihn zu immerwährender Thätigkeit und schnitten ihm jeden Menschen ab, der krank oder müde, einmal vom großen Ganzen getrennt wurde. Dies wird keine geringe Zahl gewesen sein, da die Disciplin in der Unionsarmee an sich nicht groß ist und eine bedeutende Einbuße dadurch erleiden mußte, daß der ganze Marsch plündernd und verwüstend unternommen wurde.

Sherman verließ Atlanta in zwei Colonnen und folgte den Bahnen von Atlanta nach Savannah und Charleston, letzterer aber nur bis Augusta, von wo er der Verbindungsbahn nach ersterer folgte und an dieser bei Millen sich wieder vereinigte. Von hier aus ging der Marsch, geschützt von den dicht in den Flanken fließenden Strömen Savannah und Ogeebee, gesicherter vor sich als bisher. Die Eisenbahnen und alle bedeutenden, nicht verwendbaren Vorräthe ließ Sherman zerstören und sein Marsch ist insofern für geraume Zeit im Lande selbst und in den nur kärglich zugemessenen Mitteln der Conföderirten sehr fühlbar, große, den Kräften und Verlusten entsprechende Resultate hat der Zug nicht gehabt. — Der Besitz von Savannah an sich hat keine Bedeutung, im Gegentheil, er fordert eine Besatzung, welche im offenen Felde besser zu verwerthen ist. Savannah wird deshalb nur als Ausgangspunkt zu weiterer Bewegung dienen; zu welcher, kann noch nicht übersehen werden. Es scheint aber, nach dem gleichzeitigen Angriff gegen Wilmington zu schließen, daß Sherman beabsichtigt, längs der Küste gegen Charleston vorzudringen und direct mit Grant in Verbindung zu treten.

Wenn wir nun in Kürze noch die Bewegungen auf den andern Kriegstheatern berühren, so müssen wir uns zunächst dem Shenandoahthal zuwenden, wo wir Sheridan Mitte August bei Harpersferry befestigt und Early in Straßburg verlassen hatten. Sheridan, der nunmehr hinreichende Verstärkungen erhalten, ging einem Vormarsch Earlys gegen Winchester entgegen, griff ihn hier am 18. September an, schlug ihn und nahm ihm fünf Kanonen und 2500 Gefangene ab, mit einem eigenen Verluste von 5000 Todten und Verwundeten. Early floh das Shenandoahthal hinauf, wurde noch einmal bei Straßburg eingeholt abermals um elf Kanonen, 1100 Gefangene geschwächt, und dann bis Woodstock verfolgt. — Sheridan, am 29. bis Staunton vordringend, trifft hier aber auf den von Richmond herbeigeeilten Longstreet und wird zurückgewiesen, zieht sich nach Straßburg zurück, wo es am 19. October zur Schlacht kommt, in welcher Longstreet, anfangs siegreich, endlich weichen muß und sich bis Newmarket zurückzieht. —

Sheridan, um ein ferneres Vordringen des Gegners unmöglich zu machen, geht zur Verwüstung des Thals über, wird aber von Longstreet wieder angegriffen und gegen Winchester zurückgewiesen; in welcher gegenseitigen Stellung nach einzelnen kleinen Gefechten wir sie am Schlusse des Jahres noch finden.

Tennessee und Kentucky sind im Laufe des Jahres das hauptsächlichste Tummelfeld des kleinen Krieges gewesen, in welchem den besser organisirten Conföderirten überall der Sieg gehört. Hier waren es zumal die Reitergenerale Forrest und Morgan, welche Ruhm geerntet, ihren Namen aber durch die furchtbaren Verwüstungen, welche sie unternommen, befleckt haben. Bei Beginn des Jahres kämpften sie nur mühselig um ihre Existenz, mit den ersten Erfolgen aber mehrten sie ihre Leute und ihre Mittel, bildeten eine Armee, durchzogen das ganze Land, drangen wiederholt über den Ohio vor und führten unermeßliche Beute heim. Morgan ist inzwischen gefallen. Einer der letzten Züge von Forrest war, daß er mit höchstens 2000 Pferden das von mehren tausend Mann der Union unter dem Corpsgeneral Washburne besetzte Memphis überfiel, die Garnison zum Theil gefangen nahm, den Ort brandschatzte und rechtzeitig wieder abzog. In Westtennessee behauptete sich Forrest bis zum Ende des Jahres und hat schließlich dazu beigetragen, daß der bei Nashville geschlagene Hood hinter dem Duckriver wieder Halt und Stellung gewann. In Osttennessee hatte Sherman den General Gillem zurückgelassen, der zur Zeit sich nach Knoxville vor dem siegreich vordringenden C. G. Breckinridge zurückgezogen und den Kampf mit diesem dem aus Westvirginien vordringenden U. G. Burbridge überlassen hat. Ueber das Resultat der dortigen Kämpfe liegen bis jetzt ganz widersprechende Nachrichten vor und es darf daher behauptet werden, daß es noch nicht gelungen ist, in Osttennessee und Westvirginien Herr der Conföderirten zu werden.

In Louisiana hatte Banks von Neuorleans aus einen Zug den Redriver hinauf gemacht, war aber von den Conföderirten hart mitgenommen, selbst mehrer Kanonenboote beraubt und darauf von Canby ersetzt worden, der sich auf die Behauptung des schon von Butler eroberten, südlichen Landestheils beschränkte. In Arkansas hatte Steele versucht, zur Vereinigung mit Banks gegen Süden zu operiren, war aber ebenfalls zurückgeworfen worden und hatte Price, der die Conföderirten commandirte, Gelegenheit gegeben, wieder eine größere Macht zu formiren und siegreich sogar in dem längst für ihn verlornen Missouri vorzudringen. Seinem Fortschreiten in dem nördlichen Theile dieses Staates stellte sich Rosecrans in der Gegend von Jefferson entgegen und schlug ihn, aber nur soweit, um ihn vom Vormarsch gegen St. Louis abzuhalten. Rosecrans mußte seine Herrschaft an Dodge abtreten.

Die Conföderirten haben die Gewalt in diesen Staaten wiedergewonnen, die Conscription hier sofort vorgenommen und ein Heer formirt, zu dessen Ueberwindung der Union augenblicklich die Mittel fehlen. Auch die Indianer haben infolge dessen sich wieder erhoben und in den Monaten October und November blutige Raubzüge unternommen.

Der Feldzug 1864 muß in Betracht der aufgewandten Mittel für den Norden als wenig glorreich bezeichnet werden. Die Eroberungen am Mississippi sind bis auf einzelne feste Punkte verloren gegangen. In Tennessee und Kentucky, die von den Conföderirten am Schluß des Jahres 1863 ganz aufgegeben waren, haben dieselben wieder festen Fuß gefaßt. In Westvirginien verliert der Norden immer mehr Boden und in Ostvirginien fristet Grant seine Existenz nur durch seine Verbindung mit dem Meere. An der Küste von Nordcarolina ist der Besitz auf Newbern beschränkt, in Südcarolina behauptet man vielleicht Savannah. Nur in einer Richtung hat der Norden Bedeutendes geleistet; er hat ungeheure Länderstrecken des Südens verwüstet und diesen in allen Lebensadern getroffen. Beugt er dadurch den Geist seines Gegners, so hat er seinen Zweck, die Unterwerfung erreicht, hält der Süden aber fest und kämpft den Kampf der Verzweiflung, so haben die Generale sich selbst die Aufgabe, nämlich die Eroberung des Landes erschwert und am Ende werthlos gemacht. Die Conföderirten haben bis jetzt sich selbst in dem Kampfe eingesetzt, die Union nur ihr Geld, jenes Capital ist bei weitem größer und kräftiger als dieses. Wird der Norden dies anerkennen und den Süden freigeben, oder wird auch er sich selber, die eigene Volkskraft einsetzen und damit sich den Sieg sichern? Diese Frage muß die nächste Zeit lösen. Die Wiederwahl Lincolns, eines Mannes, dem jedes gewaltigende Element fehlt, scheint darauf hinzuweisen, daß der erstere Fall eintritt und Nord und Süd sich durch einen Frieden trennen. Dem wiedergewählten Lincoln wird dieser Schritt leichter wie jedem Andern.

Die englischen Dialekte.

Koch C. Fr., historische Grammatik der englischen Sprache I. Bd.; Die Laut- und Flexionslehre der englischen Sprache. Weimar, Böhlau.

„Verglichen unter einander und als Objecte der Naturkunde des Geistes betrachtet, nach der Analogie ihres innern Baues in Familien gesondert, sind die Sprachen," sagt Alexander von Humboldt im zweiten Theile seines Kosmos, „eine reiche Quelle des historischen Wissens geworden. Eben weil sie das Product der geistigen Kraft des Menschen sind, führen sie uns mittelst der Grundzüge ihres Organismus in eine dunkle Ferne, in eine solche, zu welcher keine Tradition hinaufreicht. Das vergleichende Sprachstudium zeigt, wie durch große Länderstrecken getrennte Volksstämme mit einander verwandt und aus einem gemeinsamen Ursitze ausgezogen sind, es offenbart den Weg und die Richtung alter Wanderungen, es erkennt, den Entwickelungsmomenten nachspürend, in der mehr oder minder veränderten Sprachgestaltung, in der Permanenz gewisser Formen oder in der bereits fortgeschrittenen Zertrümmerung der Auflösung des Formensystems, welcher Volksstamm der einst im gemeinsamen Wohnsitze üblichen gemeinsamen Sprache näher geblieben ist." Die Sprachen so in ihrer historischen Entwicklung zu betrachten ist eine der resultatvollsten Arbeiten der neueren Zeit, der letztverflossenen siebzig bis achtzig Jahre. Vor allen waren es Männer deutscher Wissenschaft, welche das vergleichende Sprachstudium schufen und förderten. Immer mehr Sprachen wurden in das Bereich scharfsinniger Forschung gezogen, nie geahnte Resultate erzielt, eine große neue Wissenschaft ist erstanden.

Eine bislang fühlbare Lücke ist durch Kochs historische Grammatik der englischen Sprache ausgefüllt worden für die Sprache, welche die Vermittlerin germanischen und romanischen Elementes ist. Auf die Sprache wirkt nicht nur die ursprüngliche Anlage, die Stammeseigenthümlichkeit ein, sondern jede durch die Zeit herbeigeführte Abänderung der innern Richtung und jedes äußere Ereigniß, welches die Seele und den Geistesschwung der Nation hebt oder niederdrückt, vor allem aber der Impuls ausgezeichneter Köpfe. Dies Alles läßt sich bei der englischen Sprache sehr gut verfolgen, man denke an die vielen Einwanderungen, an das Ringen des germanischen und romanischen Elementes, um die Oberhand zu gewinnen, an die große Geschichte des Volkes, an die Massenhaftigkeit und den Adel der geistigen Arbeit, welche sich in der Sprache Englands niedergeschlagen haben.

Das erwähnte Werk hat auch die Mundarten in den Bereich seiner

Betrachtung gezogen. Der Verfasser sagt darüber in der Vorrede: „Die modernen Schriftsprachen sind auf gleiche Weise entstanden. Ein Dialekt liegt zu Grunde; politische Verhältnisse oder literarische Erscheinungen oder beide heben denselben und machen ihn zur Gesammtsprache der Nation; aber die in den verschiedenen Landschaften fortklingenden Dialekte führen dieser Gesammtsprache stets neue Elemente zu. So ist unsere neue hochdeutsche Sprache ein mitteldeutscher Dialekt, der zu officiellem Gebrauche in Sachsen gelangt, im öffentlichen auswärtigen Verkehr Elemente aus anderen oberdeutschen Dialekten zuläßt, durch die religiösen Kämpfe sich über Deutschland ausbreitet und Schriftsprache des ganzen Volkes wird, der aber noch heute aus den Dialekten sich bereichert. Der Dialekt Castiliens, der durch die ganze Mitte der Halbinsel von dem nördlichen bis zum südlichen Meere erklingt, ist zur Gesammtsprache Spaniens geworden. Einer der drei nordfranzösischen Dialekte — ob der pikardische, lothringische oder burgundische, ist bis jetzt nicht festgestellt — wird Schriftsprache Frankreichs. Will man daher eine Schriftsprache historisch begründen, so muß man mit den Dialekten beginnen. Diese müssen in ihrem historischen Verlaufe und ihren unterscheidenden Eigenthümlichkeiten dargestellt werden. Erst dann läßt sich mit Sicherheit bestimmen, von welchem Dialekte die Schriftsprache ausgeht, welche Schriftsteller zuerst aus den Schranken dieses Dialektes heraustreten, welche Abweichungen sie sich erlauben und wodurch diese veranlaßt sind, wie der so theilweise umgestaltete Dialekt sich über die anderen Dialekte erhebt und Gesammtsprache wird. Ob eine solche Darstellung möglich ist, das hängt freilich von den nothwendigen literarischen Documenten ab. — Auch die englische Schriftsprache hat sich so entwickelt, wahrscheinlich aus dem binnenländischen Dialekte. Auch bei dem Versuche sie historisch zu begründen, wird man von den Dialekten ausgehen müssen, um Haupt- und Nebencontribuenten mit Sicherheit herausfinden zu können. Allein erst in späterer Zeit wird die reiche Literatur die Durchführung eines solchen Versuches ermöglichen. Denn noch fließen die historischen Quellen, obgleich die englischen Philologen in der Erforschung ihrer Sprache sehr thätig sind, nicht so reichlich, um eine Geschichte der Hauptdialekte schreiben zu können; noch sind die gegenwärtigen Dialekte nicht ausreichend wissenschaftlich bearbeitet, um die Eigenthümlichkeiten derselben feststellen zu können. Die Behandlung, die sie in den zahlreichen Glossaren erfahren, ist mehr lexikalisch als grammatisch. So lange nicht ein reicheres Material und eine genaue grammatische Darstellung der Dialekte vorliegt, wird eine historische Begründung der Schriftsprache unvollständig sein und es wird kein anderer Weg übrig bleiben, als der, den der Verfasser eingeschlagen und in der Einleitung dargelegt hat."

Das Keltische wurde bekanntlich nicht nur von den Bewohnern der britischen Inseln gesprochen, sondern auch von den Bewohnern Belgiens, Galliens und eines Theiles von Spanien. Schriftliche Denkmäler aus der ältesten Zeit haben sich nicht erhalten, denn die Druiden (Priester der Eiche, vom keltischen derw, Eiche) schrieben ihre Lehren, aus Furcht, sie verbreitet zu sehen, nicht auf, sondern beschränkten sich auf mündliche Ueberlieferungen und, um in der Einsamkeit Forschungen und Betrachtungen anzustellen, welche dem in ihre Mythen und Lehren Nichteingeweihten fremd bleiben sollten, legten sie ihre Schulen in den abgelegensten Orten der Wälder an. Der Lehrer hielt seinen Vortrag in Versen, deren Zahl sich auf viele Tausend belief und die der Schüler auswendig lernen mußte. Diese Lehrmethode war so schwierig, daß ein ganzes Leben dazu erforderlich war, um sich mit den sämmtlichen wissenschaftlichen Grundlagen derselben bekannt zu machen. Die ältesten altirischen Denkmäler stammen aus dem achten oder neunten Jahrhundert. — Gegenwärtig unterscheidet man zwei Hauptzweige des Keltischen: das Gälische, wozu das Neu-irische, die jetzige Sprache der Irländer, gehört, von welcher das Schottische (Hochschottische, Ersische) wenig, das Manische (auf der Insel Man) weiter absteht; und das Bretonische, das aus dem Kymrischen in Wales und dem Armorischen oder Bas Breton in Bretagne besteht. Zu demselben gehört auch das Cornische in Cornwallis, das gegen Ende des vorigen Jahrhunderts ausstarb. Die nahe und lange dauernde Berührung, die zwischen Kelten und Angelsachsen stattgefunden hat, mag manches Wort eingeführt haben und zu ganz verschiedener Zeit, obgleich dabei nicht außer Acht zu lassen ist, daß einzelne Wörter beiden Sprachen als Gliedern desselben Stammes, des indoeuropäischen, gemeinsam gewesen sein können. —

Auch in England zog römische Sprache und Sitte mit den römischen Legionen ein. Die lange Dauer der römischen Herrschaft, die stehenden Lager, die Ansiedelungen der Veteranen, das Aufblühen bedeutender Städte, ihre leichte Verbindung durch Straßen förderten eine Bildung, von der noch jetzt zahlreiche Alterthümer zeugen. Dennoch wurden aber erst seit der Einführung des Christenthums und durch die damit bedingte nähere Beziehung zwischen England und Rom eine größere Anzahl lateinischer Worte ins Angelsächsische eingeführt.

Da kein Denkmal aus der Zeit der Einwanderung der germanischen Völker in England vorhanden ist, so wissen wir auch von ihren Sprachen nichts Sicheres. Wahrscheinlicherweise haben sich die Jüten in Kent niedergelassen, da sich daselbst keine auf das Altnordische hinweisende Eigenthümlichkeiten erhalten haben. Die Angeln saßen im Norden der Themse und nahmen das ganze Küstenland ein. In Anglia, das zwischen Themsemündung und Wash halbinselartig vorspringt, zerfallen sie in ein Süd- und Nordvolk (Suffolk, Norfolk), breiten sich über das Innere bis zur Grenze von Wales und füllen das Gebiet zwischen Humber und dem Römerwall. Ihre Mundart mag dem Sächsischen und Friesischen ähnlich gewesen sein. Diejenigen Sachsen aber, welche in Verbindung mit den Angeln den gemeinsamen Zug nach Britannien unternahmen, waren transalbingische Sachsen, die sich schon mundartig von den weiter südwestlich wohnenden Stammesgenossen unterschieden.

Die auswandernden Deutschen nun ändern ihre Wohnsitze und mit diesen ihre Sitte; die alte Heimath und mit ihr der Schauplatz ihrer Sage und Geschichte geht ihnen verloren; die harten blutigen Kämpfe im neuen Lande drängen die Lieder von heimischen alten Helden zurück und machen sie vergessen. Von der Meeresküste über Ebenen und Hügellandschaften breiten sie sich bis zum walisischen Gebirgslande aus und vermischen sich mehr oder minder mit den britischen Ureinwohnern. Es entstehen kleine Staaten, welche lange getrennt neben einander bleiben, bis endlich äußere Gewalt sie vereinigt. Mußte hier nicht der Entwicklungsgang der Sprache ein ganz anderer sein, als auf dem Festlande? Die deutschen Mundarten aber, welche seit dem fünften Jahrhundert auf der britischen Insel erklangen von der Südküste bis zu den Gebirgen Schottlands und von der Ostküste bis zu den Bergen von Cornwallis, Wales und Cumberland, werden mit dem gemeinsamen Namen des Angelsächsischen belegt.

Zwei Hauptmundarten lassen sich im Angelsächsischen unterscheiden, eine südliche, die sächsische, und eine nördliche, die anglische.

Vieles Altnordische wurde eingeführt durch die öfteren Einfälle der skandinavischen Normannen d. i. Norweger und Dänen, namentlich aber dadurch, daß die letzteren sich wohnlich niederließen und endlich dänische Könige von 1002 bis 1041 das angelsächsische Reich beherrschten. Den nördlichen Mundarten Englands ist infolge dieses altnordischen Einflusses ein einfacher, dunkler Vocalismus, ein härterer Konsonantismus und manches andere eigenthümlich.

Bereits vor der Eroberung Englands durch die französischen Normannen begann das Französische in England einzudringen. Eduard der Bekenner wurde an dem Hofe des Normannenherzogs Richard erzogen. Als er mit zahlreichem Gefolge nach England zurückkehrte, ward französische Sprache und Sitte am Hofe heimisch. Daß nach der Invasion mit der Macht und dem Einflusse der Normannen sich auch ihre Sprache stets mehr verbreitete und befestigte, war nicht zu verwundern. Wie nun im Laufe der Zeit beide Sprachen, das Angelsächsische und das Normannische, gegenseitig auf einander wirkten, wie groß namentlich der Einfluß des Französischen auf die Ausbildung der englischen Sprache gewesen, wollen wir hier nicht weiter ausführen. Wir beschränken uns auf die Bemerkung, daß für die Sprachverhältnisse jener Zeit die didactische Poesie vorzugsweise charakteristisch ist. Sie beginnt lateinisch um die Mitte des zwölften Jahrhunderts, wird im dreizehnten Jahrhundert französisch und im vierzehnten Jahrhundert englisch. Während sie zuerst Ausdruck frommen Eifers ist und sich an die kirchlichen Gelehrten wendet, will sie im französischen Gewande auf die höheren Stände wirken, im englischen aber auf die Gesammtheit des Volkes

Das Charakteristische des Englischen ist eine bedeutende Abschwächung der angelsächsischen Bildungsformen und eine starke Beimischung des französischen Sprachstoffs. Natürlich treten beide Erscheinungen nur ganz allmälig ein, weshalb man auch durchaus nicht ein bestimmtes Jahr als Beginn des Englischen angeben kann. In der Geschichte der englischen Sprachen aber lassen sich drei Perioden unterscheiden: Altenglisch, Mittelenglisch und Neuenglisch.

Hundert Jahre umfaßt die Periode des Altenglischen, welche man füglich auch die des Schwankens in Laut, Schrift und Darstellung nennen könnte. Während dieser Zeit stehen zwei Accentuationsgesetze einander gegenüber, schwächen die alten Formen sich mehr und mehr ab. In der starken Conjugation mindert sich der plurale Ablaut und in der schwachen geht der vollere Ableitungsvocal des Präteritums in das flachere e über; die Pluralendung des Präsens fehlt schon bisweilen, der Infinitiv stößt sein n oft ab und im activen Particip steht ing neben nördlichem ende, ande und selbst französischem ant. Die Declination des Substantivs zeigt nur Trümmer, den Genitiv des Singular auf — s, es, is und den des Plural auf — ene, letzteren selten, beide aber oft vertreten durch Präpositionen. Die unverstandene Doppelform des Superlativs m — est wird vertauscht mit dem leichter begreiflichen most. Auch bei den Fürwörtern schwächen sich die Formen ab, die Genitive der Personalpronomina verschwinden gänzlich, der Dativ und Accusativ fallen zusammen, der Dativ wird durch Präpositionen unterschieden und der Genitiv ersetzt. Die französische Accentuation greift allenthalben in das deutsche Gebiet über.

Bis in das sechzehnte Jahrhundert hinein reicht die Periode des Mittelenglischen, welche im Gegensatz zum Altenglischen die Periode der Reconstruction genannt werden kann. In der Conjugation mindern sich die starken Verben, der plurale Ablaut beginnt zu schwinden und die Infinitive stoßen oft ihre Endungen ab. Bei den Substantiven schwindet, die umlautenden Plurale ausgenommen, der Genitiv des Plurals. Die Beugung der Fürwörter beschränkt sich auf Nominativ und Accusativ, nur im Interrogativ bleibt noch der Genitiv. Waren im Altenglischen durch das Eindringen der französischen Accentuation die deutschen Elemente ins Schwanken gerathen, so beginnt jetzt eine wohlthätige Reaction und eine Menge französischer Wörter werden bereits von Dichtern auch mit deutscher Betonung gebraucht.

Betrachten wir nun das auf dem Wege völliger Vereinigung des germanischen und romanischen Elementes fortgeschrittene Neuenglisch, so gewahren wir bald, daß es in technischer Beziehung im siebzehnten und achtzehnten Jahrhundert eine solche Durchbildung erfahren hat, daß es die Kraft der germanischen Sprachen mit der Geschmeidigkeit der romanischen vereinigt und für jede Darstellung, sei es in Poesie oder in Prosa, völlig durchgebildet erscheint. Wie bereits beim Mittelenglischen im Verhältniß zum Altenglischen bemerkt wurde, mindern sich hier die starken Verben noch mehr, ebenso der Unterschied zwischen singularem und pluralem Ablaute im Präteritum, so daß nur ein Ablaut bleibt, der sich aber sehr oft auch mit dem des passiven Particips mischt. In der Conjugation erhält sich nur die zweite Person des Singular im Präsens und Präteritum des Indicativ und die dritte Person des Singular im Präsens. Imperativ und Infinitiv fallen in der Form zusammen, die Participien des Activum werden auf — ing gebildet, die des Passivum schwacher Verben auf — ed, während die starken Verben oft en, n abgestoßen haben. Die Declination des Substantivs ist bis auf einen im Gebrauch beschränkten Genitiv des Singulars, dessen Form auch auf die umlautenden Pluralformen übertragen worden ist, ganz verschwunden, die Steigerung des Adjectivs ist beschränkt. Personal- und Demonstrativpronomina fließen zusammen, der Nominativ ye wird durch den Accusativ you verdrängt. Die größte Veränderung jedoch zeigt sich in der Accentuation, indem eine große Anzahl romanischer Wörter deutscher Betonung unterliegt.

Schon in der angelsächsischen Periode traten mundartliche Verschiedenheiten auf, welche weder die lange Entwickelung der Sprache, noch auch die Gemeinschaft, in der die einzelnen Grafschaften Jahrhunderte lang gewesen sind, haben verwischen können. Nach diesen Verschiedenheiten lassen sich drei Gruppen unterscheiden, von denen die erste den Süden und Westen, die zweite die mittleren Grafschaften und Ostangeln, und die dritte den Norden Englands und Schottland umfaßt.

Die erste dieser drei Gruppen spaltet sich nun wieder in drei mundartliche Gebiete, und zwar in ein südwestliches in Cornwall, Devon, Dorset und Sommerset bis zum Parret; ein südliches in Hamps, Suffex, Surrey und Kent; und ein westliches in Gloucester, Monmouth und Shrops.

Die Gruppe der mittleren Grafschaften, welche namentlich in den Lautverhältnissen große Verschiedenheiten aufweisen, zerfallen in die ostanglische Mundart in Suffolk und Norfolk, Cambridge, Huntingdon, Leicester und Rutland, sodann in die der inneren Grafschaften Hereford, Warwick, Northampton und Nottingham.

Viel Eigenthümliches bieten die nördlichen Mundarten Englands dar. Der Norden von Durham und Northumberland nähern sich dem Schottischen. Das letztere, die Sprache Niederschottlands, gelangt früh zur Ausbildung und hat auch eine selbständige Literatur hervorgebracht, beginnt aber seit der Vereinigung Schottlands mit England zu einer Mundart herabzusinken. Im Schottischen finden sich der besonderen politischen Verbindungen Schottlands und Frankreichs wegen viele französische Wörter, die dem Englischen fehlen. —

Wenn wir die Veränderungen vergleichen, welche mit den übrigen germanischen Sprachen im Laufe der Zeiten vorgegangen sind, so wird uns unmöglich, jene vorhin erwähnte Abstumpfung und Abschwächung der Formen, also das Schwinden der sinnlichen Schönheit, mit einem Einflusse des Französischen in Verbindung zu bringen. Unabhängig von jeder äußeren Einwirkung geschehen diese Veränderungen. Die Vereinfachung der Formen ist ein charakteristischer Zug aller neueren Sprachen: so haben die romanischen Sprachen die Declination längst aufgegeben, ein großer Theil unserer deutschen Mundarten kennt bereits keinen Genitiv und Dativ mehr und ersetzt sie durch Verhältnißwörter. Keine der deutschen Schrift- und Volkssprachen ist indessen so weit gegangen als das Englische, alle haben den verschiedenen Artikel zum Unterschied der Geschlechter, alle den Unterschied zwischen schwacher und starker Declination, alle die von der ersten Form des Singular verschiedenen Pluralformen im Präsens und Präteritum u. a. m. bewahrt, was das Englische schon seit beinahe fünf Jahrhunderten völlig aufgegeben hat. Und doch zeigte das Angelsächsische vor dem Eindringen der Normannen keineswegs eine größere Neigung zur Abstumpfung und Vereinfachung der Formen als die anderen germanischen Sprachen. Zum größeren Theil war aber die Vereinfachung der englischen Sprache schon vollendet, als die Mischung mit französischen Wörtern überhand nahm. Wenn wir demnach einerseits dem Eindringen des französischen Elementes auf die Gestaltung der Sprache einen Einfluß nicht absprechen können, stellen wir andererseits mit dem Verfasser die Behauptung auf, daß das Englische nicht aus dem schriftmäßigen Angelsächsischen, sondern aus den wahrscheinlich vor der Eroberung schon vielfach abgeschliffenen angelsächsischen Mundarten hervorgegangen sei.

Neue Monatschrift für Kunst.

Ueber Künstler und Kunstwerke von Hermann Grimm. (Januarheft.) Berlin, Ferd. Dümmler. 1865.

Hermann Grimm, Verfasser des „Leben Michel Angelos", eröffnet die Aussicht auf eine neue Monatschrift über Künstler und Kunstwerke, die Besprechungen bringen und neue Quellen mittheilen wird, welche sich während der

Herausgabe des Blattes erschließen. Auf alle Fälle wird die Feder des Herausgebers Aufsätze liefern, die durch Darstellung und Stil erfreuen. Er ist ein liebenswürdiger und enthusiastischer Kritiker, mit der wohlthuenden Bescheidenheit, die weder ein Urtheil mit stürmischer Hast aufdrängt, noch die Meinung Anderer mit pedantischer Intoleranz unterschätzt. Aber er wird bei der übernommenen Arbeit finden, daß ihm selbst die Schwierigkeiten und Zweifel sich mehren, je mehr er mit den Einzelheiten eines Gebietes vertraut wird, das er jetzt beim Beginn des Werkes wohl noch zu wenig kennt.

Er beginnt ausführlich und aufrichtig die Gründe darzulegen, die ihn zu diesem Unternehmen bestimmten. In beredten Worten schildert er die Vortheile, die für Staaten und Städte aus einer Pflege der Kunst erwachsen; und es setzt nur in Erstaunen, daß diese feststehenden Wahrheiten, sei die Aufzählung auch noch so anmuthig, seinem Publikum überhaupt noch vor Augen geführt werden müssen.

Der erste Gegenstand, den er behandelt, ist gerade geeignet, seine Befähigung stark auf die Probe zu stellen. Er spricht über Leonardo da Vinci, den großen Florentiner, der seine Geburtsstadt verließ, um sich in der Hauptstadt der Sforzas niederzulassen; der gleich allen berühmten toscanischen Künstlern eine Schule gründete, die sich in der Lombardei üppig entfaltete; der wie Andrea del Sarto die Gastfreundschaft eines französischen Königs annahm, und der im hohen Alter weit von der Heimath entfernt starb.

Eine richtige Beurtheilung der Leonardo zugeschriebenen Werke ist eine der schwersten Aufgaben, an die auch ein technisch tief durchbildeter Kunstkenner nach jahrelangem Studium noch vorsichtig heranzutreten Ursache hat.

Herr Grimm zögert nicht, seine Ansicht zu geben. Was nun die für das berliner Museum neu erworbene Madonna mit dem Kinde betrifft, so muß hier das Urtheil suspendirt bleiben, da Schreiber dieser Zeilen das genannte Bild nicht gesehen hat. Aber wir halten uns zu der Erklärung verbunden, daß wir durchaus von seiner Ansicht da abweichen, wo es sich um den Maler des besprochenen Bildes „Schweißtuch der heiligen Veronika" handelt. Grimm will das Bild dem Leonardo vindiciren. Allein dies Bild rührt zwar nicht von der Hand Correggios her, aber es gehört ganz unzweifelhaft seiner Schule an.

Die Gründe, auf welche die Autorschaft Leonardos sich stützen soll, beruhen offenbar mehr auf einer Eingebung des Gefühls als auf einem gründlichen Studium der Technik des großen florentinischen Meisters. Ja Grimm scheint uns überhaupt unter einem Irrthum zu leiden in Bezug auf toscanische Kunst zur Zeit des da Vinci und der unmittelbar vorhergehenden Periode; er wird, unserer Ansicht nach, keinen Kunstkenner von der Wahrheit seiner Behauptung überzeugen, daß florentinische Malerei bis zur Zeit Verrochios von miniaturartiger Auffassung und Färbung beeinflußt gewesen. Im Gegentheil hielt sich gerade in Florenz die Kunst frei von jeder Spur solcher Technik. In der frühen Schule von Umbrien ist es, wo sich diese Richtung geltend macht; dort war es auch, wo die Kunst am längsten in ihrer Entwickelung stillstand.

Und dann wiederum zu behaupten, daß Leonardo der erste gewesen, der sich von dieser Richtung losmachte und das Studium der Sculptur in Anregung brachte, heißt vergessen, daß Uccelli den Grund zum Studium der Plastik legte, auf dem die Pollaiuoli und Verrochio weiter bauten. Das große und wohlbekannte Verdienst, das diese Meister hatten, indem sie den Weg zu Leonardos Größe anbahnten, wird bei solcher Auffassung unbillig ignorirt. Auch dünkt uns da ein großer Irrthum obzuwalten, wo der Herausgeber des neuen Blattes die verschiedenen Vorzüge Leonardos und Peruginos vergleicht, die beide Schüler in dem Atelier Verrochios waren. In der Werkstatt dieses Malers lernten zweifellos beide Chiaroscuro und Luftperspective; aber die Zwei waren Künstler von verschiedenem Charakter und Repräsentanten verschiedener Empfindungsweisen. Leonardo, der Philosoph und Mathematiker, hielt sich an Licht und Schatten und gelangte durch langes und tiefes Studium zu einer vollendeten Kenntniß ihrer Effecte. Perugino hingegen blieb mit Ausnahme einer glanzvollen Periode, in welcher seine Composition mit der aller größten Florentiner wetteiferte, in dem conventionellen umbrischen Geleise. Dennoch glauben wir nicht mit Grimm, daß er von Leonardo verdunkelt worden wäre, wenn dieser in Florenz blieb. Denn Perugino besaß eine Eigenschaft, die Leonardo nicht hatte, und die wohlgeeignet war, die größte Bewunderung der Zeitgenossen zu erregen. Sein Talent für Luftperspective stand beinahe auf gleicher Höhe mit der Technik seiner Mitschüler, aber sein Vortheil vor Leonardo bestand in seinem lebhaften Gefühl für Colorit. Diese Begabung machte ihn zum Modemaler, und es ist sehr fraglich, ob er nicht noch Größeres geleistet hätte, wenn nicht die Modebeliebtheit mit dem sich daran heftenden Hang zum Gewinn seine Kunst bis zu dem Mechanismus überschneller Arbeit herabgewürdigt hätte.

Mehre Seiten der ersten Nummer geben unserem Vorrath authentischer Documente eine willkommene Bereicherung. Wir können nie zu viel solcher Originalbriefe von den Zeitgenossen Michelangelos erhalten, wie die vor uns liegenden von Daniel von Volterra, — aus denen wir z. B. mit Sicherheit erfahren, wo Michelangelo in Rom wohnte. — Ebenso interessant sind auch die Sonnetbruchstücke von Bramante, als eine Bestätigung der Angaben, die Lomazzo und andere Geschichtschreiber über die Laufbahn des großen Architekten machen.

Zum constitutionellen Staatsrecht.

1.

Das constitutionelle Princip, seine geschichtliche Entwicklung und seine Wechselwirkungen mit den politischen und socialen Verhältnissen der Völker. Herausgegeben von August Freiherrn von Haxthausen. 2 Theile. Leipzig, F. A. Brockhaus. 1864.

Die von dem Freiherrn August von Haxthausen herausgegebenen Aufsätze über das constitutionelle Princip sind zunächst für das gebildete russische Publikum bestimmt. Herr von Haxthausen, der sich durch eine immerhin ungewöhnliche Kenntniß der russischen Zustände auszeichnet, hielt es nämlich nicht für unwahrscheinlich, daß auch in Rußland Versuche gemacht werden, das Staatswesen im liberalen Sinne umzugestalten, ohne daß sich freilich voraussagen lasse, mit welchem Erfolge. Unter diesen Umständen erschien es ihm wünschenswerth, „daß den gebildeten Russen, den Staats- und Geschäftsmännern (nicht den russischen Fachgelehrten) eine richtige und klare Einsicht über das Wesen und die Principien des constitutionellen Systems, seine Geschichte und die Wirkungen bei dessen Einführung, Fortbildung und Ausbildung vorgelegt und mitgetheilt werde". Diesem Zwecke ist das vorliegende Buch gewidmet. Die Ausführung des Unternehmens, bei dem es dem Herausgeber darauf ankam, das Wesen des Constitutionalismus von verschiedenen Standpunkten aus beleuchten zu lassen, wurde den Herren Biedermann, Held, Gneist, Georg Waitz und Kosegarten anvertraut.

Wie weit das Unternehmen den praktischen Zweck, den es zunächst verfolgt, zu erreichen Aussicht hat, vermögen wir nicht mit Sicherheit zu beurtheilen, weil dazu eine ganz specielle Kenntniß der russischen Zustände erforderlich ist. Wir müssen für unser Urtheil daher einen allgemeineren Maßstab anlegen und fragen, ob überhaupt das Werk geeignet ist, politische Bildung in einem weiteren Leserkreise zu verbreiten. Im Allgemeinen darf man diese Frage bejahen. Im ersten Bande giebt Herr Biedermann eine Darstellung und geschichtliche Entwicklung der gegenwärtig bestehenden Repräsentativverfassungen, mit besonderer Berücksichtigung der Wahlsysteme; eine Arbeit, die auch für politisch gebildete Leser wegen der Klarheit und Uebersichtlichkeit, mit der das gesammte Verfassungswesen der Gegenwart in allgemeinen Umrissen gezeichnet wird, anziehend, wie unterrichtend ist. Mit besonderer Sorgfalt ist überall der Wahlmodus und die Zusammensetzung der Volksvertretungen angegeben. Die geschichtlichen Entwicklungen sind genügend und zuverlässig.

Von den vier Aufsätzen des zweiten Bandes erwähnen wir zuerst den
letzten, von Herrn Professor Kosegarten in Gratz: „Die Volkswahlen und die
Volksherrschaft in ihren politischen und socialen Wirkungen. Mit besonderer
Beziehung auf die Jetztzeit." Der Verfasser ist ein entschiedener Gegner des
Constitutionalismus, ein Bewunderer der absoluten Monarchie auf der Grund-
lage mittelalterlicher Ständeeinrichtungen. Es wäre zu wünschen gewesen, daß
der conservative Standpunkt in diesem Buche in einer wenigstens eine Discussion
ermöglichenden Weise vertreten wäre. Dies ist aber nicht der Fall. Nur um
unser Urtheil zu begründen, greifen wir aufs Gerathewohl einige Ansichten und
Behauptungen aus der Abhandlung heraus: Der Kampf der Whigs und
Torys wird als ein Kampf der Bourgeoisie und Aristokratie dargestellt; mit
Wohlgefallen wird erwähnt, daß ein gut unterrichteter englischer Geschichtschreiber die Regieruug der Elisabeth eine greuliche nennt; eine der Hauptursachen zum Sturze des streng gewissenhaften Jakobs des Zweiten war, daß
die Besitzer ehemaliger Kirchengüter, weil er Katholik war, nicht ruhig schlafen
konnten; England steht vor einem Bürgerkriege der „Reichen und Proletarier,
(mit Berufung auf Bucher und eine wohl mißverstandene Stelle von Gneist).
— In Frankreich trug vor der Revolution den größten Theil der Abgaben der
Adel mit den Landleuten ohne Unterschied; die großen dons gratuits der Geistlichkeit hatten deren Verschuldung zur Folge. (Wir empfehlen zur Vergleichung
Sybel, Gesch. d. Revol.-Zeitalters zweite Auflage S. 119: Aus einer Jahres-
einnahme von 100 Mill. Zehnten und 60 bis 70 Mill. Güterertrag hatte er
(der Klerus) bisher nicht sehr regelmäßig dem Staate eine Steuer von 3 bis 4
Mill. gezahlt und die der Kirche anvertrauten öffentlichen Bedürfnisse des Unterrichts und der Armenpflege sehr unzulänglich besorgt. — Begeistert ist der
Verfasser für das ständische Wesen, in welchem unter anderm jeder Bauer von
seinem Grundherrn vertreten wird, „wie es noch jetzt in Mecklenburg, einem
der glücklichsten deutschen Länder, der Fall ist." — Auch auf die östreichische
Verfassung ist der Aufsatz nicht besonders gut zu sprechen. Unter die Schattenseiten des östreichischen Verfassungsrechtes rechnet der Verfasser „den Mangel
einer gewissen nothwendigen Begrenzung des Mitwirkungsrechtes bei der Gesetzgebung." In Bezug auf die schleswig-holsteinische Frage will er nicht erörtern, ob ein genügender Grund zum Kriege mit Dänemark vorhanden war,
ist jedoch der Meinung, daß, wenn der hauptsächliche Grund dieses Krieges in
der Nachgiebigkeit der Regierungen den Volksabgeordneten und Demagogen
gegenüber zu suchen sein sollte, dadurch ein Beispiel gegeben sein würde, welches
die traurigsten Folgen für die zunächst bevorstehende Zukunft Europas ahnen
lassen müßte. Besonders schlimme Folgen fürchtet die Phantasie des Herrn
Verfassers auch von einer etwaigen Aufhebung der Büchercensur in Rußland.
Die Speculation oder die Propaganda würde nämlich nicht verfehlen, das be-

rüchtigte Buch Renans in Tausenden von Exemplaren unter die russischen Bauern zu verbreiten, und allmälig könnte es ihr gelingen, auch dies gläubige Volk zu verderben. — Einen unangenehmen Eindruck macht es, daß die vier griechischen Wörter, die in der Abhandlung vorkommen, sämmtlich durch Druckfehler entstellt sind, zweimal δῆμος statt δῆμος, μετοικοι ohne Accent und βουκη statt βουλή.

Auf den vortrefflichen Aufsatz von Gneist: „Das Repräsentativsystem in England" haben wir nicht nöthig näher einzugehen, da derselbe im Wesentlichen eine klare und scharfe Zusammenfassung der Resultate seines größeren Werkes ist, das wir in diesen Blättern schon besprochen haben. — Die gründlichen, mit großer Umsicht, Besonnenheit und Sachkenntniß verfaßten Aufsätze von Held (Die politischen und socialen Wirkungen der verschiedenen politischen Wahlsysteme) und Georg Waitz (Ueber die Bildung einer Volksvertretung) machen, wie billig, die Beantwortung der Frage, aus welchen Elementen und nach welchem Wahlmodus eine Volksvertretung zu bilden sei, von den social-politischen Verhältnissen abhängig, wie sie in jedem Staate bestehen. Diejenigen allgemeine Giltigkeit beanspruchenden Grundsätze, zu denen besonders Waitz trotz der Bedingtheit der ganzen Frage dennoch gelangt, werden am zweckmäßigsten bei der Besprechung des concreten Falles erörtert werden, zu der uns der zweite Theil von
Constantin Rößler, Studien zur Fortbildung der preußischen Verfassung, Berlin, bei Lüderitz, 1864, Veranlassung giebt.

Constantin Rößler nimmt jedenfalls unter den preußischen Publicisten eine hervorragende Stellung ein. Begabt mit einem scharfen Blicke für die Schwierigkeiten, die in Preußen der Consolidirung des Verfassungswesens entgegenstehen, ist er doch weit entfernt, von dem Ernst der Frage sich entmuthigen zu lassen, oder die idealen Ziele der Freiheit preiszugeben; vielmehr geht sein Bestreben gerade dahin, die thatsächlichen Hindernisse einer Weiterentwickelung der Verfassung, vor denen man wohl die Augen verschließen kann, die man aber durch Ignoriren nicht aufhebt, aus dem Wege zu räumen. Indem er bemüht ist, die verfassungsmäßigen Institutionen dadurch zu wirksamen Organen des Staatslebens zu machen, daß er sie mit dem vollen Inhalte der lebendig im Volke webenden Kräfte zu erfüllen sucht, hat er, wie jede productive Kraft, Anspruch auf die allgemeinste Beachtung seiner Arbeiten. Auf unbedingte Billigung seiner Vorschläge in allen ihren Einzelheiten wird er dagegen weniger rechnen können, selbst bei denen nicht, die in den Zielpunkten vielfach mit ihm übereinstimmen.

Die Gegenstände, die Herr Rößler in der zweiten Abtheilung seiner Studien behandelt, sind 1) der Staatsrath und das Herrenhaus, 2) die Verantwortlichkeit der Minister, 3) die Bildung des Abgeordnetenhauses. Wir wollen von der Erörterung der ersten beiden hochwichtigen Punkte vorläufig absehen und uns für dieses Mal mit den Ansichten des Verfassers über die Bildung des Abgeordnetenhauses beschäftigen.

Herr Rößler geht von der Untersuchung aus, in wie weit die gesetzgebenden Körperschaften, oder wenigstens eine derselben, die Ansichten und den Willen ihrer Constituenten zu repräsentiren habe, und kommt zu dem Ergebniß, dem wir uns vollständig anschließen, daß die Mitglieder der Körperschaft nicht einen fremden Willen zu repräsentiren haben, daß sie vielmehr völlig selbständig über die ihnen vorliegenden Fragen entscheiden und durch die Discussion derselben die politische Bildung des Volkes weiter fördern sollen. „Das Parlament ist keine Körperschaft weder zur Vertretung noch zur Darstellung eines gegebenen Inhalts, sondern berufen zur Schöpfung eines neuen Inhalts." Da es aber auch zur Leitung des Volksgeistes berufen ist, so muß es in richtig abgemessenen Perioden sich der Probe unterwerfen, wie es auf den Volksgeist gewirkt hat. Daß diese Auffassung des Wahlrechts, in so fern sie die Wechselwirkung zwischen Parlament und Volksgeist ignorirt, schief und einseitig ist, beeinträchtigt die Richtigkeit der Gesammtanschauung nicht, die ja auch von den meisten Verfassungen anerkannt wird, indem dieselben dem Abgeordneten ein freies von dem Einflusse seiner Constituenten unabhängiges Mandat zusprechen. Wäre es anders, so wäre ja auch jede Discussion überflüssig; die Entwickelung des Staates aber wäre verfassungsmäßig aus den Staatskörperschaften hinaus in die Gesammtheit der Wähler verlegt worden. Wie weit dennoch ein Einfluß der Wähler auf die Abgeordneten stattfindet, ist keine constitutionelle, sondern eine thatsächliche Frage. Die Einwirkungen der modernen Verfassungen auf dies Verhältniß sind nur indirect, indem allerdings z. B. die Dauer der Wahlperioden thatsächlich von bedeutendem Einflusse auf die größere oder geringere Abhängigkeit der Abgeordneten von den Wählern ist. Wir werden übrigens auf das Verhältniß der öffentlichen Meinung zum Parlament noch weiter unten zurückkommen.

Wenn wir die Stellung der Volksvertretung in dieser Weise auffassen, so ist damit schon die Ansicht widerlegt, nach der dieselbe eine Vertretung der verschiedenen socialen Interessen sein soll. Bekanntlich ist einer unserer größten Staatsrechtslehrer, Robert v. Mohl, für diese Auffassung eingetreten, welcher Herr Rößler mit der Achtung, die jeder Ansicht des berühmten Rechtslehrers gebührt, entgegentritt. Ohne auf die Einzelheiten der scharfsinnigen Polemik einzugehen, wollen wir nur das Eine bemerken, daß eine Vertretung der Interessen der Ausdruck eines unrichtigen Verhältnisses zwischen Staat und Gesellschaft sein, oder ein solches begründen würde. Sehen wir nämlich die Volksvertretung als eine Vertretung der sämmtlichen Berufsinteressen an, so würde damit auch für den Staat kein anderer Begriff sich ergeben, als der einer Zusammenfassung der sämmtlichen Interessen der Staatsangehörigen; d. h. der Staat wäre ein Product dieser Interessen, er wäre der Gesellschaft untergeordnet, und in seinem Wesen ebenso veränderlich, wie die wechselnden Interessen derselben. Nun steht aber der Staat seiner Idee nach vielmehr über der Gesellschaft, allerdings nicht absolut unabhängig von derselben. Denn wollte er eine großartige sociale Veränderung ignoriren, würde also die Gesellschaft in dem Staate mit Recht ein Hinderniß ihrer Entwickelung sehen, so würde sie, um ihrer Aufgabe genügen zu können, man möchte sagen, um ihre Existenz zu sichern, kein anderes Mittel haben, als den Staat selbst zu bekämpfen, und die Herstellung des Gleichgewichts zwischen Staat und Gesellschaft würde dann nur auf dem Wege der Revolution erfolgen können. Also eine dauernde ununterbrochene Ausgleichung ist nothwendig; aber — und dies ist der entscheidende Punkt — sie kann nicht durch die Gesellschaft, sie muß durch den

Staat erfolgen. Wir betrachten es als eins der größten Verdienste Gneists, so viel zur Aufklärung dieses Verhältnisses beigetragen zu haben.

Im Folgenden bekämpft der Verfasser das allgemeine, unbeschränkte und directe Wahlrecht, unterwirft sodann das System John Stuart Mills einer sehr ausführlichen und vernichtenden Kritik und erklärt sich auch gegen das unmittelbare Hervorgehen der Abgeordneten aus den communalen Körperschaften.

Zur Kritik des gegenwärtig in Preußen herrschenden Wahlsystems übergehend hebt der Verfasser hervor, daß dasselbe eigentlich niemanden befriedige, weder die Demokratie, die sich, und zwar mit Recht, darüber beklage, daß das Princip der Gleichheit darin verletzt sei; noch die Conservativen, die sich durch dasselbe fast von jeder Theilnahme an dem Hause ausgeschlossen sehen; noch die Regierung, die in dem Wahlsysteme die Ursache sehe, daß das Haus sich nicht zu einer staatsmännischen Haltung erheben könne. — Mit Fug und Recht kann man wohl behaupten, daß ein ernstlicher Versuch, das Wahlgesetz gegen die von allen Seiten gegen dasselbe gerichteten Angriffe zu vertheidigen, kaum gemacht ist. Es bringt nicht einmal, was doch vor allem zu verlangen wäre, eine Gleichmäßigkeit in der Abstufung zu Wege, da, wie der Verfasser hervorhebt, bei der noch unvollständigen Durchführung des directen Steuersystems nicht einmal die Staatssteuern, viel weniger noch die Communalsteuern, die in vielen Städten als Maßstab der Wahlclassification ergänzend eintreten, den richtigen Maßstab für die gesellschaftliche Bedeutung des Besteuerten angeben.

Der Verfasser geht nun bei seinen Reformvorschlägen insofern von dem Bestehenden aus, als er, um den Forderungen der Demokratie, soweit dieselben berechtigt seien, genug zu thun, an dem allgemeinen Wahlrecht festhält, die classificirte Abstufung desselben dagegen verwirft. Entzogen werden soll das Recht zur Theilnahme an den Wahlen den Mitgliedern des stehenden Heeres und des Beamtenstandes. Jeder Urwahlbezirk, aus 1000 bis 2000 Seelen bestehend, ernennt einen Wahlmann. (Nach dem gegenwärtig geltenden Gesetze kommt auf 250 Seelen ein Wahlmann; der Verfasser will durch seinen Vorschlag die bei der Zusammenlegung mehrer Kreise zu einem Wahlbezirk oft unförmliche Größe der Wahlmannskörper beseitigen.) Die Stimmabgabe ist öffentlich, sie geschieht nicht wie bisher in einem Act, sondern das Wahlbüreau ist acht Tage lang geöffnet; die Abstimmungsliste wird durch das Kreis- oder Communalblatt veröffentlicht. Zu Wahlmännern sind nur Personen wählbar, die in der Gemeinde, zu der der Urwahlbezirk gehört, oder, wenn derselbe mehre Bezirke umfaßt, in einer dieser Gemeinden, mindestens drei Jahre lang den höchsten Satz der Classensteuer, oder, wo diese nicht besteht, einen Satz der Einkommensteuer bezahlt haben; königliche Beamte und Mitglieder des stehenden Heeres sind nicht wählbar. In Betreff der Qualification des zu wählenden Abgeordneten mag es bei der bisherigen Bestimmung, daß er das dreißigste Lebensjahr überschritten haben muß, bleiben; weitere Beschränkungen, also etwa die Forderung der Ansässigkeit im Wahlbezirke, sind nicht zu statuiren. Die Zahl der zu wählenden Beamten, die als Specialitäten nicht ganz zu entbehren sind, werden auf sechzig beschränkt. Sollten mehr als sechzig Beamte gewählt sein, so werden ihrer so viele, als über die gesetzliche Zahl gewählt sind, durch das Loos zum Rücktritt verpflichtet; zu Gunsten eines ausgelosten kann freiwillig ein anderer aus der Zahl der Beamten ausscheiden; eines Urlaubs bedürfen die Beamten nicht, so wenig wie sie Stellvertretungskosten zu tragen haben. Dagegen fallen die Diäten für alle Abgeordneten fort. Die Dauer des Mandates ist von drei auf sieben Jahre zu erhöhen. Dreißig Abgeordnete werden nach einem unter den einzelnen Wahlkreisen wechselnden Turnus für jede Wahlperiode vom König ernannt.

Daß wir es hier mit einem wohldurchdachten und zusammenhängenden Wahlsystem zu thun haben, erkennt man auf den ersten Blick. Es sollen Garantien für die Wahl tüchtiger und geeigneter Abgeordneter geboten werden; es soll der übermäßige Einfluß der öffentlichen Meinung auf das Haus gemindert, und eben dadurch soll die Macht des Hauses, das Gewicht seines Auftretens nach allen Seiten hin gesteigert werden. Daß das preußische Haus nicht die zur kräftigen Ausübung seines Berufes erforderliche Autorität besitzt, ist nicht zu bezweifeln. Der parlamentarische Sieg ist gegenwärtig weit entfernt, ein Sieg des Parlamentes zu sein.

Es fragt sich nun aber doch: ist dieser Uebelstand bis zu gewissem Grade Folge des ungenügenden provisorischen Wahlgesetzes, oder läßt sich annehmen, daß er auch unter der Herrschaft eines andern, z. B. des von dem Herrn Verfasser vorgeschlagenen Gesetzes sich geltend gemacht haben würde. Ist es also zunächst eine Folge des Dreiclassensystemes, daß sich feste parlamentarische Parteien, stark genug, um sich nicht unbedingt einer jeden Strömung der öffentlichen Meinung hinzugeben, bis jetzt nicht haben bilden können? Wir glauben, nein! Die Aufregung, welche durch die Heeresreorganisation in Verbindung mit dem Stocken der Reformgesetzgebung hervorgerufen wurde, war so überwältigend, daß, — in dem kritischen Entwicklungsstadium, in dem wir uns befinden, in einer Zeit, in der das Land in raschem Wechsel die ganze Scala der politischen Stimmungen durchgemacht hatte, von völliger Apathie zu der Aufregung, die jede hochgespannte Hoffnung verursacht, von da zur Enttäuschung, zum Mißtrauen, wenn nicht in die Gesinnungen, doch in die Kräfte der alten bewährten Vorkämpfer des Liberalismus — das Wahlgesetz des Herrn Verfassers schwerlich wesentlich andere Resultate herbeigeführt haben würde. Das vorgeschlagene Wahlgesetz will eine gewisse Solidität der Wahlen durch die Forderung einer bestimmten Qualification für das Wahlmannsamt erzielen. Nun ist es aber doch klar, daß die Majorität der Urwähler eines Bezirkes, mag sie angehören, welcher Richtung sie wolle, unter den Notabeln ihres Bezirkes jedenfalls einen Mann finden wird, von dem sie überzeugt sein kann, daß er ihr Mandat in dem Sinne übernimmt, in dem sie es ihm überträgt, ja daß er unbedingt die Person wählen wird, die von den Leitern der Partei zum Abgeordneten bestimmt ist. Und wenn unter den Notabeln mehre Parteigenossen sich befinden, so kann man, zumal in aufgeregter Zeit, mit Sicherheit darauf rechnen, daß nicht, wie der Verfasser voraussetzt, der respectabelste unter ihnen, sondern derjenige gewählt werden wird, von dem man mit der größten Sicherheit annehmen kann, daß er an dem vorher bestimmten Parteicandidaten mit der größten Zähigkeit festhalten wird. Denn der Urwähler hat stets das, und wie wir glauben vollkommen gerechtfertigte Interesse, den Wahlmann zu einer bloßen Stimmmaschine zu machen, und dadurch die indirecte Wahl thatsächlich in eine directe zu verwandeln; wir wüßten nicht, durch welche Mittel man hierin eine Veränderung bewirken könnte. — Der Verfasser glaubt, daß in Wahlmännercollegien, die aus 100 bis 150 Notabeln bestehen (je nachdem zwei oder drei Kreise gemeinschaftlich wählen) die Einzelnen selbständiger dastehen, sich ihrer moralischen Verantwortlichkeit in höherem Grade bewußt sein werden, als in den bisherigen viel stärkeren Collegien. Wir halten dies für einen Irrthum, sobald man dem Wahlmann eine höhere Pflicht als die, strict nach der Anweisung der Partei zu stimmen zumuthet; ja wir sind überzeugt, daß in dem Zwischenglied zwischen Urwähler und Abgeordneten die Parteiströmung sich unter allen Umständen in schroffster Weise fixiren wird, daß die Wahlmännercollegien die eigentlichen Brennpunkte des Parteiwesens sind, daß sie stets nach der Rolle permanenter Parteiausschüsse zur Ueberwachung der Abgeordneten streben werden. Wenn ein

Abgeordneter in irgendeinem Punkte von dem Parteiprogramme abzuweichen sich in seinem Gewissen gedrungen fühlt, jedoch eingedenk der eingegangenen Verpflichtung sich vor selbständigem Handeln scheut, und sich deßhalb an die Wahlmänner mit der Bitte um Indulgenz wendet, so kann man mit großer Wahrscheinlichkeit annehmen, daß diese die ganze Schale ihres Zorns und Mißtrauens über den schwankenden und unzuverlässigen Abgeordneten ausschütten werden. Denn sie sind ja unter allen Umständen (und würden es auch unter dem Wahlgesetze des Herrn Verfassers sein) die Quintessenz der Partei, haben also ihre nächsten Beziehungen nicht mit den gemäßigten, sondern mit den extremen Parteigenossen unter den Urwählern. So ist die Mittelstufe recht eigentlich der Sitz nicht der gemäßigten und vermittelnden, sondern der extremen Meinungen; sie hindert vor allem, daß die Entwickelung des berechtigten Parteiwesens in das Parlament selbst gelegt werde, d. h. daß die Parteiströmungen des Landes sich der Leitung der parlamentarischen Parteien unterordnen; wie es doch bis zu einem gewissen Grade sein muß, wenn die Parteigegensätze schrittweise zu einer Ausgleichung gelangen sollen. Im Parlament soll sich der Parteimann zum Staatsmann, soll sich die Partei zu einem schöpferischen Factor des Staatswesens erheben; die parlamentarischen Parteien sollen die Träger der großen Ideen sein, deren Kampf das Leben, deren ununterbrochene Wechselwirkung die Geschichte der freien Staaten ist; sie sollen zugleich die Leiter der Nation sein, die ihre politische Reife nur dadurch bewähren kann, daß sie die staatsmännische Ueberlegenheit ihrer Führer anerkennt und sich ihnen anzuvertrauen fähig ist; die aber nicht bloß empfängt, sondern was sie empfängt, zur öffentlichen Meinung ausbildet, und dadurch selbst zum Träger und zur Stütze ihrer Führer wird. In diesem Sinne ist die öffentliche Meinung eine ehrfurchtgebietende, gewaltige Macht, in jedem anderen Sinne ist sie nur eine unsichere Strömung, die mit jedem Windstoß wechselt. Diese Wechselwirkung zwischen Volk und Abgeordneten soll und muß, um in ihrer ganzen Kraft und Reinheit sich zu entwickeln, eine unmittelbare sein; sie wird durch vermittelnde Wahlmännercollegien nur gestört und verfälscht, woraus mit Nothwendigkeit folgt, daß die indirecte Wahl nicht zu modificiren, sondern ganz zu verwerfen ist. Bei dem Dreiclassensystem ist dies allerdings nicht möglich, und dies sehen wir als einen der größten Mängel dieses Systems an. Die Solidität, die der Verfasser in die Wahlmännercollegien zu legen wünscht, soll in den Urwählerkörpern ihren Sitz haben. Der Verfasser verlangt für die Urwählerqualification keine Garantie, wohl aber für die Wahlmannsqualification; wenn aber die Urwähler keine Garantie bieten, so giebt es überhaupt keine Garantie; bieten sie aber Garantie, so ist gar nicht das Bedürfniß vorhanden nach einer Mittelstufe zwischen Urwählern und Abgeordneten.

Der Verfasser nimmt eine Unverträglichkeit der militärischen Pflichten mit der freien Ausübung des Wahlrechts an. So lange man für unentbehrliche Hilfsmittel der Disciplin und der militärischen Loyalität hält, daß in den Kasernen und am Officiertisch jede liberale Aeußerung niedergehalten werde, so lange man politischen Liberalismus als einen lauernden Gegner der Dynastie und der Staatswohlfahrt haßt, mag man das Abstimmen der Militärs für zweckwidrig oder unvereinbar mit den Pflichten ihres Berufes betrachten. Dauernd aber und richtig ist solche Auffassung militärischer Disciplin nicht.

Anders ist das Verhältniß, in dem die Mehrzahl der Civilbeamten steht. Wenn diejenigen Beamten, die ihrer Stellung nach politische Organe des Ministeriums sind, bei den Wahlen oppositionell stimmen, so beweisen sie dadurch allerdings, daß sie nicht die geeigneten Organe für die Politik des Ministeriums sind. Was aber die übrigen zahlreichen Beamten betrifft, die an bestimmte Verwaltungsnormen gebunden, amtlich mit der Politik nichts zu thun haben, so gestehen wir zu, daß ihr an vielen Orten überwiegender Einfluß auf den Ausfall der Wahlen eine unerfreuliche und auch für die Beamtendisciplin immerhin bedenkliche Erscheinung ist. Es ist aber ein Irrthum zu glauben, daß man den Einfluß, der seinen tiefsten Grund in der überlegenen geistig hervorragenden Stellung des preußischen Beamtenthums hat, durch Entziehung des Wahlrechts würde brechen können. Will man etwa auch die Agitation verhindern, die von der Ausübung des Wahlrechtes ganz unabhängig ist? Der Einfluß wird abnehmen mit der weiteren Verbreitung praktischer politischer Bildung; vor allem also wird die Organisation des Selfgovernments geeignet sein, ihn zu neutralisiren. Die Entziehung des Wahlrechts wird nicht dazu beitragen, das Ansehen des Beamtenstandes zu heben, wenn sie auch immerhin dem Zwange, in bestimmter Richtung zu wählen, bei dem die Integrität des Standes untergraben würde, vorzuziehen ist.

Auch die übermäßige Vertretung des Beamtenelements im Abgeordnetenhause sehen wir mit dem Verfasser als einen Mißstand an; wir wünschen weder eine Landrathskammer noch eine Kreisrichterkammer. Aber man darf auch hier nicht vergessen, was schon oben erwähnt wurde, daß der Beamtenstand seit länger als einem Jahrhundert der einzige Träger politischer Bildung in Preußen gewesen ist, und daß es daher nicht nur natürlich, sondern auch gewissermaßen berechtigt ist, wenn die Augen der Wähler sich vielfach auf die Mitglieder dieses Standes richten; und wenn die Conservativen ihre Vertreter in der specifisch conservativen, die Liberalen in der specifisch liberalen und am unabhängigsten gestellten Beamtenclasse suchen. Wir behaupten natürlich nicht, daß nicht hinreichend viele politisch befähigte Privatmänner in Preußen vorhanden sind, um mit ihnen die sämmtlichen Plätze des Abgeordnetenhauses zu besetzen. Wo aber haben sie bisher, außer etwa in städtischen Verwaltungen, Gelegenheit gehabt, sich hervorzuthun und die Aufmerksamkeit der Wählerkreise auf sich zu ziehen? Ein Privatmann, der nicht in ganz besonderem Grade das Talent besitzt, seine Persönlichkeit im öffentlichen Verkehr zur Geltung zu bringen, wird in den Augen der meisten Wähler hinter dem tüchtigen, im praktischen Staatsdienst geübten Beamten zurückstehen. Wir meinen, daß man die Beamtenfrage am besten so lange ruhen läßt, bis ein zweckmäßiges System des Selfgovernment uns einen politische'n Stand geschaffen haben wird, zu dem der Stoff bei uns in reichem Maße, aber noch formlos, vorhanden ist. Sobald ein öffentlicher Stand sich gebildet haben und aus ihm ein Kreis berufsmäßiger Politiker hervorgegangen sein wird, wird auch die Beamtenfrage factisch entschieden sein. Ehe dieser Zustand eintritt, wird und muß das Beamtenelement neben den politischen Notabilitäten, die von der Eröffnung des vereinigten Landtags an bis auf die Gegenwart sich zu dauernder Geltung emporgearbeitet haben, in der zweiten Kammer eine hervorragende Rolle spielen.

Nun die Diätenfrage! Wenn ein Staatsmann, sagt der Verfasser und wer wollte ihm hierin widersprechen, wußte, wie man die Freiheit gründet, so war es Cavour. Seine Abgeordneten beziehen keine Diäten. Die Frage hat aber doch zwei Seiten. Daß ein Amt, welches als Ehrenamt verwaltet wird, dem Inhaber ein größeres Ansehn giebt, als ein besoldetes Amt, ist unbestreitbar. Und daß namentlich die gesellschaftliche Stellung der einzelnen Abgeordneten für die Geltung des Hauses nach Oben hin nicht ohne Bedeutung ist, wird ebenfalls nicht in Abrede gestellt werden können. Dennoch ist ein ernstes Bedenken nicht abzuweisen. Preußens Kraft liegt zum großen Theil in seinem Mittelstande. Ein sehr bedeutender und zwar vorzugsweise gebildeter Theil des Mittelstandes ist aber in Preußen ohne Vermögen. Jedenfalls muß zugegeben werden, daß sich eine Fülle der bedeutendsten politischen Kräfte unter denen befindet, die ohne Diäten nicht im Stande sein würden, jährlich mehre Monate in Berlin zu verweilen. Soll man diese Kräfte durch Entziehung, nicht eines Gewinnes (denn einen Gewinn wird niemand, als gelegentlich ein feudales Blatt in den drei Thalern Diäten sehen), sondern einer Entschädigung principiell vom Abgeordnetenhause ausschließen? es würde dies mit den traditionellen preußischen Anschauungen in Widerspruch stehen. Jedenfalls wird die schließliche Entscheidung über diesen wichtigen Punkt einer späteren Periode unseres Staatslebens vorbehalten bleiben.

In einer Verlängerung der Wahlperioden von drei auf sieben Jahre würden wir eine sehr wesentliche Verbesserung sehen. Die Argumentation des Verfassers scheint uns unwiderlegbar. Der Einwand, daß durch eine Verlängerung der Wahlperiode das politische Interesse im Volke abgestumpft werden würde, ist unbegründet. Allerdings ist die Aufregung des Wahlkampfes eins der Mittel, um das politische Interesse zu erwecken oder aufzufrischen. Doch ist die Wirkung dieser Aufregung nur eine vorübergehende, um so flüchtiger, je häufiger sie wiederkehrt: es läßt sich mit Sicherheit annehmen, daß eine Verlängerung der Legislaturperiode die Bedeutung des Wahlactes und die lebendige, gespannte Theilnahme an demselben nicht vermindern, sondern erhöhen würde. Die Hauptgründe für die Verlängerung ergeben sich aber aus folgender Betrachtung. Die gesetzgeberische Thätigkeit soll eine innerlich zusammenhängende sein; sie bedarf daher, um sich frei und ungehindert zu entfalten, der Gewißheit, auf längere Zeit in einheitlicher Richtung thätig sein zu können. Kurze Perioden haben die Wirkung, der Gesetzgebung einen fragmentarischen Charakter zu geben; zunächst, weil zwei Jahre an sich ein zu kurzer Zeitraum zur Entwickelung einer zusammenhängenden Politik sind; sodann aber ist wohl zu beachten, daß auf die vollen drei Jahre gar nicht einmal zu rechnen ist. Denn die Nothwendigkeit zwischen seiner Ueberzeugung und der Rücksicht auf die zur Wiederwahl nothwendige Popularität eine Wahl zu treffen, tritt lange vor Ablauf der Wahlperiode an den Abgeordneten heran. Und während so die Wirkung der öffentlichen Meinung auf das Parlament eine dauernde, ununterbrochene wird, so daß jedes Schwanken derselben sich sofort bis in die höchsten Kreise des Staates fortpflanzt, sinkt die Gegenwirkung des Parlamentes, da es gar nicht die Zeit gehabt hat, sich durch Thaten zu bewähren, auf den Nullpunkt herab. Die Folge davon ist, daß die wirkliche Kraft der öffentlichen Meinung und die des Abgeordnetenhauses auf gleiche Weise geschwächt werden. Ersterer wird die für ihre dauernde Macht unerläßliche Arbeit erspart, sich in dem Kampfe gegen alle Gegenströmungen durchzuarbeiten, zu läutern, zu befestigen, und dadurch in den Kreisen des Volkes die Probe ihrer Berechtigung abzulegen, ehe sie ihren unmittelbaren Einfluß auf die constitutionellen Factoren des Staatslebens ausübt. Das Abgeordnetenhaus aber, welches die Leitung nach Unten in dem Grade verliert, daß es von allen Regungen, die jederzeit, und oft sehr geräuschvoll, das Publicum durchzucken, bestimmt wird, muß unfehlbar auch nach Oben hin an Ansehen einbüßen.

Wenn wir den edlen Absichten, die der Verfasser verfolgt, im Ganzen beistimmen können, glauben wir doch, daß auf dem von ihm vorgeschlagenen Wege dieselben nicht werden erreicht werden. Die Prüfung seines wohldurchdachten Planes hat in uns nur die alte Ueberzeugung befestigt, daß jeder vor Einführung einer auf den Grundsätzen des Selfgovernments beruhenden Kreis- und Gemeindeordnung unternommene Versuch einer Wahlreform scheitern oder resultatlos bleiben würde.

3.

Verantwortlicher Redacteur: Dr. Moritz Busch.
Verlag von F. L. Herbig. — Druck von G. E. Elbert in Leipzig.

Soeben erschien im Verlage von **Georg Wigand** in Leipzig:

Thüringens Königshaus.
Sein Fluch und Fall.
Erzählendes Gedicht in sechs Gesängen
von
Ludwig Bechstein.
Aus dem Nachlasse des Dichters.

Preis eleg. geh. 1 Thlr. 15 Sgr., eleg. geb. mit Goldschnitt 1 Thlr. 25 Sgr.

Diese Dichtung, der Schwanengesang Ludwig Bechsteins und jetzt erst nach seinem Tode veröffentlicht, schildert, vorzugsweise nach den Berichten des fränkischen Geschichtschreibers Gregor von Tours, den tragischen Untergang des Thüringischen Königshauses. Dem poesievollen, reizenden und gewaltigen Stoffe entspricht die dramatisch lebendige Darstellung, welche Wohllaut und Fluß der Sprache, Zartheit der Empfindung und Großartigkeit der Charakteristik vereinigt. Ohne Zweifel ist Bechstein's Gedicht eine der hervorragendsten Schöpfungen im Bereiche unserer epischen Poesie der Neuzeit.

Tübingen. Im Verlage der **H. Laupp**'schen Buchhandlung (Laupp & Siebeck) ist soeben erschienen:

Grundlehre der Gesetze des Staates.
Methodisch neu bearbeitet
von
Dr. Ferdinand Ißhaver.
Erster Band.

13 Bogen. gr. 8°. broch. 2 fl. — 1 Thlr. 8 Ngr.

Dieses Werk ist nach Tendenz und Form nicht nur für Theoretiker der Jurisprudenz, sondern namentlich auch für die Praktiker bestimmt, und das Verständniß desselben keineswegs durch juridische und politische Fachbildung bedingt.

In diesem I. Theil behandelt der Herr Verfasser die Methode, die Genesis und den Zweck des Staates, die Lehre von der Staatsverfassung und Regierung. Die weiteren 2 Theile werden möglichst bald nachfolgen und darin sämmtliche Zweige der organischen Gesetzgebung und Verwaltung dargestellt.

Geschichte Julius Cäsars
von
Kaiser Napoleon dem Dritten.

Dieses von der gesammten Leserwelt schon seit einer Reihe von Jahren mit der größten Spannung erwartete Werk wird in wenigen Wochen der Oeffentlichkeit übergeben werden.

Man braucht, um die Bedeutung desselben hervorzuheben, nur an die Analogien zu denken, welche in den Thaten und dem Ideengange Julius Cäsars und Napoleons III. liegen. Letzterer kann nicht von dem großen Römer sprechen, ohne wiederholt an die Errichtung des französischen Imperiums gemahnt zu werden und dadurch gewinnt dies Buch, welches in seinem geschichtlich-politischen, sowie militärischen Inhalt zahlreiche Streiflichter auf die Geschichte und Politik der Gegenwart werfen wird, Bedeutung für alle Leserkreise.

Die Geschichte Julius Cäsars wird drei Bände umfassen und von einem ungefähr 50 Karten enthaltenden Atlas begleitet sein. Buch und Atlas sind, obgleich letzterer für die Leser, namentlich für Militairs, Philologen ıc. große Wichtigkeit besitzt, getrennt zu haben.

An gleichem Tage mit der französischen Original-Ausgabe erscheint in unserem Verlage die unter den Auspicien des Kaisers besorgte, von diesem einzig autorisirte deutsche Uebersetzung, revidirt von Prof. Ritschl.

Von der deutschen Ausgabe kostet der erste Band 3 Rthlr., die I. Lieferung des Atlas (4 Karten enthaltend) ca. 2 Rthlr. Der Preis des ersten Bandes der französischen Ausgabe ist 3 Rthlr. 10 Ngr., von der I. Lieferung des Atlas ca. 2 Rthlr.

Bestellungen bitten wir uns sobald als möglich zugehen zu lassen, da es bei dem ungewöhnlich starken Verlangen nach dem Buche vorkommen dürfte, daß zu spät eingehende Bestellungen erst von der zweiten Auflage ausgeführt werden könnten.

Wien, 31. Jänner 1865.

Carl Gerold's Sohn,
Buchhändler der kais. Akademie der Wissenschaften.
Wien, Stefansplatz Nr. 12.

Verlag der Weidmannschen Buchhandlung in Berlin.

In der Reihe von Handbüchern, die den Zweck haben, das lebendigere Verständniss des classischen Alterthums auch in weitere Kreise zu bringen, erschien soeben:

Römische Geschichte

von

Theodor Mommsen.

Erster Band.

Bis zur Schlacht von Pydna.

Vierte Auflage.

Mit einer Militairkarte von Italien.

8. geh. Preis 2 Thlr. 5 Sgr.

Nachstehende Handbücher wurden bereits früher ausgegeben:

Römische Geschichte von **Theodor Mommsen**. Dritte Auflage. Zweiter Band. 1 Thlr. Dritter Band. 1 Thlr. 15 Sgr.

Griechische Geschichte von **Ernst Curtius**. Erster Band. Zweiter Abdruck. 1 Thlr. 6 Sgr. Zweiter Band. 1 Thlr. 15 Sgr.

Römische Mythologie von **Ludwig Preller**. Zweite Auflage. (Erscheint im Frühjahr.)

Griechische Mythologie von **Ludwig Preller**. Zweite Auflage. Erster Band. 1 Thlr. 14 Sgr. Zweiter Band. 1 Thlr. 6 Sgr.

Römische Alterthümer von **Ludwig Lange**. Erster Band. Zweite Auflage. 1 Thlr. 20 Sgr. Zweiter Band. 1 Thlr. 10 Sgr.

Griechische Alterthümer von **G. F. Schömann**. Zweite Auflage. Erster Band. 1 Thlr. 6 Sgr. Zweiter Band. 1 Thlr. 6 Sgr.

Griechische und römische Metrologie von **Fr. Hultsch**. 24 Sgr.

Bei **Fr. Wilh. Grunow** in **Leipzig** erschien und ist in jeder Buchhandlung und Leihbibliothek vorräthig:

Romane von Lucian Herbert.

Louis Napoleon. 2. Volks-Auflage. 5 Bände. $4\frac{1}{3}$ Thlr. **Napoleon III.** 8 Bände. à $1\frac{1}{3}$ Thlr. **Carlo Alberto und Louis Napoleon.** 4. Bände. à $1\frac{1}{3}$ Thlr. **Victor Emanuel.** 4 Bände. à $1\frac{1}{3}$ Thlr. **1830.** (Juli-Revolution.) 2 Bde. $2\frac{2}{3}$ Thlr. **1831.** (Polens letzte Tage.) 2 Bde. $2\frac{2}{3}$ Thlr. **Aus Frankreich.** $1\frac{2}{3}$ Thlr. **Napoleon III. und sein Hof in Anekdoten.** $1\frac{1}{3}$ Thlr. **Neue Anekdoten aus dem Leben Napoleon III.** $1\frac{1}{3}$ Thlr.

In diesen Werken sind die Hauptmomente der Geschichte unseres Jahrhunderts geschichtlich romanhaft bearbeitet und werden das Interesse der Leser lebhaft erregen.

Verlag von Fr. Wilh. Grunow in Leipzig; zu beziehen durch alle Buchhandlungen:

Aus unsern vier Wänden von Rudolf Reichenau.

9. Auflage. **Wohlfeile Ausgabe.** 3 Abtheilungen in 1 Band. carton. 2 Rthlr. 1. Abth: Bilder aus dem Kinderleben. 2. Abth.: Knaben und Mädchen. 3. Abth.: Auswärts und Daheim.

[Die Abtheilungen werden auch einzeln abgegeben.]

Von der 1. Abth. existirt auch eine Pracht-Ausgabe mit 66 Originalzeichnungen von **Oskar Pletsch**, in Holzschnitt von **H. Bürkner**. carton. $3\frac{1}{3}$ Thlr. fein gebunden $4\frac{1}{3}$ Thlr.

Die Abonnenten der Gartenlaube, Volksgarten, Illustr. Zeitung, Land und Meer, Daheim und Kinderlaube verweisen wir auf die günstigen Besprechungen im letzten Quartale 1864 hin. Jede Mutter wird ihre Freude an diesem Buche haben, es ist ein **echtes Familienbuch.**

Bei **Fr. Wilh. Grunow** in **Leipzig** ist soeben erschienen und in allen Buchhandlungen vorräthig:

Busch, Moritz,

Eine Wallfahrt nach Jerusalem. 2. vermehrte Ausgabe. 2 Bde. $2\frac{1}{2}$ Thlr.

Der Verfasser legt in diesem Werke die Beobachtungen dreier in den letzten Jahren unternommener Reisen in den Orient in einer Auswahl besonders charakteristischer Bilder nieder, in welchen er sich namentlich bestrebt hat, dem Leser Jerusalem und die dortige Gesellschaft, das heilige Land und seine Bewohner so zu schildern, wie sie in der Wirklichkeit sind, nicht wie sie ein in Erinnerungen an die alte Geschichte dieser Gegenden befangenes Auge erblickt. Voraus gehen lebhaft gefärbte Detailschilderungen aus Griechenland, vorzüglich aus Aegypten.

☛ **Inserate aller Art werden gegen den Betrag von 2 Ngr. für die gespaltene Zeile angenommen. Die Beilagegebühr für die Grenzboten beträgt 3 Thlr.**

Verlag von Friedrich Ludwig Herbig. — **Druck von C. E. Elbert in Leipzig.**

XXIV. Jahrgang. I. Semester.

Die Grenzboten.

Zeitschrift für Politik und Literatur.

№ 8.
Ausgegeben am 17. Februar 1865.

Inhalt:

Eine Rede Lobeck's . . . . Seite 281
Münchener Kunst der Gegenwart 285
Die Privatbanken und die königliche Bank in Preußen von 1857—63. 302
Die Trias und Frankreich 317

Grenzbotenumschlag: Literarische Anzeigen.
Literarische Beilage von Fr. Wilh. Grunow in Leipzig.

Leipzig, 1865.
Friedrich Ludwig Herbig.
(F. W. Grunow.)

Eine Rede Lobeck's.

In der Weidmannschen Buchhandlung soll eine Sammlung der academischen Reden Lobecks erscheinen. Darunter ist die berühmte Rede des großen Philologen von Königsberg, welche derselbe am 3. August 1816 hielt. Sie wurde wie eine bereits gedruckte Rede Solgers, in der Folge als bedeutsamer Ausdruck der Zeitstimmung öfter erwähnt, den Hörern blieb sie sicher unvergessen. Dem Gelehrten, der damals, 35 Jahr alt, die Hoffnung einer neuen Zeit begrüßte, war vergönnt, seitdem von seiner friedlichen Arbeitsstube aus noch an den Kämpfen und Leiden zweier Generationen Theil zu nehmen. Wir aber geben seine edlen Worte ohne jeden Commentar.

Ueber die Hoffnungen, welche sich an die königliche Verheißung einer freien Verfassung knüpfen.

Gehalten am 3. August 1816.

In dem Augenblicke, als der Bund der Sühne zu Hubertsburg beschworen ward, griff der Genius des Friedens in das Triebwerk der Zeit und hemmte die Räder, welche die Sturmglocken des Krieges in Schwung setzten, und fesselte die verborgenen Spannkräfte und ließ alle Getriebe stocken bis auf das eine, welches in stiller Kreisung die Jahre und die Jahrhunderte umtreibt. Und von da vernahm man nur den eintönigen Pendelschlag des Zeitenwechsels, dunkele Klänge verhaltener Reibungen und die Tritte derer, welche die Thronstufen auf- oder niederstiegen. Aber kaum war ein Menschenalter verblüht, als die im Innern schaffende Gewalt eine Fessel nach der anderen sprengte, ein verhängnißvoller Stoß setzte den stockenden Umlauf von Neuem in Bewegung, die immer rascher und stürmischer ward und zuletzt alles, Nahes und Fernes, in ihre Wirbel riß. Und noch hören wir, wie dem Ausheben nahe die Uhrräder der Zeit haftig rollen — und mit Ungeduld harren wir des Glockenschlages, der vielleicht den Anbruch eines neuen Weltalters verkündet.

Als Polykrates einst sein Glück, seine siegreichen Flotten, seine prangenden Heere überschaute, da gedachte er bei dem Uebermaße seiner Größe an die wandelbare Gunst des Geschickes, und um die Nemesis zu versöhnen, warf er das köstlichste Kleinod seiner Habe, den königlichen Siegelring, in die Fluthen. Auch unsere Fürsten, die der Arm des Höchsten aus der Knechtschaft errettet und hoch vor aller Welt erhoben hat, wollen dankbar dem Schicksal ein Opfer bringen — sie wollen ihren Thron in der Mitte ihrer Völker aufschlagen und mit uns die Rechte ihrer Hoheit theilen. Noch vermag kein irdisches Auge die Folgen jener Verheißung zu ermessen, die vor allen deutschen Völkern uns zuerst gegeben ward, aber ein Rückblick auf die Vergangenheit kann uns ahnen lassen, welche Segnungen die friedliche Einigung zweier Gewalten, die sich zu aller Zeit feindlich bekämpft haben, Königthum und Volksfreiheit — welchen neuen Glanz sie über das Leben der Völker verbreiten werde.

Durch höhere Waltung geschah es, daß sich schon im Leben der alten Völker die edleren Kräfte der Menschheit in zwei Brennpunkte sammelten, um mit vereinter Kraft dem Andrange des Bösen zu widerstehen. Kirche und Staat waren die grünenden Oasen in dem Flugsande des niedern Lebens, die festen Stützpunkte, ohne welche die Idee des Rechts und der Heiligkeit längst in dem verworrenen Treiben der Sinnlichkeit untergegangen wäre. Lange standen im Alterthum beide Vereine im engen Bunde, einer vertrat und schützte den andern — und je nachdem Gefühl oder Verstand, höheres oder niederes Bedürfniß vorwaltete, war bald der Staat von der Religion abhängig, bald diese jenem untergeordnet.

Aber wie auch immer die gegenseitige Beziehung sein mochte, überall stand der geistige Bund an Reife und Ausbildung weit hinter jenem zurück, ja von dem Prunk eines spielenden Cultus, von den lockenden Bildern der Phantasie verdunkelt, schien der Glaube an eine höhere Weltordnung nur unsichtbar auf das Leben zu wirken. Aber als dort in der Wüsten jene wunderbare Stimme erklang, die des Himmelreiches Ankunft verkündete, da ward der dunkle Traum zur lebendigen Wahrheit. Gleich einem Königssohne, der frühverloren in Knechtsgestalt unter Hirten aufgezogen ward und nun aus seinem Dunkel hervortritt und Reich und Scepter seiner Väter fordert — so trat die Kirche jetzt sichtbar in das Leben ein und nahm Recht und Macht aus den Händen des Staates zurück. Und seitdem hat sie in freier Selbständigkeit, unberührt von dem Wechsel der Staaten, unabhängig von Ort und Zeit ihr unsichtbares Reich verwaltet.

So war das große Erbtheil der Erde unter die beiden Zwillingsgeschwister vertheilt. Die Pflege der Geister fiel der Kirche, das irdische Gut dem Staate anheim. Und irdisch, wie seine Bestimmung war auch sein Wandel. Während die Kirche im Laufe weniger Jahrhunderte für die Ewigkeit gegründet ward, hat die bürgerliche Verfassung stets zwischen entgegengesetzten Formen geschwankt, selten die Nothdurft befriedigt, nie den Wunsch erschöpft. Doch hat es den Anschein, als gehe jetzt die Bahn aufwärts zum Licht, als schwängen wir uns der Sonnennähe entgegen. Oder warum sollte man sich nicht der Hoffnung hingeben, auch der bürgerlichen Verfassung stehe eine feste und allgemeine Begründung bevor, wie sie der kirchlichen schon vor Jahrhunderten zu Theil ward? Etwa darum nicht, weil es der Speculation noch nicht gelungen, den Riß des neuen Gebäudes zu entwerfen? Aber wer erkannte in früherer Zeit auch nur die äußeren Umrisse jener Gemeinschaft, die mit dem Namen des höchsten Sterblichen bezeichnet ist? wessen Geist durchdrang je die Ahnung des gottgeweihten Bundes, der das Siegespanier seines Glaubens in allen Welttheilen aufgerichtet hat? Wie dort, so bedarf es auch hier vielleicht nur des zündenden Funkens, der die lebensschwangeren Stoffe beseele, vielleicht ist es unserem Zeitalter aufbehalten, Zeuge der neuen Schöpfung zu sein, deren Bild schon längst in den Träumen der Menschheit gespielt hat. Die zarte Blüthe der Freiheit hat sich ja schon mehr als einmal dem Tageslichte geöffnet, unter den hellenischen Eidgenossenschaften, unter den Völkern des glücklichen Italiens; doch überall überwucherte sie sich und erstarb.

Der Sturm, der die colossalen Reiche des neueren Europa zusammengeweht, drängte sie in ihre Knospe zurück, doch ihre Wurzel war tief und innig in das Leben der germanischen Völker verwachsen. Die Franken auf ihren Maifeldern, die Sachsen auf ihren Wittenagemots kränzten sich mit ihrem Blätterschmuck und durch sie ward die Wunderblume auf den Boden Galliens und Britanniens hinübergepflanzt, wo sie manche herrliche Frucht des Lebens getragen hat. Aber die Völker berauschten sich in ihrem Duft zum Wahnsinn und zertrümmerten freveltrunken die zarte Stütze, an der sie sich emporrankte. Denn überall hat es noch dem Freiheitsbaume an der sorgsamen Pflege gefehlt, die seinen Riesenwuchs mäßigte und beschränkte.

Darf uns aber eine erfahrungsreiche Vergangenheit zeugen, so wird er an dem treuen, frommen deutschen Volke einen Pfleger finden, unter dessen Hand er sich schöner als je am milden Sonnenstrahl der Königshuld entfalten kann.

Wenn aber nach dem Gewinn gefragt wird, den uns die neue Gestaltung des öffentlichen Lebens bringen werde, so wollen wir zwar nicht auf ein tausendjähriges Reich, auf eine neue Erde hoffen, aber wir mögen auch nicht die dürftigen Hoffnungen jener theilen, welche nur äußere Vortheile, Verminderung der öffentlichen Lasten, mit einem Worte nichts als die Rückkehr einer Zeit erwarten, wo auf Land- und Reichstagen sich die Abgeordneten einzelner Stände, Ritter und Prälaten über Anleihen und Steuern beriethen. Es kann nicht mehr von der Wiederbringung alter Rechte und Ehren, es muß von neuem, eigenem Erwerbe die Rede sein.

Und dabei müssen wir auf das untergegangene Leben jenes Volkes zurückschauen, in dessen Mitte die Volksvertretung am frühesten in kühneren oder schwächeren Formen, wenn auch nur für einen kurzen Frühling sich entwickelte.

Zuerst ist es jene weltbürgerliche Theilnahme an den gemeinsamen Angelegenheiten der Menschen, die nur da stattfinden kann, wo die Volkskraft sich selbst verwaltet und frei und rücksichtslos den Regungen der Menschlichkeit folgen darf. Dagegen fremder Verwaltung übergeben, wird sie nach den Gesetzen eines engen Staatsrechts mit wirthlicher Sparsamkeit nur für die äußerste Nothwehr in Anspruch genommen. Wird aber dem Volke der freie Selbstgebrauch seiner Kräfte wiedergegeben, dann wird auch jene heilige Stimme wieder laut werden, die so oft im Alterthum bei dem Hilfsgeschrei der Nachbarn den Kampf für die ewigen Rechte der Menschheit entzündete, die Stimme, die sich in dem freien England gegen die Gräuel des Menschenhandels laut und lauter erhob, bis die Schläfer am Thron erwachten, und die noch jüngst für die verfolgten Glaubensgenossen in Frankreichs Mördergruben um Rache rief.

Zweitens jener Gemeinsinn der alten Völker, begründet in dem lebendigen Gefühl, daß der Staat, ein Gesammteigenthum Aller, nur in den Einzelnen und durch dieselben bestehe, die heiße Liebe zum Vaterlande, welche Verbannung aus der Heimath dem Tod gleich achtete, der Bürgerstolz, der Wetteifer des Verdienstes und alle die andern Blüthen des öffentlichen Lebens. Mit dem Untergange der Volksvertretung sind diese starken Triebfedern großer Thaten und Entsagungen erschlafft, die angeborene Thätigkeit des menschlichen Geistes hat sich, edlerer Beschäftigung entbehrend, auf niederen Erwerb, auf Handel und Verkehr, sonst Sklavenhandwerk, gerichtet; ob die Nachwelt unser Volk mit Begeisterung nennen, oder ob sie es zu den Steppenvölkern der Geschichte zählen werde, die auf ihren Weideplätzen keine Spur ihres Daseins zurückließen, als die Schädel erschlagener Feinde, das kümmert jetzt niemanden. Aber dieser edle Bürgersinn wird wieder erwachen in der neuen Zeit, deren Morgenroth schon am Himmel steht, erwachen werden alle jene Spannkräfte, die das alte Leben bewegten; und die weise Leitung vom Throne herab wird sie vor der gefahrvollen Richtung schützen, in der sie oft schon sich selbst zerstörten.

Doch mögen diese Hoffnungen auf eine Wiedergeburt Deutschlands Traum oder Wahrheit werden, immer wird der Name des edlen Fürsten gesegnet sein, der zuerst unter den deutschen Herrschern, ungemahnt und unbestürmt, seinem Volke die königlichen Rechte zum neuen, beglückenden Bunde reichte, der Name unsres erlauchten Friedrich Wilhelm, den die Nachwelt neben den unsterblichen Wohlthätern der Menschheit nennen wird.

Münchener Kunst der Gegenwart.

Das Kunstinteresse.   Der Kunstverein und seine Genremalerei.   Königsdenkmal und
Volkstheater.

Seit einigen Jahrzehnten ist die Theilnahme des größeren Publikums für die bildenden Künste in fortwährendem Zunehmen begriffen. Mit dem ihr eigenthümlichen historischen Sinn ist unsere Zeit auch in die Kunstgeschichte tiefer eingedrungen. In dieser war sie bemüht, die künstlerische Anschauung und die Gestaltungsweise der vergangenen Epochen unserem Verständniß nahe zu bringen und damit eine anschauliche Schilderung von der Art der großen Meister und ihren noch erhaltenen Werken zu verbinden. Indem sie die Vergangenheit aufschloß, hat diese geschichtliche Kunstbetrachtung zur Belebung des heutigen Kunstinteresses mindestens ebenso viel beigetragen, als die eigenen Leistungen des Zeitalters: namentlich seit es neuerdings an Versuchen nicht fehlt, den Ergebnissen jener Forschungen durch populäre und gefällige Form eine weitere Ausbreitung zu geben. Allerdings ist dieser literarische Ursprung, die Anregung aus zweiter Hand dem neuerwachten Kunstsinn wohl anzumerken. Es fehlt ihm an ursprünglicher Frische und der eigenthümlichen, in das Kunstwerk sich einlebenden Empfindung, an dem nachschaffenden Auge, welche das Bild in den Fluß der Phantasie zurückversetzt und beseelend in das Innere aufnimmt. Doch ein Fortschreiten der Theilnahme und des Verständnisses ist seit den zwanziger Jahren unverkennbar. Jetzt gilt auch in den weiteren Laienkreisen die Beschäftigung mit den Dingen der Kunst nicht mehr, wie im ersten Viertel des Jahrhunderts, für eine müßige Liebhaberei, sondern für ein Bedürfniß der Bildung. In allen Zeiten aber sind der Grad und die Tiefe der allgemeinen Empfänglichkeit von großem Einfluß auf das künstlerische Schaffen selber gewesen. Nicht blos durch die schwächere oder stärkere Theilnahme, welche diesem entgegenkam, sondern mehr noch durch das Interesse an den Stoffen, welche man behandelt, und die besondere Empfindungsweise, die man versinnlicht haben wollte. Diese Seite des Kunstlebens, welche als die aufnehmende zur andern, der hervorbringenden, die ergänzende Hälfte bildet, spielt auch in der Entwickelung der modernen Kunst eine Rolle, und sie hat in dieser Hinsicht eine Bedeutung, auch für die münchener Zustände, die, wie mir scheint, bisher nicht genug beachtet ist. Nicht blos zeigt sich im Fortgang und Wechsel des modernen Kunstsinnes, wie in einem vergrößerten Spiegelbilde, die Wirkung von dem, was die Zeit in ihren verschiedenen Richtungen hervorgebracht hat, sondern umgekehrt hat auch die allgemeine Stimmung in ihrer an der Kunst noch nicht gebildeten Naivetät auf die Anschauung und Arbeit des Künstlers eingewirkt. Und so ergiebt sich aus diesem Wechselverhältniß, wie weit die Kunst selber jener Stimmung sich unterordnete und fügte, wie weit sie dieselbe zu bilden und zu veredeln suchte.

Als durch den Umschwung des ganzen Lebens zu Ende des vorigen Jahrhunderts der Zusammenhang mit den ohnehin schon abgängigen Kunstformen vollends zerrissen war, die Kriegsstürme hereinbrachen und die Umwälzung aller Verhältnisse alles ins Ungewisse brachte: da ging auch das Kunstinteresse und Kunstverständniß, das sich bis dahin durch die Tradition noch erhalten hatte, verloren. Schon die Kunst des Roccoco und des Zopfs war mehr eine höfische gewesen, als daß sie im Sinn des Volkes gewurzelt hätte. Doch da im achtzehnten Jahrhundert der Fürst und sein Hof der einzige Ausdruck des öffentlichen Lebens waren, so empfing von ihnen der Geschmack des großen Publikums seine Anregung und Richtung. Die selbständige Bildung der mittlen Stände faßte sich in der Aufklärung zusammen und diese mit ihrem nüchternen Gesichtspunkte des Nutzens war der Kunst abgeneigt oder stellte an sie die ihr fremde Forderung des moralischen Zwecks. So weit aber die Kunst aus ächtem inneren Bedürfniß sich zu erneuern strebte, griff sie — wie in den neuen Zeiten jeder junge frische Gestaltungstrieb — im Einklang mit der neuaufblühenden Literatur zum Vorbild der Antike zurück. Natürlich blieb diese classische Richtung, gegenüber der Ungunst aller Zustände und der Verwirrung des erst anbrechenden neuen socialen und politischen Lebens, auf die abgeschlossenen Kreise der dem Jahrhundert vorangeeilten Bildung beschränkt. So war am Beginn unseres Zeitalters die künstlerische Phantasie des Volkes wie ausgeleert, eine unbeschriebene Tafel, auf der die alten Züge verblaßt und neue noch nicht eingegraben waren; sein ästhetisches Auge noch wie mit einer Binde umhüllt, unfähig sowohl in der gährenden Menge der erst werdenden Dinge sich zurecht zu finden, als sich über die Noth der Gegenwart in eine ideale Welt zu erheben. Wenn sich vorab in der Architektur die künstlerische Stimmung der Zeit ihren Ausdruck giebt, so vermögen die Bauwerke vom Anfang des Jahrhunderts den Charakter jener Epoche wohl zu kennzeichnen. Die nackten gliederlosen Wände des „Kommißstils" mit ihren gähnenden Fensteröffnungen, ebenso reizlos und langweilig, wie das bloße Bedürfniß, dessen nüchternen Stempel sie tragen, die letzte Verkörperung jener Aufklärung, welche das Nützliche und Zweckdienliche zum Weltprincip machte, zeugten zugleich von dem vollständigen Bankerott, welche der Kunstsinn unter dem Umsturz der Dinge damals erlitten hatte.

Da tauchte mit der Wendung der Dinge zum Besseren und dem neuerwachenden Streben nach Selbständigkeit auch das Verlangen nach dem künstlerischen Ausdruck des inneren Lebens wieder auf. Nicht zwar wie ein still wirkender Trieb, der im Genuß eines in sich erfüllten Daseins diesem in der schönen Erscheinung die letzte Vollendung, sich selber die höchste Befriedigung zu geben sucht, sondern wie ein sehnsüchtiges Begehren aus der alltäglichen Prosa nach einer schöneren Welt. Schon vorher hatte diese romantische Stimmung, aus dem Elend der Zeiten in das stille Reich der Phantasie zu flüchten, in engeren Kreisen eine eigene Literatur, eine eigene Kunst hervorgerufen. Nun, da mit den Freiheitskriegen in alle Gemüther wieder Hoffnung und Zuversicht gekommen war, fand sie rasch um sich greifend einen immer größeren Boden. Aber wie die Befreiung selber nur ein plötzlicher Aufschwung war, der nach vollbrachtem Werk in sich zusammenfiel und in die alte Mattigkeit der gewohnten Zustände zurücksank: so war auch jene romantische Stimmung unfähig, die Wirklichkeit bildend und gestaltend zu ergreifen, die Welt mit klarem formenvollem Auge anzuschauen. Unterstützt von der frommen Schwärmerei, mit der das durch langes Unglück und plötzlichen Sieg erschütterte Gemüth in sich einkehrte und von der Welt abgewendet das alte Joch sich wieder aufbürden ließ, erging sie sich im Zauberreich der Märchen und ahnungsvoll verschwebender Gefühle. Trieb und Wunsch erwachte wieder, so schreibt einmal über diese Zeit einer der Führer der Romantik, die Kunst mit Staat und Volk zu verbinden. Aber es fehlte die Brücke zur Wirklichkeit, und je spröder diese jede Anknüpfung zurückwies, um so weniger vermochte die in sich versunkene träumerische Seele aus eigenen Mitteln den Uebergang zu finden. Nur an einem Punkte traf sie mit der Gegenwart zusammen, an dem gerade, wo diese selber in eine Vergangenheit zurückbog, die zwar dem künstlerischen Bedürfniß mit einem Reichthum bekannter Gestalten entgegenkam, doch der Wirklichkeit weder einen tieferen Inhalt, noch eine neue Form zu bringen vermochte: in der Umkehr zum kirchlichen Leben.

So verflüchtigte sich die künstlerische Stimmung in eine der Realität entfremdete Phantasie, welche im Spiel mit sich selber und allerlei alten wieder hervorgeholten Formen die ganze gegenwärtige Welt vergaß oder in das Dämmerlicht einer märchenhaften Poesie und Kunst einzuhüllen suchte. Wohl war also die künstlerische Anschauung wieder erwacht und zu einem Inhalt gekommen; aber nun verlor sie sich in ein Nebelreich von Bildern, denen das volle Leben der Gegenwart und der feste Umriß der Form fehlte. Sie schwebte und schwärmte in schwächlichen Empfindungen und schwankenden Gestalten. Und so mächtig der Aufschwung war, den gleichzeitig im Gegensatz zur herabsteigenden Dichtung die bildende Kunst nahm: diese that nichts weiter, als jener Stimmung willfährig entgegenkommen und ihr allerlei Spielzeug bringen, aus dem Mittelalter, den Sagen der Vorzeit oder der christlichen Legende. Wie das Interesse an der Kunst auf der einen Seite ein stoffliches, auf der andern ein empfindsam poetisches war,

so war es dieser selbst vorab um die Schilderung eines die Seele rührenden
Inhaltes zu thun, und dazu genügten ihr ungewisse Formen, wenn sie nur
das Gemüth in Schwingung versetzten. Auf diese Weise war eine ganze Richtung der düsseldorfer Schule, sowie das Nazarenerthum, mit dem
in der Architektur die Erneuerung des gothischen Kirchenstils Hand in
Hand ging, zu allgemeiner Anerkennung gekommen.

Inzwischen hatte sich der reale Trieb der Zeit, da mit der Gegenwart so
wenig anzufangen war, an die geschichtliche Erforschung der Vergangenheit
gemacht: hier nicht blos spielend und nach Belieben auswählend, sondern mit
gründlichem, dem festen Zusammenhang der Thatsachen nachspürendem Ernst.
Diese Richtung traf zusammen mit dem durch die Noth und Rettung des Vaterlandes wiedererwachten nationalen Sinn, der gleichfalls, da sich ihm die Wirklichkeit nicht fügen wollte, an der Geschichte zu wachsen und zu erstarken suchte.
Als dann die Forschung in bisher dunkle und unzugängliche Gebiete Licht
gebracht und nun das frühere Leben der Völker, der reiche Schatz ihrer Thaten und Schicksale vor Augen lag, da erfüllte sich auch die Phantasie mit
diesen Stoffen und es erwachte das Bedürfniß, sich von ihnen eine Vorstellung,
ein Bild zu machen.

Der Gang der Geschichte zog in lebendiger Folge an ihr vorüber; aber
natürlich schwebten die Gestalten nur wie Schatten vor dem inneren Auge und
die Anschauung verlangte, sie im Raume festgehalten, in sicherer Zeichnung aus-
geprägt zu sehen. Von seiner Seite empfand das sich ausbreitende philosophische
Bewußtsein, welches das Jenseits zertrümmert hatte und in dem Diesseits als
der wahren Welt sich einzurichten suchte, denselben Trieb. Und wenn endlich
das nationale Streben von der drückenden Schmach, mit welcher das politische
Elend der Zeit auf ihm lastete, an der besseren Vergangenheit sich aufzurichten
meinte: so war es auch ihm ein Trost, an dem Schein dieser schöneren Welt
sich über das wirkliche Unglück zu täuschen. So war die Phantasie, zudem
von der Schlaffheit der thatenlosen Zeit abgestoßen, auf den Anblick großer
Ereignisse und heldenmäßiger Menschen begierig; wie sie andrerseits von der
Prosa der neu geregelten Zustände in den von der literarischen Forschung auf-
geschlossenen Kreis der früheren Dichtungen geflüchtet, auch diese neuentdeckten
poetischen Gestalten versinnlicht haben wollte. Auch diesen neuen Bedürfnissen
fügte sich die Kunst, namentlich wie wir früher gesehen, die münchener
Schule. Sie suchte die großen Menschen der nationalen Geschichte und Poesie
in gewaltige Umrisse zu fassen, ihre Kraft in kolossalen Zügen wiederzugeben.
So ungefähr mochte sich die noch ungebildete Anschauung des Volkes seine
Helden vorgestellt haben, und die Kunst gab ihr eben das, was sie verlangte:
in wuchtiger Form verkörperte Erzählungen, Schilderungen poetischer oder
dramatischer Scenen, von einer recht greifbaren Bewegtheit des Ausdrucks und

dem heftigen Geberdenspiel, das man leidenschaftlichen Menschen wohl zutraut. Auf den Stoff also und die im eigentlichen Sinn dichterische Stimmung kam es auch hier an. Ob dabei die Form künstlerisch durchgebildet und der Inhalt zu freier in sich belebter Erscheinung ganz herausgeführt war: darum kümmerten sich die Beschauer wenig, und ihrerseits that die Kunst so gut wie nichts, weder um derlei rein ästhetische Anforderungen anzuregen, noch um sie zu befriedigen.

Das war es gerade, woran es fehlte: am Sinn für die künstlerische, die erfüllte **Form**, die ihr Leben und ihren Reiz ganz in sich trägt und den Inhalt fest in sich geschlossen hält. Man hatte kein Auge für die selbständige Schönheit der in sich vollendeten Erscheinung. Alle Werke der geschichtlichen Malerei, mit denen sich unser Zeitalter als eine große Kunstepoche fühlte: was die große Mehrzahl der Beschauer in ihnen suchte und fand, das war entweder der ergreifende Inhalt der Geschichte selber oder die interessante Beziehung zu modernen Ideen. Was die Köpfe beschäftigte, das wollte die Phantasie auch versinnlicht sehen; aber so, daß sich dabei doch wieder etwas denken und erzählen ließ, während sich das Auge am Flimmer und Schimmer der Stoffe und Geräthe aus den bunten Zeiten ergötzte. Ob der Gegenstand in den idealen Schein malerischer Form erhoben war, ob seine Erscheinung in sich selber ein volles Leben trug, darnach frug man nicht. Und der Künstler, ebenso wie der Beschauer von der Bedeutung des Objectes durchdrungen, ließ diese für sich sprechen und vernachlässigte, was das Auge ohnedem nicht verlangte und nicht entbehrte. Das natürlich war zur Wirkung unerläßlich, daß die Darstellung bis zu einem gewissen Grad den Eindruck bewegter, von einem ungewöhnlichen Leben ergriffener Natur machte. Was hat Lessing, dem bei allem Fleiß und Studium nach der Natur die Leichtigkeit des künstlerischen Schwunges fehlte, was hat die Nibelungenbilder von J. Schnorr, dem man vielleicht nicht einmal jenes, wenn auch ein reich producirendes Talent zuschreiben kann — was Anderes hat zunächst den Ruhm beider ausgemacht, als daß sie Stoffe, die dem modernen Bewußtsein bedeutungsvoll geworden, mit einem gewissen geberdenreichen und aufgeregten Ausdruck geschildert haben? Doch wir können hier nicht weiter verfolgen, wie viel oder wie wenig die deutsche Kunst that, um die allgemeine Anschauung zu bilden oder zu veredeln. Wer ihre Geschichte im zweiten Viertel des Jahrhunderts durchgeht, der wird finden, daß sie in ihren großen Fächern weit mehr Gewicht auf den Stoff, den Inhalt, als auf die Form legte und so dem Geschmack des Tages sich fügte.

Doch woran lag es eigentlich, daß unter den Laien die Phantasie im Dienste des Verstandes blieb und sich mit jeder, auch unzulänglichen Form begnügte, wenn sie nur an einem interessanten Stoff sich versuchte oder eine poetische Stimmung halbwegs versinnlichte? daß sie andrerseits der Last des alltäglichen Daseins unterliegend todt und stumpf war? Gewiß trug daran die

Kunst selber nicht geringe Schuld, da sie der allgemeinen Anschauung sich unterordnete, statt sie zu sich zu erheben. Aber suchen wir, worin diese ihren ersten Grund hatte, so war es vorab der ganze Zuschnitt des öffentlichen und socialen Lebens, der eine echte künstlerische Stimmung nicht aufkommen ließ. Die gesetzliche und polizeiliche Zurichtung des ganzen Daseins, welche alle Formen, Dinge und Menschen in ihre gleichmäßige Ordnung zwingt, in der die Person nur eine Nummer neben Nummern und mit ihren Kräften und Leidenschaften hinter die Mauern des Privathauses gebannt ist; auf der anderen Seite das Individuum in seinen vier Wänden ganz sich selber überlassen, seinen Launen und Eigenheiten da erst recht nachgebend, nicht abgeschliffen, nicht gestählt durch die Schule der Oeffentlichkeit, mit seiner Willenskraft auf die heimliche Ausbildung seines Inneren angewiesen, das es nur durch das Wort, nicht durch die That mitzutheilen vermag; endlich in sich selber das Bild des Staates wiederholend, indem es seine Natur in die Fesseln der allgemeinen Sitte und Meinung legt und so seiner Erscheinung das farblose Gepräge einer zum Gesetz erhobenen Schicklichkeit aufdrückt, dagegen alle Neigungen und Gelüste nur um so brennender unter der kühlen Decke spielen läßt: so ist überall die Form zur starren ausdruckslosen Regel geworden, während das reich entwickelte Gemüth nur blitz- und sprungweise in einzelnen abgerissenen Aeußerungen oder in abstracter körperlicher Erscheinung zu Tage schlägt. Wie soll da das Auge fähig werden, in der Wirklichkeit ein organisches Ganze erfüllter Gestalten, in der äußeren Hülle die Bewegung des Lebens zu sehen? Auch hier also, in der Einrichtung der modernen Welt, ein schwerer Gehalt, der sich gegen die Form gleichgiltig verhält, und daher eine Anschauung, welche entweder in dieser nach jenem sucht oder nichts von ihr verlangt, als eine leere gefällige Verkörperung des Alltäglichen.

Die alte Klage über die Prosa der Zeit. Diese ist ja nichts Anderes, als jene Trennung des Inneren vom Aeußeren, jene Verfestigung des inneren Gesetzes zur abgezogenen einschnürenden Regel und die vom Ganzen losgerissene auf sich beschränkte Ausbildung der individuellen Eigenheit. Der Cultus des Geistes, in dem die Gegenwart eine ihr eigenthümliche Größe hat, feiert in den Gegensätzen des menschlichen Lebens seine Triumphe. Er unterwirft sich auf der einen Seite die Natur in einem bisher ungeahnten Umfang und ringt durch die erfinderische Ausbeutung ihrer Kräfte nach einem neuen glücklichen Weltzustand; auf der andern schafft er alle bisher verdeckten geistigen Schätze ans Licht und baut sich in Wissenschaft und Literatur eine große innere Welt auf. Die Wirklichkeit strebt er mit dem Ideal, das er nun nicht mehr in irgendeinem Himmel, sondern in sich selber findet, in tieferer Weise als je zu versöhnen. Aber noch ist die Kluft nicht ausgefüllt, der Einklang früherer Epochen zerstört, die überkommenen Lebensformen zerbrochen und „verdrießlich klingt nun aller Wesen unharmonische Menge durcheinander". So ist die Prosa des Jahrhunderts die Schattenseite jener großen Bestrebungen, und der Ausdruck „modern", wie er, einerseits bezogen auf das neue Ideal und die neue Weltanschauung der Stolz des Zeitalters ist, bezeichnet andrerseits seine Armseligkeit gegenüber der Kunst. Er bedeutet in diesem Sinne alle die Erscheinungen, welche das an den classischen Werken gebildete Auge verletzen und abstoßen: das schwächliche Ringen nach neuen eigenthümlichen Formen, das Gefallen am leeren Reiz einer glatten bunten Schönheit und am spielenden Ausdruck geistreicher Einfälle; das sentimentale Schwärmen in erhitzten Empfindungen, die Verwechslung des Mächtigen mit dem Gräßlichen; in der Behandlung aber die Lüge einer blos äußerlichen Meisterschaft. Doch der Leser kennt die Merkmale des Modernen und zu lang ist das Register, sie alle aufzuzählen. Sie fassen sich in der subjectiven Willkür zusammen, welche losgelöst vom Grunde des allgemeinen Lebens alle Unbefangenheit verloren hat, daher die Erscheinung in ihrer Erfülltheit nicht zu nehmen weiß und ihr dafür die kümmerliche Seele ihrer eigenen Einfälle leiht; welche andrerseits eitel auf den großen die Zeit erfüllenden Inhalt, vom Bande einer bildenden Tradition vollends losgerissen, zu übermüthig und zu schwach, um eine gründliche Schule durchzumachen, jenen Inhalt voll und lebendig herauszugestalten unfähig ist, über die Unzulänglichkeit ihrer Mittel und Kräfte aber durch eine gesuchte und übertriebene Erregtheit des Ausdrucks oder eine süßliche und gelecke Zierlichkeit der Form zu täuschen sucht. —

Die Kunst, sofern sie diesen Charakter des Modernen vorwiegend an sich trägt, ist immer nur das Abbild der noch unentwickelten Anschauung des Publikums. Sie ist daher besonders in jenen Anstalten vertreten, welche sich eigens die Aufgabe gestellt haben — um es kurz mit dem rechten Worte zu bezeichnen —, die bildende Kunst unter die Leute zu bringen: in den Kunstvereinen. Die gute Absicht dieser Institute soll nicht bestritten werden; der Zweck, die Werke der Künstler zu sammeln, um sie dem großen Publikum zur Betrachtung sowohl als zum leichteren Erwerb zu übermitteln, so zwischen diesem und jenen ein engeres Band zu knüpfen, die Einen in ihrer Production zu fördern, den Kunstsinn des anderen zu bilden, ist an sich nicht zu verwerfen. Doch ist schon die Absicht ein Beweis für die Noth der Zeit, welche den Mangel des natürlichen Wechselverhältnisses von Kunst und Leben empfindet und dafür nach einem Ersatz sucht: so bringt die praktische Ausführung die übeln Folgen einer solchen Abhilfe vollends zu Tage. Indem die Kunst zum Publikum herabsteigt, buhlt sie um seinen Beifall und bequemt sich seinen Launen; Publikum, in dem stolzen Gefühle gesucht zu sein, weiß sich der Herr und sieht sich mit Gönnermiene die Arbeit des Künstlers darauf an, wie weit sie seinen Ansprüchen entgegen kommt. Selbstverständlich kann der Verein seine

Stätte für monumentale Kunst sein. Die wenigen architektonischen Pläne, das plastische Werk, das — im weiteren Sinne — historische Bild, überdies aus der passenden Umgebung herausgerissen ohne Wirkung, verlieren sich zwischen den Producten der kleineren Fächer, des Sittenbilds und der Landschaft, welche den eigentlichen Artikel des Vereins abgeben. Der Laie, zerstreut und schaulustig, bringt von draußen seine alltägliche Stimmung mit, welche, unfähig der Erscheinung auf den Grund und in ihr die erfüllende Seele zu sehen, nur für ihre äußeren und gefälligen Züge empfänglich, an das Kunstwerk mit eben solchen Augen und Ansprüchen herantritt. Er will also in diesem die gewöhnliche ihn umgebende Welt wiederfinden und fühlt sich am wohlsten, wenn ihm die Prosa, die sich über diese gelegt hat, aus dem Bilde vertraulich und behaglich entgegenwinkt. Trifft er dann in der Landschaft ein bekanntes Stück Natur, in dem auch er einmal nach der Winterlast seine Sommererholung gefunden hat, beglänzt vom Sonnenschein und mit lockendem Waldesdunkel, oder im Sittenbilde aus bekannten Lebenskreisen eine spaßhafte Situation, die ihm nach der Verdrießlichkeit des Tages ein Lächeln abgewinnt, so zollt er seine ganze Anerkennung. „Philister in Sonntagsröcklein" — warum nicht ebenso gut in der Kunst wie in der Natur? Kommt aber einmal ein Maler, der über die kleine Welt des Privathauses oder der Bauernhütte den warmen beseelenden Schein des Malerischen ausgießt, den Mangel des tieferen Inhaltes durch das geheimnißvolle, an die Stimmungen des menschlichen Gemüths anklingende Spiel der Töne zu ersetzen oder seinen Gestalten die einfache gediegene Erscheinung des Lebens zu geben sucht: so gehen sie gleichgiltig und ohne Verständniß vorüber. Andrerseits wollen sie im Kunstwerk eine Erinnerung an ihre historischen, literarischen Kenntnisse wiederfinden und lassen sich mit Wohlgefallen noch einmal in bunten Farben von ihm erzählen, was sie früher aus Büchern ihrem Gedächtnisse eingeprägt haben. Natürlich verlangen sie dabei eine gewisse Geschicklichkeit der Behandlung, denn die verbreitete Bildung des Jahrhunderts sieht überall wenigstens auf den Schein einer äußerlichen, abglättenden und die Mühe der Arbeit versteckenden Ausführung.

An dieser Blödigkeit der Anschauung trägt ohne Zweifel einen Theil der Schuld das Publikum selber. Es betrachtet die Kunst als eine Sache der Kurzweil, die gerade gut genug ist, dem von der Last des Geschäfts ermüdeten Menschen eine angenehme Abspannung zu bieten. Daß das Kunstwerk, wie jeder tiefere Genuß, die volle Hingabe der Persönlichkeit, den gesammelten Einklang aller Gemüthskräfte von Seiten des Beschauers voraussetzt, wenn es sich selber ihm ganz offenbaren und zu eigen geben soll: das scheint jenem nicht in den Sinn zu wollen. Aber die Kunst ihrerseits hat dieser Trägheit der Phantasie allen möglichen Vorschub geleistet und ihrem lahmen Zuge nachgegeben, statt sie zu fruchtbarer Thätigkeit anzuregen.

In München verhält es sich mit dieser matten kunstvereinlichen Stimmung nicht anders als überall, ja der Gattung von Werken nach zu schließen, welche am reichsten vertreten und am liebsten gesehen ist, noch schlimmer. Auf den Besuch des Vereins beschränkt sich so ziemlich der hiesige Kunstcultus und bei ihm entwickelt der Münchener, was er an Theilnahme für ihre modernen Schöpfungen aufzubringen vermag. Natürlich sind auch hier Landschaft und Sittenbild — das historische Genre einbegriffen — die vorzugsweis beliebten Fächer. Jene, von der ein gut Theil das Thema der bayerischen Alpen in unermüdlichen Variationen mit einer merkwürdigen Gleichmäßigkeit des Ausdrucks — wie es Leute mit einem ewiggleichen stereotypen Lächeln giebt — wiederholt, werden wir später bei der Besprechung der Landschaft überhaupt wiederfinden. Dagegen ist eine gewisse Art Sittenbild vom Kunstverein so unablösbar, daß es wie ein aus ihm hervorgetriebenes Gewächs erscheint und da eine Berücksichtigung verdient, wo vom Verein die Rede ist.

Es sind fast nur bayerische Stoffe, welche diese eigenthümliche Gattung behandelt und zwar in einer gewissen beschränkten gemüthlich-komischen Auffassung, wie sie dem altbayerischen Stamme geläufig ist. Die Vorwürfe natürlich meist aus dem Bauernleben der auch hier unvermeidlichen Alpen gewählt: denn hier ist doch noch ein naturwüchsiger, von der Cultur ungesetzter Rest in einer für den Maler dankbaren Umgebung. Bisweilen auch, daß der eine und andere Künstler seinen Blick in eine städtische Dachstube auf die Arbeit einer Näherin, den Kaffeetisch eines alten Mütterchens, das Spiel von drallen, ihre verschiedenen Blößen naiv preisgebenden Kindern oder den Sorgenstuhl eines pensionirten Schreibers wirft. — Die älteren, wie A. Klein und namentlich H. Bürkel (die italienischen Motive behandelt dieser ebenso wie die deutschen), auf welche die Jüngeren vornehm herabzusehen durchaus keinen Grund haben, halten sich meist an einfache harmlose Situationen: Fuhrleute, Bauern, Jäger, Schiffer u. s. f. in der Anstrengung ihres Geschäftes oder dem Genuß der Erholung oder auch in allerlei kleinen mißlichen Zufällen. Meistens in kleinem zierlichen Maßstab, aber herb charakterisirt, mit den schweren Zügen der niederen mitgenommenen Natur, ganz hineingesetzt in ihre heimische Umgebung, worin sie sich ohne den Ausdruck eines besonderen Lebens behaglich fühlen. Die Behandlung ist noch in der älteren Manier befangen, die um malerischen Reiz und Stimmungsleben noch wenig bekümmert war: ziemlich trocken und bunt, Form und Bewegung der Natur zwar mit frischem Blick, aber etwas grob abgesehen, die Ausführung spitzig und geschrieben. Doch haben die kleinen Figuren meist das einfache Gepräge des natürlichen Lebens, etwas von dem vollen Zug desselben, und da sie in ihrer urwüchsigen Anstrengung und Lust anspruchslos sich darstellen, etwas unbewußt Komisches. Was sonst noch von der älteren Generation der Genremaler zu Tage kommt, trägt die steifen und gealterten Züge einer ausgelebten Anschauung. Auch ist der frühere Brauch, das deutsche Volksleben in seinen verschiedenen Stämmen oder gar die Wechselfälle der niederen Stände mit moralischer Tendenz zu schildern und so durch den volksthümlichen Inhalt den Beschauer zu reizen, so ziemlich abgekommen; man fühlt, daß in derlei illuminirten Blättern zur deutschen Culturgeschichte der Stoff für die Hölzernheit und Armseligkeit der Ausführung nicht länger entschädigen kann.

Den Neueren genügt daher weder jene harmlose Auffassung der bloßen Alltäglichkeit, noch diese lehrhafte Beschreibung der naturwüchsigen Reste inmitten der verfeinerten Gegenwart. Sie sind auf besondere Momente aus, in denen sich das Lächerliche dieser kleinen Welt, der es in ihrer Naivetät mit ihren geringfügigen Zwecken so gewaltig Ernst ist, zu einem deutlichen Spaß zuspitzt, oder doch die Menschen zu einem besonderen Thun mehr zusammengefaßt und deßhalb ausdrucksvoller, interessanter erscheinen. Zugleich ist doch auch bis in die Mauern des Kunstvereins etwas von dem malerischen Sinn gedrungen, der in der Erscheinung als solcher eine selbständige Lebensfülle sieht. Es ist jetzt seltener, was früher neben jenen ernsteren Schilderungen als ein Stück deutscher Heiterkeit wohl beliebt war: daß nämlich an den Figuren jener eingeschränkten Kreise als an für sich leeren und geistlosen Geschöpfen irgend ein possenhafter Einfall versinnlicht wird, der dann ihre eigentliche Seele ausmacht. Derlei Scherze, mit denen man sich im stolzen Bewußtsein des deutschen Humors nicht wenig wußte, liegen nun hinter uns. Wenn der neuere Genremaler nach einer komischen Situation greift, so wählt er sich mit richtigerem Gefühl meistens eine solche, die den eigentlichen Lebensinhalt der Person spielend in sich zu fassen vermag; wie er andrerseits den Ernst des kleinbürgerlichen Daseins nicht mehr in den für den Maler ganz unbrauchbaren Conflicten der socialen Fragen sucht, sondern in dem gemüthlichen, stimmungsvollen Ausdruck dieser noch in das naive Leben der Gattung, in die Noth und den Genuß der äußeren Dinge versunkenen Welt.

Wir reden hier nicht von denjenigen unter den münchenern Genremalern, die, noch immer in Erfindung von ebenso phantasie- als charakterlosen Situationen unerschöpflich, nicht müde werden, sonntäglich gekleidete Bauern in allen Lebenslagen, deren ihre enggezogene Existenz fähig ist, dem Publikum — das übrigens zu einem ziemlichen Theil in deren Betrachtung eine gleich rühmliche Ausdauer bekundet — immer wieder vorzuführen: Burschen mit ihren Schätzen, Mütter mit ihren Kindern, Weiber bald in oder vor der Kirche, bald in der Küche, nebenbei auch Kesselflicker mit Dienstmädchen, Vagabunden, Krämer und Flickschuster. Nicht, als ob diese Stoffe einer echt künstlerischen Behandlung nicht fähig wären. Aber der Maler veranschaulicht nichts als ihre äußere, vom Lebensgrunde abgezogene langweilige Hülle, zusammengeflickt aus den bunten Lappen, die hier und da unter dem Volke sich noch erhalten haben; mit diesen behäugte Puppen, deren Formen den Stempel der nächsten Verwandtschaft mit dem Gliedermann an sich tragen und deren Bewegungen eine Gelenkigkeit entwickeln, welche jedem Automaten Ehre machen würde. Von der Art Gemälde läßt sich ebenso wenig etwas sagen wie von den Madonnen Raphaels. Ist in diesen bei höchster Einfachheit die größte Fülle eines reizenden Lebens, so findet sich in jenen bei bewundernswerther Einfalt die vollkommene Leere eines abgeschmackten Daseins: weder das Eine noch das Andere vermag die Sprache zu schildern. Hier zeigt sich wie nirgend die Ohnmacht der modernen Kunst, das Leben auch in seinen unscheinbaren und alltäglichen Aeußerungen voll und tief zu fassen; hier, wo der Inhalt gleich Null das Interesse nicht gefangen nehmen kann, die Armuth und Trostlosigkeit der Phantasie und die lügnerische Geschicklichkeit einer dilettantischen, technisch ungebildeten, in der Form wie in der Farbe ausdruckslosen Behandlung. Selbst ein Holländer mittleren Ranges giebt seinen in dem unbedeutenden Moment gewöhnlicher Beschäftigung festgehaltenen Figuren, seinen zechenden, raufenden Bauern, seinen musicirenden oder sich schmückenden Frauen die Unendlichkeit eines in sich gediegenen Lebens mit, indem er in den einfachen Vorgang durch eine wenigstens annähernde Vollendung der Form ihre Seele, ihr Dasein legt. Von den Meistern nicht zu reden, welche ihre im Geringfügigen befangenen Personen durch den überzeugenden Ausdruck stillen inneren Glückes, ausgelassener, ganz in sich verlorener Lust oder rauflustigen Uebermuths über die Beschränkung ihrer kleinen Existenz hinausheben, und dazu die todte Umgebung von Natur, Haus und Geräthe im malerischen Spiel von Farbe, Licht und Schatten aufleuchten und aufleben, sie gleichsam die harmonische, voll ineinanderklingende Begleitung zum eigentlichen Thema spielen lassen.

Freilich, es war seine eigene Welt, die der Holländer darstellte. Was in der Schenkstube oder dem Prunkzimmer des Mynher vorging, das war ihm so nah und lebendig, wie was ihn selber bewegte; was er sah und hörte, fand einen deutlichen Widerschein, ein klares Echo in seiner eigenen Brust. So hatte er nur diese, seine eigene Empfindung, in die vertrauten Gestalten, denen er auf Schritt und Tritt begegnete, die Seinesgleichen waren, niederzulegen, um deren Leben zu fassen und festzuhalten. Der Neuere dagegen steht den Kreisen, die ihm allenfalls noch malerische Stoffe bieten, fremd gegenüber, und wenn diese an sich schon durch die scharfe Sonderung von der verfeinerten Welt für unser Bewußtsein ein dumpfes nur kümmerliches Leben führen, so ist es zudem für den außerhalb Stehenden wie verdeckt und verschüttet. Daher sieht er nur seine äußere Hülle und so viel allenfalls noch als schwacher Ausklang der inneren Bewegung auf der Oberfläche spielt. Begreiflich daher, daß der Maler, dem es um mehr zu thun ist, nach fruchtbaren Momenten sucht, in denen sich das Treiben jener naturwüchsigen, aber für ihn inhaltslosen Menschen zu einem volleren energischeren Ausdruck zusammenfaßt, die Aufregung eines wenn auch kleinen Ereignisses den stärkeren Wellenschlag des Innern auch in die äußere Erscheinung wirft. Ist von jenen münchener Genremalern, welche sich an die gewöhnlichsten Vorgänge des Alltaglebens halten, H. v. Rhomberg der bedeutendste, so fern in seinen Bildern wenigstens der Reiz einer gewissen mit flotter Hand wiedergegebenen Naturwahrheit ist: so haben von den Letzteren, die es auf einen bewegteren Inhalt und lebendigeren Ausdruck absehen, C. v. Enhuber und R. S. Zimmermann das meiste Talent und Geschick. Der Leser kennt wohl zum Theil die Gegenstände und den Charakter ihrer Darstellungen, die öfters vervielfältigt sind. Ihr Interesse beruht meistens auf den komischen, seltener auf den ernsten Conflicten, welche dieses kleine Leben mit sich führt, oder auf der Schilderung seiner verschiedenen Typen in einer Situation, welche ihre Eigenheit zu einem scharfen Ausdrucke zuspitzt. Da es hierbei den Künstlern auf ihre geistreiche und charakteristische Auffassung ankommt, so liegt die Bedeutung des Bildes ebenso sehr in dem Gegenstande, als in der Behandlung. Bei Zimmermann z. B. behäbige Landleute, die, nachdem sie sich im städtischen Gasthofe gütlich gethan haben, über die theure Zeche erschrecken; oder die am Schrannentag im „protzigen" Bewußtsein der gefüllten Taschen Eins draufgehen lassen; allerlei Leute, die sich in einer Leihbibliothek für die magere Realität ihres Lebens in Romanen einen idealen Trost suchen; Bauern unter dem Druck eines verlegenen Respects in Prungemächern; andrerseits ein verirrter Sohn, den die bekümmerte Mutter mit Hilfe des Pfaffen vom Kartenspiel und aus der Gesellschaft böser Gesellen holt, oder guter Leute Kind herabgekommen und mit zerstörten Mienen unter vagirenden Musikanten. Enhuber sucht in derlei Kreisen mehr die Widersprüche und Ungereimtheiten, welche, in einer reichen Gruppe verschiedener Individuen verschieden ausbrechend, mit Humor und Witz sich fassen lassen: ein Schneider, welcher der bösen Frau zum Kartenspiel mit befreundeten Philistern durchgebrannt ist und nun, da sie keifend hereinstürzt, seine Flucht unter den Tisch fortsetzt, während Bäcker, Schuster und Barbier vergeblich ihn zu verstecken suchen, der Triumph also einer bösen Sieben über gemüthliche Pantoffelhelden; allerlei malerisch verlumpte oder festtäglich aufgepußte kleine Leute im belaubten sonnenbeschienenen Hof vor dem alten Amtshause, im kritischen Moment ihres Zusammenstoßes mit den Mächten des Landgerichts: als Hauptgruppe ein schon glücklich abgefertigtes Brautpaar mit seiner Sippschaft im Gegensatz zum vom schlechten Gewissen zusammengekrümmten Vagabunden, den der Gerichtsdiener unheildrohend herbeiwinkt; oder endlich, um auch einmal umgekehrt die bergluftsüchtigen Städter dem Gelächter preiszugeben, Vergnügungsreisende im bayerischen Hochgebirge unter der grauen Decke eines unermüdlichen den münchener Sommerfrischlern nur allzubekannten Regenhimmels, und, um das Maß des Leidens voll zu machen, eben erst der schrecklichen Qual des Stellwagens entstiegen. Man muß es Enhuber lassen, daß er seine Figuren mannigfach zu charakterisiren und die Gegensätze des menschlichen Wesens in der Beschränkung des gewöhnlichen Treibens komisch zu versinnlichen sucht. Auch gelingt es ihm eher wie Zimmermann, in seine Figuren die überzeugende Bewegung der Natur zu bringen, in ihren Mienen und Geberden die innere Stimmung spiegeln zu lassen und die Umgebung mit dem Inhalte des Motivs in Einklang zu setzen. Aber es fehlt seinen Gestalten wie denen Zimmermanns die naive Erfülltheit der Erscheinung, die unbewußte Selbständigkeit des Lebens, sie gehen in der Spitze des spaßhaften Momentes auf. Dem ernsteren Beschauer bleibt ein Gefühl, wie wenn ihnen eigens zu diesem Spiele ein künstlicher Athem eingeblasen wäre und sie mit diesem ihr seliges Ende nähmen. Das komische Ereigniß ist ihre Seele. Es fehlt ebenso die tiefere Auffassung, wie die Vollendung der Form und des Ausdrucks, das ernste Sich-Einleben in den kleinen Stoff wie die Meisterschaft der Behandlung, wodurch doch allein das Kunstwerk auch der kleineren Gattung mit dem Reiz seelenvoller und malerischer Erscheinung Auge und Phantasie gleich sehr zu fesseln vermag. Auch die Holländer fassen bisweilen das Treiben ihrer Individuen in einen Spaß oder in einen novellistischen Hergang; aber die zerlumpten Kerle Ostades wie die feinen Damen Terburgs legen, wie schon bemerkt, gleichsam die Wucht ihres ganzen Daseins in den flüchtigen Augenblick. In ihnen ist der Schein des natürlichen Lebens nicht blos mit überraschender Wahrheit wiedergegeben, sondern voll und mächtig über die Noth und Schwäche der zufälligen Wirklichkeit in das Ideale und Künstlerische hinaufgehoben. Das freilich ist nur möglich durch die Meisterschaft malerischer Anschauung und Durchführung, welche auch das kleinste Geräthe in den lebendigen Zug der Phantasie hereinnimmt, in die ganz durchgebildete Erscheinung des Menschen aber seinen ganzen Inhalt hinauslegt und deshalb wieder aus ihr die Tiefe seines Innern herausleuchten läßt: eine in ihrer Geringfügigkeit vollendete, harmonische, selbstgenügsame Welt.

Wenn nun auch die Meisterschaft der Holländer der modernen Zeit überhaupt versagt zu sein scheint, so haben doch die Düsseldorfer Knaus, Vautier und Salentin bewiesen, daß eine Behandlung, welche im sicheren Besitz der Darstellungsmittel vorab auf eine erfüllte malerische Wirkung ausgeht, auch noch dem heutigen Sittenbilde einen tieferen Reiz zu geben und die alltägliche Wirklichkeit in den idealen Schein der Kunst zu erheben vermag. Ja, nicht einmal so weit braucht man zu greifen; in München selber finden sich einige Genremaler — von ihnen wird später die Rede sein — welche mit freiem Sinn für die selbständige Schönheit des Malerischen den Inhalt in diese ganz hinauszuführen suchen.

An der Art von Sittenbild aber, welche für den Kunstverein so bezeichnend ist, hat sich die Engherzigkeit gerächt, mit der jene Anstalt und mit ihr eine ziemliche Anzahl Künstler sich von aller ausländischen modernen Kunst absichtlich und eigensinnig absperren. Nicht genug, daß die neue münchener Malerei zum guten Theil, wie wir früher gesehen, das Studium der alten Meister vernachlässigt: sie verschmäht auch noch das Geschick und die Kenntnisse, welche als die Frucht einer mühsamen Entwicklung, namentlich die moderne französische Kunst und nach ihrem Vorgang manche junge deutsche Kräfte sich erworben haben. Sie wirft sich lieber einem zufälligen, zerfahrenen Naturstudium, das doch ohne die lebendige Anleitung der Schule und der Ueberlieferung immer unzulänglich bleibt, mit Leib und Seele in die Arme. Davon abgesehen, daß sie so zu einer gebildeten Formenanschauung, zur künstlerischen Uebung des malerischen Blicks kaum gelangen kann, bleibt sie so selbst in der technischen Behandlung unerfahren, rathlos, auf einige akademische Regeln und eigenes unsicheres Herumtasten angewiesen. Wie viel Zeit und Mühe die strebenden Künstler auf den Erwerb der technischen Mittel vergeudet haben, nachdem die Tradition, von der Neuzeit abgeschnitten, ihren Schatz von praktischen Erfahrungen mit sich begraben: das kann man sie selber oft genug klagen hören. Um so mehr sollten die Deutschen zusehen, die Uebung, welche darin vorab die französische Kunst durch ihren geschlossenen Zusammenhang und die Anstrengung manches Menschenlebens erlangt hat, sich zu Nutze zu machen. Die jungen Talente, welche in diese Schule gegangen sind, haben deshalb an ihrer deutschen Phantasie und Gedankentiefe keinen Schaden gelitten; sondern, so weit sie von tüchtigem Zeuge sind, wieder ausgestoßen, was sich von französischer Anschauung in die ihrige eingemischt hatte, dagegen durch die erlangte Herrschaft über die Mittel Arbeiten hervorgebracht, welche dem echten Kunstwerk weit näher kommen, als all der illuminirte Humor der bayrischen Wirthshäuser, Gebirgsjoppen und Alpenfröhlichkeit. —

Freilich, so lange die künstlerische, in der Erscheinung der Dinge ihre Seele erblickende Phantasie, das Auge für die selbständige Schönheit der Form und Farbe fehlt, so lange bleibt auch die Technik unzulänglich und dem Maler ihre Bedeutung verschlossen. Ist es doch im Publikum etwas Aehnliches, weil jene beiden Seiten der Kunstthätigkeit untrennbar sind. Wie diesem die Uebung des in das Kunstwerk eindringenden, es neubelebenden Blicks fehlt, so auch der Sinn für den Reiz der äußeren Vollendung, den Schwung und die Freiheit der technischen Hand. Wenn der Maler vorab auf den überraschenden Eindruck der Naturwahrheit aus ist, so sucht jenes vor allem im Bilde die ihm bekannten Züge der Wirklichkeit. Zudem fällt ihm noch mehr als Ersterem Form und Inhalt auseinander. Stumpf für das einfach erfüllte Leben des Kunstwerks, das beides in einen vollen Accord zusammenfaßt, erwacht seine Theilnahme erst da, wo der Inhalt, über die Form hinausgreifend, eine Begebenheit andeutet, welche sich die Phantasie erzählend ausmalen kann.

In dieser Auffassung des Kunstwerks wird das Publikum von den Kunstrecensenten der münchner Zeitungen nur bestärkt. Bekanntlich hat in unseren Tagen die Kritik der Zeitschriften und Tageblätter auf die künstlerische Stimmung und Anschauung einen Einfluß gewonnen, der den schöpferischen Epochen, die sich mit mündlichem Austausch begnügten, ganz fremd war. Die moderne Unsicherheit der ästhetischen Empfindung weiß sich in der Menge der aus der Vergangenheit hervorgeholten Stoffe und Formen nicht zurechtzufinden, nichts entschieden abzulehnen, nichts entschieden festzuhalten; sie klammert sich daher an die kritische Forschung und läßt sich von dieser den Weg weisen. Die Stütze der Kritik ist dem Laien zum Bedürfniß geworden. Ob freilich durch sie seine Anschauung an Halt und Klarheit gewinnt, daran muß, offen gestanden, der Kritiker selber zweifeln; denn womöglich noch vielköpfiger als das Publikum ist das Kunstrichterthum. Wenn den Beschauer nicht seine eigene gute Natur auf das Rechte bringt, bei den durcheinanderlärmenden Stimmen der Kritik wird er sich schwerlich Raths erholen. Was kann auch der Kunstforscher, dem es Ernst ist, dem modernen Werke gegenüber Anderes, als einerseits die Wirkung schildern, die es auf seinen an der mustergiltigen Kunst geübten Sinn macht, andrerseits die Stellung kennzeichnen, welche es in dem geschichtlichen Zusammenhange des neuen Kunstlebens einnimmt? Was er von der Auffassung, Behandlung und Ausführung auf Grund seiner Kennerschaft und seines ästhetischen Wissens vorbringt, dafür muß er den Beweis schuldig bleiben; denn er kann das Object der Anschauung nicht ebenfalls in Worte fassen, um an ihm seine Meinung zu demonstriren. Was aber verbürgt dem Leser, der an der Kritik sein Urtheil bilden möchte, ob dem Geschmackrichter die erste Bedingung aller Kunstbetrachtung eigen sei: nämlich die natürliche und durch Studium gebildete Gabe des Verständnisses? und ob er den Ariadneknäuel gefunden habe, der ihm durch das Labyrinth der vielverzweigten modernen Kunst durchhelfen soll? Auf Treu und Glauben muß er sich dem Führer überlassen; wo es dann wohl vorkommen kann, daß er schließlich noch mehr in die Irre gebracht auch den Faden verliert, den ihm sein eigener Sinn noch an die Hand geben könnte.

Denn in derselben schwankenden Ungewißheit wie die allgemeine Anschauung befindet sich das Kunsturtheil. Ja mehr noch als jener fehlt diesem seiner Natur nach die Unbefangenheit des Blickes, die naiv sich hingebende Freude an der Erscheinung. Wie erstere über der Frage nach dem Inhalt nur selten der Form ihr Recht werden läßt: so hat bisher die deutsche Kritik fast durchweg die Schleppe der Philosophie getragen und überall zunächst nach dem Gedanken, der Idee gesucht, die Form dagegen als ihr bloßes Kleid nebenher mit ein paar sei es dürren, sei es blühenden Redensarten abgefertigt. Natürlich, bei dem Gerede über die „Idee" läßt sich ein gewisser Aufwand von Gelehrsamkeit und Scharfsinn machen, während bei der Frage nach der Form die ohnedem arme Sprache den Mangel der Phantasie wie der Kenntniß offen zu Tage bringt. So schätzt denn auch die Kritik der münchener Blätter vor allem die Bilder, welche sich erzählen, in eins der ästhetischen Schubfächer einschieben oder doch einen Schweif von ästhetischen Bemerkungen sich anhängen lassen. Außerdem hat sie selbstverständlich den Trieb, in der einheimischen Kunst möglichst viel Meisterwerke zu entdecken: wobei es ihr indeß bisweilen begegnet — zumal wenn sie Gemälde vor sich hat, die ihr unbescheidener Weise keinen Anlaß zu allerlei Reflexionen über den Inhalt oder ästhetische Gesetze geben — daß sie auf wahrhaft künstlerische Arbeiten den vernichtenden Stempel ihrer Verachtung drückt, nachdem sie über höchst mittelmäßige Machwerke in einen geheimnißvollen Schwung unverständlicher Redensarten gerathen war. So hatte noch kürzlich der Recensent der bayrischen Zeitung das Unglück, mit einer Entrüstung, die selbst niedere Ausdrücke nicht verschmähte, über eine südliche Landschaft von R. Krause herzufallen: ein Bild, das in der Vereinigung der schönen Formen organischer Erdbildung mit einer feinen coloristischen Stimmung, so wie in der sorgsamen Durchbildung ein Talent und eine künstlerische Anschauung bekundete, wie sie im Kunstverein nur höchst selten anzutreffen sind. —

Doch die Art von Kunstsinn und Anschauungsweise, die dem Vereinspublikum eigen ist, findet sich nicht blos bei diesem. Es ist etwas davon in der ganzen Bevölkerung. Das wird namentlich fühlbar in dem fast durchgängigen Mangel an Verständniß für monumentale Kunst, die doch vor allen — vorausgesetzt natürlich, daß sie darnach ist — durch ihre Darstellung der großen Kreise des Menschenlebens und durch ihr mächtiges Hinaustreten in die Oeffentlichkeit zur Anregung eines tieferen Interesses im Volke geeignet scheint. Wie in München der Sinn und die Fähigkeit für öffentliches Leben überhaupt noch weniger entwickelt ist, als anderswo im gar so häuslichen deutschen Vaterlande, so tritt dort auch die Gleichgiltigkeit gegen die monumentale Kunst noch unverholener zu Tage. Erst neuerdings hat sich das wieder in einem recht bezeichnenden Falle erwiesen. Nach dem unerwarteten Hingange des verehrten König Max allgemeine Entrüstung und Trauer; dann, als sich die erste Verwirrung gelegt hatte, ein Aufschwung dankbarer Erinnerung an den Verstorbenen und der begeisterte Entschluß, aus freiwilligen Beiträgen des ganzen Landes ihm ein mächtiges Denkmal zu setzen — natürlich als den unvergänglichen sichtbaren Ausdruck der allgemeinen Liebe. Also doch wohl — nicht anders läßt sich denken — ein monumentales Bild des Fürsten, ein vor den Augen des Volkes sich erhebendes Denkmal seiner Persönlichkeit und seiner Regierung. Aber so hatte es ein gut Theil der Münchener nicht gemeint, mit dieser Verwendung ihres beigesteuerten Scherfleins, bei der ein greifbarer Nutzen nicht zu holen ist, waren sie nicht einverstanden. Es erwachte plötzlich ein förmlicher Wetteifer von edlen und hochherzigen Ideen über — milde Stiftungen und Anstalten für das allgemeine Wohl; mit einem derartigen Institut, das auf Umwegen des Volkes Geld in des Volkes Tasche zurückbrachte, glaubte man den selber mildherzigen Monarchen mit einem Denkmal zu ehren, dauernder als Erz. Wozu auch, so hieß es, zu den vielen neuen Monumenten, über deren Mittelmäßigkeit nun sofort mit rühmenswerther Einsicht Alle einverstanden waren, noch ein neuestes? Davon wollte man nichts wissen, daß nun, bei wahrscheinlich reich fließenden Mitteln, der Kunst eine große Aufgabe, zudem eine solche gestellt war, bei der sie auf dem fruchtbaren Boden eines volksthümlichen Interesses fußend mit der realen Gegenwart in eine belebende Wechselwirkung treten konnte. Vergebens bekämpfte eine kleine Schaar dieses überraschende Erwachen eines praktischen und rührigen Sinnes, der gerade da sich kundgab, wo es sich um den künstlerischen Ausdruck der begeisterten Erinnerung an einen Todten handelte. Jene erreichte nichts, als daß ein Mittelweg eingeschlagen, die eine Hälfte der Beiträge für ein Monument, die andere für eine dem Volkswohl zweckdienliche Anstalt bestimmt wurde — ein Ausweg, mit dem natürlich keiner Partei gedient ist und dessen Ergebniß nach beiden Seiten nur ein halbes sein kann. Diesmal wird übrigens der Mittelweg, zu dem man sich verständigt, um so weniger ein goldener heißen können, als sich allmälig, wie der Ertrag der Sammlung aufweist, die ursprüngliche Begeisterung ebenfalls auf ein Mittelmaß herabgekühlt hat: zum neuen Beleg, daß in Gelddingen nicht blos die Gemüthlichkeit, sondern auch die aufopfernde Anhänglichkeit von höchst zweifelhafter Tiefe oder Dauer ist.

Doch auch jetzt, da nur die Hälfte der kleinen Summe für ein Königsmonument ausgesetzt ist, erlahmt noch nicht der praktische Sinn des Altbayern im Kampfe mit der idealen Schwärmerei, welche den Fürsten mit einem lediglich ihm gewidmeten Denkmal ehren möchte. Bekanntlich liegt im Herzen Münchens eine Wüste, der Dult- oder Maximiliansplatz. Nun ist ein Architekt auf die Idee gekommen, denselben zu Nutz und Frommen der Einwohner in eine Gartenanlage umzuwandeln, mit einigen Ruhebänken, Blumentöpfen und Kandelabern, dazu zwei Springbrünnlein für die wasserbedürftige Nachbarschaft, in der Mitte aber mit einem Standbild des Königs im Krönungsornat — damit also der neugeschaffene Spaziergang zur Noth wohl auch für ein „Denkmal" gelten könne. Lärmend und fechtend trat die kleine Localpresse für den Plan ein. Indessen ist die Beschlußfassung über das Monument Männern anheimgegeben, welche über die dem Todten zu erweisende Ehre nicht eben solche philantropische und gemeinsüchtige Ansichten haben, wie sie andrerseits dem Vernehmen nach für die andere Hälfte der Summe die beste Verwendung getroffen haben: zu Gunsten nämlich der Gewerkschule, die sich nun zu einer größeren Kunstindustrieschule erweitern soll.

Schlagend hat sich kürzlich noch an einem anderen Beispiele gezeigt, wie wenig im Volke der Sinn für monumentale Kunst entwickelt ist. Ein Beispiel übrigens, das zugleich von den schlimmen Einflüssen des neuesten Bauwesens ein beklagenswerthes Zeugniß liefert. Wohl prägen sich die einförmigen, ewig wiederholten Hauptzüge der „modernen" Architektur dem künstlerisch ungeübten Auge ein, weil sie niedere und arme Formen, zudem auf ihr magerstes und nüchternstes Maß heruntergebracht, abgetrennt von ihrem structiven Princip, in einer schematischen, rein äußerlichen Zusammenstellung auf die simpelste Weise variiren; mit ebenso viel Aufwand von Kenntniß und Phantasie kann sie der Laie sich merken und der erste beste Maurermeister wiederholen. Aber um so gewisser tödten sie auch den Rest noch ab, der von künstlerischem Sinne im Volke geblieben ist. Wenn nun auch die nicht geringe Anzahl der Einsichtigeren diese modernen Versuche als vollständig mißglückt ansieht, so feiert doch jetzt schon jene nachtheilige Wirkung auf das Publikum der mittleren Classen einen traurigen Triumph. Es handelt sich nämlich um den Bau eines großen, von den Einwohnern Münchens gegründeten Volkstheaters, das an der Stelle der kleinen Vorstadtbühnen, welche ihr Publikum mit Späßen ziemlich grober Art belustigen, der Sitz einer edleren volksthümlichen dramatischen Kunst werden soll. Nichts natürlicher also, als daß dem groß angelegten Unternehmen das Gebäude entspreche und in seiner äußeren Form künstlerisch durchgeführt den passenden monumentalen Ausdruck abgebe für den künstlerischen Zweck. Was aber geschieht? Der Bau (für den bedeutende Mittel ausgesetzt sind) wird einem — Zimmermeister übergeben. Doch was ist darüber sich aufzuhalten. In der That haben die Gründer des Theaters so unrecht nicht: um die moderne Strecklisenenordnung von den königlichen Bauten nun auch auf die des Volkes zu übertragen, dazu sind die Kenntnisse und Fähigkeiten eines Zimmermeisters vollkommen ausreichend, die Kunst aber eines talentvollen und gebildeten Architekten ebenso überflüssig.

Die Privatbanken und die königliche Bank in Preußen von 1857—63.

Der preußische Staat zählt heute acht Privatbanken und die königliche Bank nebst deren Filialen. Die königliche Hauptbank datirt bereits seit der Cabinetsordre vom 17. Juni 1765 und erweiterte sich in der Mitte der vierziger Jahre; ihr zunächst folgten die stettiner Privatbank seit 15. August 1824, dann die breslauer städtische Bank seit 10. Juni 1848, dann der berliner Kassenverein seit 15. April 1850, dann die Privatbanken zu Köln am Rhein am 10. October 1855, Magdeburg am 30. Juni 1856, Königsberg in Preußen am 13. October 1856, endlich am 16. März 1857 die zu Posen und Danzig, welche letzteren indeß erst im Herbst, resp. Ende Sommers 1857 ihre Thätigkeit begannen. In den nächsten Jahren endet die vorläufige zehnjährige Concessionszeit der genannten Privatbanken; da taucht um so lebhafter die Erinnerung an die Mühsalen und Plackereien auf, welche die preußische Regierung gerade in der für jene schwerste Zeit der Gründung und ersten Sicherung zu Gunsten ihrer obervormundschaftlich zu hütenden Unterthanen und der möglichst zu privilegirenden und monopolisirenden königlichen Hauptbank den Privatbanken bereitete. Aber nicht minder gefährdeten ängstliche, wo nicht gar von Regierungs- oder politischen Rücksichten geleitete Actionäre der Banken selbst ihre Existenz durch wiederholte Auflösungsabsichten und Anträge. Es fragt sich, waren jene Schwierigkeiten und diese Absichten irgend gerechtfertigt? oder sind sie widerlegt und künftig zu beseitigen? Wie widerlegen sie die Thätigkeit der Privatbanken? Wie hätte diese Widerlegung etwa nachdrücklicher sein können? Welche Lehren resultiren aus der bisherigen Bewegung dieser wichtigen Geldverkehrs- und Creditinstitute für die Privatbanken selbst, für die königliche Bank, für das Publikum?

Durch detaillirte Vergleichung der ganzen mannigfachen Geschäftsthätigkeit der acht Privatbanken unter sich und mit derjenigen der königlichen Bank in den letzten sieben Jahren muß sich, trotzdem die posener und danziger Privatbanken nur das letzte Drittel und Viertel des Jahres 1857 arbeiteten, und trotzdem die preußischen Bankberichte den Vergleichstabellen leider in vielen wichtigen Punkten nur Fragezeichen statt der genauen Beträge anheimgeben*), eine Zahl obiger Fragen mit genügender Genauigkeit und möglichst erschöpfenden Beweiskraft beantworten lassen; aus den Zahlenreihen werden die wirthschaftlichen Naturgesetze resultiren, welche für die noch stark in der Entwicklung stehenden Banken, die gegenwärtigen Brennpunkte der Geld- und Creditwirthschaft, von viel mehr durchschlagender Bedeutung sind, als für andere, nicht mehr den Zweifeln und Hypothesen der Theorie und Praxis gleich ausgesetzte ökonomische Institute.

*) Mit dem im Texte sogleich zu nennenden Schriftchen sprechen wir den Wunsch aus, daß die Bankvorstände in Preußen und Deutschland sich über die Gleichartigkeit ihrer Jahresberichte verständigen. Das bremer Handelsblatt Nr. 666 S. 253 (1864) weist bereits auf den Bericht der Bank in Weimar, welcher sich besonders auszeichnet durch seine Auskunft über die wöchentliche Notenemission und Circulation, über den Betriebsfond des Jahres, über Stückzahl und Disconto der Wechsel, Stückzahl und Zinsfuß der Lombardscheine, über die Verwaltungsunkosten.

Dieser Erwägung folgend stellte u. A. der als tüchtiger Kenner der Volkswirthschaft bewährte Rechtsanwalt und Syndikus der danziger Privatbank C. Roepell, einer der drei Abgeordneten Danzigs in der preußischen Kammer, in 21 Tabellen die Berichte der „neun preußischen Zettelbanken" über ihre Bewegung von 1857—63 voll Sachkenntniß zusammen (Danzig, Kasemann. 1864, 39 S. gr. 8.), indem er einzelnen der Tabellen kurze und für die Zukunft wichtige Bemerkungen beifügte.

Die wichtigsten der von den Banken veröffentlichten Berichte, mit einander in einer von Roepell abweichenden Folge verbunden und verarbeitet, geben uns in Kurzem folgende lehrreiche Resultate.

Das Stammcapital sämmtlicher preußischer Banken beträgt 25,796,000 Thlr.; davon kommen auf die königliche Bank (in Actien von 1000 Thlr.) 16,897,000 Thlr., nämlich Staatsgelder nur 1,897,000 Thlr. und Privatcapital 15 Millionen; auf die Privatbanken (in Actien von 500 Thlr.) je 1 Million, nur auf Stettin 1,899,000 Thlr., ihr Verhältniß zur königlichen Hauptbank ist also = 9 : 17. Die dabei betheiligte viel kleinere Zahl der Ausländer hat doch nahezu denselben Actienantheil, wie die Inländer. Der Grundbesitz der Privatbanken scheint etwa zwischen 20—25,000 Thlr. zu schwanken, nur Berlin zeigt 92,660 Thlr., die königl. Hauptbank dagegen 918,000 Thlr. Der Reservefonds der Privatbanken schwankt zwischen 67,546 Thlr. (Magdeburg) und 85,920 Thlr. (Danzig), nur Berlin ragt vor mit 118,850 Thlr. und Breslau reservirt einen Fonds erst von 1863; der der königlichen Hauptbank ist 3,545,565. Der Actienwerth steigt somit so: Magdeburg $533^2/_3$, Posen $536^2/_3$, Königsberg 538, Köln 542, Danzig 543, Berlin $559^1/_2$, (à 500 Thlr.); königliche Hauptbank 1239 Thlr. (à 1000 Thlr.) und Stamm- und Reservecapital der Privatbanken (8,480,175 Thlr.) verhält sich zu demselben der königl. Hauptbank (20,442,565 Thlr.) = 2 : 5.

Kaum einem Zweifel kann unterliegen, daß es Hauptgrundsatz der Bankthätigkeit sein muß, die fremden Geldbeträge jeder Art, welche in den Bereich ihrer Geschäftsbewegung gelangen, an sich zu fesseln, und Einnahme und Ausgabe zu vereinen. Die Zettelbanken Nordamerikas, auch Englands, geben seit langer Zeit den Beweis der Thatsachen dafür. (Check- und Claringsystem.)

Hinsichts des Depositengeschäfts scheidet hier zunächst Berlin unter den preußischen Banken aus, das kein Depositengeschäft macht. Stettin giebt über die neueingezahlten und abgehobenen Depositen gar keinen Nachweis; einen unvollkommenen namentlich für die früheren Jahre zeigen Köln, Königsberg, Breslau. Die neueingezahlten verzinslichen und unverzinslichen Depositen steigen in der königlichen Hauptbank 1857 bis 1861 von 12 Millionen auf 21 Millionen und fallen seitdem wieder auf 17,6 Millionen. Die andern Banken erlangen ebenso den Höhepunkt der Depositen entweder 1861 (Magdeburg) oder 1862 (Danzig, Köln, Königsberg, Posen) oder 1863 (Breslau). Die größte Einzahlung unter ihnen empfing Danzig 1862: 1,749,150, die kleinste Königsberg 1858: 27,050. Im letzten Jahre (1863) schwanken die Depositen der Privatbanken zwischen 1,476,760 (Danzig) und 238,200 (Magdeburg) in folgender Reihe: Danzig, Königsberg, Köln, Posen, Breslau, Magdeburg. Zusammen betrugen die neueingezahlten Depositen der königlichen Hauptbank und Privatbanken 1857: 12 Millionen, stiegen bis 1861 auf 26 Millionen und fallen seitdem auf 22 Millionen. Allein diese Zeitfolge bestimmt, wie aus Obigem erhellt, wesentlich die königliche Hauptbank wegen ihrer so überwiegenden Beträge; bei den Privatbanken allein würde die Hauptsumme der neuen Depositen auf 1862 fallen. Eben wegen des großen Uebergewichts der königlichen Hauptbank wäre eine besondere Quersummirung der Privatbanken allein neben der Quersumme dieser und der königlichen Hauptbank in den Tabellen selbst zu wünschen gewesen; die nicht für jede Tabelle gleichen Nachträge und Notizen ersetzen den Mangel nicht. Nach den Durchschnittssummen ihrer neuen Depositen folgen die Privatbanken so: Danzig $9/_{10}$ Million, Posen $1/_2$ Million, Magdeburg $1/_6$ Million, Breslau $1/_6$ Million. Die lückenhaften Berichte von Köln, Königsberg, Stettin gestatten keinen Durchschnitt; königliche Hauptbank $17^1/_2$ Millionen. Obgleich Breslau 1863 die neuen Depositen Magdeburgs um etwa 100,000 Thlr. übertrifft, steht es doch in dem Durchschnittsbetrage seiner neuen Depositen bedeutend gegen die übrigen Privatbanken zurück; seine Auf- und Abfolge in diesen Depositen ist lehrreich vielleicht für die Grundsätze der dortigen Bankdirection, 1857 bis 1858: 160,000 Thlr., 1859 nur 62,385 Thlr., 1860: 93,000 Thlr., 1861: 183,700, 1862: 238,800, 1863: 319,200 Thlr. Nach der Steigerung ihrer neuen Depositen 1857—63 folgen die Banken so: Danzig um 880%, Köln 400%, Königsberg 50fach, Posen 9fach, Magdeburg 5fach, Breslau 8fach, königliche Hauptbank 44%, zusammen um 83%. — Die abgehobenen verzinslichen und unverzinslichen Depositen 1857—63 stimmen wesentlich mit obigen Beträgen und Verhältnißzahlen der neueingezahlten Depositen überein. Nach dem Durchschnitt derselben folgen die Banken so: königliche Hauptbank 17 Millionen, Danzig $8/_{10}$ Million, Posen $2/_5$ Million, Magdeburg $1/_5$ Million (Breslau für 1861 bis 1863: $1/_4$ Million), zusammen, wie oben, 19 Millionen. — An verzinslichem und unverzinslichem Depositenbestande verbleiben durchschnittlich 1857—63 in der königlichen Hauptbank 22 Millionen (hier fehlt indeß, wie bemerkt, die Uebersicht der neueingezahlten und der abgehobenen Depositen), Danzig $2/_5$ Million, Breslau $1/_{16}$ Million, Posen $1/_{10}$ Million, Magdeburg $1/_{16}$ Million, der Bestand wuchs bei jeder der neun Banken um etwa 38%. Verzinst wurden die Depositenbestände durchschnittlich mit $2^2/_3$%.

Beim Girogeschäft scheiden Königsberg und Posen von vornherein aus, sie machen es gar nicht. Die königliche Hauptbank vollzog es 1857 mit 135 Millionen, sank 1858—60 von 84 Millionen auf 62 Millionen, und stieg schwankend 1861 auf 89 Millionen, 1862 auf nur 88 Millionen, 1863 endlich wieder auf 94 Millionen, steht also immer noch 30% unter der Höhe von 1857. Vor der königlichen Hauptbank und den Privatbanken aber zeichnet sich hier in der Stärke der Summen (nicht aber in der Steigerung) Berlin bedeutend aus; es zählt 1857: 497 Millionen, sinkt dann freilich 1858—1860 (wie die königliche Hauptbank) bis auf 392 Millionen, erhebt sich aber schon 1861 auf 456 Millionen, 1862 gar auf 603 Millionen, und notirt 1863 noch 566 Millionen. Ihm zunächst steht unter den Privatbanken Breslau, das zwar von 21$^1/_2$ Millionen (1857) in den nächsten zwei Jahren auf 18 Millionen sinkt, dann jedoch allmälig wieder sich bis 1863 auf 38 Millionen erhebt. Stettin notirt 1857 bereits 30 Millionen, fällt aber 1858 jäh auf 2—3 Millionen hinunter, 1859 auf 7—8 Millionen und hebt sich erst seit 1860 mit 21 Millionen auf 34 Millionen 1862, 1863 führt es 30$^7/_{10}$ Millionen. Danzig dagegen, welches im Herbste 1857 mit 1,443,684 Thlrn. beginnt, steigt bis 1862 stetig und unter den preußischen Banken weitaus am schnellsten auf 34,141,785 Thlr., 1863 führt es 32,221,178 Thlr. Von Köln zeigen selbst die drei Jahre 1861—63, welche allein berichtet sind, ein höchst unbedeutendes Girogeschäft von 1,362,264 bis 7,930,350 Thlr. (1863). Aber völlig verschwindend sind die Beträge in Magdeburg, das von 1858—60 von 6,400 Thlrn. auf 53,079 Thlr. kommt, aber bis 1863 wieder auf 18,489 Thlr. niederfällt. Bei allen neun Banken zusammen stieg 1857—63 das Girogeschäft um 13% und zwar bei Danzig um 2166%, Köln 500%, Breslau 80%, Berlin 13%.

Hieraus schon erweist sich, in wie weit eine nicht kleine Zahl der Privatbanken und wie selbst die königliche Hauptbank längere Zeit bedenklich von dem oben aufgeführten Hauptgrundsatz der Bankthätigkeit abwichen und heute noch abweichen. Die Schuld tragen bei einzelnen Banken während der vollen sieben Jahre, bei andern innerhalb einer kürzeren Zeit nur die Bankdirectionen. Gewiß verkennt auch das Publikum die Folge, daß es unmittelbar und mehr noch mittelbar sein eigenes Geld- und Creditinteresse gebietet, bei den Banken Kasse zu machen, den Banken darzuleihen, durch sie Schuldposten einziehen zu lassen (Zahlungen durch Checks, Anweisungen, auf die Guthaben bei den Banken auszugleichen); aber die Bankdirectionen müssen als theoretische und praktische Kenner jenes wirthschaftlichen Satzes die Geschäftstreibenden mit ihren Capitalien durch möglichste Vortheile und Erleichterungen an sich ziehen und bei sich erhalten, bis die Geschäftstreibenden einsehen, daß sie selbst erst den Banken Geld und wieder Geld zuführen müssen, ehe die Bankmaschine mit ganzer Kraft arbeiten und ihnen dauernd und in vollem Maße die erwünschten Erfolge bieten kann.

Im Lombardgeschäft ließ die königliche Hauptbank 1857—63 aus

49 Millionen durchschnittlich, 1857: 57,895,570 Thlr., sank bis 1860 auf 36 Millionen, stieg aber bis 1863 stetig auf 68$\frac{1}{2}$ Million; dann folgen die Privatbanken hinsichts der Durchschnittshöhe ihrer Beträge so: Berlin 6$\frac{2}{3}$ Million, Königsberg 5 Millionen, Breslau 2$\frac{1}{3}$ Million, Stettin 1$\frac{4}{5}$ Million, Posen 1$\frac{1}{2}$ Million, Danzig 1$\frac{1}{5}$ Million, Magdeburg $\frac{1}{2}$ Million, Köln $\frac{1}{4}$ Million. Hinsichts der Steigerung ihrer Neuausleihungen aber ist der Durchschnitt aller neun Banken 42%, bei Danzig 8fach, Berlin 2$\frac{1}{2}$fach, Königsberg 2—3fach, Stettin 160%, Breslau 86%, königliche Hauptbank 18%, Köln fiel stetig zuletzt mit 88%. Die höchste Steigerung fällt in das Jahr 1863 bei der königlichen Hauptbank mit 68$\frac{1}{2}$ Million, bei Stettin mit 3$\frac{1}{2}$ Million, (tiefes Sinken 1858—59), Danzig mit 2 Millionen in dem Jahre 1862, bei Berlin mit 10$\frac{1}{2}$ Millionen (1863 10$\frac{1}{3}$ Million), Breslau mit 2,918595 Thlr. (1863 etwa 38,000 Thlr. weniger), Posen mit 1,618,920 (1863 etwa 130,000 Thlr. weniger), schon in dem Jahr 1861 bei Königsberg mit 7 Millionen (1863 unter stetem Sinken 5$\frac{1}{2}$ Million, 1857 aber nur 2 Millionen), in dem Jahre 1857 aber bei Köln mit 829,860 Thlrn., die, wie oben schon bemerkt, bis 1863 stetig auf 93,610 Thlr. sanken, und bei Magdeburg mit 525,400 Thlrn., die 1860 bis auf 168,980 Thlr. sanken, seitdem indeß wieder bis 1863 allmählich auf 427,800 Thlr. stiegen, also nur um 100,000 Thlr. noch hinter dem Maximum von 1857 zurückstehen. Die neueingezahlten Depositen verhalten sich zu dem neuausgeliehenen Lombard in allen neun Banken wie 63 : 19, einzeln bei Danzig wie 12 : 9, bei Magdeburg wie 5 : 3, bei Posen wie 9 : 2, bei Breslau wie 14 : 1, bei der königlichen Hauptbank wie 14 : 5. — Die Lombardbestände zu Ende der einzelnen Jahre zeigen im Durchschnitt zwar ein Sinken 1857—1861 von 18 Millionen und 16 Millionen auf 10 Millionen, und seitdem erst bis 1863 wieder ein Steigen, doch veranlaßte dieses Resultat wiederum vornehmlich die königliche Hauptbank. Letztere führt nämlich 1857 auf: 14 Millionen und fällt bis 1861 allmälig auf die Hälfte, 1863 steht sie auf 11,427,270 Thlr. Bei den Privatbanken muß Berlin unberücksichtigt bleiben, weil sein Bericht gerade von 1862 und 1863 fehlt. Die übrigen Privatbanken folgen in den Depositenbestandsdurchschnitten so: Stettin $\frac{1}{2}$ Million, Breslau $\frac{1}{2}$ Million (1857 fehlt), Königsberg, Posen, Danzig $\frac{1}{3}$ Million, Magdeburg $\frac{1}{4}$ Million, Köln $\frac{1}{6}$ Million. Am stetigsten steigt hier wieder Danzig, welches 1857 mit 193,600 Thlrn. beginnt und mit kleinen Schwankungen 1863 auf sein Maximum von 533,310 Thlr. gelangt; Köln fällt von seinem Maximum (1857): 283,000 Thlr. fast stetig bis 1863 noch unter die Hälfte dieses Betrages; Breslau culminirt 1859 mit 659,315 Thlrn., fällt 1860 auf 455,670 Thlr., steigt aber dann bleibend bis 1863 auf 551,085 Thlr.; Magdeburg erhob sich 1863 auf das Doppelte seines Bestandes von 1857 mit 246,540 Thlrn., indem es ganz, wie Danzig, 1859 und 1861 immer wieder

um etwas zurückfällt, sein Maximum aber liegt 1863 mit 281,180 Thlrn.; Königsberg erreicht, indem es seit 1859 allmälig steigt, noch nicht um 90,000 Thlr. sein Maximum des Jahres 1858 von 747,943 Thlrn.; Stettin fällt bis 1859 auf 301,925 Thlr., fast auf die Hälfte des Bestandes von 1857, steigt aber dann bleibend zu seinem Maximum von 1863 mit 653,537; Posen endlich fällt bis 1861 stetig und bis unter die Hälfte seines Maximums (1857) von $^1/_2$ Million, seit 1861 stieg es indeß wieder bis 1863 fast auf den Betrag jenes Maximums. Hiernach stiegen Danzig 174%, Magdeburg 100%, Königsberg 45%, Stettin 11%, die übrigen Banken sanken. Die Jahresbestände der Depositen stehen zu denen des Lombards in allen neun Banken = 12 : 7; bei Danzig 6 : 5, Magdeburg 5 : 16, Posen 3 : 10, Stettin 3 : 1, Breslau 1 : 3, königliche Hauptbank 2 : 1. — Die Lombardzurückzahlungen stiegen bei allen Banken um 38% im Durchschnitte, bei der königlichen Hauptbank um 14%, bei den übrigen ungefähr den Neuausleihungen entsprechend.

Das Effectengeschäft übergehen wir als weniger erheblich und in den Bankberichten theilweise höchst lückenhaft.

In Wechselgeschäften stehen nach der durchschnittlichen Gesammtsumme der angekauften Wechsel, die Inkassowechsel mit eingerechnet, 1857—63 die neun Banken so zu einander: königliche Hauptbank 407 Millionen, Danzig 15 Millionen, Stettin 14 Millionen, Berlin 10½ Millionen, Köln 10½ Millionen, Posen 8 Millionen, Magdeburg 7½ Millionen, Königsberg 6⅔ Millionen, Breslau 3½ Millionen. Die königliche Hauptbank fiel bis 1860 von 427 auf 354 Millionen, stieg dann indeß bis 1863 auf 512 Millionen (mit 883,407 Stück); Danzig steigt 1857—62 von 4 Millionen auf fast 22 Millionen (!), 1863: gegen 20 Millionen, Stettin sinkt bis 1859 von 19 Millionen auf 8 Millionen, 1862 ist es auf etwa 18 Millionen gehoben, 1863: 17 Millionen, Berlin bleibt fast durchweg auf 10—12 Millionen, nur 1861 hat es 13 Millionen, Köln sinkt bis 1860 von 13—6 Millionen und gelangt bis 1863 auf 16 Millionen, Posen steigt bis 1863 dauernd von 6—11 Millionen, Magdeburg ebenso bis 1862 von 4—11 Millionen, 1863: 9 Millionen, Königsberg schwankt zwischen 6—8 Millionen, 1859 zählt es nur 5 Millionen, 1863: 7 Millionen, Breslau steigt bis 1863 von 2—4½ Millionen. Die Steigerung war also bei Danzig 375%, Breslau 44%, königliche Hauptbank 22%, Stettin 16%. Für den Einkauf von Platzwechseln, Wechseln auf preußischen und außerpreußischen Bankplätzen fehlen die Berichte von Breslau und Königsberg, theilweise auch von Köln. Wegen des eben genauer betrachteten Gesammtbetrages der eingekauften Wechsel genügt es bei diesen Detailrubriken, wenn wir die Durchschnitts- und Verhältnißzahlen angeben. Platzwechsel kauften 1857—63 die königliche Hauptbank für 170 Millionen, Berlin 6 Millionen, Köln 6 Millionen (nur 1859—63), Magdeburg 5½ Millionen, (nur 1858—63), Stettin 5¹/₂ Millionen (nur 1857—62), Danzig 5 Millionen, Posen 4¹/₂ Millionen. Hierin stiegen Danzig um 333%, Köln 50%, Stettin 42%, Magdeburg 33%, königliche Hauptbank 20%. Für Wechsel auf **preußischen Bankplätzen** zahlten: die königliche Hauptbank 232 Millionen, Danzig 9 Millionen, Stettin 5²/₃ Millionen (nur 1857—62), Köln 5 Millionen (nur 1859—63), Berlin 4 Millionen, Posen 3¹/₂ Millionen, Magdeburg 2 Millionen (nur 1858—63), dabei steigerten sich Danzig um 483%, Köln 250%, Magdeburg 133%, Berlin 100%, Posen 100%, königliche Hauptbank 23%, Stettin 15%. Für Wechsel endlich auf **ausländischen Bankplätzen** wurden ausgegeben von der königlichen Hauptbank 5¹/₁₀ Million, Stettin 2¹/₄ Million (nur 1857—62), Danzig 1¹/₂ Million, Berlin ¹/₂ Million (nur 1858—63), Magdeburg ¹/₁₂ Million (1858—63), Posen ¹/₂₀ Million (1858—63), Köln von 1859—63 ganz unbedeutende Beträge, für 1857 und 1858 fehlen von ihm die Berichte. Auf ein ähnliches Minimum, wie Köln, sanken nach starkem Anlaufe Königsberg, Magdeburg, Posen. Danzig stieg hier um das Vierfache, die königliche Hauptbank um 37%, Stettin um 50%, nachdem es hier, wie bei dem Einkaufe der Wechsel vom Platze und von preußischen Bankplätzen in den Jahren 1858—60 bedeutend gesunken war.

Ein besonders auffallendes Sinken zeigt sich in Berlin beim Einkauf außerpreußischer Bankwechsel; es steigt 1858—60 von 110,954 Thlr. auf 1,459,219 Thlr. und fällt dann enorm jäh bis 1863 auf 1772 Thlr. Der Einkauf von Platzwechseln wurde daher besonders berücksichtigt bei: Berlin, Köln, Magdeburg, Posen und zwar in dieser Reihenfolge, der Einkauf von Wechseln auf preußischen Bankplätzen besonders bei der königlichen Hauptbank und Danzig. Gegen diese Waaren steht bei allen neun Banken der Einkauf von Wechseln außerpreußischer Bankplätze bedeutend zurück, in letzterem Einkaufe ist Stettin den andern Privatbanken voraus, sein Einkauf von Platzwechseln andrerseits ist fast gleichhoch mit seinen Zahlungen für Wechsel preußischer Bankplätze. Wünschenswerth zeigt sich, daß in den Bankberichten über diesen Theil der Bankthätigkeit auch die Stückzahl neben den summirten Kaufpreisen der Wechsel aufgeführt würde. — Im Inkassowechselgeschäft überragt Berlin alle übrigen Banken bedeutend, sein Durchschnittssatz 1857—63 ist 344 Millionen, dagegen bei der königlichen Hauptbank 2 Millionen, Köln 1³/₅ Million, Danzig ¹/₂ Million, Magdeburg ²/₅ Million, Posen ¹/₁₁ Million, Königsberg und Stettin haben kein Wechselinkassogeschäft, von Breslau fehlt der Bericht. Hier steigt Berlin um 33% (1859—63 von 251³/₄—470 Millionen), die königliche Hauptbank fällt seit 1858 bis 1863 etwa um 200,000 Thlr., Köln steigt 1858—62 von 669,955 Thlr. auf 2,591,329 und fällt 1863 um 1 Million, Danzig steigt 1858—62 von 255,573 Thlr. auf 844,150 Thlr., sinkt aber 1863 wieder auf 359,818 Thlr., ebenso steigt Magdeburg 1859—62 von 95,690 Thlr. auf

733,474 Thlr., fällt dann 1863 auf 325,424 Thlr. Posen zeigt nur geringes Schwanken. — Die **Wechselbestände** von Platzwechseln, preußischen und außerpreußischen Wechseln (bei Köln, Magdeburg, Posen mit Einschluß der Inkassowechsel) am Schlusse der einzelnen Jahre betragen durchschnittlich bei der königlichen Hauptbank 57½ Million, Stettin 2½ Million, Köln 1,874,000 Thlr., Danzig 1,649,000, Magdeburg 1,476,000, Berlin 1,395,000 Thlr., Posen 1,235,000 Thlr., Königsberg 1,117,000 Thlr. Von Breslau fehlt auch hier der Bericht. Eine Steigerung tritt ein bei Danzig um 100%, Köln 100%, Königsberg 50%, Stettin 50%, königliche Hauptbank 46%. — Der **Gesammtumsatz im Wechselgeschäft, Einkauf und Eingang für Wechsel** 1857—63 sind durchschnittlich bei der königlichen Hauptbank 864½ Million, Danzig etwa 31⁵/₇ Million, Stettin 28½ Million, Köln 24²/₃ Million (nur von 1859 ab), Berlin 22½ Million (nur von 1858 ab), Posen 18 Millionen (ebenso), Magdeburg 17⁵/₆ Million (ebenso), Königsberg 14¹¹/₂₀ Million (ebenso), Breslau berichtet erst seit 1861. Die Gesammtsteigerung beträgt 28%; bei Danzig um das Sechsfache, von 7 Millionen auf 46 Millionen (1862), 42 Millionen (1863); bei Köln um das Doppelte 16½ Million (1859), 14 Millionen 1860 auf 34²/₃ Million (1862), 32½ Million (1863); bei Posen ebenso um das Doppelte bis 23²/₅ Million (1863); bei Magdeburg um 50% bis 23¼ Million (1862); 19 Millionen (1863); bei Königsberg um 33%, 12²/₅ Million (1858), 11⅕ Million (1859), 18¼ Million (1862), 16 Millionen (1863); in Berlin von 17 Millionen (1858) bis 28½ Million (1861), seitdem 21—22 Millionen; bei der königlichen Hauptbank um 22% bis 1089½ Million (1863); Stettin sank bis 1859 und 1860 um 113%, seitdem stieg es bis 34—36 Millionen von 17 Millionen, sank also noch 13% im Ganzen. — Der **Gesammtbetrag der eingegangenen Wechsel und ihrer Disconti** 1857—63 ist durchschnittlich bei der königlichen Hauptbank 407 Millionen, Danzig 15 Millionen, Stettin 14⅓ Million, Berlin 13 Millionen (seit 1858), Köln 12²/₄ Million (seit 1859), Magdeburg 8½ Million (seit 1858), Posen 8½ Million, Königsberg 6⅔ Million (seit 1858), Breslau berichtet auch hier erst seit 1861. Er stieg bei allen Banken zusammen um 30%, bei Danzig um das Sechsfache, bei Berlin 120%, Köln um das Doppelte, Königsberg 16%, Magdeburg 50%, Posen um das Doppelte, bei der königlichen Hauptbank um 22%. Stettin fiel 1857—60 von 20²/₃ Million auf 8—9 Millionen, seitdem hob es sich bis 1863 wieder auf 17—18 Millionen, es sank daher im Ganzen um 15%. Dieser Wechselumsatz warf in den Zinsen auf Platz- und preußische, wie außerpreußische Rimessenwechsel folgenden **Gesammtgewinn** durchschnittlich ab: bei der königlichen Hauptbank 2,646,800 Thlr., Stettin 146,000 Thlr., Köln 70,000 Thlr. (seit 1859), Posen 66,000, Magdeburg 63,200 Thlr. (seit 1858), Berlin 55,000 Thlr., Königsberg 53,000 Thlr. (seit 1858), Danzig 53,000 Thlr. Das Capital dieser Gewinne ist ungefähr gleich dem Unterschiede, welcher sich aus dem Gesammtumsatz in Wechselgeschäft, Einkauf und Eingang für Wechsel, gegenüber der Gesammtsumme der eingegangenen Wechsel und ihrer Disconti ergiebt; danach betrug das thätige Wechselcapital durchschnittlich 530 Millionen im Jahre und warf etwa 3 Millionen Thaler jährlichen Gewinn ab. Die rapideste Steigerung finden wir hinsichtlich des durchschnittlichen Wechselgewinnes wieder bei Danzig, das von 25,000 auf 90,000 Thlr. sich stetig erhob, Stettin dagegen fiel von 256,224 Thlr. (1857) auf 93,111 Thlr. (1860), seitdem hob es sich allmälig wieder bis 1863 auf 149,732 Thlr. Der Wechselgewinn bildet vom Brutto- und vom Reingewinne bei Danzig $3/5$ (Brutto) und $9/10$ (Rein), Berlin $11/17$ und $11/13$, Köln $7/8$ und $13/11$, Magdeburg $10/13$ und $15/16$, Posen $3/4$ und $13/8$, Stettin $7/10$ und $7/10$, königliche Hauptbank $4/5$ und $3/5$.

In der Notenemission sind die Privatbanken auf 1 Million beschränkt, die königliche Hauptbank dagegen ist unbeschränkt. Durchschnittlich liefen 1857—63 in Noten um: bei der königlichen Hauptbank $85\frac{1}{2}$ Million, Breslau 1 Million, Königsberg 871,295 Thlr. (seit 1860), Posen 859,733 Thlr. (seit 1858), Danzig 828,718 Thlr., Stettin 812,795, Magdeburg 716,380 Thlr., Köln 700,797 (seit 1858), Berlin 628,100 Thlr., oder in Procenten der Notenemission Breslau 100, Königsberg 87, Posen 86, Danzig 83, Stettin 81, Magdeburg 71, Köln 70, Berlin 63. Hierbei stieg Danzig um das $2\frac{1}{2}$fache, die königliche Hauptbank um das $1^{13}/_{18}$fache, Köln, Posen, Stettin fielen besonders in den Jahren 1859—61, überstiegen dann aber die frühere Höhe, Breslau, Magdeburg verharrten, Berlin sank von 872,541 Thlrn. auf 600,450 Thlr. Der durchschnittliche Notenumlauf der neun Banken betrug 1863: 120 Millionen und 1857—63: 92 Millionen. Wechselzahlungen gingen 1863 ein 615 Millionen Thlr., Lombardzahlungen 87 Millionen Thlr., zusammen 702 Millionen Thlr. d. h. an jedem der 300 jährlichen Geschäftstage $2\frac{1}{2}$ Millionen Thlr. „In 38 Tagen konnte also durchschnittlich der ganze Notenumlauf in der Zahlung eigener Forderungen, d. h. ohne Schwierigkeit und Störung für die Banken in ihre Kasse zurückkehren. Der Gesammtumsatz in Eingang und Ausgang betrug 1863 2880 Millionen Thlr., d. h. im Eingange allein etwa $4\frac{4}{5}$ Millionen Thlr. täglich, mithin konnte täglich $1/25$ des Betrags des Notenumlaufs, für welchen überdies noch ein Baarbestand von mehr als $1/3$ stets in den Kassen war, durch die Kassen der neun preußischen Banken laufen. Indessen giebt auch hier allein die königliche Hauptbank mit ihren großen Beträgen den überwiegenden Ausschlag.

Wendet man diese Rechnung (Faucher, volkswirthschaftliche Vierteljahrsschrift 1863. III. p. 100) auf die einzelnen Banken an, so ergiebt sich für 1863 für jede folgendes Resultat:

Banken.	Notenumlauf in Drchschn. 1863.	Eingegangene Wechselzahlung.	Eingegangene Lombardzahlung.	Tagesdurchschnitt.	Tagzahl, in der der ganze Notenumlauf in Zahlung eigener Forderungen der Bank, also ohne Störung dieser, zu ihr zurückkehren kann.	Gesammt-Umsatz in Ein- u. Ausgang.	in Eingangaktiven.	an jedem Geschäftstage.	Betrag der Noten, die täglich durch die Bankkasse laufen können, abgesehen von mehr als $\frac{1}{3}$ Baarbestand der Kasse.
Danzig.	975628	20 Mill.	2 Mill.	73333	14	84 Mill.	42 Mill.	140000	$\frac{1}{7}$
Berlin	600450	$21\frac{1}{2}$ „	$10\frac{1}{8}$ „	105355	6	608 „	304 „	1,000000	$1\frac{2}{3}$
Köln	899725	$16\frac{1}{4}$ „	$\frac{1}{11}$ „	54444	17	$55\frac{1}{2}$ „	$27\frac{3}{4}$ „	91666	$\frac{1}{9}$
Königsberg	949540	$7\frac{1}{3}$ „	5 „	41111	20	35 „	$17\frac{1}{2}$ „	58333	$\frac{1}{17}$
Magdeburg	793270	9 „	$\frac{1}{2}$ „	31666	25	$22\frac{2}{3}$ „	$11\frac{1}{3}$ „	37777	$\frac{1}{21}$
Posen	989500	$10\frac{2}{3}$ „	$1\frac{1}{4}$ „	40000	25	32 „	16 „	53333	$\frac{1}{18}$
Stettin	963300	17 „	[illegible] „	56666	17	$134\frac{1}{4}$ „	$67\frac{1}{8}$ „	223750	$\frac{1}{4}$
Breslau	1,000000	$4\frac{1}{8}$ „	$2\frac{4}{5}$ „	23333	43	27 „	$13\frac{1}{2}$ „	45000	$\frac{1}{22}$
Königl. Bank nebst Filialen	113,000000	$509\frac{1}{2}$ „	$65\frac{2}{5}$ „	1,916666	59	1888 „	940 „	3,135000	$\frac{1}{26}$

Durch die königliche Hauptbank und deren Filiale sind in folgenden Beträgen die Noten der Privatbanken gesammelt und zur Einwechselung präsentirt durchschnittlich 1858—63: von Königsberg fast 10 Millionen, von Danzig und Posen je 6 Millionen, Stettin 5½ Millionen, Magdeburg 4 Millionen. Davon wöchentlich à 3000 Thlr. von Königsberg 192,000, Danzig 127,000, Posen 115,000, Stettin 109,000, Magdeburg 80,000 Thlr., täglich ebenso von Königsberg 33,200 Thlr., Danzig 22,000, Posen 20,000, Stettin 18,900 Magdeburg 13,333 Thlr. Die Berichte der übrigen Banken fehlen; 1863 ist der Betrag bei Köln etwa 15 Millionen, bei Berlin 23½ Million, wo sich aber auch die stärksten Bestände fremder Noten, fast ebensoviel als bei der königlichen Hauptbank befanden. Diese Präsentation sank bei Danzig von 8½—5⅓ Million, bei Stettin von 7—5⅓ Million. — Ein Hauptaugenmerk der Bankverwaltung muß bekanntlich darauf gerichtet sein, stets, doch vornehmlich für Zeiten der Verkehrskrisen genügende Deckung der präsentirten Noten, der fälligen Depositen und der Rückforderungen von Girobeträgen bereit zu halten. Als Deckung kamen hier am Ende des Jahres 1863 auf 1000 Thlr Noten:

	baar Geld	fremde Noten	Wechsel	Lombard.	=	Summe.
zusammen	518	29	732	125	=	1404
bei Danzig	379	17	2171	582	=	3149
„ Berlin	889	2700	2780	2018	=	8387
„ Köln	352	65	2697	156	=	3270
„ Königsberg	336	5	1345	726	=	2412
„ Magdeburg	342	9	1818	280	=	2449
„ Posen	340	2	1478	516	=	2336
„ Stettin	363	158	3166	660	=	4347
„ Breslau	357	59	1001	551	=	1978
„ der königlichen Hauptbank	525	13	623	96	=	1257

Auf 1000 Noten, Depositen, Giro:

zusammen	399	22	563	96	=	1080
bei Danzig	199	9	1091	293	=	1592
„ Berlin	141	430	432	321	=	1324
„ Köln	158	29	1213	69	=	1469
„ Königsberg	263	4	1091	585	=	1943
„ Magdeburg	289	8	1535	237	=	2069
„ Posen	270	2	1175	410	=	1857
„ Stettin	106	46	929	190	=	1271
„ Breslau	322	53	914	497	=	1786
„ der königlichen Hauptbank	419	10	502	76	=	1007

Hieraus resultirt folgendes Deckungsverhältniß:

		Metallbedeckung	sonstige Deckung.
bei der königlichen Hauptbank	100,7%	41,9%	58,5%
„ Stettin	127,1 „	10,6 „	116,5 „
„ Berlin	132,4 „	14,1 „	118,3 „
„ Köln	146,9 „	15,8 „	131,1 „
„ Danzig	159,2 „	19,9 „	139,3 „
„ Breslau	178,6 „	32,2 „	146,4 „
„ Posen	185,7 „	27,0 „	158,7 „
„ Königsberg	194,3 „	26,3 „	168,0 „
„ Magdeburg	206,9 „	28,7 „	178,0 „

Aus dem Vergleich der Banknotenbewegung und -Erträge mit denen der übrigen oben kurz dargelegten Bankthätigkeit erhellt: „Die Bankvereine legen noch immer ein Hauptgewicht auf Größe und Leichtigkeit ihres Notenverkehrs, liebäugeln mit dem Concessions- und Privilegienwesen, suchen ihr Heil noch (fast sämmtlich) in einer Vermehrung des Stammcapitals (der Actien) und so der Erweiterung der Notenemission, zugleich in einem entgegenkommenden Verfahren der königlich preußischen Bank, d. h. in einer rücksichtsvollen Schonung bei der Noteneinwechselung."

Schließen wir nun mit einem Ueberblick der Gesammtthätigkeit und des Gesammtertrages der Banken in den zu Grunde gelegten sieben Jahren.

Der Gesammtumsatz in Einnahme und Ausgabe (abgesehen von der Notenrealisation und den Lombardprolongationen) betrug zusammen 2422 Millionen im Durchschnitt von fünf Jahren, bei der königlichen Hauptbank 1566 Millionen, Berlin 512 Millionen, Stettin 111 Millionen, Danzig 60 Millionen, (alle pro sieben Jahre), Köln 41$^2/_3$ Million (5 Jahre), Königsberg 32$^3/_4$ Million (6 Jahre), Posen und Breslau je 29 Millionen, Magdeburg 20$^1/_2$ Million (seit 1858). Die Privatbanken setzten 1863 um 1000 Millionen Thlr., mit der königlichen Hauptbank zusammen 2880 Millionen, im Verhältniß also 5 : 14. [Dem gegenüber verhielten sich die Stammcapitalien, wie 9 : 17 und diese mit den Reservefonds zusammen, wie 2 : 5.] Jenes Umsatzverhältniß von 5 : 14 beträgt für die einzelnen Privatbanken gegen die königliche Hauptbank bei Berlin 1 : 3, Stettin 1 : 14, Danzig 1 : 22, Köln 1 : 34, Königsberg 1 : 51, Posen 1 : 60, Breslau 1 : 70, Magdeburg 1 : 85. Der Umsatz stieg von seinen 2400 Millionen des Jahres 1857 bis 1863 um 17%. Die königliche Hauptbank ging hierbei in den ersten Jahren tüchtiger Concurrenz der Privatbanken zurück, überstieg aber 1863 den Umsatz von 1857 schon um 200 Millionen, d. h. 12%, ein Bankbeleg für den fast trivialen und seit dem sechzehnten Jahrhundert bekannten Satz der Concurrenzwirkung. In der oben erwähnten Schrift giebt Roepell noch eine Tabelle über die Concurrenz der einzelnen königlichen Hauptbankfilialen, einschließlich der von ihnen ressortirten Bankstellen, mit den Privatbanken ihres Ortes, auf deren wichtiges Detail wir hinweisen. Der Umsatz der Privatbanken wuchs von 730 Millionen Thlr. (1857) auf 1000 Millionen (1863), also um 32%, bei Danzig 1 : 2½, Berlin 2 : 3, Köln 1 : 2½, Königsberg 13 : 17, Magdeburg 13 : 22, Posen fast 0, Stettin 8 : 9.

Hinsichts der **Bruttoeinnahmen** der Banken zeigen sich wieder besonders lückenhaft die Berichte von Köln, Königsberg, Stettin, Breslau, und zwar bezüglich der Zinsen auf Platzwechsel, Rimessen und Lombard, sowie der sonstigen Einnahmen, noch mehr betreffs der Verluste und der Reserven für zweifelhafte Forderungen. Der Gesammtbruttogewinn beträgt:

	1) Durchschnitt 1857/63.	2) 1863.	3) Maximum.	4) Minimum.
bei f. Hauptbank	3,259,528 Thlr.	3,816,249 Thlr.	3,816,249 (1863)	2,512,863 (1861)
„ Stettin	213,000 „	205,449 „	330,361 (1857)	151,184 (1860)
„ Danzig	89,000 „	119,159 „	119,159 (1863)	29,372 (1857)
„ Posen	96,204 „	117,412 „	117,412 (1863)	90,088 (1860)
„ Breslau	97,000 „ (von 1859 ab)	104,789 „	120,195 (1858)	79,942 (1860)
„ Köln	81,000 „ (von 1859 ab)	103,575 „	103,575 (1863)	61,704 (1860)
„ Königsberg	?	95,558 „	95,558 (1863)	73,381 (1861)
„ Mainz	78,600 „ (von 1859 ab)	88,112 „	88,112 (1863)	67,815 (1860)
„ Breslau	75,373 „		75,997 (1862)	72,258 (1861)

Welch ein Gesammtgewinn des **Wechselgeschäftes** hierin enthalten ist, erweist der obige Abschnitt dieses Zweiges der Bankthätigkeit.

Der Reingewinn stellt sich bei den Privatbanken durchschnittlich so:

	Durchschnitt 1857—63.	1863.	Maximum.	Minimum.
bei Stettin	100,700	127,418	134,828 (1862)	45,576 (1859)
„ Berlin	67,054 (seit 1858)	76,086	86,666 (1858)	54,347 (1860)
„ Danzig	61,371	75,251	75,339 (1862)	18,844 (1857)
„ Königsberg	60,000 (seit 1858)	72,534	72,534 (1863)	48396 (1860)
„ Köln	55,900	56,501	67,993 (1857)	45859 (1860)
„ Magdeburg	47,700	56,054	56,054 (1863)	34,000 (1857)
„ Posen	49,200	55,333	66,100 (1862)	50,034 (1857)
„ Breslau	44,000	51,096	72,258 (1861)	20,503 (1860)

Die königliche Hauptbank erzielte 1857 den höchsten Reingewinn mit 3,240,496 Thlr., fiel bis 1861 auf 1½ Million und stieg bis 1863 wieder auf 2,612,521 Thlr. Hiervon empfingen 1863 die Bankeigner à 4½ % und der Staat 1,363,333 Thlr. und es blieb der Gewinnrest und 1,249,188 Thlr.; der Gewinnrest nebst Ersparnissen von früher und mit Absetzungen macht 1863 1,232,403 Thlr. Der Staat empfing davon 1,201,834 Thlr. an Zinsen und Gewinnantheil, die Bankeigner erhielten davon an 4½ % Zinsen von 15 Million 675000 und an Zusatz pro 15,000 Actien à 1000 Thlr.: 513,750 Thlr.

Die Berichte über die Verwaltungsunkosten der einzelnen Banken sind noch für 1863 äußerst lückenhaft. Folgende Rubriken, welche Roepell in seiner Tabelle XXI aufstellt, mußten dabei angemessenerweise berücksichtigt werden: 1) Notenanfertigung, 2) Einrichtungsunkosten, 3) Porti, Provisionen, 4) Verluste, 5) Reserven für zweifelhafte Forderungen, 6) Steuern, Gehälter, Remunerationen,

7) Druckſachen, Bücher, 8) Heizung, Licht, 9) Zeitungen, Inſerate, 10) Schreib-
material, Bureaukoſten, 11) Bauten, 12) Tantième des Directors, 13) Tantième
des Verwaltungsrathes, 14) Verwaltung allgemein. Nach der Summe der Ver-
waltungsunkoſten folgen die Banken ſo: königliche Hauptbank 485,123 Thlr,
Berlin 34,739, Stettin 33,367 Thlr., Breslau 21,470, Danzig 20,494,
Köln 19,164, Poſen 18,059, Königsberg 15,856, Magdeburg 12,792, Danzig
i. i. Procenten der Gewinneinnahme Berlin 33, Breslau 28, Köln 18,
Danzig 17, Königsberg, Poſen, Magdeburg, Stettin je 16, königliche Hauptbank, 13 %, und in Procenten des Geſammtumſatzes Breslau $1/12$, Poſen
$1/13$, Königsberg $1/22$, Magdeburg $1/24$, Köln $1/30$, Danzig $1/40$, Stettin $1/47$,
königliche Hauptbank $1/68$, Berlin nur $1/170$ % wegen des großen Giro-
verkehrs.

Dem Reſervefonds floſſen aus dem Reingewinne zu

	Durchſchnittlich 1857—63.	1863.
bei b. königl. Hauptbank	136,127	205,400
„ Stettin	22,252	24,810
„ Danzig	12,273	15,050
„ Königsberg	10,323 (ſeit 1858)	14,516
„ Poſen	10,443	13,489
„ Köln	11,049	11,300
„ Magdeburg	9,643	11,210
„ Berlin	10,892	10,000
„ Breslau	?	4.607

Der Bruttogewinn verhält ſich zum Reingewinn durchſchnittlich etwa bei
Danzig = 89:61, Breslau = 97:67, Köln = 81:56, Magdeburg = 79:47,
Poſen = 86:49, Stettin = 2:1, königliche Hauptbank = 3:2.

An Dividende brachten ihren Actionären durchſchnittlich: Berlin
$6^5/4$%, Danzig $5^1/4$%, Köln $4^{11}/25$, Königsberg, $4^7/20$, Poſen $4^1/5$, Magdeburg 4%, aber im Jahre 1863: Danzig 6%, Berlin 6%, Königsberg $5^4/5$%,
Poſen $5^3/13$%, Stettin $5^3/8$%, Breslau $5^1/10$%, Königsberg $4^1/2$%, Magdeburg $4^1/2$%. Die faſt ausnahmlos in den voraufgehenden Ueberſichten hervorragende und trotz der zwiſchen 1857—63 häufigen kaufmänniſchen Calamitäten
Danzigs nicht unterbrochene Art und Steigerung der Bewegung in der danziger Privatbank, welche wie Stettin lehrt, nicht ſowohl den hinter Stettin
zurückſtehenden Verkehrsverhältniſſen Danzigs, als vielmehr der einſichtsvollen
und volkswirthſchaftlich trefflich bewährten Direction der Bank, ſowie dem Ein-
fluſſe des Bankſyndicus zugeſchrieben werden muß, ſicherte neuerdings, wie die
Zeitungen berichteten, den Actionären eine den Satz von 1863 noch erheblich
überſteigende Dividende.

Dieſe kurze Ueberſicht, über deren Detail wir auf die Bankberichte und auf Roepells Zusammenstellung verweisen, beantwortete die oben aufgeworfenen Fragen unwiderleglich; die aus den obigen Abschnitten jedesmal gezogenen Schlüsse erweisen dies für die Staatsregierung, für die Banken, die Actionäre und das Publikum. Wir schließen mit Roepells Worten: „Die preußischen Privatbanken haben ihre Nothwendigkeit für den Geldverkehr dargethan. Hohe Zeit ist es, daß die Staatsregierung offen und klar mit ihrer alten Bankpolitik bricht, von ihren alten Normativbedingungen abgeht, daß sie selbst mit dem leidigen Concessions- und Privilegienwesen bricht, die Verlängerung der bestehenden acht Privatbanken, die Errichtung neuer, die Verwaltung der Bankcreditinstitute nur von der Erfüllung gewisser allgemeiner gesetzlicher Vorbedingungen abhängig macht und den längst allseitig befürworteten Reformen des deutschen Bankwesens Rechnung trägt."

Die Trias und Frankreich.

Die vorsichtige Haltung, welche Kaiser Napoleon bei dem Kampfe um Schleswig-Holstein beobachtete, hat vielleicht die Erwartungen auch deutscher Cabinete getäuscht, sie hat aber wesentlich dazu beigetragen, den Krieg mit Dänemark zu günstigem Ende zu führen, sie hat auch bewirkt, was dem Kaiser am wichtigsten war, sie hat den Argwohn der Völker gegen seine Vergrößerungspolitik ein wenig gestillt. Auch der letzte Warnungsruf in der deutschen Presse vor französischen und preußischen Verschwörungen und das Gemurmel über projectirte Abtretung eines preußischen Kohlenbeckens ist glücklich zum Schweigen gebracht. Dies Blatt hat durchaus nicht den Beruf und Wunsch, die Gedanken des preußischen Ministerpräsidenten zu vertheidigen, aber es zeigt doch wenig Kenntniß der regierenden Persönlichkeiten und des Volkes in Preußen, wenn man die Abtretung irgendeines Landestheiles, und sei er noch so klein, bei den gegenwärtigen Verhältnissen für möglich hält. Wohl mag ein fremder Diplomat in der Unterhaltung einmal einem solchen Einfall Worte geben, doch im Ernste auch nur Saarbrück oder die Grafschaft Glatz zu fordern, wird schon eine Beleidigung Preußens, der die entsprechende Antwort nicht fehlen dürfte.

Wer Leben und Regierung des Kaisers Napoleon unbefangen betrachtet, wird der ruhigen Politik, welche er gegen Deutschland angenommen hat, keine unergründlichen Hintergedanken zuschreiben. Napoleon der Dritte hat in der glücklichen italienischen Campagne die Erfahrung gemacht, daß er zwar einige schätzenswerthe Eigenschaften des Feldherrn besitzt, daß er aber kein Schlachtenführer ist. Es gehört zu den Eigenthümlichkeiten seiner auffallenden Persönlichkeit, daß ihm, dem ausdauernden Muth und Entschlossenheit in entscheidenden Momenten von niemand bezweifelt wird, doch die Schrecken des Krieges, der furchtbare Anblick des Schlachtfeldes und die Nervenspannung in den Stunden großer kriegerischer Katastrophen widerstehen. Seit er erkannt hat, daß seine Aufgabe nicht ist, selbst zu commandiren, sondern einem glücklichen Feldherrn die Entscheidung anheimzugeben, hat ein großer Krieg Gefahren für ihn selbst, welche größer sind, als die möglichen Erfolge. Denn ein General, welcher in

den Herzen des französischen Heeres festwurzelt und an der Spitze siegreicher
Schaaren in Paris einzieht, muß für den Kaiser ein Gegenstand der Besorgniß
werden. Wie wenig Pelissier befähigt war, eine politische Rolle zu spielen,
der Kaiser hat ihn doch aus Frankreich entfernt. Er hat ebenso den Sieger
von Solferino in ehrenvolle Verbannung von sich gestellt, und sorgt dafür,
daß die ihm untergebenen Truppen weder durch Zahl noch durch Dauer ihres
afrikanischen Dienstes gefährlich werden. Diese Vorsicht ist in den letzten Jahren größer geworden, denn sie zieht auch die Zeit nach dem eigenen Ableben
in Rechnung. Der Kaiser ist ein liebevoller, zärtlicher Vater, die Sorge um
die Zukunft seines Sohnes ist vielleicht die herrschende Stimmung in seinem
nachdenklichen, grübelnden Geiste. Unwillkürlich bricht dieses Gefühl in dem
oft geäußerten Wunsche aus, daß ihm vergönnt sein möge, das Jünglingsalter
des Prinzen zu erleben. Er weiß sehr gut, daß nichts dem Erbe, welches er
seinem Sohne hinterlassen will, so große Gefahr bereitet, als ein populärer
General, auf den aller Augen ruhen. Er wird deshalb gefährliche Kriege in seiner
Nähe vermeiden, wenn dies mit Ehren geschehen kann, und er wird, um sein
Frankreich zu unterhalten und seiner Regierung Effect zu sichern, seine Erfolge
vorzugsweise in diplomatischen Verhandlungen und in kleinen entfernten Affairen
suchen, welche das Heer beschäftigen, den Franzosen seinen Einfluß auf die Geschicke der Welt beweisen. Er will Frankreich zwingen, ihn zu scheuen und zu
achten, er sucht seine Erhöhung des Auslandes durch gehaltenes Wesen und
Mäßigung. Als er Savoyen und Nizza zu Frankreich fügte, bedurfte er zur
Begründung seiner Herrschaft einer Erweiterung der Grenzen, jetzt ist er sicherer
geworden, die Rolle eines Friedensfürsten entspricht seinen geheimsten Neigungen.
Auch seine Expeditionen in Hinterindien und Mexiko halten nur die Absicht,
bei mäßigem Einsatz einen Erfolg zu gewinnen, der die Tagespresse und die
Gemüther seiner Soldaten beschäftigte. Der Kaiser hat versucht, durch die
Rente und Börse jeden, der irgend Geld wagen will und verlieren kann, an
seine Herrschaft zu fesseln, und dies ist ihm in einer Weise gelungen, daß sein
Frankreich ein friedliebendes Land geworden ist, wie nie zuvor.

Die plötzliche und ungesunde Ausdehnung, welche das Börsenspiel in
Frankreich gewonnen hat, in welchem jetzt auch für die beste ländliche Hypothek
gegen fünf p. C. Zinsen kaum noch ein Capital zu finden ist, bedroht allerdings auch die friedlichen Neigungen des Kaisers und die Ruhe Europas mit
einer Gefahr. Am Gedeihen des Credit mobilier und an dem Fortwuchern der
hoch gespannten Geldspeculationen hängt das Behagen des Landes, die Sicherheit seiner Regierung, und es ist allerdings nicht unmöglich, daß eine Krisis
kommt, in welcher ein großer Zusammensturz der Speculationen aus schwin-
delnder Höhe und die dadurch aufgeregte allgemeine Unzufriedenheit, den Kaiser
gegen Wunsch und Willen in eine verzweifelte Angriffspolitik treiben. Zur
Zeit ist diese Gefahr nicht vorhanden und das Kaiserthum ist jetzt in Wahrheit
der Friede, wenigstens in Bezug auf die Großmächte Europas.

Der Kaiser ist über die Lage Preußens genau unterrichtet. Seine Berichterstatter auf dem Kriegsschauplatz haben ihm auch Anderes berichtet, als die
Einnahme der Düppler Schanzen, die zum Erstaunen des Höchstcommandirenden
so ganz anders verlief als der Schlachtbefehl vorschrieb. Er kennt genau die
Schwäche und Stärke des preußischen Heeres, die regierenden Persönlichkeiten
und nicht am wenigsten das preußische Volk. Besser als viele Deutsche weiß
er, daß dieser Staat nach fast fünfzig Jahren der Erschöpfung und innerer
Kämpfe jetzt im Anbeginn einer kräftigeren Machtentwicklung steht, welche nicht
ohne Gefahr für den Gegner gehemmt, schließlich nicht gehindert werden kann.
Ob ihm die neue Militärorganisation die Achtung vor der preußischen Waffen-

tüchtigkeit vermehrt hat, wissen wir nicht, wohl aber, daß ihm die allgemeine Wehrpflicht und die behende Hingabe, mit welcher sich auch der gebildete Preuße zum Soldaten bildet, als ein idealer Zustand erscheint, den er Frankreich nicht vollständig zu geben vermag. Er weiß sehr gut, daß das Material, aus welchem sich die Wehrkraft dieses Staates erzeugt, ein vortreffliches ist, und daß Preußen von dieser Seite ein sehr werthvoller Freund ist, ein gefährlicher Gegner sein würde.

Auch nach anderer Richtung ist Preußen für sein Frankreich kein schlechter Nachbar, stark genug sich Achtung zu verschaffen, nicht groß genug, um Besorgnisse einzuflößen, auf Erfolge angewiesen, welche ein gutes Einvernehmen mit Frankreich sehr wünschenswerth machen, auf keinem überseeischen Gebiete Concurrent oder Gegner des Kaiserreiches.

Die Bedeutung Preußens aber ist in den letzten zwei Jahren für Frankreich sehr gesteigert worden durch die Ueberzeugung, daß die kleineren deutschen Staaten für Deutschland wie für Europa an Bedeutung wesentlich verloren haben. Bei dem Kampf um Fortsetzung des Zollvereins, bei dem Fürstentage zu Frankfurt und in der schleswigholsteinschen Frage hat dieselbe Erkenntniß, welche in Deutschland durchgeschlagen ist, auch in den Tuilerien Wurzel gefaßt, daß es den kleineren Staaten zu schwer wird, ein nationales Interesse mit Festigkeit zu vertreten, daß eine Coalition derselben untereinander nicht durchzusetzen ist, und daß sie, wenn erreichbar, an ihrer eigenen Lockerheit zu Grunde gehen würde, endlich aber, daß der Bestand dieser Staaten immer mehr gefährdet wird, je weiter sich die Verkehrsinteressen der Nation entwickeln und je mehr das Uebergewicht der Großstaaten den Völkern fühlbar wird.

Wir lesen in diesen Tagen geheimnißvolle Andeutungen, daß mehr Mittelstaaten damit umgehn, sich untereinander zu coaliren, daß darauf bezügliche Memorials communicirt seien, ja daß man in Paris deshalb angefragt habe. Dergleichen wird ebenso eifrig berichtet als desavouirt.

Solche Nachrichten, ob wahr ob falsch, haben insofern Bedeutung als sie andeuten, wie lebhaft die Regierungen mehrer Mittelstaaten selbst die Gefahren ihrer Lage empfinden und wie rathlos sie ihnen gegenüberstehn. In der That sind die meisten derselben schlimm daran. Ihnen muß wünschenswerth erscheinen, sich untereinander zu vereinigen, um gegen Preußen oder Oestreich oder gar gegen eine gemeinsame Operation beider ein Gegengewicht zu bilden. Aber selbst wenn ihnen gelingt, sich einmüthig zusammenzuballen, so wäre diese Verbindung erstens immer noch schwächer als auch nur eine der beiden Großmächte, und dann droht solche Coalition Preußen und Oestreich grade zu gemeinsamem Angriff zu vereinigen, also das Unglück herbeizuführen, welches man um alles vermeiden möchte. Offenbar ist die Coalition der kleinen Staaten zum Widerstande nur stark genug, wenn sie sich an eine der Großmächte anlehnt. Man hat in Frankfurt verweigert sich mit Oestreich zu verbinden, wollte man sich vollends mit Preußen vereinigen, so wäre dies ja grade der unselige Bundesstaat, welchen man durchaus nicht will. Es bleibt also nur übrig, sich an eine auswärtige Macht — Frankreich — anzulehnen. Und das wäre wieder der abscheuliche Rheinbund, jedem deutschen Herzen verhaßt, den patriotischen Regierungen der Mittelstaaten ebenfalls sehr bedenklich, zumal Frankreich möglicherweise keine Lust haben könnte, sich auf solche Anlehnung einzulassen, die bei der durch das Bundesrecht beschränkten Souveränetät der kleinern Staaten diesen ohnedies nicht gestattet würde. So ist eine Coalition der Kleinern zum Schutz gegen die Größern schon an sich ein bedeutungsloses, und doch verhängnißvolles Unternehmen. Und wie soll eine solche Coalition durchgesetzt werden, wo das Motiv der Verbindung grade der Particularismus ist?

Man will die Rechte der Souverānetāt und Selbstbestimmung ängstlich gegen die großen Staaten wahren und man soll sie, um sie zu wahren, in einem schwachen Bunde der Kleinen opfern; man findet die Suprematie Preußens unleidlich, und man soll jetzt die von Bayern oder Hannover ertragen! Und zu welchem Zweck? Um doch schwach zu sein, um doch in Europa ohne Einfluß, ohne Sympathien, ohne Erfolge zu bleiben und bei der ersten großen Bewegung als Opfer zu fallen. Ferner aber was soll die politische Basis einer solchen Coalition sein? Die Sorge um bedrohte Sonderexistenzen ist ein schlechtes Band, Staaten zusammenzuschließen. Mit Eifersucht und ohne Zuneigung steht jede einzelne Regierung neben der andern, jede wünscht ihrer kleinern Nachbarn Herr zu werden, nicht zwei können sich ohne lange Verhandlungen auch da, wo ihre Interessen zusammenlaufen, mit einander verständigen. Wie ist denkbar, daß man einem Bundesstaat, an dessen Spitze Bayern steht, sich unterordnen werde, da man einem größeren Staat gegenüber dies für unvereinbar mit souveräner Würde erachtet. Fragt man endlich, aus welchen Staaten ein solcher Bund bestehen sollte, so steigern die geographischen Bedenken die Schwierigkeit. Preußen ist angesessen in Thüringen, ja auch in Schwaben, es schließt einige der kleineren Staaten fast ganz von den andern ab, der zerrissene, getheilte Bundesstaat der Trias wäre weder in militärischer Hinsicht ein vertheidigungsfähiger Körper, noch besteht zwischen den Gesetzen und Verkehrsinteressen seiner Angehörigen ein Band, welches engeren Anschluß derselben untereinander, als mit den übrigen Staaten des Zollvereins rechtfertigen würde. Sachsen und Thüringen sind in allen ihren realen Interessen eng an Preußen geschlossen, Hannover und Bayern stehen in der localen Entwicklung ihrer Rechtsverhältnisse, in Kirche, Handel und Volksleben so weit von einander ab, als irgend zwei Stämme deutscher Zunge.

Alles dies weiß man in Frankreich so gut wie diesseit des Rheins. Dem Kaiser ist es auch durchaus nicht verborgen, daß die relative Bedeutung der kleinern Staaten alljährlich in der civilisirten Welt verringert wird, daß der große Zug unsrer Zeit auf Absorption und Ueberwindung des Particularismus im Innern großer Nationen gerichtet ist, und daß es bedeutet, sich gegen die Tendenzen der Zeit auflehnen, wenn man Großes einsetzt, um künstlich zu conserviren, was vielleicht an sich nicht mehr lebensfähig ist. Sollte also ja eine deutsche Regierung, was wir nicht gern glauben würden, in Frankreich geklagt, geraunt oder angefragt haben, so ist auch für einen Fernstehenden unschwer zu errathen, was der Kaiser zu Gunsten angedeuteter Triasprojecte thun würde. Er würde den Gedanken ohne Achtung und tieferes Interesse behandeln, weil er doch überzeugt wäre, daß zuletzt nicht viel dabei herauskommen wird, er würde vielleicht seine Sympathien andeuten, vielleicht eine günstige Auffassung durch sein officielles Frankreich in Aussicht stellen, vielleicht auch versprechen, bei drohender Vergewaltigung durch eine der deutschen Großmächte seine Bedenken derselben mitzutheilen. Aber er würde vor dem Ernste eines großen Conflictes fragen, ob diese Interessen ihm noch lohnen, Großes auf das Spiel zu setzen, um zu verzögern, was endlich doch sich vollziehen muß. Und er wird bei solcher Rechnung ohne Zweifel finden, daß für ihn und sein Frankreich vortheilhafter ist, ein besonnener Beobachter zu bleiben, als sich zu einem Mitstreiter für eine Sache zu machen, an deren Sieg er selbst weniger glaubt, als irgendein anderer Staatsmann Europas.

Verantwortlicher Redacteur: Dr. Moritz Busch.
Verlag von F. L. Herbig. — Druck von C. E. Albert in Leipzig.

Verlag des Bibliographischen Instituts in Hildburghausen.

Complet erschienen:

Illustrirtes Thierleben.

Eine allgemeine Kunde des Thierreichs
von A. E. Brehm.

Erste Abtheilung (Säugethiere) in 2 Bänden.
mit 408 in den Text gedruckten Thierportraits und 34 grösseren Compositionen
nach dem Leben, von R. Kretschmer.

Preis: geheftet 8½ Thaler, gebunden in 2 Bänden 10 Thaler.

In die Lücke einzutreten, welche die popularisirende Naturbeschreibung auffallender Weise gerade da offen gelassen hat, wo das Reich der am vollkommensten organisirten, dem Menschen am nächsten stehenden Geschöpfe beginnt: **das Leben der Thiere**, ist der gewissenhaft verfolgte und — glücklich erreichte Zweck dieses Werkes, welches unterstützt wird von Künstlern, die während ihres Aufenthaltes in allen Zonen und des Besuches von nicht weniger als elf zoologischen Gärten der Auflage oblagen, alle Thiere nach dem Leben zu zeichnen, und so endlich einmal **naturwahre Darstellungen** an Stelle der Zerrbilder zu setzen, die leider zumeist noch unsere derartigen Werke bevölkern.

Die **zweite Abtheilung**, die **Vögel** enthaltend, erscheint wie die erste in ca. 30 Lieferungen, jede zu ¼ Thaler Subscriptionspreis, und ist durch jede Buchhandlung zu beziehen:

Beurtheilungen fachwissenschaftlicher Autoritäten und der angesehensten Zeitungen (im Auszug):

(Professor K. A. Rossmässler.) Die Vortrefflichkeit der Darstellungsform des Gebotenen wird jeder Leser selbst sofort und zwar mit vollkommener Befriedigung erkennen. Es ist ein Werk, bei welchem die „Befriedigung eines allgemein gefühlten Bedürfnisses" keine Redensart, sondern eine Wahrheit ist. Dies Buch kann man „lesen", während man andere populäre Thierbücher im besten Falle nur „studiren" kann.

(Prof. Rud. Wagner.) Unter den vielen ähnlichen Unternehmungen zur Darstellung des Lebens der Säugethiere, als der uns zunächst liegenden Thierklasse, kenne ich keines, welches zu sehr eine edle Popularität mit wissenschaftlichem Gehalte vereinigt, als das von Herrn Dr. Brehm. Die zahlreichen eigenen Erfahrungen des Verfassers geben dem Werk in der That den Character einer Originalforschung, auch die Abbildungen lassen nichts zu wünschen übrig, wie es von der Meisterhand Kretschmer's zu erwarten war.

(Dr. Otto Ule.) Niemand dürfte zu einer solchen Schilderung des Thierlebens so geeignet sein, als der Verf. Ein solcher Forscher allein war im Stande, ein Werk zu schaffen, das auf wissenschaftlicher Grundlage ein anschauliches Bild des Thierlebens gewährt, frei von jedem Fabel- und Mährchenglauben, frei von Uebertreibung und sentimentaler Ausartung.

(Dr. J. Lenzis.) Wollte ich auf alle Vorzüge des illustrirten Thierlebens von Dr. Brehm eingehen, so würde ich schon über die 13 ersten Hefte eine Abhandlung schreiben müssen; soll ich aber mein Urtheil kurz fassen, so lässt sich auch den bis jetzt erschienenen 13 Heften mit Grund erwarten, dass Brehm's Thierleben auf dem Gebiete der populären Naturgeschichte nicht nur eins der interessantesten und gründlichsten, sondern das beste Buch zu werden verspricht, was unsere Literatur über das gesammten Säugethiere und Vögel besitzt.

(Prof. Oken.) Wesentlich unterscheiden sich die Abbildungen in Brehm's Werk von denen aller andern Werke. Dem Künstler gebührt Anerkennung dafür, dass er die lebende Natur zur einzigen Grundlage nahm, und zu seinen Studien zu der seltenen Naturtreue verholfen hat, welche dieses Werk auch

(Coleman Lázár.) Durch dieses Werk erwirbt sich der Verfasser mit vollem Rechte den schönen Namen eines Volksschriftstellers und erfüllt dadurch eine höchste Aufgabe des Forschers, d. h. er macht seine Leser zu innigen Freunden der Natur — er versöhnt sie mit ihr.

(Karl Vogt.) Ich empfinde fast ein Bischen Neid, wenn ich den stattlichen Band mit den vielen vortrefflichen Holzschnitten durchblättere — ich möchte das Buch selber geschrieben haben! Aber ich unterdrücke den Neid und, betrachte, vergleiche — und stets nehme ich den Band mit neuem Vergnügen zur Hand, lege ihn nie ohne Gewinn zur Seite. Ganz besonders muss ich noch der meist ausgezeichneten Holzschnitte erwähnen.

(Leipziger Illustrirte Zeitung.) Das Werk ist in aller Hände und so vielfältig besprochen, wie kein anderes naturwissenschaftliches seit Oken's jetzt veralteter, aber für ihre Zeit vortrefflichen Naturgeschichte. Noch etwas neues über Brehm's Werk zu sagen, ist schwer. Der Fachmann hat den echt wissenschaftlichen Geist und die durchgeführte Methode, der Gebildete im allgemeinen die Klarheit, den Reichthum und die unwiderstehliche Anziehungskraft desselben anerkannt. Die Illustrationen, deren übrigens solche Textschilderungen kaum bedürften, sind vortrefflich; fast ohne Ausnahme wurden sie nach dem Leben gezeichnet und häufig gibt nun Brehm die erste gute Abbildung des betreffenden Thieres.

(Preis. Deutsches Museum.) Unter den Naturkundigen der Gegenwart dürfte kaum einer weiter zu finden sein, der so geeignet ist zur Ausarbeitung einer populären Schilderung der Thierwelt, als der Verfasser des „Illustrirten Thierlebens." In der That muss das Werk als eins der vorzüglichsten naturwissenschaftlichen Volksbücher bezeichnet werden.

(Deutsche Allgemeine Zeitung.) Es gehört dies Buch unbedingt zu den besten und interessantesten wissenschaftlichen Werken der Gegenwart. Lebendigkeit, Leichtigkeit, edle Popularität und plastische Anschaulichkeit und Rundung der Darstellung ist hier mit der strengen Forderung der Wissenschaft aufs Glücklichste vereint, wodurch das Werk ebenso dem Naturkundigen reiche und tiefe Belehrung, als dem allgemein gebildeten

(Blätter für literarische Unterhaltung.) Der Verfasser hat in der That den glücklichen Gedanken gehabt, als er es unternahm, ein Illustrirtes Thierleben zu schreiben, wie unsere naturhistorische Literatur ein ähnliches Werk nicht aufzuweisen hat. Es führt uns so recht eigentlich in das bunte, mannichfaltige Treiben der Thierwelt und lässt die Natur unmittelbarer, wir möchten sagen ohne die Brille der Abstraction auf uns wirken etc. Ganz besonderes Lob verdienen die Illustrationen.

(Kölnische Zeitung.) Mit wahrem Vergnügen zeigen wir den Fortschritt in der Publikation von Brehm's „Thierleben". Eine Lieferung ist immer noch gehaltreicher als die andere. Eine so gesunde Nahrung wurde lange nicht geboten. Es ist ein Volksbuch im besten Sinne des Wortes, das bei der so allgemein gewordenen Liebhaberei für Thiergärten in den rechten Augenblicke kam.

(Bremer Sonntagsblatt.) Wenn es sich um Thierleben und Thiertreiben handelt, so ist der Name Brehm allein ein Gewicht, welches fast jeden Widerspruch besiegt. In der Treue und Lebendigkeit der Darstellung steht Brehm's Werk wirklich einzig da.

(Breslauer Zeitung.) Wir können nur wiederholen, dass Brehm in unserer naturgeschichtlichen Literatur einzig und bisher unübertroffen dasteht und bald alle die zahlreichen sogenannten populären Naturgeschichten verdrängt wird. Es vereinigt das reichhaltigste, aufs sorgfältigste gesichtete Material mit wissenschaftlicher und dabei echt volksthümlicher Darstellungsweise.

(Morgenblatt zur Bayerischen Zeitung.) Man darf sagen, dass Brehm's von den ersten Fachgelehrten rühmlichst anerkanntes Werk in seiner Weise wirklich einzig und unübertroffen dasteht und ebensoviel Genuss als Belehrung gewährt. Die Darstellung selbst muss ein Muster von Gründlichkeit, Vielseitigkeit und von tiefer Kenntniss zeugenden Studiums genannt werden.

(Tagesblatt aus Böhmen.) Das Werk gehört zu den bedeutendsten und würdigsten Erscheinungen auf dem erspriesslich wirkenden, aber auch mit Seichtheiten und Trivialitäten nur zu oft überschwemmten Gebiete der volksthümlichen Darstellung der Naturwissenschaften. Dieses ausgezeichnete Buch, dem zur Bezeichnung „Prachtwerk" nichts fehlt als — der theure Preis, der sonst

XXIV. Jahrgang. I. Semester.

Die Grenzboten.

Zeitschrift für Politik und Literatur.

№ 9.

Ausgegeben am 24. Februar 1865.

Inhalt:

Aus dem Soldatenleben des vorigen Jahrhunderts . . . Seite 321
Die münchener Kunst der Gegenwart: Die Renaissance 335
Literatur: Leben Gneisenau's von Pertz 353
Das preußische Abgeordnetenhaus und die Bankfrage 357

Grenzbotenumschlag: Literarische Anzeigen.

Leipzig, 1865.
Friedrich Ludwig Herbig.
(F. W. Grunow.)

Aus dem Soldatenleben des vorigen Jahrhunderts.

Das deutsche Heerwesen des achtzehnten Jahrhunderts ist in den letzten Jahren mehrfach behandelt worden und hat bereits eine reiche Literatur. Was hier dafür gegeben wird, sind nur einzelne neue Striche zu einem Gemälde, welches den Lesern dieses Blattes nicht unbekannt ist. Es konnten dabei hier und da alte Aufzeichnungen und Actenstücke, welche noch nicht publicirt sind, benutzt werden. Die Mittheilungen folgen in bunter Reihe, jede unter besonderer Ueberschrift.

Revuen und Lustlager.

Der Soldat war früher weit mehr als jetzt die Puppe, mit der die größeren und kleineren Kriegsherren gern in Friedenszeiten spielten. So erbärmlich und unzweckmäßig gewöhnlich die Ausrüstungsgegenstände, namentlich die Bekleidung waren, so wurde um so mehr auf den äußeren Flitter gehalten, lediglich um das Auge zu bestechen. Die Bekleidung war meist das Gegentheil von dem, was sie sein sollte, d. h. vom schlechtesten Material, das nur wenig gegen die Einflüsse der Witterung schützte, dabei alles so eng und knapp, daß der Mann in seinen Bewegungen sehr behindert war. Schlecht und knapp lag im Interesse des Inhabers einer Compagnie, dem zur Ausrüstung und Herstellung ein gewisser Fond überwiesen wurde, je mehr er dabei zu sparen wußte, desto besser befand sich dabei sein Beutel. So war denn das Innehaben einer Compagnie immer eine Art Volltopf, der jedem genehm war und so finden wir sogar die Stabsoffiziere als solche Inhaber, während der eigentliche Compagniechef das weniger Angenehme des Commandos hatte. —

Die „Kriegsherren" prunkten so viel als möglich mit ihren Vaterlandsvertheidigern. Große und schöne Leute, bunte und reiche Bekleidung und exacte Bewegungen beim Manövriren waren die Hauptbedingungen. Da die Mannschaften angeworben wurden, so kosteten solche Halbriesen viel Geld und ein Zoll mehr wurde oft mit Hunderten von Thalern bezahlt. Ehe die Mannschaften zur Fertigkeit im Manöveriren gelangten, bedurfte es eine schwere Dressur, bis der Gleichschritt, in einer Minute genau so und so viel, das Gleichmäßige der Griffe und Chargirung und andere Schaueffecte erlernt wurden. Ja, es war eine Dressur im wahrsten Sinne des Wortes, eine oft bei weitem ärgere, als man sie bei Pferden und Jagdhunden anwendet. Es wurde alles über einen Kamm geschoren, die Ungeschickteren und Unachtsamen oder gar Störrigen kamen sehr übel weg. Allerlei Schimpf- und Zankworte, Ohren- und Haarzausen, Knüffe und Püffe, Maulschellen und Schläge, kurz alles war dem armen Rekruten gegenüber erlaubt, ihn zu „Raison" zu bringen und einen „reputirlichen Kerl" aus ihm zu machen. Das Probestück wurde an den Revuetagen gemacht, wo es sich zeigte, wie weit Instructor und Zögling gekommen und wobei es dann wohl Nasen und Absenterungen mehr setzte als Anerkennung und Lob. —

Jeder Reichsunmittelbare, der Soldaten halten durfte, hielt gewiß mit allem Pomp alljährlich über seine Armee einige Revuen ab, wenn diese auch nur aus 20 Mann bestanden hätte. Bisweilen war die fürstliche oder gräfliche Suite mit überzähligen Offizieren, Hautboisten, Pfeifern und Tambouren noch einmal so stark, als die unterm Gewehr stehende bewaffnete Macht.

Die bekanntesten Revuen sind die, welche der große Friedrich alljährlich über gewisse Truppentheile abhielt, namentlich nach dem siebenjährigen Kriege. Ihr Ruf hatte sich überall hin verbreitet, wo die Anfänge militärischer Civilisation bemerkbar waren; sie wurden von Sachverständigen aus ganz Europa besucht und bewundert. Mehr als ein Bericht bezeugt den großen Eindruck, welchen sie auf Sachverständige machten. Die Leistungen des Heeres, welches aus dem siebenjährigen Krieg hervorgegangen war, wurden zumeist durch die Friedensübungen der letzten 23 Jahre, in denen Friedrich der Große regierte, Muster für das Exercitium der übrigen Heere Europas. Zu den liebenswürdigsten Berichten über die epochemachenden Manöver gehört der des züricher Jägerhauptmanns Landolt, eines originellen Charakters und tüchtigen Offiziers, der als leidenschaftlicher Bewunderer Friedrichs des Zweiten auf seinem Pferde von Zürich nach Berlin ritt, um einmal mit eigenen Augen eine solche Revue zu sehen. Als er in Berlin ankam, erfuhr er zu seiner Betrübniß, daß es für Fremde einer besondren Erlaubniß des Königs bedürfe, um Zutritt zu dem Uebungsfelde zu erlangen. Er schrieb deshalb an den König und erhielt von diesem eine gnädige Antwort. Er sah entzückt die Paraden und Feldübungen an — er selbst hielt diese Tage stets für die größten seines vielbewegten Lebens, — hatte nachher mit Friedrich dem Großen eine Unterredung, gewann die Gunst des Königs und kehrte nach längerem Aufenthalt in Berlin in seine Heimath zurück, wo der Brief des Königs das Kostbarste seiner Habe, das Bild des Königs und Zietens der liebste Schmuck seiner Zimmer blieb.

Gegen die begeisterte Darstellung, welche er seinen Freunden von den kriegerischen Uebungen des Königs machte, sticht der nachfolgende Bericht allerdings ab, er schildert die Kehrseite dieses glänzenden Manövers, aber auch an diese ziemt es zu gedenken. Er ist aus den letzten Regierungsjahren Friedrichs des Zweiten.

Wir haben den ersten Feldherrn, die tapferste, geschulteste Armee der Zeit vor uns. Was erwarten wir alles davon! Leider finden wir uns in Manchem getäuscht und statt des erwarteten Großartigen werden wir nicht selten durch eine Kleinlichkeit überrascht, die wir anderwärts auch in so reichlichem Maße finden. Der große König wird gar oft zum Pedanten und der Weise von Sanssouci, der in seinen Schriften so schön von Gleichheit, Gerechtigkeit und Menschenwürde spricht, zeigt sich als ein rücksichtsloser Machthaber.

Wir wollen den Gang einer sogenannten Revue etwas genauer verfolgen.

Das gegen 20,000 Mann starke Corps steht in der sandigen Ebene bei Potsdam zur großen Revue bereit, rechts die Cavallerie, links die Infanterie in Regimentscolonnen. Es ist ein schöner, klarer Octobermorgen, die blanken Waffen blitzen im Sonnenlichte und die bunte, wohlgeordnete Masse gewährt einen schönen, großartigen Anblick. Alles ist im besten Staate und die Richtungen sind wie nach dem Lineal.

Lautlose Stille herrscht in den Massen; aber nicht etwa, weil das Plaudern während des Wartens untersagt worden wäre, nein, etwas anderes hält die Zungen gelähmt: ein gewisses Bangen, das wie ein Alp auf jede Brust, vom höchsten General bis zum jüngsten Pfeifer herunter, drückt. Alles ist voller Spannung und Furcht, wie die paar nächsten Stunden ablaufen, die über Lob und Tadel, Ehre, Existenz entscheiden. Käme statt des „Alten" der Gottseibeiuns in seiner wahren Gestalt selber, man würde diesem getroster als jenem entgegensehen.

Es hat eben sieben Uhr geschlagen, die bestimmte Stunde, da kommt der König mit seiner zahlreichen Suite im kurzen Trabe, den Oberkörper etwas vorgebeugt und den verhängnißvollen Krückstock in der Rechten, angeritten. Es schmettern Fanfaren, wirbeln Trommeln und quiken die Pfeifen, Commandos erschallen dazwischen. Es ist ein ohrenzerschmetterndes musikalisches Durcheinander, da mehre Regimenter zugleich ihr Spiel rühren.

Alles schaut gespannt nach den Zügen des Königs, sobald er näher kommt, man will in diesen lesen, was es heute „für Wetter" giebt. Die, welche ihn kennen, auch die Gemeinen, täuschen sich selten in ihren Erwartungen oder Befürchtungen.

Der König reitet die lange Fronte ab; jeder glaubt, sein scharfes Auge durchbohre ihn, obgleich es ihn nur einen Moment streift. Hier und da nur eine kurze Bemerkung gegen den betreffenden Chef oder einen seiner Adjutanten, bisweilen beißend und empfindlich, bisweilen, aber selten, belobend und aufmunternd. Nun kommt es zum Vorbeimarsch. Jetzt heißt es aufgepaßt! Die Cavalerie eröffnet den Reigen. Jeder weiß, wie viel es beim Defiliren geschlagen, wenn auch der König kein Wort spricht. Grüßt er den Chef des Regiments und sieht dieses beim Marsch genau an, so ist das ein Zeichen seines Wohlwollens oder der Zufriedenheit. Aber beim nächstfolgenden Regiment thut er, als wenn das gar nicht da wäre, er setzt seinen kleinen Feldstecher vors Auge und sucht mit diesem das nächste. In trefflicher Haltung marschirt das schöne Husarenregiment vorüber, das bei allen Gelegenheiten im Kriege sich einen guten Namen gemacht, aber der König würdigt es keines Blickes. Und warum? Weil er den Commandeur von jeher nicht leiden mag. Er ist als ein tüchtiger und braver Offizier in der ganzen Armee bekannt; aber der König kann dessen Gesicht nicht ausstehen und dabei ist er von ganz jungem Adel, den der königliche Philosoph noch weniger leiden mag. Der Chef und sein Regiment mögens eben machen wie sie wollen, sie machens nicht recht und das macht das ganze Regiment verstimmt und bitter. —

Es naht jetzt ein Regiment Küraßreiter. Es sind kräftige, schöne Leute, getragen von tüchtigen Rossen. Vor der Front reitet ein zierlicher Oberst, dessen Jugend auffällig gegen die anderen alten Graubärte absticht, denen die Führung der Regimenter anvertraut ist. Der junge Oberst hat etwas Feines, Geschniegeltes, das auf den ersten Blick mehr den Salonmann als den Soldaten verräth; aber er zählt zu den Bevorzugten des Monarchen, er gehört einer angesehenen altadeligen Familie an, die der König hoch schätzt und sein Protegé ist außer der Tour avancirt. Zwar ist das Regiment nicht so gut geschult als die andern, die bereits defilirt sind, es machen sich hier und da einige Schlangenlinien in der Front bemerklich; aber der König übersieht es, oder will es übersehen, er grüßt den Oberst, als dieser salutirt, freundlich und das ganze Regiment wird von diesem Gnadenstrahl freudig wie von einem elektrischen Schlage durchzuckt.

Die Cavalerie ist vorüber; es naht die Infanterie. Beim ersten Regiment wendet der König sein Pferd, so daß er dem Regiment den Rücken zukehrt. Die eben noch freundlichen Züge legen sich in tiefe Falten und die heruntergezogenen Mundwinkel drücken Spott und Verachtung aus. Laut ruft er seiner Suite zu: „Das Herz im Leibe dreht sich mir um, wenn ich diese verfluchte Montirung sehe!" Was hat dies Regiment verbrochen, daß ihm solche Geringschätzung widerfährt? Es ist eins von denen, die in der heißen Schlacht bei Zorndorf (1758) gegen den linken russischen Flügel, der wie eine eiserne Mauer stand, nach des Königs Meinung nicht ganz ihre Schuldigkeit gethan haben. Es waren seitdem nahe an zwanzig Jahre verflossen, die Reihen waren großentheils durch andere rekrutirt; aber der König hatte seine Abneigung noch immer nicht überwinden können. Er hatte diesen Regimentern die Tressen, den Grenabiermarsch, ja das Avancement genommen, indem bei vacanten Stellen immer Andere eingeschoben worden. Bei der vorletzten Revue hatte er zwar ausgesprochen, daß alles Vergangene vergeben sein solle, das Regiment hatte auch das bisher Genommene wieder erhalten; aber heute hatte der König alles wieder vergessen und das Bild bei Zorndorf regte allen Zorn in seiner lebhaften Phantasie wieder auf. —

Ein Corps von 20,000 Mann zu besichtigen und dann defiliren zu lassen, erfordert mehr Zeit, als Mancher vielleicht meinen mag. So ist denn der Mittag darüber herangekommen. Der König nimmt die Generale und etliche andere höhere Offiziere zusammen, ertheilt nach der mehr oder minder guten Laune einige kurze Kritiken und reitet dann, nachdem dieser und jener der Obergenerale noch zur Tafel befohlen, mit seiner Suite wieder ab.

Das Heutige war im Vergleich des Morgenden nur ein kleines Vorspiel. Auf den nächsten Tag ist das Manövriren bestellt. Da heißt es aufpassen. Die Cavalerie kam zuerst an die Reihe, dann die Infanterie, die gewöhnlich etwas später ausrückte. Es wurden zunächst die gewöhnlichen Schulmanöver durchgemacht: avancirt, retirirt, ein- und ausgeschwenkt, Attaken gemacht, und dergleichen mehr. Wehe dem Führer und dem Truppentheil, welche etwas versahen oder beim König nicht in Gnaden standen.

Die Schwadron des Rittmeisters von W. ist im scharfen Galopp etwas auseinandergekommen, weniger durch eigene Schuld, als die der Nebenescadrons, die sich gezogen, dabei mußte ein ungünstiges Terrain passirt werden, Sturzäcker, Gräben und Anderes. Dem scharfen Auge des Königs ist das wohl nicht entgangen, allein er hatte eine Abneigung gegen den Rittmeister, der zudem einen polnischen Namen mit der Endung ly trug, was der hohe Herr durchaus nicht leiden mochte. Wie ein Pfeil jagt der König von der haltenden Suite weg und spornstreichs auf den unglücklichen Schwadronchef mit erhobenem Krückstock los. „Monsieur, was macht Er da für Teufelszeug, das ist ja nicht zum Ansehen! Und Seine Schlingels da soll der Teufel holen! Wie kömmt Er zu dieser Coujonerie?" Der Rittmeister glaubt auf die Frage antworten zu müssen und will eine Entschuldigung wagen. „Will Er wohl das Maul halten!" — ruft ihn der König mit rollendem Auge und gehobenem Krückstock an, als wolle er jeden Augenblick zuschlagen — „Stecke Er seinen Degen ein und schere Er sich zum Teufel!" — Das war nicht nur der Befehl zum Abgange vom Exercierplatz, es war der Abschied. — Wohl verwenden sich später die Vorgesetzten für den so hart Betroffenen, sie heben seine gute Führung hervor, erinnern daran, daß er mit Auszeichnung im letzten Kriege gefochten, daß er Familienvater und ohne Vermögen sei. Alles umsonst. Nur selten fruchtet eine solche Fürsprache; höchstens läßt sich der Monarch zu einer Pension bewegen, von der kaum der Einzelne dürftig leben kann. —

So erging es aber bei diesen Revuen nicht nur einen mißliebigen Rittmeister; selbst der verdienteste General war vor dergleichen vernichtendem Wechsel nicht sicher.

Bei der Infanterie hält sich der König gewöhnlich länger auf. Namentlich achtet er auf die Richtungen, worin er selbst ein Meister ist. Auf seine Anordnung werden die points de vue ausgestellt, in welche die einzelnen Bataillone einrücken müssen. Sein scharfes Auge sieht alles. Wehe, wenn nicht das Ganze nach dem Lineal steht. Zuweilen übernimmt er das Richten selbst und ist er bei besserer Laune, dann giebt er auch wohl ruhig eine Instruction. Nächstdem wird auf das Feuern, namentlich im Avanciren und Retiriren, besonders geachtet. Auch dabei haben nicht wenig Offiziere Verweise, Arrest oder gar den Laufpaß erhalten und so und so viel Abtheilungen, dabei ganze Regimenter oder Brigaden, müssen den Nachmittag, wo die andern ruhen, nachexerciren. Beobachtete man den König bei diesen Schulmanövern, wie er sich um das und jenes speciell kümmerte, wie er auch Kleinliches so unendlich genau nahm, so glaubte man nicht den Sieger so vieler Schlachten, den größten Feldherrn der Zeit vor sich zu haben, sondern einen kamaschenknöpfigen und im Frieden ergrauten und erstarrten Stabsoffizier.

Die beiden nächsten Tage sind zu den größern Mannövern mit gemischten Waffen bestimmt. Der König hat gewöhnlich die Disposition selbst entworfen, er ist mithin in allem au fait und wehe dem, der nicht in seinen Sinn einzugehen weiß. Diejenigen Führer, die er von vornherein auf dem Zuge hat, können ohnedies nichts recht machen. Hier wird mehr das Bild einer Schlacht geboten; alles wogt wie im ernsten Kampf durcheinander, der Boden erdröhnt unter den Hufen der jagenden Reiterei — dem Rasseln der Geschütze. Adjutanten fliegen hin und her. So verworren auch das Ganze scheint, der König blickt in alles. Er wendet sich mit seinem kleinen Fernglase bald da, bald dorthin. Nicht selten jagt er wohl in das Gewühl hinein, wo er eine Unordnung bemerkt und ist da nicht geizig mit Scheltworten. Eben ist bei einigen Fußregimentern während des Retirirens ein Durcheinander entstanden. Der König sprengt dahin. Das Unglück will, daß es dieselben sind, die des Königs Unwillen in so hohem Grade erregt haben und wovon bereits eins am ersten Tage die königliche Ungnade durch Zuwenden des Rückens so hart empfinden mußte. Der Brigadier Barykowsky ist eben bemüht, die Regimenter wieder zu ordnen, als der König dazu kommt. Er ruft dem Brigadier, dem er ebenfalls nicht sehr hold ist, weil das verhängnißvolle ky an seinem Namen hängt, halb höhnisch halb ärgerlich zu: „Laß Er doch die Schlingels zum Teufel gehen! Sie laufen hier noch gerade so, wie ehedem bei Zorndorf vor den Russen."

Die Cavalerie bekam aber auch ihr Theil. Beim Uebersetzen eines Grabens kamen die Küraffiere nicht so gut und flink hinüber, wie die leichteren Husaren. Der König hat es bemerkt und ist wie der alte Ziethen aus dem Busche, bald am Platze. Wieder will das Unglück, daß ein Regiment dabei war, das bei Maxen mit gefangen wurde, das damals bei dem unglücklichen finkschen Corps sich befand, welches eigentlich der König selbst geopfert hatte. Seit der Zeit mochte er weder die Truppen noch die Offiziere mehr leiden, die jenes traurige Geschick betroffen. Der General v. Basold, der hier befehligte, war auch einer davon und da er das erwähnte Küraffierregiment damals geführt, so ergoß sich jetzt der ganze königliche Zorn über den alten General, der sich sonst im siebenjährigen Kriege einen Namen gemacht.

Es war längst herkömmlich, daß am ersten Tage der größeren Manöver sämmtliche Generale mit an des Königs Tafel speisten, weshalb sie nicht besonders dazu geladen wurden. Der so tief gekränkte General Basold, der nicht den geringsten Appetit verspürte und gern vom erzürnten König und seiner Umgebung fern geblieben wäre, glaubte sich der Tafel nicht entziehen zu können und ging dahin. Es hatten bereits alle Platz genommen, als der König sein Auge umherschweifen ließ und nun den General Basold bemerkte. Mit erzürnter Stimme rief er ihm zu: „Herr, was will Er hier? Für Ihn ist kein Platz an meinem Tische!" Das war fast zu viel, nicht nur für den alten General, sondern für alle Anwesenden, die im ersten Moment wie erstarrt dasaßen. Der alte Basold hatte kaum die Kraft sich von seinem Sitze zu erheben, er wankte zum Saale hinaus.

Es blieb ihm nun nach dieser Blame nichts anderes übrig, als den König sofort schriftlich um seine Entlassung zu bitten, was ihm denn auch ohne weiteres gewährt wurde, aber ohne einen Heller Pension, ohne ein Wort der Anerkennung der vieljährigen treu geleisteten Dienste, wofür er den Orden pour le mérite auf der Brust trug. Da der General ganz ohne Vermögen und zu alt war, um einen andern Dienst zu suchen oder sich sonst was zu erwerben, so gerieth er in die bitterste Verlegenheit. Trotz seiner und seiner Gönner Verwendung beim Monarchen erhielt er ein Jahr lang gar nichts und später eine jährliche Pension von 500 Thalern. — Jagte der König einen ihm Mißliebigen nicht geradezu weg, so versetzte er ihn zu einem Garnisonsregiment, was mit Exil so ziemlich einerlei war, denn der Verwiesene kam so aus allem Verband und von einem weiteren Avancement war keine Rede mehr. Wer irgend konnte, nahm daher lieber den Abschied.

So mußten denn diese Revuen nicht nur von allen dabei Betheiligten nicht wenig gefürchtet sein, sondern auch von allen Angehörigen derselben, die während der Abwesenheit des Gatten oder Vaters für ihre fernere Existenz zu zittern hatten, denn man wußte ja nicht, ob der Erhalter und Ernährer nicht als Brodloser wieder zurückkam. Manche der so übel und unschuldig Weggekommenen nahmen sich im ersten Anfall der Scham, des Aergers und der Verzweiflung das Leben. Und zu einer andern Zeit, vielleicht schon am nächsten Tage konnte der König wieder leutselig, ja heiter sein und mit der größten Geduld Fehler bessern und Instructionen ertheilen.

So sagte er z. B. einstmals bei Abhaltung der Schulmanöver zu einem Offizier, der bei der Nähe des Monarchen befangen war und sich übereilte, wodurch auch seine Leute angesteckt wurden: „Uebereile Er sich nur nicht, dann wirds schon besser gehen; lasse Er den Leuten nur Zeit!" Und nach einer Weile: „So, so, Bursche! So ists recht!"

So war der große König in seinen Launen, die mit dem Alter mehr und mehr zunahmen, bald gefürchtet wie der Böse, bald verehrt wie ein Abgott. Große Lichter werfen eben auch große Schatten! —

War Friedrich ein Feind aller Lustlager und überhaupt unnöthigen Gepränges, so liebten dergleichen viele seiner gekrönten Herren Collegen um so mehr. Wie man vorher dem pracht- und machtliebenden vierzehnten Ludwig auf Frankreichs Thron nachahmte, öfter nachäffte, so gab jetzt in Vielem, namentlich was das Armeewesen anlangte, der Preußenkönig den Ton an. Da man aber nicht mit dessen Geiste begabt war, so ließ man das Gute und Nützliche bei Seite liegen und hielt sich mehr an das Kleinliche, Flache und Bestechende. Nach Lust und Genuß jagend, suchte man auch im Gebiete des ernsten Mars Ergötzen mit dem kriegerisch Imponirenden zu vereinigen und so dem großen Sybariten Ludwig und dem großen Feldherrn Friedrich zugleich zu huldigen. So entstanden denn aus den Uebungslagern, die als Schule für einen kommenden Krieg und als Uebung und Abhärtung der Führer gelten sollten, die sogenannten Lustlager, mit denen man so ziemlich das Gegentheil erzielte.

Wie alles bei Hofe einen festlichen und pomphaften Anstrich haben mußte so auch hier. Wie man mit wilder Lust auf den Parforcejagden die Thiere matt oder zu Tode hetzte, so in diesen Lagern die Menschen, denn ein Mensch hatte für einen Herrscher oft weniger Werth, als ein stattliches Roß oder ein guter Leithund, — für die Thiere wurde bei der Erwerbung meist doppelt und dreifach mehr bezahlt, als für einen angeworbenen Mann.

Die Blüthe der Lustlager war in der Mitte des vorigen Jahrhunderts namentlich in Sachsen, Hessen und Würtemberg zu suchen. Der galante und splendide König und Kurfürst, der mehr körperlich als geistig starke August, war Meister in allen großartigen festlichen Arrangements und so übertrafen auch seine Lustlager an Ueppigkeit und Glanz alles bisher Erlebte.

In einer sonst wenig belebten aber freundlichen Gegend entstand plötzlich wie mit einem Zauberschlage ein buntes, rühriges Leben. Eine kleine Stadt von Wohnungen, Theatern, Sälen, Küchen, Stallungen und anderen Bauten wuchs aus dem Boden. Waren diese Bauten auch von außen etwas unscheinbar, so herrschte dafür im Innern nicht weniger der gesuchteste Luxus, wie man diesen nur in den Gemächern der Hofburgen oder der reichen Aristokratie fand. Darum oder seitwärts erhoben sich die elenden Zeltreihen, in welchen der Soldat ein nothdürftiges Unterkommen fand, das ihn nicht immer gegen die Ungunst des Wetters schützt.

In einem solchen Lager strömte alles zusammen, was Genuß und Ueppigkeit zu bieten vermochte. Wer nur irgend konnte, brachte seine Köche und Courtisanen mit. Hier wurde ungescheut aller Unfug getrieben. Hatte man das Auge an den Uebungen der bunten Massen, an Paraden u. dergl. geweidet, dann ging es zum schwelgerischen Mahle, von da in die Komödie und von da zu Illumination, Ball und Souper, bis der Morgen wieder graute. Schaulustige und Genußsüchtige wurden in Massen herbeigezogen und so vereinigte sich alles in einem sinnlichen Taumel. Und das alles sah und hörte der arme Soldat: bei hungerndem Magen sah er die leckersten Gerüchte vorübertragen oder verzehren, der köstliche Duft machte ihn noch lüsterner, wenn er des Nachts, zum Tode von der Hitze des Tages ermüdet, die süße Ruhe und Stärkung für den folgenden finden wollte, ließen ihn das lärmende Geräusch, Frost, Wind oder Regen nicht dazu kommen. Außer den Lustlocalen der fürstlichen Herrschaften, der höheren Hofchargen und Offiziere war in dieser Beziehung auch für die zuströmende Volksmenge reichlich gesorgt, denn da gabs Trink- und Schaubuden, Seiltänzer und Kunstreiter, Caroussele und in entlegeneren Winkeln auch Spielhöllen und andere Lasterhöhlen. Während der Soldat dieses ganze Treiben vor Augen hatte, mußte er ein resignirter Zuschauer bleiben, denn weder erlaubte es sein schmaler Geldbeutel, noch die strenge Zucht, daran theilzunehmen.

Diese großartigen, üppigen Feste trugen nicht wenig dazu bei, die Entsittlichung von Oben herab auch in die niederen Schichten der Bevölkerung zu verbreiten. Auch der Landmann bekam sein Theil, da bei den Manövern nicht selten ein Theil seiner Frucht und seines Wieswachses in den Boden getreten wurde und er mit Frohnden, Vorspann und allerlei Lieferungen arg geplagt wurde. In dieser Beziehung suchte der Kriegsherr auf Unkosten Anderer möglichst zu sparen, während zu den Vergnügungen und einer unnützen Prachtentwickelung Millionen verschwendet wurden. Der gemeine Soldat und der Bauer hatten mithin dabei wenig Lust, wohl aber die möglichste Last.

Das Infam- und Wiederehrlichmachen.

Wurde ein Offizier unehrlich gemacht, so geschah dieses im Felde vor einem hierzu commandirten Truppentheil und zwar zunächst demjenigen, dem der Verurtheilte angehörte. Im Frieden machte man das auf der Wachtparade ab.

Nach dem Verlesen des Urtheils durch den Auditeur wurden ihm die Decorationen und Abzeichen seines Ranges, entweder vom Adjutanten oder dem Profosen herabgerissen. Dem Offizier wurde der Degen abgenommen, durch einen Tritt zerbrochen und ihm vor die Füße geworfen. Dann wurden Epaulettes, Schärpe abgerissen, ja zuweilen auch die Tressen abgetrennt, vom Hut wurden Federbusch, Kokarde und Agraffe ebenfalls abgerissen und zu Boden geworfen. Nach diesem Act wurde der ehrlos Gemachte zu seiner weiteren Bestimmung entweder in einer Chaise oder durch eine bereitstehende Escorte abgeführt. War er zum Tode verurtheilt, so wurde er gewöhnlich gleich dem Henker übergeben.

Konnte man des Inculpaten nicht habhaft werden, so wurde trotzdem über ihn der Proceß verhängt. Traf ihn eine entehrende Strafe, die mit dem Verlust des Lebens verbunden war, so wurde sie insofern scheinbar an ihm vollzogen, als man statt seiner seinen Namen, oder gar selbst sein Porträt, groß auf eine Tafel gemalt, an den Galgen hing. Dies geschah mit demselben Ceremoniell, das man bei einer wirklichen Hinrichtung beobachtete. Erwischte man den Verurtheilten, wenn auch nach längerer Zeit, so wurde dann gewöhnlich die Execution an ihm ohne Weiteres vollzogen; meldete er sich freiwillig wieder bei seiner Truppe, was namentlich bei Deserteuren der Fall war, oder trafen mildernde Umstände, auch wohl Begünstigungen ein, so konnte der ehrlos oder scheinbar todt Gemachte auch wieder ehrlich resp. bürgerlich lebendig gemacht werden.

Das Nähere wird man aus dem Nachfolgenden ersehen.

Nach der zweiten Einnahme und Verheerung Heidelbergs durch die Franzosen im Mai 1693, wobei die unglückliche Stadt abermals auf vandalische Weise geplündert und dann niedergebrannt, und das reizende Bergschloß größtentheils durch Sprengung zerstört wurde, erhob sich ein Schrei der Entrüstung nicht nur durch ganz Deutschland, sondern durch die halbe civilisirte Welt. Das Ereigniß und der allgemeine Unwille waren zu wichtig, als daß man von Seiten der unterlegenen Partei leicht darüber hingehen konnte, und so wurden denn von den betreffenden Gouvernements über die Motive der Uebergabe Untersuchungen eingeleitet.

Die öffentliche Meinung klagte den Commandanten des Platzes, den östreichischen Generalfeldmarschalllieutenant Georg Eberhard von Hedersdorf ganz offen des Verrathes und der Feigheit an. So gern man auch die Sache vertuscht hätte, um eine so hohe Stellung in der kaiserlichen Armee, sowie den Namen einer angesehenen Familie nicht zu compromittiren, so war doch der Drang der Umstände mächtiger als der Wille, und der General wurde vor ein Kriegsgericht gestellt. Dasselbe erkannte ihn für schuldig und infolge dessen sollte er seiner Würden und Stellen öffentlich und schimpflich entsetzt werden.

Da Hedersdorf dem damals noch ziemlich in Ansehen stehenden Deutschherrnorden angehörte, so ließ es sich dieser nicht nehmen, ihn mit allem Ceremoniel aus sich auszustoßen und hierin das Prävenire zu spielen. Dabei ging es denn in folgender Weise her: Im Ordenshause zu Heilbronn, gemeinhin das „deutsche Haus" genannt, versammelten sich die Ritter unter Vorsitz des damaligen Deutschmeisters Ludwig Anton, Herzog zu Pfalz-Neuburg, in Pontificalibus im großen Saal. Der Angeklagte, den man von der Militärbehörde requirirt hatte, wurde in voller Ordenstracht hereingeführt. Hier wurde ihm in feierlicher Weise vom Deutschmeister sein Vergehen vorgehalten und ihm dann der Ausschluß aus dem Orden mitgetheilt. Nun begann die Ceremonie. Zunächst wurde dem Verurtheilten das Ordenskreuz abgerissen und „ihm ein paar Mal ums Maul geschmissen". Dann wurde ihm die Bekleidung abermals Stück für Stück herabgerissen, worauf ihn der jüngste Ordensritter beim Arm nahm und ihn aus dem Hause führte. An der Thüre gab er dem Ausgestoßenen noch einen Fußtritt an einen gewissen Körpertheil und überlieferte ihn dann der dort harrenden Militärwache, die ihn wieder zur Armee zurückbrachte.

Hier stand dem Entehrten noch Schlimmeres bevor, denn alles wurde nun öffentlich vorgenommen. Am 20. Juni mußte der Exgeneral einen Schinderkarren besteigen, der vom Henker und seinen Gehilfen begleitet wurde. Die Fahrt ging zu der aufgestellten kaiserlichen Armee, worauf er vor dieser von einem Flügel zum andern gefahren wurde. Vor dem Regimente, dessen Inhaber er gewesen, mußte er vom Karren steigen und hier wurde ihm zunächst sein Urtheil vorgelesen, dahin lautend: daß er mit dem Schwerte vom Leben zum Tode gebracht werden sollte, auch seine Güter zu confisciren seien. Als sich nun der Henker anschickte, sein trauriges Amt zu vollziehen, wurde dem Verurtheilten durch den Auditeur mitgetheilt, daß ihm das Leben geschenkt, ihm dafür aber die Strafe des Exils und der Verlust aller seiner Würden und Aemter zuerkannt sei, worauf er antwortete: „Dies hab ich wohl nicht verlangt."

Der General hatte bisher in seiner Uniform, aber ohne Degen und an Händen und Füßen gefesselt auf dem Karren gesessen. Jener wurde ihm nun umgehängt, aber sofort wieder abgenommen, die Klinge herausgezogen, zerbrochen, ihm die Stücke dreimal ums Gesicht geschlagen und dann vor die Füße geworfen. Hierauf wurde der Verurtheilte „auf ewig" aus den östreichischen, schwäbischen und fränkischen Landen, so wie aus denen des Oberrheinkreises verwiesen, wieder auf den Karren gesetzt und vor das Stadtthor gebracht. Hier nahm ihm der Henker die Fesseln ab und ließ ihn sodann laufen.

Hedersdorf, auch Heydersdorf genannt, entstammte einer alten und angesehenen adeligen Familie, die am Rhein angesessen war, von der aber ein Zweig nach Franken übersiedelte, und zu Anfang des siebzehnten Jahrhunderts in den Freiherrnstand erhoben wurde.

Der mitbetheiligte Oberst von Schönebeck, der die schmähliche Capitulation mit unterzeichnet hatte, „und sich auch sonst nicht nach Gebühr verhalten", wurde cassirt.

Haben wir im Vorgehenden einen wirklichen Vorgang geschildert, so wollen wir in Betreff des Ehrlichmachens einige Verfügungen anführen. Sie gingen vom Herzog Karl Wilhelm Ferdinand von Braunschweig aus, dem gefeierten Erbprinzen im siebenjährigen Kriege, und dem zuletzt unglücklichen Feldherrn, der in der Doppelschlacht bei Jena und Auerstedt tödtlich verwundet wurde. Dieser Herzog, der seiner Zeit als tüchtiger Heerführer, Staatsmann und aufgeklärter Fürst galt, konnte sich den allgemeinen Bräuchen nicht entziehen und wendete zur Erhaltung der Disciplin bei seinen unterhabenden Truppen dieselben Mittel an, wie andere Kriegsherrn, vielleicht hier und da noch etwas schärfere. Freilich konnten auch die durch die Werbung zusammengebrachten Haufen nur durch Strenge und Furcht zusammengehalten werden.

Die Zeit, in die Nachfolgendes fällt, liegt gerade hundert Jahre nach jenem heidelberger Vorgange, aber in den barbarischen Bräuchen hat sich wenig oder nichts gemildert. Der Herzog hatte damals bekanntlich ein braunschweigisches Hilfscorps von etlichen tausend Mann an den Statthalter der Niederlande überlassen, die, von Frankreich inficirt, in großer Gährung waren. Das Hilfscorps war in die Festung Mastricht verlegt worden, über das eigentlich der General v. Riedesel das Commando hatte, bei dessen Kränklichkeit und häufiger Abwesenheit wurde aber dies interimistisch dem General v. Warnstedt übertragen. Es kamen bei den sonst gut disciplinirten Truppen durch den mehrjährigen, langweiligen Festungsdienst häufiger denn sonst Desertionen vor, und im Jahre 1793 fand sich der Herzog veranlaßt, strengere Maßregeln zur Verhütung des Ausreißens zu ergreifen. Er erließ demnach an den General v. Warnstedt folgende Ordre:

„Karl Wilhelm Ferdinand, Herzog ꝛc. Wir haben erhalten, was Unser Generalmajor v. Warnstedt wegen der um Pardon ersuchenden Deserteurs unterm 25. April berichtet und angefragt hat. So viel nun diejenigen Deserteurs anbetrifft, deren Namen noch nicht an den Galgen geschlagen gewesen, so bleibt es zwar Unserem Generalmajor und den übrigen Regimentschefs oder Commandeurs überlassen, diesen auf ihr Nachsuchen, befindenden Umständen nach, den Pardon wegen der Desertion zu bewilligen; jedoch ist dabei nicht zu willfährig zu verfahren, damit dadurch das Verbrechen der Desertion nicht zu gering und zu leicht verzeihlich scheine, sondern es müssen zu Ertheilung des Pardons immer erhebliche Gründe, die das Verbrechen beträchtlich mildern, vorhanden sein. So viel aber diejenigen Deserteurs, deren Namen bereits an den Galgen geschlagen sind, anbetrifft, so kann diesen der Pardon von den Regimentschefs oder Commandeurs nicht ertheilt werden, sondern es muß, da das

Anschlagen des Namens an den Galgen das Surrogat des Aufhängens der Person des Deserteurs, also das Surrogat einer von Unserer Bestätigung abhängigen Lebensstrafe, so von Uns in jedem Falle besonders befohlen worden ist, auch wiederum die Begnadigung des Deserteurs und das Abnehmen dessen Namens vom Galgen zu Unserer Entscheidung allein verstellt bleiben; so ist also, falls ein solcher Deserteur sich wieder stellen will, und um Pardon nicht anhält, unumgänglich erforderlich, daß er sich ohne Bedingung in Arrest stelle, worauf sodann die Untersuchung seiner Desertion förmlich zu wiederholen und über ihn Kriegsrath halten zu lassen, Acta aber an Uns zur Bestätigung oder Begnadigung einzusenden. Wornach sich also Unser Generalmajor zu richten und die anderen Chefs und Commandeurs Unserer Regimenter zu instruiren hat.

Wegen demnächstiger Abnahme der Namen der Deserteurs und deren Ehrlichmachen ist, gleichwie in königlich preußischen Diensten dabei verfahren wird, und wie die hierbeikommende Abschrift aus Müllers preußischem Kriegsrechte zeigt, zu verfahren, und den Namen des Deserteurs in Gegenwart der Wachtparade, oder eines Commandos, abnehmen oder auslöschen zu lassen; sodann aber, wenn solches geschehen, Unserm Commandanten hierselbst Nachricht davon zu geben und derselbe zu requiriren, auch hier den Namen abnehmen oder auslöschen zu lassen, wofür die Kosten aber ebenfalls, wie in Mastricht, von den Werbegeldern der Compagnie, die dadurch einen Mann wieder erhält, bezahlt werden müssen.

Signatur Braunschweig, den 18. April 1793."

Es folgt nun im „Extract" das Verfahren des Wiederehrlichmachens nach preußischem Muster.

„Das Ehrlichmachen geschieht entweder bei der Cavalerie oder Infanterie; bei ersterer durch die Standarte, bei letzterer durch die Fahne. Ist das Bildniß oder der Name eines Mannes an den Galgen geschlagen, so wird solches wieder von diesem zuvörderst solenniter heruntergenommen: nämlich es marschirt die Wachtparade nach dem Galgen, und in deren Gegenwart wird die Abnahme vollzogen. Wäre aber der Ort, wo dergleichen Execution vorzunehmen, zu entfernt, so wird dahin geschrieben, daß das Abnehmen geschehe. Könnte auch solches nicht effectuirt werden, so wird es durch eine öffentliche Kundmachung rappelliret, welches eben die Wirkung wie das Herabnehmen hat. Es wird dem Ehrlichgemachten wohl auch ein Restitutionsbrief ertheilt. Durch die Fahne und Standarte geschieht das Ehrlichmachen, entweder so, daß diese über ihm geschwungen wird, ohne einige andere Solennitäten dabei anzuwenden, wann nämlich Einer durch eine unehrliche Handlung zur Miliz untüchtig worden, oder sie geschieht mit Anwendung verschiedener Solennitäten, wenn nämlich Einer durch Verbrechen seine Ehre verloren,

Die Solennitäten, die beim Ehrlichmachen vorgehen, sind, wo nicht durch ausdrückliche, dennoch durch stillschweigende Gesetze eingeführt, nämlich, indem man sich gänzlich oder zum Theil auswärts üblicher Solennitäten hier gleichfalls bedient. Gleichwie aber ein Landes- oder Kriegsherr die Gesetze aufheben kann, also kann er auch die Solennitäten, die durch solche eingeführt, entweder ganz, oder doch in Ansehung einer gewissen Person aufheben. Folglich kann auch ein Landes- oder Kriegsherr ohne den Fahnenschwung einen Soldaten wieder ehrlich machen lassen. Wie denn letzteres auch bei den Offizieren geschieht, die mit Verlust der Ehre cassirt werden, oder deren Bildniß am Galgen gehangen gehabt.

Nur bei dem gemeinen Soldaten ist dergleichen Neuerung nicht anzurathen, weil das Point d'honneur bei der Miliz weit delicater als bei Innungen sein muß, hiernächst aus dergleichen Vorwurf Mord und Todschlag entstehen kann und fast nicht zu vermeiden ist. Die Wirkung muß mit der Absicht des Ehrlichmachens übereinstimmen, folglich der Ehrlichgemachte als ein solcher angesehen werden, der niemals seine Ehre verloren, folglich muß er wiederum im Dienste passiren, es müssen sich andere wieder von ihm befehlen lassen, wenn er anders in seine vorige Würde eingesetzt worden und darf ihm auch niemand etwas vorwerfen.

In der preußischen Armee geschieht das Ehrlichmachen in Gegenwart der Wachtparade, nachdem vorher der Name vom Galgen abgenommen worden, deshalb, wenn dieses in loco geschehen kann, die Wachtparade zunächst dahin marschirt und in deren Gegenwart die Abnahme geschieht. Es wird ein Kreis geschlossen, das Gewehr präsentirt, der Auditeur verliest die Veranlassung gegenwärtiger Actes mit entblößtem Haupt, gleichwie alle im Kreise Befindlichen den Hut abziehen; hernach schwenkt der Fahnenjunker die Fahne dreimal über den Ehrlichzumachenden, und das letzte Mal giebt er ihm einen sachten Stoß mit der Fahne zwischen den Schulterblättern. Beim ersten ruft der Junker: „Im Namen des Königs Majestät, unseres allergnädigsten Kriegsherrn!" Beim zweiten Schwenken: „Im Namen des Herrn Generallieutenants v. N., unseres Regimentschefs und des Herrn Obersten v. N., unseres Regimentscommandeurs!" und beim dritten Schwenken: „Im Namen des ganzen löblichen Regiments wirst Du ehrlich gesprochen!" Der Ehrlichzumachende kömmt aufrecht mit dem Hut in der Hand, aber ohne Montirung, in den Kreis gegangen, nicht aber wie bei anderer Potentaten Armee, wie ein Hund mit dem Hut im Maule in den Kreis auf allen Vieren hereingekrochen. Der Profos erhält alle Kleidungsstücke, welche der Ehrlichgemachte am Leibe gehabt, als er ehrlich gemacht worden, welches aber ein Mißbrauch zu sein scheint und nach Art 218 c. c. c. zu mißbilligen ist, zumal wenn der Ehrlichgemachte kaum selbst ein Hemd und ein Paar Strümpfe hat."

So stand es in den letzten Jahren des vorigen Jahrhunderts noch mit den preußischen und braunschweigischen, und wahrscheinlich auch hessischen Truppen, die als die besten in Deutschland galten. Es ist zu verwundern, wie bei solchen Spielereien und Sophismen mit der Ehre der Soldat noch so viel von dieser sich erhielt, daß er, für sie muthig dem Tod und Verderben entgegenging und sich bestrebte, seinem Stande einen guten Namen zu erhalten.

Die münchener Kunst der Gegenwart.

Die Architektur. Die Bedeutung des antiken und des Renaissancestils für unsere Zeit. Neue Aufgaben und Hoffnungen.

Auch außerhalb der Maximiliansstraße in München, die bekanntlich der Geburtsort des „modernen Baustils" ist, sind fast alle in jüngster Zeit errichteten Privatgebäude nach seinen schablonenhaften Zügen ausgeführt. Denn das ist der neuen Bauart eigenthümlich, daß sie ungeachtet einer blinden und zufälligen Vermischung ganz verschiedener Stilelemente nur ein paar magere Hauptformen kennt, deren Zusammenstellung nach dem Muster, das an den öffentlichen Bauten gegeben ist, dem ersten besten Maurermeister ebenso gut gelingt, wie dem Architekten. Da zudem die Baubehörde, deren Prüfung die neuen Pläne unterliegen, eben die ist, welche die Fahne des modernen Stils aufgesteckt hat, so kann es nicht Wunder nehmen, daß nun ganze Stadttheile nach der Regel der neuen Strecklisenenordnung in die Höhe schießen.

Diesen fehlt natürlich der Flitter des aufgeklebten Zierraths, mit dem die Staatsgebäude die Armuth wie die Verkehrtheit der Formen zu verhüllen suchen und so tritt an ihnen die Mißgestalt des „neuen Stils" und die Hohlheit seines gespreizten Wesens in abschreckender Nacktheit zu Tage. Das System, Füllung in Füllung zu schieben, die Mauer durch dünne vertikale Streifen in lange Lappen zu zerschneiden, den wagrechten Aufbau, den doch das moderne Baubedürfniß nicht verläugnen kann, mit ein paar zaghaften Gurten von der Dicke eines Fadens und mit einer Miniaturkrönung, nur anzudeuten, dagegen durch Lisenen und kleine Rundbogenfriese am Profanbau des neunzehnten Jahrhunderts dem romanischen Kirchenstil ein mageres Andenken zu stiften, endlich structive Formen als Ornamente in einer allerdings unerhört neuen, d. h. widersinnigen Weise zu benutzen und mit solchen armseligen Mitteln sich das Gesicht eines Palastes anlügen zu wollen: dieses System mußte seinen Bankerott offen bekennen, sobald ihm die täuschende Hülle, die das blöde Auge allenfalls noch blenden konnte, abgezogen war und das häßliche verwachsene Gerippe an der Straße stand. Doch von dem „modernen münchener Baustil" ist schon früher in diesen Blättern (Nr. 23, 24, 25 des Jahrgangs 1863) ausführlich die Rede gewesen. Kommen wir hier darauf zurück, so ist es nur, um das Eine und Andere nachzutragen, was die jüngste Zeit bei Vollendung der Bauten ans Licht gebracht hat und um ein Wort von den Wirkungen zu sagen, welche eine solche Architektur auf die Arbeit und die Bildung des Volkes über kurz oder lang ausüben muß.

Zwar ihr Einfluß wird bald nicht mehr zu fürchten sein, denn ihr Reich geht, so hat es allen Anschein, nun zu Ende. Nicht gerade, daß nur der Regierungswechsel ihrer Herrschaft ein Ziel setzte; auch unter König Max wäre sie wohl nicht von längerer Dauer gewesen. Was schon in jenen Artikeln ausgesprochen ist, daß nämlich diesen wohl der Gedanke leitete, durch neue monumentale Bauten sowohl seiner Regierung ein würdiges Denkmal zu setzen, als die Kunst und Gesittung seines Volkes zu heben, daß er aber deshalb keineswegs selber zur Erfindung eines neuen Stiles anregen wollte, das hat sich nun dem Referenten, wenn er recht berichtet ist, bestätigt. Ohne Zweifel schwebte dem Fürsten im Sinne, daß die Baukunst unseres Jahrhunderts nicht nachahmend der Vergangenheit ihre Formen entlehnen, sondern diese mit freier schöpferischer Phantasie, zugleich aber mit Verständniß im Geiste und für die Zwecke des Zeitalters zu eigenthümlichen Werken verwerthen solle. Der Gedanke war eines Königs wahrlich nicht unwerth, und an zwei wesentlichen Punkten seines Planes, mit denen er die Hauptbedingungen für eine fruchtbare Entwicklung der Baukunst traf, erwies sich, daß es ihm ebenso wenig an Einsicht in den Charakter unserer Epoche als an feinem Sinn für eine große wirkungsvolle Anordnung architektonischer Massen fehlte. Das erste zeigte er in der Wahl der Zwecke, für die sich neue Gebäude erheben sollten — Zwecke, die mit den weltlichen Lebensmächten unserer Zeit im engsten Zusammenhange stehen; das zweite in der Anlage der neuen Straße, die sowohl alle Bedingungen eines monumentalen Platzes als die Anforderungen des städtischen Verkehrs und Lebens erfüllt. Kam nur die Ausführung in die richtigen Hände, so hätte das Festkleid, das in diesem Jahrhundert München angelegt, seinen edelsten Schmuck erhalten können. War es des Fürsten Schuld, daß sich Architekten fanden, die ihm mit drängendem Eifer die glänzende Perspective eines ganz neuen eigenthümlichen Stils eröffneten, als einer unerreichten königlichen That? Der vom König ins Leben gerufen als der endlich gefundene Ausdruck der bauenden Kraft des Jahrhunderts mit seinem Namen eine neue Aera der Architektur beginnen sollte? Niemand kann es dem Monarchen verdenken, daß er eine scheinbar so fruchtbare Idee, die ihm ja von Fachleuten, also von berufenen Männern an die Hand gegeben wurde, lebhaft ergriff und das auszuführen beschloß, was jene Urtheilsfähigen nicht nur für den Ruhm seiner Regierung, sondern auch für die Aufgabe des Zeitalters erklärten. Das aber läßt sich aus einzelnen Andeutungen, die der nun heimgegangene König nicht lange vor seinem Ende gab, wohl abnehmen, daß er — auch darin in Uebereinstimmung mit den Einsichtigen seines Landes — in den fertigen Bauten nicht das erfüllt sah, was man ihn hatte hoffen lassen.

Kam diese Einsicht zu spät, um noch unter ihm die Rückkehr zu den wahren Grundsätzen der Kunst und ihren gegenwärtigen Bedingungen zu bewirken: so erregt dagegen die neue Regierung Ludwigs des Zweiten — so viel schon jetzt sich sehen läßt, begründete Hoffnungen. Eine Redensart zwar, die nach altem Herkommen hinter jedem Thronwechsel daherhinkt, um unvermerkt die allgemeinen Wünsche dem neuen Regenten als seine eigenen Pläne unterzuschieben, die aber dieses Mal in vollem Ernst gemeint ist. Kommt der Plan zur Ausführung, den der König, so viel wir wissen, jetzt fest im Auge hat, so können Schöpfungen entstehen, in denen die Kunst des neunzehnten Jahrhunderts, voran die Architektur, gereift und groß geworden durch die Bildung, die ihr am Beginn unserer Epoche noch fehlte, befreit von den fremden Rücksichten, welche die gährende Zeit ihr auflud, voll und ungebrochen ihre Kräfte entfalten, den Reichthum von Formen, den sie aus der Vergangenheit zu freiem Eigenthum sich erworben, zu neuen organischen Gebilden gestalten kann. Diese Kunst, in die lebendige Kette der Geschichte eingereiht und als ihr letztes Glied zugleich der erfüllte Ausdruck des die Gegenwart bewegenden Geistes würde kein Fremdling sein, noch ein über die Prosa des Tages hinwegtäuschendes kümmerliches Spiel, sondern die Verkörperung des Ideals, das auch der modernen Welt nicht fehlt, aber wie verschüttet noch unter der schweren Decke eines im Kampf und Drang der Wirklichkeit befangenen Lebens liegt. Daher würde sie auch einen Ton anschlagen, der in der Seele des Volkes wiederklänge, seine Phantasie vom Zwang der kleinen und gewöhnlichen Dinge löste und in ihm mit der Freude an der Form den Sinn für den edleren Genuß des Daseins weckte. Doch ehe wir zusehen, welche Richtung der bildenden Kunst diesem Ziele zuführe, haben wir uns noch kurz mit dem zu beschäftigen, was die „neue" monumentale Architektur geleistet und gewirkt hat.

Was wohl, wenn ihr Bausystem von Dauer wäre, aus dem Kunstsinn des Volkes werden würde? Und wenn man um diesen, da er in den Bedingungen des gegenwärtigen Lebens eine so kleine Rolle spielt, weniger besorgt ist: so ist doch zu allen Zeiten die Architektur nicht blos auf die ästhetische Bildung des gleichzeitigen Geschlechts von Einfluß gewesen. Sie giebt gleichsam das feste Fundament ab, auf dem sich das ganze öffentliche und private Leben bewegt, und so wirken die Gesetze, nach denen sie den Menschen ihre Wohnstätte, den Raum für die gemeinsamen Zwecke ihres socialen Daseins und für die Verehrung ihres Gottes bereitet, auf diese selber, ihre Cultur und ihre Zustände bestimmend zurück. Zunächst steht sie mit allen den Mitteln und Einrichtungen, deren wir zu unserem äußeren Leben bedürfen, im engsten Zusammenhang; von ihr empfangen Industrie und Gewerke den Charakter wie den Grad ihrer Ausbildung. Aber auch das innere Leben eines Volkes, seine Anschauung, seine Gesittung, seine Art, in das Gesammtleben Gesetz und Ordnung zu bringen, erfährt von der Architektur mancherlei Einwirkung. In unserem Jahrhundert, das allzu oft die Erscheinung und die äußeren Formen mit einer gewissen Gleichgiltigkeit, ja zum Theil mit blasirter Geringschätzung behandelt und mit der Kunst nur eine lose Verbindung eingegangen hat, mag dieser Einfluß nicht so fühlbar sein. Aber unmerkbar vollzieht er sich doch und um so gewisser, als wenigstens die Entwicklung der Gewerbe, die immer von der Baukunst abhängen, von der Zeit mit unermüdlicher Emsigkeit betrieben, auf ihre Cultur zurückwirkt.

Von diesen üblen Folgen des neuesten Bauwesens hat sich wenigstens die eine, welche die Gewerke trifft, jetzt schon eingestellt. An den meisten der neuen öffentlichen Bauten zeigt die Ausführung, und zwar nicht blos die Arbeit des Maurers, sondern ebenso die des Schreiners und Schlossers, kurz des Bauhandwerkers, einen so augenscheinlichen Mangel an Sorgfalt, Schärfe und Sauberkeit, wie er sich vielleicht an keinem monumentalen Bau aus den letzten Jahrhunderten findet. Zwar thut man sich nicht wenig auf die Geschicklichkeit zu Gute, mit der man der Facade des Regierungsgebäudes nach Hafnerart eine Bekleidung von glasirten Ziegeln in verschiedenen Mustern gegeben hat. Aber man braucht, was das eigentliche Bauhandwerk anlangt, nur die Verfügung der Haussteine an den Pfeilern der Münzarkaden zu betrachten und sie mit der Arbeit an dem nahegelegenen Residenzschloß zu vergleichen, um ein merkwürdiges Beispiel von dem Rückschritt zu haben, den in neuester Zeit das Bauhandwerk gemacht hat. Wie oberflächlich, lieblos und nachlässig ist erst die Behandlung des Ornaments, wo es nicht blos schablonenhafter Abdruck des Modells ist. Zu allen Zeiten giebt die Behandlung des Schmucks, der gleichsam den Bau aus der Fessel des structiven Gesetzes und dem verschlossenen Leben des Steins in die freie Schönheit organischer Formen sich hinüberbewegen läßt, einen sichern Maßstab für den künstlerischen Werth, den die Architektur selber hat. Kann es Wunder nehmen, daß eine Baukunst, welche mit tändelnder Willkür das Fremdartigste untereinandermengt und es auf ein Flickwerk abgesehen hat, das durch seine seltsamen Verknüpfungen überraschen soll, daß eine solche Kunst für die Vollendung der Arbeit kein Auge hat? Da sie weder den Fleiß noch die Einsicht zu einem in sich durchgeführten, belebten und gegliederten Ganzen aufbringen kann, so ist ihr auch mit der oberflächlichen, mangelhaften Ausführung genug gethan. Nach dem Kopf und der Phantasie des Meisters richtet sich die Hand des Gehilfen. Als die Kunst, welche unmittelbares Bedürfniß in die Freiheit der Form zu erheben hat, beruht die Architektur durchaus auf einem lebendigen Ineinandergreifen von Kunst und Handwerk. Sobald sie aber von dem festen Boden des allgemeinen Lebens und der geschichtlichen Ueberlieferung, andrerseits von den Bedingungen des Stoffs und den Grundsätzen gewisser Hauptformen sich losreißt; sobald sie mit abenteuerlicher Neuerungssucht aus dieser Verschlingung sich löst, um aus Bruchstücken der verschiedensten Stile eine Maske zusammenzusetzen: sobald ist auch jene innere Einheit mit dem Handwerk zerrissen und wie die Kunst unter der hohlen und lügnerischen Form zu Grunde geht, so verfällt die technische Ausführung unter den plumpen und rohen Händen des sich selbst überlassenen Tagelöhners.

Doch damit nicht genug. Auch das ist unzweifelhaft, daß solche monumentale Bauten in die Länge einen zersetzenden oder erschlaffenden Einfluß auf die Bildung und Gesittung des Volkes üben müssen. Was die feste Stätte für das öffentliche Leben abzugeben hat, dessen Erscheinung auch muß in großen ernsten Zügen das Gepräge der Macht und Tüchtigkeit tragen. Daher hat die Kunst mit ausdrucksvollem sicherem Formenspiel sowohl die nackte, blos das Bedürfniß aussprechende Gestalt zu bekleiden, als den Geist des Gemeinlebens im organischen, wie aus innerer Kraft gegliederten Bau wiederklingen zu lassen. So tritt dem Auge des Volkes im Gesetz des Aufbaues die innere Bedeutung, der ernste Zweck würdig entgegen, während es zugleich über die Noth und Spannung der Wirklichkeit durch die getragene festliche Stimmung der äußern Erscheinung emporgehoben wird. Wie gleichgiltig aber oder frivol muß seine Anschauung auch in öffentlichen Dingen endlich werden, wenn die Monumente, die sein Gemeinleben in sich fassen, ihren Zweck hinter einer Maske willkürlicher Formen verstecken und mit falschem Schmuck die Sinne zu täuschen suchen.

Auf diese allgemeinen Wirkungen einer solchen Architektur die Rede zu bringen, schien uns deshalb nicht überflüssig, weil es im Beamtenthum wie in der Wissenschaft noch immer Leute genug giebt, welche die Kunst als eine Sache des persönlichen Geschmacks und der Willkür betrachten, die mit den realen Mächten, welche unsere Zeit umtreiben, nichts zu schaffen habe und daher dem Belieben und den Einfällen des Einzelnen überlassen bleiben könne. Eine Meinung, die schon ein oberflächlicher Blick auf die Geschichte über den Haufen wirft; mußte doch selbst das Christenthum, dessen Stifter vom religiösen Genius ganz erfüllt, in seinem Bewußtsein für die Kunst keinen Raum hatte, diese aus anderen Bildungsschichten, Zeiten und Völkern in sich aufnehmen, um die Denkart wie das Schicksal der Menschheit umbilden zu können. Die Kunst ist ebenso eine allgemeine Lebensform, wie sie ein der Seele eingeborenes Bedürfniß ist, und so unterliegt sie den allgemeinen Gesetzen jedes lebendigen Werdens wie denen des menschlichen Geistes und der geschichtlichen Entwickelung.

Vorab hat die Architektur, gebunden einerseits an die Bedingungen sowohl des Stoffs als der Zweckbestimmung, andrerseits an die eigenthümliche Phantasie und Stimmung des gleichzeitigen Geschlechts, auch als Kunst diese innere Nothwendigkeit in ihren Formen auszuprägen. Gerade sie ist insofern die Basis aller Kunst, der feste monumentale Rahmen, welcher das ganze ideale Dasein in sich schließt, als sie auf dem unverwüstlichen Grunde innerer Gesetzmäßigkeit ruht und nur von diesem aus zur freien Bewegung, zum ungezwungenen Schein des Lebens sich aufschwingt. Sie giebt den bildenden Künsten das Vorbild für die Ruhe und den Einklang einer wohlgemessenen Anordnung; von ihr auch geht in die Phantasie des von ihren Kunstwerken umgebenen Volkes unmerklich Klarheit, Halt und Zusammenhang über. „Die Bürger einer wohlgebauten Stadt," sagt einmal Goethe — an dessen Ausspruch sich zu erinnern freilich jetzt schon Manche für altfränkisch halten — „wandeln und weben zwischen ewigen Melodien, der Geist kann nicht sinken, die Thätigkeit nicht einschlafen, und am gemeinsten Tage fühlen sie sich in einem ideellen Zustand; ohne Reflexion, ohne nach dem Ursprung zu fragen, werden sie des höchsten sittlichen und religiösen Genusses theilhaftig." Doch wenn auch die Architektur strenger wie jede andere Kunst die festen Züge der gesetzlichen Normen, an die sie gebunden ist, in ihrer Gestalt ausprägt, so ist ihr deshalb die freiere Schönheit organischer Gebilde nicht versagt. Sie überwindet die todte Schwere des Stoffs und die Starrheit der statischen Grundsätze, indem sie durch die feine Zusammenstimmung der Verhältnisse, die maßvolle Spannung und Lösung der Conflicte von Last und Stütze und die rhythmische Gliederung der Massen, zu welcher sie die bloße Theilung ausbildet, den Bau wie aus eigener Kraft sich erheben läßt und so das Gesetz wohl ausspricht, nicht aber als eine Nöthigung, sondern mit dem freien Schein innerer Belebung. Zugleich versinnlicht sie im Spiel der Ornamente die Dienstleistung der structiven Glieder mit phantasievollem und doch architektonisch gemessenem Anklang an organische Formen: wie wenn die Kraft des tektonischen Körpers nicht blos die Trägheit des Steins überwunden hätte, sondern überquellend nun ihr Amt mit den Formen der belebten Natur noch einmal verrichten wollte. Andrerseits zieht sie den Schmuck der Plastik und Malerei in ihre umschließenden Wände, um nicht blos mit dem Bilde des menschlichen Lebens auch ihren Mauern den Schein des Bedürfnisses zu nehmen, sondern zugleich von der Fessel des Zwecks sich loszulösen, indem sie ihn durch den Mund der Schwesterkünste offen ausspricht. Deßhalb fühlte sich die Baukunst auf dem Gipfel ihrer classischen Entwicklung, die griechische, sowohl von der Strenge der Construction als von der Last des Stofflichen so vollkommen befreit, daß sie das solide, mit der größten Feinheit ausgearbeitete Gemäuer, mit dem sie doch hätte prahlen können, ganz in die schmückende Kunstform hüllte (das Princip der Bekleidung, von Semper treffend hervorgehoben) und unter dieser die Anstrengung der structiven Mittel, der Steinfugen und des Baustoffes vollständig verschwinden ließ. Hatte sie aber so das blinde Gesetz der Materie überwunden, so führte sie es zu freier lebendiger Erscheinung in die künstlerische Form zurück. In dieser sprach es sich aus wie die freie Thätigkeit der belebten Natur — z. B. im Kapitäl der Säule und in den Gesimsen des Gebälkes — und so war jene Architektur im eigentlichen Sinn des oft mißbrauchten Wortes wahrhaft organisch. So ringt sich durchweg die Baukunst aus dem Zwang der Materie in das organische Leben hinauf, während sie doch zu ihrer Gesetzmäßigkeit sich frei bekennt. Darnach begreift sich der Ausspruch Michelangelos, daß nur, wer die Anatomie kenne, im Stande sei, sich einen Begriff von der inneren Nothwendigkeit eines architektonischen Planes zu machen. Dieser wunderbare Einklang von freier Bewegung, mathematischer Strenge und innerer Nöthigung war es wohl, der Schlegel auf den Vergleich der Architektur mit einer gefrorenen Musik brachte. Ein Ausdruck, der auch insofern nicht unpassend scheint, als wie in der Musik eine unfaßbare Empfindung, so in der Baukunst die dunkel in der Seele des Volkes schwebende Gesammtstimmung sich kundgiebt.

Doch von allen diesen Bedingungen der wahren Architektur hat sich der „moderne Stil" kurzer Hand losgesagt. Er hat es eigens darauf abgesehen, in seinen Formen alle Gesetze zu verläugnen. Aber auch alle. Zunächst das der geschichtlichen Entwicklung. Da er die Erfindung einiger müßigen Köpfe ist, so ist es nicht seine Sache, den Charakter des modernen Gesammtlebens auszusprechen noch an den letzten der ausgebildeten Stile, den uns die Vergangenheit überliefert, anzuknüpfen. Beides geht in der echten Architektur immer Hand in Hand; denn wie der neue Weltzustand aus dem vorhergegangenen sich herausgearbeitet hat, so nimmt die neue Bauart die Elemente der früheren in sich auf, um sie im Geiste des neuen Zeitalters fort- und umzubilden. Hätte der neue Stil eine Ahnung von den wesentlichen Zügen der Gegenwart, so würde er nicht mit einem Nationalgefühl, das mit patriotischer Beschränktheit gerade da sich aufwirft, wo es am wenigsten am Platze ist, der Kunst der Renaissance als einer fremdländischen den Rücken kehren. Er greift lieber zu romanischen und gothischen Formen zurück, die doch allein im System des ganz auf das Innere sich werfenden Kirchenbaues Bedeutung und Ausdruck haben — um sie für moderne Facaden an weltlichen Gebäuden zu gebrauchen. Kein Wunder daher, daß er das Aeußere eines Regierungsgebäudes nach einer Reminiscenz an den Längenschnitt eines gothischen Hauptschiffes gestaltet (vergl. Grenzboten 1863, I. 414) und seine Privathäuser durch mit Rundbogenfriesen verbundene — oder auch durch horizontalabschließende Streifen rahmenartig gebildete — Lisenen scheitrecht abtheilt: eine an sich arme Form, die nur Sinn und Wirkung hat, wo sie theils als Verstärkung der Mauer das Widerlager für die Bunde der Dachconstruction oder die inneren Gewölbebögen abgiebt, theils am Aeußeren der decorative Nachklang des Innenbaues ist.

Mit einer solchen Anwendung jener Stilelemente verletzt diese Bauart zugleich das erste architektonische Gesetz: daß sich nämlich in der äußeren Form die Zweckbestimmung sowohl als die innere Anordnung des Gebäudes deutlich auszusprechen habe. Sie entlehnt Formen, in welchen sich der Charakter unseres privaten und öffentlichen Lebens nicht wiedergeben läßt (wie ihr denn dafür schon die erste Bedingung, die der wagrechten Gliederung fehlt) und verläugnet in ihren in die Höhe ausgereckten Facaden die innere Raumeintheilung. In demselben verkehrten Sinne ist ihre Ornamentation gehalten. Ihre Hauptzüge bilden der Spitzbogen, der decorativ nur da auftreten sollte, wo er zugleich in der Strenge seines constructiven Princips durchgeführt ist, gothisches Maßwerk, das für sich, abgetrennt von dem aufstrebenden durchbrochenen Gerüst des Systems, ausdruckslos ist, und der Rosettenschmuck, der vervielfältigt nur an den Lakunarien und neutralen Füllungen sinnvoll und wirksam ist.

Doch damit nicht genug. Diese Architektur verletzt auch, wie schon bemerkt, die eigenen Gesetze der Formen, die sie aus früheren Stilen herbeigeschleppt hat; denn sie gebraucht sie losgelöst von ihrem structiven Princip, wie eine vom Kern abgezogene Hülle. Sie will neu sein und quält daher die verschiedenartigsten Formen zu einer Verbindung und Gestalt zusammen, für deren Abenteuerlichkeit sich allerdings in der ganzen Geschichte der Kunst kaum ein zweites Beispiel wird auftreiben lassen. Um diese Wirkungen zu erreichen, verschmäht sie auch entlegene und ausländische Formen nicht, die sich nur durch den Zwang des structiven Bedürfnisses erklären, von ihr aber decorativ verwendet werden (z. B. der Tudorbogen am Nationalmuseum). Ja, sie nimmt, um eine unpassende Mannigfaltigkeit in die Bekrönung ihrer Gebäude zu bringen, selbst zu ländlichen Dachkränzen mit hölzernen Dachsparren ihre Zuflucht: ein naiv liebenswürdiger Abschluß für das Prachtkleid, mit dem sich der Bau brüstet, wie etwa der breitkrämpige Bauernhut für die schlanke Zierlichkeit des Fracks.

Wie sollte man auch ein Verständniß für die in der Architektur wirkenden Gesetze da erwarten dürfen, wo nicht einmal ihre Grundbedingungen beachtet sind. Zu diesen gehört doch wohl ein gewisses Verhältniß der Gebäudeform nach den drei Dimensionen der Höhe, Tiefe und Breite; eine rhythmische

Abtheilung, d. h. Gliederung der Facade in ein Ganzes wohlgeordneter und zusammenstimmender Theile; endlich der Ausdruck der verschiedenen Richtungen, des Oben und Unten, der umspannenden und abschließenden wagerechten Linien, sowohl die Scheidung als Zusammenfassung der Massen und Glieder durch die Gesimse. Selbst diese einfachsten Gesetze, welche schon die Natur der Kunst an die Hand giebt, wirft um den Preis eines täuschenden Scheins von Originalität der neue Stil ab. Zu weitläufig wäre das ganze Register dieser gröberen Bausünden, die er sich zu Schulden kommen läßt, um es herzuzählen; eine kleine Auswahl derselben kann der Leser in den schon angeführten Artikeln finden. Charakteristisch ist, wie schon angedeutet, für diese Architektur, daß sie nur die eine Richtung der Höhe betont, ihre Bauten nicht durch Horizontalgurten und kräftige Krönungen zusammenzuhalten noch abzuschließen weiß. Da sie dennoch, trotz ihrer Mauerstreifen und der durch mehre Stockwerke sich erstreckenden Fenstereinrahmungen die wagerechte Theilung des Innern nicht läugnen kann, so trägt sie wenigstens Sorge, ihre wenigen dünnen Profilchen so oft wie möglich zu durchschneiden — also eine Linie zu brechen, deren Wesen, wie das schon der Ausdruck „Gurt" anzeigt, gerade in der umspannenden Continuität besteht. Wie ihr so schon bei der Facade der Sinn für die künstlerische Anordnung der Raumverhältnisse abgeht, so mißlingt ihr auch, wie das Treppenhaus des Regierungsgebäudes zeigt, die Disposition des Innenbaus. Wie in die Seitenschiffe von Dorfkirchen sieht man in die beiden Treppenarme, die von riesigen gedrückten Spitzbogen flankirt sind und daher stellenweise mit ihren Wangen schief in dieselben hineinschneiden; der Podest schneidet dann beide ab, ohne sie in sich und einander entgegenzuführen; über dem oberen mittleren Treppenarm erheben sich Stichgewölbe auf Säulenbündeln von der plumpsten Form. Das Ganze, erleuchtet durch zwei endlos ausgezogene Fensterstreifen, wie eingeschachtelt in den Bau, von nüchterner, matter, schwerfälliger Wirkung. Welch ein Gegensatz zu den grandiosen Treppenhäusern des nun so verachteten Rococostils. In vollem Licht ausgebreitet schwingen sich diese festlich auf, breit und groß wie für ein Geschlecht angelegt, das sich von der Erde erhebt, den Himmel nicht braucht und sich den Herrn der Welt weiß; durch die Verschiebungen der mannigfaltigen Bogendurchsichten zeigt sich dem Eintretenden sofort das Weite, Großräumige des Palastes, während ihn zugleich die innere malerische und harmonische Gruppirung behaglich in das Innere hereinzieht, in die Stätte eines edlen Lebensgenusses und durch die Kunst gehobenen Daseins. Freilich, nicht mit solchen Erwartungen mag der moderne Staatsbürger den zaghaften Fuß in ein Regierungsgebäude setzen, und schwül, beklommen und gedrückt, wie ihm dabei bisweilen zu Muthe ist, wird er den Aufgang mit seiner Stimmung ganz in Einklang finden. Aber gerade hier wäre eine gewisse heitere und stattliche Größe am Platze gewesen, um das Landeskind fühlen zu lassen, daß hier zu waltenden Leitern des Staats keine 'unnahbaren Götter bestellt sind, sondern nur menschlich denkende Vertreter des großen Ganzen, dem es selber angehört.

Doch wir wollen den Leser nicht länger mit den einzelnen Zügen des „modernen Stils" ermüden. Ermüdend ist ohnedem der Anblick dieser Architektur, die trotz ihrer Vermischung verschiedener Formen durch die langweilige Wiederholung ihrer magern, ausdruckslosen Hauptmotive und ihres ärmlichen Flitters auf den ausgereckten Wänden von verzehrender Eintönigkeit ist. Bei dieser öden Gestaltlosigkeit ist es unnütz, noch von der Art zu reden, mit der Arkaden und Gänge durch einen bunten decorativen Anstrich aufgepußt sind. Die Polychromie, von der noch die Rede sein wird, ist gleichsam die feine Blüthe der architektonischen Kunst, welche den letzten vollendenden warmen Hauch des Lebens über sie ausgießt, mit der sie als beseelte leuchtende Gestalt in die farbenglänzende Welt tritt; zugleich läßt sie die Kraft der dienenden Glieder in den freien körperlichen Schein des Malerischen gleichsam ausklingen. Wie sollte jene münchener Bauart zu einer solchen Polychromie kommen. Daß sie das Wenige, was sie an farbigem Schmuck aufwendet, dem mit Schablonen hantierenden Zimmermaler überläßt, das ist nur eine natürliche Folge ihres ganzen Systems. In derselben äußerlichen Weise behandelt sie die plastische Ausstattung; auch diese wird, wie jene Artikel ausgeführt haben, den Mauern nach Willkür angeklebt oder aufgesetzt, ohne inneren harmonischen Bezug auf die bauliche Gestalt, ohne ausdrucksvollen Zusammenhang mit den architektonischen Formen. Losgelassen von diesem Gesetze zeigt denn auch das plastische Gebilde, ohnedem formlos und die menschliche Gestalt verrenkend, eine leere willkürliche Auffassung und eine charakterlose Schwäche der Behandlung. —

Der innere Widersinn, der in dem abenteuerlichen Gedanken liegt, einen neuen Baustil durch Zusammensetzung finden zu wollen, ist in der Maximiliansstraße schlagend zu Tag getreten. Neue Formen zu entdecken, darauf haben natürlich ihre Baumeister verzichtet. Geht man den verschiedenen Stilen, welche die geschichtliche Entwicklung der Architektur bilden, auf den Grund, verfolgt man sie rückwärts von ihrer Ausbildung zu ihrem Ursprunge: so zeigt sich jedesmal, daß ihre Formen auf unscheinbare Anfänge zurückgehen, in denen sie, wie die Pflanze im verschlossenen Keim, kaum erst angedeutet sind. Dem langsamen Gange der Zeit, dem Fortschritt des ganzen Culturlebens, einer sich aneinanderreihenden Kette von Kräften und Geschlechtern ist ihre Entfaltung und Vollendung überlassen. In dieser Entwicklung geht immer Beides Hand in Hand: das Gesetz der Construction und die künstlerische Ausbildung; auch diese folgt dem großen objectiven Gang der Geschichte und läßt so der Willkür des Einzelnen nur geringen Spielraum. Dabei ist dieser fortlaufende Gang der Baukunst mannigfach verschlungen, indem die spätere Bauart alle die Elemente der früheren in sich aufnimmt, welche noch lebensfähig sind und für die neuen Bedürfnisse, sich verwerthen oder weiterbilden lassen. So gebraucht also jeder neue Stil frühere Formen, aber nicht mit launenhafter Auswahl und mit kenntnißloser, ihre structive Bedeutung verkehrender Willkür, wie die jüngste münchener Architektur. Sondern er knüpft in geschichtlichem Zusammenhang und nach dem Gesetz aller naturgemäßen Entwicklung an den letzten der entwickelten Stile an, der ja alle früheren gleichsam im Auszuge enthält, um auf ihm weiter zu bauen, mit seinen Mitteln den für die neuen Zwecke passenden Raum zu gestalten, wobei sich dann die schöpferische Umbildung von selbst ergiebt. So der griechische Stil an den chaldäo-assyrischen und den ägyptischen, der römische an den griechischen, der byzantinische und romanische an den römischen, der saracenische — in dem zugleich orientalische Motive erhalten sind — an den römischen und byzantinischen, der gothische an den romanischen und saracenischen. Im Wesen der gothischen Bauart — von der im nächsten Artikel noch die Rede sein wird — lag es, daß sie ganz aufgehend in die nothwendigen Folgen ihrer structiven Grundsätze, sich in sich selber abschloß und vollendete. Alle ihre Formen sind nicht blos der Ausdruck des structiven Gerüstes, sondern dieses selber die nackte Erscheinung der mathematischen Structur; der künstlerische Schmuck aber ganz von diesen Formen abhängig oder eine ihnen nur äußerlich angeheftete Zierde (z. B. das Laubwerk an den Kapitälen der Bündelpfeiler). So durchaus in sich fertig und sein Leben gleichsam in sich selber bis zum letzten Athemzuge verzehrend ließ sich der gothische Stil in eine andere Bauweise nicht überführen und schnitt daher nach der einen Seite, als der letzte abschließende Ausdruck des kirchlich-christlichen Geistes, die Entwicklung ab.

Zugleich verlor, als der Stil seine Blüthezeit eben hinter sich hatte, die kirchliche Lebensform die weltbestimmende Macht, die sie bis dahin ausgeübt. Die individuellen Kräfte und Neigungen des menschlichen Geistes erwachten und warfen die lastende, alle gleichmäßig einschnürende Decke des hierarchischen Systems ab. Der Bruch mit dem Mittelalter, den so im religiösen Bewußtsein die neuanhebende Zeit vollzog, war nur der entscheidende Ausschlag einer weitgreifenden Bewegung, mit welcher der aufstrebende Geist von der Fessel der Autorität, die ihn sich selber entfremdet und mit der Natur in Zwiespalt gebracht hatte, sich losriß. In der Gesittung, in Wissenschaft und Kunst war der Umschwung, wenn auch mit leiserem Schritt, schon eingetreten, ehe er umwälzend das religiöse Leben ergriff. In diesen Gebieten des Daseins warf schon früher der frische Trieb individueller Selbständigkeit die hergebrachten Satzungen ab, die sich zu leblosen Typen allmälig verfestigt hatten; der wieder mit sich vertraute Geist stellte sich auf seine eigenen Füße und ergriff zugleich von dieser Welt mit heiterem Selbstgefühl Besitz. Dieses neue

Leben ging zuerst im Süden auf, wie immer, wenn der Mensch im Einklang mit sich selbst und der Natur, sich auf seine eigene Kraft verlassend und ohne sein Bestes an das Schattenreich eines Jenseits hinzugeben, aus sich ein schönes Dasein mit frohem Muth gestaltet. Diese Rückkehr aber zur harmonischen Ausbildung des eigenen Innern und zur Natur ging leicht und glücklich von Statten, weil sie durch günstige Umstände und von einem richtigen Trieb geleitet, einen sicheren Führer an einer Epoche der Vergangenheit fand, in welcher schon einmal alle Anlagen des menschlichen Geistes frei und glücklich entwickelt in vollendeter Form ein in sich befriedigtes Dasein geschaffen hatten. So bildete sich in Italien an der Antike der Humanismus aus, als in Deutschland noch Wissenschaft und Kunst in den Fesseln der Gothik lagen.

Nicht blos Poesie und Wissenschaft, auch die Architektur griff frühzeitig zu den Alten zurück. Im Grunde war in Italien die antike Tradition nie ganz erloschen; zu mächtig war das Vorbild der noch erhaltenen Ueberreste gewesen, als daß auch eine in entgegengesetzter Anschauung und in halbbarbarischen Zuständen befangene Zeit ihm ganz hätte vorbeigehen können. Um so leichter ließ sich das nur gelockerte Band fester knüpfen, sobald das innere Bedürfniß wieder zu den alten Formen drängte. Was hat sich in Brunellesco geregt, welche Pläne, die bis dahin nur dunkel in ihm auf- und niederstiegen, empfingen festen Umriß und Gestalt, als er in Rom den Tempel ausmaß und am Pantheon sich zu seiner Kuppel für S. Maria del fiore begeisterte. Er ist es gewesen, der die Kunst der Antike wiedererweckte und zugleich aus ihren Trümmern im Sinne einer neuen Zeit eine neue Kunst hervorrief.

Denn die Renaissance ist keine Nachahmung der Antike. Sie wäre nicht lebensfähig gewesen, wenn ihre Bauweise nicht die ihrem Zeitalter eigenthümlichen Zwecke befriedigt, die Anordnung des Raumes und der Verhältnisse in ausdrucksvollen Einklang mit dem neuen Leben gebracht hätte. Wie viel sie in dieser Hinsicht den ihr vorangehenden Stilen — besonders dem romanischen, wie wohl behauptet wird — zu verdanken habe, wollen wir hier nicht untersuchen; sicher nicht so viel, daß sie nicht selbst hätte eine schöpferische Phantasie bewähren müssen. Denn die Gesittung, der ganze Lebenszuschnitt, auf eine harmonische Entfaltung aller Kräfte und eine heitere Sinnlichkeit angelegt, war ein anderer als früher und bedingte eine ganz andere Anlage und Eintheilung des Raums. Eher hätte ihr auch hierin das Massenhafte und Weiträumige der römischen Bauweise, die mit ihrem offen ausgesprochenen Quader- und Gewölbebau zuerst rein structiven Principien eine künstlerische Form zu geben hatte, Vorbild sein können, wie sie es durch ihre Formen war; und zum Theil war sie das auch, wie ja bekanntlich Bramante die Idee zu seiner Peterskirche der Basilika Konstantins (dem alten Friedenstempel Vespasians) entnahm. Insofern traf es sich nicht ungünstig, daß die neuerwachende Architektur auf römische, nicht auf griechische Kunst traf. Indeß wie dem auch sein mag: für die Befriedigung der mannigfachen neuen Bedürfnisse war sie dennoch ebenso auf ihre eigene Erfindung angewiesen, als für ihren Trieb nach einer solchen decorativen Ausstattung, welche das organische Leben und die menschliche Gestalt zur ornamentalen Versinnlichung der Dienstleistung gewisser Bauglieder herbeizog. So wußte sie die classischen Formen mit eigenthümlicher Phantasie für neue Bildungen zu gebrauchen.

Denn darüber sollte uns doch kein Zweifel mehr sein, daß die antike Bauweise nicht der vorübergehende Ausdruck besonderer Zwecke und einer bedingten Zeitbildung ist, sondern die immer giltige in sich vollendete Form für gewisse im Wesen der Architektur selber begründete Gesetze. Sie bildet auch hierin wie in allem den geraden Gegensatz zur Gothik. Ueber diese Bedeutung der classischen Baukunst sowie über das Verhältniß der Renaissance zu derselben — Punkte, die wir hier nur andeuten können — herrscht noch immer unter den Architekten wie den Laien das größte Mißverständniß. Die Architektur ist, wie schon bemerkt, in einen bestimmten Kreis von Gesetzen und Bedingungen eingeschlossen. Diese Gesetze können nur in einer bestimmten Reihe von Formen ihren einzig richtigen, vollkommenen Ausdruck erhalten, und so gilt hier noch mehr als bei den Schwesterkünsten der Grundsatz, daß gewisse Formen, zu welcher Zeit und von welchem Volke sie auch gefunden sein mögen, für alle Zeiten unverbrüchliche Muster werden und bleiben. So hat z. B. die griechische Kunst die Norm von tragender Kraft und Last (in Säule und Gebälk) und ihre die Massen sowohl zusammenfassenden als scheidenden, den Conflict des Wagrechten und Senkrechten rythmisch lösenden Gliederungen, die römische dann die Verbindung structiver Elemente, des Quaderbaus und Rundbogens mit dem idealen Säulen- und Architravsystem als unverbrauchbares Erbe der Nachwelt überliefert.

Aber nicht bloß in den einzelnen Formen, sondern in ihrer ganzen Gestaltungsweise ist die Antike bleibendes Vorbild. Noch immer geht das Vorurtheil, daß es ein Hauptzweck der Baukunst sei, die materielle Construction, d. h. die nackte Nothwendigkeit der structiven Bedingungen auch in der formalen Erscheinung offen kundzugeben: ein Grundsatz, nach welchem die Kunst dem Bedürfniß zu dienen hätte. So dachten die Griechen nicht. Bei ihnen war, wie oben schon angedeutet, die architektonische Form ein selbständiges künstlerisches Gebilde, das den baulichen Kern bekleidete und wie aus innerm Trieb die zu Grunde liegende Gestalt zu freier Erscheinung brachte, gleich der schönen fleischlichen Oberfläche des menschlichen Körpers, in welcher der Knochenbau sich verhüllt und doch sich ausspricht. Dies nur kann im vollen Sinne ein organisches Bauen heißen: nur in dieser Bauweise gehen der Stoff und die von ihm abhängige Construction in die schöne Form auf, nur hier, wo sie

das nackte Bedürfniß vollständig umkleidet und als freie Thätigkeit in sich nach-
klingen läßt, ist die Form wahrhaft künstlerisch. Wie dieses Princip von
der Antike bis ins Kleinste durchgeführt wird, können wir hier nicht weiter
verfolgen (die neuen fruchtbaren Ideen in Sempers geistvollem Buche „der
Stil u. s. f.," die zwar der noch ausstehende dritte Band erst in festen Zusammenhang zu bringen hat, scheinen uns erst das richtige Verständniß der
griechischen Architektur anzubahnen). Nur darauf wollen wir hinweisen, wie
folgerichtig sie ist, indem sie in ihrer Blüthezeit auch an der plastischen Gestalt
den Schein des blos sinnlichen Lebens, die Sehnen und Adern tilgt, gerade
so, wie sie in ihren Bauten das Gemäuer und die Steinfugen, obwohl mit
der größten Sorgfalt ausgeführt, hinter der wie in einem Guß vollendeten
Form verbirgt. Durch diese Gestaltungsweise begreift sich endlich leicht, wie
die classische Architektur das Vorbild für alle monumentale Kunst ist: sie
giebt dem Bau ein Festgewand, das ihn über das Bedürfniß und seine blinde
mathematische Nothwendigkeit hinaushebt und gleichsam das unorganische Gefüge verhüllend seine absolute Festigkeit, wie die eines organischen Gewächses,
verkündet. Wenn dann auch die römische Kunst, der es um den Ausdruck der
den Stoff beherrschenden Kraft zu thun war, stellenweise den materiellen Bau
des Gemäuers offen ausspricht, so behält sie doch den Charakter jener das Bedürfniß überwindenden Kunstform bei.

Indem so auch die antiken Formen, welche eine wirkliche Dienstleistung
ausüben, den Schein einer selbständigen Schönheit annehmen und also dem
baulichen Zweck zu dienen nur scheinen, verlieren sie auch abgetrennt von
ihrem structiven Princip ihren Ausdruck, ihre künstlerische Wirkung nicht. Wie
oft ist die Renaissance darum getadelt worden, daß sie solche Formen decorativ
verwende: eine nüchterne und engherzige Anschauung, welche die Architektur für
einen Tagelöhner ansieht, der keuchend und mit sichtbarer Anstrengung seine
Lasten tragen muß. Die Gewißheit der materiellen Nothwendigkeit ist eine Anforderung, welche die ästhetische Anschauung gar nicht macht. Zudem sind in der
guten Zeit der Renaissance jene Formen — Pilaster, Halbsäulen u. s. f. —
immer maßvoll und zugleich so verwendet, daß sie die Kraft der — eigentlich
nur umschließenden — Mauer in sich zusammenfassend dem Auge als tragende
stützende Glieder erscheinen. Insbesondere aber sind sie der lebendige Ausdruck
des Aufbaus an der Wandfläche, die an sich diesen nicht versinnlichen kann,
gleichsam der deutliche Anschlag des in der Anordnung des Raumes und der
Verhältnisse verborgenen Rythmus, endlich ein wirksames Mittel für die vertikale Gliederung, deren, um als ein organisches Ganze zu erscheinen, der Bau
der Neuzeit bedarf, der dem Bedürfniß gemäß, wagrecht sich ausstreckt. Andrerseits knüpft namentlich an sie die ornamentale Ausstattung an, während sie
zugleich in den Bau eine Art von Bewegung, den Contrast von Licht und

Schatten bringen und so jene wunderbare malerische Wirkung erzeugen, welche den Renaissancebauten für unsere Phantasie einen so großen Reiz giebt.

Daß also die neue Architektur der Antike diese Formen, dann insbesondere ihre Gesimsbildung und die Art ihrer Decoration entnimmt, hindert sie nicht, in der Composition ihrer Gebäude, in der Anordnung und Vertheilung der Räume in eigenthümlicher Weise schöpferisch zu sein. Sie machte an sich selber und unbewußt die große fruchtbare Entdeckung, daß die antiken Formen mustergiltig für jede Baukunst sind, welche auf dieser Welt zu Hause ist und einem Leben die Stätte bereiten soll, das auf harmonische Entwicklung von Geist und Sinnlichkeit sich richtet. Dachten jene italienischen Meister, welche sich in Rom dem Studium der classischen Bauwerke ganz hingaben, die schon genannten Brunellesco und Bramante, dann ein Alberti, der den Vitruv erneuerte, ein Cronaca, der antike Krönungsgesimse an neuen Palästen geradezu nachbildete, ein Peruzzi, der über die römischen Alterthümer schrieb — sollten diese Meister die Absicht gehabt haben, durch jenes Studium eine neue Bauweise finden zu wollen? Sicher nicht. So naiv gingen sie in die alte Anschauungsweise ein, daß Alberti von christlichen Kirchen nur noch wie von Göttertempeln sprach, daß Bramante, wie bemerkt, die Idee zu seiner Peterskirche von einer römischen Ruine empfing. Aber indem sie die classische Kunst nur wiederherzustellen meinten und dennoch für die Zwecke ihres Zeitalters aus eigener Phantasie neue Pläne der Raumgestaltung fanden, da gab sich ein eigenthümliches Schaffen von selbst, und ungesucht wie gewachsen, erhob sich eine neue Architektur aus dem Boden. Wer die Antike blos nachahmt, versteht sie nicht; von seinem nüchternen, geistlosen Sinn läßt sich ihr Wesen nicht fassen. Die Renaissance verstand das Alterthum, wenn auch so manche Seite seines Lebens, welche erst die heutige Forschung aufgedeckt hat, ihr noch verschlossen blieb, wenn es zum Theil auch späte Formen waren, an denen sie sich begeisterte; sie verstand es, weil sie es in die Phantasie aufnahm und in dieser gleichsam neugestaltete, weil sie es wiederlebte und wieder empfand. Aus dem Vitruv, zu dessen eingehendem Studium noch unter Paul dem Dritten eine Anzahl von Künstlern, Literaten und Edelleuten, an der Spitze der Cardinal Farnese, eine Art Akademie bildeten — aus dem trockenen Buch des nüchternen Baumeisters hätten sich sicher die antiken Formen nicht wiederbeleben lassen, wenn nicht in ihnen selbst eine Lebenskraft war, welche die Renaissance durch ein tieferes Verständniß zu entbinden verstand. Dadurch also, daß diese für die neuen Zwecke und die Anschauung ihrer Zeit mit Freiheit und Verständniß zugleich jene Formen zu gebrauchen wußte, ward ihre Baukunst groß und schöpferisch.

Der Leser weiß, weshalb wir von der Renaissance bei Gelegenheit der modernen Architektur reden. Weil wir zu ihr eine gleiche Stellung einnehmen, wie sie zur Antike, oder vielmehr, da das neunzehnte Jahrhundert seiner Denkart wie seinem Lebenszuschnitt nach mit dem sechzehnten in innerem und dem nächsten geschichtlichen Zusammenhange steht, eine noch nähere, die der innigsten Wahlverwandtschaft. Wir haben in diesen Blättern bei Gelegenheit der münchener Ausstellung von 1863 dieses Verhältniß der Gegenwart zur Renaissance näher besprochen und gehen deshalb hier nicht darauf ein. Zudem, von dem beiden Epochen gemeinsamen Charakter der Weltanschauung nicht zu reden, liegt ja auf der Hand, daß in beiden die Baubedürfnisse dieselben sind. Was aber von den Formen der Antike galt, daß sie nämlich zu immer giltigen Mustern geworden: dasselbe gilt von ihrer Erneuerung und Anwendung durch die Renaissance, insbesondere von dem unerschöpflichen Reichthum neuer Combinationen, in welchen sie von dieser den Charakter des neuen Lebens empfangen haben. Und mehr noch: wenn die classischen Formen insofern in sich abgeschlossen sind, als sie wohl zu neuen Bildungen sich verbinden lassen, jedoch eben ihrer Vollendung halber eine wirklich gelungene Umgestaltung ausschließen: so läßt dagegen ihre Verbindung nach dem Vorbilde der Renaissance auch jetzt noch der Phantasie einen unbegrenzten Spielraum. Worin endlich diese unserer Zeit eigenthümliches Muster sein kann, das ist einerseits ihr feines Gefühl für Raumeintheilung und Rythmus der Verhältnisse, andrerseits die wunderbare Schönheit ihrer das ganze organische Leben umfassenden Ornamentation. Ob wir ihrem Vorgange folgend eine neue Bauweise finden werden — wer wird daran denken? Der einsichtige und phantasievolle Baumeister gewiß ebenso wenig, als jene Architekten des Cinquecento. So viel aber ist gewiß, daß wir auf diesem Wege sowohl die Zwecke unseres Zeitalters erfüllen als ihnen den echten künstlerischen Ausdruck geben. Eine Architektur, die dies zu Stande bringt, ist immer eigenthümlich. Und wenn die Renaissance nicht selten in überquellendem Trieb nach Schmuck und Pracht die ernsten gehaltenen Formen der Antike als bloße Decorationsstücke mit vollen Händen auf ihre Bauten ausstreut: so können wir ja darin eine eigene Phantasie bewähren, daß wir ihren Reichthum auf die maßvolle Ordnung und die klare Gesetzmäßigkeit der antiken Bauweise zuzurückzuführen suchen und sie in die Zucht der nun tiefer erschlossenen griechischen Kunst nehmen.

So ausführlich wäre diesmal die Rede nicht auf die Architektur der Renaissance gekommen, wenn nicht jene Hoffnungen, deren oben gedacht ist, für München eine vielleicht glänzende Erneuerung derselben in Aussicht stellten. Die Bauaufgaben, welche dort in diesem Augenblicke sich darbieten, lassen sich günstiger nicht treffen. Ein Ständehaus, eine polytechnische Schule, eine protestantische Kirche: so gilt es, den Raum für die größten Interessen des modernen Lebens künstlerisch zu gestalten. Nur Eines fehlt noch: die Kunst selber.

Dieser und zwar dem Zweig derselben, den unser Jahrhundert zu voller unverkümmerter Blüthe gebracht hat, eine würdige, mit ihrem Wesen, dem der Schönheit, übereinstimmende Stätte zu bereiten, so mit glücklichem Anfang der Kunst durch die Kunst den rechten Boden zu geben, hat der junge König aus dem eigenen Antrieb eines großen Sinnes den Plan gefaßt. Es handelt sich um den Prachtbau eines neuen, zu musikalischen Aufführungen bestimmten Festtheaters, mit dessen Entwurf Gottfried Semper beauftragt ist. Ist es das schöne Vorrecht der Könige, durch die Errichtung monumentaler Werke sowohl die Kunst zu neuem fruchtbaren Leben anzuregen, als die Bildung des Volkes zu heben: so scheint Ludwig der Zweite zugleich die Willenskraft zu haben, von keinerlei Vorurtheil beirrt durch die Berufung der ersten künstlerischen Kräfte des Zeitalters große Zwecke und Pläne in wahrhaft großer Weise zu vollendeter Gestalt zu bringen. Und nur in dieser üben sie eine glückliche Wirkung auf die Entwicklung der Kunst und der allgemeinen Bildung. So hat er nun eine Aufgabe, wie sie entsprechender dem Charakter des Zeitalters sich nicht finden ließ, einem Architekten übergeben, wie er besser sowohl zu deren Ausführung, als um der Baukunst einen neuen Aufschwung zu geben, nicht gewählt werden konnte. Ein festliches Haus mit dem Schmuck der bildenden Künste als der erhebende stimmungsvolle Raum für die würdige durchgebildete Darstellung dramatischer Musikwerke, die Versammlungsstätte also für alle Künste, der volle Ausdruck für den edelsten Genuß des modernen Lebens: diese Aufgabe kann nur die Bauweise der Renaissance in ihrer weiten weltlichen, lebensfrohen Schönheit lösen, hier kann sich zugleich die eigene Kraft der modernen Phantasie bewähren. Wie Semper gerade solche Aufgaben in meisterhafter, wirkungsvoller Weise künstlerisch durchzuführen weiß, das hat schon sein dresdener Theaterbau bewährt, das hat noch kürzlich der für Rio Janeiro bestimmt Plan gezeigt (in d. Bl. bei Gelegenheit der münchener Ausstellung von 1853 besprochen).

Mit einem solchen, im echten Charakter der monumentalen Kunst gehaltenen Bau werden jene anderen Gebäude sowohl im Stil als — soweit es ihr Zweck erfordert — im Reichthum der Ausführung übereinstimmen müssen. Und dafür ist jetzt ebenfalls Hoffnung. So zunächst für dasjenige, dessen Errichtung nun schon in feste Aussicht genommen ist, für den Bau nämlich des Polytechnikums, wenn der Architekt, der durch seine Stellung an der Bauschule zur Ausführung dieser Aufgabe berufen erscheint — G. Neureuther — mit derselben wirklich betraut würde: ein ebenso gebildeter als talentvoller Baumeister, der sowohl an seinen öffentlichen und Privatbauten wie an umfassenden Plänen (vergl. 1863 d. Bl. Nr. 49) bewiesen hat, daß er die Bauweise der Renaissance mit ebenbürtigem Verständniß für moderne Zwecke lebendig und phantasievoll zu gebrauchen weiß. — Wenn es die münchener Baukunst wohl zu fühlen hatte, daß die Fähigkeit und die Kenntniß solcher Männer, die ihrer besseren

Einsicht und ihrem künstlerischen Sinn nicht untreu werden wollten, unter der Herrschaft des „neuen Stils" brach liegen mußte, so bietet sich jetzt die beste Gelegenheit, ihr Talent und ihre Arbeit dem Staate und der Kunst wieder zuzuführen. Auch das steht zu hoffen, daß der Sinn des jungen Königs der bureaukratischen Engherzigkeit, welche alle öffentlichen Bauten blos nach dem Maßstab des greifbaren Nutzens errichten möchte und keine Ahnung hat von der Wirkung der monumentalen Kunst auf die Gesittung des ganzes Volkes, nun das Handwerk lege. Daß gerade für eine solche Bildungsanstalt, welche darauf ausgeht, durch geistige Beherrschung der natürlichen Kräfte und Mittel die allgemeine Wohlfahrt und Cultur sowohl zu steigern als auszubreiten, die Bauweise der Renaissance wie geschaffen ist und ihre künstlerischen Formen, mit einer gewissen Ruhe und Würde behandelt, den wahren Ausdruck abgeben, das haben schon die Polytechniken von Zürich und Stuttgart bewiesen.

Auch dafür bedarf es keiner weiteren Worte, daß der Kirchenbau unserer Zeit nur in diesem Stile Werke von eigenthümlicher Art und edler lebendiger Wirkung hervorbringen kann. Was in dieser Beziehung die Bramante und San Galli in Italien geschaffen haben, hat in unserem Jahrhundert noch zu wenig Nachahmung gefunden. Hier bietet sich für den phantasievollen Architekten eine neue schöne Aufgabe. Und wie allein die Bauart der Renaissance die Stätte des Cultus für die gegenwärtige, vorgeschrittene Auffassung des Christenthums, für unser Gefühl der die Natur einschließenden Gemeinschaft von Gott und Welt zu gestalten vermag: so kann allein ihr weltlicher, breit hingelagerter, in dem Zusammenwirken von Massen und selbständigen Kräften sich aufbauender Charakter der modernen Stätte unseres politischen Lebens, dem Ständehaus, die wahre Form geben. — Eine schöne Zukunft für die monumentale Architektur in München. Und da kein Baustil so wie jener zur Vollendung seiner Werke die harmonische Mitwirkung der Schwesterkünste voraussetzt, welche Hoffnungen für einen neuen Aufschwung der Plastik — die dessen, wie wir bald sehen werden, gar sehr bedarf — und der monumentalen Malerei. —

μ. ϱ.

Literatur.

Das Leben des Feldmarschalls von Gneisenau, von Fr. Perz. 1. Band. Berlin, Georg Reimer.

Der erste Band der Biographie des Feldmarschall Grafen Neithardt v. Gneisenau von Perz liegt vor uns und gewährt einen Blick in das Leben eines reich begabten und von den Wogen des Glücks vielfach herumgeworfenen und endlich zu hohem Ruhm emporgetragenen Soldaten; eines Soldaten, der im Krieg und im Frieden wacker für die Freiheit des Vaterlandes gekämpft und wenigstens auf dem Schlachtfelde schöne Erfolge errungen hat. — Verstand, Charakter und Kenntnisse sowohl, als auch die Macht einer edlen und freien Persönlichkeit waren die treibende Kraft, welche ihn emporhob. Aber wie kein Mensch ohne Schwäche ist, so gesellte sich auch bei Gneisenau zu den Eigenschaften eines großen Mannes ein Fehler und zwar der eines gewissen Leichtsinns. Dieser Fehler hat ihm mannigfach trübe Erfahrungen gebracht — er hat ihn unter andern nie aus finanziellen Verlegenheiten herauskommen lassen, aber dieselbe Charaktereigenschaft trug freilich auch dazu bei, ihn der Masse der Menschen mehr zu nähern, den Zauber seiner Person zu erhöhen. Selbstredend macht sich dieser bis zu gewissem Grad liebenswürdige Leichtsinn in seiner Jugend mehr geltend als in spätern Jahren und tritt uns also in diesem ersten Bande häufiger entgegen; er hat in dem Leben dieses Mannes, trotz seiner schon früh hervortretenden Eigenschaften, Zeitperioden zurückgelassen, die aufzuklären seinem Lebensbeschreiber ganz unmöglich oder nicht wünschenswerth gewesen zu sein scheinen. Fast möchte man das Letztere glauben, denn die 1856 von General v. Fransecky bearbeitete erste Abtheilung des Lebens Gneisenaus giebt Einzelheiten, welche bei Perz fehlen und welche, wenn auch nicht unumstößlich bewiesen, doch als die Verhältnisse erklärend, viel innere Wahrscheinlichkeit haben. — Sollte der Verfasser nicht von derselben Liebe für seinen Gegenstand ergriffen gewesen sein, als bei dem Leben des Freiherrn v. Stein und deshalb jetzt weniger bis ins Einzelne zu bringen Neigung gehabt haben, so dürften wir ihm das nicht allzusehr verargen. Ein Blick auf das Leben beider Männer wird den Unterschied klar legen. Steins reiche Gaben fanden von der Wiege an in dem reichsfreiherrlichen Stand und Besitz einen Boden, der ihre Entwicklung nach jeder Richtung hin begünstigte und zu rascher glücklicher Verwendung brachte. 1757 geboren, ward er 1782, also mit 25 Jahren schon Oberbergrath, erhielt 1784 die Leitung der westphälischen Bergämter, trat 1785 vorübergehend in einen politischen Wirkungskreis als Gesandter in Mainz und ging nun rasch in dem großen Gange der Ereignisse der folgenden Jahre bis zum leitenden Staatsminister vorwärts; während Gneisenau 1760 geboren, zwar auch das Kind eines deutschen Reichsritters war, aber nur mit dem Unterschied, daß dieser Ritter Lieutenant in der gegen Friedrich den Großen aufgestellten Reichsarmee ist und die Wiege unsres Helden im Marschquartier Schilda aufstellte, wo Mutter und Kind blieben, während er weiter zog. Die Mutter, selbst flüchtig, verlor das Kind vom Wagen und nur eine glückliche Hand hob es aus dem Wagengeleise auf. Die Mutter starb bald nach der Geburt, der Knabe blieb auf Gnadenbrot in Schilda und erreichte hier das neunte Jahr, ehe ihm eine andere Erziehung ward, als die, welche Mutter Natur gewährt. 1769 führte ihn ein günstiges Geschick in das Haus seines Großvaters mütterlicher Seite. Hier blieb er bis zum Jahr 1777, in einem ganz katholischen und ernsten Hause wurde er dem geistlosen aber strengen und formellen Unterricht der Jesuiten übergeben. — Im letztgenannten Jahre starb der Großvater und unser Gneisenau wird Student in Erfurt, konnte sich hier nicht halten, nahm östreichische Kriegsdienste, verließ diese und trat 1780 in das anspachische Militär, das an England vermiethet in Amerika eine reiche Zukunft versprach; aber als Gneisenau endlich 1782 dort ankam, ging der Krieg zu Ende und er mußte im folgenden Jahre zurückkehren, ohne eine andere militärische Erfahrung gemacht zu haben, als die, welche ihm der Blick in die dortigen Verhältnisse verschaffte. Aber diese Erfahrung war nicht unbedeutend, da sie ihn nicht nur mit den Ideen und Institutionen eines freien Volks bekannt machte, sondern auch die Kraft erkennen ließ, welche der Staat in einem bewaffneten Volk und welche ein Heer in der entwickelten Persönlichkeit des Soldaten findet. Das waren Gedanken, die später fruchtbringend in Preußen wirken sollten. 1783—86 verlebte Gneisenau idyllisch in Anspach als Infanterielieutenant, fand aber hierbei keine Befriedigung. Er suchte größere Verhältnisse. 1786 wurde er Premierlieutenant in einem der zur Ausübung des leichten und Tirailleurdienstes vom König von Preußen neu errichteten Füsilierbataillons in Löwenberg in Schlesien. Hier beginnt nun ein zwanzigjähriges Garnisonleben von 1786 bis 1806, in welchem er 1790 Hauptmann wird, 1795 eine Compagnie und somit zum ersten Mal ein leidliches Auskommen erhält, 1796 heirathet, 1804 ein Gut kauft, ohne die entsprechenden Mittel zu besitzen und nun schwankt, ob er Soldat bleiben oder ganz Landwirth werden soll. — Die großen Ereignisse der französischen Revolution und die daraus folgenden Kriege hatten, mit Ausnahme einiger Märsche, ihn noch nicht persönlich in Anspruch genommen. Da trat die große Katastrophe von 1806 ein, welche keinen preußischen Soldaten unberührt ließ und welche bestimmt war, Gneisenau zu den leitenden Elementen des Staats zu berufen. — Während Stein mit 47 Jahren schon seinen Ruf als Staatsmann begründet hatte und an die Spitze der Geschäfte trat, gewährte das Schicksal Gneisenau in gleichem Alter zum ersten Mal die Gelegenheit die Fülle seiner Eigenschaften überhaupt zur Geltung zu bringen. — Sein leichter Sinn allein hatte ihm, trotz all der kleinen Nöthen, die ihn bis dahin gequält und die wir in ihrer charakteristischen Auffassung eben vermissen, die nothwendige Sprungkraft erhalten, um sich noch hervorzuschwingen. In dem ersten Gefecht 1806 bei Saalfeld war es Gneisenau vergönnt, seine Compagnie als ebenbürtige Gegner der kriegsgewohnten Franzosen zu zeigen und persönlich Erfolge zu erlangen; er wurde am Bein verwundet und das zu seinem Glück, denn er kam dadurch von der Truppe los und zum Stabe des Feldherrn, machte so die Schlacht bei Jena mit und bekam Aufträge, welche ihn von all den schmachvollen Capitulationen fern hielten, die jenen unglücklichen Schlachten folgten. Er kam nach Ostpreußen, aber statt in den Reihen der dort sich neu bildenden, dem preußischen Namen wieder Ehre machenden kleinen Macht einen entsprechenden Platz zu finden, wurde er zwar Major, mußte aber an die lithauisch-russische Grenze und dort Rekruten ausbilden. Erst im März 1807 mit seinen Truppen zur Verstärkung von Danzig berufen, passirte er das königliche Hoflager zu einer Zeit, wo dort im wahren Sinn des Worts Noth an Mann war. Die brillante äußere Erscheinung, die Sicherheit seines Urtheils und Benehmens, die von Saalfeld her noch frischen Lorbeeren ließen rasch in ihm den Offizier erkennen, der gerade jetzt gesucht wurde, ein neuer Commandant für das in höchster Gefahr schwebende und für die Erhaltung von Hinterpommern so wichtige Colberg. Am 29. April übernahm Gneisenau die Vertheidigung dieser Festung und entwickelte vom ersten Augenblick an eine Sicherheit des Befehls, eine Kenntniß seiner Stellung, eine Gabe der Herrschaft über Stadt und Land, ein Erfassen der großen politischen Verhältnisse, eine persönliche Ausdauer und Allgegenwart und dabei eine Kühnheit in der Anlage und Durchführung seiner Gefechte, welche vereinten Eigenschaften es allein möglich machten, eine bis dahin in Bau, Ausrüstung und Verproviantirung ganz vernachlässigte Festung gegen einen siegreichen, in allen Richtungen viel überlegenen Gegner glücklich zu behaupten. Die Vertheidigung von Colberg war der einzige volle und glorreiche Sieg, den Preußen im Kriege 1806—7 errang und es liegt darin die große Bedeutung, welche Gneisenau 1807 für König und Land gewann. Nach dem Frieden wurde Gneisenau zur Reorganisationscommission berufen und trat hier in Verbindung zu Stein indem er mit ihm als erstes Mittel zur Wiedererhebung des Staats die freie Entwicklung der Persönlichkeit in Volk und Heer erkannte. Aber Gneisenau sowohl als Stein stießen bei dem Neubau nach diesen Grundsätzen auf den Widerstand der trotz aller Noth und Schmach noch herrschenden alten egoistischen Elemente. Stein mußte zuerst den Intriguen derselben weichen. Gneisenau hatte für seinen

Wirkungskreis den Vortheil voraus, daß der Krieg die Armee zerstört und
tabula rasa geschaffen hatte, wo nur die im Kriege bewährten, wenigen höhern
Offiziere bauen und eben nur neubauen konnten, während Stein das Alte verdrängen, zerstören mußte, ehe er Neues an seine Stelle setzen konnte. Der
Geist der Reaction drang aber auch in die militärische Welt, machte sich zumal
gegen die Bestrebungen geltend, welche Preußen zu erneutem Kampfe 1809
im Verein mit Oestreich führen wollten und siegte hierin. Gneisenau, der inzwischen zum Oberst und Chef des Ingenieurcorps avancirt war, begnügte sich
nun nicht wie Blücher, Scharnhorst, York u. a. mit der rein militärischen,
den unausbleiblichen Kampf vorbereitenden Wirksamkeit im Heere, schloß sich
auch nicht den gegen Napoleon bereits fechtenden Völkern an wie Grolmann,
Dohna u. s. w., er unternahm Politik auf eigene Hand. Er nahm nach dem
Schluß des Krieges 1809 seinen Abschied, ging nach England, Schweden
und Rußland und conspirirte, um einen Krieg gegen Napoleon herbeizuführen.
Klar ist sein Wollen und Wirken hier nicht und wird es auch erst wieder, als
das Jahr 1813 ihn von Neuem der Armee zuführt. — Vergleichen wir damit
Stein, so sehen wir ihn in Folge der Achterklärung Napoleons zwar auch in
der Fremde, aber immer nahe dem Vaterland und in dem ganzen Leben desselben betheiligt, stets zur Sache wirkend, niemals in einer unklaren Stellung.
— Gneisenau ist eine brillante Persönlichkeit, die überall da, wo sie zur
Handlung berufen wurde, den Genius bewies und Großes leistete; Stein
aber war eine durch und durch solide Natur, die seiner Zeit nicht nur, sondern
auch der ganzen Entwicklung des preußischen Staats den Stempel seines Geistes
aufgedrückt hat. — So verschieden die beiden Männer, so verschieden ist die Lebensbeschreibung derselben von Perz. Während uns aus Steins Leben der volle
Mann vom Beginn seines Lebens bis zu seinem Schluß, in der öffentlichen
Wirksamkeit wie in der Studirstube, im großen Verkehr wie in der Familie
gegeben wird, erfahren wir von Gneisenau nur Einzelnes, erkennen wir in ihm
nur den begabten Mann, nicht den Genius seiner Zeit und es ist aus dem
Gegebenen nicht möglich, ein harmonisches Bild des Menschen zu formen. Die
kleinen Falten des Herzens haben Perz bei Gneisenau anscheinend nicht gefallen, er hat sie deshalb nicht zu ergründen gesucht und kein lebenswarmes
Bild geschaffen. Daß das Gegebene immer ein Product tiefen Studiums und
reichen Fleißes, also wesentlich zur Kenntniß der berührten Zeiten beiträgt, versteht sich bei dem Verfasser von selbst.

Hätte das Buch den Titel „Perz, Beiträge zu dem Leben Gneisenaus"
so wäre Charakter und Inhalt schärfer für die Welt gezeichnet als jetzt.

Dies Blatt behält sich vor, nach dem Erscheinen des nächsten Bandes das
Charakterbild Gneisenaus auf Grund des veröffentlichten Materials zu zeichnen.
Der Herausgeber hat dafür Andern überlassen, was man gern in seinem Werke

gefunden hätte. Wir wissen nicht, ob Rücksicht auf die Familie oder Pietät ihn bestimmt hat, das eigene Urtheil gänzlich zurücktreten zu lassen; aber wir meinen, daß auch die größte Pietät nicht mehr abhalten darf, gerade und deutlich herauszusagen, was die Helden der großen Zeit besaßen und was ihnen fehlte. Denn was uns eine Biographie lieb und werthvoll macht, ist doch nur, daß wir vom Standpunkt unserer Bildung ein Verständniß und Urtheil gewinnen über das vollendete Leben. Die Liebe, welche der Biograph seinem Helden schuldig ist, soll sein Urtheil nicht zurückdrängen, sie soll ihm nur die höchsten Gesichtspunkte dafür an die Hand geben, damit es zugleich mild und fest erscheine.

Das preußische Abgeordnetenhaus und die Bankfrage.

Daß eine Verständigung der Regierung mit der Majorität des Abgeordnetenhauses auch in dieser Session nicht erreicht wird, ist wohl niemandem mehr zweifelhaft. Wie gern die Volksvertretung eine zur Versöhnung ausgestreckte Hand erfaßt hätte, durch die zurückhaltenden Erklärungen der Minister und eine größere Vorsicht in Behandlung des Hauses wird noch nichts erreicht, da in der Hauptfrage die Regierung jede Concession verweigert hat. Den Abgeordneten bleibt nichts übrig als fest zu bleiben und den Kampf, dessen verhängnißvollen Zwang jetzt beide Parteien fühlen, beharrlich durchzuführen. Die besten Wünsche der preußischen Partei in Deutschland sind mit ihnen, wir wissen, daß es sich immer auch um unsere eigenen Interessen handelt, wenn wir mit Spannung die Sitzungsberichte durchmustern. Wohl geziemt den Außenstehenden, mit Achtung die Taktik zu beurtheilen, welche die Opposition in Preußen für zweckmäßig hält, und dies Blatt hat kaum nöthig, den warmen Antheil und die Sympathien mit der Majorität des Abgeordnetenhauses, mit den politischen Freunden und Führern der liberalen Partei in Preußen zu versichern. Wir sind überzeugt, daß sie die Gefahren ihrer Kampfmethode selbst deutlich erkennen. Denn jede Opposition, welche in die Lage gesetzt ist, in consequentem Widerstand gegen eine Regierung vorzugsweise zu negiren, kommt in die Lage, den gesammten Staatsorganismus zu stören.

Wie ungenügend eine Regierung sei und wie mangelhaft sie die höchsten Interessen wahrnehmen möge, sie leitet doch das derzeitige Leben des Staates und jedes systematische Widerstreben, auch das am höchsten berechtigte, ist in Gefahr, wenn ihm nicht gelingt die Regierung zu besiegen, zugleich die nothwendigen Fortschritte des Staates zu gefährden. Wie gut ihr Recht war, wie lauter ihr Kampf sei, dadurch kann geschehen, daß ihr Recht zum Unrecht wird und daß auch das Volk selbst allmälig ihren Widerstand als ein Unrecht empfindet.

Diese Gefahr ist allerdings nur dann vorhanden, wenn die Opposition, wie jetzt die der Preußen, in der ganz unerhörten und unparlamentarischen Situation festgehalten wird, daß sie zwar durch die ihr gehörende Majorität die Handlungen der Regierung, namentlich ihre Finanzmaßregeln zu lähmen vermag, aber nicht die Kraft besitzt, die regierenden Minister selbst zur Abdication zu veranlassen. Die Verfassungsgeschichte der größeren modernen Staaten hat wenig Analogien eines solchen Mißverhältnisses und fast nur in Zeiten, welche gewaltsame Erschütterungen eines Staates einleiten. Deßhalb ist auch die herkömmliche Taktik anderer Volksvertretungen auf die preußischen Zustände nicht durchaus anwendbar.

Von der preußischen Opposition zu verlangen, daß sie ihren Widerstand gegen die Regierung unter den gegenwärtigen Verhältnissen aufgebe, heißt ihr Selbstvernichtung zumuthen. Daß sie in der Budgetfrage, welche durch die neue Heeresorganisation aufgeregt ist, nur nach Concessionen der Regierung d. h. nach einer vollen Anerkennung ihres Rechtes weichen darf, darüber wird auch unter den preußischen Wählern, durch deren Stimmen das gegenwärtige Abgeordnetenhaus entstanden ist, wenig Zweifel sein. Aber der Gefahr, welche ein fortgesetzter Widerstand ohne günstige Resultate herbeiführt, vermag das Abgeordnetenhaus nur zu begegnen, wenn es nach allen Richtungen eine hohe und starke Empfindung für Ehre und Vortheil des Staates erweist. Die Wähler und das Ausland dürfen keinen Augenblick im Zweifel sein, daß der patriotische Stolz, das bessere Urtheil und die größte Opferfähigkeit bei ihr zu finden sind. Sie muß die unfruchtbare Defensive, auf welche sie gedrängt ist, dadurch verdecken, daß sie sich als eifersüchtige Wahrerin der höchsten Interessen des Staates bewährt, nicht nur in Fragen der inneren Verwaltung und Gesetzgebung, nicht weniger in der Stellung des Staates nach Außen. Nur auf diesem Wege ist ihr möglich, die Sympathien für sich zu steigern. Daß die Opposition weder unter den Altliberalen noch unter den zusammenwirkenden Fractionen der Linken eine Persönlichkeit zählt, welcher vorzugsweise die Aufgabe zugefallen ist, diesen wichtigsten Theil der Kampfführung in der Partei und der Kammer zu vertreten, das ist zur Zeit ein großer Uebelstand.

Beispiele liegen nahe. Vor Kurzem ist ein Antrag in die Kammer gebracht worden, Consumsteuern zu ermäßigen, weil die gesteigerten Einnahmen des Staates dies verstatteten. Wenn diese Maßregel beabsichtigt, die Sympathien der arbeitenden Classen zu gewinnen, so fürchten wir selbst dieser Zweck wird verfehlt. Denn auch der arme Consument muß sich sagen, daß es kein großes Verdienst ist, einen solchen Antrag einzubringen, wenn man doch von der Unmöglichkeit ihn durchzusetzen überzeugt ist. Nicht auf solchem Wege darf die Opposition ihre Popularität suchen. Wenn sie selbst heut durch einen Zufall in Besitz der Macht käme, sie würde die Staatseinnahmen nach dieser Richtung nicht vermindern, eher steigern müssen, denn in der That ist in Preußen von einer tüchtigen Regierung so viel zu schaffen und zu bessern, daß eine liberale Leitung in Versuchung kommen würde, nach neuen Einnahmequellen auszusehen. Alle Lehranstalten, die Förderung der Wissenschaft und Kunst, Beamtengehalte und vieles andere ist in ein so arges Mißverhältniß zu den Bedürfnissen der Gegenwart getreten, daß Preußen nach mancher Richtung, in welcher die Führerschaft seit hundert Jahren sein Stolz war, hinter andern Staaten Deutschlands bereits zurückgeblieben ist. Wollte die Opposition in den Staatseinnahmen eine Herabsetzung beantragen, so gab es wohl andere Gelegenheiten, viel mehr geeignet, sie und den Staat populär zu machen. Die Rheinzölle z. B. sind eine Schande für Deutschland, ihre Aufhebung wäre eine der populärsten Maßregeln. Grade im letzten Jahre haben die Regierungen von Nassau und Hessen-Darmstadt ihre Pflicht, das Fahrwasser des Rheins in ihren Marken schiffbar zu erhalten, nicht erfüllt, sie haben sogar dem Anerbieten anderer Nachbarn, die Ausbaggerung zu besorgen, trotzigen Widerstand entgegengestellt, die Rheinschifffahrt war — zum Vortheil für die Eisenbahnen — in einer beispiellosen Weise gehemmt, die Klagen der Interessenten sind laut und dringend geworden. Wir nehmen gern an, daß das preußische Mitglied der Schifffahrtcommission seine Pflicht gethan und der Regierung über diese Vertragsverletzung zweier Kleinstaaten berichtet hat, die preußische Regierung aber hat nicht Zeit oder nicht den Willen gehabt, diesen Scandal zu beseitigen. Es gab für die Opposition kein besseres Mittel, sich Verdienst und Erfolg zu erwerben, als dadurch, daß man diese Angelegenheit zur Sprache brachte und gegenüber den abgeneigten Regierungen, welche hier einmal gemeinschädlich gehandelt hatten, das nationale Interesse entschieden wahrnahm. Durch eine Aufhebung der preußischen Rheinzölle — Baden hat sich dem Vernehmen nach schon früher zur Aufhebung der badischen bereit erklärt — würde ein unwürdiges Verhältniß beseitigt und durch peremptorische Maßregeln gegen die erwähnten Regierungen der Kleinstaaterei ein Schlag versetzt worden sein, bei welchem alle Welt mit Preußen sympathisirt hätte. Von solchen und größeren Dingen, welche außerhalb der preußischen Grenzen vorfallen, mußten die Führer der Majorität doch genau unterrichtet sein.

Ein ähnliches Interesse, noch größer und folgenreicher, hängt an der Erweiterung der preußischen Bank. Mit patriotischer Willfährigkeit haben die Actionäre die Erweiterung auf das preußische Gebiet zugegeben, die anfängliche Behandlung in der Kammer ließ einen schnellen und günstigen Verlauf der Regierungsanträge hoffen. Wider Erwarten hat sich ein principieller Widerstand innerhalb der Opposition erhoben, die wichtige Maßregel droht durch Bedenken des Abgeordnetenhauses vereitelt zu werden.

Das hohe Haus der Abgeordneten ist keine Versammlung von Börsenmännern oder Lehrern der Nationalökonomie, es ist eine politische Körperschaft und die politischen Gesichtspunkte müssen in dieser Frage maßgebend für seinen Entscheid werden. Daß aber die Ausdehnung der preußischen Bank über die Hauptplätze Deutschlands — und diese wird die unmittelbare Folge der projectirten Erweiterung sein — von tiefgreifender Wichtigkeit für die Stellung Preußens zu den übrigen deutschen Staaten werden muß, liegt auf der Hand. Nicht nur die Herrschaft der preußischen Valuta in andern Landschaften wird dadurch gesichert, auch Capital und Industrie der Deutschen werden in hundertfache enge Verbindung mit Preußen gebracht, für ein weites Gebiet reeller Interessen wird ein neues Band zwischen den Preußen und ihren deutschen Nachbarn geschlungen. Es giebt kein bescheideneres und im Augenblick kein besseres Mittel, Bedeutung und Nutzen des deutschen Großstaats dem Verkehrsleben eindringlich zu machen. Dies Prinzipat ist durch den Egoismus der Kleinstaaten nicht zu hindern, seine Wirkung zu vereinigen ist nicht aufzuhalten. Die Maßregel wird bei geschickter Ausführung, welche die kleinen Banken der einzelnen deutschen Staaten zuvorkommend behandelt, grade auf dem Gebiet Propaganda für Preußen machen, wo Zeitungsartikel und begeisternde Reden am wenigsten Gewalt haben.

Zuverlässig unterschätzen nur wenige der Abgeordneten die große politische Wichtigkeit des Projects; die Abneigung auf die Vorlage der Regierung einzugehn hat, wie es scheint, den theoretischen Grund, daß man die monarchische Herrschaft der preußischen Staatsbank überhaupt für einen nationalökonomischen Uebelstand hält und die freie Entwickelung auch der Geldinstitute durch Thätigkeit der Privaten gefördert wünscht. Wir wollen unsern Freunden im Abgeordnetenhause, welche diese Richtung vertreten und zuweilen mit der englischen Manchesterpartei verglichen werden, nicht entgegenhalten, daß zur Zeit noch sämmtliche große Culturstaaten Europas die Staatsbanken nicht für entbehrlich halten und daß der Mißbrauch, welcher durch gewissenlose Regierungen mit diesen Instituten getrieben wurde und der Druck, welchen sie durch ihre Präponderanz zuweilen auf den Geldmarkt ausübten, nicht vorzugsweise in ihrem Wesen, sondern dem ihnen auferlegten Zwange oder in mangelhaften Statuten begründet ist und bei der gegenwärtigen Entwickelung des Geldverkehrs immer noch durch größere Vortheile aufgewogen wird. Man darf vielmehr bereitwillig einräumen, daß die Decentralisation des Bankverkehrs eine der idealen Forderungen ist, auf denen die Theorie mit Recht besteht. Und wir werden uns freuen, wenn den preußischen Verfechtern dieser Ansicht in irgendeiner Zukunft gelingt, durch ihren Einfluß auf eine künftige Regierung alle nach dieser Richtung wünschenswerthen Reformen durchzusetzen.

Indeß aber besteht einmal die preußische Bank. Durch eine principielle Opposition gegen ihre Stellung wird ihre Jahresbilance auch nicht um einen Thaler verändert, sie ist eines der größten und am höchsten geachteten Geldinstitute Europas, sie ist in der nächsten Zukunft durch keine andere Einrichtung zu ersetzen und zu beseitigen, sie ist eng mit dem Leben des preußischen Geldverkehrs verwachsen, ihre Noten sind schon jetzt das herrschende Papiergeld Deutschlands und Freunde wie Gegner sind froh, das Wappen der wilden Männer in der Tasche zu tragen. Heißt das erfolgreich ihr Princip bekämpfen, wenn man gerade eine große und segensreiche politische Verwendung derselben verhindert? Die möglichen Nachtheile einer großen bevorzugten Bank werden durch ihre Ausdehnung auf außerpreußische Plätze bei tüchtiger und vorsichtiger Leitung, die ihr von niemand bestritten wird, in Wahrheit nicht größer, der politische Vortheil ist ein sehr großer, naheliegender, unzweifelhafter. Wir meinen, das Haus der Abgeordneten darf nicht einer Theorie zu Liebe gegen eine Operation reagiren, welche überall von unparteiischen Geschäftsmännern, wie von den Freunden Preußens als eine sehr löbliche und vielverheißende Maßregel betrachtet wird. Der Beschluß des Abgeordnetenhauses in dieser Frage wird mehr als mancher andere, welcher die Parteien leidenschaftlicher aufregt, einer nüchternen und sachverständigen Kritik unterworfen werden und er wird ein wesentliches Moment für die Schätzung, nicht des Patriotismus und nicht der Intelligenz im Abgeordnetenhause, wohl aber für Schätzung der politischen Zukunft werden, welche die gegenwärtige Majorität zu hoffen hat.

Verantwortlicher Redacteur: Dr. Moritz Busch.
Verlag von F. L. Herbig. — Druck von C. E. Elbert in Leipzig.

Königliche landwirthschaftliche Academie Proskau in Schlesien.

Das Sommer-Semester beginnt am 24. April. Der Cursus ist zweijährig, der Studirende verpflichtet sich bei seinem Eintritt jedoch nur für das laufende Semester. Die verschiedenen Disciplinen aus den Gebieten der Philosophie, Volks-, Land- und Forstwirthschaftslehre, Naturwissenschaften, Thierheil- und Baukunde werden in systematischer Aufeinanderfolge dem Character und den Einrichtungen einer Hochschule gemäss von 13 Docenten vorgetragen. Reiche Sammlungen und mannichfaltige wissenschaftliche und practische Hilfsmittel, zu welchen das chemische Laboratorium, das physiologische Laboratorium, das Versuchsfeld und die umfassende Gutswirthschaft gehören, unterstützen den Unterricht. Junge Männer, welche die Absicht haben, sich besonders mit dem Schäfereiwesen vertraut zu machen, um später die Leitung von Schäfereien als Geschäft zu betreiben, erhalten Gelegenheit, sich für den erwählten Beruf gründlich auszubilden. Ebenso ist für die practische Erlernung der Spiritus- und bairischen Bier-Fabrication in besonderen Cursen Vorsorge getroffen. Gegen ein monatlich zu entrichtendes Lehrhonorar können junge Landwirthe, deren Verhältnisse ihnen den Aufenthalt an der Academie während eines vollen Semesters nicht gestatten, als Hospitanten zugelassen werden. Zur Erlernung der practischen Landwirthschaft ist durch die mit der Academie in Verbindung gebrachte Practicanten-Station Gelegenheit geboten. Das Studien-Honorar beträgt für zwei Jahre 100 Thaler. Nähere Nachrichten über die Academie, deren Einrichtungen und Lehrhilfsmittel enthält die bei Wiegandt & Hempel in Berlin neu erschienene und durch alle Buchhandlungen zu beziehende Schrift: „Die Königliche landwirthschaftliche Academie Proskau", auch ist der unterzeichnete Director gern bereit, auf Anfragen weitere Auskunft zu ertheilen.

Proskau, im Februar 1865.

Der Director, Königl. Landes-Oeconomie-Rath.

Settegast.

Neuer Verlag von Fr. Wilh. Grunow in Leipzig. Vorräthig in allen Buchhandlungen und Leihbibliotheken:

Die Braut im Kloster.

Roman
von
Paul Stein.
3 Bände. 3½ Thaler.

Dieser neue Roman der wohlbekannten Verfasserin behandelt eine romantische Geschichte, die theils im Kloster, theils in der Welt u. besonders d. theatralischen Welt spielt.

Louis Napoleon.

Roman und Geschichte v. Lucian Herbert. 2. Aufl. Billige Volksausgabe in 28 Lief. od. 5 Bdn. 4⅔ Thlr.

Das deutsche Volk hat dieser zusammenhängenden Darstellung des Lebens Napoleons III. eine so grosse Theilnahme entgegengebracht, dass die erste Auflage in kurzer Zeit verkauft wurde. Der billige Preis dieser neuen Volksausgabe erleichtert die Anschaffung des Werks.

Die 1. Lieferung mit Inhaltsverzeichniss und Vorrede ist in allen Buchhandlungen einzusehen.

Verlag von Philipp Reclam jun. in Leipzig:

Ch. Birch-Pfeiffer,

Gesammelte dramatische Werke:

1. Bd.: Herma. Pfeffer-Rösel. Rubens in Madrid.
2. Bd.: Die Marquise von Villette. Schloss Greifenstein. Der Pfarrherr.
3. Bd.: Der Goldbauer. Nacht u. Morgen. Eine Frau aus d. City.
4. Bd.: Fräulein Höckerchen. Lady von Worsley-Hall. Elisabeth von England.
5. Bd.: Eine Tochter des Südens. Kaiser Karls Schwert. Ein Sonderling und seine Familie.
6. Bd.: Eine deutsche Pariserin. Die Rose von Avignon. Iffland.
7. Bd.: Der Leiermann u. s. Pflegekind. Königin Bell. Magdala.

Ladenpreis 1 Thlr. 10 Ngr. — Die Fortsetzung erscheint regelmässig.

Ch. Birch-Pfeiffer,

Gesammelte Novellen und Erzählungen.

1. Bd.: Anna Laminit. Der Leiermann und sein Pflegekind. Die Tänzerin.
2. Bd.: Klüsters Rache. Der holländische Kamin. Der Rubin. Aus dem Leben Katharinens II.
3. Bd.: Die Hand des Herrn. Räthsel der Natur. Der Errole.

Ladenpreis: 1 Thlr. 10 Ngr.

Im Verlage von Ernst Julius Günther in Leipzig ist erschienen:

Werke Napoleon's III.

Aus dem Französischen übersetzt
von
August Victor Richard.

Von Sr. Maj. autorisirte Ausgabe.

5 Bände. Gross-Lexikon-Oktav. Geheftet Preis 5 Thlr. Gebunden in 4 Ganzleinenbänden. Preis 7 Thlr.

Für Jeden, der sich für das neueste Werk des Kaisers der Franzosen interessirt, dürfte die Kenntnissnahme und das Studium der früher erschienenen „Werke Napoleons III.", die sich in geistreichster Weise über die bedeutendsten Fragen aus dem Gebiete der Geschichte, Politik, Statistik, Volkswirthschaft u. s. w. verbreiten, ein Bedürfniss, ja fast zur Nothwendigkeit werden. — Die Uebersetzung ist eine vortreffliche, wie die äussere Ausstattung untadelhaft.

Verlag von F. A. Brockhaus in Leipzig.

Das Staats-Recht der Preußischen Monarchie.
Von Dr. Ludwig von Rönne.
Appellationsgerichts-Vicepräsident.

Zweite vermehrte und verbesserte Auflage.
Zwei Bände. In vier Abtheilungen. 8. Geh. 11 Thlr.

Mit der soeben erschienenen zweiten Abtheilung des zweiten Bandes (Preis 3 Thlr. 20 Ngr.) liegt das berühmte Werk, dessen erste Auflage bekanntlich sofort nach ihrem Erscheinen vergriffen war, nunmehr in neuer wesentlich bereicherter Auflage wieder vollständig vor.

Die „Deutsche Gerichts-Zeitung" sagt über dasselbe: „Es ist bereits ein kaum zu entbehrendes Hülfsmittel für alle geworden, die sich in Preußen mit politischen Dingen beschäftigen, und vielleicht die meisterhafteste Darstellung, die das öffentliche Recht irgendeines Staates zum praktischen Gebrauche gefunden, gleich übersichtlich in der Anordnung wie vollständig im Material. Die scharfsinnigen und präcisen Erörterungen zweifelhafter Fragen, die historischen und literarischen Nachweisungen lassen nirgends die Stiche."

Methode Burkhard.
Systematische Darstellung des Geistes der französischen Sprache.
Eine fassliche Anweisung diese Sprache gründlich zu erlernen. 2 Theile. fl. 1. 48 kr. od. Thlr. 1. 5 sgr. Formenlehre 30 kr. od 10 sgr. Der Schlüssel unter der Presse.

Zu beziehen im ganzen deutschen Buchhandel oder von der v. Jenisch & Stage'schen Buchhandlung in Augsburg.

Neu soeben erschienen.

Verlag von Fr. Wilh. Grunow in Leipzig; zu beziehen durch alle Buchhandlungen:

Aus unsern vier Wänden von Rudolf Reichenau.
9. Auflage. **Wohlfeile Ausgabe.** 3 Abtheilungen in 1 Band. carton. 2 Rthlr. 1. Abth: Bilder aus dem Kinderleben. 2. Abth.: Knaben und Mädchen. 3. Abth.: Auswärts und Daheim.
[Die Abtheilungen werden auch einzeln abgegeben.]

Von der 1. Abth. existirt auch eine **Pracht-Ausgabe** mit 66 Originalzeichnungen von **Oskar Pletsch**, in Holzschnitt von H. Bürkner. carton. 3½ Thlr. fein gebunden 4½ Thlr.

Die Abonnenten der Gartenlaube, Volksgarten, Illustr. Zeitung, Land und Meer, Daheim und Kinderlaube verweisen wir auf die günstigen Besprechungen im letzten Quartale 1864 hin. Jede Mutter wird ihre Freude an diesem Buche haben, es ist ein echtes Familienbuch.

Bei Fr. Wilh. Grunow in Leipzig ist soeben neu erschienen und in jeder Buchhandlung und Leihbibliothek vorräthig:

Pichler, Louise, Unter dem Lindenbaum. Preis 1⅓ Thlr.

Die bekannte Verfasserin gibt unter diesem Titel spannende Erzählungen und Novellen aus ihrer schwäbischen Heimath, der Gegend um den Hohenstaufen, welche, wie ihre historischen Romane, nicht verfehlen werden, durch ihre psychologische Zeichnung und reiche Mannigfaltigkeit, sowie die innere Wahrheit der Begebenheiten das Interesse des Lesers zu fesseln.

Bei Fr. Wilh. Grunow in Leipzig erscheint neu und ist in allen Buchhandlungen und Leihbibliotheken vorräthig:

Victor Emanuel. Roman und Geschichte von Lucian Herbert. 4 Bde. à 1⅓ Thlr.

Im Anschlusse an desselben Verfassers historische Romane: „Louis Napoleon", „Napoleon III." und „Carlo Alberto und Louis Napoleon."

Dieser neue Roman schildert die fieberhaften Bestrebungen der ehrgeizigen Könige aus dem Hause Savoyen, das Primat in Italien an sich zu bringen. Er rollt ein lebendiges Bild der Anstrengungen vor dem Leser auf, die zuerst Carlo Alberto und dann Victor Emanuel machten, um Oestreich zu schwächen und herabzudrücken und ihren Einfluß in Italien jenem des verhaßten Gegenfüßlers zu substituiren.

Inserate aller Art werden gegen den Betrag von 2 Ngr. für die gespaltene Zeile angenommen. Die Beilagegebühr für die Grenzboten beträgt 3 Thlr.

Verlag von Friedrich Ludwig Herbig. — Druck von C. E. Elbert in Leipzig.

XXIV. Jahrgang. I. Semester.

Die Grenzboten.

Zeitschrift für Politik und Literatur.

№ 10.
Ausgegeben am 3. März 1865.

Inhalt:

Die Universität zu Rostock. 1. . . . . Seite 361
Der östreichische Reichsrath und Ungarn 374
Aus Schwaben 386
Herr Biedermann und die Annexion 394
Internationale landwirthschaftliche Ausstellung zu Köln im Jahre 1865 399

Grenzbotenumschlag: Literarische Anzeigen.

Leipzig, 1865.
Friedrich Ludwig Herbig.
(F. W. Grunow.)

Die Universität zu Rostock.

1.

Die rostocker Universität gehört zu den ältesten in Deutschland und es hat Zeiten gegeben, wo sie durch das Ansehn ihrer Professoren und die Zahl ihrer Studenten eine bedeutende und einflußreiche Stellung einnahm. Von dieser Höhe ist sie jedoch längst herabgestiegen und wenn es auch an ausgezeichneten und berühmten Namen in ihrem Lehrerpersonal niemals ganz fehlte, so sind doch die Grenzen ihrer unmittelbaren Wirksamkeit jetzt wesentlich auf das kleine Land von etwas über eine halbe Million Einwohnern beschränkt, welchem sie unter dem amtlichen Namen der „Landesuniversität" angehört.

Die Stiftung der Universität fällt in das Jahr 1419. Angeregt und befördert wurde dieselbe von den beiden mecklenburgischen Herzogen Johann dem Dritten und Albrecht dem Fünften, welche in der Erkenntniß, daß nur auf diesem Wege der im Lande herrschenden großen Unwissenheit und Barbarei abgeholfen werden könne, dem Papst Martin dem Fünften ihren auf die Gründung einer höheren Lehranstalt gerichteten Wunsch vortrugen und ihn um die damals erforderliche kirchliche Sanction des Unternehmens ersuchten. Unterstützt wurden sie dabei von dem Bischof von Schwerin, Heinrich dem Dritten (von Wangelin), wie auch von dem Rath der Stadt Rostock, welcher sogar eine eigene Gesandtschaft in dieser Angelegenheit an den Papst schickte und einen Beitrag zur Dotation zusicherte. Der Papst ging auf diese Wünsche ein und erließ, unter dem Datum Ferrara 13. Febr. 1419 die Stiftungsbulle. Dieselbe enthielt die Bedingung, daß binnen Jahresfrist dem Bischof von Schwerin, der zum Kanzler der Universität bestellt wurde, die nöthige Sicherheit wegen der Dotation gegeben werde. Von der Genehmigung ward aber ausdrücklich die theologische Facultät ausbeschieden, wahrscheinlich in der Besorgniß, daß die Richtung einer solchen dem damals ohnehin schon sehr bedrängten Papstthum gefährlich werden könne.

Nachdem die ersten Lehrer aus Erfurt und Leipzig berufen waren, erfolgte am 12. Nov. 1419 die feierliche Inauguration der Universität durch den Bischof von Schwerin. Zur Dotation überwiesen die Herzöge dem rostocker Rath ein Capital, welches jährlich 800 Goldgulden Rente trug, und die Stadt Rostock versprach, jährlich eine ebenso große Summe hinzuzufügen.

Die Studirenden stürmten gleich im ersten Jahre aus Mecklenburg und aus dem ganzen übrigen Norddeutschland, später auch aus den skandinavischen Reichen, in großer Anzahl herbei. Der erste Rector, Peter Stenbeke, immatriculirte im ersten Halbjahre 160, im zweiten wurden von seinem Nachfolger 209 immatriculirt. Die Durchschnittszahl der Studirenden stieg bald auf 500.

Im Jahre 1431 ertheilte Papst Eugenius der Vierte seine Einwilligung zur Errichtung einer theologischen Facultät — "zur Befestigung des orthodoxen Glaubens" —, so daß von dieser Zeit an alle Zweige der Wissenschaft an der jungen Lehranstalt vertreten waren.

Die Einrichtung der Universität war unter dem vermittelnden Einflusse von Prag, Köln und Erfurt der pariser Universität nachgebildet; doch fehlte die Eintheilung in Nationen. Die Universität war eine einheitliche Corporation, welche die allseitige Gerichtsbarkeit über ihre Mitglieder, das Recht der Statutengebung in vollster Selbständigkeit und das unbeschränkte Recht der Berufung der Lehrer besaß. Erst anderthalb Jahrhunderte nach der Stiftung nahm unter veränderten Verhältnissen dieses Selbstergänzungsrecht ein Ende, indem die Besetzung der Lehrstühle auf die Herzöge und den Rath überging.

Das zu Basel versammelte Kirchenconcil belegte im Jahre 1436 die Stadt Rostock, weil sie sich dem Ausspruche des Concils wegen Wiedereinsetzung der geächteten Bürgermeister nicht unterwerfen wollte, sondern an den Papst appellirte, mit Bann und Interdict, und befahl der Universität, die Stadt zu verlassen. Diese zögerte anfangs; erst als sie selbst vom Concil mit dem Banne bedroht wurde, entschloß sie sich zur Auswanderung und verlegte (im März 1437) ihren Sitz nach Greifswald. Nachdem im Jahre 1439 die Ruhe in Rostock hergestellt und der Bann zurückgenommen war, suchte sie ihre Rückkehr sogleich zu bewirken, stieß aber jetzt bei dem rostocker Rath auf unerwartete Schwierigkeiten und vermochte erst Ende April 1443, unter Verzicht auf die städtische Dotation, sich wieder in Rostock zu installiren. Einige in Greifswald zurückgebliebene Professoren bildeten demnächst einen Theil des Lehrerpersonals der dort gegründeten und am 17. Oct. 1456 eröffneten Hochschule.

Ein halbes Jahrhundert später führte die von den mecklenburgischen Herzögen Magnus und Balthasar beabsichtigte Errichtung eines Domherrnstifts zu Rostock, dessen Präbenden zur Besoldung in den Ruhestand tretender Professoren dienen sollten, zu mehrjährigen bürgerlichen Unruhen, in deren Folge die Stadt von Neuem dem Kirchenbann verfiel (1487). Die Universität mußte zum zweiten

Male auf Reisen gehen und wandte sich zuerst nach Wismar, bald darauf nach Lübeck. Durch eine Bulle des Papstes Innocenz des Achten vom 18. März 1488 wurde ihr jedoch die erbetene Erlaubniß zur Rückkehr ertheilt, von welcher sie im August eben dieses Jahres Gerauch machte.

Ungeachtet dieser Zwischenfälle und einiger durch den Ausbruch der Pest bewirkter vorübergehender Störungen erfreute sich die Universität bis zur Zeit der Kirchenreformation eines zahlreichen Besuches, welcher auch durch die Stiftung der Universitäten zu Greifswald, Wittenberg (1502) und Frankfurt a. O. (1506) keinen merklichen Abbruch erlitt. Die Kirchenreformation aber ward ihr sehr verderblich, da sie den Kampf mit der neuen Richtung aufzunehmen wagte und sich des Einflusses derselben zu erwehren suchte. Sie hatte dabei anfangs an dem Rath eine Stütze, der nur zögernd der reformatorischen Bewegung sich anschloß, dann aber, als er sich derselben nicht länger entziehen konnte und sich veranlaßt sah, die Bestrebungen mehrer für die Hebung der Universität thätiger Humanisten zu unterstützen, die Gunst der Umstände zur Unterwerfung der Universität unter seine Herrschaft zu benutzen bemüht war. Es wirkte dabei die Besorgniß mit, daß die Herzöge sich der Universität bedienen möchten, um die Rechte und Freiheiten der Stadt zu beschränken. Um die corporative Selbständigkeit der Universität zu schwächen und allmälig zu vernichten, suchte der Rath dieselbe zur Veräußerung ihrer nach und nach erworbenen liegenden Gründe zu bewegen, wogegen die Herzöge die Alienirung der Universitätsgüter durch scharfe Mandate untersagten. Während dieser kirchlichen und politischen Kämpfe sank die Universität sehr tief und gerieth bei der von dem neuen Geist ergriffenen und durchdrungenen Bürgerschaft in so große Mißachtung, daß der Name „Doctor" als Spott- und Schimpfname galt.

Um sie aus diesem tiefen Verfall zu retten, bedurfte es langer und angestrengtester Arbeit. Erst dem Herzog Johann Albrecht (1547—1576) gelang es, die Regeneration der Universität auf reformatorischer Grundlage zu verwirklichen. Durch einen neuen Dotationsbrief vom 8. April 1557 sicherte er ihr eine jährliche Hebung von 3500 Fl. zu, die den Einkünften aus den säcularisirten Kirchengütern entnommen werden sollte. Zugleich war er bemüht, bei dem Kaiser eine Bestätigung der durch die päpstliche Stiftungsbulle der Universität verliehenen Rechte zu erwirken. Diese kaiserliche Confirmation, deren die Universität, nachdem sie protestantisch geworden war, zu ihrer Sicherheit zu bedürfen schien, erfolgte unter dem 18. August 1560. Endlich kam es auch zwischen ihr und dem Rath der Stadt über die gegenseitigen Verhältnisse zu einer Vereinbarung, welche unter dem Namen der Formula concordiac am 11. Mai 1563 abgeschlossen wurde. Sie normirte die Selbständigkeit der Universität dem Magistrat gegenüber und gab ihr zugleich eine neue Rechtsgrundlage und eine wesentlich umgestaltete Verfassung. Durch diese Acte ward ein Patronat der Landesherrschaft und ein Compatronat der Stadt Rostock über die Universität begründet, zu deren Attributen namentlich die früher der Universitätscorporation selbst zuständige Berufung und Anstellung der Professoren gehörte. Der Rath übernahm die Besoldung von zwei theologischen und einem juristischen Professor, die ihm besonders verpflichtet werden sollten, und gelobte außerdem jährlich noch eine Summe zum Unterhalt von sechs andern Professoren (einem Juristen, einem Mediciner und vier Artisten). So entstanden zwei Collegien von Professoren, ein fürstliches und ein räthliches, von denen jedes neun Professoren (zwei Theologen, zwei Juristen, einen Mediciner und vier Artisten) zählte. Beide zusammen bildeten das aus achtzehn Mitgliedern bestehende Concilium (den akademischen Senat). Die überzähligen Artisten hatten im Concilium keinen Sitz. Die Neorganisation setzte sich in neuen Facultätsstatuten, einer neuen Regentienordnung und in der Errichtung eines Convictoriums für Studirende fort. Neue Differenzen, welche zwischen der Universität und dem Rath entstanden, führten zu einem Ergänzungsvertrage, welcher am 19. Oct. 1577 zwischen beiden Theilen abgeschlossen ward und zum Unterschiede von dem Vertrage von 1563 die Formula concordiae posterior genannt wird.

Der dreißigjährige Krieg, obgleich sonst für Mecklenburg von verderblichster Wirkung, schlug der Universität keine nachhaltigen Wunden. Aber in der ersten Hälfte des achtzehnten Jahrhunderts nahm ihr Glanz merklich ab. Dazu kamen dann die Zwistigkeiten, welche um das Jahr 1758 zwischen Herzog Friedrich von Mecklenburg-Schwerin und der Stadt Rostock sich erhoben und bald zu einer für die Universität überaus unheilvollen Explosion führten. So weit die Universität einen Antheil an diesem Zerwürfnisse hatte ward dasselbe durch den Zusammenstoß zwischen den beiden theologischen Richtungen, der scholastisch-orthodoxen und der pietistischen, herbeigeführt. Die letztere war in dem (um Ostern 1758) vom Herzog berufenen hallenser Professor Chr. Albr. Döderlein vertreten. Derselbe weigerte sich, den Eid auf die symbolischen Bücher in der strengen Form zu leisten, welche die Statuten der Facultät als Bedingung der Aufnahme vorschrieben; und die Facultät weigerte sich ihrerseits, dem auf eine Abänderung und mildere Fassung der Eidesformel gerichteten Befehl des Herzogs Folge zu leisten. Der Herzog entschloß sich nun, den unter seinem Patronat stehenden Theil der Universität nach der vier Meilen von Rostock entfernten Stadt Bützow zu verlegen und denselben hier als neue Universität zu constituiren. Die vom Rath berufenen Professoren, neun an der Zahl, blieben in Rostock zurück und setzten hier die Universität fort, freilich ohne Siegel und Insignien, da diese nach Bützow mitgenommen waren, und ohne Promotionsbefugniß, da diese von dem Herzog als Kanzler der Universität, in welches Amt die Landesherren als Rechtsnachfolger des Bischofs von Schwerin eingetreten waren, für jeden einzelnen Fall ertheilt werden mußte. Daß durch diese Halbirung, welche die ohnehin mäßige Lehrerzahl und die Geldzuschüsse zersplitterte, beide Theile verwundet wurden und daß keine der beiden jetzt neben einander bestehenden Hochschulen es zu einem kräftigen Dasein bringen konnte, ist begreiflich, und der fromme Eifer des Herzogs Friedrich, der noch in seinem dreiundfünfzigsten Lebensjahre bei dem von ihm angestellten Professor D. G. Tychsen Hebräisch lernte, um das alte Testament in der Ursprache lesen zu können, konnte bei den beschränkten Geldmitteln, über welche er verfügte, auch für Bützow daran nichts ändern.

Zu Anfang der langen Regierung seines Nachfolgers Friedrich Franz des Ersten (1785 bis 1837) wurden die Differenzen zwischen dem Landesherrn und der Stadt durch einen neuen Erbvertrag (13. Mai 1788) ausgeglichen, welcher auch eine neue Regelung der Verhältnisse der Universität enthielt, worauf denn (1789) die beiden auseinandergerissenen Hälften derselben in Rostock wieder zusammengefügt wurden. In einem spätern die Universität betreffenden Vertrage zwischen Landesherrschaft und Stadt, dem Regulativ vom 9. August 1827, verzichtete die letztere auf das Compatronat, so daß von dieser Zeit an der Großherzog alleiniger Patron der Universität wurde.

Die Folge der einheitlichen Leitung, welche mit der Aufhebung des städtischen Compatronats eintrat, äußerte sich in zweifacher Hinsicht: theils durch kräftigere und erfolgreichere Bestrebungen für die Hebung der Universität, theils durch mehrfache Beschränkungen ihrer corporativen Selbständigkeit.

Einzelne vorbereitende Schritte für eine Kräftigung der Universität in ihrem Lehrerpersonal und ihren Instituten geschahen bereits während der letzten Regierungsjahre des Großherzogs Friedrich Franz des Ersten; aber die Hauptthätigkeit in dieser Richtung trat erst nach dem Regierungsantritt seines Nachfolgers, des Großherzogs Paul Friedrich (1837 bis 1842), hervor.

Bei dieser Arbeit entwickelte ein Mann besonderen Eifer, welcher sich dadurch einen gerechten Anspruch auf Anerkennung erworben hat: der noch jetzt als Vicekanzler an der Spitze der Universität stehende Geheimerath Dr. v. Both.

Karl Friedrich v. Both trat im Jahre 1810 als Auditor bei der großherzoglichen Justizkanzlei zu Schwerin in die richterliche Laufbahn ein und ward im Jahre 1820 Vicedirector, im Jahre 1844 Director der großherzoglichen Justizkanzlei zu Rostock, legte diese Stelle aber schon im Jahre 1851 nieder. In Ausführung des Bundesbeschlusses vom 20. Sept. 1819 wegen strenger polizeilicher Ueberwachung der deutschen Universitäten, ward er im Jahre 1820 zum Regierungsbevollmächtigten bei der Universität zu Rostock bestellt, was er bis zum Jahre 1848 blieb, wo die Stelle infolge der veränderten Zeitverhältnisse eingezogen ward. Im Jahre 1836 wurde er zum Vicekanzler der Universität ernannt, welches Amt er, obwohl schon in hohem Alter stehend und durch Taubheit am mündlichen Verkehr behindert, noch fortwährend mit großer Hingebung verſieht. Bei ſeinem fünfzigjährigen Jubiläum am 28. Aug. 1860 ward er durch Verleihung der goldenen Verdienſtmedaille, ſowie durch den Geheimrathstitel geehrt.

Herr v. Both zeichnet ſich durch ein bedeutendes Organiſationstalent, Geſchäftsgewandtheit, Arbeitskraft und durch unermüdlichen Eifer für das ſeiner Sorge anvertraute Inſtitut aus. Sein Charakter mag etwas Schwankendes haben, wie dies denn auch verſchiedene Wandlungen in ſeinen politiſchen und kirchlichen Anſchauungen, ſowie ſeine bureaukratiſche Unerſchütterlichkeit im Amt unter den entgegengeſetzteſten Regierungsſyſtemen bezeugen; er mag auch an einiger Eitelkeit leiden und z. B. mitunter von fremden Gedanken in einer Weiſe Gebrauch gemacht haben, welche geeignet war, die unbegründete Annahme zu erwecken, daß er eigene Gedanken vorführe; aber Eines wird ihm ſtets zum Ruhme gereichen, das iſt die Beharrlichkeit und der Ernſt, mit welchem er auch unter ſchwierigen und widerwärtigen Umſtänden den Intereſſen der Univerſität zu dienen bemüht war. Sein Wirkungskreis als Vicekanzler beſteht darin, daß er, ohne eine eigentliche Zwiſcheninſtanz zwiſchen der Univerſität und der oberſten Regierungsbehörde zu bilden, ein fürſorgendes, berathendes und begutachtendes Organ für die Univerſitätsangelegenheiten iſt. In dieſer Stellung hat er ſich der Regierung gegenüber ſtets als ein eifriger Anwalt der Hochſchule benommen, namentlich wo es ſich um Erwirkung von Geldmitteln handelte. In dem Zeitraum vor dem Jahre 1848 beſtand das Regierungscollegium zum größten Theil aus Männern, welche der höheren wiſſenſchaftlichen Bildung entbehrten und daher die Bedeutung einer Univerſität für das Land nicht zu würdigen wußten. Die Beſtrebungen der Regierungsbehörde für die Univerſität gingen daher weſentlich von dem Geſichtspunkt aus, daß dieſelbe ein nothwendiges Uebel ſei, welchem man zwar einſtweilen noch einige Opfer bringen, deſſen man ſich aber bei paſſender Gelegenheit zu entledigen ſuchen müſſe. Dieſe Art von Regierungsmännern ſchätzte die Wiſſenſchaft gering, weil ſie nichts neues erfinde und keinen unmittelbaren Ertrag abwerfe, vielmehr der Regierungskaſſe nur Opfer auferlege, und bemaß hiernach den Werth der Hochſchule für das Land. Dieſe Geringſchätzung der Wiſſenſchaft führte denn auch zu ganz verkehrten Urtheilen über die erforderlichen Eigenſchaften eines Univerſitätslehrers. Man hielt es für genügend, daß er, ohne eigene Theilnahme an dem weiteren Ausbau der Wiſſenſchaft gleichſam nur als Repetent wirke und die von Anderen gewonnenen wiſſenſchaftlichen Ergebniſſe mit ſeinen Zuhörern durchgehe. Einer der Hauptträger ſolcher Anſchauungen und Grundſätze war der Regierungsrath Knaudt, ein früherer Bürgermeiſter, zu deſſen Lieblingsgedanken die gänzliche Aufhebung der Univerſität und ihr Erſatz durch eine landwirthſchaftliche oder polytechniſche Lehranſtalt gehörte. Später fand dieſer Plan auch ſelbſt innerhalb der Abgeordnetenkammer und hier namentlich in dem jetzigen Geh. Miniſterialrath

Meyer, einem nahen Verwandten Knaudts, einigen Anhang. Doch traten diese die Existenz der Universität bedrohenden Gedanken niemals offen hervor; sie bewegten sich nur hinter der Bühne, in den Grenzen halbverstohlener Meinungsäußerungen. Sie wirkten aber doch den Wünschen und Bestrebungen des Vicekanzlers vielfach hemmend und abschwächend entgegen und setzten seine Geduld oftmals auf harte Proben. Unter dem Ministerium, welches die Wiederherstellung der feudalen Landesverfassung zu seiner Aufgabe erkoren hatte, ist zwar die Gefahr einer Aufhebung der Universität, wie es scheint, gänzlich verschwunden. Schon das hohe Alter der Universität würde demselben viel zu ehrwürdig erscheinen, als daß es sich zu einem solchen Act entschließen sollte. Statt dessen aber verlangt die feudale Partei von der Universität, daß sie die Jugend des Landes für ihre Zwecke bearbeite und zurichte, und bedroht von dieser Seite die Lehranstalt in den Wurzeln ihrer Lebenskraft. Bei der freieren Anschauung von dem Wesen und der Würde der Wissenschaft, welche man berechtigt ist, dem Vicekanzler beizumessen, wird man annehmen dürfen, daß er seitdem auch häufig sein Amt mit seinen Neigungen nicht in Einklang gefunden hat und daß es nur seinen bureaukratischen Gewohnheiten, vielleicht auch seiner großen Anhänglichkeit an die Lehranstalt zuzuschreiben ist, wenn er einen Posten noch nicht aufgegeben hat, welcher von einem freigesinnten Mann unter einem Regiment, wie es seit dem Jahre 1850 besteht, wohl fast zu große Opfer der Selbstverläugnung fordert.

Der Anfang der unter v. Boths Einfluß und Mitwirkung auf die Universitätsverhältnisse gerichteten reorganisirenden Thätigkeit bildete eine Regelung der Universitätsfinanzen und die damit verbundene Aufstellung eines Etats der Einnahme und Ausgabe. Der jährliche Aufwand, welchen die großherzogliche Kasse für die Universität und die zu derselben gehörigen Anstalten leisten sollte, ward auf ungefähr 40,000 Thlr. normirt. Einbegriffen darin war eine Summe von 3,300 Thlr. aus gewissen Hebungen, die ursprünglich zu dem Dotalvermögen der Universität gehörten. Außerdem hat die Universität noch ein eigenes Vermögen, welches nach verschiedenen Verwendungen für Bauten und sonstige Zwecke der Universität 65,000 Thlr. beträgt, wozu noch einige Hebungen an Renten so wie die in der Stadt belegenen akademischen Grundstücke kommen. Für die Verwaltung dieses Vermögens ward am 17. Juni 1834 eine großherzogliche „Immediatcommission" eingesetzt, bestehend aus einem großherzoglichen Commissarius (v. Both) und einem Deputirten der Universität. Die verschiedenen Kassen, mit Ausnahme des Stipendienfonds und der Professorenwittwenkasse, wurden zu einer „Universitätskasse" vereinigt, deren Verwaltung nach Maßgabe eines von der Regierungsbehörde alljährlich zu genehmigenden Etats geschieht. Durch diese Einrichtung verlor die Universität die ihr bis dahin zuständig gewesene eigene Verwaltung ihres Vermögens.

Hierauf wurde die Revision der Universitätsstatuten und der auf die Universität und die zu ihr gehörigen Anstalten bezüglichen Regulative in Angriff genommen. Am 30. Nov. 1837 erfolgte die landesherrliche Bestätigung der neuen Universitätsstatuten sowie der neuen Disciplinarstatuten für die Studirenden; in demselben und den nächstfolgenden Jahren traten als weitere Früchte der reorganisirenden Thätigkeit ein Regulativ für Preisfragen, ein Reglement wegen Bezahlung der Collegienhonorare, neue Statuten für das philologische und für das homiletisch-katechetische Seminar, ein Regulativ über die Benutzung und ein anderes über die Vermehrung der Universitätsbibliothek hervor und verschiedene Institute, darunter ein sogenanntes philosophisch-ästhetisches Seminar wurden neu geschaffen.

Die wesentlichen Bestimmungen der revidirten Universitätsstatuten sind: Die Universität „hat, gleich den übrigen älteren Universitäten des protestantischen Deutschlands, die althergebrachte Bestimmung, die reine Lehre der heiligen Schrift nach den Grundsätzen der unveränderten augsburgischen Confession, so wie alles Gute, Wahre und Schöne in sich aufzunehmen, zu bewahren und zu verbreiten." Sie ist eine vom Staate anerkannte besondere Corporation. Die Gesammtheit der ordentlichen Professoren bildet ein der Landesregierung unmittelbar untergeordnetes Collegium, an dessen Spitze sich der Rector befindet und welches den Namen Rector und Concilium führt. Die Universität wird regelmäßig durch Rector und Concilium, in gewissen näher bestimmten Fällen durch den Rector und einen Ausschuß des gesammten Conciliums, das sogenannte engere Concilium, jedoch gleichfalls unter der amtlichen Bezeichnung „Rector und Concilium", in allen rein wissenschaftlichen Beziehungen durch den Rector und die Decane der vier Facultäten und in einzelnen minder wichtigen Fällen durch den Rector allein vertreten und repräsentirt. Das Concilium wählt den Rector aus seiner Mitte. Der bisher zur Anwendung gekommene Grundsatz, daß der, welcher der Anciennetät nach als Mitglied des Conciliums auf den zeitigen Rector folgt, ein Recht auf das Rectorat habe, ist damit weggefallen. Die Wahl des Rectors geschieht auf ein Jahr, jedesmal vier Monate vor Ablauf des Rectoratsjahres. Der Landesregierung ist das Ergebniß der Wahl anzuzeigen und dieselbe übt in Bezug auf die Person des Gewählten ein Recusationsrecht. Das engere Concilium besteht aus dem Rector, dem unmittelbaren Vorgänger desselben, dem Vorgänger des letzteren, an dessen Stelle nach geschehener Wahl des Rectors für das folgende Jahr dieser künftige Rector tritt, und einem vom gesammten Concilium auf Lebenszeit aus den ordentlichen Professoren der Juristenfacultät gewählten Mitgliede, dem sogenannten assessor perpetuus. Der Geschäftskreis des engeren Conciliums umfaßt die Ausübung der Civil- und Criminalgerichtsbarkeit der Universität, die Disciplinargewalt über Akademieverwandte, welche nicht Studirende sind, die Handhabung der für die Studirenden geltenden Disciplinarstatuten u. s. w. Der Syndicus der Universität wird vom gesammten Concilium aus den ordentlichen Professoren der Juristenfacultät und zwar gleich dem assessor perpetuus auf Lebenszeit gewählt, wobei die Landesregierung ein Genehmigungsrecht übt. Processe kann die Universität als Kläger nur mit vorgängiger Einwilligung der Landesregierung führen. Ohne Genehmigung der letzteren darf kein akademischer Lehrer Vorlesungen über Wissenschaften halten, die zu dem Lehrgebiet einer andern Facultät gehören; doch werden einzelne Lehrfächer als gemeinschaftliches Gebiet von zwei Facultäten bezeichnet. Für die Wahl und Ernennung der ordentlichen Professoren normiren folgende Vorschriften: Die Facultät, bei welcher eine Professur erledigt ist, schlägt dem Concilium sechs Gelehrte vor, aus welchen dieses, mit Ausschluß der Mitglieder der betreffenden Facultät, drei auswählt und der Landesregierung präsentirt. Doch haben diese Vorschläge nur den Werth einer Empfehlung, und die Landesregierung ist bei der Wiederbesetzung der Professur auf die in Vorschlag gebrachten Gelehrten nicht beschränkt. Auch hat das Concilium das Recht, außer den ausgewählten drei Präsentaten noch einen oder den anderen Gelehrten der Landesregierung zur Berücksichtigung bei der Wiederbesetzung der Stelle zu empfehlen. Wer als Privatdocent zugelassen zu werden wünscht, hat sich mit einem hierauf gerichteten Gesuche an die Regierungsbehörde zu wenden und sich über seine persönlichen Verhältnisse auszuweisen, auch, wenn er in den Wissenschaften zu unterrichten beabsichtigt, deren Studium zur Vorbereitung auf den Staatsdienst gehört, darzuthun, daß er sich auf dem für den wirklichen Dienst vorgezeichneten Vorbereitungswege damit vertraut gemacht habe. Die Erlaubniß, Vorlesungen zu halten, kann demjenigen, welcher in Rostock studirt hat, nicht vor Ablauf von zwei Jahren seit seinem Abgange von der Universität ertheilt werden. Der Verlauf der Habilitation ist dann folgender: Die Landesregierung erläßt nach Befinden den Befehl zur Prüfung des Candidaten, welcher nach bestandener Prüfung noch eine öffentliche Disputation zu halten hat. Nachdem die Facultät über das Resultat der Prüfung an die Landesregierung berichtet und bei dieser die immer nur mit dem Vorbehalt des freien Widerrufs erfolgende Genehmigung erwirkt hat, ertheilt sie die Erlaubniß, Vorlesungen zu halten.

Um eben die Zeit, wo diese Reorganisationen erfolgten, trat innerhalb der Mitglieder des Conciliums ein Gegensatz hervor, der bald zu mächtigen Reibungen und Zerwürfnissen führen sollte. Seinen Ausgangspunkt hatte derselbe in der neu aufkeimenden kirchlichen Richtung, welche unter Kliefoths beginnendem Einflusse auch am Sitze der Regierung schon anfing sich die Wege zur Herrschaft zu bahnen. Damit verbanden sich aber zugleich manche anderweitige wissenschaftliche, auch wohl persönliche Gegensätze, welche den ausbrechenden Kampf zu einem Kampf zwischen dem älteren und dem jüngeren

Geschlecht der Professoren stempelten, von denen das letztere dem ersteren die Herrschaft zu entreißen strebte. So weit religiöse Interessen dabei mitwirkten oder den Vorwand bildeten, war die theologische Facultät der Hauptpunkt des Angriffs und demnächst auch der Hauptschauplatz der miteinander ringenden Kräfte. Diese bestand um die Mitte der dreißiger Jahre aus Gustav Friedrich Wiggers, Anton Theod. Hartmann, Phil. Bauermeister und Karl Friedr. Aug. Fritzsche. Von diesen waren die drei letzteren scharf ausgeprägte Rationalisten, Wiggers zwar ein auf der Grundlage der kirchlichen Bekenntnißschriften stehender, aber doch zugleich ein wissenschaftlich freigesinnter Theolog, dabei ein Mann von tiefer Frömmigkeit und wahrer Humanität, und ein Feind alles Haders und Streites. Sein Charakterbild ist mit warmen und treuen Farben in einer Schrift gezeichnet, durch welche einer seiner Söhne ein Jahr nach seinem Tode sein Andenken ehrte. (Dr. Gustav Friedrich Wiggers. Ein Denkmal. Leipzig 1861.) Die Facultät erfreute sich um diese Zeit der größten inneren Einigkeit. Im Sommer 1835 kam durch Hävernick, welcher, von der frommen Partei zur Vertretung ihrer Interessen herbeigewinkt, sich als Privatdocent habilitirte und im Jahre 1837 zum außerordentlichen Professor ernannt wurde, ein neues, der tholuckschen Schule angehöriges Element hinzu. Hävernick stand von Halle und seiner dortigen Disputation her in einem Rufe, welcher seine Niederlassung in Rostock als eine Kriegserklärung gegen die dortigen rationalistischen Theologen erscheinen ließ und ihm bei diesen gerade nicht den besten Empfang bereitete. In dem lateinischen Colloquium, welches seiner Habilitation voranging, benutzte, wie man erzählt, Fritzsche die Gelegenheit, ihn sehr in die Enge zu treiben. Seine Fragen soll Hävernick fast ohne Ausnahme mit einem hoc nescio beantwortet haben, worauf denn Fritzsche ebenso regelmäßig seiner Stimmung durch ein id quod miror Ausdruck gegeben haben soll, und wäre es nach Fritzsches Willen gegangen, so würde ihm dieses Colloquium die Thüre zur Habilitation nicht geöffnet haben. Im Jahre 1838 starb der Professor der alttestamentlichen Exegese, der oben genannte Hartmann. Die Wiederbesetzung dieser Stelle rief im Schoße des Conciliums heftige Streitigkeiten hervor. Ein der medicinischen Facultät angehöriges Mitglied, der Professor Strempel, erlaubte sich ein natürlich von theologischer Seite ihm suppeditirtes schriftliches Votum abzugeben, in welchem nicht blos über die von der theologischen Facultät für die Wiederbesetzung der erledigten Professur in Vorschlag gebrachten Gelehrten auf das Wegwerfendste geurtheilt, sondern auch auf die Mitglieder der theologischen Facultät und nebenher auch noch auf die Vertretung des theologischen Elements im landesherrlichen Consistorium oder mit anderen Worten auf Wiggers als Consistorialrath mit zügelloser Kritik losgefahren ward. Es war dies die Debütrolle, mit welcher die damals im Aufkeimen begriffene, anfangs im pietistischen

Habitus, demnächst in symbolisch-orthodoxer Rüstung auftretende kirchliche Partei bei der Universität sich einführte. Die in dem strempelschen Votum aufgehäuften Beleidigungen bewogen die Facultät, bei der Landesregierung auf Ertheilung eines Verweises an dessen Verfasser anzutragen. Ein Regierungsrescript suchte die aufgeregten Gemüther zu beruhigen und den Frieden wieder herzustellen. Die Acten wurden später versiegelt im Universitätsarchiv niedergelegt, um die Sache möglichst der Vergessenheit zu übergeben. Da aber hierdurch der Streit mehr gewaltsam erstickt als gründlich ausgetragen ward, so half diese Versiegelung nicht viel. Der Funke glimmte weiter und entzündete sich im Laufe der folgenden Jahre bei jedem Anlaß zu neuer Flamme. Um Michaelis 1840 erschien, von der Regierung berufen, ohne von der Facultät vorgeschlagen zu sein, der Professor Otto Carsten Krabbe, bis dahin Professor der biblischen Philologie am akademischen Gymnasium in Hamburg, nicht sowohl um die erledigte Professur der alttestamentlichen Exegese auszufüllen, als um die noch nicht erledigte der Kirchengeschichte und der praktischen Theologie besser zu versehen, als dies nach Ansicht der zur Herrschaft strebenden Partei durch Wiggers geschah. Krabbe wurde zugleich als Universitätsprediger und neben Wiggers als Mitdirector des homiletisch-katechetischen Seminars angestellt. Er führte sich dadurch in Rostock ein, daß er im Lectionsverzeichniß dieselbe Vorlesung mit Wiggers (den ersten Theil der Kirchengeschichte) zu derselben Tagesstunde ankündigte.

Im Jahre 1841 folgte Hävernick einem Rufe nach Königsberg und Fritzsche ging nach Gießen. Fritzsches Nachfolger, den aber wiederum die Facultät nicht vorgeschlagen hatte, war J. Chr. K. Hofmann, welcher um Michaelis 1842 von Erlangen kam und drei Jahre später dorthin zurückging. Inzwischen hatte Krabbe ein Antrittsprogramm „de temporali ex nihilo creatione" herausgegeben, welches von Julius Wiggers, einem Sohne von Gustav Friedrich Wiggers, der seit dem Jahre 1837 Privatdocent und seit dem Jahre 1840 titulärer außerordentlicher Professor in der theologischen Facultät war, in einer besondern Schrift einer scharfen Kritik unterzogen ward, welche den Nachweis zu führen suchte, daß die in Krabbe repräsentirte theologische Richtung weder den Forderungen der Wissenschaft noch den Interessen der Kirche Genüge leiste. Es entspann sich hieraus ein Streitschriftenwechsel zwischen Julius Wiggers und Krabbe, an welchem sich im weiteren Verlauf auch Hofmann als Vertheidiger Krabbes betheiligte. Die Verhältnisse innerhalb der Facultät gestalteten sich durch dies alles nur noch trüber. Neuen Anlaß zu Mißhelligkeiten boten die Verhandlungen über die an den Candidaten der Theologie Schliemann, der sich als Privatdocent niederlassen und zu diesem Zwecke die Würde eines Licentiaten erwerben wollte, zu stellenden Forderungen, wobei sich namentlich Hofmann durch unprovocirte Beleidigungen der beiden älteren Mitglieder der Facultät auszeichnete. Es war als wenn eine lange mühsam darnieder gehaltene Gährung sich Luft machte. Wiggers sah sich zu der Erklärung genöthigt, daß er, solchen Aggressionen gegenüber, es seiner Würde allein entsprechend finde, auf ein weiteres Votum in der Angelegenheit zu verzichten. Diese fortgesetzten Kränkungen und Reibungen, welchen der alte Wiggers nach einer langen, bisher unter ganz anderen Verhältnissen verlaufenen Wirksamkeit sich ausgesetzt sah, lasteten auf ihm sehr schwer und ließen es ihn wiederholt bedauern, daß er durch sein damals schon den Siebzigern nahe rückendes Lebensalter genöthigt war, auf den Gedanken an die Aufsuchung eines neuen Wirkungskreises außerhalb Mecklenburgs zu verzichten. Sonst mit seinen Empfindungen sehr zurückhaltend und nicht zu Klagen geneigt, brach er doch einmal — es war im Mai des Jahres 1843 — unter dem Druck der ihn umgebenden Verhältnisse gegen einen Vertrauten in die Worte aus: „Ich preise jeden glücklich, dem es gelingt, einen Ausweg aus diesem Jammerlande zu finden, und wenn ich dazu nicht zu alt wäre, so möchte auch ich noch den mecklenburgischen Dienst mit einem fremden vertauschen." Bis zu solcher Stimmung hatte die fromme Partei in der kurzen Zeit ihrer Einwirkung auf die Universität einen Mann gebracht, der ein Mecklenburger von Geburt, ein treuer Anhänger des Bestehenden in Kirche und Staat, ein mit warmer Hingebung seinem Fürstenhause und seinem Berufe dienender Gelehrter, von Friedrich Franz dem Ersten mit hohem Vertrauen und persönlichem Wohlwollen beehrt, ein Mann von fleckenloser Reinheit des Charakters, jetzt, am Ende einer vierzigjährigen akademischen Wirksamkeit an der vaterländischen Universität seine treue und rastlose Arbeit mit Undank und Beleidigungen belohnt sah.

Schliemann, an dessen Habilitation sich diese ärgerlichen Vorfälle knüpften, war nur anderthalb Jahre als theologischer Privatdocent thätig. Er erkannte dann, daß er an eine unrechte Stelle gerathen sei und daß ihm das Studium der Rechte mehr zusage als das der Theologie. Drei Jahre später habilitirte er sich als Privatdocent in der juristischen Facultät und ging darauf in den Justizdienst über. Hofmann verließ Rostock im Jahre 1845. Es wird ihm seitdem klar geworden sein, daß er damals an der Seite Krabbes und Kliefoths nicht den rechten Platz einnahm; wenigstens haben sich seine Wege in kirchlicher wie in politischer Beziehung von seinen damaligen Parteigenossen weit genug getrennt und diejenigen, für welche er zu jener Zeit kämpfte, stehen ihm jetzt als Gegner gegenüber und verketzern seine Theologie wie seine Politik. Etwas friedlicher gestalteten sich die Verhältnisse nach dem Eintritt von Hofmanns Nachfolger, Franz Delitzsch, in die Facultät, welcher er von Ostern 1846 bis Michaelis 1850 angehörte, und selbst zwischen Wiggers und Krabbe bahnte sich im weiteren Verlauf der Jahre ein anderes Verhältniß an. In dem angeführten „Denkmal" wird es als ein Grundzug in dem Wesen von Wiggers hervorgehoben, daß er stets Böses mit Gutem vergolten und seine Gegner durch Sanftmuth und Geduld überwunden habe, und es heißt dann weiter: „Auch in der schwierigen Lage, welche ihm nicht sowohl die Persönlichkeit seines Specialcollegen Krabbe als die demselben angewiesene, seinen bisherigen Wirkungskreis beschränkende und beengende Stellung und mancherlei anderweitige damit in Verbindung tretende Verwickelungen bereiteten, wußte er sein Verhalten so einzurichten, daß alle Pfeile der Partei, durch welche ihm Krabbe an die Seite gestellt war, an seiner Liebe stumpf wurden und ein Verhältniß, welches seiner Natur nach den Samen der Bitterkeit und der Zwietracht in sich zu tragen schien, schließlich nur dazu gereichte, ihm aus der Mitte gegnerischer Kreise heraus neue Verehrung zu erobern. Krabbe selbst gab in einem Gratulationsschreiben an Wiggers vom 25. Oct. 1857 dem gewinnenden Einfluß, welchen dessen Persönlichkeit auf ihn ausgeübt hatte, einen sehr lebhaften anerkennenden Ausdruck. —

In der Gesammtheit der Professoren hatte bereits zwei Jahre nach Krabbes Berufung die Partei der Jüngeren die Oberhand erlangt, wie dies aus der Rectorwahl sich ergiebt. Für den Zeitraum von 1837 bis 1840 wurde noch Wiggers in dreimaliger Aufeinanderfolge zum Rector erwählt, nach ihm sein College Bauermeister zweimal hintereinander. Hierauf aber ging das Rectorat auf die inzwischen zur Majorität gewordenen Mitglieder der Gegenpartei über. Der erste aus derselben hervorgegangene Rector war der Professor der Botanik Johann Röper.

Mit der allmäligen weiteren Verminderung der Partei der Alten erloschen schließlich die bisherigen Parteigegensätze. Das Jahr 1848 und die darauf gefolgte Reactionsperiode verlegten jetzt auch den Schwerpunkt der Parteigestaltung von dem religiösen auf das politische Gebiet.

Der östreichische Reichsrath und Ungarn.

Die östreichische Verfassung unterscheidet sich von allen anderen modernen Verfassungen dadurch, daß die Functionen des Staatslebens auf eine unverhältnißmäßig große Anzahl theils nebengeordneter, theils einander untergeordneter Körperschaften vertheilt sind. Neben den beiden Häusern des engeren Reichsraths steht das ungarische Parlament; über beiden der ebenfalls in zwei Häuser zerfallende weitere Reichsrath, als Vereinigung des engeren Reichsraths und einer Abordnung des ungarischen Parlaments. Erwägt man nun noch, daß der engere Reichsrath selbst aus einer großen Anzahl provinzieller Körperschaften emanirt, so wird man leicht einsehen, daß die Entwicklung der östreichischen Verfassung ganz davon abhängig ist, wie die aus diesen Verhältnissen unvermeidlich sich ergebenden Competenzconflicte geschlichtet werden, vor allem davon, welche Stellung die Gesammtvertretung zu dem ungarischen Parlament einnehmen wird. Dies ist die Cardinalfrage des östreichischen Verfassungslebens, von deren Entscheidung voraussichtlich nicht nur die Zukunft der Verfassung, sondern auch des Staates selbst bedingt ist.

Im engsten Zusammenhange mit dieser Frage steht die über das Verhältniß des engeren zu dem weiteren Reichsrathe. Die Differenz, die bei Beginn der gegenwärtigen Session infolge der Berufung des Reichsraths auf Grund des §. 10 des Februarpatents über diesen Punkt aufzutauchen drohte, hat für jetzt einen ernsteren Charakter noch nicht angenommen, da noch jeder Versuch, die Competenz der beiden Versammlungen gegeneinander abzugrenzen verfrüht ist, und so lange der weitere Reichsrath noch ein Bruchstück ist, resultatlos bleiben muß. Denn es ist einleuchtend, daß jede vor dem Eintritt der Ungarn getroffene, auf den Gesammtstaat bezügliche organische Einrichtung nur ein ziemlich werthloses Provisorium sein würde. Es könnte allerdings von einem gewissen Standpunkte aus wünschenswerth erscheinen, die allgemeine Gesetzgebung vor dem Eintritte und also ohne die wahrscheinlich unbequeme Mitwirkung der Ungarn weiter zu führen, wenn man sich nur der Zweifel entschlagen könnte, ob denn auch auf diesem Wege dauernde und sichere Resultate zu gewinnen seien, und wenn man sich nicht sagen müßte, daß jede Weiterentwickelung der Gesammtstaatsidee, jeder Versuch, die Magyaren für ihre Hartnäckigkeit gewissermaßen zu contumaciren, den Bestrebungen, die staatsrechtlichen Beziehungen mit Ungarn auf dem Wege friedlicher Auseinandersetzung zu ordnen, im höchsten Grade präjudiciren würde.

Allerdings hat sich das Auftauchen präjudicirlicher Fragen nicht ganz verhindern laſſen. Jeder Verſuch in der Richtung kann indeſſen nur beweiſen, daß der Reichsrath in ſeiner gegenwärtigen Zuſammenſetzung nicht im Stande iſt, eine irgendwie auf die Geſammtverfaſſung bezügliche Frage auch nur einen Schritt weiter zu fördern. Dies hat ſich bereits in der erſten Zeit der Seſſion ſehr klar bei der Interpellation wegen eines Miniſterverantwortlichkeitsgeſetzes ergeben. Es iſt vollkommen erklärlich und gerechtfertigt, daß das Abgeordnetenhaus in dieſer Angelegenheit dringlich war, da ohne ein Miniſterverantwortlichkeitsgeſetz alle Bemühungen, die verſchiedenen Organe des Staatsweſens zu einem harmoniſchen Zuſammenwirken zu ſtimmen, vergeblich ſein werden. Dennoch wird man Herrn v. Schmerling darin Recht geben müſſen, daß im gegenwärtigen Stadium der Verfaſſungsentwickelung von Einbringung eines Miniſterverantwortlichkeitsgeſetzes nicht die Rede ſein kann. Die etwas cavalière Behandlung der Frage war zwar für den Verfaſſungsminiſter par excellence nicht recht geziemend. Die ganze Abſchweifung über die Miniſterverantwortlichkeit im Allgemeinen war außerdem höchſt überflüſſig. Indeſſen wenn Herr v. Schmerling das Bedürfniß hat, ſich ſeinen Freunden von der Oppoſition gegenüber Blößen zu geben, ſo iſt das ſeine Sache; jedenfalls wird das Gewicht der reellen Gründe, die gegen die augenblickliche Vorlage eines Miniſterverantwortlichkeitsgeſetzes ſprechen, durch die Einwendungen, die man ſeinen allgemeinen Bemerkungen entgegenſetzen kann, nicht gemindert. Schon wenn es ſich um die erſte Frage handelt: wem ſollen die Miniſter verantwortlich ſein? ſtößt man auf Schwierigkeiten. Nur dem engeren, oder nur dem weiteren Reichsrathe, oder je nach den beſonderen Fällen entweder dem einen oder dem andern? Man möchte geneigt ſein, das Letztere anzunehmen. Denn wollte man ſtatuiren, daß nur dem weiteren Reichsrathe gegenüber eine Verantwortungspflicht beſtehe, ſo würde das Miniſterium in den wichtigſten Angelegenheiten, ſobald ſie nur nicht die Verhältniſſe des Geſammtſtaates berühren, unverantwortlich ſein, oder es müßte für alle Fälle, in denen die Verantwortlichkeit der Miniſter in Anſpruch genommen wird, die Competenz des weiteren Reichsraths auf das verfaſſungsmäßig unzweifelhaft in den Wirkungskreis der engeren Verſammlung fallende Gebiet erweitert werden. Dies würde aber zu einer beiſpielloſen Verwirrung, zu einer völligen Verſchiebung der Befugniſſe aller conſtituirten Körperſchaften führen. Geſetzt z. B. eine ſtarke Partei hätte ein Intereſſe daran, den engeren Reichsrath möglichſt zu ſchwächen, ſo brauchte ſie nur unter Aufführung irgendeines Scheingrundes in dieſem oder jenem Acte des Miniſteriums eine Verfaſſungsverletzung zu ſehen, um allmälig den weiteren Reichsrath zu einer Oberinſtanz über alle verfaſſungsmäßig außer ſeiner Sphäre liegenden Gegenſtände zu erheben. Ein derartiges Zurückdrängen des engeren durch den weiteren Reichsrath würden wir allerdings als eine wünſchenswerthe, ja nothwendige Entwickelung der Verfaſſung anſehen; aber es wäre nicht günstig für die Autorität der Staatsgewalt, wenn dieser Fortschritt zur Reichseinheit ohne ihr Zuthun, gewissermaßen auf anarchischem Wege sich vollziehen sollte.

Die angeführten Bedenken mögen dem vertrauenden Patrioten auf den ersten Blick spitzfindig und gesucht erscheinen; sie sind es aber nur, so lange der weitere Reichsrath auf seinen jetzigen Umfang beschränkt bleibt, d. h. so lange der Unterschied zwischen weiterem und engerem Reichsrath wenig mehr als ein formaler ist; sie gewinnen große Bedeutung, sobald die Ungarn in den Reichsrath treten, und neben dem engeren Reichsrath das ungarische Parlament tagt. Dann sind der weitere und engere Reichsrath sehr verschiedene, möglicherweise von entgegengesetzten Tendenzen beherrschte Körperschaften; im ungarischen Parlamente aber erhebt sich eine dritte Macht, die jedenfalls bemüht sein wird, die Gesammtvertretung der Monarchie durch ihre Delegirten zu beherrschen. Wie soll man nun gegenwärtig die Competenz der verschiedenen Versammlungen nicht nur in der Ministerverantwortlichkeitsfrage, sondern in allen Fragen von gemeinsamem und doch wieder jeden der beiden großen Theile der Monarchie in besonderer Weise berührendem Interesse abgrenzen, — gegenwärtig, wo man sich noch entfernt keine Vorstellung davon machen kann, in welcher Weise staatsrechtlich das Verhältniß der großen Staatskörper zu einander zu ordnen sein wird, und noch viel weniger davon, wie thatsächlich das Machtverhältniß der drei Versammlungen sich gestalten wird. — Das Gesagte wird genügen, um von den Schwierigkeiten einen Begriff zu geben, auf welche ein jeder das Verfassungswesen und namentlich die Competenzfrage betreffende Gesetzvorschlag vor der Ausgleichung mit Ungarn stoßen wird. So viel läßt sich aber in Betreff der beiden wiener parlamentarischen Körperschaften schon jetzt behaupten, daß wie es scheint, gegen die Wünsche der Linken, die Sitzungsperioden derselben zu trennen sein werden, und daß es sich als unthunlich herausstellen wird, die Tagesordnung etwa mit einer Verhandlung im weiteren Reichsrath zu beginnen, und nach Vollendung dieser die Ungarn hinauszuschicken, um im engeren Reichsrath weiter zu tagen. Dies würde schon deshalb nicht angehen, weil das ungarische Parlament, welches sich doch nicht einer gleich gemüthlichen Behandlung würde erfreuen können, durch eine derartige Praxis zu sehr in Nachtheil gesetzt würde. Allerdings kann die Regierung dadurch, daß die eigentlichen Gesetzgebungsfragen regelmäßig erst nach Erledigung der Budgetangelegenheit zur Sprache kommen würden, in eine unverhältnißmäßig vortheilhafte Stellung versetzt werden. Dieser Uebelstand ist groß, aber unvermeidlich: er wird übrigens auch dazu beitragen, die Ueberzeugung zu erwecken, daß die Entwicklung der Verfassung, wenn sie nicht ganz ins Stocken gerathen soll, aus innerer Nothwendigkeit die Richtung auf Erweiterung der Competenz des Gesammtreichsrathes wird einschlagen müssen.

Die Verlegenheiten, die dem Reiche aus dem gespannten Verhältnisse mit Ungarn erwachsen, sind zu augenscheinlich und zu peinlich, um nicht allen Parteien die Ausgleichung als eine Nothwendigkeit erscheinen zu lassen. Nur sind leider die Ansichten über die Mittel zur Herstellung des Friedens ebenso verschieden, als die Hoffnungen, die sich an diese oder jene Art der Beilegung des Conflictes knüpfen. Die reactionäre Partei, so wenig sie sonst mit den Ungarn sympathisirt, hofft doch von ihnen die Zerstörung des schmerlingschen Verfassungswerkes; sie wünscht selbstverständlich nicht den Eintritt der Ungarn, sondern die Rückkehr zum Octoberdiplom. Daß mit dieser Lösung (— abgesehen von den Tendenzen der ungarischen Nationalpartei, die ganz andere Pläne, als die Wiederherstellung des Octoberdiploms verfolgt —) gar nichts gewonnen sein würde, läßt sich kaum bezweifeln, aber das Verzichten auf die parlamentarische Reichseinheit könnte der Anfang eines völligen Zerfallens der Monarchie sein. Nicht minder, aber aus anderen Beweggründen als die Reactionäre, sind die gemäßigt Liberalen, oder vielleicht besser gesagt die principiellen Vertreter der Reichseinheit von der Nothwendigkeit einer Ausgleichung durchdrungen, und mögen auch über den Grad der den Ungarn zu machenden Zugeständnisse Meinungsverschiedenheiten vorhanden sein, so wird doch darüber, daß ohne den Zutritt derselben die Verfassung keinen Bestand haben kann, unter aufrichtigen Constitutionellen kein Zweifel bestehn.

Reichseinheit und Constitution stehen und fallen mit einander, wer keine Constitution für den Gesammtstaat will, erstrebt für die Länder diesseits der Leytha die Rückkehr zum Absolutismus. Diejenigen aber, welche durch möglichst schroffes Auftreten gegen Ungarn, durch Drohungen, durch Contumacirung die Magyaren zur Nachgiebigkeit und zur Beschickung des Reichsrathes zu zwingen hofften, werden jetzt wohl zu der Einsicht gekommen sein, daß diese Mittel nicht zum Ziele führen, da gerade durch ihre Anwendung dem Verhältniß Oestreichs zu Ungarn derselbe Charakter starrer und unfruchtbarer Unbeweglichkeit aufgedrückt ist, der nach allen Richtungen hin im östreichischen Staatswesen zur Erscheinung kommt. Es hat sich hier nur der Grundirrthum der neueren östreichischen Politik wiederholt, die, freilich oft mehr aus Rathlosigkeit als aus Berechnung, die Stärkung der Monarchie überall von dem natürlichen Verlauf der Dinge erwartet, während die Dinge, ihrem natürlichen Laufe überlassen, gerade gegen die Wünsche der östreichischen Politik arbeiten. Wenn man in Ungarn davon überzeugt ist, daß die Spannung zwischen Wien und Pesth gefährlicher für Oestreich als für Ungarn ist, weshalb sollte man sich denn beeilen, dieselbe durch ein Entgegenkommen gegen Oestreich zu beendigen? Die Ungarn stehen fest auf ihrem Rechtsboden; auf diesem erwarten sie den Kampf und werden sich schwerlich aus demselben herauslocken lassen. Ohne vorhergegangene Anerkennung dieses Rechtsbodens hat die Regierung wenig Aussicht, sie zur Nachgiebigkeit und zu einem der angestrebten Reichseinheit entsprechenden Vergleiche zu bewegen.

Daß die entschiedene Linke mit Ungarn möglichst bald zum Abschluß zu kommen wünscht, ist selbstverständlich; nicht blos im Interesse der Reichseinheit, sondern vor allem im Interesse der Freiheit und der Verwirklichung der Verfassung. Denn es läßt sich durchaus nichts dagegen einwenden, wenn die Regierung erklärt, sie könne mit der Gesetzgebung, soweit sie sich auf die Entwickelung der Verfassung bezieht, nicht eher vorgehen, als bis die Ungarn in den Reichsrath eingetreten seien. Will die liberale Partei den verfassungsmäßigen Fortschritt, so muß sie suchen, das Zauberwort zu finden, das die Ungarn ins wiener Parlament lockt. Dazu kommt noch ein anderes wichtiges Moment: die liberale Partei wird ohne die Unterstützung der Magyaren niemals dahin kommen, eine selbständige, auf den Gang der Geschicke Oestreichs Einfluß übende Macht zu werden, ja sie darf in ihrer jetzigen Isolirung gar nicht einmal den Versuch wagen, ihre Ansichten dem Ministerium gegenüber um jeden Preis zur Geltung zu bringen. Denn sie darf nicht einen Augenblick vergessen, daß, wenn sie Herrn v. Schmerling das Regieren unmöglich macht, sie damit nur der Reaction in die Hände arbeiten würde*). Daher bedürfen die östreichischen Liberalen der Ungarn nicht minder, um die Verfassung zur Wahrheit zu machen, wie der Verfassungsminister ihrer bedarf, um den Bau der Reichseinheit zu vollenden.

Daß gerade diese Erwägungen die Liberalen wirklich bereits bestimmen, ist allerdings zu bezweifeln. Die Ansichten sind noch völlig ungeklärt; der Schwierigkeiten der Frage, der Consequenzen dieses oder jenes Versuches zu ihrer Lösung, des Zusammenhanges, in dem alle Verwickelungen der Monarchie zu einander stehen, ist man sich noch kaum bewußt. Wie denkt man sich die weitere Entwickelung, wie wünscht man sie? Sollen die beiden engeren Körperschaften, soll der weitere Reichsrath der Sitz und Brennpunkt der freiheitlichen Bestrebungen werden, sollen der Westen und Osten des Reiches ihre besonderen Wege gehen, oder soll das Centralorgan der Träger der Verfassung werden, und allmälig die Bedeutung der particularen Körperschaften herabdrücken und ihre Functionen absorbiren? Ueber alle diese Fragen hat sich eine entschiedene Meinung innerhalb der liberalen Partei noch nicht herausgearbeitet. Centralistische und autonomistische Ansichten wogen bunt durcheinander. Die Einsicht, daß, wenn es nicht gelingt, die Sonderparlamente unter die Herrschaft der Centralgewalt und der Gesammtvertretung zu beugen, ein Dualismus eintreten

---

*) Einen Conflict, wie er in Preußen seit einigen Jahren besteht, würde die östreichische Verfassung in dem gegenwärtigen Stadium ihrer Entwicklung nicht ertragen können; sie würde darüber zu Grunde gehen.

wird, der, wenn er nicht durch den schreffsten Militärdespotismus überwunden wird, die Monarchie zertrümmern muß, — diese Einsicht hat sich noch nicht entschieden genug geltend gemacht; und sie wird nur sehr allmälig Boden gewinnen, da die westlichen Stämme der Monarchie nicht ohne große Selbstüberwindung dahin kommen werden, neidlos die Macht des magyarischen Elementes in seiner vollen Bedeutung zu würdigen.

Ueber den ersten Schritt, der gethan werden muß, um das Verhältniß zu Ungarn ins Klare zu setzen, sind die Parteien, wie wir schon sahen, einig: Berufung des ungarischen Parlamentes, die denn auch, wie es heißt, nahe bevorsteht*). Ein Fortschritt ist es immerhin, daß die Ueberzeugung von der Nothwendigkeit dieser Maßregel sich Bahn gebrochen hat: nur darf man sich nicht der Erwartung hingeben, eine Differenz, zu deren Ausgleichung bis jetzt noch nicht die ersten Präliminarien gefunden sind, durch Unterhandlungen rasch und leicht beizulegen. Die Verlegenheiten der Regierung sind so groß, ihr Bedürfniß, den inneren Frieden herzustellen, ist so dringend, daß man auf ein gefälliges Entgegenkommen der Ungarn, die schwerlich die Gunst der Lage unbenutzt lassen werden, nicht wird rechnen können. Die Möglichkeit, daß die Regierung, falls die Versuche einer friedlichen Einigung mit dem Landtage scheitern, allgemeine Landeswahlen zum Reichsrathe (nach §. 7 des Februarpatentes) veranstalten könnte, wird auf die Ungarn gar keinen Eindruck machen, da sie sich überzeugt halten werden, daß ein derartiger Schritt nur zu einer völligen Niederlage der Regierung führen würde. Die Anwendung von Gewalt aber brauchen die Ungarn nicht zu fürchten, da niemand der Regierung, deren Friedensbedürfniß klar zu Tage liegt, den unsinnigen Entschluß zutraut, ihre zahlreichen Verlegenheiten durch das Hervorrufen eines Bürgerkrieges zu steigern. Wenn man nun die Gewißheit hat, daß Oestreich, was es nicht auf dem Wege der Güte erreicht, auf dem Wege der Gewalt gewiß nicht erreichen wird, so läßt sich erwarten, daß die Ungarn entweder ihre Forderungen sehr hoch spannen, oder daß sie gar auf ihrem rein negativen, abweisenden Standpunkte verharren werden.

Man wird doch zuletzt, um zum Ziele zu gelangen, die Ansprüche der Ungarn auf die partes adnexae im weitesten Umfange anerkennen und also mit dem Princip des divide et impera vollständig brechen müssen, d. h. also statt Ungarn zu schwächen, wird man es nach Umfang und Bedeutung vielmehr zu stärken haben. In Betreff der Wirkung, welche dies auf die Gruppirung der Machtverhältnisse innerhalb der Monarchie, auf den „Schwerpunkt"

---

*) Auf die staatsrechtlichen Differenzen zwischen der Regierung und Ungarn, zu denen möglicherweise schon die Einberufung des Parlamentes Veranlassung geben könnte, können wir hier nicht eingehen.

haben würde, wollen wir hier erwähnen, daß Ungarn nur in dem Falle auf eine Beschickung des Reichsrathes eingehen kann, wenn es darauf rechnen darf, was es an nationaler Selbständigkeit aufgiebt, an politischer Bedeutung zu gewinnen, d. h. wenn sich ihm die Aussicht eröffnet, umgestaltend auf die traditionelle auswärtige Politik Oestreichs einzuwirken. Ein constitutionelles Oestreich hat seinen Kern, sein politisches Centrum in Ungarn; so lange man dies in Wien verkennt, wird das constitutionelle Oestreich ein Postulat bleiben.

Denn nach unsrer Ueberzeugung würden die Ungarn, wenn ihnen in Bezug auf die partes adnexae die nöthigen Garantien gegeben würden, wozu aber die Regierung durchaus nicht geneigt ist, die Hoffnung hegen dürfen, im Reichsrathe bald eine überwiegende Macht zu bilden. Wenn sie dennoch sich der Verfassung gegenüber bis jetzt ausschließlich negativ verhalten, so liegen dem verschiedene, nicht überall gleiche Motive zu Grunde. Gemeinsam ist allen wohl die Erwägung, daß die negative Haltung für jetzt die bequemste und sicherste ist, daß jedes Entgegenkommen der Ungarn eine Schwächung ihrer auf dem Boden eines alten von jedem Ungarn noch als bestehend anerkannten Rechtes festgewurzelten Position wäre, und daß es an der Regierung ist, ihrerseits mit Vergleichsvorschlägen hervorzutreten. Hierin stimmen die verschiedenen Parteien wohl überein, nicht aber in dem Ziele und in den anderweitigen Motiven ihres Widerstandes. Die schroffen Nationalisten wollen eben nur Magyaren sein und fragen in ihrer fanatischen Selbstgenügsamkeit, in der zum nationalen Dogma gewordenen Ueberzeugung von der Vorzüglichkeit des magyarischen Stammes wenig nach gesteigerter politischer Bedeutung; die Gemäßigten dagegen, die eigentlichen Politiker der Nation, wissen nur zu gut, daß sie ihre hervorragende Stellung nur unter der Bedingung behaupten können, daß ihre nationale Begeisterung über jeden Verdacht erhaben ist. Schon in ruhigen Zeiten dürfen sie, wenn sie ihr Ansehn nicht compromittiren wollen, ihre gemäßigten Ansichten nur mit der äußersten Vorsicht laut werden lassen; in Augenblicken der Aufregung aber müssen sie völlig dem allgemeinen Impulse folgen, um sich nur über den Fluthen zu erhalten, die bei jedem Schwanken, bei dem geringsten Verdacht der Schwäche über sie hinweggehen würden. Sie folgen der Bewegung und leihen ihr sowohl ihre überlegenen Talente als auch die moralische Autorität, deren sie im Lande genießen. Endlich aber, — und das ist wohl das bedeutendste unter den Motiven, die sich für die Zurückhaltung der Ungarn anführen lassen, — fehlt das Vertrauen auf die Dauerhaftigkeit der östreichischen Monarchie. Ungarn fühlt sich sicher und stark im Besitze seiner alten Verfassung und Nationalität. Soll es diesen vermeintlich unerschütterlichen Besitz mit der Ehre vertauschen, die tonangebende Macht in einem Staate zu werden, der die Bedingungen zu einer erneuerten Existenz zwar sucht, aber noch nicht gefunden hat, dessen zugleich anspruchsvolle und unfruchtbare, passive äußere Politik durchaus keine Bürgschaft für seine Befähigung zur Lösung der ihn umschlingenden Verwickelungen bietet? Wir billigen, in der Ueberzeugung, daß Ungarn nur in der lebendigen Gemeinschaft mit den übrigen Theilen der östreichischen Monarchie sich zu einem einflußreichen, kräftigen Gliede des europäischen Staatensystems heranbilden kann, die starre, auf Ueberschätzung der eigenen Kraft beruhende Selbstgenügsamkeit des magyarischen Nationalismus durchaus nicht; aber sie ist vollkommen naturgemäß und erklärlich, so lange das neue Oestreich noch in dem Netze der alten Traditionen verstrickt ist, die weder mit dem Systeme der innern Verschmelzungspolitik, von dem es seine Rettung hofft, vereinbar sind, noch auch den Anforderungen der gegenwärtigen Weltlage irgendwie entsprechen.

Man darf daher auch nicht glauben, daß mit der Beschickung des Reichsraths durch die Ungarn die Sache bereits überwunden sein würde. Der äußere Abschluß der Verfassung (von Venetien sehen wir hier ganz ab) würde keineswegs zugleich den Abschluß des Nationalitätenkampfes bezeichnen; wohl aber würde er den verschiedenen Nationalitäten Gelegenheit geben, ihre Kräfte auf verfassungsmäßigem Boden zu erproben und gegen einander zu messen. Wer wollte es wagen, einem solchen Kampfe einen günstigen Verlauf, einen glücklichen Ausgang mit Sicherheit vorherzusagen? Wohl aber darf man behaupten, daß, wenn überhaupt die Wiedergeburt des Reiches möglich ist, sie nur dadurch erreicht werden kann, daß die widerstrebenden, innerlich verfeindeten Elemente sich in nächster Nähe, in einer Versammlung auseinanderzusetzen und dadurch eben die Möglichkeit einer inneren Wiedervereinigung anzubahnen suchen, und man darf sich wohl der Erwartung hingeben, daß, wenn die verschiedenen concurrirenden Gewalten die Lage der Dinge richtig beurtheilen, die Monarchie neu gekräftigt aus dem Conflicte hervorgehen wird.

Die Gefahr der gegenwärtigen Situation liegt offenbar darin, daß der Hauptgegensatz im Innern des Staates seinem Wesen nach der Ausgleichung widerstrebt. Nationalitäten haben die natürliche Tendenz, eine die andere zu beherrschen, oder sich von einander zu trennen: wenn sie es nicht vermögen zu herrschen, so wollen sie wenigstens selbständig sein; aber ganz und gar widerstrebt es ihrer Natur, sich mit einander zu verschmelzen; sie sind daher der spröbeste, zäheste Stoff, den ein Staatsmann zu behandeln haben kann. Das wichtigste und nächste Ziel, wonach die östreichische Staatskunst zu streben hat, ist daher, den absolut starren Gegensatz der Nationalitäten in den auch bei der äußersten Schroffheit der Gegenstellung immer doch der Ausgleichung fähigen, ja ihr zustrebenden Gegensatz politischer Parteien zu verwandeln. Ist dies Ziel erreicht, so ist die Hauptgefahr für den Staat überstanden. Die Vervollständigung des Parlamentes würde der erste Schritt zu diesem Ziele sein, aber eben nur ein Schritt. Auch wäre es thöricht zu glauben, daß man, nachdem dieſer erſte Schritt gethan, die Parteien ſich ſelbſt überlaſſen könnte. Parteien bedürfen unter allen Umſtänden der Leitung; ſie zu leiten, iſt im conſtitutionellen Staate ein weſentlicher Theil der Regierungskunſt. Vorzugsweiſe wichtig iſt aber die thätige Einwirkung der Regierung auf die Parteien in Verhältniſſen, wie die öſtreichiſchen, wo es ſich darum handeln wird, aus den heterogenſten Elementen Parteien zu bilden, die durch gemeinſame politiſche Grundſätze ſo feſt zuſammengehalten werden, daß die nationalen Antipathien ſie nicht zu trennen vermögen.

Es iſt ein bedenkliches Symptom, daß ſchon in dem gegenwärtigen Reichsrathe die Parteien der Führung des Herrn v. Schmerling ſich entziehen, ja in den bedeutendſten Fragen ihm unzufrieden gegenübertreten. Wir ſehen die tieferen Urſachen dieſer Erſcheinung weniger in den augenblicklichen, allerdings den Tadel ſtark herausfordernden Wendungen ſeiner Politik; denn dieſe ſind zum Theil nur Conſequenzen früherer Handlungen und Unterlaſſungen; wir ſehen ſie vorzugsweiſe darin, daß er das Werk der Staatseinigung im Gegenſatz gegen Ungarn begonnen hat; einerſeits hat er damit etwas an ſich Unmögliches erſtrebt; andererſeits iſt er gerade dadurch mehr und mehr in Tendenzen verſtrickt, zu Experimenten verleitet worden, die mit der Unirungspolitik in directem Widerſpruche ſtehen. Es fehlt ſeiner Politik die Einheit, die Concentration auf einen Punkt, ohne die ein Erfolg unmöglich iſt. Gelingt es ihm, die Ungarn zur Beſchickung des Reichsrathes zu bewegen (wozu indeſſen die gegenwärtige Haltung ſeiner Politik, z. B. in Betreff Kroatiens, wenig Hoffnung giebt), ſo wird ihm noch einmal Gelegenheit geboten ſein, das Einigungswerk in praktiſcher Weiſe weiter zu fördern, wenn er einſichtsvoll und entſchloſſen genug iſt, durch eine kräftige und liberale Politik die öſtreichiſchen Conſtitutionellen dahin zu bringen, den Ungarn ohne alle Rückſicht auf nationale Rivalität ſich anzuſchließen, und wenn er, was freilich nach ſeinem bisherigen Verhalten auch nicht zu erwarten ſteht, in der äußeren Politik eine Richtung einzuhalten weiß, die den Ungarn jeden Vorwand zu trotziger Zurückhaltung abſchneidet und ſie mit der Ueberzeugung erfüllt, daß in dem verjüngten Oeſtreich gerade der Entwickelung ihrer nationalen Intereſſen der weiteſte Spielraum geboten iſt, und die andererſeits dem Staate eine erhöhte Sicherheit gewährt in den Gefahren, denen er durch ſeine vielfachen Beziehungen zu den europäiſchen internationalen Verhältniſſen ausgeſetzt iſt.

Nur eine Regierung, die in ſich einig, unbeirrt von Antipathien und Sympathien, jeden ihrer Schritte nach der Rückſicht auf die erſtrebte Staatseinheit abmißt, kann hoffen, das begonnene Werk zum Ziele zu führen. Das Unternehmen, einen Complex von Nationen, die bisher nur im Cabinete des Kaiſers und in der Armee Einigungspunkte gehabt haben, in einen conſtitutionellen Einheitsſtaat umzuwandeln, alſo die Elemente, deren Widerſtreit in den letzten Jahrzehnten den Staat dem Zerfallen nahe gebracht hat, selbst zu Trägern des Einheitsgedankens zu machen, dies Unternehmen ist so riesenhaft, daß es nur gelingen kann, wenn die gesammte Thätigkeit des Staates auf diesen einen Punkt sich concentrirt, wenn alles, was zu der Erreichung des erstrebten Zieles in keiner Beziehung steht, als hemmend und hindernd abgewiesen wird, so viel der Staat es abzuweisen vermag. Wenn man nun bedenkt, daß Oestreich durch alle Traditionen mehr als irgend ein anderer Staat von allen Punkten seiner ausgedehnten Peripherie nach den verschiedensten Richtungen hin engagirt ist, daß alle diese Traditionen, wie sie im Laufe der Jahrhunderte sich zu einem bunten Systeme der großen Politik aufgethürmt haben, den Wechsel der Weltverhältnisse überlebt haben, daß Oestreich der einzige größere Staat des Continents ist, der in einer Periode politischer Neubildungen sein Heil auf die unveränderte Erhaltung des bestehenden Staatensystems gesetzt hat, so begreift man leicht, daß mit diesem Princip das für die innere Gestaltung des Staates angestrebte Ziel schlechterdings in einem unlösbaren Widerspruche steht. Die allgemeine Rathlosigkeit diesem Widerspruche gegenüber spricht sich in dem einen Wunsch: Erhaltung des Friedens aus. Gewiß ein nicht blos durch die verzweifelte Finanzlage gerechtfertigter Wunsch! — Ein Wunsch, dem die Erkenntniß zu Grunde liegt, daß jede Verwickelung nach Außen die centrifugalen Kräfte im Innern ermuthigen und stärken werde. Ist denn aber das abstracte Friedensbedürfniß schon eine Bürgschaft für die Erhaltung des Friedens? Beseitigt es die Spannungen und Verwicklungen, die in ihrer Wirkung auf die inneren Zustände fast eben so drückend und gefährlich sind als der Krieg selbst? Werden die Feinde des Staates dadurch entwaffnet, daß man stets wiederholt: Oestreich bedarf des Friedens, Oestreich muß entwaffnen! Man will jeden Conflict vermeiden und vermag es doch nicht über sich, die Positionen aufzugeben, deren Behauptung einen baldigen Zusammenstoß mit den Nachbarn fast unvermeidlich macht. Auch kann Oestreich gar nicht, selbst wenn es wollte, ohne Weiteres alle gefährdeten Stellungen, die es inne hat, aufgeben. Um so mehr aber muß es bedacht sein, eine Deckung zu suchen, die seinen Gegnern Achtung einflößt; es muß um jeden Preis die Beziehungen abbrechen, deren Bestehen wegen ihrer Unvereinbarkeit mit der Gesammtstaatsidee nur dazu dient, die particularistischen Hoffnungen der Stämme jenseits der Leytha zu ermuthigen.

Es ist ein ganz richtiger Gedanke, daß Oestreich, um der Schwierigkeiten seiner Lage Herr zu werden, und besonders um sein Verhältniß mit Ungarn zu ordnen, sich auf Deutschland zu stützen hat. Aber gewähren ihm etwa die Mittelstaaten diese Stütze? Kann ein östreichischer Abgeordneter, der tief durchdrungen ist von der Ueberzeugung, daß alles an die Beseitigung des inneren Conflictes zu setzen sei, wirklich glauben, die Ungarn würden durch ein östreichischmittelstaatliches Reformproject bereitwilliger gemacht, ihre Kräfte dem Aufbau des Gesammtstaates zu widmen? Allerdings liebt man in Ungarn die Bundesreformprojecte; aber doch nur deshalb, weil man sich klar des Widerspruchs bewußt ist, in dem dieselben mit der angestrebten organischen Reichseinheit stehen, und weil man daher von ihnen ein Aufgeben der Gesammtstaatsidee hofft; das haben wir im Jahre 1863 gesehen. Und vor allem ist es wunderbar, daß man in Oestreich einer Macht die Fähigkeit zu helfen und zu stützen zutraut, die ihrerseits ganz auf Oestreichs Schutz angewiesen ist, die ohne fremde Protection gar nicht existiren kann. Daher kann sich auch Herr Fröbel eine östreichisch-mittelstaatliche Politik nicht anders denken, als in engster Verbindung mit Frankreich, das dem Bunde die Kraft gewähren soll, die er in sich selbst nicht besitzt! — Oestreich bedarf der Unterstützung Deutschlands, das heißt nichts anderes, als Oestreich bedarf der Unterstützung Preußens; jede andere Auslegung dieses Satzes ist verkehrt. Es ist sehr zu bedauern, daß gerade in den parlamentarischen, liberalen Kreisen Oestreichs, die das Wohl des Reiches in der aufrichtigen Durchführung der Verfassung sehen, eine einsichtsvolle Würdigung der deutschen Verhältnisse so schwer Eingang findet und namentlich die Abneigung gegen Preußen durch dessen Erfolge gesteigert worden ist. Zum Theil liegt dem wohl der Verdacht zu Grunde, als ob in Preußen die öffentliche Meinung der östreichischen Verfassungsentwickelung gegenüber eine feindselige Stellung einnehme. Dieser Verdacht ist aber nicht begründet. Abgesehen von der äußersten radicalen Partei, die einen Zerfall Oestreichs wünscht, und von der Kreuzzeitungspartei, die in ihrer eingewurzelten Antipathie gegen alles, was liberal und constitutionell heißt, seltsamerweise die Grundlage einer preußisch-östreichischen Allianz in der Rückkehr zum Absolutismus oder etwa zum Octoberdiplom sucht, wünscht man in Preußen der constitutionellen Entwickelung Oestreichs gerade im eigenen Interesse den besten Erfolg. Denn es ist doch sehr klar, daß Preußen auf die Dauer sich nur mit einem verfassungsmäßigen Oestreich auseinandersetzen kann, weil nur das Oestreich des Februarpatentes im Stande ist, seine Kräfte nach einer Richtung hin zu entwickeln, in der ein Conflict mit Preußen nicht zu erwarten ist. Das alte Oestreich muß, zumal da es in Italien völlig auf eine unfruchtbare Defensive zurückgeworfen ist, seine Kraft in der rivalisirenden Gegenstellung gegen Preußen suchen; das neue Oestreich, sobald es sich erst so weit gefunden haben wird, um die Richtung und den Umfang seiner Aufgaben zu übersehen, wird, man möchte sagen ganz unwillkürlich, in ein gutes Einvernehmen mit Preußen treten, dessen Eifersucht es dann nicht zu fürchten hat, dessen Freundschaft ihm aber von hohem Werthe sein muß. Man hat in Preußen allerdings ernste Zweifel, ob die Kräfte des östreichischen Staates der schweren Aufgabe gewachsen sein werden, aber man wünscht, daß sie es seien. Man ist zu tief durchdrungen von der Ueberzeugung, daß das Gleichgewicht Europas das Dasein einer starken Macht im Südosten des Continents erfordert, als daß man die Auflösung der Monarchie wünschen könnte; nur Rücksichten der Selbsterhaltung würden Preußen zu einer Politik bestimmen können, die dem Bestande des Kaiserstaates gefährlich wäre.

Auch in den leitenden Kreisen des östreichischen Staates kann man sich noch nicht dazu entschließen, das zu thun, was die Lage der Dinge gebieterisch fordert. Wohl scheint man von den Vortheilen, von der verhältnißmäßigen Sicherheit, die das preußische Bündniß gewährt, überzeugt zu sein. Man möchte aber diese Vortheile genießen, ohne ein Opfer dafür zu bringen, ohne sich den Bedingungen zu unterwerfen, deren offene Annahme allein ein derartiges Bündniß möglich macht. Hält Oestreich an seiner alten Maxime fest, in jeder Erweiterung des preußischen Machtbereiches (wir sprechen nicht von einer eigentlichen Gebietsvergrößerung) eine Schmälerung der östreichischen Macht zu sehen, so bleibt ihm allerdings nichts übrig, als die Wiederaufnahme seiner alten deutschen Politik. Daß durch diese Wendung aber das Bündniß mit Preußen so gut wie gesprengt ist, kann man sich doch in Wien nicht verhehlen. Ebenso wenig darf man daran zweifeln, daß in diesem Falle die Rivalität mit Preußen einen weit bittrern Charakter, als sie je vorher gehabt hat, annehmen würde, und daß dieselbe auf lange Zeit alle Kräfte des Staates absorbiren, ihn von der Heilung seiner inneren Schäden ablenken und bei jeder entscheidenden Wendung in den südeuropäischen Angelegenheiten den allerernstesten Gefahren aussetzen müßte. Eine entschiedene Wiederaufnahme der traditionellen deutschen Politik wäre ein ebenso entschiedener Bruch mit den inneren Regenerationsbestrebungen, deren Erfolge wesentlich von der äußeren Sicherheit des Staates abhängig sind, wie diese wiederum ihre beste Bürgschaft in dem guten Einvernehmen mit Preußen findet.

Wenn man nun aber hofft, in Frankreich einen Stützpunkt für die alte antipreußische Bundespolitik zu finden, so ist allerdings zuzugestehen, daß Frankreich ein natürliches Interesse hat, der vordringenden Politik Preußens, die bei weiteren Erfolgen zu einer außerordentlichen Stärkung der deutschen Macht führen müßte, entgegenzuarbeiten und also für den Augenblick Oestreich und die Würzburger zu begünstigen. Daß es aber dessenungeachtet mit der Solidität einer östreichisch-französischen Allianz sehr schlecht bestellt sein würde, davon muß ein Blick auf die italienischen Verhältnisse Jeden überzeugen. 3.

Aus Schwaben.

Ende Februar.

Seit zwei Monaten tagt wieder unsere Ständeverfammlung, eine Frist, die lang genug ist, um einen kleinen Rückblick zu erlauben. Hat sich auch bis jetzt nicht eben Weltbewegendes in ihrem Schoße ereignet, so durfte man doch auf die öffentliche Haltung eines Ministeriums gespannt sein, welches zu einer für Gesammtdeutschland so kritischen Zeit ernannt wurde und über welches doch bei seinem Antritt so wenig zu sagen war. Bis jetzt scheinen freilich diejenigen Recht zu behalten, welche damals vor weitgehenden Hoffnungen sowohl als Befürchtungen warnten und die Fortsetzung eines gemüthlichen bescheidenen Ganges der Staatsmaschine, wie er einem ordentlichen Mittelstaate ziemt, so lang ihm Gott das Leben schenkt, als das Wahrscheinlichste prophezeien. Es ist wesentlich der Eindruck eines harmlosen Stilllebens, den die Verhandlungen unsrer Landesvertretung machen.

Dennoch spiegelt sich eben darin wieder ein Stück unseres nationalen Lebens. Die häusliche Zurückgezogenheit eines Mittelstaats ist heutzutag kein Zufall, auch nicht ein freier Entschluß, sie liegt vielmehr in der Natur der Sache. Sie hängt mit dem Gang, welchen unsre nationalen Angelegenheiten genommen haben, aufs Engste zusammen. Die Frage des deutschen Constitutionalismus wird in Berlin entschieden, das Schicksal der Herzogthümer ruht in der Hand unsrer Großmächte, was bleibt einer mittelstaatlichen Kammer übrig, als heute eine Eisenbahn von zwei Meilen Länge zu beschließen, morgen die Besoldung der Schulmeister und Revisoren aufzubessern, und übermorgen — das Geld für die Gesandtschaften in Paris und St. Petersburg zu verwilligen?

Jetzt ist gerade ein Jahr vergangen, da ging es lebhafter in der Kammer zu. Von acht zu acht Tagen wurde der arme Ministertisch mit Interpellationen wegen Schleswig-Holstein gequält, der Halbmondsaal hallte von kühnen und pathetischen Reden wieder, und mehr als einmal bekam es die Regierung zu hören, daß, wenn die Mittelstaaten sich nicht energisch aufrafften, sich eng verbündeten und auf das Volk gestützt den Gewaltthaten der Großmächte gegenüber die Sache des Rechts durchsetzten, ihr letztes Stündlein geschlagen habe. Die Mittelstaaten haben sich weder aufgerafft noch eng verbunden, noch auf das Volk gestützt, und ihre Anträge zu Gunsten des Herzogs von Schleswig-Holstein ruhen noch friedlich in den Ausschüssen zu Frankfurt am Main. Aber was die bedrohlichen Folgen betrifft, so scheint die Regierung noch immer guter Dinge zu sein. Die Kammer selbst ist sichtlich zu einer richtigeren Werthschätzung der Mittel kleinstaatlicher Politik zurückgekehrt und hütet sich Anforderungen zu stellen, auf welche die Ministerbank zu ihrem eigenen größten Leidwesen mit non possumus antworten muß. Bayern darf sich nachträglich Glück wünschen, daß während der ganzen Zeit sein Landtag nicht versammelt war und somit manches nutzlose Wort ungesprochen geblieben ist.

Diese Veränderung in der ganzen Physiognomie ist das Interessanteste an der diesjährigen Session. Ein einziges Mal, am 28. December, wurde eine obligate Interpellation über den Stand der Herzogthümerfrage an den Ministertisch gerichtet, sie wurde in ebenso obligater Weise am 5. Januar vom Frhrn. v. Varnbühler beantwortet, und damit war es zu Ende. Neues erfuhr man natürlich bei dieser Gelegenheit nicht. Denn daß der Minister sich mit Entrüstung gegen die Möglichkeit von Abmachungen mit dem Ausland verwahrte, verstand sich von selbst. Daß er eine Coalition des „übrigen" Deutschlands zur Zeit für nicht räthlich erklärte, war ein offenherziges Geständniß darüber, daß entweder schon die ersten Vorbesprechungen keinen Erfolg gehabt hatten, oder daß man in den maßgebenden Kreisen die Lage der Mittelstaaten noch keineswegs für so bedenklich ansehe, um die Souveränetät einer gemeinsamen Triaspolitik zum Opfer zu bringen. Wenn Herr v. Varnbühler endlich mit vollem Vertrauen von der Einigkeit der beiden Großmächte sprach, so drückte sich darin vollends die Resignation eines Staatsmanns aus, der sich der Grenzen seiner Macht bewußt ist.

So bescheiden ist Herr v. Varnbühler geworden, daß er ordentlich feurige Kohlen auf die Häupter derjenigen sammelt, welche ihn des politischen Ehrgeizes beschuldigt hatten. Bescheidenheit ist sein einziger Ehrgeiz. Als am 16. Februar bei der Berathung des Budgets der auswärtigen Angelegenheiten die große Politik noch einmal leicht gestreift wurde und Oesterlen wieder seine unvermeidlichen Triasprojecte zum Besten gab, äußerte Herr v. Varnbühler mit liebenswürdiger Offenheit, es sei überhaupt nicht Sache der kleinen Staaten, große Politik zu treiben, er halte es mit dem Ausspruche eines geistreichen Mannes: die große Politik sei eine einfache Sache, wenn man 500,000 Bajonnete, und eine unmögliche Sache, wenn man 20,000 habe; und weise setzte er hinzu, es genüge für Würtemberg, sich als einen gebildeten Staat kund zu geben, in welchem die politische Freiheit richtig zugemessen sei. Wiederholt erklärte der Minister, in dessen Hand das auswärtige Amt und die Verkehrsanstalten vereinigt sind, daß er sich weit mehr als Lenker der Verkehrsinteressen, denn als Lenker der auswärtigen Politik betrachte, seine Aufgabe sei vor allem Eisenbahnen zu bauen, und auch die Posten seines auswärtigen Departements vertheidigte er keineswegs mit politischen Gründen, sondern mit den Interessen des Verkehrs und der Industrie, welche eine auswärtige Vertretung des Staates erheischten. Solche Unschuldserklärungen können nun freilich, gerade weil sie so angelegentlich wiederholt wurden, einigermaßen verdächtig scheinen; allein unter den gegenwärtigen Umständen war doch ihre Aufrichtigkeit kaum anzuzweifeln, sie drückten nur die Wirklichkeit der Lage aus, und der Minister war klug genug, aus der Noth eine Tugend zu machen.

Allein wie jede Tugend, welche bis zum Exceß getrieben wird, hat auch solche Bescheidenheit ihre bedenkliche Seite. Derselbe Minister sprach das unzweifelhaft wichtige Wort aus, daß Würtemberg keine Insel sei, und doch ist sein würtembergischer Staatsbegriff ganz geeignet, ja er scheint beinahe die Absicht zu haben, für eine insulare Auffassung des würtembergischen Staatslebens Propaganda zu machen. Ist dies wirklich seine Absicht, so kommt ihm dabei die allgemeine politische Abspannung und Ernüchterung trefflich zu statten. Zeigen sich Regierung und Kammer bei dem Gang der schleswig-holsteinischen Angelegenheit resignirt, so ist dies nur der Reflex der allgemeinen Stimmung, welche sich, nachdem die aufbrausende Begeisterung des vorigen Jahres verflogen ist, der Bevölkerung bemächtigt hat. Daß es so kam, war unvermeidlich, und es ist gut so. Mag man es immerhin bedauern, daß so viel löblicher Eifer, so viel edler Enthusiasmus ohne Resultate aufgebraucht worden ist, mag man es doppelt bedauern, daß gerade an der Herzogthümerfrage die bittere Erfahrung gemacht werden mußte, so ist doch das vergangene Jahr eine unschätzbare Lehre für unsre politische Arbeit gewesen. Es hat den zweifelhaften Werth einer nationalen Agitation gezeigt, hinter welcher nicht die Macht eines organisirten Staates steht, den Werth von Vereinen und Volksversammlungen, welchen keine andern Executivorgane zu Gebote stehen, als die Regierungen von ein paar Dutzend uneinigen Duodezstaaten. Es hat gezeigt, daß auch die laut und nachdrücklich manifestirte Gesinnung einer staatlosen zersplitterten Gruppe kein wirkliches Gewicht in eine politische Entscheidung zu werfen vermag. Es hat die Ohnmacht unsrer Kleinstaaterei, selbst wo Uebereinstimmung aller in einer Rechtsüberzeugung vorhanden ist, aufs Klarste dargethan und ebendamit die Einsicht in Ziel und Mittel für die Hebung unsrer nationalen Schäden wesentlich gefördert. Insofern verdient das Jahr, welches den Zollverein wieder zusammentrieb und Schleswig-Holstein durch die preußische Armee befreite, mit zwei rothen Strichen in unserm nationalen Kalender angestrichen zu werden.

Aber freilich, dies sind Wahrheiten, welche denen am schwersten eingehen, auf deren Kosten sie gemacht worden sind. Nicht daß man sie nicht einsehen sollte, — woher käme sonst der Haß gegen Preußen? Aber sie einzugestehen ist eine andere Sache. Ist es ein Wunder, wenn die nächste Folge die ist, daß man verbittert über den eigenen Mißerfolg sich auf sich selbst zurückzieht, in sein mittelstaatliches Sonderleben einspinnt und die Fehler überall sucht, nur nicht da, wo sie wirklich liegen? Empfindet man es ohne Frage lebhaft, daß wir einfach bei Seite geschoben wurden, und unsre Soldaten Tag für Tag die

Parade bezogen, während Düppel und Alsen erobert wurden, so ist doch dieses
Gefühl, eine Demüthigung erlitten zu haben, zur Zeit stärker als die leiden-
schaftslose politische Erwägung und der Entschluß dafür zu wirken, daß Aehnliches uns künftig erspart sein möge. So ist es erklärlich daß, wenn man nur
auf die Oberfläche blickt, die particularistische Strömung sich verstärkte und heftig aufschäumte, wie es jederzeit der Fall sein wird, wenn der Gang der Ereignisse ihr ein verständliches Memento zuruft.

An Vorwänden, mit welchen der Particularismus sich bedeckte, hat es ihm
nie gefehlt. Daß sie ihm gerade jetzt besonders reichlich zuflossen, dafür sorgte
das gegenwärtige Regiment in Preußen, seine innere Mißregierung wie seine
Behandlung der Herzogthümerfrage. Ich brauche nicht zu schildern, in welcher
Weise diese Umstände von unsern radicalen Particularisten ausgebeutet wurden.
Sie trieben den Scherz so weit, daß sie den Holsteinern ein förmliches Condo-
lenzschreiben zu ihrer Befreiung übersandten. Erfreulicher ist es, daß die Führer
unsrer Demokratie es endlich müde wurden, die moralische Mitverantwortlich-
keit für die lustige Studentenpolitik des bisherigen demokratischen Organs zu
tragen, welches zwar ganz amüsant zu lesen ist, aber die politische Bildung seiner Partei doch in einem zweifelhaften Licht erscheinen ließ. Es kostete nicht
wenig Mühe, bis die Herren Hölder, Seeger, Fetzer u. s. w. definitiv sich endlich von der Partei des „Beobachter" lossagten und ein eigenes Organ zur
Vertretung ihrer Ansichten gründeten, und ihre Stellung wäre jetzt ohne Zweifel günstiger, wenn sie früher schon den Schritt gethan hätten, der eine längst
unerträglich gewordene Situation klären mußte. Auch hat das neue Blatt, die
„Schwäbische Zeitung", mit nicht geringen Schwierigkeiten zu kämpfen, die zum
Theil in der Natur der Sache liegen. Daß der Preußenhaß gegenwärtig im
demokratischen Lager populär ist, ist erklärlich und es ist immer schwieriger Vorurtheile zu bekämpfen als ihnen zu schmeicheln; mißlicher noch ist, daß das
neue Blatt, während doch gerade die Hauptdifferenz der beiden Fractionen in
der deutschen Frage liegt, eben in diesem Punkte nur ein unbestimmtes Programm aufstellte, dessen Wortlaut der „Beobachter" höhnisch als sein eigenes
acceptiren konnte. Indessen stellte sich bald der Unterschied deutlich heraus.
Bekannte sich auch das neue Blatt zu einer Föderativpolitik, so suchte es doch
neben den „Hegemoniegelüsten" auch den Particularismus zu bekämpfen, es
wußte zwischen dem preußischen Staat und seiner gegenwärtigen Regierung zu
unterscheiden und zeigte insbesondere das Bestreben, sich bald auf einer Linie
zu halten, auf welcher es die Berührung mit den nationalen Parteien außerhalb Schwabens nicht verlor. Uebrigens sieht es seine Aufgabe wesentlich auch
darin, die inländischen Fragen im Sinne seiner Gründer zu erörtern. Es erschien
am 1. Januar, also fast gleichzeitig mit der Eröffnung der Session.

Daß die gegenwärtige Session, welche vorzugsweise der Berathung des

Budgets gewidmet ist, keine ernsten Conflicte in ihrem Schoße birgt, läßt sich jetzt schon voraussehen. Es herrscht ein ziemlich verträgliches Verhältniß zwischen der Regierung und der Kammer. Gleich zur Eröffnung der Session hatte die Regierung dem Land eine Ueberraschung bereitet, indem sie am Vorabend die Ordonnanzen des Bundestags aus dem Jahre 1854, betreffend die Presse und das Vereinswesen, aufhob, eine Maßregel, die guten Eindruck machte, obwohl damit zunächst nur wieder die Gesetzgebung von 1817 in Kraft trat. Ihren guten Willen, ihre constitutionelle Gesinnung hat die Regierung wiederholt versichert. Ein anderes ist freilich, ob sie sich bald dazu entschließen wird, den Wünschen nach umfassenden Reformen, wie sie in der Adresse der 2. Kammer ihren Ausdruck gefunden haben, zu willfahren. Diese Reformen sind hauptsächlich dreierlei Art, einmal eine Reform der Landesverfassung, wobei es vornehmlich auf die Beseitigung der Privilegirten (Ritter und Prälaten) aus der zweiten Kammer, sowie auf die Aufhebung des Geheimenraths abgesehen ist; sodann eine Reform der Justizgesetzgebung im Sinne der Durchführung des öffentlichen und mündlichen Verfahrens, wofür längst die nöthigen Vorarbeiten vorhanden sind, endlich eine durchgreifende Vereinfachung des Verwaltungsorganismus.

Was die Verfassungsabänderungen betrifft, so wird man eine Vorlage der Regierung in dieser Session schwerlich erwarten dürfen. Sodann darf die Reform der Justizgesetzgebung so lange als vertagt gelten, als Herr von Neurath an der Spitze des Justizdepartements steht. Als Vorstand des Geheimraths war eben er es gewesen, der das vom vorigen Ministerium eingeleitete Reorganisationswerk hintertrieb und die von unsern ausgezeichnetsten Juristen ausgearbeiteten Entwürfe einer Strafprozeßordnung und einer neuen Gerichtsorganisation zurückhielt. Dagegen hat sich die Kammer bereits mit solchem Nachdruck für Reformen in der Administration ausgesprochen, daß das Ministerium sich wenigstens vorläufig zu bestimmten Versprechungen genöthigt sah. Die Veranlassung dazu gab das von der Regierung eingebrachte Gesetz über Erhöhung der Besoldungen und Pensionen der Staatsdiener. Die Linke wollte die Zustimmung zu diesem Gesetz so lange verweigern, bis die Regierung einen Organisationsplan vorgelegt habe. Sie ging dabei von dem unstreitig richtigen constitutionellen Grundsatz aus, daß eine Volksvertretung nur durch Zurückhaltung der Mittel der Regierung Zugeständnisse abnöthigen könne. Auch war ein gewisser Zusammenhang beider Fragen insofern vorhanden, als man hoffen konnte, durch Vereinfachung des Verwaltungsapparates auch eine Verminderung der Beamtenzahl zu erzielen. Praktisch stellte sich freilich dem theoretischen Grundsatz die Erwägung entgegen, daß bei den gegebenen Verhältnissen die Erhöhung der Besoldungen auf alle Fälle dringlich war und im Interesse der Billigkeit keinen Aufschub duldete. Es zeigte deshalb wenig politischen Takt, wenn von radicaler Seite in ächt vormärzlicher Art wieder ein Sturm gegen die Beamtengehalte überhaupt heraufbeschworen wurde und der „Beobachter" seine Spalten mit banausischen Zuschriften vom Lande anfüllte. Es blieb nichts übrig als die Aufbesserungen zu verwilligen und dafür die Versprechungen der Regierung entgegenzunehmen.

Auch gegen das Institut des Geheimeraths fielen bei dieser Gelegenheit scharfe Streiche. In der That gehört seine Unpopularität zu denjenigen Punkten, in welchen die öffentliche Meinung des Landes am einstimmigsten ist. Der Geheimerath gilt theils für eine überflüssige, theils für eine schädliche, mit dem Geist der Verfassung in Widerspruch stehende Institution. Er hat nämlich eine doppelte Function. Einmal ist er die oberste Instanz in Verwaltungssachen, bildet also die Spitze in dem berühmten würtembergischen Instanzenzug, zu dessen Charakterisirung es genügt, wenn ich anführe, daß Bagatellsachen wie z. B. die Verweigerung der Bürgerrechtsertheilung, nicht weniger als fünf Instanzen durchzumachen haben. Noch weit mißliebiger aber ist der Geheimerath als berathende Behörde für alle gesetzgeberische Arbeiten. Geht ein Gesetzentwurf nach gründlichster Vorbereitung aus den Ministerien hervor, so muß er, bevor er den Kammern vorgelegt wird, die Instanz des Geheimerathes passiren. Auf diese Weise ist, wie eine reiche Erfahrung lehrt, dafür gesorgt, daß die Gesetzentwürfe entweder auf Nimmerwiedersehen verschwinden oder auf merkwürdige Weise zugerichtet werden oder im günstigsten Falle Monate und Jahre lang verschleppt werden. Man begreift, daß eine solche Institution sich nicht der besonderen Gunst der Kammer und des Landes erfreut.

Unter den Arbeiten, welche die Kammer bisher erledigt hat, verdient das Complexlastengesetz und eine Schulnovelle genannt zu werden. Jenes bildet einen Nachtrag zur Ablösungsgesetzgebung, die damit endlich zur Ruhe kommt. Nachdem die Lasten des Bauernstandes abgelöst worden sind, war es nur billig, daß die auf adlichen Gütern oder Stadtgemeinden ruhenden Lasten in Betreff von Kirchen- und Schulbauten u. s. w. gleichfalls abgelöst wurden. Daß nicht schon längst eine Vereinbarung auch hierüber erzielt wurde, war einzig die Schuld des Adels selbst, welcher durch seine auch beim deutschen Bund angebrachten Ansprüche auf Nachtragsentschädigungen die Ablösungsgesetzgebung der Jahre 1848/49 immer noch in Frage stellte. Die Regierung gab jetzt das gewünschte feierliche Versprechen ab, daß sie das Ablösungswerk gegen Ansprüche und Angriffe jeder Art aufrecht halten werde, und da man an der Zustimmung der 1. Kammer zum neuen Gesetz nicht zweifelt, darf damit eine Streitfrage, welche so lange die öffentliche Meinung des Landes beschäftigte und in Aufregung hielt als erledigt gelten.

Von dem sogenannten Schulgesetz, richtiger Schullehrergesetz, welches der Cultusminister vorlegte, hatte man sich zuvor größere Dinge versprochen. Da

Herr v. Golther für ein verhältnißmäßig freisinniges Element des Ministeriums gilt, schien die Hoffnung nicht allzu kühn, daß, wenn einmal die gesetzgeberischen Kräfte in diesem Punkt angestrengt wurden, das Beispiel des badischen Nachbarstaats von einigem Gewicht sein und die Trennung von Kirche und Schule wenigstens als allmälig anzustrebendes Ziel ins Auge gefaßt würde. Statt dessen beschränkt sich das Gesetz, wie es auch von der Kammer angenommen wurde, wesentlich darauf, die persönliche Stellung der Schullehrer zu bessern und zu heben, ist also, wenn man so will, ein überaus milder Anfang in der Richtung nach jenem Ziel. Gerade das Beispiel Badens schien für den Minister wenig verlockend und er sprach sich etwas naserümpfend über die „experimentirende" Regierung des Nachbarlandes aus, ein Wort, das ihm von der Karlsruher Zeitung eine empfindliche Zurechtweisung einbrachte. Die Aeußerung war um so weniger taktvoll gewesen, als eben am selben Tage König Karl einen feierlichen Besuch am karlsruher Hofe abstattete und damit den anerkennungswerthen Anfang machte, ein nur allzu lang zum Nachtheil des Landes in lächerlicher Weise gespanntes Verhältniß wieder in ein vernünftiges Geleise zu bringen.

Uebrigens darf zur Entschuldigung des Cultusministers nicht verschwiegen werden, daß in der That die öffentliche Meinung des Landes für die Trennung von Kirche und Schule noch wenig vorbereitet ist. Auch in der Kammer sind alle weiter gehenden Vorschläge mit großer Mehrheit abgeworfen worden. Wir hätten leicht eine ähnliche Agitation erleben können, wie sie jenseits des Schwarzwaldes aufgeführt wird, und dazu sind denn allerdings unsere Minister schwerlich die rechten Leute, um trotz eines künstlich heraufbeschworenen Widerstandes, gestützt auf eine aufgeklärte Majorität, eine gute Sache kräftig durchzuführen.

Wie viel in unserm Lande die kirchlichen und religiösen Vorurtheile noch bedeuten, sah man auch, als der becherfche Antrag, die Regierung um Vorlage eines Gesetzentwurfes zur Abschaffung der Todesstrafe zu ersuchen, zur Verhandlung kam. Wie auf ein gegebenes Signal sah sich die Kammer plötzlich von einer Fluth von Petitionen um Beibehaltung dieser Strafe aus allen protestantischen Theilen des Landes überschwemmt. Es zeigte sich, daß sie alle aus den Pietistenconventikeln stammten, welche ein dieser Richtung angehöriger Abgeordneter in Bewegung gesetzt hatte. Da überdies eine Anzahl protestantischer Prälaten in der Kammer sitzt (von welchen jedoch einer auch bei diesem Anlaß zum Aerger seiner Collegen ein rühmliches Beispiel der Selbständigkeit gab), so spielten die religiösen Gründe bei der Debatte keine kleine Rolle. Hiervon abgesehen war übrigens die Debatte durchaus auf der Höhe des Gegenstandes. Das Resultat war eine unerwartet große Mehrheit zu Gunsten des becherschen Antrags. Ob freilich die Regierung der Bitte entsprechen wird, ist noch zweifelhaft. Es scheint, daß sie einen Entwurf einbringen will, der die Todesstrafe für äußerste Fälle beibehält, aber auf diese beschränkt. Hat sich in diesem Punkte die Kammer mit Recht über eine künstliche Agitation und weitverbreitete Vorurtheile hinweggesetzt, so wird man die Erfahrung machen, daß man auch in Schul- und Kirchenfragen nicht vorwärts kommt, wenn man sich allzuängstlich scheut, an bestehende Vorurtheile zu rühren.

Die Anknüpfung nachbarlicher Beziehungen zu Baden gehört zu den erfreulichsten Erscheinungen unseres öffentlichen Lebens. Nicht als ob von Aehnlichkeit der Regierungsprincipien in beiden Ländern gesprochen werden könnte. Nicht im Geringsten; die württembergischen wie die badischen Staatslenker würden sich gegen solche Behauptung verwahren. Einen unzweideutigen Beweis lieferte Herr v. Varnbühler in der schon erwähnten Sitzung vom 16. Febr., als Hölder an ihn die Zumuthung stellte, das Königreich Italien anzuerkennen, eine Zumuthung, welche Herr v. Varnbühler diesmal nicht als Vertreter der Handels- und Verkehrsinteressen, sondern als ehemaliges Ausschußmitglied des Reformvereins beantwortete, wobei ihm indeß das arglose Bekenntniß entschlüpfte, daß für die eines eigenen Vertreters daselbst entbehrenden württembergischen Unterthanen durch die preußische Legation in trefflicher Weise gesorgt sei. Allein der Besuch unseres Königs bei dem Großherzog Friedrich, die erfolgreiche Reise des Freiherrn v. Varnbühler nach Karlsruhe zum Abschluß längst schwebender Eisenbahnverträge, das Erscheinen des Herrn v. Roggenbach auf einem Balle seines württembergischen Collegen, die — freilich schon öfters dagewesene — Ankündigung einer Zusammenkunft württembergischer und badischer Abgeordneter, dies alles sind immerhin Symptome einer neuen Aera — wenigstens unsrer Beziehungen zum Nachbarland, von welchen man nach dem Spruche: Sage mir, mit wem du umgehst, u. s. w. nur Erfreuliches hoffen kann. Die badische Regierung darf großen Staaten zum Muster vorgehalten werden; so wird es wohl auch den Stolz Altwürtembergs nicht allzusehr verletzen, wenn wir meinen, daß in nächster Nähe von ihrer kühnen, entschlossenen und freisinnigen Initiative Vieles zu lernen wäre. γ

Herr Biedermann und die Annexion.

Herr Redacteur! Unter den mannigfachen Angriffen, welche mein in den Preußischen Jahrbüchern enthaltener Aufsatz über die Lösung der schleswig-holsteinischen Frage hervorgerufen, zeichnet sich die Beurtheilung von Herrn Professor Biedermann in Nr. 42 und 43 der Deutschen Allgemeinen Zeitung besonders aus, sowohl durch ihren Achtung gebietenden Umfang als auch durch einen unverhältnißmäßigen Aufwand von sittlicher Entrüstung. Wichtiger ist mir, daß Herr Biedermann seine Ansicht in einem in Leipzig vielgelesenen Blatte ausgesprochen hat. Ich glaube an der Pleiße noch einige Freunde zu besitzen, und Sie werden, Herr Redacteur, in der Ordnung finden, daß ich ein leipziger Blatt ersuche, seine Spalten einer Erwiderung zu öffnen.

Zuvörderst muß ich Herrn Biedermann bitten, wenn über ernste vaterländische Angelegenheiten verhandelt wird, weniger von meiner Person und mehr zur Sache zu sprechen. In einem Athem wirft er mir vor: ängstliche Rücksichtsnahme, Mangel an Glauben an mich selbst, vermessnen Muth der Verzweiflung, träge Thatlosigkeit, endlich und vor allem leidenschaftliche Heftigkeit. Ich bekenne, daß ich beim Besprechen vaterländischer Dinge leicht warm werde; mir ist es nicht gegeben, über Deutschlands trübste Zeit mit derselben breiten Gemächlichkeit zu reden, wie über die Schicksale Hinterindiens. Aber wenn meine Weise zu schreiben wenig gemein hat mit der epischen Ruhe und Fülle der Leitartikel der D. A. Zeitung — folgt daraus, daß meine Gegner der Mühe überhoben sind, meine Gründe zu widerlegen? Herr Biedermann und andere Gesinnungsgenossen scheinen in der That diese Schlußfolgerung gezogen zu haben. Mir ist noch kein Blatt zu Gesicht gekommen, das auch nur versucht hätte, die Bedenken zu widerlegen, welche ich gegen die Lebensfähigkeit eines herzoglichen Schleswig-Holstein unter preußischer Oberhoheit ausgesprochen habe.

Ich habe versucht zu beweisen, daß durch die von Herrn Biedermann ersehnte sogenannte bundesstaatliche Unterordnung Schleswig-Holstein ein Vasallenstaat Preußens werden würde. Statt dies zu widerlegen, ruft man von allen Seiten, das sei schmählicher Hohn. Ich aber habe im trockensten Ernste geredet und ich bitte meine Gegner, sich bei den beiden, mit den Institutionen des Bundesstaates praktisch vertrauten Völkern zu erkundigen, ob diese in der Unterwerfung der Herzogthümer unter die Militärhoheit Preußens irgend etwas zu entdecken vermögen, was dem Bundesstaate gleicht. Ich bin überzeugt, jeder Schweizer, jeder Nordamerikaner wird auf diese Frage nur mit verwundertem Lächeln antworten. Ich habe sodann ausführlich nachgewiesen, daß ein von

Parteihaber und nationalen Gegensätzen zerrissener, mit Schulden überladener und dennoch zu durchgreifenden inneren Reformen gezwungener Kleinstaat nicht fähig sein wird, Deutschlands Nordmark auf die Dauer zu schirmen. Je mehr man sich die Details dieses kleinstaatlichen Daseins vergegenwärtigt, desto mehr wächst das Mißtrauen gegen seine Lebenskraft.

Man stelle sich das Nebeneinander königlicher und herzoglicher Behörden lebhaft vor die Augen; man male sich die verwickelte Lage aus, welche in jenem angegriffenen Aufsatze kurz geschildert wurde; man beachte, daß die Herzogthümer ein Offiziercorps für ihr Heer nicht besitzen und in dieser Hinsicht wesentlich von Preußens Gnade abhängen; man denke sich die unklaren Rechtsverhältnisse jenes norddeutschen Kanals, auf dessen Bau Preußen nicht verzichten kann und dessen Ufer preußisch sein müssen: — und man wird zugestehen, daß die sogenannte bundesstaatliche Unterordnung ein unhaltbarer Zustand ist — ein Zustand, den die Einheitspartei zwar im äußersten Nothfalle als einen traurigen Nothbehelf annehmen, doch nimmermehr von vornherein erstreben darf. Die Geschichte des deutschen Bundes bietet bereits ein warnendes Beispiel. Die Herrschaft Knyphausen stand lange Zeit unter der Suzeränetät des Großherzogthums Oldenburg. Hier, unter ungleich einfachern Verhältnissen, endete der halbe unwahre Zustand damit, daß der größere Staat den kleineren verschlang. An den Herzogthümern wird nach menschlichem Ermessen derselbe Fall noch weit früher eintreten. Auf all diese sachlichen Erwägungen weiß Herr Biedermann nur Folgendes zu antworten: es soll gar kein dauerhafter Zustand in den Herzogthümern begründet werden, es soll ein Provisorium dort bestehen, bis dereinst der deutsche Bundesstaat ins Leben und Schleswig-Holstein in organischen Zusammenhang mit demselben tritt!! So redet derselbe Mann, welcher der preußischen Regierung für und für die Verlängerung des Provisoriums mit harten Worten vorwirft. So redet derselbe Mann, welcher zugesteht, daß der deutsche Bundesstaat nur durch ein außerordentliches Ereigniß, vielleicht erst in fünfzig Jahren, gegründet werden kann. Mögen sich die Schleswig-Holsteiner bei Herrn Biedermann für seine schmeichelhafte Meinung bedanken. Ich kann mich nicht entschließen, einen edlen deutschen Stamm als einen Cadaver zu betrachten, gut genug, um versuchsweise während zweier Menschenalter erbkaiserlich- bundesstaatliche Experimente mit ihm anzustellen. In den Herzogthümern beginnt endlich, dem Himmel sei Dank, die Einsicht sich zu regen, daß unsere Nordmark einer endgiltigen Regelung ihrer Verhältnisse bedarf. Schon wagen brave Männer sich offen als Annexionisten zu bekennen — Männer des Bürgerstands, welche man mit den beliebten Schlagwörtern „Junker" und „Reactionär" nicht abfertigen kann. Während die undeutsche Gesinnung der Particularisten von Tag zu Tag greller hervortritt, erhebt eine tapfere Partei im Lande bereits den Ruf: „Anschluß an Preußen

um jeden Preis!" Sie stellt, wie dem Patrioten geziemt, die Pflicht gegen
Deutschland höher als die Rücksicht auf das deutsche Privatfürstenrecht, sie behandelt die Einsetzung des Herzogs Friedrich als eine offene Frage. Das sind
gute Zeichen, hocherfreuliche Thatsachen.

Statt auf die Zustände der Herzogthümer einzugehen, klammert sich Herr
Biedermann an zwei Stellen meiner Schrift. Manche ehrenwerthe Männer
meinen, das positive Recht allein müsse in Schleswig-Holstein entscheiden.
Diesen habe ich die Behauptung entgegengestellt, daß die Frage der Herzogthümer nicht nur eine Rechtsfrage ist und daß auch die sogenannte bundesstaatliche Unterordnung mit dem positiven Rechte nicht im Einklange steht. Ein
Herzog, der die Militärhoheit, die Vertretung des Staates nach Außen und
andre Hoheitsrechte an einen andern Fürsten abgetreten hat, befindet sich unzweifelhaft nicht mehr im Genusse der bundesrechtlich vorgeschriebenen Souveränetät. An dieser Thatsache wird durch sittliche Entrüstung nichts geändert.

Alsdann hebt Herr Biedermann einen andren Satz aus meinem Schriftchen heraus und verwickelt denselben mit verschiedenen Bruchstücken aus meinen
„historischen und politischen Aufsätzen" zu einem Knäuel von Behauptungen.
Ich ziehe vor, diesen Knoten, der nicht von mir geschürzt ward, zu durchhauen
statt ihn zu entwirren. Schon mancher einsichtige Freund hat mir vorgeworfen,
daß ich meine Ansichten über die nationale Politik allzu offen ausspreche. Herr
Biedermann dagegen findet meine Meinung undeutlich. Ich erlaube mir, ihm
mit wenigen Worten reinen Wein einzuschenken. Den wichtigsten praktischen
Fortschritt, welchen Deutschlands Einheit in den jüngsten zwei Jahrhunderten
gemacht hat, erblicke ich darin, daß Preußen zu einer Großmacht herangewachsen
ist und verlebte Kleinstaaten beharrlich seinem kräftigen Körper angegliedert hat.
Dieses Staates Macht zu wahren und zu mehren halte ich für die erste Pflicht
des deutschen Patrioten. Trachtet Preußen, wie im gegenwärtigen Augenblicke,
mit einiger Aussicht auf Erfolg nach der Erweiterung seiner Grenzen, so sind
wir alle verpflichtet, dies preiswürdige Unternehmen zu unterstützen. Einen
solchen Gewinn zu mißachten in der Hoffnung auf einen irgendeinmal und
irgendwie eintretenden deutschen Bundesstaat scheint mir verkehrt. Ich habe in
dem von Herrn Biedermann citirten Buche versucht, die ungeheuren Schwierigkeiten darzulegen, welche sich einem Bundesstaate monarchischer Staaten von
sehr ungleicher Macht entgegenstellen. Ich kam dabei — auf die Gefahr hin,
die Lieblingsvorstellungen vieler deutscher Gelehrten zu zerstören — zu dem Ergebniß, daß die Geschichte Deutschlands der Entwicklung Italiens näher steht
als den Zuständen Nordamerikas und der Schweiz. Aber ich weiß, daß viele
Wege nach Rom führen; ich weiß, daß nicht die Logik das höchste Gesetz im
Leben der Völker bildet. Ich bin der doctrinäre Thor nicht, heute schon ein
detaillirtes Programm für eine Frage aufzustellen, welche vielleicht erst in einem

Menschenalter praktisch wird. Herr Biedermann freilich bezeichnet mich als radicalen Unitarier. Zu seiner Ehre nehme ich an, daß er mein Buch nur durchblättert hat; wenn er auf S. 589 f. nachschlägt, wird er finden, daß er mir Unrecht gethan hat. — Nur Eines scheint mir schon jetzt sicher: daß Deutschlands Einheit allein zu erreichen ist durch den Anschluß der Kleinstaaten an Preußen. Die Weise dieses Anschlusses hängt ab von Verhältnissen, die kein Seher heute ahnen mag.

Die brennende Frage des Augenblicks dagegen steht nicht in unmittelbarem Zusammenhange mit der Frage der deutschen Zukunft. Jahrelang haben unsere Patrioten geglaubt, die schleswig-holsteinische Frage sei die deutsche Frage selber; wer die eine löse, werde auch die andere zum Ende bringen. Die Erfahrung hat das Irrige dieser Meinung offenbart; und ich zweifle nicht, Herrn Biedermanns jetzige Ansicht, die schleswig-holsteinische Frage sei die deutsche Frage „im Kleinen", wird schon in der nächsten Zukunft als gleichfalls unhaltbar sich erweisen. Wie immer die Entscheidung im Norden fallen mag, das Problem der deutschen Zukunft wird nach wie vor unverändert vor uns liegen. Ist es überhaupt möglich, einen Staat von 19 Millionen Menschen mit einigen Dutzend Kleinstaaten zu einem lebensfähigen Bundesstaat zu verschmelzen, so muß dies auch möglich sein, wenn dieser Staat 20 Millionen zählt. Die Unterordnung Schleswig-Holsteins unter Preußens Oberhoheit bildet keinen Präcedenzfall für den deutschen Bundesstaat; denn zwischen einem Vasallen und dem gleichberechtigten Gliede einer großen Föderation ist ein himmelweiter Unterschied. Desgleichen die Annexion eines bisher abhängigen und augenblicklich herrenlosen Landes, das einer Neuordnung bedarf, bildet keinen Präcedenzfall für die Annexion von Staaten, welche seit einem halben Jahrhundert der Selbständigkeit und einer rechtlich anerkannten Ordnung sich erfreuen. Daher glaube ich, auch die unbedingten Anhänger des Bundesstaates sind in dem vorliegenden außerordentlichen Falle verpflichtet, für die Annexion zu wirken, damit nicht einem problematischen zukünftigen Gute zu Lieb' ein realer gegenwärtiger Gewinn verscherzt werde. Herr Biedermann mag diese Ansichten falsch, er mag sie ruchlos oder auch „unorganisch" finden: an Deutlichkeit lassen sie sicherlich nichts zu wünschen übrig.

Der Ausgang des transalbingischen Handels wird schwerlich den Hoffnungen der Patrioten entsprechen. Die Verbindung Preußens mit Oestreich wird, wie zu fürchten steht, sich bestrafen, und auch der Zeitpunkt kann kommen, da fremde Mächte, gewarnt durch die patriotischen Mahnungen mittelstaatlicher Diplomaten, plötzlich entdecken, das Gleichgewicht im Norden sei gefährdet. Die Haltung der Presse wird freilich auf diese Dinge nur geringen Einfluß üben; darum kann einem großen Theil der liberalen Zeitungen doch nicht der Vorwurf erspart werden, daß sie nicht rechtzeitig verstanden, über einer großen nationalen Machtfrage den Groll der Partei zu vergessen. Es ist die alte niederschlagende Erfahrung: so lange beim schäumenden Becher gesungen und geredet wird, scheinen wir eine Nation; kommt es zum Handeln, so sind wir unser dreiunddreißig!

Noch ein Wort an meinen Gegner persönlich. Vor einigen Wochen überraschte uns Herr Biedermann durch die Bemerkung, das Verbot der Deutschen Allgemeinen Zeitung in den vierziger Jahren bezeichne einen Wendepunkt in der Geschichte Preußens; er knüpfte daran die Vermuthung, das wiederholte Verbot des Blattes im Jahre 1864 werde abermals verhängnißvoll werden für den norddeutschen Großstaat. Ich halte die Deutsche Allgemeine Zeitung für ein sehr ehrenwerthes Blatt; jedoch ob wirklich ein so inniger Zusammenhang besteht zwischen den polizeilichen Erlebnissen desselben und den Geschicken Preußens — über diese Frage ist die historische Kritik zu einem abschließenden Urtheile noch nicht gelangt. Wer mit so hoch gesteigertem Selbstgefühl aus luftiger Höhe auf seine Gegner schaut, dem widerfahren leicht ärgerliche kleine Ungenauigkeiten. Hätte z. B. Herr Biedermann es der Mühe werth gefunden, meinen Namen zu lesen, so würde er mich nicht hartnäckig mit einem meiner Verwandten verwechselt haben, der an meinen politischen Sünden schuldlos ist. Auch ist es im gesitteten politischen Streite nicht üblich, dem Gegner „herzliches Mitleid" auszusprechen. Ich wenigstens bedaure, diese christliche Empfindung des Herrn Biedermann nicht annehmen zu können.

Jene Leser der Deutschen Allgemeinen Zeitung in Leipzig, welche sich noch mit einiger Theilnahme meiner erinnern, bitte ich einfach, meine kleine Schrift selber zu lesen. Dann werden sie finden, daß die Deutsche Allgemeine Zeitung ein unrichtiges Bild von dem Aufsatze gegeben hat. Dann werden sie auch begreifen, warum ich für die Zukunft darauf verzichte, mit Herrn Biedermann einen literarischen Strauß auszufechten.

Freiburg i. B., 22. Febr. 1865. Heinrich von Treitschke.

Internationale landwirthschaftliche Ausstellung zu Köln im Jahre 1865.

Das unterzeichnete Comité ist zusammengetreten zur Veranstaltung einer internationalen Ausstellung von Maschinen, Geräthen und Erzeugnissen des Gartenbaues, der Land- und Forstwirthschaft, sowie von Gegenständen der häuslichen Oekonomie des Land- und Forstwirthes. Sie wird hier am 15. Mai dieses Jahres in den Anlagen der Gartenbau-Actien-Gesellschaft „Flora" beginnen.

Die Stadt Köln, am beliebtesten Strome Deutschlands, im Knotenpunkte des ausgedehntesten Eisenbahnnetzes und im Mittelpunkte reicher Fabrikbezirke, empfiehlt sich von selbst durch ihre ausgezeichnete Lage wie durch ununterbrochene Verbindung mit dem ganzen In- und Auslande.

Die von Herrn Generalgartendirector Lenné zu Potsdam, dem Meister und Restor der Gartenbaukunst, geschaffenen Anlagen der „Flora" bieten bei ihrer Ausdehnung und glücklichen Umgebung den zweckmäßigsten kostenfreien Raum zur Aufnahme der reichsten Auswahl von Gegenständen der gedachten Art.

An alle Fabrikanten und Besitzer solcher Gegenstände in In- und Auslande richten wir daher die Einladung zur Beschickung der Ausstellung, welche mit Hilfe von Specialcommissionen durch das unterzeichnete Generalcomité nach dessen näheren Anordnungen geleitet werden soll.

Indem wir bemerken, daß Gegenstände, die nicht mehr in den Händen der Producenten sind, keineswegs ausgeschlossen sein sollen, wird nur der Wunsch um Angabe des Namens und Wohnortes derselben ausgesprochen.

Die Ausstellung soll folgende Hauptabtheilungen umfassen:

1) Erzeugnisse der Landwirthschaft, einschließlich derjenigen der landwirthschaftlichen Gewerbe sowie aller auf das Landleben Bezug habenden Sammlungen der verschiedensten Art;

2) Geräthe und Maschinen für die Landwirthschaft;

3) alle auf das Landleben sowie die Forstwirthschaft bezügliche Gewerbeerzeugnisse, z. B. Pläne und Modelle von Wohn- und Wirthschaftsgebäuden und deren Bestandtheilen, Hausrath, Arbeitsgeräthe, Nahrungsmittel und Geräthschaften zu deren Bereitung und Benutzung;

4) Producte und Geräthe der Forstwirthschaft und der Jagd sowie dahin gehörige Sammlungen;

5) Producte und Geräthe des Gartenbaues und der Gartenarchitektur sowie Gartenmöbel, Statuen, Volièren, Fontainen, Zelte ꝛc. ꝛc.

Es wird Vorsorge getroffen werden, daß die eingesandten Maschinen während der Ausstellung in Betrieb gesetzt werden.

Zu Preisrichtern werden die bewährtesten Sachverständigen Deutschlands und der Staaten, denen die Aussteller angehören, berufen werden.

Zum Zwecke der Verloosung werden Ausstellungsgegenstände angekauft, wozu wenigstens 10,000 Thaler verwandt werden sollen. Die Aussteller werden daher ersucht, bei Anmeldung der Gegenstände anzugeben, ob solche angekauft werden können, außerdem aber folgende Bedingungen zu beachten:

1) Die Ausstellung beginnt am 15. Mai und ist mit dem 1. Juni 1865 geschlossen. Es wird jedoch deren Verlängerung auf weitere vierzehn Tage vorbehalten.

2) Aussteller verpflichten sich durch die Einsendung, die Gegenstände der Ausstellung für deren Dauer zu belassen und sie binnen acht Tagen nach deren Beendigung zurückzunehmen.

3) Alle Gegenstände, deren Beschaffenheit es erfordert, werden in bedeckten Räumen aufgestellt, so weit solche beschafft werden können.

4) Die Anmeldung der Ausstellungsgegenstände hat bis spätestens **den 30. März**, die Uebernahme vom **15. April bis 5. Mai** stattzufinden.

5) Ausgezeichnete und gute Leistungen werden nach dem Urtheile von Richtercommissionen mit Preismedaillen von Gold, Silber und Bronce sowie mit ehrenden Anerkennungen prämiirt.

6) Eine kostenfreie Versteigerung der dazu von den Ausstellern bestimmten Gegenstände soll nach dem Schlusse der Ausstellung stattfinden.

7) Freier Transport, resp. Transportermäßigung steht auf den meisten in- und ausländischen Eisenbahnen in Aussicht. Ebenso sind Verhandlungen wegen Zoll- und Steuererleichterungen eingeleitet, deren Resultat später veröffentlicht werden wird.

Alle Anfragen und Briefe sind franco an die Actiengesellschaft „Flora" in Cöln einzusenden.

Die Herren Geh. Reg.-Rath Dr. Hartstein, Director der landwirthschaftlichen Akademie, und von Rath, Präsident des landwirthschaftlichen Vereins für Rheinpreußen, beide zu Bonn, sind gern bereit, technische Fragen zu beantworten.

Das Generalcomité

für die Internationale Landwirthschaftliche Ausstellung in Köln.

Bachem, erster Vorsitzender, Ober-Bürgermeister.   **Ed. Oppenheim**, zweiter Vorsitzender, Präs. des Verw.-Rathes der Gesellschaft „Flora".

Esser II. jr., Advokat.   **H. Garenfeld**, Insp. d. Gesellsch. „Agrippina".   **Dr. Hartstein**, Geh. Reg.-R. u. Dir. d. landw. Ak. in Poppelsdorf.

Frz. Heuser, Stadtverordneter.   **Rob. Heuser**, Kaufmann.   **Jac. Horst**, Stadtverordneter.   **August Joest**, Fabrikbesitzer.   **Jac. Kaufmann-Asser**, Kaufmann u. Gutsbesitzer.

Gustav Leuchtenberg, Kaufmann.   **Jul. Marcus**, Kaufmann.   **von Möller**, Regier.-Präsident.   **Mathias Neven**, Vorstand d. Köln. Gartenbau-Vereins.

J. Niepraschk, Garten-Dir. d. Gesellschaft „Flora".   **W. A. Nierstras**, Präsident der Handelskammer.   **Abrah. Oppenheim**, Geh. Commerzienrath.

Dag. Oppenheim, Präs. d. Verw.-R. d. Köln. Dampfsch.-Gesellsch.   **Raschdorf**, Stadtbaumeister.   **von Rath**, Präsident des landw. Vereins für Rheinpreußen.

Ad. vom Rath, Banquier.   **Ad. Rautenstrauch**, Kaufmann.   **J. Seydlitz**, Banquier.   **Voigtel**, Dom-Baumeister.

H. von Wittgenstein, Reg.-Präs. a. D. u. Präs. d. Dir. d. Cöln-M. Eisenb.   **C. von Wittgenstein**, Reg.-Referendar.

F. W. Grube, Secretär, Gerant der permanenten Industrie-Ausstellung.

Verantwortlicher Redacteur: Dr. Moritz Busch.

Verlag von F. L. Herbig. — Druck von C. E. Elbert in Leipzig.

Im Verlage von **Hermann Costenoble** in Jena und Leipzig erschien und ist in allen Buchhandlungen zu haben:

Die Grenzen und der Ursprung der
menschlichen Erkenntniß
im Gegensatze zu Kant und Hegel.
Naturalistisch-teleologische Durchführung des mechanischen Princips
von
Dr. **Heinrich Czolbe**,
Arzt in Königsberg.
gr. 8. broch. Preis 2 Thlr.

Der Verfasser, aus den materialistischen Streitigkeiten durch seine „Neue Darstellung des Sensualismus" bekannt, hat in dieser Schrift die Aufgabe, welche Kant in seiner Kritik der reinen Vernunft sich wörtlich stellte: Bestimmung der Grenzen und Quellen der Erkenntniß — vom Standpunkte des Naturalismus gelöst.

Im Verlage von **Hermann Schultze** in Leipzig ist erschienen und durch jede Buchhandlung zu beziehen:

Unger, W., Kritische Forschungen im Gebiete der Malerei alter und neuester Kunst. Ein Beitrag zur gründlichen Kenntniß der Meister. (Supplement zu seinem Werke: „Das Wesen der Malerei.") gr. 8°., geheftet Preis 2 Thlr.

Verlag von S. A. Brockhaus in Leipzig.

Aus dem Nachlaß Barnhagen's von Ense.
Briefe von
Stägemann, Metternich, Heine und Bettina von Arnim,
nebst Briefen, Anmerkungen und Notizen von
Varnhagen von Ense.
8. Geh. 3 Thlr.

Ein neuer Band aus dem reichen Nachlaß Varnhagen's von Ense, der allen bisher veröffentlichten an Interesse nicht nur gleichkommt, sondern dieselben insofern übertrifft, als er auf den beiden Gebieten der Politik und der Literatur die wichtigste und überraschendste Ausbeute gewährt.

Bei **Fr. Wilh. Grunow** in Leipzig erschien soeben und ist durch alle Buchhandlungen zu beziehen:

Huhn, E. H. Th., Handbuch der Volkswirthschaftslehre. 3 Bde. 3 Thlr. 7½ Ngr.
— — Finanzwissenschaft. 1 Thlr. 10 Ngr.
— — Allgemeines und deutsches Staatsrecht. 1 Thlr. 24 Ngr.
— — Völkerrecht. 1 Thlr.
— — Statistik. 2 Thlr. 24 Ngr.

Bei **Fr. Wilh. Grunow** in Leipzig erschien und ist in jeder Buchhandlung und Leihbibliothek vorräthig:

* **Herbert, Lucian, Louis Napoleon.** 2. Volks-Ausgabe. 5 Bände. 4⅔ Thlr.
* — — Napoleon III. 8 Bände. à 1⅓ Thlr.
* — — Carlo Alberto und Louis Napoleon. 4 Bände. à 1⅓ Thlr.
  — — Victor Emanuel. 4 Bände. à 1⅓ Thlr.
  — — 1830. (Juli-Revolution.) 2 Bde. 2 Thlr.
  — — 1831. (Polens letzte Tage.) 2 Bände. 2 Thlr.
  — — Aus Frankreich. 1⅔ Thlr.
  — — Napoleon III. und sein Hof in Anekdoten. 1⅓ Thlr.
* — — Neue Anekdoten aus dem Leben Napoleon III. 1⅓ Thlr.

Die 4 mit * bezeichneten Artikel sind Novitäten dieses Jahres.

In diesen Werken sind die Hauptmomente der Geschichte unseres Jahrhunderts geschichtlich romanhaft bearbeitet.

Inserate aller Art werden gegen den Betrag von 2 Ngr. für die gespaltene Zeile angenommen. Die Beilagegebühr für die Grenzboten beträgt 3 Thlr.

Verlag von Friedrich Ludwig Herbig. — Druck von C. E. Elbert in Leipzig.

XXIV. Jahrgang.   I. Semester.

Die Grenzboten.

Zeitschrift für Politik und Literatur.

№11.
Ausgegeben am 10. März 1865.

Inhalt:

Aussichten des Städterechts . . . . Seite	401
Die Universität zu Rostock. 2.	417
Zur Geschichte des Geldes	425
Poesie der Trias	435
Literatur (Kriegsgeschichtliches)	438

Grenzbotenumschlag: Literarische Anzeigen.

Leipzig, 1865.
Friedrich Ludwig Herbig.
(F. W. Grunow.)

Aussichten des Städterechts.

Dr. Ernst v. Möller, Reg.-Assessor: Preußisches Stadtrecht. Breslau, 1864. Verlag von Clar.

Die politische Wiedergeburt des festländischen Europa wurde durch die große französische Revolution eingeleitet. Durch die Macht der Umstände und Mißstände angetrieben hatte man von den englischen Verhältnissen ein allgemeines Schema des staatlichen Lebens abstrahirt, und alle Reformgedanken, so weit sie auch übrigens ausschweifen mochten, kamen wenigstens darin überein, mit der allgemeinen Staatsordnung den Anfang zu machen und vorläufig noch gar nicht ernstlich an die andern natürlichen Einheiten und kleineren Kreise des politischen Daseins zu denken. Das Programm der politischen Freiheit sowie auch das des wirthschaftlichen Wohlstandes, wie es vom achtzehnten Jahrhundert aufgestellt wurde, war in einem so großen Stile geschrieben und bewegte sich so hoch über der Einzelgliederung des staatlichen Organismus, daß man sich nicht wundern darf, wenn es nur die großen Züge und die allgemeinen, ja oft vage zu nennenden Principien andeutete. Die spätere Zeit mußte in dem Bestreben, die Principien in die Wirklichkeit einzuführen, die nun schon oft erprobte Erfahrung machen, daß sich weder politische Freiheit noch wirthschaftlicher Wohlstand durch den blos auf die großen Kreise des öffentlichen Daseins berechneten Schematismus gewährleisten lassen. Die reifere politische Praxis hat sich daher immer mehr mit dem Gedanken befreundet, die kleinen natürlichen Einheiten des politischen Daseins d. h. die Gemeinden als den Boden anzusehen, durch dessen Bearbeitung allein eine Sicherstellung und Ausbildung der eigentlich staatlichen Freiheit möglich ist. Von diesem Gedanken war bereits die Steinsche Städteordnung getragen und jetzt, nachdem bald ein halbes Jahrhundert abgelaufen ist, erkennen Freund und Feind der fortdrängenden Entwicklung die kaum überschätzbare Bedeutsamkeit eines regsamen Gemeindelebens an. Man sieht jetzt klar ein, daß das Gebäude der politischen Freiheit, wenn es nicht in die Luft gesetzt sein soll, auf die Selbständigkeit der kleineren Lebenskreise gegründet werden müsse, und man drängt daher auf angemessene Gemeindefreiheit.

Die politische Praxis Steins war den theoretischen Einsichten anderthalb Menschenalter vorausgeeilt. Nach Beseitigung des Uebels, durch welches die Reform hervorgerufen worden war, machte sich auch wieder die alte Neigung der Restaurationen geltend. Nicht einmal die Zeit von Achtundvierzig, welche doch die allgemeine Ordnung so ernstlich berührte, vermochte nachhaltig auf die städtische Freiheit zu wirken. Man kann getrost behaupten, daß die preußische Gesetzgebung rücksichtlich des Städtewesens noch nicht einmal dem Geist der Steinschen Reformen gerecht wurde. Der auf die achtundvierziger Ereignisse folgende Rückschlag hat die Gemeindeangelegenheiten noch weit mehr als die staatsbürgerliche Freiheit dem restaurativen Geiste überliefert, so daß wir uns jetzt in einem Zustande befinden, in welchem das Gemeinderecht in nicht geringer Disharmonie mit dem gesetzlich anerkannten (ich sage nicht mit dem praktisch geübten) Staatsrechte steht.

So viel auch noch für die Ausbildung und Gestaltung der allgemeinen constitutionellen Formen zu wünschen übrig bleibt, und so gering auch das Maß der staatsbürgerlichen Theilnahme an den allgemeinen politischen Functionen ist, so wird dennoch die Gemeindefreiheit noch ziemlich weit davon entfernt, ihrerseits diesem Maße zu entsprechen. Das erste und unumgänglichste Erforderniß gesunder politischer Gestaltung ist recht mangelhaft erfüllt: die Uebereinstimmung zwischen dem allgemeinen Staatsrecht und dem Gemeinderecht ist noch nicht hergestellt. In den beiden Gebieten des öffentlichen Lebens ist noch wenig Einheit des Princips anzutreffen. Während das Staatsleben von dem Geiste der Emancipation und der allmäligen Beschränkung des Staatsabsolutismus bereits durchdrungen ist, wird die Regelung des Gemeindelebens noch vorwiegend vom Princip der Bevormundung beherrscht.

Glücklicherweise ist gegenwärtig die Theorie und die herrschende Gesinnung dem thatsächlich bestehenden Gemeinderecht in einer ähnlichen Weise voraus, als es die politische Praxis unter den Händen Steins den damaligen Zeitideen war. Schlimme Erfahrungen, unter denen die neueste Gestaltung des Constitutionalismus in Preußen nicht die einzige ist, haben die Ueberzeugung befestigt, daß es an der Zeit sei, gleichsam Cellularpathologie zu treiben und die letzten Ursachen der krankhaften Entartungen des Verfassungslebens in den kleinen natürlichen Einheiten des politischen und socialen Daseins zu suchen. Diese Ueberzeugung ist durch theoretische Studien an der Geschichte fremder Staatskörper und selbst durch romantische Vertiefung in die einstige Blüthe deutschen Städtethums gefördert worden. Das englische Selfgovernment ist zum Schlagwort geworden, und so wenig es auch in der Breite der politischen Bildung seinem historischen und thatsächlichen Sinne gemäß verstanden werden mag, so übt doch schon das Wort „Selbstregierung" einen nicht zu unterschätzenden Zauber aus. Vielleicht grade weil man das Detail der englischen Zustände und den unläugbaren Verfall derselben nicht kennt, vielleicht grade weil man sich die Schlagwörter nach den Instincten auslegt, die unsern eignen Bedürfnissen einen Ausdruck geben, befreundet man sich mit dem Gedanken, ein Analogon der englischen Gemeindeverfassung auf deutschen Boden zu verpflanzen, und vergißt, daß der augenblickliche Zug des britischen Staatslebens fortwährend in der Richtung der Centralisation arbeitet. Allein alle diese Inconvenienzen der Auffassung beeinträchtigen den Hauptvortheil nicht, der offenbar in der Verbreitung der Wahrheit liegt, daß eine relative Selbständigkeit des Gemeindelebens die unerläßliche Vorbedingung gesicherter Verwirklichung der allgemeinen freiheitlichen Institutionen sei. Ebenso erfreulich als die Gestaltung der Theorie ist die Gesinnung, die uns bereits vielfach in der Handhabung der städtischen Rechte entgegengetreten. Ist auch der enge Rahmen, welchen das bestehende Gemeinderecht dem freien Wirken verstattet, wenig einladend, so überwindet doch der politisch regsame und zuversichtliche Geist des Bürgerthums häufig genug die beengenden Schwierigkeiten. Man geht (und dies ist ein vortreffliches Zeichen der reiferen Auffassung) oft grade von dem Grundsatz aus, auch den geringsten Spielraum, den das thatsächliche Recht offen läßt, mit allen Kräften zu erfüllen und auszubeuten. Man sucht die Ungunst des einschränkenden Schematismus durch gesteigerte Thatkraft zu ersetzen und für das Gemeinwohl auch dann thätig zu sein, wenn die vorgeschriebenen Bahnen nur eine träge Bewegung erlauben.

Zu der politischen Seite der Gemeindefreiheit und überhaupt des öffentlichen Lebens der kleineren Kreise gesellt sich nun in neuester Zeit auch noch die wirthschaftliche. Bis jetzt ist freilich die volkswirthschaftliche Emancipation überwiegend mit den Genossenschaften beschäftigt gewesen; allein es dürfte sich sehr bald dem Schlagwort der politischen Decentralisation noch ein anderes, nämlich das der wirthschaftlichen Decentralisation an die Seite stellen. Freiheit und Wohlstand, Politik und Wirthschaft stehen in so inniger Wechselbeziehung, daß es bald nicht mehr angehen wird, die eine ohne die andere zu betrachten. Vielleicht dürfte sich auch der Streit, welcher gegenwärtig in wirthschaftlicher Hinsicht zwischen der Initiative des Einzelnen und der künstlichen Einwirkung des Staats noch immer unentschieden fortdauert, einst durch die Einführung einer unparteiischen dritten Macht d. h. der Gemeindegewalt ausgleichen lassen. Doch wir können uns hier nicht darauf einlassen, das Princip der wirthschaftlichen Decentralisation mehr als anzudeuten. Der Gesichtspunkt ist noch zu neu, und wir verzichten gern auf die Beschäftigung mit einer erst in unbestimmten Umrissen erscheinenden Zukunft. So aber leuchtet ein, daß die politische Localisation des öffentlichen Lebens ohne die wirthschaftliche ein halbes Werk bleiben müsse. Nur auf der Grundlage des localen Wohlstandes ist auch eine gewisse politische Würde aufrecht zu erhalten. Dasselbe Princip, welches ein Gegengewicht gegen die politisch centralisirende Macht fordert, bringt auch

51*

die wirthschaftliche Befreiung von der übermächtigen Anziehungskraft der großen Mittelpunkte mit sich.

Die bisherige Betrachtung läßt uns ebenso die Berechtigung als die Schwierigkeit einer Aufgabe begreifen, wie sie durch das Werk, auf das wir oben hingewiesen haben, wirklich gelöst worden ist. Wie man sich auch zu dem bestehenden Rechte verhalten möge, eine einfache und klare Darstellung desselben muß in jedem Falle erwünscht sein. Auch möchte die Wichtigkeit der Leistung durch die voraussichtlichen Chancen der bestehenden Zustände nicht beeinträchtigt werden. Müssen wir uns noch lange unter den gegenwärtigen Rechtsverhältnissen hinschleppen, so werden wir einen besonnenen Führer in dem Labyrinth der Detailbestimmungen, an dem es bis jetzt fehlte, willkommen zu heißen haben. Sollten dagegen die Aussichten einer gründlichen Reform wachsen, so muß eine unparteiische Darstellung zu einem höchst schätzbaren Anhaltspunkt der dann um so dringender gebotenen Orientirungen werden. Das Möllersche Buch vereinigt in einem mäßigen Bande alles, was für den bei den Angelegenheiten der preußischen Städte direct oder indirect Betheiligten an Rechtsbestimmungen erheblich werden kann. Sein nächster Zweck ist ein praktischer; es will offenbar jedermann in den Stand setzen, die rechtlichen Verhältnisse der Städte in einer solchen Genauigkeit zu übersehen, daß er, falls er betheiligter Beamter ist, für die einzelnen Functionen durchgängig mit Gesetzeskenntniß ausgestattet wird. Man würde jedoch fehlgreifen, wenn man die uns vorliegende Schrift zu jenen Elaboraten rechnen wollte, die einzig und allein dazu bestimmt sind, einem praktischen Bedürfniß abzuhelfen. Allerdings füllt das Buch des Herrn v. Möller eine Lücke der praktischen Rechtsliteratur aus; aber es thut noch viel mehr. Es stellt durch seine eigenthümliche Art der Darstellung für die fragliche Literaturgattung einen edleren Typus auf; es trägt das Gepräge einer Kunst, die bei uns bis jetzt noch nicht sonderlich geübt wird. Mit dem Charakter des praktischen Handbuchs vereinigt es den einer echt wissenschaftlichen Arbeit. Schon der Titel, der, wie wir hervorheben müssen, nicht „Städterecht" sondern „Stadtrecht" lautet, verräth dem Sachkenner, daß es hier auf eine wissenschaftliche Einheit der verschiedenen Städteordnungen abgesehen ist. Die übliche Auffassung erlaubt bis jetzt noch nicht, im politischen Sinne von einem Stadtrecht zu reden. Der Gedanke des Juristen richtet sich bei diesem Worte unwillkürlich auf die alten Reste privatrechtlicher Ueberlieferungen. Man denkt, wenn gegenwärtig von einem Stadtrecht die Rede ist, etwa an ganz particulare Erbordnungen, die sich aus den städtischen Gewohnheiten oder sogenannten Willküren herschreiben, und bedient sich zur Bezeichnung des Inbegriffs der Verfassungs- und Verwaltungsnormen noch mit gutem Grunde des Ausdrucks „Städterecht". Der Verfasser eines preußischen Stadtrechtes mußte beinahe denselben Weg einschlagen, auf welchem die Bearbeiter des deutschen Privatrechtes zu einer einheitlichen Verschmelzung der particularen Rechte zu gelangen suchen. Er hatte einerseits mit weniger, andererseits aber mit mehr Schwierigkeiten zu kämpfen. Wie schon gesagt, sind die Haupthindernisse in dem thatsächlichen Rechtszustande selbst zu suchen. Die Schwierigkeit der Aufgabe liegt in den bereits oben angedeuteten Schicksalen der Gesetzgebung. Es verhält sich mit einer principiellen Durcharbeitung des preußischen Städterechtes ähnlich, wenn auch vielleicht nicht ganz so schlimm, wie mit einer wissenschaftlichen Auffassung des römischen Erbrechtes der späteren Kaiserzeit. Das alte Erbrecht beruhte auf dem Princip der Agnation und wurde allmälig von Einzelbestimmungen aus dem Gesichtspunkte der bloßen Blutsverwandtschaft durchbrochen, und so eine Principlosigkeit unvermeidlich, welche die größte Auslegungsvirtuosität (selbst bei dem besten Willen des Interpreten) zu Schanden werden ließ. Alle Rechtszustände einer Uebergangsepoche, in welcher unvereinbare Principien zu Compromissen nöthigen, werden stets der wissenschaftlichen Verschmelzungsversuche spotten. Nun ist freilich die Beschaffenheit unseres Städterechts nicht ganz und gar nach der Analogie jenes römischen Erbrechts zu beurtheilen. Die Grundsätze, welche die Steinsche Reform leiteten, sind wenigstens in vielen Thatsachen verkörpert, nnd konnten daher nicht allzusehr durchbrochen werden. Dennoch ist das Schwanken der Gesetzgebung einer wohl gegliederten principiellen Gestaltung der Thatsachen wahrlich nicht günstig gewesen. Viermal, um mit den eigenen Worten des Verfassers zu reden, hat man die Grenzen zwischen der Staats- und der Gemeindegewalt verschieden gezogen. Ein solches Experimentiren oder, vielleicht besser gesagt, Laviren führt nothwendig zu Gestaltungen, an denen die entgegengesetztesten Grundsätze ihren Antheil haben, und die daher für eine wissenschaftliche Auffassung wenig lockend sind. Nur was aus einheitlichen Antrieben hervorgegangen ist, kann das Gepräge einer harmonischen Gliederung an sich tragen, und nur das organisch gegliederte Gebilde, welches von einer principiellen Einheit durchdrungen ist, gestattet der Wissenschaft eine höhere Bethätigungsart. Wie will man Consequenzen ziehen, wie Auslegungen und Ergänzungen der Gesetze vornehmen, wenn man nicht weiß, an welche leitende Normen man sich halten soll? Schon unser allgemeines Staatsrecht krankt nach dieser Seite hin erheblich; denn die Herbeiziehung eines allgemeinen, gleichsam aus den Particularverfassungen der einzelnen Staaten gewonnenen Subsidiarrechtes ist nicht leicht thunlich, wenn eine Verfassung so zu sagen ihre eigenen wunderlichen Compromißprincipien in den Weg stellt, d. h. wenn sich enthüllt, daß ihr ein principieller Schwerpunkt in der That fehle. Ein solcher Schwerpunkt fehlt nun aber noch weit mehr im Gebiet des Städterechts, und außerdem kommt hier noch der die Schwierigkeit sehr vergrößernde Umstand hinzu, daß das Städterecht oft weit unter dem bereits geltenden Staatsrecht zurückbleibt. So ist z. B. jedem einzelnen Bürger das Petitionsrecht gewährleistet; allein man hat neuerdings erfahren müssen, wie die Stadtverordnetenversammlungen mit Strafen verfolgt wurden, als sie auch ihrerseits von dem Petitionsrechte Gebrauch zu machen unternahmen. Die Geschichte zeigt uns überall die Gemeinden und Corporationen als natürliche Vertreter und Sprecher in den allgemeinen Landesangelegenheiten, und es ist eine arge Inconvenienz, wenn das Petitionsrecht, welches dem einzelnen Bürger zusteht, der Vertretung einer ganzen Gemeinde in allgemeinen Staatsangelegenheiten streitig gemacht wird. Was aber den Fall anbetrifft, durch welchen in Preußen die ganze Frage auf die Tagesordnung kam, so kann man sich nicht genug wundern, daß gerade die Partei, welche die organische Vertretung stets im Munde führt und gegen die individuelle und atomistische Repräsentation declamirt, diesmal eine ganz andere Auffassung der Sache beliebte. Wenn man wirklich den Gemeinden verbieten will, außer in reinen Communalangelegenheiten weder zu berathen und zu beschließen noch als einheitliche Körperschaft zu handeln, warum nimmt man dann ihre Kundgebungen zu erfreulichen Staatsereignissen an? Offenbar ist es eine engherzige Auslegung, welche Anstand nimmt, die Consequenzen der Verfassungsparagraphen zu ziehen und es selbstverständlich zu finden, daß das Petitionsrecht des Einzelnen auch dasjenige der Gemeinden einschließe. Was aber das Schlimmere ist: ist dieses beschränkte Auslegungsprincip so zu sagen selbst geltendes Recht. Angesichts der Grundsätze des Obertribunals, denen zufolge eine Menge Verfassungsparagraphen zu leitenden Principien einer künftigen Gesetzgebung herabgesetzt und in ihrer Eigenschaft als Rechtssätze geschwächt werden, ist es ganz unmöglich, in einzelnen Theilen des bestehenden Rechtszustandes einen freieren Gesichtspunkt eintreten zu lassen. Ueberall und durchgängig zeigt sich der Widerstreit der neuen allgemeinen Grundsätze und der überlieferten Einzelbestimmungen und kann in der That in vielen, wenn auch nicht in allen Fällen einen Entschuldigungsgrund für die erwähnte Verfahrungsart des höchsten Gerichtshofes abgeben. Man hat oft nur die Wahl, die Auslegung und logische Consequenzenziehung ungehörig in Gesetzgebung umschlagen zu lassen, oder aber gänzlich auf die Geltendmachung principieller Sätze des neuen Staatsrechts zu verzichten. Soll das bestehende Recht nicht einer nothwendig von entgegengesetzten Principien verwirrten Dialektik anheimfallen, so muß man meist ganz von einer principiellen Beleuchtung, Auslegung und Ergänzung der Einzelbestimmungen absehn, oder sich wenigstens hüten, die wissenschaftliche Gestaltung des Stoffes weiter treiben zu wollen, als die heterogene Beschaffenheit der nun einmal gegebenen Mischbildungen erlaubt. — Wir glauben daher, daß der Verfasser des Stadtrechts auch in diesem wichtigen Punkte das Richtige getroffen hat. Er bekundet sich durchgängig als ein gewissenhafter und besonnener

Jurist und läßt nirgend den Politiker hervortreten. Wir können diese Zurückhaltung in einem Rechtsbuch, welches mit der Bearbeitung eines so widerspenstigen Rechtsstoffes zu thun hat, nicht hoch genug anschlagen, obwohl wir im Allgemeinen der Ansicht sind, daß für ein politisches Rechtsgebiet auch die principielle politische Auslegung Platz greifen müsse. Nur die besondere Beschaffenheit unserer von entgegengesetzten Principien durchzogenen Rechtszustände macht für den juristischen Darsteller eine Ausnahme rathsam, und die Nothwendigkeit dieser Ausnahme erkannt und die aus ihr folgende Methode mit sicherem Takt gehandhabt zu haben, ist ein anerkennenswerthes Verdienst der vorliegenden Schrift.

Wenn es überhaupt erlaubt ist, in einem so zurückhaltenden Buch, welches kaum den politischen Standpunkt des Verfassers durchblicken läßt, zwischen den Zeilen zu lesen, so möchten wir den Schluß ziehen, daß Herr v. Möller dieses Werk nur als eine Vorarbeit zur Behandlung des allgemeinen preußischen Staatsrechts und besonders des Verwaltungsrechts betrachte, und daß er den Gang des natürlichen Ausbaues des öffentlichen Rechts, durch welchen gegenwärtig vor allen Dingen ein Fundament in der Gemeindeverfassung geschaffen werden muß, auch in der Aufeinanderfolge seiner literarischen Productionen nachahmen wolle. Wenn diese Vermuthung richtig ist, so würden wir uns nach einer Ergänzung des Stadtrechts durch die Bearbeitung des Rechts der übrigen Gemeinden und der noch leider immer nicht politisch gleichgiltig gewordenen Gutsherrschaften vielleicht auf eine in demselben Geiste und mit derselben Objectivität unternommene Darstellung des allgemeinen preußischen Staatsrechts Hoffnung machen dürfen*). Besondere Hervorhebung verdient in dem vorliegenden Buche die Darstellungsweise. Während man in manchen ähnlichen

---

*) Für diesen Fall möchten wir uns eine Erinnerung erlauben, die vielleicht mehr an den Verleger als an den Verfasser gerichtet werden sollte. Die vorliegende Schrift ist ein zum praktischen Gebrauch sehr wohl eingerichtetes Handbuch; allein die Raumersparniß hat zu einer Inconvenienz geführt, die demjenigen, welcher sich eine Gesammtanschauung der Verhältnisse verschaffen will, zuweilen Anstoß giebt. Man vermißt bei den einzelnen Abtheilungen und Abschnitten die einleitenden Uebersichten; bisweilen wird sogleich mit dem einzelnen Paragraphen begonnen und so dem Leser eine starke Combinationskraft zugemutet Hierdurch wird die Uebersicht der Hauptpunkte erschwert, so klar und durchsichtig auch übrigens die Detailausführungen sein mögen. Offenbar hat nur die Nothwendigkeit, dem reichhaltigen Stoff in einem vorgeschriebenen Raume gerecht zu werden, den Verfasser auf orientirende Einleitungsübersichten und Recapitulationen allzu sehr verzichten lassen. Was jedoch die sonstige formale Ausführung betrifft, so hat sich der Verfasser auch in dieser Richtung um das leichte Verständniß sehr verdient gemacht. Während sich der Text stetig fortliest, sind die Anmerkungen nur den Belegcitaten gewidmet und vermeiden durchgängig, über den Charakter bloßer Ortsangaben hinauszugehen. Eine wörtliche Anführung von Gesetzesstellen wird durch die selbständige und von der Urtheilskraft des Verfassers zeugende Abfassung des Textes überflüssig gemacht.

Werken durch eine gewisse bunte Mischung der Gesetzesworte und des eigenen Stiles der Verfasser nicht grade ästhetisch berührt wird, erfreut hier die fließende Stetigkeit des Tons und Sinnes. Gewohnt, das eigentliche Ergebniß sonst erst selbst aus den Anführungen der Gesetzesstellen und aus den Andeutungen der Schriftsteller combiniren und construiren zu müssen und wohl gar das eigentliche Urtheil zu Hilfe zu rufen, wo es den Darstellern rathsam erschienen ist, sich die Mühe des Urtheilens durch musivische Composition von Gesetzesstellen zu ersparen, — wird man in der That sehr erfreulich überrascht, in der vorliegenden Schrift eine durchweg selbständige Fassung der Gedanken anzutreffen. Diese Eigenschaft ist nicht nur ein großer Vorzug für die Gemeinverständlichkeit und allgemeine Brauchbarkeit eines nicht blos für den Juristen bestimmten Buches, sondern ist auch an sich selbst betrachtet ein wissenschaftlicher Fortschritt, welcher Nachahmung verdient. Nur auf diese Weise kann eine gewisse Naivetät und klare Durchsichtigkeit der Darstellung erreicht und der Leser in den Stand gesetzt werden, stets die eigentliche Meinung des Schreibenden aufzufassen.

Auch hinsichtlich der materiellen Ausführung der Hauptabtheilungen des Gesammtstoffs ist eine höchst sorgfältige Oekonomie anzuerkennen. Die ganze Schrift zerfällt in vier Theile, von denen der erste sehr gedrängt eine geschichtliche Einleitung und die allgemeinen Lehren (literarischen Apparat und dergleichen), der zweite ebenfalls in möglichst knapper Darstellung das Verfassungsrecht, der dritte mit einer alle übrigen Theile der Schrift überwiegenden Ausführlichkeit das bisher so sehr vernachlässigte Verwaltungsrecht, und endlich der vierte die äußern Verhältnisse der Städte zum Staate und seinen verschiedenen Hoheitsrechten mit einer ebenfalls dem Gegenstande sehr angemessenen Kürze abhandelt. Der Schwerpunkt der ganzen Darstellung fällt, wie gesagt, nicht in das Verfassungs-, sondern in das Verwaltungsrecht, und in diesem ist wiederum das Capitel vom Stadthaushalt mit dem der praktischen Erheblichkeit des Gegenstandes gebührenden Raume bedacht. Wie das Staatsbudget den Mittelpunkt der constitutionellen Functionen abgiebt, so bietet der Stadthaushalt die meisten Anknüpfungspunkte für ein regsames Gemeindeleben dar. In ihm concentriren sich die verschiedenartigsten Interessen, und grade in seiner Behandlung werden auch die principiellen Fragen am merklichsten. Die Politik hängt sich gegenwärtig mit Recht gern an wirthschaftliche Punkte und setzt sich, wie ja für das allgemeine Staatsrecht seit Jahrhunderten üblich ist, auf dem Wege ihres indirecten Einflusses auf die Finanzen nach allen Richtungen durch.

Für die Genauigkeit und Gemeinverständlichkeit, mit welcher in der übrigens juristisch ziemlich verwickelten Lehre von der Stadtverfassung die wichtigsten Punkte ausgeführt werden, mag hier ein charakteristisches Beispiel Platz finden. Ich erinnere mich nicht, in irgendeiner Darstellung des allgemein staatlichen Dreiclassenwahlrechts eine solche Deutlichkeit angetroffen zu haben, wie sie sich rücksichtlich der Abtheilungsbildung bei dem Verfasser des Stadtrechts findet. Nicht genug, daß er uns völlig anschaulich macht, wie nach dem Census oder dem Steuerbetrage nach der Abfolge der Summen und in zweiter Linie, wenn Mehre genau denselben Census haben, nach der alphabetischen Ordnung der Familiennamen ein Verzeichniß angefertigt, der ganze Steuerbetrag in drei gleiche Theile getheilt und nun zugesehen wird, welche Personen mit ihren Steuerbeträgen das erste Drittel und welche das zweite und letzte Drittel ausfüllen, — er belehrt uns auch noch über verschiedene delicate Fälle, in denen z. B. jemand das Schicksal hat, mit seinem Steuerbetrage zum Theil in das eine und zum Theil in das andere Drittel zu fallen, oder etwa der Urtheilsspruch der sonst so mächtigen Abfolge der Buchstaben an der Mehrheit der Schulze oder Müller zu Schanden wird. In jenem ersteren Fall wird der Unglückliche, der heimathlos auf der mathematischen Grenze zweier Abtheilungen balancirt, aus besonderer Gnade in die höhere Abtheilung aufgenommen. In dem andern Falle, in welchem selbst die Sanction der alphabetischen Ordnung nicht helfen kann, wird die letzte Instanz aller menschlichen Dinge, nämlich seine Majestät der Zufall angerufen, und das Loos entscheidet zwischen Müller und Müller, Schulze und Schulze. Dieser einzelne Zug von Genauigkeit und praktischer Brauchbarkeit mag für viele andere gelten. Es ist in der That in der Regel nicht leicht, aus schriftlichen Darstellungen ohne Hilfe eigner Erfahrung eine gehörige Anschauung irgendeines fraglichen Sachverhältnisses in ausreichender Specialität zu gewinnen. Offenbar hat der Verfasser nur vermöge seiner eignen unmittelbaren und nicht blos aus Büchern geschöpften Kenntniß vieler Verhältnisse die außerordentliche Bestimmtheit und Deutlichkeit der Detaildarstellung erreichen können.

Ein anderer den durchgehenden Inhalt des Rechtsstoffs betreffender Punkt, den wir nicht mit Stillschweigen übergehen können, betrifft die Sorgfalt, mit welcher bei allen einzelnen Rechten angemerkt wird, ob bei ihrer Verfolgung der eigentliche Rechtsweg oder nur das Beschwerdeverfahren bei den Verwaltungsinstanzen zulässig sei. Bekanntlich bildet die Regelung der juristischen und der Verwaltungscompetenz eine der dornichtsten und von politischen Motiven nicht am wenigsten verschobenen Aufgaben. Die Competenzconflicte sind ein Gebiet, in welchem der gewöhnliche Jurist, der den Grundsätzen der Verwaltung fern steht, nur eine sehr einseitige Auffassung haben kann. Hiermit soll nicht gesagt sein, daß der Jurist falsche Principien anzuwenden geneigt sei; im Gegentheil liegt die von uns gemeinte Einseitigkeit in einer ganz andern Richtung. Man hat in specifisch juristischen Kreisen, in denen man bekanntlich eifersüchtig genug für die eignen Competenzen einzutreten pflegt, trotz alledem nur selten eine auch nur annähernde Vorstellung von der praktischen Bedeutsamkeit der ganzen Frage und von den Mitteln und Wegen, welche den Regierungen zu

Gebote stehen, um ihre Gewalt über das eigentliche Rechtsgebiet auszudehnen und tief in Verhältnisse einzugreifen, welche nach natürlichen Grundsätzen und selbst zu einem großen Theil auch nach den bestehenden Gesetzen in die Sphäre der richterlichen Gewalt gezogen werden müßten. Grade für Corporationen und Gemeinden wird die Frage des zugelassenen oder ausgeschlossenen Rechtsweges meist von noch viel größerer Wichtigkeit sein, als sie es bereits für die Einzelnen ist. Man denke z. B. an die Procente der Steuererträge, welche den Städten für das Erhebungsgeschäft, das sie für den Staat besorgen, gesetzlich zufallen. Diese Procente sind einer gewöhnlichen Civilforderung ganz gleich; sie sind gleich einem aus einem Specialtitel erworbenen Recht zu betrachten, und es könnte bei ihnen, selbst wenn eine ausdrückliche Bestimmung fehlte, gar kein Zweifel obwalten, daß ihre Eintreibung gegen den Staat auf dem gewöhnlichen Rechtswege zu geschehen habe. Die politisch bedenklichen und bedeutsamen Fälle hat man nun noch keineswegs da zu suchen, wo das bestehende Recht den gerichtlichen Proceß ausdrücklich zuläßt, sondern da, wo es ihn ausschließt oder nicht ausreichende und deutliche Bestimmungen enthält. Man kann zuversichtlich und von vornherein annehmen, daß die bisherige Gesetzgebung dafür gesorgt habe, die politischen Functionen der Verwaltungsbehörden vor ungebührender Beeinträchtigung durch allzu viele Anerkennungen der Zulässigkeit einer gerichtlichen Austragung zu bewahren. Allein es giebt eine Menge streitiger und auch nicht streitiger Punkte, in denen nur der Kenner der Verwaltung die Mittel der Rechtfertigung des gerichtlichen Verfahrens in vollem Maße besitzt, oder in denen nur er allein die Wichtigkeit einer Erhebung des Competenzconflictes gehörig übersieht. Es ist daher von großem praktischen Vortheil, in den einzelnen Fällen eine möglichst genaue Auskunft über Zulässigkeit und Unzulässigkeit des Rechtsweges zu erhalten, und grade hierin thut sich unsere Schrift ganz besonders hervor. Das intricate Thema von den Beziehungen der Justiz und Verwaltung ist dem Verfasser durchaus geläufig, und er bekundet in der gelegentlichen und zerstreuten Behandlung derselben, die wir in dem preußischen Stadtrecht vor uns haben, ebenso sehr den Kenner der Verwaltung, als den besonnenen, von den Rücksichten des eigentlichen Rechts erfüllten Juristen.

Wir haben schon angeführt, daß die Exposition des Verwaltungsrechts, also die Darstellung der Organisation und der Gegenstände der städtischen Verwaltung den Schwerpunkt des ganzen Werkes bilde. Wenn man bedenkt, wie unverhältnißmäßig in den Darstellungen des gemeinen deutschen Staatsrechts grade das Verwaltungsrecht zurückzutreten pflegt, und wie selbst für die preußische Staatsverwaltung noch keine Bearbeitung vorhanden ist, die in das Detail in einem für das praktische Bedürfniß ausreichenden Maße eingänge (was offenbar nur in einem großen, das Verfassungsrecht gar nicht behandelnden Werke geschehen kann), so wird man die Ausführlichkeit, mit welcher das städtische Verwaltungsrecht dargestellt ist, um so höher zu schätzen wissen. Was die einzelnen Lehren dieser Abtheilung anbetrifft, so dürften sie zu einem großen Theil nicht blos für den Geschäftsmann, der bei den städtischen Angelegenheiten betheiligt ist, ein Interesse haben. Nicht blos der Verwaltungsbeamte und der Jurist, sondern auch der politische Oekonom wird diese Abtheilung mit Nutzen zu Rathe ziehen. In dem Capitel, welches von dem städtischen Budget handelt, ist eine eingehende Darstellung der Steuerverhältnisse gegeben, die für den volkswirthschaftlichen Kritiker der Gemeindeökonomie und des Stadthaushalts eine dankenswerthe Grundlage des Raisonnements darbietet. Die Erhebungsart der wichtigeren indirecten Steuern, z. B. der Schlacht- und Mahlsteuer, ist mit solcher Anschaulichkeit beschrieben, daß man sogleich eine deutliche Vorstellung von den unendlichen Belästigungen gewinnt, die mit diesen Arten, den Staatssäckel zu füllen, verbunden sind. Manche überraschende Einzelheit, an die der politische Oekonom kaum glauben möchte, tritt aus dieser Darstellung der Steuerverfassung zu Tage. Der gute Glaube, die Zwangs- und Bannrechte seien eine verschollene mittelalterliche Ueberlieferung, wird bisweilen gar sehr enttäuscht. Man stellt sich gewöhnlich vor, daß mit der steinschen Einführung der Gewerbefreiheit jene Reste der ökonomischen Barbarei nun auch völlig vertilgt seien. Ein Volkswirthschafter, dem man heute sagte, daß der ihm zunächst wohnende Müller noch eine Art Bannrecht gegen das Publicum besitze, d. h. ein Privilegium habe, alles Korn in seiner Gegend zu mahlen, würde ungläubig den Kopf schütteln; und dennoch existirt ein solches Zwangsrecht im Verwaltungswege. Kein Korn darf zur Mühle gebracht werden, ohne von einem Mahlerlaubnißschein des Steueramts begleitet zu sein, und dieser Schein, so heißt es in der gesetzlichen Bestimmung, wird der Regel nach nur auf die Mühlen des Ortes und der Gegend ausgestellt. Nur der Finanzminister kann hiervon eine Ausnahme zulassen. Aus denselben Gründen, aus welchen diese Beschränkung stattfindet, wird auch die Errichtung von Mühlen, die durch Thier-, Wasser- oder Dampfkraft getrieben werden sollen, an die specielle Genehmigung des Ministeriums geknüpft. — Der eben erwähnte Zug volkswirthschaftlicher Naivetät, welche die Ortsmühlen im Wege der Steuerverwaltung beschützt und dem Publikum vorschreibt, wo es sein Korn mahlen lassen soll, dürfte nur noch in der Verwaltung des Salzmonopols Seinesgleichen finden.

Die jetzt wieder wichtiger gewordene Polizeicompetenz sowie die Armenpflege wird eingehend erörtert. Auch findet sich ein Capitel über die städtische Volkswirthschaftspflege, aus welchem man freilich nur lernen kann, wie dürftig es mit dem Einfluß des städtischen Regiments nach dieser Richtung hin bestellt ist. Doch möchte auch hier selbst in den engen Grenzen, welche das bestehende Recht zieht, manchmal eine erhebliche Einwirkung möglich sein. So ist es z. B.

für die unteren und auch wohl für die mittleren Volksclassen durchaus nicht gleichgiltig, wie die Marktpolitik (ich sage absichtlich nicht Marktpolizei) gehandhabt wird. Bekanntlich werden von den sogenannten Jahrmärkten, die wesentlich Fabrikatenmärkte sind, die fremden Handwerker für den größten Theil der Dauer des Marktes ausgeschlossen. Ferner scheint gegenwärtig bisweilen die Meinung herrschend zu werden, die offenen Jahrmärkte seien eine überflüssige Belästigung des Verkehrs der Straßen und Plätze, und man geht daher mit allmäligen Einschränkungen derselben vor. Durch derartige Beschränkungsmaßregeln, die selbst in großen Städten kaum gerechtfertigt erscheinen, verschließt man die einzige Möglichkeit eines billigen Einkaufs vieler Gattungen von Handwerkerarbeit. Man unterbricht den unmittelbaren Verkehr zwischen Producenten und Consumenten und nöthigt zu einem sehr erheblichen Tribut an den ansässigen Zwischenhändler, der sich natürlich nicht blos seine kostbare Ladeneinrichtung bezahlen lassen muß, sondern auch seine Vermittlerrolle nach beiden Seiten hin d. h. im Einkauf gegen die Producenten und im Verkauf gegen die Consumenten gehörig ausbeutet. So geringfügig daher diese kleine Marktpolitik der Städte auf den ersten Blick erscheinen mag, so hängt von ihr doch ein Theil des Wohlstandes der weniger begüterten Classen ab, und sie ist der volkswirthschaftlichen Beachtung durchaus nicht unwürdig. Es wäre zu wünschen, daß einmal eine selbständige Lehre der städtischen Volkswirthschaft in scharfer Trennung von den Gegenständen der allgemeinen politischen Oekonomie ins Detail ausgeführt würde; eine solche Arbeit hätte offenbar jede Andeutung des bestehenden Rechts zu benutzen, ja sogar auf die statutarischen Bestimmungen, die in dem allgemeinen preußischen Stadtrecht nicht enthalten sein können, näher einzugehen. — Was die Armenpflege betrifft, so muß uns eine übersichtliche und klare Darstellung des Armenrechts um so willkommener sein, als in diesem Gebiet die Reformen am dringendsten sind und wir uns jedenfalls an der Schwelle einer umfassenden Umgestaltung befinden. Die Armenpflege wird sich durchgängig mehr mit den Institutionen der wirthschaftlichen Selbsthilfe zu verschmelzen haben, und grade auf dem Gebiet der letzteren wird den Städten vielleicht eine erhebliche Mitwirkung zufallen. Wie schon oben gesagt, möchte sich der Streit zwischen Selbsthilfe des Einzelnen und Staatseinfluß, zwischen der politisch ungebundenen Selbstüberlassung der Gesellschaft und den Eingriffen der politischen Functionen vielleicht einst durch die Einschiebung der Gemeindegewalt zum Austrag bringen lassen. Alsdann würden sich Armenpflege und Anhaltung zu Versicherungsmaßregeln vereinigen müssen, um dem wirthschaftlichen Ungemach Schranken zu setzen. Eine solche Entwicklung der Dinge wäre aber freilich nur unter Voraussetzung einer Machtsteigerung der Gemeindegewalt möglich, wie sie sich bis jetzt nicht im Geringsten vorfindet.

Die vierte Abtheilung behandelt die äußeren Verhältnisse der Städte und besonders die Beziehungen der Gemeindegewalt zur Staatsgewalt und zu den einzelnen Hoheitsrechten des Staats. Besonders interessant sind hier die Erörterungen der Art, wie die Militärhoheit mit ihrer bekanntlich nicht geringen Wucht auf den Communen lastet. Alles ist bis ins Kleinste geregelt, und man bedauert bei all dieser Fürsorge nur den einzigen Umstand, daß sie leider noch in so vielen Rücksichten nöthig ist. Wenn man nichts weiter als die hier fragliche Rechtsdarstellung der Einquartierungsverhältnisse kennte, so würde man sich doch schon ein anschauliches Bild von dem Detail der Beschwerden, die sie im Gefolge hat, entwerfen können. Der Umstand, daß stehende Einquartierung noch immer vielfach ein Surrogat der Kasernirung bilden muß, ist offenbar ein großer Uebelstand, und wie sich in diesen Beziehungen die Militärhoheit des Staates je zu Zeiten zu den Gemeinden und einzelnen Bürgern stellt, ließe sich, wenn wir uns einen Scherz erlauben dürften, auf eine sehr einfache und zugleich charakteristische Weise bezeichnen. Wir sehen z. B. den einquartierten Cavalleristen im Namen der Militärhoheit von seinem Wirth Futterschwinge, Halfterkette, Mistgabel, Besen, Eimer und sogar zur Abendfütterung eine Laterne in Anspruch nehmen, und versetzen uns andererseits in die behagliche Stimmung des mit dem Gespenst der Bodenerschöpfung praktisch nicht ganz unbekannten Ackerwirths, wenn er sich bei all jener Mühe die ebenso bedeutsamen als naiven Worte des Gesetzes wiederholt: „Dafür gebührt dem Wirth der Dünger der Pferde." Ein Satz, der hin und wieder allgemeineren symbolischen Sinn gewinnt.

Das Gesammtbild, welches uns die möllersche Schrift von den Verhältnissen der preußischen Städte entrollt, läßt bei aller objectiven Haltung und vielleicht grade um der von subjectiven Hinweisungen ganz freien Darstellung willen einen etwas niederschlagenden Eindruck zurück. Man bedauert, daß ein so reiches Entwicklungsgebiet, wie das des Gemeindelebens, nicht in dem großen und praktischen Sinne Steins auch fernerhin gepflegt worden sei, und daß kaum die Hauptpunkte der Reformen vor Angriffen bewahrt geblieben sind. Die Beziehung der Gemeindegewalt zur Staatsgewalt, deren Regelung allerdings eine der schwierigsten Aufgaben bildet, ist von der späteren Gesetzgebung durchaus nicht im Sinne einer gewissen Emancipation und Selbstregierung behandelt worden. Kaum würde man es glauben, daß noch eine Eintheilung der Städte in mittelbare und unmittelbare nöthig ist. Koch und Rönne haben diese Unterscheidung für obsolet erklärt, aber Möller weist nach, daß das von der Städteordnung von 1808 aufgehobene mittelbare Verhältniß von derjenigen des Jahres 1831 wieder restaurirt worden sei. Es giebt also in der That noch Städte, die unmittelbar unter einer Gutsherrschaft stehen und daher zum Staate nur ein durch den Gutsherrn vermitteltes Verhältniß haben. Außerdem ist die

Städteordnung von 1808 nicht überall eingeführt worden, und so erklärt sich denn der Anachronismus, daß einige Standesherren den in ihrem Gutsbezirk gelegenen Städten gegenüber noch jetzt die Rolle der Staatsgewalt spielen dürfen. Eine Städteverfassung, welche diese Reste nicht etwa blos als zufällige Ueberbleibsel des Feudalismus stehen gelassen, sondern noch im Anfang der dreißiger Jahre, also in der Aera der Julirevolution von neuem wieder eingeführt hat, — eine solche Städteverfassung wird auch sonst die Gemeindefreiheit nicht allzu liberal bedacht und die natürliche Stellung der Gemeinden nicht allzu sehr berücksichtigt haben. Ganz abgesehen von dem Aufsichtsrechte des Staates, welches gar zu tief in die städtische Verwaltung hineingreift und eine Controle ausübt, die besser von den zunächst Betheiligten, d. h. der gehörig vertretenen Bürgerschaft ausgehen würde, ist auch schon das ganze verfassungsmäßige Verhältniß zu den Staatsbehörden von vornherein als eine Unterthänigkeit aufgefaßt. Die Vorstände derjenigen Städte, welche nicht direct mit der Regierung, sondern zunächst und unmittelbar nur mit dem Landrath verkehren, müssen an den letzteren noch obendrein im respectvollen Berichtstil schreiben, während sich der Herr Landrath selbst gleich den Ministerien des Rescriptenstils bedient. Dieser äußerliche Zug ist nur ein symbolischer Ausdruck des innern Verhältnisses. Die Gemeinden sind nun aber, so klein sie auch übrigens sein mögen, natürliche politische Einheiten, deren Dasein etwas mehr bedeuten will, als irgend eine untergeordnete Amtsfunction. So lange man einer solchen natürlichen Körperschaft, wie die Gemeinde ist, noch einen Einzelbeamten des Staats gegenüberstellt und ihm gegenüber ihr das Verhältniß eines Dieners schon verfassungsmäßig anweist, ist keine Aussicht vorhanden, daß sich die politischen Zustände allzu hoch über das französische Präfectensystem erheben. Freilich muß in allen der Centralisation bedürftigen politischen Functionen der Staat seine Interessen durchsetzen und wissen, wie er die Gemeinden zur Mitwirkung für seine Zwecke nöthigenfalls gewaltsam anzuhalten habe; allein diese Nothwendigkeit schließt eine bedeutende Selbständigkeit des Gemeindedaseins nicht aus und erlaubt sogar eine gewisse Nebenordnung der Gemeinden und der äußersten Ausläufer der allgemein staatlichen Beamtenhierarchie. Warum soll der Landrath mit den Gemeindevorständen nicht auf dem Fuße eines Commissars der Regierung verkehren, welcher nichts weiter zu thun hat, als ihnen die im centralen Interesse erlassenen Verfügungen mitzutheilen, im Falle der Nichtausführung seinem Committenten zu berichten und so das eigne Einschreiten einer höheren obrigkeitlichen Gewalt zu veranlassen? Doch wir wollen uns hier nicht auf besondere Schematisirungen einlassen. Die politischen Functionen der durch Stadtverordnetenversammlung und Magistrat vertretenen Bürgerschaft werden im Allgemeinen noch immer wie das oben erwähnte Petitionsrecht betrachtet. Die individuelle

Freiheit ist offenbar in höherem Maße als die communale Selbständigkeit fortgeschritten. Diese Bemerkung führt uns unwillkürlich zu einem zweiten Gesichtspunkt, welcher für die Aussichten des Städterechts von großer Wichtigkeit ist.

Schon oben deuteten wir an, daß zwischen der allgemeinen Staatsverfassung und den Institutionen der communalen Freiheit eine gewisse Uebereinstimmung hergestellt werden müsse. Wir können nun hier geradezu behaupten, daß das bestehende Mißverhältniß für die Gesammtheit sowohl des allgemeinen als des besonderen politischen Lebens sehr ungünstig sei. Es besteht eine innige Wechselwirkung zwischen der Freiheit und Regsamkeit des Gemeindelebens und derjenigen der allgemeinen politischen Functionen. Der staatsbürgerlichen Freiheit fehlt die niedere Grundlage zu einer nachhaltigen Bethätigung, wenn die natürlichen Einheiten des socialen Daseins d. h. die Gemeinden keine Widerstandskraft besitzen und von der gouvernementalen Windrichtung abhängen. Andererseits kann aber auch das Gemeindeleben nicht gedeihen, wo es nicht höhere Antriebe von einem regsamen staatsbürgerlichen Leben empfängt und die kleineren Verhältnisse im Lichte der größeren Angelegenheiten betrachten lernt. Diese beiden Sphären des politischen Daseins verhalten sich zu einander wie eine niedere und höhere Stufe des organischen Daseins. Die niedere Voraussetzung kann allenfalls, aber doch nur in unvollkommener Weise, ohne die höhere Gestaltungssphäre, also z. B. das vegetative ohne das animale Leben selbständig bestehen; aber es kann das höhere Gesammtgebilde selbst nie unabhängig von dem Dasein der niederen Stufe existiren. Die Wechselbeziehung ist also, so innig sie auch sein mag, nicht völlig gleich. Der Unterbau der Gemeindefreiheit muß erst gehörig ausgeführt sein, ehe wir von einer unwandelbaren Garantie der staatsbürgerlichen Freiheit reden können. Lassen wir uns jedoch durch den Anschein der gegenwärtigen Zustände nicht täuschen. Es ist ganz in der Ordnung, daß mit der Belebung des centralen politischen Daseins und der centralen Functionen begonnen worden ist. Wenn einerseits die niederen Sphären gleichsam den unerläßlichen Unterbau der höheren Bildungen abgeben, so ist doch das Rangverhältniß der schaffenden Kräfte ein grade umgekehrtes. Was als niedere Stufe unerläßliche Vorbedingung der wirklichen Existenz eines höher organisirten Wesens ist, muß im schöpferischen Plane der ganzen Hervorbringung als im Voraus entworfen und aus centralen Kräften entsprungen betrachtet werden. Ein solches Wesen ist nun auch der Staat, und es liegt daher ganz in der natürlichen Richtung des Ganges der Reformen, wenn mit der Formulirung und einstweiligen Pacisicirung der staatsbürgerlichen Freiheiten begonnen und erst zur weiteren Sicherung derselben an die Gewährleistung und Ausdehnung der Gemeindefreiheit gegangen wird. Der innere und geistige Hergang hat eine Richtung vom Mittelpunkt zu den Außengebilden, während die materielle Sicherung und der solide Aufbau der Garantien offenbar von unten beginnen müssen.

Ungefähr dasselbe Maß von Selbständigkeit und politischen Rechten, welches in dem allgemeinen Staatsleben gewährt werden kann, muß auch dem communalen Dasein zu Grunde gelegt werden. Wir halten es daher für ein Mißverhältniß, daß das Wahlrecht zur Stadtvertretung noch nicht einmal dem zur allgemeinen Volksvertretung entspricht. In dem Dreiclassensystem, welches den Wahlen zum Abgeordnetenhause zu Grunde gelegt wird, findet wenigstens insofern eine allgemeine Theilnahme statt, als in die letzte Classe auch diejenigen aufgenommen werden, welche gar keine Staatssteuern zahlen. Dagegen ist für die Theilnahme an der Wahl der Stadtverordneten ein gewisser Census erforderlich, und hierzu kommt noch, daß die Wahlfähigkeit zur Stadtverordnetenversammlung für die Hälfte der zu Wählenden dem Haus- und Grundbesitzerthum gesichert ist. Besonders diese letztere Bestimmung befindet sich im Widerspruch mit der gegenwärtigen Form der Gesellschaft. Sollte man geltend machen wollen, daß ja auch in allgemein staatlicher Hinsicht ein ähnliches Princip, nämlich ebenfalls eine künstlich gesicherte Vertretung in der Schöpfung des Herrenhauses Ausdruck gefunden hat, so würden wir auch in diesem Falle die Consequenzen der modernen Gesellschaftsform gegen eine zu weit gehende Vertretung des Grundherrnthums geltend machen. Die veränderte Volkswirthschaft muß auch eine Veränderung der politischen Gestaltung und der politischen Berechtigungen mit sich bringen. Ein Industriestaat kann nicht dieselbe politische Verfassung haben wie ein Ackerbaustaat, und eine Stadtverfassung, die sich vornehmlich auf den Handwerksbetrieb und das Zunftwesen gründet, muß eine andere sein, als diejenige eines Sitzes der modernen Fabrikation und des größeren Handels. So lange die Gemeinwesen noch vorwiegend mit der Ausbeutung des Grund und Bodens beschäftigt waren, mußte der Grundbesitz die fast ausschließliche Vertretung der allgemeinen Interessen thatsächlich und rechtlich abgeben. Jetzt unter den veränderten Verkehrsverhältnissen ist das Grund- und besonders das Hauseigenthum eine Waare, die verhältnißmäßig rasch umläuft und sich daher, selbst von ihrer gegenwärtig nur untergeordneten wirthschaftlichen Bedeutung abgesehn, sehr schlecht zur Grundlage politischer Rechte eignet. Wenn man den kolossalen Abstand bedenkt, der ein vorwiegend ackerbautreibendes Gemeinwesen von dem modernen Manufactur- und Handelsstaat trennt, so kann man allenfalls den Einkommen- oder Steuercensus, aber nicht mehr eine Vorherrschaft des Grundbesitzes als gerechtfertigt erachten. Was nun gar den städtischen Grundbesitz betrifft, der doch hauptsächlich Hauseigenthum ist, so möchten die vielen Hypotheken doch auch in Anschlag zu bringen sein, und es dürfte sich das Vorrecht der städtischen Grundbesitzer wohl auf keine Weise mehr vertheidigen lassen.

Der theoretischen Bemeisterung der ebenso wichtigen wie intrikaten Fragen, wie sie in „Möllers Preußischem Stadtrecht" vor uns liegt, wird die praktische hoffentlich bald folgen.
Dz.

Die Universität zu Rostock.

2.

Da in Mecklenburg bis zum Jahre 1848 das politische Parteiwesen noch gänzlich unentwickelt war und das politische Interesse sich nur um den Gegensatz der adeligen und bürgerlichen Mitglieder der Ritterschaft und die Ansprüche der letzteren auf gleiche politische Berechtigung mit den ersteren drehte, so war auch die Universität von politischen Fragen nicht näher berührt und erregt worden. Mit dem Jahre 1848 schien sich dies ändern zu wollen. Schon in den ersten Tagen der Bewegung und noch bevor der Großherzog die öffentliche Erklärung abgab, daß eine Verfassungsänderung, auch abgesehen von den Weltereignissen der neuesten Zeit, unvermeidlich gewesen, jetzt aber das dringendste Erforderniß und daß es sein ernstlicher Vorsatz sei, Mecklenburg unverzüglich in die Reihe der constitutionellen Staaten einzuführen, richtete die Universität als Corporation eine Adresse an den Großherzog, in welcher sie Reform der Landesverfassung und Einführung von Preßfreiheit beantragte. Bei der sehr veränderten Stellung, welche später die große Mehrzahl der Unterzeichner dieser Adresse zu den politischen Fragen eingenommen hat, ist es von einigem Interesse, den Inhalt dieses Schriftstücks der Vergessenheit zu entreißen, welcher die chamäleontische Gesinnungslosigkeit ihn nur zu gern für alle Zeit übergeben sehen möchte.

Die Adresse trägt das Datum des 12. März 1848 und ist von dem Rector und zwanzig Mitgliedern des Conciliums unterzeichnet. Von den jetzigen rostocker Professoren haben Strempel, F. V. Fritzsche, Röper, Becker, L. Bachmann, Karsten, Stannius und Krabbe, von den übrigen noch lebenden damaligen Universitätsmitgliedern Thöl, Thering, Delitzsch, Leist und als Rector der Universität der Professor a. D. Wilbrandt das Schriftstück mit ihrer Namensunterschrift versehen. Dasselbe beginnt mit den Worten: „Inmitten der großen Bewegung stehend, von welcher das politische Leben unseres Vaterlandes in der Gegenwart ergriffen ist, werden auch wir von derselben mächtig berührt. Obwohl nicht verfassungsmäßig berufen uns an der Entwickelung und Lösung der obschwebenden politischen Lebensfragen unseres Vaterlandes zu betheiligen, sind wir darum nicht minder voll innerer Theilnahme dem öffentlichen Leben zugewandt und von der Bedeutsamkeit der Aufgaben, die hier vorliegen, lebhaft durchdrungen." Es folgt die Versicherung, daß man sich in Vertrauen und Liebe dem Großherzog verbunden fühle. „Diese unsere Gesinnung glauben wir wahrhaft zu bethätigen, wenn wir im Hinblick auf die ganze Lage des Landes Ew. K. H. unsere Ueberzeugung aussprechen, welche weder aus irgendeinem Zeitereignisse hervorgegangen ist, noch erst jetzt unter den Einflüssen der bewegten Gegenwart sich gebildet hat." Die Verfassung, heißt es weiter, war für einen früheren Zeitraum gut; aber es sind in den letzten fünfzig Jahren die gewaltigsten Bewegungen und Veränderungen überhaupt im Staatsleben eingetreten und haben auf die Verfassungen aller anderen Staaten Deutschlands bedingend eingewirkt. „Mit der Entwickelung des neueren Staats haben sich neue Elemente im Staatsleben ausgebildet, ohne daß diese in den Organismus der ständischen Verfassung unseres Vaterlandes aufgenommen worden sind. Während andere ständische Verfassungen durch einzelne zeitgemäße Modificationen fortgebildet wurden, ist in der unsrigen keine Veränderung irgendeiner Art eingetreten." . . . „Angesichts der Bewegung, welche unsere ständische Verfassungsfrage hervorgerufen hat, können wir uns doch nicht überhoben achten, auf den tieferen Grund derselben, der nicht allein in der herrschenden Aufregung des Augenblicks zu suchen ist, hinzuweisen. — Jetzt, wo das Bewußtsein lebendig geworden ist, daß nicht blos einzelne Stände zur Uebung politischer Rechte berufen sein können, erscheinen diejenigen, welche gegenwärtig im alleinigen Besitze der ständischen Rechte sind, in ungeeigneter Weise bevorzugt." Hier liege ein Mißverhältniß vor, dessen Beseitigung und Ausgleichung durch weitere verfassungsmäßig herbeizuführende Fortentwickelung der Verfassung die Aufgabe der Gegenwart sei. Mit diesem auf eine Reform der Landesverfassung gerichteten Verlangen schließe die Universität sich den von den verschiedensten Seiten laut gewordenen Wünschen und Bitten an. Dies „geschieht zugleich in der Ueberzeugung, daß in der verfassungsmäßigen Abänderung unserer ständischen Verfassung derjenige Weg vorgezeichnet ist, auf welchem sodann alle weiteren gerechten Wünsche und Bitten in einmüthigem Zusammenwirken aller Staatsgewalten eine dem Wohle des Vaterlandes entsprechende Erledigung finden werden. In der sofortigen Gewährung der von Seiten des Bundes jetzt gestatteten Preßfreiheit würden wir eine Bürgschaft für die Erfüllung aller dieser Hoffnungen sehen."

Nachdem die Adresse kaum abgegangen war, sorgten die Unterzeichner zur

Verstärkung ihrer Wirkung für deren Abdruck. Bereits in der „Rostocker Zeitung" vom 15. März 1848 ward sie nach ihrem vollständigen Wortlaut zur öffentlichen Kunde gebracht.

Die neue politische Aera, an deren Herbeiführung Rector und Concilium sich durch diesen Schritt thätig betheiligten, hatte für die Universität zunächst die Folge, daß durch Regierungsrescript vom 27. März die Stelle eines Regierungsbevollmächtigten eingezogen und zugleich alle übrigen auf den Bundesbeschluß vom 20. Sept. 1819 gegründeten Bestimmungen der Universitätsgesetzgebung aufgehoben wurden. Durch ein anderes Rescript vom 4. April 1849 wurden noch manche anderweitige politische Beschränkungen in den Universitätsstatuten und in den Disciplinarstatuten für die Studirenden, welche aus dem Bundesbeschluß vom 13. Nov. 1834 ihr Dasein ableiteten, beseitigt. Von den Professoren betheiligten sich einzelne sehr lebhaft an den freiheitlichen Bestrebungen jener Zeit. Türk, Wilbrandt und Julius Wiggers wurden zu Abgeordneten für die mecklenburgische constituirende Versammlung gewählt, welche im October 1848 in Schwerin zusammentrat; Thöl ging als Abgeordneter zur Nationalversammlung in Frankfurt a. M. Andere betheiligten sich in Versammlungen und Vereinen, sowie in der Presse an der Verhandlung politischer Fragen. Letzteres geschah namentlich von Seiten des außerordentlichen Professor der Geschichte Hegel, welcher durch seine in der „Rostocker Zeitung" veröffentlichten Aufsätze über die Zeitbewegung und die Formen des zu schaffenden constitutionellen Staats die Aufmerksamkeit der Regierung auf sich zog und infolge dessen auf ein Jahr nach Schwerin berufen und mit der Redaction der neubegründeten „Mecklenburgischen Zeitung", des damaligen ministeriellen Blattes, beauftragt ward. Zur Belohnung seiner Dienste erhielt er gleichzeitig eine ordentliche Professur. Dem bis dahin nur titulären Professor Julius Wiggers ward, nachdem er am 30. Sept. 1848 in Rostock fast einstimmig zum Abgeordneten gewählt war, unter dem 12. October, also fast unmittelbar nachdem die Nachricht von diesem Wahlergebniß in Schwerin eingetroffen war, eine wirkliche außerordentliche Professur mit Gehalt verliehen. Er nebst Türk und Wilbrandt wurden später auch für den ersten ordentlichen Landtag, der nach Verkündigung des constitutionellen Staatsgrundgesetzes im Februar 1850 in Schwerin zusammentrat, wiederum zu Abgeordneten gewählt. Die Regierung war so weit entfernt, an der politischen Thätigkeit der Universitätslehrer Anstoß zu nehmen, daß sie, wie die aufgeführten beiden Fälle beweisen, dieselbe sogar durch Beförderungen ermunterte, welche auch solchen Männern zu Theil wurde, die, wie Julius Wiggers, bereits öffentlich als Anhänger einer gründlichen, im freiheitlichen Sinne auszuführenden Umgestaltung der feudalen Landesverfassung hervorgetreten waren. Auch der Vicekanzler schenkte den auf Herbeiführung einer constitutionellen Verfassung gerichteten Bestrebungen seinen Beifall. Er hatte sich zu Anfang der Bewegung in einem umfänglichen, vom 31. März 1848 datirten Aufsatz für eine bloße Modification der mecklenburgischen ständischen Verfassung ausgesprochen, nahm diese Ansicht aber später durch folgende Erklärung in der „Rostocker Zeitung" vom 29. Sept. 1848 (Nr. 208) zurück: „Um einer an mich ergangenen Aufforderung zu genügen, erkläre ich, daß die in dem Aufsatz Nr. 54 der „Rostocker Zeitung" — „Zum Verständniß der Tagesfragen" — welcher übrigens im Wesentlichen einer im Jahre 1838 zu Gießen erschienenen Abhandlung entlehnt ist und blos zur Aufklärung über den Unterschied der ständischen und Repräsentativverfassung dienen sollte — enthaltenen Ansichten, insofern sie sich für die ständische Verfassung aussprechen, gegenwärtig von mir nicht mehr getheilt werden, daß ich vielmehr aus Ueberzeugung die constitutionelle Monarchie im Princip für eine Wahrheit halte. Die Bestrebungen der Reformvereine, so weit sie sich von den Grundsätzen der constitutionellen Monarchie nicht entfernen, erkenne ich als berechtigt gerne an.

v. Both."

Die Stellung der Regierung zu der politischen Thätigkeit der Universitätslehrer änderte sich aber sehr wesentlich, als es im Verlauf des Jahres 1850 der Reaction gelungen war, im angeblichen Wege Rechtens die constitutionelle Verfassung wieder zu beseitigen und den alten Feudalstaat neu aufzurichten. Der Minister v. Schröter, welcher dazu hauptsächlich mitgewirkt und dann zu diesem Zwecke das Ministeramt übernommen hatte, leitete jetzt, außer dem Justizwesen, die Unterrichtsangelegenheiten und damit auch die Universität. Was während der constitutionellen Aera vollkommen gesetzlich gewesen war und sogar als Qualification zur Beförderung gegolten hatte, ward von der jetzt wieder zur Macht gelangten feudalen Reaction fast zu einem Verbrechen gestempelt. Besonders richtete sich der Haß und die Rache gegen die drei Professoren, welche Mitglieder der beiden Abgeordnetenversammlungen gewesen waren und hier zu der demokratischen Linken gehört hatten. Im Bunde mit dem Criminaldirector Bolte, der jetzt in einer rheinischen Irrenanstalt die Nachwehen seines damaligen Verhaltens zu tragen hat, wußte der Minister schon in den Jahren 1850 und 1851 gegen sie und ihre politischen Freunde verschiedene Untersuchungen wegen Hochverraths in Bewegung zu setzen, die aber wegen gänzlichen Mangels an Material kläglich scheiterten. Unter den in dieser Richtung gethanen Schritten ragt namentlich eine große Haussuchung im Juli des Jahres 1850 hervor, die aber in einer Fülle mitgeschleppter Papiere auch nicht ein Körnchen Stoff für eine Anklage lieferte und durch die Festigkeit des damals noch nicht purificirten Oberappellationsgerichts mit einer großen Niederlage der Veranstalter dieses Verfahrens endigte. Als auf diesem Wege nichts zu erreichen war, versuchte Herr v. Schröter sich der drei liberalen Professoren durch ein anderes Mittel zu entledigen. Er ließ dieselben mit einer Disciplinaruntersuchung bedrohen, falls sie sich nicht etwa gegen Gewährung einer Pension zu freiwilligem Rücktritt vom Amte entschließen wollten. Der Vicekanzler v. Both erhielt den Auftrag, zunächst mit Wilbrandt und Türk wegen ihrer Pensionirung in Verhandlung zu treten. Er eröffnete nun dem Professor Wilbrandt in einer mündlichen Unterredung im Namen des Ministers v. Schröter, daß Gründe genug vorhanden seien, um dessen Amtsentsetzung auf gerichtlichem Wege herbeizuführen. Es befänden sich Acten in den Händen der Regierung, welche dazu völlig ausreichen würden. Herr v. Both stellte sodann für den Fall des freiwilligen Rücktritts eine Pension von 700 Thlrn. (etwas über die Hälfte des von Wilbrandt bezogenen Gehaltes) in Aussicht und forderte ihn auf, sich über dieses Anerbieten zu erklären. Wilbrandt weigerte sich entschieden, auf den Antrag einzugehen und wiederholte auf Verlangen des Vicekanzlers diese Erklärung schriftlich. In gleicher Weise und mit demselben Mangel an Erfolg verhandelte Herr v. Both mit Türk. Die Folge dieser Beharrlichkeit war aber nicht die angedrohte Disciplinaruntersuchung, sondern die Amtsentlassung mit vollem Gehalt als Pension, welche der Minister über die drei ihm mißliebigen Professoren verhängte. Es geschah dies durch drei im Wesentlichen gleichlautende großherzogliche Entlassungsrescripte vom 7. Juli 1852, von welchen das an den Professor Julius Wiggers ergangene später in dessen Schrift: „Vierundvierzig Monate Untersuchungshaft" (zweite Auflage S. 232 f.) der Oeffentlichkeit überliefert ist. Dennoch ward dessen Amtsentlassung in folgender Weise motivirt: Derselbe habe sich „an den Bewegungen der neueren Zeit in ihren revolutionären Beziehungen lebhaft betheiligt", indem er dieselben durch die ihm zu Gebote stehenden Mittel zu fördern bemüht gewesen sei; er habe insbesondere auch mit allen denen, welche „diese strafbare Richtung" verfolgt, zusammengehalten und gemeinschaftliche Sache gemacht, davon auch nicht abgelassen, als der Großherzog ihn im Herbste 1848 zum außerordentlichen Professor ernannt habe; er habe durch dieses sein Verhalten nicht allein die Pflichten der Treue gegen den Landesherrn, sondern auch die Rücksichten, welche er auf seine Stellung als akademischer Lehrer zu nehmen hatte, mißachtet, der ihm anvertrauten akademischen Jugend, welcher er in aller Weise ein gutes Vorbild zu sein verbunden gewesen, das verderblichste Beispiel gegeben, und somit in diesen Richtungen die ihm obliegenden Pflichten, insbesondere auch die in der Bestallung übernommenen Verpflichtungen schwer verletzt.

Also eine Fülle härtester Anklagen und Vorwürfe, auf welche jedoch schon die Thatsache, daß der Minister dieselben nicht für ausreichend gehalten haben kann, um darauf hin eine Disciplinaruntersuchung einzuleiten, mit welcher er durch den Vicekanzler hatte drohen lassen, ein seltsames Licht wirft, welche aber durch ein späteres actenmäßiges Geständniß desselben Herrn v. Schröter, der das Entlassungsrescript mit den darin enthaltenen Motiven verfaßt und unterzeichnet hatte, in die Classe reiner, vom Parteigeist eingegebener Phantasiegebilde eingereiht werden. Dieses Geständniß findet sich in einem Rescript des Ministers v. Schröter vom 29. Juni 1853, mit welchem er dem Criminalcollegium zu den Acten des damals eingeleiteten rostocker Hochverrathsprocesses die Abschriften der Entlassungsrescripte der drei mit vielen anderen in diesen Proceß verwickelten Professoren übersandte. Das Rescript bemerkt bei Uebersendung dieser Abschriften wörtlich: „Daß über die Motive ihrer Entlassung sonst nichts bei den Anstellungsacten der gedachten Professoren vorliegt." Dieser Thatsache gegenüber haben die Drohungen, welche der Vicekanzler, wie erzählt, im Auftrage des Ministers anwandte, um die Professoren Türk und Wilbrandt zur freiwilligen Niederlegung ihres Amtes unter Annahme einer geringfügigen Pension zu bestimmen, und namentlich dessen Behauptung, daß sich Acten in den Händen der Regierung befänden, welche eine Remotion vom Amte ausreichend begründen würden, lediglich den Charakter rabulistischer Vorspiegelungen, welche bei der unzweifelhaften Ehrenhaftigkeit des Vicekanzlers v. Both nur darauf zurückgeführt werden können, daß er selbst in dieser Beziehung das Opfer einer Täuschung geworden war.

Die Universität hatte schon am 12. März 1848, in der Petition um Reform der Landesverfassung und um Preßfreiheit ihr politisches Pulver vollständig verschossen. Sie rührte sich nicht bei diesen Amtsentlassungen, denen nach Beendigung des Hochverrathsprocesses für Türk und J. Wiggers auch noch die Entziehung der Pension sich anreihte und gab überhaupt während der ganzen Aera der Restauration des Feudalismus, von 1850 bis auf diesen Tag, nie wieder einen politischen Laut von sich. Sowohl die Verfassungsreform als die Preßfreiheit, welche sie doch im Jahre 1848 als so nothwendig dargethan und so warm empfohlen hatte, wurde von ihr vollständig im Stich gelassen. Statt dessen that die Universität bei jeder Gelegenheit das Ihrige, um die Gewalthaber davon zu überzeugen, daß sie mit dem reactivirten Feudalstaat und mit dem herrschenden Regierungssystem vollkommen zufrieden und weit davon entfernt sei, sich in politische Fragen zu mischen, mochte unter der zur Herrschaft gelangten Partei die Stellung der Professoren auch noch so unsicher, die Freiheit der Wissenschaft auch noch so bedroht, der politische und sociale Zustand des Landes auch noch so erbarmungswürdig sein.

Durch das schon erwähnte Rescript vom 4. April 1849 war unter anderem die Vorschrift, welche die Habilitirung eines Privatdocenten von der vorgängigen Genehmigung der Landesregierung abhängig machte, außer Kraft gesetzt worden. Es gehörte zu den Amtshandlungen des Ministers v. Schröter, daß er (durch Rescript vom 18. Januar 1851) die frühere Einrichtung wiederherstellte, in der

Absicht, dieselbe zur Abwehr von Personen mißliebiger politischer Richtung zu benutzen. Kurz vorher hatte der Doctor der Medicin Friedrich Dornblüth, ein durch mehre physiologische und medicinische Schriften („Die Sinne des Menschen", „Ursachen und Verbreitungsweise der Cholera", „Anleitung zum Gebrauch des Seebades") sowie durch Aufsätze in Zeitschriften seitdem in weiteren Kreisen vortheilhaft bekannt gewordener praktischer Arzt in Rostock, der freilich im Jahre 1848 in den Versammlungen der Reformvereine eine politische Richtung documentirt hatte, welche mit den Anforderungen des Herrn v. Schröter nicht zusammenstimmte, der aber doch noch im Jahre 1849 würdig befunden war, das großherzogliche Gardebataillon als Militärarzt in den badischen Feldzug zu begleiten, die medicinische Facultät von seinem Vorhaben benachrichtigt, sich als Privatdocent niederzulassen. Die Facultät verwies ihn unter dem 28. Januar mit Bezugnahme auf das inzwischen eingelaufene und vermuthlich durch den vorliegenden Fall erst hervorgerufene Ministerialrescript vom 18. Januar, zunächst an den Minister. Dieser erforderte das Erachten des Vicekanzlers, welches auf Grund einer Unterredung mit dem Dr. Dornblüth, die besonders die Ermittelung der politischen Richtung zum Zweck hatte, befürwortend ausfiel. Dessen ungeachtet ertheilte der Minister unter dem 26. Februar den Bescheid, daß „es bedenklich erschienen, dem Antrage zu willfahren." Dr. Dornblüth repräsentirte gegen diesen Bescheid, indem er darauf hinwies, daß der Plan, sich der akademischen Laufbahn zu widmen, sein ganzes Studium geleitet habe, und daß er, da ihm nur in Rostock die ärztliche Praxis freistehe, nur an dieser Universität das, was seine Lebensaufgabe geworden sei, verwirklichen könne. Auch machte er darauf aufmerksam, daß die Habilitation keinerlei Rechte außer dem Recht, Vorlesungen zu halten, gewähre, und daß ein Anspruch auf Anstellung sich aus derselben nicht ableiten lasse. Falls aber auch jetzt noch Bedenken gegen seine Zulassung bestehen sollten, bat er, ihm dieselben mitzutheilen, damit er sich bemühen könne, dieselben hinwegzuräumen. Der Minister jedoch erklärte, daß „es bei dem in der Sache bereits ergangenen Bescheide vom 26. Februar das Bewenden behalten müsse." Die Gründe der Abweisung wurden zwar auch jetzt noch nicht angegeben; es können aber schlechterdings nur Bedenken politischer Art obgewaltet haben.

Einem anderen jungen Gelehrten, dem Dr. Retslag (jetzt Redacteur der „Abendzeitung" in Berlin), welcher während der constitutionellen Zeit sich als Privatdocent habilitirt hatte, wurde unter dem 20. November 1851, nachdem der Minister durch Rescript vom 9. August 1851 eine allgemeine Bestimmung über Entlassung von Privatdocenten gegeben hatte, von demselben die Erlaubniß, Vorlesungen zu halten, wieder entzogen, weil er wegen eines Preßvergehens verurtheilt war. Durch den Verlust seiner Stellung an der Universität gerieth der junge Mann jetzt unter die Jurisdiction des Raths der Stadt Rostock und dieser verfügte nun seine Ausweisung aus der Stadt, wodurch jener zur Auswanderung aus Mecklenburg genöthigt ward. Auf eine Gegenvorstellung Retslags an das Ministerium vom 28. November 1851, in welcher derselbe um Bestellung eines Procurators bat, um die Regierung verklagen zu können, ward ihm unter dem 5. Januar 1852 erwiedert, daß diesem Antrage nicht gewillfahrt werden könne. Das Rescript schließt mit den Worten: „Die Universität unterliegt nach der ausdrücklichen Bestimmung des Paragraph 2 der Statuten auch hinsichtlich ihrer einzelnen Glieder der Oberaufsicht der Regierung, welche auch das Recht in sich schließt, solche Glieder der Universität, deren Verhalten mit dem Zwecke und der Würde der Anstalt unvereinbar ist, auf administrativem Wege von derselben zu entfernen. Jener Fall ist aber bei Ihnen dadurch, daß Sie sich einer Handlung schuldig gemacht, derentwegen Sie eine criminelle Strafe erlitten, eingetreten."

Nach der hier ausdrücklich ausgesprochenen Ansicht, daß in dem Oberaufsichtsrecht das Recht enthalten sei, mißliebig gewordene Universitätslehrer auf administrativem Wege ohne vorgängiges Gehör und ohne irgendein geordnetes Disciplinarverfahren aus ihrer Stellung zu entfernen, handelte denn auch bald nachher der Minister v. Schröter gegen die drei Professoren, welche er in der schon dargelegten Weise aus ihrem Amte entließ, und wiederum im Jahre 1858 gegen den Professor der Theologie Dr. Michael Baumgarten. Das Verfahren gegen letzteren unterscheidet sich von dem gegen die erstgenannten drei nur dadurch, daß der Minister in dem baumgartenschen Falle sich ein Actenstück vom Consistorium anzuschaffen wußte, in welchem dieses den Professor Baumgarten der fundamentalen Ketzerei und des geflissentlichen Eidbruchs beschuldigte und daß dieses Actenstück auf Anordnung des Ministers, zusammen mit dem Rescript über die Amtsentlassung vom 6. Jan. 1858 durch den Druck veröffentlicht ward. Ungeachtet der zahlreichen Schriften, welche diese Angelegenheit hervorgerufen hat, sind die Anfänge derselben doch noch immer in tiefes Dunkel gehüllt, da der Minister es für gut befunden hat, nur diejenigen Actenstücke zu veröffentlichen, durch welche das Consistorium in den Vordergrund geschoben wird. Das von ihm an das Consistorium erlassene Rescript, welches zur Erstattung eines Gutachtens über das Verhältniß der baumgartenschen Theologie zum Inhalt der kirchlichen Bekenntnißschriften aufforderte und ohne Zweifel schon einige wohlberechnete Fingerzeige hinsichtlich der Auffassung des Ministers enthalten hat, wurde dagegen ebenso wie die vor Erlaß der ministeriellen Aufforderung an das Consistorium und nach Eingang des Consistorialerachtens zwischen dem Ministerium und dem Oberkirchenrath in Schwerin über diese Angelegenheit gewechselte Correspondenz von der Veröffentlichung ausgeschlossen. Auch über die mündliche Besprechung des Ministers mit dem damaligen Consistorialdirector Martini und die vertraulichen Verhandlungen des letzteren mit Krabbe, dem Verfasser des Consistorialgutachtens, welche der amtlichen Aufforderung an das Consistorium zur Abgabe dieses Erachtens voraufgingen, liegen nur sehr unbestimmte Mittheilungen vor, und man wird wohl darauf zu verzichten haben, hierüber jemals genaueren Aufschluß zu erhalten. Es leidet aber keinen Zweifel, daß die eigentliche Ursache der gegen Baumgarten ins Werk gesetzten Maßregel nicht in dessen angeblicher Ketzerei, sondern in der Besorgniß vor den politischen Früchten der Wirksamkeit dieses freien, offenen und muthigen Bekenners der Wahrheit zu suchen ist. Die Universität verhielt sich auch in dem baumgartenschen Falle vollkommen schweigend und verehrte in stummer Unterwürfigkeit auch diesen Act der administrativen Allgewalt, welche der Minister sich beilegte. Ein Zeugniß über die Ungerechtigkeit des Verfahrens, eine Reclamation zu Gunsten der durch dasselbe gekränkten corporativen und persönlichen Rechte von Seiten der Universität hätte ja dem Minister leicht Anlaß zu weiterer Purificirung des Lehrerpersonals der Hochschule bieten können.

Zur Geschichte des Geldes.

Geld nennen wir heute die zur Vermittlung der Tauschgeschäfte und Berechnung der Tauschwerthe allgemein angewendete Waare. Grade der Umstand, daß Geld mehr als irgendein anderer Verkehrsgegenstand überall geschätzt wird, machte es ihm möglich, an die Stelle aller anderen Waaren als großer Werthvermittler zu treten und so dem früher allgemein verbreiteten Tauschverkehre ein Ende zu setzen. In zweiter Linie erst stehen seine leichte Umlaufsfähigkeit und Aufbewahrungsweise sowie seine große und der eigenen Existenz nicht hinderliche Theilbarkeit. Daher enthält unser Wort Geld, das nach Jakob Grimms Nachweis in den deutschen Rechtsalterthümern in alter Zeit alles umfaßte, was man als Zahlung entrichtete, gerade den Kern seiner Bedeutung, es verweist auf die allgemeine Geltung der Münzstücke, während das griechische und lateinische Wort Nomisma und Nummus schon undeutlicher sich auf die allgemeine Vorschrift, Richtschnur (Nomos) zurückbeziehen. Andere Bezeichnungen, zumal neuerer Sprachen, wie das französische argent, das englische money sind von weniger wichtigen Seiten des Geldwesens hergenommen. Aber die Römer nannten das Geld auch pecunia und faßten hierin den

weiteren und einen engeren, der oben gegebenen Begriffsbestimmung sich sehr
annähernden Begriff des Geldes zusammen. Sie zeigen dadurch, wie viel besser
ihnen, als den übrigen alten Völkern, ihr dem Raume und Wesen nach ausgebildeter Verkehr ermöglichte, die eigentliche Natur des Hauptverkehrsmittels
zu erkennen. Die Griechen selbst und zwar ihre bedeutendsten Köpfe
extravagiren bedenklich in der Begriffsbestimmung und Schätzung des Geldes.
Der Eine kennt Reichthum nur, wo er Geldschätze gehäuft sieht; — Xenophon
glaubt, des Geldes könnte die Welt nie genug erhalten, daher müßte dem im-
merwährenden, ja steigenden Bedürfnisse stets ein gleich hoher oder gar steigen-
der Curs desselben entsprechen. Ein Dritter, und kein geringerer als Aristoteles,
weiß zwar, daß nur zum Leben brauchbare, nützliche Dinge sich als Geld eignen,
trotzdem behauptet er, das Geld habe keinen Werth in sich, sondern sei in sich
leer, wie die Spielmarken, und erhalte Bedeutung und Geltung nur durch die
übereinstimmende Billigung und Anerkennung der Gesetze und der verkehrtrei-
benden Menschen. Daher nennt er das Geld auch an sich unfruchtbar gegenüber den gebärenden Organismen und dem fruchttragenden Boden; lege man
es in den Kasten, so erzeuge es keine Jungen, keine Zinsen, nur Gesetze und
Menschen schrieben seinen Zinsertrag vor. Wie sollte dann gar das Darlehn
dem Verleiher Zinsen bringen, bei dem doch der Entleiher sogleich Eigenthümer
der entliehenen Summe würde? Das dargeliehene Geld verschlechtere sich ja
nicht durch den Gebrauch des Entleihers, auch bezahle dieser nicht mit den Geld-
zinsen die Zeit seines Darleihens; denn die Zeit sei ein nicht in Geld schätz-
bares, allgemeines Gut, gleich der Luft und dem Sonnenlichte. — Ihnen gegenüber bezeichneten die Römer mit Pecunia im umfassenderen Sinne nicht blos das
geprägte Geld, die Münzen, sondern alle Theile des Vermögens, unbewegliche
und bewegliche, körperliche und unkörperliche (z. B. Rechte), kurz alles, was
sich im Privatbesitze findet und Vermögenswerth hat. Im beschränkteren Sinne
dagegen hieß Pecunia ihnen das allgemein anerkannte und verbreitete Ver-
kehrs- und Schätzungsmittel; und wie nahe sie hiermit zur Einsicht der diesem
Essay voraufgestellten Definition des Geldes gelangten, zeigt sich aus der trefflichen Erklärung, welche Paulus, ihr größter Rechtskundiger, darüber abgiebt
(l. 1 D. 18, 1. de contrahenda emtione). Auch darauf, daß mit der allgemeinen Erkenntniß und Anerkennung des Geldes der Tauschverkehr endete,
weist schon mit Entschiedenheit, wenn auch in etwas äußerlicher, mehr juristischer,
als wirthschaftlicher Begründung Ulpian in den Worten hin: "Bezweifelt wird, ob
ohne die Existenz des Geldes heute von einem Kauf die Rede sein könnte, wie
wenn ich eine Toga gab, um eine Tunika zu empfangen. Sabinus und Cassius meinen, dies sei ein Kauf, Nerva und Prokulus, es sei ein Tausch und
nicht ein Kauf. Aber richtiger ist die Meinung von Nerva und Prokulus.
Denn wie ein Unterschied besteht zwischen verkaufen und kaufen, Käufer und

Verkäufer, so ist auch etwas anderes der Kaufpreis, etwas anderes die Waare; beim Tausche aber kann man nicht unterscheiden, wer Käufer und wer Verkäufer sei." Während die Römer durch den vagen Begriff der Pecunia (von Pecus, Vieh) noch an den früheren Zustand des Tauschverkehrs erinnern, in welchem vornehmlich die einzelnen Stücke Kleinvieh der zahlreichen Heerden, daneben dann aber auch alle anderen Vermögensbestandtheile als allgemeine Werthmesser gelten konnten, beweisen sie gerade durch den begrenzten, bestimmten Begriff desselben Wortes, daß der Vorzug des allgemeinen Werthmessers sich auf das entwickeltere Verkehrsmittel übertrug, und hierdurch erst, nicht, wie willkürliche Ausleger gegen den geschichtlichen Verlauf meinen, durch den vagen Begriff der Pecunia bekunden sie, daß ihnen auch ein Einblick in das wirthschaftliche Wesen des Werthes vergönnt war.

Diese zwiefache Bedeutung des Geldes verarbeitete darnach die im Römerreiche erstehende christliche Kirche in ihre gewaltige systematische Sittenlehre, welche wir, da sie in Rechtsform auftrat und gelten sollte, das kanonische Recht nennen. Auch hier wird auf die Sklaven, Geräthe, Bäume, Thiere, kurz alles, was von Menschen besessen werden kann, unter Pecunia hingewiesen, die Herleitung des Wortes von dem Heerdenvieh festgehalten; aber sehr schnell knüpft daran die Scholastik Vorwurf und Verbot gegen die Habgier der Menschen, welche alle Theile des Irdischen in dem Gelde begehre. Geld im engeren Sinne waren die Geldstücke, sei es als gemünzte, sei es als Theile ungeprägten edlen Metalles, sei es eine bestimmte Quantität anderer Sachen.

Ueber diese Bedeutung des Geldes steht den kanonistischen Schriftstellern, welche, da das Corpus Juris canonici nichts über das Münzwesen enthält, die Hauptquellen zur Erkenntniß seiner kirchlichen Gestaltung für die Zeit der blühenden Scholastik und zum Theil bis in die Neuzeit hinein bilden, ein überraschend ausgedehntes Material zu Gebote. Homer rechnet noch nach der Wertheinheit des Rindes, Drako legte dasselbe Maß seinen Geldstrafen unter, Lykurg untersagte gar allen Geldgebrauch, um seinen Staat sicherer durch Tauschhandel zu erhalten, die athenienischen Münzen vor Solon weisen durch den Stier ihres Gepräges noch auf die Vorzeit des ungefügen Geldes hin. Uebereinstimmend damit sprechen die Pecunia der Römer und die Münzen mit Gepräge von Rindern und Schafen, sowie die alten in Heerdenvieh gemessenen Vermögensstrafen von der Zeit einer rohen Wertheinheit. Deutschland kennt dieselbe von den Jahren des Tacitus und der Volksrechte her, in denen deshalb die Pecunia mit den Thieren dieselben Grundsätze theilt (lex Frisionum add. sap. ti. '11. „si homo alii equum suum prästiterit vel quamlibet aliam pecuniam.") und nicht durchweg mit unserm gemünzten Gelde verglichen werden darf. Trotz der daneben längst bekannten geprägten Münzen, welche römische Handelsleute, ja schon Phönicier und

Griechen unsern Voreltern brachten, troß der vielen geseßlichen Strafen und Schäßungen (z. B. im Wergelde), welche in Münzen bemessen sind, troß des Einflusses der Geistlichen und Juden auf den Geldverkehr, welcher sich überraschend früh und schnell steigend in einer Zahl von hierher gehörenden Rechtsgeschäften wie Kauf, Verrentung, Darlehn, Schenkungen u. a. offenbart, endlich troß des aufblühenden Gewerbes und Handels in Süd-, dann in Norddeutschland überwiegt in Deutschland der Tauschverkehr, die Schäßung nach Rinderzahl bis tief in das Mittelalter hinein. Noch unter Otto dem Großen legt man Strafen in Rindern auf, gerade die maßgebendsten Rechtsquellen des dreizehnten Jahrhunderts kennen einige der vornehmlichsten Geldgeschäfte kaum noch. Wo sich der Gebrauch der Münzen nachweisen läßt, ist ihre Prägung beschränkt, ihr Curs schwankend, ihr Geltungskreis sehr klein, oft nur eine einzige Stadt, ihr Umlauf unscheinbar wegen des regen Tauschverkehrs, der allgemeinen Naturalwirthschaft, des mangelnden Credits, der vielfach geseßlich nur Zug um Zug den Kauf gestattete. So darf in dem durch Handel blühenden Prag im vierzehnten Jahrhundert ein Creditkauf nur auf vier Wochen Frist bei Verlust des Klagerechts daraus abgeschlossen werden; kaufte aber ein prager Bürger von einem Fremden Waaren auf Credit, so mußte er dieses zur Genehmigung dem städtischen Rathe anzeigen. Größere Mengen geprägter Münzen brachten auf den Markt wohl erst die seit dem fünfzehnten Jahrhundert eröffneten Bergwerke von Meißen, wie Hüllmann nachweist: dies alles Zeichen des unbedeutenden Geldverkehrs, des überwiegenden Tauschhandels in den Schriften der Kanonisten. — Wir können heute ihr Alterthumsmuseum erheblich bereichern, müssen darin aber auch Zahlen und Thatsachen aufstellen, welche den Charakter ihrer Sammlung wesentlich verändern. Denn wir wissen, daß zum Theil heute noch z. B. Salzbarren in Mittelasien und Afrika, Thonziegel in Hochasien, Datteln in Persien und der Sahara, Cakaobohnen und Baumwolle in Mittelamerika, Wachs in Südamerika, Zucker in Westindien, Tabak in Virginien, Stockfisch in Neufundland, gewebte Stoffe, Korallen, messingene Ringe und Gürtel bei den Kaffern, ferner bei den Völkern des hohen Nordens, in Rußland, in Ländern der Hudsonsbaigesellschaft Pelze der Füchse, Marder, Biber, Zobel nach einer festen, dem Curse unterworfenen Skala die Stelle des Geldes vertreten, daß aus solchen Pelzen allmälig kleines von der Regierung gestempeltes Pelzgeld, aus diesem das Metallgeld in der Geschichte Nordasiens und Rußlands sich gestaltete; wir wissen, daß heute noch der Isländer, im Anklange an das alte schwedische fä (Vieh) -vermögen, seine Schäße unter dem gleichen Worte und Begriffe zusammenfaßt. Daraus folgt für uns der allgemeine Saß, daß das wechselnde Mittel zur Befriedigung des Hauptbedürfnisses auf den verschiedensten Culturstufen stets als Geld galt, wechselnd je nach der Cultur im Stoffe, immer dasselbe aber als allgemein anerkannter Werthmesser und Vermittler des Hauptverkehrs. Daher rührt es, daß edle und unedle (ungeprägte, dann geprägte) Metalle je nach ihrem häufigen und mühelosen Gewinn aus dem Boden der einzelnen Länder schon in früher Zeit mit den eben erwähnten Naturgeldern concurrirten. Der alte Michaelis zeigt, daß bei den Juden erst seit 1050 Goldmünzen cursirten. In Griechenland, zumal in Sparta, erhielt sich das Eisengeld, welches nebst Zinngeld heute noch in Senegambien und im Südosten Asiens gilt, lange im Verkehr; Kupfergeld begann wohl erst unter Philipp von Macedonien. — In Italien dagegen bewirkte der ausgedehnte Verkehr mit Nordafrika eine frühe Circulation des Kupfergeldes. Seit der Mitte des dritten Jahrhunderts vor Christus etwa datirt hier das Silbergeld, nur große Staatszahlungen leistete man in Gold, bis endlich der großartig gesteigerte Volksreichthum in der Kaiserzeit das Goldgeld allgemein nothwendig machte. In derselben Zeit berichtet Tacitus von der Armuth unserer Vorfahren, denen Silber im Verkehre wesentlicher galt, als Gold. Eben der Volksreichthum bewirkt heute in England die allgemeine Goldcirculation, so daß Silber die Stelle unseres Kupfergeldes vertritt, während bei Einführung des Goldgeldes, etwa um 1250, kaum königliche Befehle den Umlauf des Goldes in London ermöglichen konnten. Dem gegenüber quält sich im Kirchenstaate der Bauer, der Handwerker, der Krämer noch jetzt, in gewaltigen Kupfermünzen von der Größe der preußischen Zweithalerstücke (cinque Bajocchi — $2^{1}/_{2}$ Sgr.) seinen geringen Marktverdienst weniger Thaler in Tüchern heimzuschleppen. — Daß schließlich die Edelmetalle den Hauptstoff der Münzen abgeben, ist sehr erklärlich. Sie sind selten, der Luxus begehrt sie, sie concentriren ihren Werth in kleiner Masse, theilen sich deshalb gut, genau und sicher, circuliren leicht, überdauern die Jahrtausende, ertragen den Angriff der meisten Elemente, und fügen sich wohlfeil dem Stempel des Staates, welcher ihre Feinheit und Schwere anzeigt, und so statt der Privatleute sie erprobt und wägt. Barren edlen Metalls, mit Angabe von Ort, Zeit und Feingehalt des Gusses als Prägung, sind das Geld des Völkerhandels und Völkerrechts; denn die Autorität des einzelnen Staates tritt hier zurück.

Nicht so zweifellos indeß lagen diese heutigen Schlüsse über die Geschichte des Geldes den Kanonisten vor, die einmal das lehrreiche Detail nicht aus dem ganzen Erdkreise sich sammeln konnten, und dann selbst in die von ihnen zusammengestellten geschichtlichen Daten ihre kanonistisch-scholastischen Rechts- und Sittengrundsätze fertig hineintrugen, um sie durch jene bestätigen zu lassen. Auf diese Weise begründeten sie die Lehren vom Wesen des Geldes, welche vermöge der ausgedehnten Macht der Kirche von tiefgreifendstem Einflusse auf die wirthschaftliche Theorie und Praxis des Mittelalters und eines großen Theiles der Neuzeit geworden sind.

Chrysostomus eifert in seiner Schrift über Matthäus gegen die Kaufleute, welche, mit Lug und Trug gleichwie von einer Pest behaftet, um äußeren Handelsgewinnes willen der christlichen Selbstlosigkeit untheilhaft seien, daher aus der jungen Kirche ausgestoßen werden müßten, und er sagt, im Anschlusse an die Vertreibung der Wechsler aus dem Tempel: das Geld bedeutet die Menschen, diese zeigen Gottes, jene des Kaisers Bild; zeigen sie es nicht, so sind sie unrichtig, reprobati. (decr. Grat. dist. 88. cap. 11. §. 5) Innocenz der Dritte bezeichnet in einem Briefe an den König von Arragonien 1212 (decretal. II. 24. cap. 18) eine unrichtige Münze als solche, welche geringer an Gehalt und Gewicht sei, als die gesetzmäßige (vera, legitima, probata). Der hierin zu Tage tretende Fundamentalunterschied wurde natürlich auf diejenigen angewendet, welche Münzen prägten, also auf die Obrigkeit und die Falschmünzer. Die erstere allein hatte von Natur das Prägerecht, ein Anderer nur durch sie oder durch Gewohnheitsrecht. Daher verwerfen etliche Kanonisten die Prägung der kleinen italischen Republiken, Städte, Freiherrn, andere billigen sie, weil sie als Legitimation eigner Landeshoheit Münzen ihres Bildes schlügen. Selbst die berechtigten Regierungen indeß schienen, wie man aus dem römischen und kirchlichen Rechte, nicht aber aus dem wirthschaftlichen und Rechtszwange des Verkehrs herleitete, bei Ausübung ihres Prägerechts hinsichtlich des Stoffes, der Form und des Werthes der Münzen an bestimmte Vorschriften gebunden. Das Geld edlen Metalles durfte nicht — abgesehen von den Zeiten der Noth — aus weniger edlem oder durch seine Mischung verschlechtertem Stoffe gefertigt werden, mußte bestimmte Form und Zeichen ihres Gehaltes und Ursprungs tragen, und den dem ungeprägten Metalle gleicher Quantität entsprechenden, höchstens durch die Herstellungskosten vermehrten Werth ausdrücken.

Diesen Werth sollte nun die Regierung nach der im Verkehre zu Tage tretenden Schätzung des Metalles bestimmen; da indeß hierbei weder Zwang noch Controle gegen sie zu üben war, so folgte daraus, daß die Regierung, und nur sie, den Werth der Münzen bestimmte. Die Regierung konnte hierbei natürlich so wenig wie in andern Punkten der Meinung ihrer Unterthanen, den Resultaten des Marktverkehrs unterworfen sein, vielmehr war es Recht und Pflicht der absoluten Herrschaft und unbegrenzten Regierungsvormundschaft, zumal im Sinne der kirchlichen Schriftsteller und des Papstthums, jenen Werth des Geldes ebenso von oben her zu setzen, wie die Regierung den Preis der im Verkehr umlaufenden Waaren durch Polizeitaxen vorschrieb und mit Zwang durchführte. Hierdurch gestaltete sich der Geldwerth zwiefach unveränderlich, einmal wegen seiner eigenen, zweitens wegen der Taxe der Waaren; letztere hätten ohne Taxe der Obrigkeit das Geldfixum jeden Augenblick durch ihren schwankenden Preis illusorisch gemacht.

Diese wirthschaftlichen Grundsätze finden sich auch im kanonistischen

Wechselrechte wieder. Nach langem Streite verwarfen hier im sechzehnten Jahrhundert die Päpste den trocknen (Sola-) Wechsel und billigten nur den gezogenen Wechsel, wo dieser bis zur nächsten Wechselmesse oder auf „angemessenen Uso" (ad legitimum usum cambiorum, quem necessitas publica induxit) gestellt war. Denn der Wechselkäufer erwerbe den scutus (deckender Schild) d. h. das im Wechsel enthaltene Geld. Hier aber unterlag die Regierungsgewalt bald dem Widerstreite der Wechselpraxis, welche täglich das Unhaltbare solches starren polizeilichen Eingriffs in den aus vielen inneren Gründen zeitlich und örtlich schwankenden Wechselcurs aufdeckte, und man mußte sich bequemen, diesen Curs durch die Wechsler oder Hauptkaufleute an den vornehmlichen Handelstagen und Orten jedesmal nach Ausweis des Verhältnisses von Angebot und Nachfrage feststellen zu lassen, eine Praxis, die neuerdings auch für die Geschichte des deutschen Wechselrechtes nachgewiesen ist.

Daß dieser selbe Sieg des Capitalverkehres sich auch über die obigen Grundsätze der Geldtaxen geltend machte, bewirkte allmälig die Naturwidrigkeit der Grundsätze selbst, zuvor und schneller aber thaten die Regierungen das Ihrige dazu. Ihr anerkanntes Recht, in der Zeit der Noth die obigen drei sittlichen Schranken der Geldprägung zu überschreiten, ließ sie zu Gunsten ihrer Kassen bald die Noth herbeiwünschen, sie oft vorhanden sehn, ja sie selbst erzeugen. In den Fällen besonders krasser Mißtaxen erlaubte daher das kanonistische System sogar, daß der natürliche Curs der Münzen die Taxen beseitige. Die Masse der Fehden und Wirren in dem erst halb cultivirten Continente, die räumliche und zeitliche Zerrissenheit der Münzgebiete, der unmittelbare und mittelbare gewinnsüchtige Eingriff der benachbarten Münzherren in die vielleicht angebahnte Besserung der heimischen Geldprägung machten ein Innehalten der kanonistischen Prägenormen um so weniger möglich, als diese Normen schon an sich der Natur der Wirthschaft und des Rechtes entgegenstanden.

Nachhaltiger noch und mit dem fortschreitend steigenden Capitalumlauf immer entschiedener erschütterte eben diese ihre Naturwidrigkeit die obigen Grundsätze. — Aus einigen der zuletzt angedeuteten Momente erhellt schon die Unmöglichkeit, über die Grenzen der meist engen Münzgebiete hinaus der Münze den declarirten Werth zu erzwingen, ja nur innerhalb dieses Gebietes den Werth gegen die Wirkungen der benachbarten Münzoperationen und Münzmißbräuche zu vertheidigen. Hierzu kam der unvermeidliche schwankende Curs der Edelmetalle und das fluctuirende Verhältniß zwischen Angebot und Nachfrage des Geldes selbst. So groß das kanonische Recht in seiner äußeren Consequenz, so kühn ist es in seinen Fictionen. Man sagte, die taxwidrigen Curse des Geldes billige die Regierung, weil sie sie nicht verbiete. Ein Wort statt der offenen Verwerfung jener Scheinconsequenz.

Diese Consequenz fußte aber nicht in leerem Eigensinne, sondern in der innersten kanonistischen Grundanschauung vom Wesen des Geldes. Das Geld ist darnach zunächst allgemeines Tauschmittel, aber man tauscht nicht eine Sache gegen den innewohnenden Werth der Münzen, sondern gegen die Münze als Münze, als sinnlich vorliegenden Gegenstand mit staatlich declarirtem Werthe. Daher ist in diesem Sinne (übrigens unter Einwirkung noch anderer Momente) auch das Geld an sich unproductiv, etwa wie die Stein-, die Holzwaaren u. dergl. Somit kann es ferner auch eine Waare, wie diese, genannt werden, welche je nach Angebot und Nachfrage (z. B. beim Geld- und Wechselhändler) im Preise schwankt. Als Waare erhält es eine Polizeitaxe, wie andere Waaren; dieser bedarf es aber vornehmlich, weil es das allgemeinste Tauschmittel ist, das deßhalb auch Preis der andern Waaren und seiner selbst heißen kann. Nur sein ausgedehnter Tauschgebrauch unterscheidet es von andern Waaren, es ist auch in kanonistischem Sinne nicht eine Sache ganz besonderer Natur, wie neue Wirthschaftshistoriker haben entdecken wollen, indem sie die geschichtliche Entwicklung hintansetzen und übersehen, daß nicht wenige ihrer entdeckten Besonderheiten aus dem einen Wesen des Geldes als Waare auch kanonistisch folgen. Hierin ebenso, wie in dem Betonen der Münze als Münze mit staatlich declarirtem Werthe liegt die kanonistische Vorstellung unserer Geldanschauung nicht so fern, weil wir in dem Staatspapiergelde und bei dem enorm gesteigerten persönlichen Credite auch in dem Privatpapiergelde (Actien, Noten, Billets, selbst Wechsel) ebenfalls Geldzeichen haben, die nur durch den in ihnen declarirten und angenommenen nicht durch den in ihnen selbst liegenden Werth Haupttauschmittel sind.

Mit dieser Anerkennung des Geldes als Waare unter einer ihr besonders nöthigen Polizeitaxe konnten aber die Scholastiker sich natürlich nicht gegenüber den Curschwankungen des Geldes helfen; denn auch die Waaren sollten von ihren Polizeitaxen im Preise nicht abweichen können, oder die Geldtaxen wie Waarentaxen bestritten nicht sowohl das abweichen können, als das abweichen dürfen. Und nicht erst um die Möglichkeit der Abweichung von der Geldtaxe zu rechtfertigen, sondern in viel allgemeinerem, in der Natur des Geldverkehrs begründetem Sinne, den jene wirthschaftlichen Historiker selbst anerkennen, constatirten die Kanonisten in dem Gelde die Waare. Sie rechtfertigten ja hiermit auch nicht die Curschwankungen des Geldes als Preis; denn, wo es Preis war, war es ja eben nicht Waare.

Genug Widersprüche häuften sich übrigens im Geldverkehr bei den Kanonisten auch ohne die oben besprochenen. Denn das Geld blieb nach Obigem immer ein Tauschmittel (Waare als Waare) und wieder das Tauschmittel (Waare als allgemeines Werthmaß, als Preis); beidemal gesetzlich taxirt und beidemal doch schwankend im Preise. Gegen letzteren Punkt half natürlich nicht, wenn man jene zwei Seiten des Geldes als unvereinbar erklärte; dieses oder das dadurch bedingte Schadensinteresse betonten nur, daß jene zwei Seiten existirten. Bei dem in Italien dann in Frankreich, schließlich auch in Deutschland gewaltig emporsteigenden Wechselverkehr, wo der Cursunterschied der gegen einander gewechselten Geldsorten in jedem Wechsel, also millionenfach der kirchlich theoretischen und weltlich praktischen Geldtaxe entgegentrat, verwies man auf die Arbeit des Wechslers beim Bereithalten und Hingeben der verschiedenen Gelder, auf sein Risiko bei Transport des Geldes und machte eben deshalb unter Verwerfung der trocknen Wechsel jene zwei Momente zum Bedingniß der Tratten und des Wechselgewinnes daraus. Man täuschte damit sich selbst kaum, den Verkehr gar nicht; und daß man letzteren nur ein Jahrhundert lang zwang, sich in trocknen oder in gezogenen Scheinwechseln heimlich oder offen dem kanonistischen Principe entgegenzustellen, ist neuerdings für die romanischen Wechselgebiete und selbst für Deutschland aus Quellen erwiesen worden.

Hieraus geht aber, was sehr wesentlich, soviel hervor, daß die Scholastiker allgemein entfernt waren, das Geld nur zum Kaufe geeignet anzusehen, es in sich für unfruchtbar zu erklären. Eine einzige Stelle im Corpus des kanonischen Rechtes weist zwar hierauf mit bestimmten Sätzen hin (c. 11 §. 4. dist. 88). Aber diese Stelle hat eben das Geld als General-Tauschmittel besonders im Auge und findet deshalb so durchgreifende Unterschiede zwischen ihm und den Verkehrsgegenständen, die natürliche oder civile Früchte hervorbringen (Acker und Haus). Daß sie nicht von dem Wesen des Geldes selbst erschöpfend reden will, erweist die in ihr ausgedrückte einseitige Veranlassung der Unterscheidung, ferner die Absicht der ganzen Stelle, das wucherische Treiben der Kaufleute zu verurtheilen. Und dies ist auch der Zielpunkt, gegen den sich der Angriff der Kanonisten richtet. Sie wollen zur Verwirklichung christlicher Selbstlosigkeit jeden Wucher, jede Vergütung für den Gebrauch fremden Capitales mit sittlicher Rüge und rechtlichem Zwange beseitigen, unterdrücken, unmöglich machen. Daher lassen sie das Gesetz vor allem befehlen: das Darlehn, das wucherliche Hauptgeschäft, soll zinslos, unfruchtbar sein. Erst um diesen unorganisch aus einseitiger Sittenlehre in den Verkehr geschleuderten Satz, der nur aus dieser Sittenlehre her verstanden und begründet werden kann, auch wirthschaftlich scheinbar zu begründen, greift in der erwähnten einzigen Stelle Chrysostomus — also zu einer Zeit (i. J. 370), da man noch nicht kanonistisch-nationalökonomische Systeme aufführte — zu Aristoteles zurück und sagt in kanonistischem Geiste: das Geld sei nur zum Kaufe und habe keinen Gebrauchswerth. Dies ist der geschichtliche Gang: erst sittliche Wucherrüge, dann rechtliches Wucherverbot, zuletzt dessen Begründung aus dem Wesen des Geldes und andern Momenten. Die Nächstenliebe ist Ausgangspunkt und Begründung des Wuchergesetzes, nicht die neue Geldtheorie. In dieser Folge erhalten die Sätze des eifernden Chrysostomus eine modificirte Bedeutung. Daß diese die richtige, erweist die Rechnungsprobe. Die Scholastiker bauten diese sogenannten Grundzüge der kirchlichen Geldlehre (oder gar Wucherlehre) kaum aus; wir haben aus der frühen und aus der Hauptzeit des Mittelalters mehre ihrer geläufigen Geldgeschäfte, in denen von fast allen das Geld als fruchtbares Capital verdeckt und offen anerkannt ist. Wir erinnern an die bestimmten Fälle des Kaufgewinnes, an das Seedarlehn, an die Verzugszinsen und vornehmlich an das statt der Conventionalzinsen eintretende kanonistische Interesse, an den Rentenkauf, an den Wechselvertrag, an die Zinsgeschäfte der Juden, der Wechsler, an die Montes pietatis, die alle vom kanonischen Rechte gebilligt worden sind. Und sagten nicht da, wo eine Münzveränderung während einer schwebenden Geldschuld eintrat, selbst fanatische Kanonisten, wie Andreä und Tellez, die Münzen seien zu zahlen nach dem Werthe, welchen sie zur Zeit des Contractschlusses hatten?! Gegen die Reihe dieser geschichtlichen Beweise besteht die scharfsinnige, aber einseitige und quellenwidrige Entdeckung der ganz besonderen kanonistischen Geldtheorie nicht.

Auch ohne diese wirken eine Reihe der oben dargelegten kanonistischen Irrlehren über das Wesen des Geldes noch in den heutigen Rechtssystemen und verschärfen bei der schnell fortschreitenden wirthschaftlichen Entwicklung den Gegensatz zwischen dieser und den Rechtssätzen vom Gelde, vom Werthe, vom Schadensersatz, von Uebertragung, Zahlung einer Forderung, von Wechsel, Papier auf den Inhaber, Banknoten u. a. Darum ist es wichtig, ja nothwendig, diese Reste früherer einseitiger Doctrinen in Recht und Wirthschaft geschichtlich zurück und wieder bis auf die Gegenwart hin streng quellenmäßig zu verfolgen; dadurch erweisen sich dann die Reste als solche, und es löst sich der Bann, mit welchem sie das Recht von seiner Hauptaufgabe fernhalten, gesetzlicher Ausdruck der wirthschaftlichen Institute und Grundsätze zu sein.

Poesie der Trias.

Die Regierung von Hannover hat nach Bericht der Zeitungen vor Kurzem ihrer Telegraphenstation in Bremen die Annahme preußischer Kassenanweisungen untersagt. Es scheint, daß dies Verbot einen Kriegszug gegen Credit und Wesen des vielgehaßten preußischen Staates eröffnet. Uns wird gleichzeitig der Druck eines Soldatenliedes mitgetheilt, welches in den Kasernen des Welfenstaates zur Förderung kriegerischer und patriotischer Empfindungen verbreitet wird. Es ist auch als volksmäßiges Soldatenlied ein rohes Gedicht, die Tendenz der Verbreitung und das Talent des Verfassers stehen auf einer Linie. Wir halten trotzdem für nützlich, dasselbe den Lesern dieses Blattes mitzutheilen, denn es ist charakteristisch für den Geist, womit man das eigene Wesen gegen die gefürchteten Uebergriffe des Nachbars zu schützen sucht; es zeigt auch, zu welchen Maßregeln die Animosität verleiten kann und wie peinlich sich die Gegensätze in Deutschland gespannt haben. Dergleichen wäre doch sonst — auch in der schlechtesten Zeit seit 1815 — in keiner Kaserne eines deutschen Staates geduldet worden. So aber singt im Jahr 1865 der hannöversche Grenadier:

Das Gedicht von Rendsburg.

Von Müller IV. von der 6ten Compagnie des 3ten Hann. Infant.-Regim. 2tes Bataillon.
Mel. Wohl auf noch getrunken.

Wir rückten in Rendsburg im Monat Juni
Und hätten es gern gethan von Herzen nie.
Sie thaten uns sagen: Ach bleiben's doch hier
In Rendsburg bekommen sie schlechtes Quartier :,:
Juhvaldera, juhvaldera, juhvalderalderalbera.

Wir thaten erfahren, wie sie es gesagt;
Der Hunger, der hat uns gar öfter geplagt,
Denn 20 bis 30 in einem Quartier
In alten Dachkammern, das war ein Plaisier.

Die Betten, die waren hart, wie auf der Wacht.
Da konnte man sagen: O, Himmel was 'ne Nacht.
Die Flöhe, die bissen die Wangen und Zeh'n,
Mein Kamerad sagte: wie wird's uns noch gehn.

Des Tages das Essen ward fein aufgetischt
Mit Servietten ganz nobel, doch war es nichts;
Es gab gewöhnlich nur Leber und Kalbfleisch,
Wir mußten es essen; der Hunger war heiß.

Des Sonntags, dann ging es zum Schützenhof hinaus,
Die Sachsen besuchten dann auch dieses Haus,
Hoch leben ließen wir uns und Sachsen hier,
Es machte uns ja ein famoses Plaisier.

Man denkt sich, wie dies wohl den Frieden genirt,
Es war als sollt hier werden manövrirt,
Mit Degen, Gewehren und mit Bajonnet
Begrüßten uns Preußen ganz höflich und nett.

Doch wir verstanden nicht recht, — brauchten die Faust
Und jagten die Preußen zum Schützenhof hinaus.
Gewehre, die lagen bald in Kreuz und Quer
Und Degen, die lagen überall umher.

Des Montags spazieret gemüthlich wer kann;
Die Sachsen arretir'n einen Preußen Mann;
Die Kameraden, die folgten ihm kühn nach,
Doch mußten sie von ihm scheiden bei der Wacht.

Von dort nach dem Neumarkt gings Sticheln wieder an:
Ein Hannoveraner, was der denn wohl kann!
Sie ziehen die Degen, hau'n kühn auf uns los,
Da ward der kleine Hannoveraner groß.

Es klangen die Degen in Kreuz und in Quer
Der Auflauf von Menschen ward wie Sand am Meer;
Es stürzten die Preußen wie Rüben dahin
Und wenn sie auch waren wie Riesen im Sinn.

Der Angriff von uns der ward schön ausgeführt,
Es hat uns kaum der Preußen Degen berührt;
Wir brachten sie bis in die Altstadt hinein;
Der Zapfenstreich ward geschlagen, da ging's heim.

Am Morgen früh, da ward aus Rendsburg gerückt,
Die Preußen haben uns dadurch sehr beglückt;
Sie bivouakirten draußen die ganze Nacht,
Als wir vorbeimarschirten, wurden sie ausgelacht!

Es dauerte nicht lang', so ward Rendsburg besetzt,
Doch sahen sie wohl, daß das Recht verletzt,
Denn Unsere haben da wieder Quartier,
Und mögen da finden wie wir auch Plaisier.

Wir aber, wir sangen beim Abschied Lebwohl,
Denn länger, wir wären geworden ganz hohl;
Die Talje ward schlanker, die Kuppel ward weit,
Drum waren wir alle zum Abschied bereit.

Wir gönnten den Preußen das schöne Quartier,
Das rendsburger Bett, den Tisch, das dünne Bier;
Wir gingen mit Freuden aus Rendsburg hinaus,
Denn draußen biß uns nicht Floh, Wanze noch Laus.

Der bekannte Herr der Wanzen und der Mäuse, Mephistopheles, spricht irgendwo die finstre Wahrheit aus: was besteht, verdient daß es zu Grunde geht. Wenn der Leser geneigt sein sollte, dieser Art von Triaspoesie und Politik ein schnelles ruhmloses Ende zu prophezeien, so hoffen wir, daß eine andere Probe deutscher Gelegenheitspoesie ihm anmuthiger erscheinen wird. Auch sie stammt aus dem Gebiete der Trias, auch sie enthält eine politische Anspielung auf das übergreifende Preußen; aber es ist ein gelehrter Sachse, dem wir sie verdanken, und kaum ist ein größerer Gegensatz denkbar als zwischen ihrer milden, höflichen Ergebenheit und dem wilden Welfentrotze des erwähnten Müllers. Die Probe, ebenfalls sehr charakteristisch, ist nämlich einem Hochzeitsgedichte entnommen, welches der Rector eines leipziger Gymnasiums, Nobbe, Ritter 2c, wohlbekannt durch ähnliche Leistungen in Vers und Prosa, neulich zur Vermählung einer liebenswürdigen Prinzessin des sächsischen Königshauses gefertigt hat. Die Worte des gelehrten Dichters lauten:

In Sachsen, traun, ist's schön zu weilen —
  Ob oben oder unten — gleich.
Drum wollen alle mit uns theilen
  Und lieber nehmen ganz das Reich. —
Da kommt von Bayern hergegangen
  Ein schöner Prinz, Dein Theodor:
Dich sehn, Dich lieben, Dich verlangen,
  Ist eins — er zieht Dich allen vor.
Hörst Du? er bauet Dir ein Eden,
  Gelobet Dir ein Paradies;
Die Herzen lassen sich bereden,
  Und weg ist unser goldnes Vlies.
Nun ja! wir viel den Bayern schulden.
  Max gab uns ja ein Töchterpaar!
So gilts zu schweigen und zu dulden, —
  Sie geht, die unsre Perle war. u. s. w.

Nicht in jeder Periode unserer historischen Entwickelung ist der Poesie vergönnt, das Höchste groß zu sagen. Aber geschmackvoll, patriotisch, gefällig und erheiternd vermag sie, wie dieses Fragment beweist, doch auch in trüber Zeit zu unserem Herzen zu sprechen.

In dem mitgetheilten poetischen Bruchstück des sächsischen Dichters ist der Sinn der beiden ersten Verszeilen unzweifelhaft, die Behauptung entschieden, die ausgesprochene Wahrheit auch für dieses Blatt unanfechtbar. Dagegen verrathen die folgenden Zeilen allerdings den Parteistandpunkt des Verfassers; die Anspielung auf die Theilung Sachsens und auf den Wunsch gewisser Mächte, gar das Ganze zu nehmen, zittert wie ein elegischer Trauerklang durch die freudige Erregung des Hymnus. Aber wie sehr unterscheidet sich auch hierin der gebildete Dichter von dem rauhen Verfasser des Welfengesanges. Es ist eine leichte, zwar traurige, aber doch schelmische Anspielung, womit er sich begnügt, fast genau der resignirte Humor, welcher in dem bekannten Klagelied des Haasen ertönt, wenn dieser singt: „Ein Schwänzchen hab' ich, das ist klein, wünscht' wohl, es möchte größer sein", und zuletzt, nachdem er die ihm bevorstehenden Zurüstungen für die Küche aufgezählt hat, mit den wehmüthigen Worten schließt: „Laßt euchs schmecken, ihr werthen Gäst." Auch Nobbe faßt die Gefahr philosophisch, er klagt nicht, er droht nicht, er lächelt ruhig mit einem allerliebsten Sarkasmus.

Nur in der Sache hat er nicht recht. Sie, nämlich jene Mächte, welche wir am liebsten gar nicht bei Namen nennen, wollen es, nämlich das Reich, welches der Dichter ungenannt läßt, gar nicht für sich nehmen. Dort ist „oben und unten" weniger guter Wille dazu vorhanden, als Nobbe voraussetzt. Dennoch aber sind auch wir tief durchdrungen von der Gemeinschädlichkeit eines politischen Zustandes, welcher aus den Kasernen Hannovers und aus dem Musensaal eines loyalen Scholarchen solche poetische Ergüsse heraustreibt. Wenn schon die Muse des Liedes, die gemüthvollste aller himmlischen Gewalten, ihr Antlitz so entschieden von dem unglücklichen Preußen abwendet, was erst werden die strengeren Götter der Erdgebornen gegen diesen Slavenstaat auf deutschem Grunde ersinnen? Das Aergste ist zu fürchten, denn die stärksten Säulen brechen, wo der Sänger flucht. Kommen mag der Tag, wo auf den Landkarten im Osten des Triasgebietes ein schwarzer Fleck statt eines großen Städtenetzes das Auge erschreckt, wo das Reich Müller des Vierten und Nobbes durch einen hohen Plankenzaun vor dem Chaos der Marken geschützt wird und häufig aufgerichtete Stangen die warnende Aufschrift in der Sprache Müllers zeigen: „Hier dahinter ist nischt". Dann wird Freude, Friede, Eintracht die deutschen Gauen beglücken, dann wird der letzte Floh von Rendsburg getödtet werden, und der Orpheus, welcher jetzt vom goldenen Bließe sang, wird dann in höherem Schwunge den Untergang des neuen Ilions feiern.

Literatur.

Peuker, v., Wanderung über die Schlachtfelder der deutschen Heere der Urzeiten. 1. Theil. Die Kämpfe in den beiden letzten Jahrhunderten vor dem Beginn unserer Zeitrechnung. Berlin, R. v. Decker.

Der Titel ist noch länger. Inhalt sind die Kämpfe der Römer gegen Gallier und Deutsche in den beiden letzten Jahrhunderten vor Christi Geburt. —

Der vollständige Mangel einheimischer Nachrichten über die Kämpfe der Germanen gegen Rom und die Mangelhaftigkeit der römischen Ueberlieferungen machen es unmöglich, dieselben ohne immerhin gewagte Combinationen zu schildern. Das vorliegende Werk ist ein ausführlicher Versuch, diese schwierige Aufgabe zu lösen. Der geehrte Verfasser war ernstlich bemüht, das vorhandene Material zu ordnen, die Widersprüche auszugleichen. Manche Punkte werden wahrscheinlich der philologischen Kritik Veranlassung zu Ausstellungen geben. Für den Leser aber, welcher die Kriegführung der Römer kennen und erfahren will, wie Cäsar und seine Nachfolger, zumal Drusus, es verstanden ein Land zu erobern und die wilde und an sich ihnen überlegene Naturkraft ihrer Gegner zu besiegen, dem darf das vorbezeichnete Buch empfohlen werden. Es giebt zumal in seiner zweiten Hälfte ein sehr klares Bild der Straßen und Festungsanlagen, durch welche Roms Feldherrn Deutschland umschlossen und für lange Zeit die Fortschritte der drängenden Deutschen aufhielten. Besonders empfehlen möchte man diesen Theil des Buches dem Studium der nordamerikanischen Feldherrn, welche in der Ueberwindung der Südstaaten nicht vorschreiten, weil sie es nicht verstehen, ihre Operationen zu basiren und ihre Siege zu Klammern zu machen, welche den Gegner fest legen. — Die Blicke, welche General v. Peuker vom römischen Lager aus wiederholt auf das deutsche Kriegswesen wirft, hätten vielleicht ein helleres Bild dieser Seite entworfen, wenn sie durch die Resultate der neuesten Statistik regulirt worden wären. Es wäre wohl möglich gewesen, aus der Stärke der auftretenden Heere Rückschlüsse auf die Zahlen der deutschen Völkerschaften und dadurch auf die Ackerflächen zu machen, welche sie zu ihrer Ernährung forderten. Werth und Gang der Eroberungen der deutschen Gaue wären dadurch mehr hervorgetreten und die alte unklare Vorstellung von den damaligen deutschen Urwäldern, Sumpfstrecken u. f. w. etwas gelichtet worden. —

G. Parton. General Butler in Neuorleans. Neuyork und Leipzig (bei Förster und Findel) 1864. —

Das Buch, anscheinend nur eine lobende Biographie vom Parteistandpunkt, giebt doch zur Beurtheilung des Krieges in Nordamerika interessante Anhaltpunkte, weil Butler bei der Besitznahme von Neuorleans zuerst berufen war, über die Zukunft der Negersklaven, die sich massenweise herrenlos einstellten, zu entscheiden, und als Eroberer eine Staatsgewalt zu handhaben, die dem Geiste der nordamerikanischen Regierungsweise durchaus fremd war. Butler erklärte sich von Anfang an für die volle Emancipation der Neger und begann sie in seinem Gebiete auszuführen, indem er die Regierung so lange die Rolle des Eigenthümers der Sklaven übernehmen ließ, bis es gelang, diese in selbständige Lebensstellungen zu bringen. Er erreichte dies, indem er sie zu Soldaten und zu Pächtern des Staats machte. Hierin sowohl als auch in der strengen Durchführung der Gewalt eines erobernden Staates gegenüber den Einzelnen trat er in Conflict mit der herrschenden Ansicht Nordamerikas, welche dem Staat das Recht, in das Leben des Individuums einzugreifen, argwöhnisch beschränken will. Butler wurde von Neuorleans abberufen, hat aber seitdem die Rechtfertigung erfahren, daß seine Ansichten zur allgemeinen Anerkennung gekommen sind, sowohl durch Emancipation der Neger als auch durch allmälige Entwicklung einer stärkeren Centralregierung. Wie sich der Conflict in Neuorleans bildete und zu einer für den General ungünstigen Lösung kam, ist sehr anschaulich, wenn auch nicht in einer immer ansprechenden Weise beschrieben. —

Beitzke, Geschichte des Jahres 1815. 1. Theil.

Das Buch beginnt mit den Ereignissen des Winters 1813 zu 14 und erzählt davon bis zum Beginn des Krieges 1815. Man muß den Ausdruck erzählen in populärem Sinne nehmen, weil der Verfasser, fern davon, ein historisches, die Ereignisse erklärendes Werk zu schreiben, sich vom Kritischen fern hält; er berichtet wie ein guter Alter seinen Kindern die Erinnerungen seiner Jugend mittheilt, die er durch einzelne anderweitig gesammelte Nachrichten und Anekdoten ergänzt. Wie der Verfasser die große Zeit weniger mit dem Geiste des Historikers faßt, als mit dem Herzen eines ehrlichen Soldaten, so läßt er auch die Charaktere jenes Kampfes nicht aus den Ereignissen heraus, sondern nach ihrem Gefühl und nach gemüthlichen Anschauungen handeln. Napoleon ist deshalb nicht ein durch eigene übergreifende Kraft zum Herrscher gewordener General, der als solcher jeder Qualification zu einem constitutionellen Monarchen entbehren muß, sondern ein grausamer Tyrann und geborener Wütherich. In dieser Hinsicht ist das Buch mehr für die Leser geschrieben, welche die Menschen kurzab in gute und böse theilen, als für diejenigen, welche die Entwickelung unserer Staaten und unseres eigenen Geistes in der Geschichte studiren wollen. Nach dem Standpunkt, auf welchem die Literatur der Freiheitskriege steht, zumal nach dem Werke von Bernhardi, war diese Geschichte wenigstens anspruchsvollen Lesern kein wesentliches Bedürfniß.

Mit **Nr. 14** beginnt diese Zeitschrift ein **neues Quartal**, welches durch alle **Buchhandlungen** und **Postämter** zu beziehen ist.

Leipzig, im März 1865.

Die Verlagshandlung.

Verantwortlicher Redacteur: Dr. Moritz Busch.

Verlag von F. L. Herbig. — Druck von C. E. Albert in Leipzig.

Abonnements-Eröffnung — am 1. März — auf einen neuen Band vom

Band VIII
in
12 Lieferungen

GLOBUS

Monatlich
je
2 Lieferungen

Zeitschrift für Länder- und Völkerkunde,
herausgegeben von
Karl Andree.

Eben so glänzend in der Ausstattung, als anregend in der Darstellung und nutzbringend für allgemeines Wissen berichtet diese trefflich redigirte, in allen gebildeten Kreisen hochgeschätzte Zeitschrift über die interessantesten und glaubwürdigsten Reisen unserer Zeit, über die wichtigsten Entdeckungen und Erforschungen der Erde, bringt Kunde von allen wissenswerthen Neuigkeiten und bemerkenswerthen Vorgängen auf dem Gebiete der Länder- und Völkerkunde und ein Feuilleton mit reicher Fülle dahin einschlagender Notizen; sie vermittelt also das Studium der Erdbeschreibung — derjenigen Wissenschaft, welche vor allen anderen berufen ist, dass jeder Gebildete in ihr heimisch sei, weil sie täglich mehr sich des gesellschaftlichen Lebens bemächtigt und tiefer in alle Zweige der praktischen bürgerlichen Thätigkeit eingreift.

Gegenwärtig erscheint der Globus halbmonatlich in Lieferungen von je 4 Bogen, mit Karten- und Stahlstichbeilagen, und reich illustrirt mit Holzschnitten, welche ihm den Rang des am vorzüglichsten illustrirten deutschen Journals eingetragen haben.

Subscriptionspreis 7½ Sgr. für die Lieferung.
Zwölf Lieferungen bilden einen Band. Complet sind Band I—VII (à 3 Thlr.).
Subscriptionen auf den VIII. Band werden in allen Buchhandlungen angenommen.

Empfohlen wurde der Globus wegen seines wissenschaftlichen Werthes in besonderen Zuschriften namentlich von den Herren Prof. G. A. von Klöden, Prof. H. Kiepert, Gebrüder Schlagintweit, Prof. G. L. Kriegk u. a., als trefflichem Hülfsmittel beim geographischen Unterricht, von Hofrath Behaghel in Mannheim, F. Noback, Director der Handelsschule in Dresden, Archivrath G. Brückner in Meiningen, Prof. Egli in St. Gallen etc., und von der gesammten Presse, deren Urtheil wir auszugsweise nachstehend folgen lassen.

(Literarisches Centralblatt.) Ueber Andree's Globus einige Worte der rühmenden Anerkennung und Empfehlung zu sprechen, könnte überflüssig erscheinen. Schon der Name des Herausgebers verbürgt Tüchtiges und Gediegenes, und die Stimme der Kritik hat sich in seltener Einhelligkeit zu Gunsten der schon weit verbreiteten Zeitschrift vernehmen lassen. Doch können wir es nicht unterlassen, auch in diesem Blatte Andree's Globus als ein Werk, das unsern Vaterlande wahrhaft zur Ehre gereicht, zu bezeichnen, um für Diejenigen, die bis jetzt sich noch nicht eingehender für das grossartige Unternehmen interessirt haben sollten, sein Verhältniss zu ähnlichen geographischen Werken periodischer Art zu beleuchten. Der Globus, welcher nach dem Sinn der Wissenschaft aus seinem Leserkreis nicht ausschliesst, richtet sich vornehmlich an den grossen Kreis der Gebildeten und legt auf ansprechende, geschmackvolle Darstellung darum ein grosses Gewicht. Er vermittelt gewissermassen zwischen der strengen Wissenschaft und dem grossen Publikum und macht die vielleicht für diesen Kreis noch spröden Schätze flüssig. Sodann nennt sich der Globus mit Recht eine „Geographische Zeitung" und bringt neben seinen grösseren Aufsätzen kurze zeitungshaft gehaltenen Notizen „von Allem, was dazu dienen kann, den Menschen mit seiner Heimat, der Oberfläche unseres Planeten, vertraut, auf ihr heimisch zu machen." Als ein Concurrent des Globus könnte „das Ausland" erscheinen. Aber schon in seinem Namen ist der bedeutsamer Unterschied ausgesprochen. Der Globus vernachlässigt das Inland, das Vaterland nicht. Deutschland und Oesterreich steht in dem Inhaltsverzeichniss der ersten vier Bände vorauf und ist in den Aufsätzen auf das Tüchtigste vertreten. Endlich bilden ja die trefflichen Illustrationen einen wesentlichen Schmuck und Vorzug des Globus: sie sind keine etwa Modenzier wie jetzt oft, sondern echt künstlerische Leistungen, wie sie gerade der Erdkunde zur Verständlichmachung und Veranschaulichung wirklich bedarf. Schliesslich mag noch der für das Gelieferte äusserst mässige Preis nicht unerwähnt bleiben. Indem das Literarische Centralblatt künftig den Inhalt des Globus unter seine Zeitschriften-Referate aufnimmt, wird es dauernd die Pflicht erfüllen, ein Musterwerk, wie der Globus ist, im Gesichtskreise der Leserwelt zu erhalten und zu fixiren.

(Preis' Museum.) Wir bestätigen, dass es, besonders seitdem Karl Andree, der rühmlichst bekannte Geograph, die Leitung übernommen, sowohl an Reichhaltigkeit und Gediegenheit Aufsätze als an Menge und Eleganz der Illustrationen in fortwährender

Zunahme begriffen ist, so dass der ungewöhnlich grosse Leserkreis, den das Blatt sich in seiner bisherigen verhältnissmässig kurzen Dauer erworben hat, nur der wohlverdiente Lohn für die Anstrengungen ist, welche Herausgeber und Verleger demselben widmen.

(**Hamburger Nachrichten.**) Karl Andree's „Globus" ist die bei Weitem billigste und unterhaltendste geographische Zeitung Deutschlands nicht allein, sondern bis jetzt überhaupt das einzige Blatt, welches über die Fortschritte der Erdbeschreibung, über Völkerkunde, Reisen, neue Entdeckungen in einem populären Tone handelt und seine Berichte zugleich durch Illustrationen erläutert. Kurz, je mehr das Bedürfniss der Gegenwart auf eine Lektüre gerichtet ist, die das positiv Belehrende zu ihrem Unterhaltungsstoffe wählt, desto allgemeiner empfiehlt sich der „Globus" für die Anschaffung in Haus und Familie.

(**Breslauer Zeitung.**) Wir nehmen Veranlassung, unsere Leser wiederholt auf diese in Deutschland einzig dastehende Zeitschrift aufmerksam zu machen, die am besten geeignet ist, den Drang nach Kenntniss fremder Völker und Länder auf das Umfassendste zu befriedigen. Die fliessende, erschöpfende, durchweg auf die neuesten wissenschaftlichen Forschungen basirte Darstellung fesselt eben so sehr, wie die Fülle der trefflichen in den Text gedruckten Holzschnitte. Wir können nur wünschen, dass der „Globus" die weiteste Verbreitung finde.

(**Unterrichts-Zeitung für Oesterreich**, 1864, Nr. 14.) Die sehr zahlreichen Illustrationen müssen Musterleistungen im wahrsten Sinne des Worts genannt werden. Es sind wahre Triumphe der Xylographie, Siege der vollendetsten Technik über das spröde Material.

(**Deutsche Allgemeine Zeitung.**) Der „Globus" verdient das Lob eines Meisterwerks. Man muss bekennen, dass jeder neue Band seinen Zweck in immer vollkommenerer und fertigerer Weise erreicht.

(**Didascalia.**) Wir kennen kein anderes Werk, das in gleichem Reichthum durch Wort und Bild die Länder- und Völkerkunde nicht blos allen Gebildeten zugänglich macht, sondern auch durch seine anziehende Form immer neue Schüler wirbt.

Hildburghausen. **Bibliographisches Institut.**

Soeben erschien und ist in allen Buchhandlungen vorräthig:

Strauß, David Friedrich, Der Christus des Glaubens und der Jesus der Geschichte. Eine Kritik des **Schleiermacher'schen Lebens Jesu.** Nebst einer Beilage: **Der Schenkel'sche Handel in Baden.** Eleg. geh. Preis 1 Thlr.

Ziegler, Franz W., Landwehrmann Krille. Eine Erzählung. Eleg. geh. Preis 10 Sgr.

Niemann, H. A., Der Unteroffizier im Regiment Colberg, Sophia Dorothea Friederike Krüger, Ritter des eisernen Kreuzes und des russ. Georgen-Ordens, aus Friedland in Mecklenburg-Strelitz. Keine Novelle, sondern ein Lebensbild. Eleg. geh. Preis 10 Sgr.

Verlag von Franz Duncker in Berlin.

Bei **Fr. Wilh. Grunow** in **Leipzig** erschien und ist in jeder Buchhandlung und Leihbibliothek vorräthig:

Romane von Lucian Herbert.

Louis Napoleon. 2. Volks-Auflage. 5 Bände. $4^{2}/_{3}$ Thlr. **Napoleon III.** 8 Bände à $1^{1}/_{3}$ Thlr. **Carlo Alberto und Louis Napoleon.** 4. Bände à $1^{1}/_{3}$ Thlr. **Victor Emanuel.** 4 Bände à $1^{1}/_{3}$ Thlr. **1830.** (Juli-Revolution.) 2 Bde. $2^{2}/_{3}$ Thlr. **1831.** (Polens letzte Tage.) 2 Bde. $2^{2}/_{3}$ Thlr. **Aus Frankreich.** $1^{2}/_{3}$ Thlr. **Napoleon III. und sein Hof in Anekdoten.** $1^{1}/_{3}$ Thlr. **Neue Anekdoten aus dem Leben Napoleon III.** $1^{1}/_{3}$ Thlr.

In diesen Werken sind die Hauptmomente der Geschichte unseres Jahrhunderts geschichtlich romanhaft bearbeitet und werden das Interesse der Leser lebhaft erregen.

Verlag von Fr. Wilh. Grunow in Leipzig; zu beziehen durch alle Buchhandlungen:

Aus unsern vier Wänden von Rudolf Reichenau.

9. Auflage. **Wohlfeile Ausgabe.** 3 Abtheilungen in 1 Band. carton. 2 Rthlr. 1. Abth.: **Bilder aus dem Kinderleben.** 2. Abth.: **Knaben und Mädchen.** 3. Abth.: **Auswärts und Daheim.**

[Die Abtheilungen werden auch einzeln abgegeben.]

Von der 1. Abth. existirt auch eine **Pracht-Ausgabe** mit 66 Originalzeichnungen von **Oskar Pletsch**, in Holzschnitt von **H. Bürkner.** carton. $3^{1}/_{3}$ Thlr. fein gebunden $4^{1}/_{3}$ Thlr.

Die Abonnenten der **Gartenlaube, Volksgarten, Illustr. Zeitung, Land und Meer, Daheim** und **Kinderlaube** verweisen wir auf die günstigen Besprechungen im letzten Quartale 1864 hin.

Jede Mutter wird ihre Freude an diesem Buche haben, es ist ein **echtes Familienbuch.**

Inserate aller Art werden gegen den Betrag von 2 Ngr. für die gespaltene Zeile angenommen. Die Beilagegebühr für die Grenzboten beträgt 3 Thlr.

Verlag von Friedrich Ludwig Herbig. — Druck von C. E. Elbert in Leipzig.

XXIV. Jahrgang. I. Semester.

Die Grenzboten.

Zeitschrift für Politik und Literatur.

№ 12.
Ausgegeben am 17. März 1865.

Inhalt:

Schleiermacher und Strauß . . . . Seite	441
Die Universität zu Rostock. 3.	448
Ursprung und Schätzung des gothischen Stils	460
Aus dem Soldatenleben des vorigen Jahrhunderts. Die Werbung.	470
Briefliche Mittheilungen aus Nordamerika	477

Grenzbotenumschlag: Literarische Anzeigen.

Leipzig, 1865.
Friedrich Ludwig Herbig.
(F. W. Grunow.)

Schleiermacher und Strauß.

Fr. Schleiermacher, das Leben Jesu, Vorlesungen aus dem handschriftlichen Nachlaß und Nachschriften seiner Zuhörer herausgegeben von K. A. Rütenik. Berlin. Reimer 1864.

Dr. Fr. Strauß, der Christus des Glaubens und der Jesus der Geschichte. Eine Kritik des schleiermacherschen Lebens Jesu. Berlin, Duncker. 1865.

Der menschliche Witz hat sich zuweilen damit beschäftigt, eine pikante Situation auszumalen: ein Todter, ein großer Mann der Vergangenheit, kehrt nach Verfluß geraumer Zeit auf diese Erde wieder; alles hat sich inzwischen verändert, Sitte, Tracht, Bauart der Häuser treten ihm fremd entgegen, eine Reihe neuer Erfindungen hat sich inzwischen heimisch gemacht, die Bedürfnisse, die Lebensanschauungen sind anders geworden. Mit Staunen sieht sich der Bürger eines anderen Zeitalters in der fremdgewordenen Welt um, und mit Verwunderung sieht das lebende Geschlecht den Vertreter der Vergangenheit in seiner Mitte und vermißt an ihm den Fortschritt der Zeit.

Aehnlich ist der Eindruck gewesen, als im vorigen Jahre Schleiermachers Vorlesungen über das Leben Jesu aus der Verborgenheit, in welcher sie geruht, endlich ans Tageslicht gezogen wurden. Der wiedererstandene große Gelehrte fand sich verwundert in einer neuen Welt, und verwundert sah das jetzige Geschlecht den Träger des verehrten Namens plötzlich wieder in seiner Mitte erscheinen.

Noch sind kaum dreißig Jahre seit Schleiermachers Tod verflossen, und dennoch, dies war der erste Eindruck. Eine kurze Spanne Zeit, aber erfüllt von den Veränderungen eines ganzen Zeitalters! Der tiefgreifenden Bewegung, welche sich an Strauß' Leben Jesu knüpft und seitdem die theologische Wissenschaft umgestaltet hat, konnten wir uns in keinem Moment deutlicher bewußt werden, als da wir das längst erwartete Werk in Händen hatten. Wir begriffen jetzt, warum es von den Freunden so lange zurückgehalten worden war, weniger, warum eben jetzt die Scheu vor der Veröffentlichung überwunden wurde. Denn wenn auch jedes Werk von Schleiermacher den unverwischbaren Stempel seines Geistes trägt, und dem Fremdling ein achtungsvoller Empfang auf jeden Fall sicher war, so war doch unverkennbar, daß durch die Veröffentlichung im jetzigen Augenblicke nicht blos eine verjährte Schuld abgetragen, sondern zugleich eine bestimmte Wirkung auf die gegenwärtigen theologischen Kämpfe ausgeübt werden sollte. Hierzu aber schien die Zeit ebenso ungünstig, als in einer Beziehung günstig gewählt. Günstig, sofern der Gegenstand selbst eben jetzt das allgemeine Interesse in Anspruch nahm, und es nur erwünscht sein konnte, die Darstellung des Meisters, der zum ersten Mal das Leben Jesu zum Gegenstand von Vorlesungen machte, und schon damit seine Stellung auf der Grenzscheide zweier Zeitalter anzeigt, nunmehr in authentischer Form zu besitzen. Allein es ließ sich weder ein erheblicher Gewinn für die Arbeiten der Gegenwart absehen, welche in der That auf ganz neuen Grundlagen, auf neuen Problemen beruhen, noch konnte es ein Gewinn für das Ansehen des großen Theologen selbst sein, in eine Debatte gezogen zu werden, welcher er mit den unzulänglichen Mitteln einer vergangenen Zeit, fast wehrlos gegenüberstand. Es war also doch wesentlich nur ein historisches Interesse, welches sich an die neue Publikation knüpfte, zumal es bei der Beschaffenheit des Materials, das man im Nachlasse vorfand, nur in höchst unvollkommener, fast ungenießbarer Form dargeboten werden konnte. Es erforderte eine besondere historische Stimmung, wie man zum Genuß eines älteren Kunstwerkes, das etwa im Uebergang zweier Schulen steht, eine eigene historische Stimmung mitbringen muß.

Freilich wenn man sich einmal in diese Stimmung versetzt hatte, so enthüllte sich Schritt für Schritt der eigenthümliche Werth des neuen Buches. Wir meinen nicht die Lichtblicke, die scharfsinnigen Bemerkungen, die überraschenden Combinationen, welche wie Goldkörner im Geröll aus dem krausen, schwerfälligen Vortrag zu Tage treten. Diese Vorzüge verstehen sich bei Schleiermacher von selbst. Aber was besonders anzog, war, daß man von jedem Abschnitt den Eindruck empfing, man befinde sich einem Werke gegenüber, das hart auf der Scheide zweier Weltanschauungen steht, und den Kampf, in welchem eine neue Zeit mit einer alten liegt, wie kein anderes repräsentirt. Wir sprachen von einem Bild, das die Grenze zweier Kunstweisen bezeichnet. Es giebt kein interessanteres Studium für den Kenner. Zug für Zug wird er der Intention des Künstlers nachgehen, wie dieser einem neuen Ideale zustrebt und doch auf halbem Wege zurückbleibt, hier die Befangenheit der älteren Weise kühn durchbricht und dort in die alte Gebundenheit zurückfällt. Die Betrachtung solchen Widerstreits wird ihm selbst den Genuß aufwiegen, den ein in seiner Art vollendetes Kunstwerk gewährt. Genau dies ist der Reiz des schleiermacherschen Lebens Jesu. Es ist kein Leben Jesu, viel weniger als alle die Bücher, welche seitdem unter diesem Titel erschienen sind.

Es ist eine angestrengte Dialektik, die auf dem Boden der biblischen Geschichte das Alte und das Neue zu versöhnen sucht, die Anforderungen des

Kirchenglaubens retten will und doch durchdrungen von überlegenem zukunfterfüllten Geist auf jedem Punkt darüber hinausgeführt wird, die den Bedürfnissen des modernen Geistes Raum schaffen will und doch jeden Augenblick gehemmt durch den Dämon einer geheiligten Autorität wieder zurücksinkt, eine Dialektik, die zwar ein ideales versöhnendes Ziel im Auge hat, aber inneren Widerspruchs voll den Weg dazu nur durch künstliche und — man kann es nicht läugnen — sophistische Mittel finden kann, um am Ende doch des Zieles zu verfehlen. Wie oft ist Schleiermacher nahe daran, die mythische Auffassung der überlieferten Berichte anzuerkennen, aber indem er den Schritt thun will, zupft ihn jener böse Dämon am Arme und spiegelt ihm ein Auskunftsmittel vor, bei welchem er sich, wenn auch ungern, beruhigt. Wie frei ist im Grund seine Stellung zur Schrift, und wie wird sie doch wieder eingeengt durch Machtsprüche des subjectiven Bedürfnisses, durch Lieblingsmeinungen, in welchen sich jene Gebundenheit verräth! Wie klar fühlt er die Widersprüche der evangelischen Berichterstatter, welche seine Nachfolger wieder ängstlich zuzudecken beflissen sind! Aber wo er sich zur Entscheidung für oder wider genöthigt sieht, sind es wiederum nicht objective Gründe, welche ihn bestimmen, sondern vorgefaßte Meinungen, die ihren letzten Grund darin haben, daß er nun einmal entschlossen ist, den Hauptwiderspruch nicht anzuerkennen und, gehe es wie es wolle, zu vergleichen, den Widerspruch zwischen dem Kirchenglauben und dem modernen Denken.

Wie ernst fühlt er das Bedürfniß, das Leben Jesu als ein echt menschliches darzustellen, aber er will zugleich nichts von dem göttlichen Erlöser der Kirche wissen. Er schafft sich für sein persönliches Bedürfniß ein Idealbild vom Erlöser, das aber weder den Anforderungen der Autorität noch den Denkgesetzen des modernen Geistes entspricht, und indem er dieses Idealbild, das nur für den mystischen Glauben Realität hat, auf kritischem Wege zu gewinnen und zu beweisen sucht, zerstört er es selbst mit unbarmherzigen Händen. So ist denn dieses Leben Jesu der getreue Ausdruck der Periode, welche dem straußschen Werk unmittelbar vorausging, einer Periode, die das Neue wollte und wieder nicht wollte, die an das Alte sich anklammerte und nicht wußte, durch welche Kluft sie bereits von ihm getrennt war. Es hat ein Janusgesicht, wie die ganze schleiermachersche Theologie: der sich auf den Scheideweg gestellt sah, war kein Herakles.

Ein Leben Schleiermachers, eine umfassende Charakteristik dieses reichen Geistes ist bekanntlich noch zu schreiben. Mit Recht haben die Schüler nicht zu frühe an eine Aufgabe sich gewagt, welche eine ungewöhnliche Vereinigung von Fähigkeiten, umfassende Kenntniß der zeitgenössischen Bestrebungen in Kunst und Wissenschaft, Kirche und Staat, liebevolles Eindringen in eine der vielseitigsten und eigenthümlichsten Persönlichkeiten und dabei ein freies überschauendes Urtheil und nüchterne Kritik erfordert. Inzwischen rückt die Gesammtausgabe der Werke dem Ende zu und in den vier Bänden des Briefwechsels ist dem künftigen Biographen eine Fülle von Material dargeboten. Für das Verständniß der theologischen Eigenthümlichkeit Schleiermachers dürfte neben der Glaubenslehre keines seiner Werke so instructiv sein als eben diese Vorlesungen über das Leben Jesu: sie führen recht in die geheimste Werkstätte seines Geistes ein, und das, was sie im Anfang geradezu abschreckend macht, ihre Formlosigkeit, kommt ihnen in dieser Beziehung gewissermaßen zu statten. Denn die Formlosigkeit rührt eben daher, daß die Vorträge, wie Schleiermacher sie auf dem Katheder frei producirte, mit möglichster Genauigkeit wiedergegeben sind. Es war nicht seine Art, mit fertigen Resultaten vor die Zuhörer zu treten, er stellte vielmehr wie zu gemeinschaftlicher Erörterung die Probleme hin und begann nun mit sokratischer Dialektik sie von allen Seiten anzufassen, zu verwickeln, zu entwickeln. Hatte er auch für sich die Grundgedanken längst durchgearbeitet, so überließ er sich doch bei ihrer Wiedergabe auf dem Katheder der lebendigen Improvisation und ließ so die Schüler an dem Processe theilnehmen, welchen die Gedankenreihen in seinem Kopfe durchliefen. Eine solche Vortragsweise wird ihre Vorzüge und ihre Mängel haben. Im akademischen Hörsaal wird man vor allem jener sich erfreuen, die letzteren werden besonders dann hervortreten, wenn das gesprochene Wort, allen Zufälligkeiten entnommen und nicht mehr durch die Persönlichkeit des Redenden belebt, schriftlich fixirt wird. Es kann nicht auffallen, wenn bei der sprudelnden Lebendigkeit, wie sie gerade Schleiermacher im hohen Grad eigen war, der Gedankengang zuweilen unsicher wird, der Faden abreißt, die Discussion oft mehr den Charakter der Verwicklung als der Entwicklung an sich trägt. Allein im vorliegenden Fall häufen sich nun doch jene Mängel in besonders bedenklichem Maß, und eben dies ist das Charakteristische. Es ist kein Zufall, daß gerade hier Schleiermacher so oft die Herrschaft über den Stoff verliert, festen Standort vermissen läßt und von seinen eigenen Problemen wie im Kreise herumgetrieben erscheint. Wenn der Vortrag so auffallend unsicher und selbst verworren ist, die Resultate so sehr verschwinden hinter einer Dialektik, welche unermüdlich ist, Gründe und Gegengründe zu häufen, von Einem zum Andern abzuspringen, bevor jenes erledigt ist; von dieser und von jener Seite einen Gegenstand anzufassen, ohne je seiner habhaft zu werden, so ist der Eindruck unabweisbar, daß hier alle Kunst der Dialektik an einer unmöglichen Aufgabe sich abgearbeitet hat; und so ist es in der That.

Welches war diese Aufgabe? Schleiermacher scheint sie im Anfang ganz als eine historisch-kritische zu fassen. Seine Absicht ist, wie er selbst sagt, eine Lebensbeschreibung Jesu zu versuchen, und dabei betont er ausdrücklich, man dürfe bei dieser Aufgabe nicht im Voraus vom Glauben an Christus ausgehen, denn sonst könne sie nicht auf rein geschichtliche Weise gelöst werden, und die

Darstellung, die man von dieser Voraussetzung aus zu Stande brächte, hätte nur für die an Christus Glaubenden Werth. Bringt man hierzu noch die freie Stellung in Anschlag, welche Schleiermacher bekanntlich zur Frage des Wunders und der Eingebung der Schrift einnahm, so scheint es, als seien alle Bedingungen für eine rein historische Untersuchung gegeben, aber es scheint auch nur so. Es gehört zum Begriff einer historischen Untersuchung, daß die Resultate einzig von dieser selbst abhängig gemacht werden. Ist diese Voraussetzungslosigkeit wirklich die Meinung Schleiermachers? Dürfen wir es, fragt er, wirklich dahin gestellt sein lassen, ob das Ergebniß unserer Untersuchung unsern Glauben befestigen oder aufheben wird? Die Antwort lautet: „Wollen wir den wissenschaftlichen Standpunkt behaupten, so dürfen wir die Untersuchung nicht scheuen; wollen wir aber Theologen bleiben, so muß die wissenschaftliche Richtung und der christliche Glaube sich vertragen." Dieses „muß" ist das Bezeichnende, es ist der Schlüssel von Schleiermachers ganzem theologischen Denken. Der Zwiespalt zwischen dem Glauben und der Wissenschaft darf schlechterdings nicht zum Ausbruch kommen. „Meine Philosophie," schrieb er einmal an Jacobi, „und meine Dogmatik sind fest entschlossen sich nicht zu widersprechen; so lang ich denken kann, haben sie immer gegenseitig an einander gestimmt und sich auch immer mehr angenähert." Ist aber diese Voraussetzung, daß Glaube und Wissenschaft stimmen müssen, überhaupt das Charakteristische der schleiermacherschen Theologie, so war sie für ihn bei der Untersuchung des Lebens Jesu vollends unerläßlich. Denn hier galt es den Mittelpunkt des ganzen Systems, den idealen Christus. Entweder er bewährte sich auch auf dem Weg der historischen Untersuchung, gut, so lieferte die evangelische Geschichte die willkommene Ergänzung zur Glaubenslehre, oder er bewährte sich nicht, und dann — doch nein, diese Seite der Alternative kann gar nicht ausgedacht werden, sie ist ausgeschlossen schon durch die Prämissen. Glaube und Wissenschaft müssen auf irgendeine Weise friedlich zusammengebracht werden. So schob sich der rein historischen Aufgabe unversehens eine ganz andere unter. Was in der Glaubenslehre aus dem Bedürfniß des frommen Gefühls heraus dogmatisch ausgestattet worden war, sollte aus den biblischen Quellen auf empirischem Wege gleichfalls gefunden werden, das Ziel stand von vornherein fest, und dazu gehörte nun freilich eine eiserne „Entschlossenheit", das Gebilde der complicirtesten Dialektik, ein Product eigenthümlichster Geistesarbeit des neunzehnten Jahrhunderts in den einfachen Schriftdenkmälern des ersten und zweiten wiederzufinden.

Schleiermachers idealer Christus ist bekanntlich nicht der Christus der Kirche. Die Dreieinigkeitslehre hatte für ihn keine Bedeutung. Den Glauben, daß Gott selbst in Jesus persönlich geworden sei, gab er willig Preis. Jesus war ihm voller und wahrer Mensch. Und doch wieder nicht voller und wahrer Mensch.

Denn er meinte nun doch wenigstens den Kern des Glaubens zu retten, wenn er dem Menschen Jesus eine vollkommen ideale sündlose Entwicklung zuschrieb und selbst die Möglichkeit der Sünde von diesem Leben ausschloß, wenn er annahm, das Gottesbewußtsein, d. h. die religiösen und sittlichen Triebfedern seien in Jesus das allein Bestimmende gewesen, so daß ihm jeder sittliche Kampf erspart blieb, oder wie er sich auch ausdrückt, in Jesus sei das Urbildliche vollkommen geschichtlich, jeder geschichtliche Moment zugleich vollkommen urbildlich gewesen. Sein Christus ist das Ideal der Menschheit verwirklicht in einer historischen Persönlichkeit. Mit diesem Begriff glaubte er die beiden Ansichten, welche entweder nur das Menschliche oder einseitig das Göttliche in Jesu betonen, die ebionitische und die doketische Ansicht, wie er sie nennt, als zwei Extreme gleichmäßig vermieden zu haben. In Wahrheit hatte er sich damit zwischen zwei Stühlen niedergelassen, zwischen dem Jesus der Geschichte und dem Christus der Kirche. Denn dem letzteren hatte er die kirchlichen Grundlagen entzogen, während sein urbildlicher Christus, in welchem die Reinheit und Fülle der Idee verwirklicht ist, eben damit durch eine tiefe Kluft von der wahren Menschheit geschieden blieb.

Von hier aus können wir nun bereits unschwer erkennen, wie sich die Untersuchung der evangelischen Berichte des Näheren bei Schleiermacher gestalten wird. Er wird auf die Ermittlung eben dieses Christusbildes ausgehen und was ihm nicht in nothwendiger Beziehung dazu steht, was nach ihm kein Moment für den Glauben hat, wie z. B. die meisten Erzählungen der Vorgeschichte Jesu und manche Wunder, freimüthig ablehnen, aber um so eifriger festhalten, was ihm die Züge desselben wiederzugeben scheint. Wo ihn die Beschaffenheit der Erzählungen in Verlegenheit setzt, wird nicht selten der Machtspruch seiner Voraussetzungen entscheiden müssen. Sätze wie die: dies und das ist unvereinbar mit unserer Voraussetzung von Christo, er konnte das, was er in unserem Glauben ist, nur sein, wenn u. s. w. kehren bei der Auslegung biblischer Stellen mehrfach wieder. Sein Scharfsinn wird ihn deutlich die Widersprüche der evangelischen Berichterstattung erkennen lassen, insbesondere wird ihm der durchgreifende Widerspruch zwischen der johanneischen und der synoptischen Darstellung nicht entgehen. Allein statt kritischer Gründe entscheidet auch hier seine dogmatische Voreingenommenheit: bei Johannes, nicht bei den Synoptikern findet er die Ansätze, die Motive zu seinem idealen Christusbilde, und so ist ihm überall das Johannisevangelium das Werk eines unmittelbaren Augenzeugen, während er die Synoptiker als ein Aggregat secundärer Nachrichten tief dagegen in Schatten stellt. Er wird vermöge seines philosophischen Standpunktes nichts schlechthin Uebernatürliches anerkennen und vermöge seines kritisch geübten Blickes überall auf Unannehmbares in den Texten stoßen. Aber die Zugeständnisse, die er dem Glauben gemacht, werden ihn auch hier verfolgen und immer weiter treiben. Dem Wunder wird er durch die Ausdehnung des Begriffs von Natur und Natürlichem, in welcher Beziehung „unsere Kenntniß immer nur im Werden ist", wieder Raum schaffen, und wo er auch Dichtung anerkennen muß, soll doch immer Thatsächliches zu Grunde liegen, das nicht selten nach Art des gewöhnlichen Rationalismus aus den Texten herausgedeutelt wird. Weil Schleiermacher, sagt Strauß treffend, in der Christologie Supranaturalist bleiben will, muß er in der Kritik und Exegese Rationalist sein. Um den übernatürlichen Christus als geschichtliche Persönlichkeit nicht zu verlieren, darf er die Evangelien als geschichtliche Quelle nicht aufgeben. Um aber nicht einen übernatürlichen Christus in einem Sinne zu bekommen, in welchem ihm das Uebernatürliche unannehmbar ist, muß er mittelst der Auslegung das ihm anstößige Uebernatürliche aus den Evangelien entfernen.

Ein solches Werk war recht eigentlich ein Gegenstand für die nachschaffende Kritik eines Strauß. Mit der Achtung, welche dem aus dem Todtenreich wieder heraufbeschworenen Theologen gebührt, aber mit unerbittlicher Schärfe untersucht er die Voraussetzungen, welche Schleiermacher zu seiner Aufgabe mitbringt und folgt ihm dann mit ausdauernder Geduld durch alle Winkelzüge einer feingesponnenen Dialektik, die Fäden entwirrend und bloßlegend, die Gründe aufdeckend, aus welchen eine an sich unmögliche Aufgabe scheitern mußte, immer wieder im Einzelnen nachweisend, wie falsche Prämissen zu falschen Resultaten führen. Aber es war nicht etwa der Ehrgeiz, an der Auftrennung einer fremden Dialektik die Virtuosität der eigenen glänzen zu lassen, was Strauß zu dieser Arbeit bewog, es war ein sehr praktisches Interesse, das ihn über die lebenden Gegner hinweg zur Auseinandersetzung mit ihrem geistigen Haupte trieb. Wir nannten das nachgelassene Werk von Schleiermacher einen Fremdling in den Kämpfen der Gegenwart. Wir müssen das Wort zurücknehmen. Es ist im Gegentheil Quelle und Quintessenz jener vermittelnden Richtung, welche noch heute die Masse der theologischen Literatur beherrscht. Obwohl bis jetzt verborgen gehalten, hatten diese Vorlesungen doch fort und fort ihre Wirkung gethan; denn eine zahlreiche Zuhörerschaft zu des Meisters Füßen hatte sich mit den ihnen zu Grunde liegenden Anschauungen durchdrungen und diese in ihren Schriften weiter verbreitet.*) Während sie durch die Wissenschaft fast auf allen Punkten überholt wurden, hatten sie sich in der Theologenwelt immer mehr Eingang verschafft und so steht die Durchschnittstheologie unserer Tage heute noch — oder eigentlich erst jetzt recht — auf dem Standpunkt, den Schleiermacher geschaffen. Der Wahn, es müsse zwischen dem Natürlichen und dem Uebernatürlichen noch irgendeinen terminus medius geben, Jesus könne ein Mensch im vollen Sinn des Worts und

---

*) Strauß, Leben Jesu für das deutsche Volk. S. 23.

doch der Erlöser im kirchlichen Sinn des Worts gewesen sein, ist recht eigentlich auf ihn zurückzuführen. Indem also Strauß eine Kritik des schleiermacher'schen Lebens Jesu unternahm, trug er seine schneidigen Waffen zugleich in das Bollwerk, hinter dessen schützenden Mauern die moderngläubige Theologie Zuflucht gegen das Andrängen der Wissenschaft sucht. Ist auch der letzte Versuch gescheitert, den kirchlichen Christus dem Geist der modernen Welt annehmlich zu machen, so wird man sich nicht länger der Wahrheit verschließen können, welche Strauß in den Worten ausspricht: „Es geht ein für allemal nicht mehr. Wir sehen heutzutage alle Dinge im Himmel und auf Erden anders an als die neutestamentlichen Schriftsteller und die Begründer der christlichen Glaubenslehre. Was die Evangelisten uns erzählen, können wir so, wie sie es erzählen, nicht mehr für wahr, was die Apostel glaubten, können wir so, wie sie es glaubten, nicht mehr für nothwendig zur Seligkeit halten. Unser Gott ist ein anderer, unsere Welt eine andere, auch Christus kann uns nicht mehr der sein, der er ihnen war. Dies zuzugestehen ist Pflicht der Wahrhaftigkeit; es läugnen oder bemänteln zu wollen, führt zu nichts als Lügen, zur Schriftverdrehung und Glaubensheuchelei. Aufdringliche Vermittlungsversuche, wo Zwei einmal nicht mehr zusammengehen können, führen nur zu tieferer Erbitterung; ist die Auseinandersetzung vollzogen, daß sie einander frei gegenüberstehen, so ist fortan gar wohl ein freundliches Verhältniß möglich. Sobald wir uns nicht mehr zumuthen, die Schrift anders als wie ein menschliches Buch zu behandeln, werden wir sie in allen Ehren halten können; sobald wir uns das Herz fassen, Jesus wirklich in die Reihen der Menschheit zu stellen, wird ihm unmöglich unsre Verehrung, unmöglich unsre Liebe fehlen können."

W. Lang.

Die Universität zu Rostock.

3.

Das Lehrerpersonal der Universität besteht zunächst aus 24 ordentlichen Professoren, von denen 4 der theologischen, 5 der juristischen, 6 der medicinischen und 9 der philosophischen Facultät angehören; sodann aus 4 außerordentlichen Professoren (einem der medicinischen, 3 der philosophischen Facultät) und 7 Privatdocenten (2 der medicinischen, 5 der philosophischen Facultät), im Ganzen also aus 35 Personen, zu welchen noch ein Lehrer der Musik hinzukommt. Sowohl die medicinische als auch die philosophische Facultät zählen jedoch eine verhältnißmäßig bedeutende Anzahl von Docenten, welche theils wegen Körperschwäche oder dauernder Krankheit, theils wegen chronischen Mangels an Zuhörern für die Lehrthätigkeit nur einen Nominalwerth haben. Was die Nationalität der Professoren anbelangt, so bestehen die theologische und die juristische Facultät lediglich aus Nicht-Mecklenburgern; von den ordentlichen Professoren der medicinischen Facultät gehört einer, von denen der philosophischen Facultät zwei ihrer Geburt nach Mecklenburg an; doch ist von diesen dreien nur einer noch factisch als Docent thätig.

In der theologischen Facultät ist Otto Carsten Krabbe gegenwärtig das älteste Mitglied. Er ist zugleich Director der homiletischen Abtheilung des homiletisch-katechetischen Seminars und Universitätsprediger, ferner Consistorialrath, Mitglied der Commission für die zweite theologische Prüfung (pro ministerio), auch großherzoglicher Provisor bei der Kirchenökonomie zu Rostock und beim Jungfrauenkloster zum heiligen Kreuz. Als er von Hamburg, seiner Vaterstadt, nach Rostock kam, hatte er bereits durch Schriften verschiedener Art (über den Ursprung und Inhalt der sogenannten apostolischen Constitutionen; de codice canonum, qui apostolorum nomine circumferuntur; quaestiones de Hoscae vaticiniis; die Lehre von der Sünde und vom Tode in ihrer Beziehung zu einander und zu der Auferstehung Christi, exegetisch-dogmatisch entwickelte Vorlesungen über das Leben Jesu für Theologen und Nichttheologen, mit Rücksicht auf das Leben Jesu von Strauß und die darauf sich beziehende Literatur; ecclesiae evangelicae Hamburgi instauratae historia) sich in die literarische Welt eingeführt. In Rostock schrieb er, außer dem schon erwähnten lateinischen Programm über die Schöpfung aus Nichts und einer Schrift zur Vertheidigung dieses Programms, eine Geschichte der rostocker Universität während der beiden ersten Jahrhunderte ihres Bestehens, und als eine Art von Fortsetzung dazu: „Aus dem kirchlichen und wissenschaftlichen Leben Rostocks", sowie zwei Schriften zum Schutze des von ihm verfaßten Consistorialerachtens in der baumgartenschen Sache („Ueber das in der Sache des Pr. Dr. Baumgarten in Rostock erforderte und abgegebene Gutachten des großherzoglich mecklenburgischen Consistoriums, 1858;" „das lutherische Bekenntniß und die in der Sache des Pr. Dr. Baumgarten abgegebene Gutachten der theologischen Facultäten zu Göttingen und Greifswald, 1859"). Die Vorlesungen, welche Krabbe hält, befassen jetzt, nachdem die Kirchengeschichte in Dieckhoff ihren Vertreter gefunden hat, Dogmatik und praktische Theologie, daneben Encyklopädie, Leben Jesu, auch Geschichte der neueren christlichen Philosophie. Ursprünglich gehörte Krabbe als Theolog jener vermittelnden Richtung an, welche in Neander, Lücke, Ullmann u. s. w. ihre Vertreter und in den „Theologischen Studien und Kritiken" ihr Hauptorgan hatte. Auch in Mecklenburg war er bis zum Jahre 1850 keineswegs ein Mann der stricten Orthodoxie und des absolutistischen Staatskirchenregiments. Auf der schweriner Kirchenconferenz im September 1849, wo unter Leitung Kliefoths über die Stellung der Kirche zu dem in der Bildung begriffenen constitutionellen Staat und die aus der politischen Reform für die Verfassung der Kirche sich ergebenden Folgen verhandelt wurde, begrüßte er als Berichterstatter den Augenblick mit der „innigsten Freude", wo die „Trennung der Kirche vom Staate zu einer selbständigen Organisation und Befreiung derselben von der territorialistischen Bevormundung, welche in der mecklenburgischen Landeskirche zur vollständigsten Durchführung gekommen", nothwendig geworden sei, und es wurde von ihm wie von seinem Freunde und Mitberichterstatter, dem damaligen Oberappellationsrath, jetzigen Minister v. Schröter, die Organisation der Gemeinden als nächste Aufgabe und als die unerläßliche Grundlage für den Neubau der Kirchenverfassung bezeichnet. Im Jahre 1848 fand man Krabbes Namen sowohl unter der Petition der Universität für Verfassungsreform und Preßfreiheit, als auch unter der von Sternberg aus ergangenen Adresse einer constitutionellen Partei. Aber schon im Jahre der siegreichen Reaction 1850 gehörte dieser Standpunkt für ihn zu den überwundenen und von der Herbeiführung einer kirchlichen Gemeindeverfassung war so wenig die Rede mehr wie von einem Streben nach constitutioneller Landesverfassung, und sieben Jahre später hält er über einen Collegen ein Ketzergericht, welches zu dem Schlusse gelangt, daß dieser ein gewissenloser und eidbrüchiger Mann, ein fundamentaler Ketzer auf kirchlichem und ein arger Revolutionär auf politischem Gebiet sei. Inzwischen waren freilich auch Schröter und Kliefoth in derselben Richtung fortgeschritten und an dem gleichen Ziele angelangt. Seit diesem Acte scheint er, durch das allgemeine Verwerfungsurtheil gereizt und auf die schweriner Kirchen- und Staatssäulen gestützt, sich immer weiter in diesem todten und fanatischen Wesen festgesponnen zu haben. Ein an ihn gerichtetes Privatschreiben eines alten frommen und würdigen Geistlichen, welcher sich in seinem Gewissen gedrungen gefunden hatte, mit Bezug auf die baumgartensche Sache eine brüderliche Ermahnung zur Umkehr an ihn zu richten, überwies er dem Consistorium, welches infolge dessen den Pastor vor seine Schranken forderte und mit einem Verweise strafte; eine von 600 Rostockern unterzeichnete Adresse, in welcher er um Zurücknahme der gegen Baumgarten gerichteten Beschuldigungen gebeten wurde, schickte er an das großherzogliche Ministerium ein, welches davon Anlaß nahm, eine Criminaluntersuchung gegen die Unterzeichner anzuordnen, die freilich in diesem Falle mit einer Freisprechung endigte. Krabbe ist eine Natur von wenig Selbständigkeit, die stets das Bedürfniß nach Anlehnung an festere und mächtigere Charaktere hat. Das Formelwesen, in welches er hineingerathen ist, ist etwas von außen an ihn Herangekommenes, mehr in der Reflexion und dem Gelehrtenthum, als in der lebendigen Herzensüberzeugung wurzelnd. Er hat, ohne anscheinend sich selbst darüber klar zu sein, die Kirchenlehre als einen fremden Mantel angelegt und behandelt sie als eine Summe von Sätzen, zu welchen ihm aber der rechte Schlüssel fehlt. Von irgendeinem genialen Zuge, einem geistigen Aufschwunge, einem frischen Hauche wird sein Wissen nicht belebt, wie er denn auch kein einziges hervorragendes literarisches Werk aufzuweisen hat und überall mehr in die Breite als in die Tiefe geht, in formlos und eintönig dahingleitendem, auch nicht durchgängig logisch und grammatisch correctem Stil. Er besitzt große Arbeitsamkeit, Pünktlichkeit und Ordnungsliebe und bewältigt mit diesen Eigenschaften stets rechtzeitig die vielen Geschäfte, welche seine verschiedenen Aemter, zu welchen zur Zeit auch noch das Rectorat der Universität kommt, ihm auferlegen. Er wird bei seinen Arbeiten von einem treuen Gedächtniß unterstützt, mit dessen Hilfe er eine große Menge von Material in sich aufgespeichert hat. Seine Reden und Predigten, die stets memorirt sind, trägt er mit einer gewissen Art von Pathos vor, von welchem selbst Jahreszahlen und andere dem Gefühlsbereiche wenig zugängliche Dinge nicht verschont bleiben. Die Predigten, die er als Universitätsprediger alle vier Wochen, sowie zu Festzeiten und zu Anfang und Schluß des Semesters hält, werden von den höheren Ständen viel besucht, zumal da sie in eine gelegene Tageszeit fallen, scheinen aber doch nicht mehr ganz den Beifall zu finden, wie in den ersten Jahren. Bei dem Besuch seiner Vorlesungen wirkt wohl seine Stellung als Examinator einiges mit; die Studenten fühlen sich durch die Vorträge seines Collegen Philippi mehr angezogen. Bei dem Hauptverein für innere Mission ist Krabbe als Schriftführer thätig, sowie er auch Mitglied vom Centralcomité des Vereins für die Missionen unter den Heiden ist. Der Großherzog, gegen dessen Person er eine fast schwärmerische Verehrung hegt, die er in dessen Nähe durch Verbeugungen von musterhafter Tiefe und Unermüdlichkeit zu erkennen giebt, hat nach dem letzten Einzuge in Rostock (im Juli 1864), wo Krabbe ihn als Rector der Universität begrüßte, durch Verleihung einer goldenen Medaille seine Verdienste belohnt.

Die übrigen Mitglieder der theologischen Facultät sind Philippi, Bachmann und Dieckhoff.

Friedrich Adolph Philippi wurde als Nachfolger von Delitzsch, der im Herbste 1850 nach Erlangen ging, berufen und begann seine Vorlesungen, welche Exegese des Neuen Testaments und comparative Symbolik besassen, um Ostern 1852. Seine schriftstellerische Laufbahn begann er schon im Jahre 1836 mit einer kleinen lateinischen Schrift über die Philosophie des Celsus. Später schrieb er über den thätigen Gehorsam Christi (1841). Sein Hauptwerk ist seine christliche Glaubenslehre in fünf Bänden, welche theils systematische, theils historische Darstellungen umfaßt und in letzterer Beziehung dem wahrscheinlich nicht großen Leserkreise, welcher den Eifer besitzt, sich in das umfängliche Lehrgebäude zu vertiefen, manches darbietet, was von theologischem Interesse und Werth ist. Philippi ist Mitglied der Commission für die erste theologische Prüfung (pro licentia concionandi). Durch seine Theilnahme an Pastorenversammlungen und Missionsconferenzen hat er sich mehr als Krabbe den mecklenburgischen Geistlichen persönlich genähert. Mit den Studenten, die ihn als gelehrten Dogmatiker ehren, verkehrt er auch mittelst eines theologischen Conversatoriums.

Johannes Bachmann, ein Sohn des Consistorialraths Bachmann in Berlin, war dort Privatdocent, als er zu Michaelis 1858 für das Fach der alttestamentlichen Exegese als Nachfolger Baumgartens berufen ward. Er muß wohl Garantien geboten haben, daß er, obwohl bis dahin der preußischen unirten Kirche angehörig, doch ein zuverlässiger Bekenner der lutherischen Lehre sei. Er steht noch in sehr jugendlichem Alter, hat auch literarisch sich erst durch einige kleinere Schriften bekannt gemacht. Daher erklärt es sich auch wohl daß seine Collegen von der theologischen Facultät ihn fünfthalb Jahre als bloßen Licentiaten der Theologie sitzen und auf die Doctorwürde warten ließen, in deren Ermangelung er weder das Decanat führen noch an den Promotionen sich betheiligen konnte. Erst im Mai 1863 machte ihn die Facultät zum Doctor honoris causa. Seine Vorlesungen sind nicht eben besucht, auch schon einmal durch einen Conflict mit den Studenten und eine scharrende Demonstration derselben belebt gewesen.

Aug. Wilh. Dieckhoff, als Nachfolger von G. F. Wiggers von Göttingen berufen, trat sein Amt um Michaelis 1860 an, liest über Kirchen- und Dogmengeschichte, auch über Geschichte des protestantischen Lehrbegriffs und leitet die katechetische Abtheilung des homiletisch-katechetischen Seminars. Auf Besuch war er schon einmal, vielleicht zur Vorbereitung seiner Berufung, im Jahre 1858 in Mecklenburg. Gemeinschaftlich mit Philippi wohnte er damals der berühmten Lutheranerconferenz bei, welche am 18. und 19. August des genannten Jahres auf dem Gute des Freiherrn Friedrich v. Maltzan zu Rothenmoor unter Anwesenheit verschiedener auswärtiger lutherischer Notabilitäten (Huschke aus Breslau, v. Thadden-Trieglaff, Generalsuperintendent Brömel aus Lauenburg u. s. w.) abgehalten ward. Bei der Verhandlung über die von Herrn v. Thadden proponirte Frage: „wer ist ein Ketzer?" wagte er die Behauptung aufzustellen, daß ein Reformirter kein Ketzer sei, stieß damit aber auf fast allgemeinen Widerspruch. Brömel erklärte, mit einem Reformirten nicht beten zu können und fand dafür bei Huschke und Philippi Zustimmung. Auf nicht weniger Widerspruch stieß eine andere Aeußerung Dieckhoffs, dahin gehend, daß ein Lutheraner aus der preußischen Union dem Bekenntniß der lutherischen Kirche angehöre, und Philippi entdeckte in einem von Dieckhoff aufgestellten Satze ein socinianisches Erkenntniß-princip. Indessen war man auch auf der Gegenseite untereinander sehr uneinig: Brömel bezeichnete eine von Plaß, dem bekannten Erfinder des Dogmas von Teufel Vater, Teufel Sohn und Teufel Geist, geäußerte Ansicht als heidnisch; Diedrich bezichtigte eine Lehre Philippis, daß sie der kirchlichen Lehre von der Erbsünde und von der Rechtfertigung widerspreche; und wenn Dieckhoff auch gewissermaßen eine äußerste Linke in der Versammlung bildete, so scheint er doch wenigstens vor fundamentalen Häresien mit Erfolg sich gehütet zu haben. — Seit einigen Jahren führt Dieckhoff mit Kliefoth gemeinschaftlich die Redaction einer theologischen Zeitschrift. Er gehört auch zum Vorstand des „mecklenburgischen Gotteskasten für bedrängte Glaubensgenossen", eines Nachbildes der Gustav-Adolf-Stiftung.

Von Zeit zu Zeit ehrt die Facultät irgendeinen bis dahin wenig bekannten rechtgläubigen Theologen durch Verleihung des Doctortitels honoris causa. Die neuesten Empfänger solcher Ehrenbezeigung sind außer dem Professor Bachmann der Pastor Münkel zu Oyste in Hannover (1861), der sich durch eine Vertheidigung des Consistorialerachtens gegen Baumgarten ausgezeichnet hatte, und der Professor Szeberinyi zu Wien (1864).

Die juristische Facultät hat seit Jahrzehnten das eigenthümliche Geschick gehabt, daß sie gleichsam als Wartesaal für durchreisende Rechtsgelehrte gedient hat, welche nach kurzem Aufenthalt entweder auf eine auswärtige Universität zurückgingen oder in ein höheres Richteramt übertraten. Die alten einheimischen Juristen in der Facultät sind allmälig ausgestorben und da es an einem Nachwuchs von Privatdocenten fehlte, so mußte das particulare Recht des Landes sich mit der Rücksicht behelfen, die ihm von der Mehrzahl der Facultätsmitglieder nur im Vorübergehen gewidmet werden konnte. Die zum Theil unter die Notabilitäten gehörigen Männer, welche seit dem Abgange von Elvers nach Marburg (1841) und Georg Beselers nach Greifswald (1842) und seit dem am 14. November 1842 erfolgten Tode Ferdinand Kämmerers durch die rostocker Juristenfacultät hindurchgingen, sind: Kierulff (1842—1844), Wunderlich (1842—1847), Thöl (1842—1849), Jhering (1846—1849), Leist (1847—1853), Bruns (1849—1851), Budde (1850—1853), Wetzell (1852—1863), Roth (1854—1857). Von diesen hat wohl Wetzell die nachhaltigste Wirksamkeit geübt, die er auch noch in Tübingen, wohin er von Rostock ging, unter den dort studirenden Mecklenburgern zu Gunsten ihrer feudalen Landesverfassung nach Kräften fortzusetzen bemüht ist. Er erblickt, wie er dies in einer öffentlichen Rede als Rector erklärte, in Mecklenburg, weil es dem constitutionellen Wesen keinen dauernden Zugang verstattet und die alte landständische Verfassung nach kurzer Abirrung wiederhergestellt hat, den Fels im Meere der Revolution, den conservativen Musterstaat, an dessen erbebendem Beispiele sich alle übrigen deutschen Staaten wieder zu der verlassenen Rechtsgrundlage zurückführen lassen sollten. Abgesehen von solchen Extravaganzen in seinen staatsrechtlichen und politischen Anschauungen ist Wetzells große Bedeutung als Rechtslehrer allgemein anerkannt. Sein jetzt in zweiter Auflage erscheinendes „System des ordentlichen Civilprocesses" gehört zu den ausgezeichnetsten Leistungen auf diesem Gebiete. Früher schrieb er ein System des Civilrechts. Die mecklenburgische Ritterschaft wählte ihn zum Oberappellationsrath, was er aus wirklicher Bescheidenheit ablehnte. Zu gleicher Stellung ward er im Jahre 1859 nach Kassel und als Professor in demselben Jahre nach Halle und 1862 nach Jena berufen. Der Großherzog ehrte ihn durch Verleihung des Titels „Geh. Justizrath", die Universität durch zweimalige Wahl zum Rector (1860—1862), die Studenten brachten ihm mehrmals einen Fackelzug. Endlich aber folgte er dennoch dem Rufe nach Tübingen. Das Gerücht meint, er sei zum Nachfolger Schröters als Justizminister designirt, womit denn freilich dem Lande ein wo möglich ewiges Beharren innerhalb des Feudalismus in Aussicht gestellt wäre.

Der älteste der jetzt die Facultät bildenden Professoren ist Otto Mejer. Er wurde zu Ostern 1851 aus Greifswald berufen, nachdem er vorher in Göttingen und Königsberg docirt hatte. Im Jahre 1852 wurde er Consistorialrath, später Mitglied der Prüfungscommission der Rechtscandidaten für die Advocatur, auch großherzoglicher Provisor bei der Kirchenökonomie und bei dem Jungfrauenkloster zum heiligen Kreuz, im Jahre 1863 Ordinarius des von den Mitgliedern der Juristenfacultät gebildeten Spruchcollegiums, und in demselben Jahre zweiter Bibliothekar an der Universitätsbibliothek. Sein Hauptfach ist das Kirchenrecht; er liest aber auch über Staatsrecht und Criminalproceß, ferner Encyklopädie und über die öffentliche Criminalrechtspflege in England und Frankreich. Unter seinen schriftstellerischen Werken ist das hervorragendste: die Propaganda, ihre Provinzen und ihr Recht (Gött. 1852 f. 2 Bde.); dasselbe ist auch ins Holländische übersetzt. Außerdem schrieb er: Institutionen des gemeinen deutschen Kirchenrechts (zweite sehr vermehrte Auflage 1856); Kirchenzucht und Consistorialcompetenz nach mecklenburgischem Recht (1854); Einleitung in das deutsche Staatsrecht (1861); die Grundlagen des lutherischen Kirchenregiments (1864). Eine Zeit lang gab er in Verbindung mit Kliefoth eine „theologische Zeitschrift" heraus. Im Jahre 1853 unterschrieb er mit den Mitgliedern der theologischen Facultät und einer Anzahl erlanger und leipziger Theologen die Schrift: „das Bekenntniß der lutherischen Kirche gegen das Bekenntniß des berliner Kirchentags gewahrt" (Erlangen 1853), durch welche das Verhältniß der augsburgischen Confession zur evangelisch-lutherischen Kirche gegen eine demselben drohende Verdunkelung sichergestellt werden sollte. Dies ist wohl die erste Gelegenheit, wo sein specifisches Lutherthum, von welchem zur Zeit seines Aufenthalts auf preußischen Universitäten nichts wahrzunehmen war, zum Ausdruck gelangte. Daß er im Jahre 1848 einer mit dem lutherischen Landeskirchen- und Oberbischofthum sehr wenig zusammenstimmenden Kirchenverfassungstheorie huldigte, beweist eine damals von ihm herausgegebene Brochüre: „Die deutsche Kirchenfreiheit". In der baumgartenschen Sache sprach er sich, wie Krabbe mitgetheilt hat, für die Unabweislichkeit des dem Consistorium ertheilten ministeriellen Auftrages aus; auf eine Bestreitung der alleinigen krabbeschen Urheberschaft des Consistorialerachtens scheint sein Ehrgeiz nicht gerichtet zu sein, er hat diesem die Vertheidigung des Erachtens ebenso allein überlassen wie die Abfassung. Sein gewandtes, diplomatisches Wesen, welches bei einem Aufenthalt in Rom die Abrundung erhalten zu haben scheint, bewahrt ihn sowohl auf dem kirchlichen wie auf dem politischen Gebiete vor zu schroffem Auftreten, ohne ihm in der guten Meinung der herrschenden Partei zu schaden. Von Vereinen und Versammlungen in Angelegenheiten der äußeren und inneren Mission hat er sich stets zurückgehalten. In seinen Vorträgen über Kirchenrecht ist es den Zuhörern aufgefallen, wie ausführlich und eingehend er bei der römischen Kirchenverfassung verweilt und wie mäßig, ja jämmerlich neben deren stolzem Bau die protestantische Kirchenverfassung erscheint, sodaß es lediglich an den Zuhörern liegt, wenn sie nicht von Bewunderung gegen die erstere ergriffen werden und die letztere geringschätzen lernen.

Institutionen und Geschichte des römischen Rechts werden von Herm. Aug. Schwanert vorgetragen, welcher, aus Prag berufen, im Jahre 1853 als Ersatzmann für Leist, der nach Jena abging, bei der Facultät eintrat. Er liest außerdem Erbrecht und Obligationenrecht und veranstaltet seit einigen Jahren auch Civilpraktika. Die Vorlesungen über Pandekten scheint er an Muther abgetreten zu haben. Bei seinen Zuhörern gilt er als ein Mann von sehr bedeutender Gelehrsamkeit, der so ziemlich alle Ansichten über die juristischen Controversen kennt. Sein Wissen reicht nach vielen Seiten hin über das juristische Gebiet hinaus. Die Collegia werden gut besucht, wobei freilich in Anschlag kommt, daß er Mitglied der juristischen Prüfungscommission ist. Auf literarischem Felde hat er mit seinem Hauptwerk: „Die Naturalobligationen des römischen Rechts" (Göttingen 1861) kein besonderes Glück gemacht. Ein Recensent resumirt die darin ausgesprochene Ansicht dahin, daß die Naturalobligation zwar ein Rechtsverhältniß unter den Parteien begründe und somit „rechtliche Bedeutung", aber keine „rechtliche Wirkung" habe, und erklärt eine Kritik dieser Ansicht für überflüssig. Die Anzeige schließt mit der Bemerkung: „Der Verfasser hätte besser gethan, uns die Quintessenz seines Buches auf wenigen Seiten zu geben, anstatt uns schon anderweitig ganz bekannte Sachen und unklare eigene Vorstellungen in der weitschweifigsten und durch ihre langathmigen Sätze wahrhaft unverdaulichen Darstellung mit selbstgefälliger Breite aufzutischen."

Als Nachfolger von Roth, der, gleich Wetzell von Marburg übergesiedelt zu den Notabilitäten seines Faches gehört, in Mecklenburg aber an literarischen Andenken nur ein ziemlich flüchtig abgefaßtes mecklenburgisches Lehnrecht und daneben den Ruf hinterlassen hat, daß er im Winter nicht heizte, mit Virtuosität die Zither spielte und in lustigen Kreisen ein guter Gesellschafter war, kam um Ostern 1858, gleichfalls von Marburg, wo er bis dahin das Amt eines Unterstaatsprocurators bekleidet hatte, Victor v. Meibom. Er wurde im Jahre 1863 zum Assessor perpetuus des engeren Conciliums erwählt und nahm in demselben Jahre als mecklenburgischer Commissarius an den Verhandlungen über Herstellung eines allgemeinen deutschen Obligationenrechts in Dresden Theil. Seine Vorlesungen befassen deutsches Privatrecht, Geschichte des deutschen Rechts, Lehnrecht, Handels- und Wechselrecht, seit einiger Zeit auch Einleitung in das mecklenburgische Privatrecht, nach einem fleißig zusammengetragenen und ausgearbeiteten Hefte. Früher arbeitete v. Meibom mit Roth zusammen an einem Werke über kurhessisches Privatrecht. In dem „Jahrbuch des gemeinen deutschen Rechts" von Bekker und Muther (Band IV, 1860) veröffentlichte er eine längere Abhandlung „über Realschulden und Reallasten", welche mit einem empfehlenden Hinweis auf die mecklenburgische Hypothekengesetzgebung schließt. Die darin aufgestellte Ansicht hat jedoch wenig Beifall gefunden und wird von Gerber in Leipzig in den von ihm und Jhering herausgegebenen Jahrbüchern scharf bekämpft.

Zu Ostern 1863 ward aus Greifswald der junge Professor Hugo Böhlau berufen, der sich früher in Halle habilitirt hatte. Er führte sich damit ein, daß er am schwarzen Brett bekannt machte, seine Vorlesungen über das und das würden „so Gott will" dann und dann beginnen. Seit 1861 giebt er mit Rudorff, Bruns, Roth und Merkel eine Zeitschrift für Rechtsgeschichte heraus, in welcher sich kleine Aufsätze von ihm finden. Er ist äußerst fleißig und sorgt auch dadurch für die Studenten, daß er mit Einzelnen in seinem Hause den „Sachsenspiegel" und „Richtsteig Landrechts" tractirt. Aus Dankbarkeit haben sie ihm dafür einmal ein Ständchen gebracht. Er liest deutsche Reichs- und Rechtsgeschichte, Criminalrecht, Criminalproceß, Civilproceß und Encyklopädie. Das Criminalrecht behandelt er vom rein christlichen Standpunkt und besucht gleich seinen Collegen gewissenhaft die Kirche.

Die jüngste Erwerbung der Juristenfacultät ist der Professor Theodor Muther, der zu Michaelis 1863 aus Königsberg berufen ward. Die ersten Gerüchte von seiner Berufung fielen in die Zeit, wo er als Mitglied einer der vielen Deputationen, welche mit der Ueberbringung von Ergebenheitsadressen an den König von Preußen beauftragt waren und so weit nöthig von der Kreuzzeitungspartei aus einer in der Wilhelmstraße in Berlin für diesen Zweck errichteten Niederlage mit Fracks und Handschuhen ausgestattet wurden, von

Königsberg nach Berlin gereist war. Die Geschichte dieser Berufung ist noch immer nicht ganz aufgeklärt. Im October 1862 berichtete die „Ostpreußische Zeitung" und nach ihr die Kreuzzeitung, daß der Professor Muther in Königsberg „eine ihm angetragene Berufung nach Rostock ausgeschlagen" habe. Eine officiöse Berichtigung in der „Rostocker Zeitung" führte diese Notiz darauf zurück, daß von einem Mitgliede der Facultät privatim bei Muther angefragt sei, ob er einem Rufe nach Rostock Folge leisten würde, falls die Facultät ihn in Vorschlag bringen und dies zu einer Berufung führen sollte. Einige Wochen später las man wieder in auswärtigen Blättern, Muther sei nach Rostock berufen, aber durch ausdrückliche Anerkennung seiner Leistungen der Universität Königsberg erhalten worden, was von der „Danziger Zeitung" weiter dahin erläutert wurde, daß ihm während seiner Anwesenheit in Berlin in Sachen der Loyalitätsagitation eine Gehaltszulage von 300 Thlr. bewilligt worden. Dieses letztere ward von der „Ostpreußischen Zeitung" für unrichtig erklärt und der Sache jetzt folgende Gestalt gegeben: Muther habe weder einen Ruf nach Rostock erhalten, noch sei ihm ein solcher angetragen worden, vielmehr sei nur eine vorläufige Anfrage deswegen von einem Facultätsmitgliede an ihn ergangen. Von diesem Privatschreiben habe Muther den Minister in Kenntniß gesetzt, und da er infolge der hieraus hervorgegangenen Verhandlungen erklärt habe, daß er einen etwa an ihn ergehenden Ruf nach Rostock ablehnen werde, so stehe vom April kommenden Jahres an eine Gehaltsverbesserung für ihn zu erwarten. Aber auch in dieser Version bestätigte sich die Nachricht nicht. Muther lehnte nämlich den an ihn demnächst ergangenen Ruf nicht ab, sondern folgte demselben.

Als Student gehörte er in Jena der „Teutonia" an. Auf einer Besuchsreise kam er vor etwa 16 Jahren einmal nach Erlangen, wo er durch seine nichts weniger als gewählte Tracht und sein ganzes Auftreten keineswegs den Eindruck machte, als ob ein künftiger Professor in ihm stecke. Später begab er sich zur Fortsetzung seiner Studien nach Erlangen, wo um diese Zeit eine burschenschaftliche Verbindung bestand, die aus der fortgeschrittenen Partei einer Burschenschaft von älterem Zuschnitt sich gebildet hatte. Dieser gehörte Muther in Erlangen an. Die ihn damals gekannt haben, werden nicht wenig erstaunt gewesen sein, als er einige Jahre später plötzlich in Königsberg als Professor hervortauchte. Vorher war er in Halle als Privatdocent habilitirt. Durch Empfehlung des bekannten Pernice in Halle, des Vaters seines Freundes, des nicht minder bekannten göttinger Pernice, erlangte er jene Professur in Königsberg. Als Schriftsteller trat er zuerst mit der Schrift: „Sequestration und Arrest im römischen Recht" (1856) hervor, welcher die Kritik nachrühmte, daß der Verfasser durch Aufsuchung, Ordnung und Zubereitung der Quellen mindestens die nothwendigste Vorbedingung für eine endliche Lösung der schwierigen Aufgabe und zwar mit seltener Gewissenhaftigkeit und großer Gelehrsamkeit erfüllt habe, was ihm auch diejenigen nicht absprechen würden, die in der Vorrede so nachdrücklich von ihm angegriffen seien. Dann gerieth er mit dem Professor Bernhard Windscheid (jetzt in München) in eine literarische Fehde, welche ihm weniger zum Ruhme gereichte. (Muther, zur Lehre von der römischen Actio. Eine Kritik des windscheidschen Buchs: „die Actio des römischen Civilrechts vom Standpunkte des heutigen Rechts"). „Der Hauptzweck meiner Arbeit ist der, Windscheids neue Lehre zu entfernen," mit diesen anmaßenden Worten führte er seine Streitschrift ein. Windscheid (die Actio. Abwehr gegen Dr. Th. Muther) erwiderte ernst und würdig. Von der Kritik wurde Muthers Urtheil als ein zu rasches und seine Schrift als eine unreife bezeichnet. Später schrieb er, außer einem von ihm veröffentlichten Vortrage über den „Reformationsjuristen" Hieronymus Schürpf (1858), ein Werk: „die Gewissensvertretung im gemeinen deutschen Recht, mit Berücksichtigung von Particulargesetzgebungen, besonders der sächsischen und der preußischen" (1860). Mit Macht zieht er hier gegen das „flache Raisonniren" und die aprioristische Construction der Lehre von der Gewissensvertretung zu Felde und erklärt, daß die Sicherheit der von ihm gefundenen Resultate die Veröffentlichung rechtfertige. Die hierdurch angeregte Erwartung, daß die Lehre mindestens hinsichtlich ihrer geschichtlichen Entwickelung hier zum Abschluß gebracht sei, wird aber getäuscht. Gelegentlich bekennt der Verfasser sich in dieser Schrift auch als Gegner des Geschworneninstitutes im Criminalprocesse, da die Trennung zwischen Thatfrage und Rechtsanwendung unzulässig sei, und an einer andern Stelle wendet er sich, um doch auch seine politische Farbe recht deutlich zu machen, gegen den „reformjüdelnd-revolutionären Standpunkt" einzelner Juristen. Seit 1857 giebt er mit Ernst Immanuel Bekker „Jahrbücher des gemeinen deutschen Rechts" heraus, in welchen sich kleinere Aufsätze von ihm finden. Er liest über Institutionen und Pandekten, kündigt auch Relatorien und exegetische Uebungen an.

In socialer Beziehung zeichnet er sich durch geflissentliche Schaustellung seiner Kreuzzeitungsrichtung aus. In einem Convivium, welches in Veranlassung eines glücklich bestandenen Richterexamens von einem seiner Parteigenossen veranstaltet ward, feierte er die mecklenburgische Landesverfassung als das höchste Ideal einer Verfassung mit so überschwänglichen Worten, daß es selbst der anwesenden Gesellschaft zu stark aufgetragen erschien und von derselben Widerspruch erhoben ward. Unter den Studenten bevorzugt er die Aristokratie und deren Genossen, und die Art, wie er mit diesen bei Trinkgelagen verkehrt und Dutzbrüderschaften eingeht, sowie seine sonstigen befremdend ungenirten gesellschaftlichen Gewohnheiten sollen selbst bei der Partei, als deren hervorragendsten Vorkämpfer er sich geltend machen möchte, bereits große Bedenken erregt haben. Daß man auch von ihm als künftigem Justizminister spricht, beruht wohl nur auf der Aehnlichkeit hinsichtlich der beiderseitigen burschenschaftlichen Vergangenheiten, welche zwischen ihm und dem derzeitigen Justizminister v. Schröter obwaltet.

Zur Charakteristik der Juristenfacultät als Gesammtheit dient die Verhandlung über die schleswig-holsteinische Angelegenheit mit Herrn v. Warnstedt, zu welcher sie durch diesen dadurch veranlaßt ward, daß er ihr, wie allen andern deutschen Juristenfacultäten, die Aufforderung zugehen ließ, die in seiner Schrift über das Staats- und Erbrecht der Herzogthümer Schleswig-Holstein angeführten Quellenzeugnisse und die daraus gezogenen Schlüsse einer gründlichen Prüfung zu unterziehen und dadurch zugleich ihr Urtheil über die schleswig-holsteinische Erbfolgefrage abzugeben. Die Facultät lehnte dies in ihrer Antwort vom 7. Mai 1864 einstimmig ab und motivirte diese Ablehnung folgendermaßen: Die Beurtheilung einer literarischen Arbeit liege nicht innerhalb des Kreises von Gegenständen, mit denen eine Juristenfacultät als solche sich angemessen beschäftige. Was die schleswig-holsteinische Frage selbst betreffe, so könne sich die Facultät der Prüfung derselben weder auf Grund der warnstedtschen Schrift allein, noch mit der anscheinend gewünschten Eilfertigkeit unterziehen. Der Ernst der Berufspflicht fordere zum Zwecke rechtlicher Facultätserachten eine tiefer eingehende Erwägung der Sachlage, als sie an der Hand einer Flugschrift möglich sei, und es werde der Sachkunde des Verfassers nicht entgehen, daß bei einer Frage von solcher Verwickelung und Bedeutung, wie die schleswig-holsteinische sei, die einer deutschen Facultät würdige Lösung nur binnen einer geräumigen Frist zu erbringen sei.

Spötter haben aus dieser Motivirung geschlossen, daß es der rostocker Universitätsbibliothek an staatsrechtlichen Werken über die schleswig-holsteinische Frage fehle und es ist schon von Geldsammlungen zur Ergänzung dieser Lücke die Rede gewesen. Die Facultät hätte sich vielleicht angemessener aus der Affaire ziehen können, wenn sie sich auf eine gesetzliche Bestimmung berufen hätte, welche, wunderbar genug, keinem ihrer Mitglieder bekannt gewesen zu sein scheint. Dieselbe ist in einem Rescript der Landesregierung vom 12. Sept. 1839 enthalten, und lautet: „Auf Allerhöchsten Befehl wird der Juristenfacultät zu Rostock hierdurch aufgegeben, künftig von ihr verlangt werdende Gutachten über Fragen, welche die Bundes- oder die specielle Landesverfassung eines einzelnen deutschen Staats betreffen, nicht anders als mit Vorwissen und specieller Genehmigung der Regierung zu erstatten." Die Facultät durfte mit Sicherheit darauf bauen, daß ihr in dem vorliegenden Falle die Genehmigung versagt werden würde.

Durch irgendeinen Umstand muß die Facultät schon seit längerer Zeit das Vertrauen der jungen Rechtsgelehrten in Portugal und Brasilien in besonderem Maße besitzen, da sie den Titel eines Doctor juris utriusque nach diesen fernen Ländern hin am häufigsten vertheilt. Namen wie de Sá, da Fonseca, de Lima e Silva, de Castilho, Guimaraens, d'Oliveira und andere von portugiesischem Klange mit den dazu gehörigen vielen Nebennamen erschienen auf den Diplomen der Facultät in größerer Anzahl als deutsche. Mit Ausschluß einer Ehrenpromotion betrug die Zahl der von der Facultät bewirkten Doctorcreationen von 1858 bis 1863 17, darunter 10 Portugiesen oder Brasilianer.

Ursprung und Schätzung des gothischen Stils.
Aus München.

Es ist jetzt nicht blos die feste Ueberzeugung aller gebildeten Architekten, die sich nicht in irgendeine abgelegene Bauepoche der Vergangenheit verrannt haben, daß die Bauformen der Renaissance allein im Stande sind, die architektonischen Aufgaben der Gegenwart auf ebenso künstlerische als zweckmäßige Weise zu lösen. Auch dem größeren kunstsinnigen Publikum wird das nachgerade zur geläufigen Ansicht. Namentlich seit in jener Bauart die schönsten monumentalen Bauten unserer Zeit und neuerdings auch Privathäuser — wie deren z. B. Hansen in Wien aufgeführt hat — entstanden sind. Denn der weitere Laienkreis kümmert sich wie natürlich wenig um die theoretische oder geschichtliche Berechtigung eines Stils. Er bildet sich sein Urtheil nach der That, nach dem Ergebniß des künstlerischen Schaffens; wenn er in diesem die Ansprüche, die dunkel in seiner Seele schweben, erfüllt sieht, seine Phantasie zugleich befriedigt und erhoben fühlt, so gilt ihm ohne Weiteres die Form des Kunstwerkes für lebensfähig, ohne daß er ästhetischer Gründe für seine Empfindung bedürfte. Die echte Kunst ist immer zugleich Ausdruck des allgemeinen Geistes, welcher der noch verschlossenen Stimmung des Zeitalters die Zunge löst und dann mit ihr in ein lebendiges Zwiegespräch tritt, in dem sie sich ihrer Verwandtschaft freudig bewußt werden. So findet das gegenwärtige Geschlecht in den neubelebten Formen der Renaissance vertraute Züge seines eigenen Wesens wieder und daher ein Denkmal seines eigenen Daseins.

Aber noch ist die Herrschaft dieser schönen Formenwelt, welche uns zu Erben der glänzendsten Kunstepochen, der Antike und des Cinquecento einsetzt, nicht gesichert. Noch macht ihr die „deutsche" Baukunst — die den Namen der „gothischen" so gern, doch bis jetzt vergeblich loswerden möchte —

das Reich streitig. Diese, mit Begeisterung und wie im Triumphzug aus der Vergangenheit hervorgeholt, war vor ihr da; sie will sich von der fremden Schwester, die ihr mit still aber mächtig wirkendem Reize Fuß für Fuß den Boden abzugewinnen droht, auch nun nicht verdrängen lassen. Wir Deutsche haben es ja unser Leben lang büßen müssen, daß wir allzu weitherzig die Ausländer in unser Haus aufgenommen und darüber fast verlernt haben, die Herren des eigenen Herdes zu sein. Jetzt endlich, da wir einmal Anstalt treffen, in der Politik von unserem Hausrecht Gebrauch zu machen, nun sollen wir auch in der Literatur und Kunst nicht länger den Fremden Thür und Thor öffnen. So wenigstens denkt ein Theil der Nation, der seit fünfzig Jahren alle Anstrengungen macht, sich als solche zu fühlen, und da er im Staatsleben das Schwert noch in der Scheide lassen muß, das Banner der deutschen Eigenart wenigstens in der Kunst lustig flattern lassen möchte. Ob dieser Schlag von Patrioten auch dann vorangehen wird, wenn es gilt, mit dem Opfer der kleinen particularen Vortheile und Neigungen die wirkliche Einheit des zerrissenen Vaterlandes endlich herzustellen, ist vorerst noch einigermaßen zweifelhaft; das aber jedenfalls ausgemacht, daß er mit seinem nationalen Eifer der Kunst zu einer neuen Blüthe bis jetzt nicht hat verhelfen können.

Er ist es, der in der Architektur seit fünfzig Jahren die gothische Bauart zu seiner Parole macht, und wie sehr dieser auch der Strom der gegenwärtigen Bildung entgegen ist, noch in diesen Tagen treu bei ihr aushält. Noch immer schwört er auf sie als die einzig nationale und will daher nur in ihren Formen nicht blos die Kirchen, nein, auch alle Stätten des öffentlichen Lebens aufgeführt sehen. Andrerseits rühmt er im Selbstgefühl deutscher Principientreue die unerschütterliche Strenge ihrer structiven Gesetzmäßigkeit als die vornehmste Bedingung aller architektonischen Kunst. Und so wirksam ist noch jetzt die Macht dieser herkömmlichen Meinung, daß auch die jüngste Zeit nicht nur allerlei niedliche Miniaturausgaben gothischer Kirchen, sondern sogar gothische Rathhäuser und Börsen (z. B. in Bremen) hervorgetrieben hat. Namentlich können sich Oestreich und Bayern — merkwürdigerweise die deutschen Staaten, in deren Adern noch das dickste particularistische Blut fließt — einer solchen nationalen Baugesinnung rühmen. München, das uns hier zunächst anliegt, hat ausdrücklich in das Programm des von ihm erfundenen neuen Baustils das „nationale" Element aufgenommen, restaurirt mit der Blindheit eines fanatischen Eifers sein Münster und baut überdies neue gothische Kirchen. Nun ist zwar das in einer trüben Periode des neuen deutschen Lebens aufgeflackerte Vorurtheil für den „deutschen" Stil unter der Mehrzahl der Gebildeten wieder am Erlöschen, und so auch die Begeisterung, die er entzündet hat, namentlich seit sein französischer Ursprung unzweifelhaft geworden, bedeutend abgekühlt. Da aber diese keineswegs harmlose deutsche Schwärmerei in genug Baumeistern und Laien noch fortbrennt und sich noch immer ein kostbares Dasein in Stein zu verschaffen weiß, so verlohnt es sich wohl der Mühe, sich den Stil einmal näher sowohl auf seine **nationale** als auf seine **künstlerische** Bedeutung anzusehen.

Sein **französischer Ursprung***) ist also ausgemacht, und nur der Eine oder Andere, der hinter der Forschung um zehn bis zwanzig Jahre zurückgeblieben ist, mag noch dagegen streiten. Nicht, als ob sich blos seine verschiedenen Formen und Elemente in Frankreich gebildet und, von dort nach Deutschland gebracht, hier erst ihre stilbildende Verbindung erhalten hätten. Sondern in Frankreich selber hat er seine Entwickelung durchlaufen und ist am Ziele derselben zu einer in ihrer Art vollendeten Gestalt ausgewachsen. Deutschland hat zwar nicht erst diese als ein fertiges Ganze übernommen, sondern gleichfalls die gothische Bauart eine Entwicklung durchmachen lassen: die**s aber immer in den Spuren des vorangehenden Nachbarlandes und seinen Schritten folgend**. Schon jetzt lassen sich verschiedene Hauptknoten dieses Abhängigkeitsverhältnisses nachweisen und vielleicht gelingt es der ins Mittelalter immer tiefer eindringenden Forschung, seinen ganzen Verlauf ins Licht der Geschichte zu rücken. Der Spitzbogen war, so lange er neben romanischen Formen rein decorativ auftrat, in Deutschland ebenso wie im südlichen Frankreich nichts als eine Erinnerung an arabische Architektur und orientalische Ornamentik, welche die Europäer aus den Kreuzzügen mit heimgebracht hatten. Die Bedeutung eines neuen Stilmotivs erhielt er erst da, wo er mit dem Bewußtsein seiner eigenthümlichen Form gewissermaßen consequent und absichtlich, wenn auch noch nicht zur Wölbung, so doch zur Anlage von Arkaden durchgeführt wurde, die bei ungleichen Pfeilerabständen gleiche Scheitelhöhe und übereinstimmende Form erhalten sollten. Dies war zuerst bei der Erneuerung des Chors von **St. Denis** (um die Mitte des zwölften Jahrhunderts) der Fall und insofern hat der **Abt Suger**, der diese Anordnung erfand, den ersten Stein zum Bau des gothischen Systems gelegt. Indessen seinen wirklichen Anfang nahm dieses erst, als man an die Stelle des rundbogigen Kreuzgewölbes, (das um leicht und ohne verwickelte Berechnungen gehandhabt zu

---

*) Die im Folgenden zusammengestellten Daten finden sich, an verschiedenen Orten zerstreut, in **Schnaases** vortrefflicher Kunstgeschichte, die zuerst das massenhafte Material der mittelalterlichen Kunst in den Fluß der Entwickelung gebracht hat. Es ist interessant, zu verfolgen, wie in Schnaase der unbefangene Sinn des Forschers sich mit einer gewissen Vorliebe für das Gothische, die gern sowohl eine eigenthümlich deutsche Ausbildung desselben als seine allgemein künstlerische Bedeutung retten möchte, auseinanderzusetzen und in Einklang zu kommen sucht. Ein Unternehmen, dessen Mißlingen dem aufmerksamen Leser nicht verborgen bleibt und das in dem Urtheil des sonst so klar blickenden Mannes allerlei, wenn auch bisweilen verdeckte Widersprüche herbeigeführt hat.

werden, eine quadratische Eintheilung der inneren Räume und für die Wölbungen des Mittelschiffs das Ueberspringen je eines Pfeilers erforderte,) das spitzbogige mit Diagonalrippen setzte, um den Gewölbefeldern des Mittelschiffs die gleiche Tiefe wie denen der Seitenschiffe geben, die so entstandenen oblongen Räume von ungleichen Spannweiten zu gleicher Scheitelhöhe bei gleicher Kämpferhöhe überwölben und dann in einheitlicher Anordnung alle Pfeiler ebenso für das Mittelschiff wie für die Seitenschiffe benutzen zu können. Indem nun die Last des Gewölbes ausschließlich auf die Pfeiler übertragen war, hatte die Mauer keine stützende Function mehr auszuüben; somit trat die Bedeutung derselben zurück und es entstand dagegen, um die Kraft jener Pfeiler zu verstärken, das System der Streben. Mit diesen Neuerungen ging für den nun mehr ausgebildeten Ritus der Kirche die Erweiterung der Choranlage Hand in Hand. Diese wesentlichen Elemente, welche an sich schon die Bedingungen der neuen Bauart bilden, traten zuerst, gemischt noch mit romanischen Formen, in der zweiten Hälfte des zwölften Jahrhunderts in nordfranzösischen Bauten auf (in allmäliger Ausbildung: z. B. Kathedrale von Noyon, St. Rémy in Rheims, Nôtre Dame in Châlons s. M., Kathedralen von Paris und Laon). Im nördlichen Frankreich erfolgte auch die weitere Entwickelung, die Erfindung des Maßwerks, die Ausbildung des Thurms nach dem Gesetz allmäliger Verjüngung und Zuspitzung, die der Bündelpfeiler u. s. w.; endlich in den größeren Kathedralen, wie zu Rheims und Amiens, mit dem Beginn des dreizehnten Jahrhunderts die vollendende, den ganzen Bau folgerichtig gestaltende Durchführung des Systems.

Die ersten sicheren Zeichen der Einwanderung des neuen Stils aus Frankreich in Deutschland knüpfen sich an die Bauthätigkeit des Cisterzienserordens. Der strengen Regel desselben, welcher der decorative Charakter der spätromanischen Bauart widerstrebte, entsprach eben deshalb, wie Schnaase treffend nachgewiesen hat, die strenge und gesetzmäßige Weise des in seinen Anfängen noch einfachen neuen Stils; dieselbe strenge Regel hielt die abgezweigten Klöster unter der Aufsicht der Mutterklöster, alle zusammen in einem engeren Verbande und erforderte daher für alle neu entstehenden Kirchen dieselbe Bauart. So verbreitete sich namentlich durch die Cisterzienser die spitzbogige Wölbungsart und mit ihr das neue Bausystem über Deutschland. Und wenn auch die bauenden Klosterbrüder in einigen Detailformen an die deutsche Ueberlieferung der romanischen Weise anknüpften, so blieben sie doch selbst noch im dreizehnten Jahrhundert mit dem Mutterlande in Zusammenhang und empfingen von dort her die Formen der weiteren Entwickelung, die sie gleichfalls nach Deutschland verpflanzten. Aber der Orden war nicht der einzige Weg, auf dem die neue Bauweise nach den deutschen Ländern gelangte. Die Uebereinstimmung, welche die Choranlage des magdeburger Doms, eines der ersten gothischen Werke diesseits des Rheins und zum Theil noch mit romanischen Elementen vermischt, mit dem polygonen Chorplan der Kathedrale von Soissons zeigt, die auffallende Aehnlichkeit der Stiftskirche von St. Georg zu Limburg an der Lahn mit der Kathedrale von Noyon in fast allen Theilen, ferner die Durchführung des Systems an dem ersten durchaus gothischen Bau, der Liebfrauenkirche in Trier, nach dem Muster des Chors von St. Yved in Braine bei Soissons, endlich die Anordnung des Kölner Domchors nach dem Vorbilde der Kathedrale von Amiens: das alles sind unzweifelhafte Zeichen, daß die deutschen Baumeister an französischen Kirchen ihre Studien gemacht hatten und nicht blos die einzelnen Formen, sondern sogar die Anlage der Pläne und die Raumeintheilung aus Frankreich holten. Es ist sicher, daß sie ebenso, wie nun etwa die Maler nach Italien, nach dem Nachbarlande wanderten, um die französische Bauweise gründlich kennen zu lernen und sich dort die Ausbildung zu erwerben, die sie befähigen sollte, die Kirchen in der Heimath in dem neuen Stile zu errichten. So erzählt ein Dechant des Stifts Wimpfen vor 1300, wie sein Vorgänger einen Baumeister, der erst kürzlich aus Frankreich gekommen, berufen habe, um die Kirche „in französischer Arbeit" auszuführen. Eine Stelle, die sowohl das beweist, daß man sich des französischen Ursprungs der Bauart vollkommen bewußt war, als das Andere, daß vorab die Architekten gesucht wurden, welche eben erst ihre Studien in Frankreich beendet und somit die neuesten Fortschritte der dortigen Baukunst inne hatten. Andrerseits hatte sich der Ruhm der französischen Baumeister so verbreitet, daß man sie weithin aus der Fremde kommen ließ, wo etwa einheimische französisch geschulte Meister nicht zu haben waren (z. B. nach Prag).

Wie weit, so lange die neue Kunstweise in der Entwickelung begriffen war, das deutsche Bauwesen selbständig sein konnte, ergiebt sich aus diesen Daten. Nicht mehr, als es die allmälige Loslösung von der einheimischen romanischen Weise und andrerseits die naturgemäße Veränderung mit sich brachte, welche jede Kunstform erleidet, sobald sie den Anforderungen bestimmter Bedürfnisse sich anzupassen hat. Daher kann von einer eigentlich deutschen Entwickelung der Gothik nicht die Rede sein. Sie war ein ausländisches Erzeugniß, auf den deutschen Boden verpflanzt und schon vorher von so entschieden ausgeprägter Art, daß sie auch in der fremden Erde, der anderen Luft ihrer ganzen Gestalt nach dieselbe blieb.

Wie sollte auch der Deutsche dazu kommen, eine Bauweise selbständig fortzuführen, auf die ihn kein eigenes inneres Bedürfniß geleitet hatte? Schnaase selbst, der sich bemüht, eine selbständige Ausbildung der Gothik in Deutschland wenigstens von einem gewissen Punkte an nachzuweisen, aber sich deshalb der unbefangenen Forschung nicht begiebt, hat zugeben müssen, daß ursprünglich der neue Stil dem deutschen Naturell und den deutschen Verhältnissen vielmehr entgegen war. Die Anhänglichkeit an die romanische Kunstform, welche an das deutsche Gefühlsleben stimmungsvoll anklang und in ihren mehr natürlichen Bildungen der Phantasie vertrauter war, der Zusammenhang, der noch mit der classischen Welt bestand, andrerseits das deutsche Wesen selber, von vornherein auf ungebundene Entwickelung der individuellen Eigenart angelegt, zudem damals in dem losen Verbande des staatlichen Daseins in eine Mannigfaltigkeit verschiedener in sich abgeschlossener Lebenszustände zersplittert, widerstrebten dem strengen und energisch zusammenfassenden Charakter des Stils. Dagegen steht mit eben diesem das französische Wesen, gemischt aus romanischen und germanischen Elementen und beide zu einer immer strafferen Einheit verschmelzend, ganz im Einklang, wie denn von jeher die systematische, die Gegensätze in sich auflösende Form Sache des Franzosen ist. In der Architektur scheint überhaupt dem deutschen Geiste die schöpferische Gestaltungskraft versagt zu sein, während ihm die Gabe, fremde Formen aufzunehmen und glücklich wiederzubilden, in hohem Grade eigen ist.

Erst dann, als sich das System in den großen deutschen Domen zu einer in sich fertigen Gestalt abzuschließen suchte und durch ihr Beispiel ein allgemeiner Baueifer erwachte, begann sich bei uns eben für diese Vollendung ein gewisses selbständiges Streben zu regen. Dieses konnte nur auf die strenge und gesetzmäßige Durchführung der Grundsätze bis in ihre letzten Folgen und die kleinsten Einzelformen gerichtet sein; das lag ebensosehr im eigenthümlichen Wesen des Stiles und in der eisernen Gründlichkeit des deutschen Charakters — hierin war zwischen beiden Uebereinstimmung — als in dem damaligen Leben, das sich nur in den festen geordneten Verhältnissen der Städte zu productiver Kraft aufraffte und daher das Bürgerliche, Gediegene derselben auf die Kunst übertrug. Diese straffe, consequente, ausgrübelnde, jede Einmischung erfinderischer Phantasie, jeden Reichthum mannigfaltiger Formen abweisende Ausarbeitung der Bauart: das vollständige Auslöschen des echt-architektonischen Gegensatzes von Last und Kraft in der Pfeilerbildung, die gänzliche Beseitigung der Horizontale, dagegen die Ausbildung des Verticalprincips bis zu seinen äußersten Spitzen, die Auflösung der umschließenden Mauer in Stab- und Fensterwerk, die wahrhaft fanatische Begeisterung für den Thurmbau, der im durchbrochenen Helm selbst das Bedürfniß durch den Zwang des Systems überwindet, endlich die Vorliebe für ein geometrisches Spiel der Formen (namentlich in der Polygonanlage des Chors und im Maßwerk): darin besteht die eigentlich deutsche Behandlung des Stils. Dieser unerschütterlichen Folgerichtigkeit kann sich allerdings nicht die französische Gothik — noch weniger die italienische — rühmen; sie hat bis zu einem gewissen Grade das willkürliche Spiel künstlerischer Phantasie in sich eingelassen, das Schlanke, Senkrechte des aufstrebenden Baues durch horizontale Linien gebrochen und öfters in überquellendem Verzierungstrieb das structive Gesetz nicht sowohl zum Ausdruck gebracht als verdeckt. Dafür aber haben ihre Werke eine lebendige, Empfindung und Phantasie gleich stark anregende Wirkung und eine gewisse anschauliche Klarheit der Gesammterscheinung, welche die deutschen Bauten des ausgebildeten Stils vermissen lassen. Was Schnaase von der kölner Domfaçade, für die eine Zeit lang das romantische Deutschland in blinder Entzückung schwärmte, eingestehen muß, daß nämlich das Ganze nur die verständige Durchführung eines gegebenen „poetischen Gedankens" sei und uns die Lebensfülle, die Unmittelbarkeit der Empfindung, welche den Schöpfungen des frühgothischen Stils eigen ist, nicht entgegenbringe; daß die unzähligen Einzelheiten, nur flüchtige, vorübergehende Aeußerungen desselben Princips, das Auge durch ihre Menge und ihren Parallelismus nur ermüde: eben das gilt von der deutschen Gothik überhaupt, sobald sie den Anspruch erhebt, eigenthümlich zu sein.

Denn die bloße regelmäßige Durchführung eines constructiven Princips ist, auch wenn sie sich im Spiel einer Ornamentik — das ja hier lediglich systematischer Ausdruck des Gesetzes ist — ins Endlose wiederholt, niemals im eigentlichen Sinne künstlerisch; sie schließt die freie Thätigkeit der Phantasie und die lebendige Vermittlung der Gegensätze aus. Gerade die Ausbildung des Stils, auf welche man sich als eine nationale in Deutschland nicht wenig zu gute thut, setzt an die Stelle des Kunstwerkes ein — allerdings riesengroßes und staunenswerthes — Kunststück. Damit steht ganz im Einklang, daß die Meister der deutschen Dome im Grunde nichts waren als Steinmetzen. Man hat früher der geometrischen Grundlage des Stils eine übertriebene Bedeutung beigelegt und in gewissen Formeln vergeblich sein Geheimniß finden wollen; so viel aber ist sicher, daß die späteren deutschen Baumeister das lebendige Verständniß des Stils verloren hatten und nach den Regeln der Quadratur und Triangulatur das System mechanisch handhabten. Es war das allerdings schon in der Zeit des Verfalles, aber doch die natürliche Folge der deutschen in die Spitzfindigkeit auslaufenden Consequenz. Daß die großen Meister der Blüthezeit mit genialer Begabung ein künstlerisches Raumgefühl und einen feinen Sinn für die schmückende Ausstattung verbanden, dies bestreiten zu wollen, wäre thöricht. Aber auch über sie kam das System mit zwingender Gewalt und schlug ihre Phantasie in die Fesseln des einförmigen Gesetzes. Wie der eine Gedanke des verticalen Aufsteigens sich die widerspenstige Natur des Stoffs unterwirft und ihn in seine Formen nöthigt, so nimmt er auch den Geist des Meisters gefangen und lenkt gebieterisch seine Erfindung in die Grenzen der Regel.

Und so ist überall die jede Selbständigkeit, jede Mannigfaltigkeit unterdrückende Herrschaft des einen Princips. Der lebensvolle Gegensatz von Kraft und Last ist aufgehoben, indem die Dienste und die Gurten, die Rippen des

Gewölbes ineinanderfließen, und im Grunde ist der ganze Bau nichts als eine Zahl von Säulenbündeln, die sich mit ihren Spitzen zueinanderneigen. Denn was die Außengestalt des Baues bezeichnet, das Strebesystem, ist nur dieser Bündel wegen da. Jedes Glied nicht blos, auch das Ornament — die wenigen Fälle ausgenommen, wo es nur lose aufgeheftete Zierde ist — soll nichts sein, als der nackte Ausdruck der steigenden Tendenz, soll auch spielend noch in der knappen geometrischen Form die Dienstleistung offen bekennen. Nicht einmal von der Erde sich entschieden abzuheben, sich seinen eigenen Boden zu bereiten, nimmt der Bau sich Zeit; sondern schon mit dem untersten Steine ringt er aufwärts und ruht nicht, bis er mit der körperlichen Spitze in die Luft sich verflüchtigt. Denn mit dem Princip, die stoffliche Schwere des Steins durch die steigende Kraft zu überwinden, geht das Streben Hand in Hand, seinen körperhaften lagernden Zusammenhang zu verläugnen, seine Wucht und Masse zu tilgen. Immer und überall das alles umspannende, alles durchdringende Eins des Gesetzes: daher der ganze gewaltige Bau in den Gliedern wie im Schmuck die endlose Wiederholung der wenigen Grundformen, ein Krystall zusammengeschossen aus unendlich vielen Krystallen derselben Form, nur von der verschiedensten Größe. Nirgends eine nackte Stelle, denn das Zeitalter liebte den Schmuck, und die Strenge des Stils wirkte schroff und abstoßend sobald die Construction blos in der nüchternen Gestalt des Bedürfnisses erschien; aber das Schmuckwerk, welches das ganze Gebäude umspinnt, immer nur der Nachklang, gleichsam das selbstlose verhallende Echo der structiven Nothwendigkeit. Es war in der Architektur, wie im Leben, wo die Macht der Kirche alles ihrer Gewalt unterwarf und allen Ständen, allen Verhältnissen ihren gleichmäßigen Stempel aufdrückte.

Aber indem das eine Gesetz der Construction den Stoff in Widerspruch mit seiner Natur bezwang, überstieg es zugleich dessen eigene innere Kraft: die aufstrebenden Glieder, die den ganzen Bau schon in sich ausmachten, vermochten doch diese Riesenarbeit nicht aus sich selber zu verrichten und bedurften, wie wir gesehen, der Stützen (das Strebesystem). Nicht genug also, daß sich die structive Thätigkeit schon in den Gliedern selber aussprach, im Ornament sich mit dem Schein des Spieles wiederholte. Sondern noch entstanden Formen, welche wiederum nur dienende Mittel für die höhere Dienstleistung jener Theile waren, Handlanger gleichsam der den Bau ausführenden Gehilfen. In ihnen kommt die mechanische, dem freien Leben künstlerischer Thätigkeit entgegengesetzte Natur des Stils vollends zu Tage. Sie umstehen starrend, stemmend, steifend den Bau, nicht nur in sich selber ohne Ausdruck und ohne Bedeutung, sondern auch die Erscheinung des Ganzen zerstückelnd, verwirrend, verwickelnd; auch sie fast aufgelöst in Zierformen und daher ein doppeltes Räthsel. Denn das Auge kann ihren Zweck nicht fassen, da das Glied, dem sie dienen, im Innern der Kirche, also dem Blick, der nur die Streben vor sich hat, verborgen ist. So sind für die Anschauung Zweck und Mittel auseinandergerissen. Aber auch durch das Innere wird diese nicht befriedigt, da sie hier für den sichtbaren Seitenschub der Gewölbrippen, den die allzuschlanken Pfeiler nicht vollständig aufzufangen vermögen, das Widerlager vermissen muß. Also überall der Ausdruck ungeheurer Anstrengung; aber dem Auge fehlt das sichere Ineinandergreifen der Kräfte. Jede einzelne Form, für sich bedeutungslos, hat nur Sinn und Leben in Bezug auf andere und das Ganze; aber es fehlt der Schein der freien harmonischen Vermittlung. Auch nach diesen Momenten ist die Architektur das Bild des damaligen Lebens. Wie in jener die Natur des Stoffes besiegt ist und doch wieder in ihren Fesseln trotzig sich aufwirft, die Macht seiner Schwere gerade in der Anstrengung, welche der Sieg kostet, sich bekundet: so bäumt im Mittelalter die Sinnlichkeit, vom Geiste verläugnet, nur um so mächtiger und eigensinniger sich auf. Und wie dort die Einzelform selbstlos ist, an die Gesammtheit gebunden, und doch wieder ohne inneres lebendiges Verhältniß zu ihr den Schein selbständiger Existenz annimmt, so ist hier die Individualität innerlich unfrei, äußerlich spröde, stachlig und eckig, gefangen in den Fesseln der hergebrachten Sitte und im Buchstabendienste des Glaubens und doch wieder ihren Launen und Einfällen, dem Spiel einer phantastischen Willkür schrankenlos hingegeben.

Und das ist überhaupt der Charakter des ausgebildeten gothischen Stils wie seine Wirkung: ein unvermitteltes Nebeneinander von blinder mathematischer Nothwendigkeit und phantastischer Willkür. Denn die bloße Durchführung des structiven Gesetzes, welche als solche sich aussprechen will und daher an sich keinen andern Schmuck duldet, als den Ausdruck der Structur selber, befriedigt den bildenden Trieb der Phantasie nicht. Dieser ergreift daher das Schema der gegebenen Formen, um sie in einer Fülle zahlloser Combinationen über das Baugerüst auszubreiten. Er wird dieses Spiels nicht müde und kann kein Ende finden, da jede neue Zierde nur eine Variation desselben Themas ist. So ist schließlich der streng gemessene Bau in eine endlose aber einförmige Mannigfaltigkeit von Einzelheiten aufgelöst, die feste Grundgestalt in das Netz von Stäben und Maßwerk, in die Spitzen der Fialen und Weinperge zerstoben. Das Ornament, das jedes für sich dem strengen Princip des Ganzen unterworfen ist, hat schließlich in seine Vielheit die Hauptformen verschlungen und aufgezehrt.

Wie es so dem Bau an der klaren übersichtlichen Gesammtform gebricht, so fehlt ihm auch die künstlerische Erscheinung der in sich ruhenden Festigkeit, der aus sich gewachsenen, in sich abgerundeten Gestalt. Der Triumph der Structur läßt das Knochengerüst in seiner nackten Thätigkeit hervortreten und verschmäht jede Bekleidung, die selber nicht wieder ein strebendes Gerüst im Kleinen ist. Der Stil verachtet das Vorbild des organischen Lebens, das den

Bau der inneren festen Theile durch die lebendige Umhüllung des Fleisches nur durchscheinen läßt. Und so erscheint das Dasein auch des vollendeten Baues nicht als ein fertiges, sondern immer als ein werdendes, das Mühsame der Entstehung und Ausführung, die Nöthigung des Bedürfnisses in Stein verewigt.

Zu dem verwirrenden Reichthum der äußeren Gestalt steht der Innenraum im Gegensatz erhabener und feierlicher Einfachheit, welche gleichsam die Größe des göttlichen Wesens der Kleinheit des Menschen vernichtend entgegenhält. Aber die freie geheimnißvolle Kraft, mit welcher die Säulenbündel die Gewölbe aus sich emporzuschwingen scheinen, ist zum Theil wenigstens, wie wir gesehen, blos täuschender Schein. Und außer Verhältniß steht der in die Höhe ausgedehnte, aufgeschossene Raum zu der Creatur, für deren religiöses Leben er doch die Stätte bilden soll. „Nichts füllt das Ganze aus, alles eilt vorüber, die Individuen mit ihrem Treiben verlieren sich und zerstäuben wie Punkte in diesem Grandiosen (Hegel)." Und so ist wie die Erscheinung des Aeußeren die Stimmung des Innern ohne rechte Sammlung und Ruhe, aufregend und zerstreuend das bunte Dämmerlicht, die ungemessene Höhe, wie die gleichzeitige Mannigfaltigkeit des Cultus an den verschiedenen Altären.

So fehlt von allen Seiten das Freie, Harmonische, in sich Befriedigte der wahren künstlerischen Form, die maßvolle und geschlossene Schönheit, welche das Bedürfniß sowohl befriedigt als seinen Zwang in ihre organische Bewegung aufhebt. Wer wird deshalb die mächtige Wirkung der gothischen Dome läugnen, sie nicht als den in seiner Art vollendeten architektonischen Ausdruck einer ganzen Zeitstimmung bewundern wollen? Ohne Zweifel, sie sind insofern Kunstwerke, als sie die Empfindung einer großen Epoche in einer — wenn man es mit dem Worte nicht allzu genau nimmt — idealen Form ausprägen und diese Form zu einer in sich selber fertigen Gestalt durchbilden. Aber durchaus von dem einen Princip beherrscht, das eben nichts war, als der bestimmte Ausdruck einer bestimmten Zeit und in seiner Durchführung ganz aufgegangen, sind es Schöpfungen, deren Leben mit dem Ablauf jener Epoche in sich selber erloschen ist. Also blos Denkmäler, niemals Vorbilder. Kunstwerke als geschichtliche Erscheinungen; keine immer mustergiltigen Formen des Schönen.

Aus dem Soldatenleben des vorigen Jahrhunderts.
Die Werbung.

Während des siebenjährigen Krieges bestand die preußische Armee aus eigentlichen Landeskindern, die aus gewissen Bezirken, Cantons, ausgehoben wurden und daher auch Cantonisten oder Enrollirte hießen, und aus Angeworbenen, die zum Theil aus dem Reiche, zumeist aber dem Auslande entnommen wurden. Die gesetzlichen Bestimmungen darüber datiren bis vor die Zeit des großen Kurfürsten, bis zum Landtag von 1626 zurück. Auf diesem wurde festgestellt: daß sich der Adel und Andere, so Sr. kurfstl. Durchl. mit Roßdiensten verwandt, mit den Lohnpferden, Rüstungen und Gesinde so gefaßt halten sollten, daß sie sofort zur Musterung fortziehen könnten; daß ingleichen auch die Bürgerschaft in den Städten sich zur Musterung so gefaßt halte, daß sie alle Tage dazu wohlbewaffnet erscheinen könne. Nach gehaltener Musterung sollte zunächst der fünfte und zum eilenden Nachzug der zehnte Mann zum Ausschuß herausgenommen werden.

So entstanden zunächst aus der Landmiliz die Garnisonsregimenter. Sollten sie zusammenkommen, so wurde es durch den Geistlichen von der Kanzel herab verlesen, worauf sich die pflichtigen Offiziere beim Gouverneur oder Commandeur, die Unteroffiziere und Gemeinen bei ihren Compagniecommandanten meldeten.

Neben dieser Beschaffung der Streitkräfte bestand noch die Werbung. Bald fand man, daß die geworbenen Soldaten weit zuverlässiger und brauchbarer waren, und so legte man auf die Werbung ein besonderes Gewicht. Man machte schon einen Unterschied zwischen den Enrollirten oder Milizen, und den regulären Truppen, zu denen vorzugsweise die Angeworbenen zählten. So heißt es in einer Verordnung: „Weil nun heutiges Tages kein sonderlicher Staat mit denen Milizen gemacht wird, sondern vielmehr reguläre Truppen gebraucht werden, so kommt es auf die Werbung derer Soldaten an, wo und wie dieselbe am besten und füglichsten geschehen kann."

Die Werbung war im Allgemeinen zwar durch genaue Vorschriften und strenge Gesetze geregelt; es kamen aber trotzdem die ärgsten Ueberschreitungen und damit verbundene Gewaltthätigkeiten vor, zumal wenn unter Umständen Uebergriffe ausdrücklich gestattet waren.

Die Werbung zerfiel demnach zunächst in eine ohne und eine mit Zwang oder Gewalt; beide Arten wurden entweder vom Landesherrn selbst, oder mit dessen Genehmigung von einer auswärtigen Macht in dessen Landen unternommen. Nach der Art zerfiel die Werbung wieder in eine öffentliche oder stille und in eine heimliche; zu letzterer griff man gewöhnlich da, wo sie in einem andern Gebiete nicht gestattet war. Die öffentliche Werbung wurde gewöhnlich mit Aufruf und Trommelschlag vorgenommen.

Das Recht der gewaltsamen Werbung war dem Landesherrn unbedingt zugestanden; dagegen ward unerlaubtes Anwerben durch Auswärtige, wenn diese dabei ertappt wurden, mit dem Tode bestraft. Wollten solche Werber Gewalt brauchen und das auserfehene Opfer setzte sich mit Gewalt dagegen, so wurde der Betreffende nicht bestraft, selbst wenn ein Werber oder einer seiner Helfershelfer dabei das Leben verlor.

Gewöhnlich hielten sich die heimlichen Werber an den Grenzen der Gebietstheile auf, in denen sie Geschäfte machen wollten. Aber nicht nur mit dergleichen Leuten, die das Werben als ein Metier betrieben, hatten die Behörden ihre Noth, sondern mit ganz anderen. Es kam nämlich nicht selten vor, daß begüterte Edelleute in andern Staaten hohe militärische Stellen bekleideten. Um nun die ihnen anvertrauten Truppentheile complet zu erhalten und möglichst schöne und billige Bursche zu haben, trugen sie den Beamten in ihren Besitzungen auf, Rekruten zu schaffen, die nicht selten mit Gewalt aufgehoben und über die Grenze gebracht wurden. Friedrich der Große erließ deshalb kurz nach seinem Regierungsantritt ein Gesetz, nach welchem jeder Vasall oder adelige Unterthan, der sich mit dergleichen befasse, er möge betreten werden oder nicht, für einen entführten Mann 100 Dukaten Strafe zu zahlen habe, wovon $^1/_3$ dem Denuncianten und $^1/_3$ den Fiscalen in den Provinzen zufallen sollte. Die, welche dabei geholfen, wurden noch extra mit Geld, Gefängniß, Güterconfiscation, ja mit dem Leben bestraft.

Bereits im Jahre 1714 war in Preußen die gewaltsame Werbung durch königliches Edict aufgehoben worden. Den Regimentern war in ihrem Rayon, Standquartieren und Garnisonen die Werbung nur öffentlich durch Trommelschlag erlaubt, auch durften sie dem Angeworbenen nicht mehr als das gesetzliche Handgeld bieten.

Das Enrolliren und Anwerben hatte nur auf die niederen oder arbeitenden Volksclassen Bezug; Söhne von Vornehmeren und Angestellten waren frei. Aber auch bei den erstgenannten Classen fanden Ausnahmen statt, namentlich bei den in Preußen aus andern Ländern Einwandernden. In der Verordnung heißt es: „Es sollen alle Fremde mit gutem Vermögen und Habseligkeiten, anziehende Familien und einzelne Personen sammt den Ihrigen von aller gewaltsamen Werbung und Enrollirung frei sein." Ferner waren befreit: Manufacturisten, namentlich Wollarbeiter, die Zimmerleute, und alle, die sich nach Preußen zur

Arbeit begaben, nebst den mitgebrachten Gehilfen und ihren Angehörigen. Dann diejenigen im Bürger- und Bauernstande, die ein eigenes Anwesen oder Geschäft hatten, so wie die einzigen Söhne, auch die, welche bereits einen Bruder in der Armee hatten und schließlich die Seeleute. Hingegen wurden diejenigen als Deserteure behandelt und im Betretungsfalle hart bestraft, die sich heimlich in der Absicht außer Landes begeben hatten, sich dem Militärdienst zu entziehen oder gar in die Reihen einer auswärtigen Macht einzutreten, selbst wenn sie noch nicht enrollirt waren. Als unehrlich wurden nicht aufgenommen: die Scharfrichter, Schließvögte und Büttel mit ihren Knechten, ebenso die Cloakenreiniger.*) Verheimlichte ein solcher sein ehrloses Gewerbe und ließ sich enrolliren, so wurde er als infam behandelt und mit Staupbesen davon gejagt. Noch früher waren auch die Schäfer, Stadtdiener und Wächter als Unehrbare ausgeschlossen. Erst 1722 wurde diese Verordnung, mit Ausnahme der Schließvögte, aufgehoben, bis auch diese, aber erst nachdem sie ehrlich gemacht d. h. die Fahne über ihnen geschwenkt worden war, angenommen wurden.

Zur erlaubten öffentlichen Werbung wurden gewöhnlich Offiziere unter einem „Werbehauptmann" commandirt, die mit einer vom Regenten unterzeichneten Legitimation versehen waren, in welcher auch die betreffenden Behörden angewiesen wurden, diesen in allem den möglichsten Vorschub zu leisten. Diese Offiziere erhielten als Beihilfe noch einige Unteroffiziere, meist nette und gewandte, zugleich aber handfeste Leute. Einem solchen Commando wurde ein gewisser Bezirk angewiesen. Der Unteroffizier, der einen Angeworbenen gegen Geld losließ, wurde auf drei Jahre in die Karre verurtheilt. —

Hier haben wir ungefähr die Grundzüge der geregelten Werbung gegeben. Anders dagegen sah es bei der unerlaubten oder heimlichen aus. Diese betrieben zum Theil Abenteurer auf eigene Faust und kein Mittel wurde gescheut, zum Ziele zu gelangen. Namentlich in Kriegszeiten, wenn das Kanonenfutter rar wurde, ward überall auf Menschenfleisch Jagd gemacht. Die Tummelplätze waren namentlich in den unzähligen Territorien der Reichsunmittelbaren und der freien Städte, wo die Grenzen sich so nahe kamen, daß man diese zuweilen mit wenigen Schritten erreichen konnte. In einem kleinen Bezirke lagen oft mehre Werbeparteien, die sich ihre Beute gegenseitig streitig machten, ja einander abjagten, wobei es nicht selten zu den blutigsten Händeln kam. Allerlei raffinirte Kniffe und Pfiffe, sowie Gewaltacte galten dabei für erlaubt. Oft schlichen die Werber unter allerlei Gestalten verkappt umher, ihr Opfer zu umgarnen und im rechten Moment fest zu halten. Man machte Versprechungen, die nicht gehalten wurden, machte

---

*) Das Cloakenreinigen war damals Sache des Henkers, der eigens dafür bezahlt wurde.

die Leute betrunken, reichte betäubende Getränke und dergleichen mehr. Etliche Berückungsmittel hatten geradezu Sanction erhalten; wer z. B. den Hut eines Werbers aufgesetzt, mit ihm getrunken oder gar Geld von ihm angenommen hatte, war ihm verfallen. Ein gewöhnliches Mittel war das, die Außersehenen auf irgendeine Weise über die Grenze zu locken, meist indem man ihnen vorspiegelte, sie in einen bürgerlichen Dienst zu nehmen, wobei dann allerlei gute Versorgung vorgelogen wurde.

In einem Ausschreiben des schwäbischen Kreises, dem Werbeunfug zu steuern, heißt es unter anderem: „Nachdem Fürsten und Stände dieses löblichen Kreises verschiedene Jahre her wahrgenommen, welcher Gestalt hier und da durch einfindende fremde Werber viele und mannigfache Excesse verübt worden, indem sie nicht allein junge Mannschaft, sondern auch Hausgesessene, verheirathete und mit vielen Kindern versehene Unterthanen durch allerhand unerlaubte Praktiken, arglistige Hintergehungen, auch zuweilen gebrauchte Gewalt wegzuschnappen, sich vermessentlich unterfangen haben, auch daß sie die Leute mit diesen oder jenen Motiven zu verführen trachten und die mit herum führenden neuen Hüte, um zu sehen, wie sie ihnen anstünden, aufsetzen hießen, dieselben mit andern Soldaten Branntwein zu trinken, oder auf des Offiziers Gesundheit Bescheid zu thun überreden, auch manchmal beim Trunk ihnen heimlicher Weise Geld in die Tasche schieben und als wenn sie solches zu Kriegsdiensten genommen prätendirten, wo sich aber jemand widersetzen wollte, diesen mit Prügeln so lange hart tractirten, bis er sich entweder enrolliren zu lassen erklärte, oder von ihnen mit einer considerabeln und solchen Leuten schwerfallenden Summe Geldes loskaufte, ja es auch so weit käme, daß auch die Leute in den Gärten, auf den Feldern und in den Wäldern nicht sicher wären und durch die Werber verschwänden, so soll dieses hinführo nicht mehr geduldet werden."

Es wird weiter gesagt, daß, wenn solches so fortginge, das Land bald gänzlich von junger Mannschaft entblößt sein und demnach die Felder unbebaut und verödet liegen bleiben würden, daneben auch alles Handwerks- und übriges Gesinde, wie es sich schon wirklich zeige, gänzlich abgetrieben, ja selbst von der Kreismiliz viele verführt würden, sodaß die Offiziers ihre Noth hätten, bei dem großen Mangel an Mannschaft ihre Regimenter zu completiren. Gleichzeitig wird aber auch gerügt, daß Offiziere der Kreiscontingente unter dem Vorwande eigener Anwerbung die Angeworbenen nicht zu dem Zwecke bei ihren Abtheilungen behalten, sondern gegen einen Profit auswärtigen Werbern überlassen hätten. —

War eine Partie solcher Unglücklicher, namentlich auf dem Wege der Gewalt, zusammengebracht, so wurden sie mehr wie das Vieh, denn als Menschen tractirt. Es handelte sich nur darum, sie auf die billigste und sicherste Weise an den Ort ihrer Bestimmung zu bringen. Sie erhielten eben so viel, um nicht zu verhungern. Zusammengebunden und von einer zahlreichen Escorte begleitet, war es ihnen fast unmöglich, den Teufelskrallen dieser Menschenjäger zu entfliehen, gelang es aber einem, einen Fluchtversuch zu machen, so wurde er gewöhnlich wie ein Wild zusammengeschossen. Ja, man ging so weit, Bursche, die man bei der Feldarbeit überfallen wollte und die, das Unheil merkend, zu entweichen strebten, ebenfalls ohne Weiteres zusammenzuschießen, und gewöhnlich krähte kein Hahn darnach.

Man denke aber nicht, daß nur untergeordnete Chargen und sühllose, selber verdorbene Subjecte sich mit diesem elenden Gewerbe befaßten: sie hatten Collegen in den obersten Führern, ja sogar gekrönte und gesalbte Häupter fanden nicht selten ebenso viel Freude an einer derartigen Menschenjagd, wie an einer Hirsch- oder Sauhatze. Um etwa zur potsdamer Riesengarde unter Friedrich Wilhelm dem Ersten einen Mann zu erlangen, auf den das Auge gefallen war, respectirten Fürst und Diener kein Gesetz, keine Stellung, keinen Stand. Selbst Geld, sonst das beredteste Mittel, konnte nicht davon entbinden. Kein fremdes Gebiet, nicht die Heiligkeit des häuslichen Asyls wurde respectirt, keine List, kein Betrug verschmäht. Und war der Erwischte einmal in der bunten Zwangsjacke, so nahm er sie auch mit ins Grab. —

Wenn auch Friedrich der Zweite vieles in den barbarischen Bräuchen milderte, so blieb doch noch manches zurück, was jetzt das menschliche Gefühl empört. Der Mensch wurde eben, so lange die Werbung bestand, als eine nothwendige Waare betrachtet, die man haben mußte. Regierende Herren, Prinzen und Generale wetteiferten darin mit einander. Von dieser Schwäche seiner Zeit war auch der bekannte Herzog Karl Wilhelm Ferdinand von Braunschweig, der Held vom siebenjährigen Kriege, nicht frei, der als einer der humansten und intelligentesten Fürsten galt und in allen Schichten der Bevölkerung seine Verehrer hatte. Wir wollen hier als Beispiele ein paar Briefe von ihm an den braunschweigischen General v. Riedesel anführen*)

„Die beiden Werber Seitz und Rühlmann, welche Ew. Hochwohlgeboren dieses Schreiben überreichen werden, haben mir einen 12zölligen Kerl

---

*) Der Herzog war damals noch Erbprinz und hatte als preußischer General ein in Halberstadt stehendes Infanterieregiment, für das er werben ließ.

auf Lauterbach*) angegeben, welcher unter der hessischen Garde dienet, und sich Fuchs nennet, da nun verschiedene Preußische Werber nach ihm heraus sind, so wünschte, da er doch in Preußische Hände endlich gerathen wird, daß ihm vorzüglich bekähme, ich ersuche daher, dem Seiz ein Schreiben an einen zuverlässigen Mann zu Lauterbach mitzugeben, daß er diesen Leuten in Anwerbung des Fuchses Hilfe leisten möge, ich will ihm gern 20 Pistolen Handgeld und 3 bis 4 Thlr. Monats geben, könnten Dieselben auch das Handgeld dorten zur Stelle auszahlen lassen, wie auch 10 bis 12 Thlr. Zähr- und Transportkosten, von diesen Zeiz und Mühlmann, so würden Dieselben mier eine besondere Gefälligkeit damit erweißen, und werde ich nicht unterlassen den Vorschuß aufs promptteste zu ersetzen. Sie glauben nicht was es für Umstände macht, solchen Kerl zu bekommen, und was die Werbung Sauer und Kostbahr ist, derowegen würde der Preußische Nahme wohl eigentlich nicht zu nennen seyn. Ich bitte um Verzeihung mit dergleichen beschwehrlich zu fallen, der ich übrigens mit vollkommenster Hochachtung verbleibe

Ew. Hochwohlgeboren

Braunschweig d. 23. Febr. 1774.

ganz ergebenster Diener
C. W. F."

Ein Jahr später schreibt dieser Fürst an denselben:

„Denen beiden 8zölligen können von 30 bis 60 Thlr. an Handgeld gebothen werden, übrige Conditiones würden so viel immer thunlich zu vermeiden seyn.

Dem 12zölligen Hutmacher stehen nicht allein 200 sondern 300 fl. und wenn es auch 50 fl. mehr wären zu Dienste, wollte oder könnte es eingeleitet werden, daß er als Hutmacher zu Halberstadt sich niederlassen wollte, so versichere ihm außer dem Handgeld das freye Bürger und Meisterrecht, wie auch ein eigenes Hauß.

Dem 11 Zölligen können die 100 fl. welche er verlangt ebenfalls gegeben werden, dürfte aber nicht über 400 kosten.

Carl W. F."

In Betreff eines Deserteurs, der sich unter der Bedingung des Straferlasses wieder stellen wollte, schreibt der Herzog:

„Mein lieber General von Riedesel!

Auf Dero Bericht vom heutigen dato den desertirten Grenadier Heinrich

---

*) Lauterbach war ein der Familie des Generals gehöriges Gut in Hessen.

Bernhard Solff betreffend, habe ich dem Amte Lichtenberg inscribiren lassen, daß dessen Weib und Kinder sofort arretirt werden sollen, nachdem wegen Beschlagung seines Vermögens und Invigilirung auf seine Person, auf die erste geschehene Anzeige an gedachtes Amt sowohl als an das Amt Lutter das nötige bereits ergangen ist. Den Deserteur aber selbst werden Sie dahin bescheiden, daß mit seines Gleichen, die ihren Eid gebrochen, niemalen capituliret werde, sondern er sich stellen müsse, wenn er nicht alles Seinigen verlustig gehen wolle. Ich verbleibe mit vieler Consideration

Deroselben

Braunschweig den 28. Dec.   ganz ergebener
1785.   Carl W. F.

Das Plündern und Beutemachen.

Ein schlimmes Correlat der Werbepraxis war nun das Plündern: der schreckliche Unfug wurde von den Kriegsherrn zunächst deshalb gestattet und aufrecht erhalten, um den Soldaten durch den Extraerwerb zu „encouragiren" Bei dem ganzen alten Militärsystem nahm dieses Raubrecht eine sehr wichtige Stelle ein. Auch die einsichtigsten und humansten Kriegsherrn hatten die größte Mühe es zu beseitigen, da eben der Erfolg der Werbungen sehr wesentlich von der Freiheit im Plündern abhing, welche sie gestatteten.

Es mußte daher schon als sittlicher Fortschritt betrachtet werden, wenn das Unrecht, was man nicht ohne Weiteres aufheben zu können einsah, in ein System, unter strenge Gesetze gebracht wurde.

In dieser Meinung und um der üblen Wirkung des Plünderns auf die Disciplin zu steuern, setzte Friedrich der Große folgende Bestimmungen fest: Das Beutemachen war erst nach völliger Beendigung einer Bataille gestattet. Während dieser durfte kein Todter oder Blessirter ausgezogen oder visitirt werden. Der geschlagene Feind sollte zunächst rasch verfolgt werden und darnach war es erlaubt, den Gefangenen zu plündern. Bei Einnahme eines Lagers oder Platzes war das Beutemachen erst dann zulässig, wenn aller Widerstand des Feindes gebrochen war. Doch durfte der Soldat auch nicht alles behalten, was ihm in die Hände fiel: ausgenommen waren Fahnen und Standarten, Pauken, Kassen, Geschütze, Munition, Proviant, was dem Kriegsherrn gehörte. Dafür erhielt der Mann aber eine Entschädigung.

Eine noch vom großen Kurfürsten datirende Verordnung besagte: daß, wenn vorher für den Kriegsherrn die Beute weggenommen wäre, den Soldaten das Uebrige, nach Abzug des zehnten Theils für die Armee zu belassen sei;

daß auch für die eingebrachten Gefangenen, die sich der Kriegsherr vorbehält, nachdem sie ihm präsentirt, eine Vergütung an die, welche sie gefangen, gegeben, für die andern aber die Ranzion demjenigen, der sie eingebracht, überlassen werden müsse. —

Fremde Miethssoldaten wurden beim Plündern knapp gehalten; ein besonderes Privilegium hingegen hatten die sogenannten „Freiparteien" oder Parteigänger, um diese dadurch anzureizen, den Gegner wo sie konnten zu belästigen oder ihm seine Subsistenzmittel zu entziehn. — Die Zeit des Plünderns wurde den Truppen gewöhnlich genau bestimmt und zum Beginn in der Regel ein Zeichen mit der Trommel oder Trompete gegeben. M. v. E.

Briefliche Mittheilungen aus Nordamerika.

Was amerikanische Blätter über die dortigen Zustände bringen und was von Privaten für die Oeffentlichkeit geschrieben wird, ist bekanntlich ohne Unterschied mit äußerster Vorsicht aufzunehmen. Es kann daher nur sehr willkommen sein, wenn hin und wieder Privatbriefe, die nur der vertraulichen Correspondenz angehören und in keiner Weise für die Oeffentlichkeit berechnet sind, zur allgemeinen Kenntniß kommen. Jedenfalls geben solche Berichte das unmittelbarste Bild der Eindrücke und Stimmungen und werden auf diese Weise unwillkürlich zu einem Maßstabe der Ereignisse, die auf den Einzelnen oder den engeren Kreis wirken, dem er angehört.

In Nachfolgendem geben wir den Privatbrief eines bostoner Fabrikherrn an seinen in Deutschland lebenden Bruder*).

---

*) Schreiber dieses Briefes wohnte dem neuntägigen Kampfe am Rappahannock, sowie noch 17 Schlachten und Gefechten bei. In dem bei Neumarket wurde er am Fuße verwundet und ihm ein Pferd unterm Leibe erschossen. Hoffentlich theilt er nächstens Einiges über die Schlachten und Gefechte selber mit.

Boston 5. Februar 1865.

In letzterer Zeit waren die Kriegsoperationen dem Norden günstig. Eine Beendigung des Kampfes scheint mir jedoch noch nicht so nahe, als man gern annimmt, und obgleich es Thatsache ist, daß der Präsident mit seinem ersten Minister eine Zusammenkunft mit Abgeordneten der feindlichen Regierung hatte, so ist doch vorläufig nichts erzielt worden und ich bezweifle nicht, daß der Süden fest entschlossen ist, alles daran zu setzen und lieber zu Grunde zu gehen, als in den früheren Staatenverband wieder zurückzutreten. England und Frankreich werden das Ihre dazu thun, die Macht des Nordens zu lähmen, und so ist eine Besserung der Verhältnisse, namentlich eine Herabsetzung der Existenzmittel auf geringere Preise, wohl nicht in naher Aussicht. Doch wir sind guten Muthes. Nächst der Fähigkeit zu zahlen ist die Generosität des Amerikaners nicht genug anzuerkennen. Jede Stadt von einiger Bedeutung veranstaltet Industrie- und Kunstausstellungen, deren Gegenstände geschenkt und von den liebenswürdigsten Damen dem Publikum zu hohen Preisen aufgeschwatzt werden. Der Erlös, der sich in Bausch und Bogen auf circa $2^{1}/_{2}$ Millionen belief, wurde zum Besten der Armee und Flotte verwendet. Heute taucht eine Idee auf, und morgen wird sie schon verwirklicht. In der Weihnachtswoche erschien hier ein Aufruf: unseren Soldaten im Felde ein ordentliches Christmas-diner zu bereiten; zugleich wurde Zeit und Local angegeben, wo etwaige Spenden in Empfang genommen werden sollten. Zwei Tage später waren dort 60,000 Truthühner, nebst Massen von eingemachten Früchten, Backwerk und Anderem abgegeben und da bald andere Städte mit uns wetteiferten, so kann man sich denken, was da in kurzer Zeit zusammengekommen war. —

Inzwischen erreicht unsere Staatsschuld in diesem Jahre die Summe von 4000 Millionen! — Wer sie bezahlt und wann sie getilgt wird, darum wollen wir uns nicht grämen; genug, daß wir gern und willig die außerordentlichen Taxen zu einer Höhe zahlen, wie sonst kein Volk der Erde. Vom Präsidenten herab bis zum Arbeiter, der über 600 Doll. jährlich verdient, muß alles von seinem Einkommen fünf Procent zahlen, der Manufacturist noch extra von jedem Fabrikat fünf Procent. Versäumnisse oder Unrichtigkeiten werden mit 500 Doll. bestraft. Jeder Wechsel, nach Betrag des Werthes, jede Photographie, das Päckchen Zündhölzer muß den Stempel führen! — Groß sind die Summen, die dadurch dem Staate zufließen und wenn dabei alles mit rechten Dingen zuginge, so wäre ein Veranschlagen von 200 Millionen durch inländische Taxen zu erzielen, wohl nicht zu hoch gegriffen, wenn man namentlich liest, wie hoch die Summen der Taxzahlenden in einzelnen Fällen sich belaufen.

Der Präsident zahlt von seinen 25,000 Doll. jährlichen Gehalts 1200 ab. Ein Herr Stevens in Philadelphia, dessen Oelquellen eine tägliche Einnahme von 3000 Doll. ergeben, zahlt täglich 150 ans Gouvernement. Ein hiesiges Haus zahlte für eine einzige Schiffsladung von Spirituosen 66,000 Doll. Zoll. Und nun gar der Kaufmann Stewart in Newyork, Importer von Sammet- und Seidenwaaren, 250,000 in einem Jahre! — Er importirt für 30 Millionen, und rechnet man nur sechs Procent Gewinn im Geschäft, so ergiebt das nahe an 2 Millionen jährlicher Einkünfte. —

Vor zwei Wochen starb hier in Boston Edward Everett, einer der geachtetsten und verdienstvollsten Männer, jedenfalls der bedeutendste Redner Amerikas. Nachdem die Stadt am Beerdigungstage durch Schließen der Geschäfte, Dämpfen der Kirchenglocken u. dgl. ihm die letzte Achtung erwiesen, wurde beschlossen, ihm eine Statue zu errichten und gestern waren bereits 27,000 Doll. gezeichnet. — Also Geld wäre noch da.

Was nun die Kriegsereignisse selbst betrifft, so lauten die Berichte darüber so verschieden, daß man sich allmälig gewöhnt, gar nichts mehr zu glauben, als nur das: daß endlich Kanonen und militärische Erfolge das Ende herbeiführen müssen. Letztere waren, wie gesagt, für die Waffen der Union in letzterer Zeit mehrfach günstig.

Fort Fisher in Nordcarolina, das den Hafen vor Wilmington beherrscht, von wo die meisten Blokadebrecher ein- und ausliefen, wurde von der vereinigten Land- und Seemacht erstürmt und dadurch die bedeutendsten Zufuhren für den Süden abgeschnitten. Man hat berechnet, daß nicht weniger als 25,000 Bomben, jede Secunde vier, in das Fort geworfen wurden. —

Unsere Commandirenden werden dem Kritiker in Europa nicht selten Stoff zum Lachen geben. Sie sind gewohnt, den Mund gehörig voll zu nehmen. Admiral Porter, der die Flotte dort commandirt, sagte unter Anderem: Er sei zur Zeit des Krimkrieges einige Tage nach der Erstürmung des Malakoff in Sebastopol gewesen, die dortigen Werke wären aber nur ein Kinderspiel im Vergleich zu Fort Fisher. — Klingt gewiß stark! —

Viel Ursache zu den oft geringen Resultaten der bisherigen Kriegführung im Verhältniß zu den großartigen Mitteln ist wohl die Uneinigkeit oder mehr die Unfähigkeit der Führer. Es macht daher einen günstigen Eindruck, daß die Regierung ihren Fehler einsieht, einflußreiche Politiker zum Dank für geleistete Dienste mit hohen Militärstellen zu bekleiden, und daß man nun anfängt, damit aufzuräumen. Es sind jetzt so ziemlich alle verantwortlichen

Stellen mit Personen besetzt, die auf der Militärakademie zu West-Point gebildet wurden. Unter den Namen der Generale wird man auch manchen ursprünglich deutschen lesen, wie Rosenkranz, Weitzell ꝛc. Da jedoch gewöhnlich nur Söhne von Senatoren und Congreßmännern das Institut beziehen können, so ist anzunehmen, daß sie schon der zweiten und dritten Generation eingewanderter Deutscher angehören.

Karl Schurz, aus der Kinkelaffaire wohl bekannt, wurde für sein politisches Wirken zunächst mit dem Gesandtschaftsposten nach Spanien belohnt. Ich habe immer lachen müssen, wenn ich seine Caricatur sah, wie er behängt mit Bierglas, Tabacksbeutel und Pfeife nach Madrid marschirt. Dort fühlte er sich jedoch nicht heimisch, er kam zurück, wurde Brigadegeneral, machte aber nie von sich reden und ist ohne Commando. Ebenso gegenwärtig Sigel, obwohl er schon Tüchtiges geleistet und lange Zeit von den Amerikanern der flying Dutschmann (fliegende Holländer) genannt und vielfach begünstigt wurde. —

Mit **Nr. 14** beginnt diese Zeitschrift ein **neues Quartal**, welches durch alle **Buchhandlungen** und **Postämter** zu beziehen ist.

Leipzig, im März 1865.

Die Verlagshandlung.

Verantwortlicher Redacteur: Dr. Moritz Busch.

Verlag von F. L. Herbig. — Druck von C. E. Elbert in Leipzig.

Wichtige Literarische Neuigkeit.

Im unterzeichneten Verlag erscheint Anfangs April:

Geschichte Julius Cäsars

von

Kaiser Napoleon dem Dritten.

Commentirt

von

Wilhelm Rüstow,

Oberst Brigadier.

Nebst erklärenden Karten und Plänen in Farbendruck.

In Lieferungen à 30 kr. C. M. = 9 Sgr.

Wir freuen uns, hiermit eine literarische Erscheinung anzeigen zu können, welche für die gesammte Lesewelt von durchgreifender Bedeutung ist. **Oberst Rüstow**, eine berühmte militärische Autorität, ein geistreicher und scharfsinniger Schriftsteller, klar und glänzend in seiner Darstellung, seit Jahren mit Erforschung von Julius Cäsars Thaten und Schriften beschäftigt, zugleich mit Napoleons III. früheren Werken innig vertraut — hat es übernommen, das jetzt epochemachende Werk des Kaisers der Franzosen dem deutschen Publikum nach allen Seiten aufzuschließen, indem er es in jeder Hinsicht gründlich beleuchtet. In dieser unbefangenen Kritik eines deutschen Geschichtsforschers und Kriegsmannes werden Bedeutung wie Schwächen des merkwürdigen Buches zur vollsten Würdigung gelangen und das Publikum darf eine eben so interessante als geschmackvolle Lektüre erwarten.

☛ Alle Buchhandlungen des In- und Auslandes nehmen auf **Rüstows Commentar** jetzt schon Bestellungen an.

Stuttgart im März 1865. **Krais & Hoffmann.**

Bei **Fr. Wilh. Grunow** in **Leipzig** erschien und ist in jeder Buchhandlung und Leihbibliothek vorräthig:

Romane von Lucian Herbert.

Louis Napoleon. 2. Volks-Auflage. 5 Bände. 4⅔ Thlr. **Napoleon III.** 8 Bände à 1⅓ Thlr. **Carlo Alberto und Louis Napoleon.** 4 Bände à 1⅓ Thlr. **Victor Emanuel.** 4 Bände à 1⅓ Thlr. **1830.** (Juli-Revolution.) 2 Bde. 2⅔ Thlr. **1831.** (Polens letzte Tage.) 2 Bde. 2⅔ Thlr. **Aus Frankreich.** 1⅔ Thlr. **Napoleon III. und sein Hof in Anekdoten.** 1⅓ Thlr. **Neue Anekdoten aus dem Leben Napoleon III.** 1⅓ Thlr.

In diesen Werken sind die Hauptmomente der Geschichte unseres Jahrhunderts geschichtlich romanhaft bearbeitet und werden das Interesse der Leser lebhaft erregen.

Bei **Fr. Wilh. Grunow** in Leipzig ist erschienen und in allen Buchhandlungen vorräthig:

Böttger, Adolf, Liederchronik deutscher Helden für die reifere Jugend. 4. Aufl. Min.-Ausg. cart. 24 Ngr. — Der Fall von Babylon. Dichtung. Tasch.-Ausg. broch. 1½ Thlr., eleg. geb. mit Goldschn. 1 Thlr. 25 Ngr.

Eyth, Max, Vollmar. Historisch-romantisches Gedicht. 2. Ausgabe. 27 Ngr.

Lied und Bild deutscher Dichter und Künstler, in eleg. Cart. 1⅔ Thlr., fein geb. 2 Thlr. 2½ Ngr.

Longfellow, H. W., Das Lied von Hiawatha, deutsch von Ad. Böttger. Tasch.-Ausg. broch. 1⅓ Thlr. eleg. gebund. mit Goldschn. 1⅔ Thlr.

Meißner, Alfred, Gedichte. 8. Ausg. 27 Ngr. M.-A. eleg. gebnd. mit Goldschn. 1 Thlr. 27½ Ngr. — Ziska. 8. Ausgabe. 22½ Ngr., M.-Ausg. eleg. gebund. mit Goldschn. 1 Thlr. 25 Ngr. — Das Weib des Urias. Tragödie. 24 Ngr. — Der Prätendent von York. Trauerspiel. 1 Thlr. — Reginald Armstrong. Trauerspiel. 1 Thlr.

Meyern, G. v., Ein Kaiser. Drama. Min.-Ausg. broch. 20 Ngr., eleg. geb. mit Goldschn. 28 Ngr.

Rodenberg, Jul., Die Harfe von Erin. 2. Ausg. 27 Ngr.

Tempeltey, Eduard, Mariengarn. 4. Aufl. M.-A. broch. 16 Ngr., eleg gebdn. mit Goldschn. 24 Ngr. Hie Welf hie Waiblingen. 2. Aufl. M.-A. brosch. 27 Ngr., eleg. gebdn. mit Goldschnitt 1 Thlr. 6 Ngr.

Diese Dichtungen eignen sich besonders durch ihren innern Gehalt und äußere Ausstattung zu passenden Festgeschenken.

Allerneueste Staats-Prämien-Anleihe
mit einem Gewinnkapital von **129 Millionen 239,200 Gulden**.

Am 1. April 1865

findet die Ziehung der obenerwähnten Anleihe statt, welche **Viermalhundert und zwanzig Tausend Treffer** enthält.

21 Gewinne zu 250,000 Gulden,	105 Gewinne zu 15,000 Gulden,
71 „ „ 200,000 „	370 „ „ 5,000 „
103 „ „ 150,000 „	20 „ „ 4,000 „
90 „ „ 40,000 „	76 „ „ 3,000 „
105 „ „ 30,000 „	54 „ „ 2,500 „
90 „ „ 20,000 „	264 „ „ 2,000 „

und noch andere **Viermalhundert Tausend** Geldprämien **müssen unfehlbar** mittelst Obligationsloose dieses Anlehens gewonnen werden.

Loose für obige Ziehung gültig sind von unterfertigtem Staatseffecten-Großhandlungshaus gegen sofortige Betragseinsendung zu beziehen.

1 Loos kostet nur 3 fl. — 2 Loose 5 fl. 30 kr.
6 Loose 15 fl. und 12 Loose nur 27 fl.

Das amtliche Verzeichniß der herausgekommenen Nummern mit den darauf gefallenen Gewinnen wird den resp. Theilnehmern nach der Ziehung pünktlich und **gratis-franco** zugesandt.

Die Bestellungen werden prompt effectuirt und Sorge für die höchstmögliche Discretion getragen. Mit Aufträgen wende man sich direct und recht bald an die Herren

J. W. Helm & Comp.
Banquiers in Frankfurt am Main.

NB. Obenerwähntes Bankhaus kauft und verkauft zum Tagescourse alle Gattungen europäischer Staatspapiere, Eisenbahn-Obligationen und sonstige Staatseffecten.

Soeben erschien und ist in allen Buchhandlungen zu haben:

Nösselt, Prof. Friedr., Lehrbuch der griechischen und römischen **Mythologie** für höhere Töchterschulen und die Gebildeten des weiblichen Geschlechts. 5. verb. Aufl. mit 1 Stahlstich als Titelbild und 70 Abbildungen, bearbeitet und herausgegeben von **Friedrich Kurts**, Rector in Brieg. 30¼ Bogen. gr. 8. brosch. 2 Thlr., elegant gebunden 2 Thlr. 15 Ngr.

Verlag von **Ernst Fleischer** (R. Hentschel) in Leipzig.

Verlag von Fr. Wilh. Grunow in Leipzig; zu beziehen durch alle Buchhandlungen:

Aus unsern vier Wänden von Rudolf Reichenau.

9. Auflage. **Wohlfeile Ausgabe.** 3 Abtheilungen in 1 Band. carton. 2 Rthlr. 1. Abth: Bilder aus dem Kinderleben. 2. Abth.: Knaben und Mädchen. 3. Abth.: Answärts und Daheim.
[Die Abtheilungen werden auch einzeln abgegeben.]

Von der 1. Abth. existirt auch eine **Pracht-Ausgabe** mit 66 Originalzeichnungen von **Oskar Pletsch**, in Holzschnitt von H. Bürkner. carton. 3½ Thlr. fein gebunden 4½ Thlr.

Die Abonnenten der Gartenlaube, Volksgarten, Illustr. Zeitung, Land und Meer, Daheim und Kinderlaube verweisen wir auf die günstigen Besprechungen im letzten Quartale 1864 hin. Jede Mutter wird ihre Freude an diesem Buche haben, es ist ein echtes **Familienbuch**.

Inserate aller Art werden gegen den Betrag von 2 Ngr. für die gespaltene Zeile angenommen. Die Beilagegebühr für die Grenzboten beträgt 3 Thlr.

Verlag von Friedrich Ludwig Herbig. — Druck von C. E. Elbert in Leipzig.

XXIV. Jahrgang. L. Semester.

Die
Grenzboten.

Zeitschrift
für
Politik und Literatur.

№ 13.
Ausgegeben am 24. März 1865.

Inhalt:

Aus Baden . . . . Seite	481
Die Gothik des neunzehnten Jahrhunderts	488
Die Universität zu Rostock. 4.	495
August von Kloeber	512

Grenzbotenumschlag: Literarische Anzeigen.

Leipzig, 1865.
Friedrich Ludwig Herbig.
(F. W. Grunow.)

Aus Baden.

Mitte März.

Unser gesegnetes badisches Land ist in den letzten Wochen mehr als je der Gegenstand von Correspondenzen in den verschiedenen politischen Blättern Deutschlands gewesen. Nicht nur das Streben, die Leser über uns zu orientiren, hat eine Anzahl von Federn geleitet, deren Producte, sehr ähnlich lautend, nur im Tone verschieden gefärbt, bald in der Mundart der Zionswächter in der „Kreuzzeitung", im bureaukratisch-reactionären Sinne in der Frankfurter „Postzeitung", in großdeutschem Jargon in der unvermeidlichen Augsburger „Allg. Zeit." nach passenden Intervallen auftauchten. Während sie im Anfang nur den Fluch des Himmels über unsere Gottlosigkeit herunterriefen, endeten sie mit nicht undeutlichen Aufforderungen zu einer Intervention der Nachbarstaaten. Das Land, wußten sie zu melden, sei in einem unerhörten Zustande der Aufregung, die Katholiken sammelten sich zu Tausenden und Abertausenden, und erhöben ihre Stimme gegen die himmelschreiende Unterdrückung, mit der sie der „Terrorismus" der herrschenden Partei bedränge, die Religion und somit auch die Monarchie sei in Gefahr und nur von ihnen könne Rettung, Ruhe und Friede gebracht werden.

Der Grund dieser mit Ostentation zur Schau getragenen Entrüstung und einer Agitation, die in der That lästig wäre, wenn sie nicht ein so jämmerliches Fiasco gemacht hätte, ist das Aufsichtsgesetz für die Volksschulen.

Getreu dem Grundsatze, auf allen Gebieten des öffentlichen Lebens an die Stelle der bureaukratischen Bevormundung die Selbstverwaltung auf breitester Grundlage treten zu lassen, und erfüllt von dem Streben, die Gemeinden zu einem lebhafteren Interesse an dem Volksschulwesen heranzuziehen, auf der andern Seite dem allgemeinen Rufe nach Trennung der Schule von der Willkürherrschaft des Klerus entsprechend, beschäftigte sich die Regierung seit mehren Jahren mit der Schulfrage. Ein Oberschulrath wurde, als Mittelbehörde unter dem Ministerium des Innern stehend, gegründet, der das gesammte Unterrichtswesen des Landes mit Ausnahme der Universitäten zu leiten hat, an seine Spitze wurde ein durch scharfsinnige volkswirthschaftliche Untersuchungen als

Gelehrter, durch hervorragende Rednergabe als Abgeordneter, hochgeachteter Mann, bis dahin Professor in Freiburg, Karl Knies berufen, das Collegium ward aus je einem Geistlichen der beiden christlichen Confessionen, einem Philologen, zwei Reallehrern und einem Volksschullehrer zusammengesetzt, zu denen noch ein juristisches und ein cameralistisches Mitglied kam.

Der Oberschulrath oder vielmehr sein Director begann seine Thätigkeit mit der Ausarbeitung von Thesen über eine Reform des Volksschulwesens, die zunächst dem Minister des Innern vorgelegt, sodann von einer Versammlung von Vertrauensmännern aus dem Lehrerstande besprochen wurden und die Grundlage eines neuen Schulgesetzes werden sollten. Gegen sie erhob sich zuerst ein heftiger Widerspruch der ultramontanen Partei, dann des Klerus, endlich des Erzbischofs. Diese Thesen sind keineswegs radical. Im Gegentheil, die fortgeschrittenere Fraction der liberalen Partei erhebt fortwährend gegen sie den Vorwurf, daß sie auf halbem Wege stehen bleiben. Die Thesen kennen keine Communalschulen, sie halten in der Regel die scharfe Trennung der Schulen nach Confessionen aufrecht, nur da, wo in einer Gemeinde beide Bekenntnisse vertreten sind, ohne daß jedes eine so große Zahl erreichte, daß sich die Errichtung zweier Schulen als zweckdienlich erwiese, nur da sollen gemischte Schulen und auch da nicht ohne die Zustimmung von zwei Drittheilen der Schulgemeinde, errichtet werden. Der Religionsunterricht bleibt den Kirchen vollständig überlassen und auch die Lehrer sollen in Verhinderung des Geistlichen diesen Unterricht zu ertheilen ermächtigt sein; die Stunden in denen der Geistliche die Schule besucht, sollen mit der Kirchenbehörde vereinbart, dann aber unveränderlich festgestellt werden. Diese letzten Bestimmungen erregten hauptsächlich den Unwillen der Kurie. Bisher war der Religionsunterricht nicht nur in dem Sinne der Hauptlehrgegenstand gewesen, daß der ganze Unterricht von einem wahrhaft religiösen Geist geleitet und durchdrungen wurde, sondern der formelle Religionsunterricht hatte, besonders auf dem Lande, die Thätigkeit der Lehrer und Schüler zum größten Theile absorbirt. Zu jeder beliebigen Stunde hatte der Geistliche seine Unterrichtsstunden abhalten und dadurch die andern Lehrgegenstände nach Belieben verkürzen können. Das war namentlich auf Kosten der Realien geschehen, gegen deren Betreibung in der Volksschule die Geistlichen von jeher eine besondere Abneigung bewiesen hatten.

Der Wunsch, diesen Zustand fortdauern zu sehen, die Abneigung der Pfarrer, mit schlichten Gemeindegliedern in einer und derselben Commission — dem Ortsschulrath — sitzen und tagen zu sollen waren die Hauptursachen der klerikalen Agitation, die sofort begann, kaum daß jene Thesen durch den Druck den weitesten Kreisen zugänglich gemacht waren. Ihre schlimmen Folgen machten sich zunächst in dem Verhältnisse der Geistlichen zu den Lehrern, in den Beziehungen der Schulvisitatoren zu der obersten Schulbehörde bemerklich; die klerikalen Proteste machten die Angelegenheit täglich mehr zu einer Principienfrage und die Regierung sah ihre wohlmeinenden Absichten verdächtigt und den Grund, auf dem sie das neue Gebäude aufzuführen gedachte, völlig unterwühlt. Freunde der Regierung konnten sich eines lebhaften Bedauerns darüber nicht erwehren, daß man durch die Publication der Thesen, die in ihrer doctrinären Form gar manche Schroffheit und Einseitigkeit zeigten, welche das Leben sofort beseitigt hätte, die Agitation des Klerus geradezu provocirt, daß man namentlich dadurch ein freundliches Einvernehmen mit der Kurie, welches auf dem so zu sagen neutralen Boden, den Leben und Praxis zwischen den beiderseitigen principiellen Standpunkten offen hielten, zu erreichen war, sehr erschwert hatte. Aber die Thesen waren nun einmal veröffentlicht, die Agitation war da, die Regierung konnte unmöglich einen Schritt rückwärts thun. Die Kammern waren versammelt und in zahlreichen Petitionen kam das Ersuchen an sie, den Erlaß eines Schulgesetzes so viel als möglich zu beschleunigen. Aber nun zeigte sich doch, daß die Vorbereitungen noch nicht weit genug gediehen waren und wenn je irgendein Gesetz, so war dieses der reifsten Erwägungen am meisten bedürftig, bevor man den Entwurf den Berathungen der Stände vorlegte. Andrerseits schien die unveränderte Fortdauer des bisherigen Zustandes unerträglich. Die Kirche benutzte ihre Stellung gegenüber der Schule zur entschiedensten Befehdung der Regierung und dem Staat waren durch die Gesetzgebung vom October 1860 alle Mittel genommen, mit denen die Gesetze der Aufklärungsperiode die Omnipotenz der Bureaukratie auch der Kirche gegenüber ausgerüstet hatten. Unter diesen Verhältnissen entschloß man sich, den Theil des Schulgesetzes, welcher die Aufsicht über die Volksschulen betrifft, zunächst allein vorzulegen. Der Entwurf wurde in der zweiten Kammer mit allen gegen zwei Stimmen angenommen und auch in der ersten Kammer waren es nur zwei Stimmen, welche sich dagegen erklärten.

Nach diesem also fast einstimmig beschlossenen Gesetze wird die örtliche Aufsicht über die Volksschule durch den Ortsschulrath besorgt. Der Ortsschulrath für die confessionellen Volksschulen besteht aus dem Ortspfarrer der betreffenden Confession, dem Bürgermeister, dem Schullehrer, endlich 3 bis 5 gewählten Mitgliedern, je nach der Größe der Schulstelle; für eine gemischte Schule besteht er aus je einem Ortspfarrer für jede betheiligte Confession, dem Bürgermeister, den Schullehrern, je einem für eine betheiligte Confession, endlich 2 bis 6 in der Weise gewählten Mitgliedern, daß jede Confession durch eine gleiche Zahl vertreten ist. Die Wahlen finden für je 6 Jahre statt; die Verweigerung der Annahme der Wahl ohne genügenden Entschuldigungsgrund zieht eine für Ortsschulzwecke zu verwendende Geldstrafe von 25 bis 50 Gulden nach sich. Der Vorsitzende des Ortsschulrathes wird aus der Mitte desselben für je 6 Jahre durch die Staatsregierung ernannt; die Schullehrer können nicht zu Vorsitzenden ernannt werden; wegen dienstwidrigen Verhaltens können einzelne Mitglieder des Ortsschulrathes aus demselben ausgeschlossen und der Vorsitzende von der Vorstandschaft entfernt werden. Zur Beaufsichtigung einer größeren Anzahl von Schulen werden Kreisschulräthe ernannt. Jede Kirche kann für die Ueberwachung des Religionsunterrichts ihrer Angehörigen in der Volksschule ihre eigenen Aufsichtsbeamten ernennen und durch dieselben Prüfungen des Religionsunterrichts vornehmen und sich Bericht erstatten lassen. — Ich theile Ihnen absichtlich so weitläufig den Inhalt dieses Gesetzes mit, weil es zur Taktik der Gegner gehört, über seine Gemeinschädlichkeit, über die Gefahr, die es der Religion drohe, zu declamiren, aber wohlweislich den Vorhang nie zu lüften, hinter dem sie der Masse einen Popanz der gräulichsten Art vorschwindeln.

Gegen das Gesetz erhob sich zuerst der feierliche Protest des greisen Erzbischofs von Freiburg. Und ihm folgte, als er erfolglos blieb, ein wahrer Sturm von Angriffen gegen die Regierung von den Kanzeln herab, in den klerikalen Zeitungen, in zahllosen, geschickt verbreiteten Flugblättern. Auf der andern Seite schwieg nun auch die liberale Partei nicht. Adressen an die Kammern, an Lamey, an den Großherzog dankten für das Gesetz und die kleine Presse des Landes gab die Vorwürfe und Schmähungen der Ultramontanen mit Zinsen zurück. Die Agitation wurde neu belebt, als im Herbst des vorigen Jahres die Wahlen der Ortsschulräthe angeordnet wurden. Zweck derselben war nun, die Wahlen an möglichst vielen Orten zu verhindern und auf diesem Wege die Durchführung des Gesetzes zu vereiteln. Neuerdings wurde die Religion als in Gefahr bezeichnet, neuerdings die Unwahrheit verbreitet, man habe die Geistlichen aus der Schule verjagt, man wolle die Schule entchristlichen u. s. w. Und zu alle dem führte das Kirchenregiment nun einen neuen Schachzug aus. Nach der Gesetzgebung von 1860 konnte der Staat die Geistlichen nicht zwingen, in die Ortsschulräthe einzutreten; er konnte folglich auch nicht im Gesetze sie zu gebotenen Vorsitzenden derselben bestimmen. Aber bei den Debatten der Kammern war vom Ministertische aus mit der größten Bestimmtheit erklärt worden, daß die Regierung regelmäßig den Ortspfarrer zum Vorsitzenden ernennen werde, wenn nicht ganz besondere Gründe es dem staatlichen Interesse bedenklich erscheinen ließen und es war ferner nicht minder bestimmt erklärt worden, daß die Staatsbehörde von ihrem Recht, den Vorsitzenden zu entsetzen und Ortsschulräthe zu entlassen den Pfarrern gegenüber ohne vorheriges Benehmen mit den Kirchenregimentern keinen Gebrauch machen werde.

Diese Erklärungen reichten vollauf hin, den von Anfang an sehr geringen Widerstand, den das Gesetz bei einem Theile der evangelischen Geistlichkeit gefunden hatte, fast gänzlich verschwinden zu machen. Der evangelische Oberkirchenrath ließ einen Erlaß ausgehen, der den Pfarrern zwar den Eintritt in die Ortsschulräthe nicht befahl, aber sehr bringend empfahl. Und in der That sind es trotz der Opposition, mit der gerade damals aus Anlaß der schenkelschen Angelegenheit eine nicht unbedeutende Anzahl evangelischer Geistlicher dem Oberkirchenrath entgegentrat — nur einige wenige evangelische Pfarrer, welche sich weigerten, in die Ortsschulräthe einzutreten. Die Staatsbehörde ihrerseits ernannte in allen Landorten und in einigen Städten die evangelischen Pfarrer zu Vorsitzenden der Ortsschulräthe ihrer Confession. Dem Beispiele des evangelischen Oberkirchenrathes folgte das erzbischöfliche Ordinariat nicht. Im Gegentheile, zu den bisher angewandten Agitationsmitteln wurde noch ein neues hinzugefügt: das „non possumus" des freiburger Erzbischofes wurde durch ein „Roma locuta est" unterstützt. Der Papst erließ ein Schreiben an den Erzbischof, worin er in durchaus allgemein gehaltenen Ausdrücken die Bestrebungen zur „Entchristlichung der Schule" verdammte und aussprach, daß an solchen Schulen, von deren Leitung die Kirche völlig ausgeschlossen sei, kein Katholik, besonders aber kein Priester irgendwie sich betheiligen könne. Die Voraussetzung, von der Pius der Neunte ausging, war, wie Sie sehen, eine ganz falsche. Der Staat hat nie daran gedacht, die Kirche von der Leitung der Schule völlig auszuschließen; sonst hätte er nicht dem Ortspfarrer die hervorragende Stelle in den Ortsschulräthen zugedacht, sonst hätte er keine Geistlichen in die oberste Schulbehörde berufen. Aber die Logik ist nicht die stärkste Seite des freiburger Kirchenregiments. Den katholischen Geistlichen wurde durch einen Ordinariatserlaß verboten, in die Ortsschulräthe einzutreten, oder mit ihnen in Geschäftsverkehr zu treten. Es konnte nicht fehlen, daß diese Maßregel und die ununterbrochenen Mahnungen einer großen Anzahl namentlich jüngerer Kleriker in vielen katholischen Gemeinden auf das Verhalten der Bevölkerung gegenüber den Wahlen einen namhaften Eindruck machte. In manchen, freilich nur sehr wenigen Landorten (etwa 90 von circa 1400) kam gar keine Wahl zu Stande, in ziemlich vielen erschien nur ein Minimum von Wählern; aber das war doch nicht allein die Folge der Abneigung gegen das Gesetz, sondern zum großen Theile auch bloße Indolenz der Bevölkerung. Man hat nachgewiesen, daß sich bisher im Durchschnitt an den Wahlen zu den (klerikal gesinnten) Stiftungscommissionen keine größere Zahl von Wählern betheiligt hat; man hat daran erinnert, daß es mehr als einmal, und sogar in Städten der durch das Gesetz vorgeschriebenen Strafandrohungen bedurfte, um die zu einer Bürgermeisterwahl nöthige Anzahl von Bürgern zusammenzubringen. Auf der andern Seite konnte man das erhebende Schauspiel sehen, daß in ganz katholischen Orten mitten im Schwarzwald, trotz aller klerikalen Agitation die ganze Gemeinde bis auf den letzten Mann zur Wahl erschien.

Auch dieser Versuch der Kurie, die Durchführung des Gesetzes unmöglich zu machen, war mißlungen. Sie zeigte sich trotzdem keineswegs nachgiebiger, als die Staatsbehörde eine entsprechende Anzahl von Kreisschulräthen aus dem katholischen Klerus nehmen wollte, wie sie einigen evangelischen Geistlichen diese Würde übertrug. Der Erzbischof verbot auch die Annahme dieser Stellen, ja ein alter Schulmann, der längst keine geistlichen Functionen mehr verrichtete und die Ernennung annahm, mußte die kaum angenommene Stelle wieder niederlegen.

Bis dahin hatte die klerikale Opposition gegen das Schulgesetz sich im Ganzen auf dem gesetzlichen Boden bewegt. Er war da und dort im Eifer des Kampfes wohl einmal verlassen worden, namentlich die ultramontanen Preßorgane hatten einen maßlosen Gebrauch von der Preßfreiheit gemacht, die ihnen das so leidenschaftlich bekämpfte System der „neuen Aera" in der liberalsten Weise gewährte; aber sie konnten wohl anführen, daß auch die liberale Presse nicht immer Maß gehalten und in ihrer Fehde gegen den Ultramontanismus mehr als einen Hieb auch gegen das kirchliche Wesen selbst, dessen Träger und Gebräuche geführt hatte.

Nun aber, in den ersten Wochen des neuen Jahres schlug die Bewegung neue Bahnen ein, die täglich weiter von dem Boden des Gesetzes ableiteten. Um diese Zeit war es, daß in geschlossenen confessionellen Katholikenvereinen, wie sie sich auf das Mot d'ordre hin, das die würzburger Katholikenversammlung hatte ergehen lassen, auch an einigen Orten Badens gebildet hatten, der Gedanke auftauchte, diese katholischen „Casinos" zu „wandernden" zu machen, d. h. exclusiv katholische, oder vielmehr ultramontane Volksversammlungen in Scene zu setzen, bald da, bald dort, so daß die Leiter der Agitation überall erscheinen konnten, während die Pfarrer der Gegend, in denen eben das „Casino" tagte, mit den von den Kanzeln aus aufgebotenen Schaaren ihrer Gläubigen herbeiziehen wollten. In diesen Versammlungen, die anfangs ziemlich unbemerkt, an abgelegenen Orten vor sich gingen, wurden Adressen beschlossen, in denen die Versammelten im Namen sämmtlicher Katholiken des Landes erklärten, daß das Gesetz ihr Gewissen beschwere und den Fürsten um Aufhebung desselben, aus eigener Machtvollkommenheit, Vereinbarung mit dem Erzbischof, eventuell Unterrichtsfreiheit baten; es wurden Deputationen erwählt, welche diese Adressen dem Großherzog überreichen sollten. Ende Januar und Anfang Februar konnte man in Karlsruhe jeden Tag mehre Schaaren von Landleuten nach dem Schlosse wandern sehen, welche die Vorzimmer des Großherzogs füllten und truppweise Einlaß in den Audienzsaal begehrten. Bald ließ sich nachweisen, daß diese Deputationen in einer stetigen Reihenfolge kamen, wie sie ihnen von Freiburg aus vorgeschrieben wurde. In einem Circular der Parteiführer war geradezu als Zweck dieser unaufhörlichen Abordnungen angegeben, man müsse den Großherzog müde machen, durch das massenhafte Erscheinen einschüchtern, über die

Stimmung im Lande belehren, zu einem Ministerwechsel veranlassen. Dieses Streben, das Ministerium Roggenbach-Lamey zu stürzen und an dessen Stelle ein großdeutsch-ultramontanes zu setzen, trat nun mit jedem Tage deutlicher hervor. Nicht nur in der Presse der Partei (d. h. in zwei Blättern des Landes, dem „Badischen Beobachter" und dem wöchentlich erscheinenden „Freiburger katholischen Kirchenblatt") wurde diese Forderung laut erhoben, sie fand auch in den Versammlungen und Adressen Ausdruck, welche von Tag zu Tag kühner, provocirender, leidenschaftlicher auftraten.

Bisher hatte die liberale Partei sich diesem Treiben gegenüber lediglich auf eine sehr heftige Polemik in der Presse beschränkt. Als aber die Casinopartei täglich kecker auftrat, endlich in ihren Adressen dem Großherzog geradezu einen Verfassungsbruch zumuthete und immer mehr sich als das einzig berechtigte Organ der badischen Katholiken ausgab, da geschah es zuerst in Radolfszell am Bodensee, daß eine große Anzahl liberaler Katholiken bei einem „wandernden Casino" sich einfand und durch energische Theilnahme an den Debatten den vorgeschriebenen Gang der Verhandlungen unliebsam störte und die von Freiburg aus commandirten Beschlüsse unmöglich machte. Dadurch unangenehm berührt, erklärte das nächste „Casino" in Freiburg, daß nur Gegner des Schulgesetzes sollten als Redner auftreten dürfen und die liberale Minderheit, die sich eingefunden hatte, verließ den Versammlungsort, als ihr mit Anwendung von Gewalt gedroht wurde, aus Scheu vor der Heiligkeit des Raumes. Es war eine Kirche, in der diese Parteiversammlung tagte und von der Kanzel herab warfen ihre Führer die Schlagworte der Partei unter die Schaar der größtentheils bäuerlichen Zuhörer. Die Regierung hatte bis daher keinen Gebrauch von dem Rechte gemacht, welches ihr das Vereinsgesetz an die Hand gab, die Abhaltung der „Casinos" in den Kirchen zu verbieten. Sie that es zuerst, als eine solche Versammlung nach Mannheim ausgeschrieben wurde. Es war das einer der gewagtesten Versuche der Ultramontanen, durch Abhaltung eines „Casinos" in Mannheim, zu dem sie die überwiegende Mehrzahl der Theilnehmer von auswärts zusammenführen würden, glauben zu machen, daß ihre Agitation auch in dieser, kirchlich durchaus liberal gesinnten Stadt feste Wurzeln gefaßt habe. Hindernisse stellten sich ihnen entgegen, kein Privatlokal, auch nicht für hohe Miethe, öffnete sich ihnen, die Kirchen wurden ihnen verweigert. Sie schienen zurückweichen zu wollen, das Casino wurde abgesagt; aber da kam neue Ordre aus Freiburg, es wurde neu angesagt, obwohl kein Versammlungsort innerhalb der Stadt bezeichnet werden konnte. Unter solchen Verhältnissen geschah es, daß die Stadt Mannheim der Schauplatz eines jedenfalls äußerst beklagenswerthen Straßentumultes wurde. Aus dem Spott, der die einziehenden Casinogenossen empfing, den manche von ihnen mit Wort und Geberde erwiederten, ward eine Schlägerei, die sich bis zur

Rheinbrücke fortwälzte und den Rückzug der Theilnehmer nach Ludwigshafen geleitete, wo sie auf bayerischem Boden die Polizei dieses Staates mit einem Auflösungsbefehle empfing. Diese Vorgänge wurden von allen Gegnern der badischen Regierung mit einem wahrhaft diabolischen Vergnügen aufgegriffen und in den fabelhaftesten Entstellungen zu passenden Leitartikeln und Correspondenzen verarbeitet.

Im Lande schloß damit der Unfug dieser Versammlungen, nachdem früher schon ein schönes Schreiben des Großherzogs an Lamey die Unzulässigkeit der verfassungswidrigen Zumuthungen, die jene Partei an den Landesherrn gestellt, dargethan, nachdem eine Cabinetsordre den Empfang der täglich eintreffenden Deputationen sistirt hatte. Die liberale Partei hat indeß auch ihrerseits den Weg der Versammlungen betreten, um dem Großherzog Dank für seine verfassungstreue Haltung, dem Ministerium Anerkennung und Vertrauen in zahlreichen Adressen und Erklärungen auszusprechen.

Es steht zu hoffen, daß in nicht allzu ferner Zeit die klerikale Agitation die bei der intelligenten Mehrzahl der Bevölkerung kein Gehör findet, ein Ende nehmen und ein Zustand der Ruhe eintreten werde, der es erleichtern wird, auf dem weiten Felde der Praxis die wichtigsten streitigen Fragen zum Austrag zu bringen.

Die Gothik im neunzehnten Jahrhundert*).

Die rückwärtsblickende Romantik unseres Jahrhunderts, selber eine Mischung von nüchterner Reflexion und phantastischer Willkür, hat die gothische Bauart neu zu beleben gesucht. Nur eine unthätige, noch in abgängigen Formen hängende Zeit konnte in mittelalterlichen Gefühlen schwelgen und Ersatz für die Prosa einer erschlafften und leeren Gegenwart in dem Ausbau deutscher Münster finden wollen. Es entsprach ganz dem Wesen einer solchen Periode, daß sie sich für eine Bauart begeisterte, welche besten Falls sich nachahmen, in keiner Weise aber fortbilden läßt. In Berlin dachte man, nachdem der kurze

---

*) Vgl. den Artikel „Ursprung und Schätzung des gothischen Stils" in voriger Nummer.

Aufschwung der Freiheitskriege vorüber war, diesen mit einem gothischen Dome ein religiöses Denkmal zu setzen, und selbst Schinkel griff zu diesem Stile für derartige Zwecke mit einer gewissen Vorliebe. Aber es ist bezeichnend sowohl für die Unklarheit jenes in der Gothik befangenen Zeitalters als für den künstlerischen Trieb des talentvollen Architekten, daß er meinte, die „völlige Vollendung des Stils sei der kommenden Zeit aufgespart" und durch die „Verschmelzung" mit antiken Elementen zu erreichen (Worte der Denkschrift an Friedrich Wilhelm den Dritten, die den Entwurf des Doms begleitete). Er fühlte die tieferen Mängel des Stils und dachte ihnen abhelfen zu können. Er hat bekanntlich eine solche Fortbildung an anderen Kirchenbauten versucht. Aber diese konnte durch die maßvollere Behandlung des Ornaments, das breitere Hervortreten der Massen, die Horizontalabschlüsse und die an die Antike sich anlehnenden Gliederungen ebenso wenig gelingen, als sie überhaupt gelingen kann; und schließlich kam Schinkel zu der Ueberzeugung, daß in dieser Bauart nichts möglich sei, als Nachahmung. Seitdem haben wir die süßen Bande der Romantik, die nachgerade im restaurirten Staats- und Kirchenleben zu schweren Fesseln geworden, endlich abgeworfen — und nur in der Architektur sollten wir die alten Ketten als unheimlichen Spuk noch nachziehen, weil uns Einige weiß machen wollen, jene Bauart sei echt deutsch und ihre constructive Strenge der höchste Grundsatz der Kunst?

Was soll uns noch die Gothik? Haben wir Kirchen zu bauen, die ihre Spitzen sehnsüchtig in einen nun entleerten Himmel, d. h. die blaue Luft strecken? Leben wir noch in dem Jahrhundert, da Vornehm und Gering in frommer Zerknirschung herzulief, um „an der Stelle der Zugthiere", wie sich der Abt Suger selber ausdrückt, Steine zum aufgethürmten Bau zu schleppen? Denn die Züge einer fanatischen Anstrengung des ganzen Geschlechts stehen diesen ungeheuren Kathedralen an der Stirne geschrieben. Und bauen sollten wir, eine Zeit nachahmend, wo alles unter dem Druck der Hierarchie und der Geist in den Banden einer dunklen Sinnlichkeit lag? Jenen Druck haben wir abgeschüttelt und streben dagegen, in gemeinsamer freier Arbeit Herren der Erde und unserer selbst zu werden. Diesen, unseren großen Zweck haben wir mit Hilfe einer die Vergangenheit durchsuchenden und ihre echten Schätze hebenden Bildung auszuführen und dazu unsere Bauten nach dem Vorbild einer mustergiltigen, lebensfähigen Kunst aufzurichten. Weder das Eine noch das Andere ist die Gothik; und wir sollten da nachahmen, wo wir das Urbild doch nie erreichen können, während wir in Wahrheit über sein einseitiges Wesen hinaus sind und mit seinen beschränkten Formen nichts anzufangen wissen?

Was es mit der Nationalität des Stils auf sich hat, das ist nur noch den Fanatikern verborgen; aber auch über seinen Kunstwerth sollte man endlich ins Klare kommen. Es ist nicht wahr, daß die Architektur auch als Kunst vor allem die gesetzmäßige Folgerichtigkeit der Construction auszusprechen habe. Die Kunst ist so wenig wie das Leben mathematisch. In beiden wirkt das Gesetz wie die innere Thätigkeit des Organismus unter der Oberfläche des Fleisches; nichts ist zufällig in dem harmonischen Spiel der Formen, aber in ihrer freien Bewegung der Zwang der Nothwendigkeit aufgehoben. Und so klingt auch in der wahren Baukunst das Gesetz überall durch; aber die Gestalt des Baues ist nicht das nüchterne Ergebniß geometrischer Combinationen, sondern das wie in einem Guß geschaffene Gebilde einer die Nothdurft verhüllenden Phantasie. Wie klar und bestimmt spricht sich in dem griechischen Tempel das Gesetz des Aufbaues, ja selbst die materielle Festigkeit der Construction aus; und doch wie aus innerer Kraft, in freier Lebensäußerung scheint er aufgerichtet, daß das Auge nur diese in sich vollendete Form sieht, ohne weder auf das Gesetz noch auf die Dauer der Structur zu achten. In ein Festgewand hat sich das stoffliche Gefüge gekleidet, das ihm aber nicht wie eine bloße Hülle umhängt, sondern sich darum legt, wie die unzerreißbare Form eines organischen Gewächses, in welcher sich das dunkle gebundene Leben des Kerns wie spielend entfaltet. Selbst in die gothische Architektur drang das künstlerische Bedürfniß ein, die mechanische Thätigkeit des Steins durch die Bekleidung zu verdecken; sie suchte im Inneren ihren Gliedern durch einen farbigen Ueberzug den Schein natürlicher Bewegung, ihrer Dienstleistung den Ausdruck freier Lebendigkeit zu geben und verbarg z. B. an den Gurtbögen und Gewölbrippen hinter dieser Hülle die aus den Wölbsteinen bestehende Structur. Ja, die Blüthe des Stils verlangte die vollständige Färbung des Innenbaues, wie wenn sie müde wäre der todten Gesetzmäßigkeit und nach der warmen Sinnlichkeit des Lebens verlangte; auch erreicht sie in der That da, wo sie dieselbe durchführt, wie in der Sainte Chapelle zu Paris noch am ehesten eine volle künstlerische Wirkung. Aber nur in einen um so schrofferen Gegensatz tritt damit der gerippartige Charakter des Aeußeren, in dem sich ja das Gerüst mit tollem Uebermuth tausendfach wiederholt. So offen bekennt der Stil die materielle Structur als seine eigentliche Seele, daß er selbst untergeordnete technische Hilfsmittel derselben, die Maueranker und Beschläge, durch ein verzierendes Spiel hervorhebt. Und so ist im Grunde durchweg die Form nichts als der dienende Ausdruck des der widerstrebenden Natur des Stoffs abgezwungenen Sieges.

Und dieselbe Beschränktheit und Erstarrung, an welcher die architektonische Kunstform leidet, haben unter der Herrschaft des Stils die bildenden Künste überhaupt erfahren. Seine Bauten haben keinen Raum für eine freie Entfaltung der Plastik und Malerei. Sie verweisen jene in die Hohlkehlen der Portale und in die Fialen, wo sie mit der schwachbewegten Einzelfigur sich begnügen muß, beschränken diese auf die vergitterten Fenster und die Flügel des Altarbildes. Die Schwesterkünste sind zu den dienenden Mägden der Architektur geworden. Malerisch will diese selber sein in der reichen Verschiebung ihrer Innenräume, plastisch in der Behandlung des Steins; sie duldet keine Gestaltung, die nicht ihr Gepräge trägt, und daher keine Fläche, auf der sich jene ausbreiten könnten. Wo sie aber dieselben zu ihrer Verherrlichung herbeizieht, da müssen sie ihrem Gesetz sich fügen und den Charakter ihrer Formen annehmen. Deshalb sind ihre Steinmetzen meistens auch die Bildhauer, und als Maler genügt ihr der zünftige Schilderer, der sein Handwerk an Wirthshaus- und Wappentafeln auszuüben gewöhnt ist.

Lange hat dieser despotische Druck die deutsche Sculptur und Malerei niedergehalten und ihre Formengebung in den Zwang des Herkommens geschnürt. Auch in ihnen die Verläugnung der Natur; daher die Unkenntniß der Körperbildung und das Beharren in bestimmt ausgeprägten, fast geometrischen Formen. Daher die traditionelle Schlankheit und die weiche Neigung der Gestalten, in der doch zugleich der organische Bau wie gebrochen erscheint; der typische Charakter, der einförmige Ausdruck der Köpfe, die Gewandung von unbestimmtem Fluß oder hart und eckig; die Bewegung conventionell und wie gebunden, da sie in den engen architektonischen Rahmen gefesselt ist, oder, wo sie freigegeben wird, ins andere Extrem überspringend, maßlos und übertrieben. Nirgends organische Freiheit und Fülle, dagegen überall eine typische Gleichförmigkeit, die nur eine kleine Tonleiter von Seelenstimmungen kennt und auch diese Innerlichkeit in der Form nicht voll ausprägen kann. Der Künstler in überlieferten Regeln befangen und so gleich unfähig zu treuer Nachbildung der Natur wie zu eigenthümlicher Auffassung: die Kunst selber in ihrer natürlichen Entwickelung gehemmt und aufgehalten. Und da sich doch die künstlerische Phantasie niemals ganz unterdrücken läßt, so sprengt sie andererseits diese Fesseln und ergeht sich dann, aller Bande ledig, in einem wilden Taumel abenteuerlicher Bildungen. Auch hier also das Schwanken zwischen verfestigten Formeln und phantastischer Willkür. Dagegen freilich weiß man nicht Rühmens genug zu machen von der Gefühlsinnigkeit der gothischen Kunst, welche aus dem unbeholfenen Leib mit ganzer wunderbarer Macht hervorleuchte, von der seelenvollen Andacht, in welcher die körperliche Form ganz aufgegangen sei. Allerdings spricht aus jener Kunst, sofern sie nicht gar zu handwerksmäßig ist, eine rührende und anmuthige Befangenheit in hingebender religiöser Empfindung; aber auch dieser Ausdruck, ohne die Kraft individueller Erregung, erstarrt in seiner endlosen Wiederkehr allmälig zur leblosen, herkömmlichen Maske. Und überdies — kann eine solche einseitige Gefühlsseligkeit jemals Ersatz geben für alle jene Mängel, unter denen das Wesen der deutschen Kunst und damit ihre Entwickelung bis in ihre Blüthezeit hinein gelitten hat?

So wenig es uns einfallen kann, jene Epoche der bildenden Kunst zum

Vorbild zu nehmen: so wenig kann es unsere Sache sein, die gothische Bauart wieder ins Leben zu rufen. Ungünstig genug ist der Boden des neunzehnten Jahrhunderts für eine neue Kunstblüthe, daß man seine wenigen glücklichen Anlagen zu einem neuen Aufschwung nicht auch noch vernichten sollte. Zu diesen aber gehört vor allem die Freiheit der Anschauung, in dem Kunstwerk nichts zu suchen, als die vollendete Form eines harmonisch und voll entwickelten Lebens: ohne Vorliebe für eine ganz besondere Empfindung und Stimmung, sei sie nun religiöser oder weltlicher Art.

Ueberdies, nur ärmliche Nachahmer wären wir jener Bauart, schwächliche, herabgekommene Enkel, die den Glanz des einst mächtigen, nun aber verfallenen Hauses nicht wiederherstellen könnten. Unsere Kraft und Größe richtet sich auf ganz andere Ziele, als diejenigen waren, denen jene Architektur diente. Den alles in Bewegung setzenden Baueifer, mit welchem das Mittelalter seine Münster aufführte, können wir nicht mehr aufbringen; mit den zweideutigen Mitteln einer künstlich erhitzten Empfindung und einer gemachten Anstrengung fördern wir mühsam nur ein schwächliches Abbild zu Tage, aus dessen gezwungener Einfachheit nur das nüchterne Wesen des Stils und die Leere der nachahmenden Phantasie sprechen. Nur die verschwenderische Häufung, der Ueberfluß der Formen (der dennoch von dem Gesetz des Ganzen zusammengehalten wird), giebt dem gothischen Bau das Gepräge eines Kunstwerkes. Wo dieser Reichthum fehlt, da kommt der im Grunde arme und phantasielose Charakter der Bauart unverhüllt zu Tage. Und so verhält es sich überall mehr oder minder mit der modernen Gothik. In Wien ist sie durch den begabten Fr. Schmidt noch am besten vertreten. Können aber auch die dort entstehenden neuen Kirchen (neben ihnen ein gothisches Lyceum!) jene Armuth und die Kälte der Nachbildung nicht verläugnen: so tritt an den münchener Versuchen — der Kirche in der Vorstadt Haidhausen, den Restaurationen der Frauenkirche und des Rathhauses — das Schwächliche einer beschränkten und zudem ungeschickten Nachahmung um so greller ans Licht.

Was zunächst jene Kirche anlangt, so hat der Architekt dem einschiffigen Bau ein flaches Netzgewölbe gegeben und die ganz mageren dünnen Dienste der kraftlos profilirten Rippen aus den Capitälen von Säulen aufsteigen lassen, welche auf überhohen Basamenten ruhen: eine unschöne Form, in der sich die Wölbung gleichsam zersplittert und der aus den Pfeilern frei aufwachsenden Bewegung entbehrt. Gerade solche unglückliche Eigenheiten der späteren Gothik sollte man am wenigsten nachahmen. Da der Seitenschub der flachen Bedeckung sehr stark ist, bedurfte es massiger Pfeiler, die fast ganz in das Innere hereingezogen sind. Das kommt häufig vor (so auch in der münchener Frauenkirche); in guten Mustern — namentlich in norddeutschen Ziegelbaukirchen — sind dann die

Zwischenräume zu Kapellen gebildet, die durch Flachbögen unter den Fenstern gedeckt sind. Hier aber erheben sich die einförmigen todten Mauermassen der Pfeiler bis zu der Gewölbhöhe der Kirche. In den Chor sind die Pfeiler nicht mit hereingezogen; ihre äußeren Zwischenräume sind hier zu Wandnischen benutzt, welche von außen den falschen Anschein eines kleinen Kapellenumgangs bieten. Ueber diesem Umgang schrumpfen die Pfeiler zu ungefähr einem Drittel ihrer unteren Dicke zusammen und werden dagegen durch Miniaturstrebebögen von der ärmsten, bedürftigsten Form gestützt. Ebenso ärmlich und nüchtern sind die Seitenthürme, die der Fialen an der Stelle entbehren, wo sich der achteckige Theil aus dem viereckigen erhebt, und die somit ohne jeden Schein von Vermittlung schwerfällig Stück auf Stück setzen. Es ist überflussig, noch von den Thurmhelmen zu reden, die in unschönem Wechsel geschlossene Füllungen zwischen durchbrochenen haben, von den viereckigen Fenstereinfassungen des Chorumgangs, dem aus später Zeit hervorgeholten Maßwerk der Galerien. Noch ist der Bau nicht ganz vollendet und wir wissen nicht, welche Ausschmückung dem Inneren bestimmt ist: aber auch schon so zeigt sich, daß eine solche kleinliche Erinnerung der „christlichen Kunst" nichts weiter ist, als ein versteinertes Mißverständniß der Bauaufgabe der modernen Zeit und das leblose Machwerk spielender Nachahmung.

Bezeichnend für den despotischen, der Kunst überhaupt wie der Geschichte feindlichen Charakter der modernen Gothik ist die Art, wie die Frauenkirche restaurirt worden. Offenbar sehen die Gothiker einen solchen Bau, in dem die sich folgenden Geschlechter in Altären und Monumenten ihrer Gesittung und ihrem Kunstleben ebensoviele Denkmäler wie ihrer Frömmigkeit gestiftet haben, für einen mit allerlei bunten Fetzen benähten Rock an, die sie abtrennen müssen, um neue Flicken von möglichst gleicher Farbe und Textur aufzusetzen. Herstellen heißt ihnen nicht die den Bau selber entstellenden Umbildungen oder Bekleidungen späterer Kunstepochen entfernen und ihm seine ursprüngliche architektonische Gestalt zurückgeben; sondern kurzweg alle Spuren vertilgen, welche die Entwickelung der Geschichte und der Kunst als denkwürdige Zeichen im Gotteshaus zurückgelassen haben. Aerger kann man den tieferen Zusammenhang von Religion und Kunst und die schöne Bestimmung christlicher Kirchen nicht verkennen. Diese haben ja das religiöse Dasein nicht eines, sondern vieler Geschlechter aufzunehmen und durch das Band gemeinsamer Gottesverehrung die Nachkommen mit den Vorfahren zu verknüpfen, wie zum Beweis der alle Zeit überragenden Macht des Glaubens. So zerstört der Vandalismus einer solchen Herstellung nicht blos Kunstwerke von einem Werth, den vielleicht die Producte unseres stolzen Jahrhunderts nicht einmal erreichen, sondern auch die Geschichte und die ehrwürdige Stimmung des Baues, dem er gleichsam seine Erlebnisse nimmt. Und was tritt an die Stelle der verschleuderten Altäre und Monumente? Allerlei gothisches Spielzeug von der armseligsten Erfindung in einem Farbenschmuck, der weit mehr erinnert an Faschingsaufzüge und Narrenkappen, als an die Polychromie der alten Dome.

Was hat man erst durch eine tischlerhafte Erneuerung aus dem Hause gemacht, in welchem die Väter der Stadt das weltliche Wohl ihrer Mitbürger berathen sollen. Vertikale, treppenartig aufsteigende Mauerstreifen mit Zinnen (Blindpfosten), neues Maßwerk in den alten rundbogigen Fenstern, im nebenstehenden Thurm Eselsrücken über viereckigen Oeffnungen, der Freskoschmuck von ein paar Rathsherren und Wappenhaltern als Uhrbeschützern, endlich allerlei Thürmchen mit buntglitzernden Zeltdächern: das alles bildet zusammen mit den alten Resten ein Ganzes, das halb Festung, halb Magazin, das treue Gepräge der vaterländischen nürnberger Spielwaaren trägt; ein Rathhaus, dem man seine Bestimmung nur insofern allenfalls ansehen könnte, als es dem Beschauer zu rathen aufgiebt, was der rathlos dastehende Bau wohl soll. Gott gnade den Münchenern, wenn sie in dem Haus ebenso berathen werden, als es selber mißrathen ist.

Das ist der Fluch aller Nachahmung: sie trifft das Wesen der Sache nicht und verliert sich in ein kleinliches Formenspiel. Zudem ist sie, in ihr Vorbild verrannt, von seiner Vortrefflichkeit so blindlings überzeugt, daß sie am liebsten alle andere Kunst vernichten möchte und darüber auch den letzten Rest der eigenen künstlerischen Phantasie einbüßt. Wenn sie nur könnte: wie gerne würde die moderne Gothik die ganze nachmittelalterliche Kunst und Gesittung aus der Geschichte streichen. Um den Sirenengesang derselben nicht zu hören, verklebt sie sich die Ohren; denn sie fühlt, daß sie dem Untergang verfallen wäre, wenn sie ihn vernähme. Aber sie gleicht auch darin den Gefährten des Odysseus, daß sie, dieser Gefahr entronnen, sich an der Kunst versündigt, wie jene an dem geweihten Heiligthume des Helios, und dafür im Schiffbruch elend zu Grunde geht. Jetzt, da das Zeitalter seine romantischen Schwankungen hinter sich hat und auf dem Grund einer allseitigen Bildung sowohl zu den wahren Vorbildern der Kunst als zum Bewußtsein seiner eigenen Aufgabe durchdringt, jetzt geht auch das neugothische Reich rasch seinem Ende zu.

Julius Meyer.

Die Universität zu Rostock.

4.

Die medicinische Facultät hat sich erst im Laufe der letzten Jahrzehnte von der untergeordneten Stufe allmälig emporgehoben, auf welcher sie bis dahin sowohl der Personen ihrer Mitglieder als der Qualität der mit ihr verbundenen Anstalten nach im Allgemeinen stand. Von den Mitgliedern, aus welchen sie vor zwanzig Jahren bestand: Wilh. Josephi († 1846), Heinr. Spitta († 1860), Carl Strempel, C. Fr. Quittenbaum († 1852) und Herm. Stannius leben jetzt nur noch Strempel und Stannius, und auch diese sind durch Krankheit an der Ausübung ihres Berufes behindert. Quittenbaum, der das Fach der Anatomie hatte, war auf dem Standpunkte seiner Universitätszeit stehen geblieben und mit allen späteren Fortschritten der Wissenschaft unbekannt. Gegen das, was davon zufällig zu seiner Kunde kam, verhielt er sich grundsätzlich abwehrend. Als Operateur war er zwar nicht ungeschickt, aber verwegen, und als praktischer Arzt zeichnete er sich durch Verordnungen von Medicin in Quartflaschen aus. Seiner stabilen Art stand als ein Extrem von Rührigkeit und sich überstürzender Receptivität sein College Strempel gegenüber, mit welchem er in heftigem, bei jedem Anlaß neu aufflammendem Streite lebte. Strempel umfaßte mit Feuereifer alles Neue, versuchte es in der Klinik und verwarf es wieder, sobald etwas Neues aufkam, ohne Ruhe, ohne Ausdauer, ohne Beobachtungsgabe. Sein vieles Wissen entbehrte, zusammengerafft wie es war, der Einheitlichkeit und Ordnung eines Systems, so sehr er es auch liebte, die Studenten und Examinanden mit künstlichen Systemen zu plagen. Als Operateur z. B. des Schielens, genoß er eine Zeit lang eines großen Rufes, den er durch längere Reisen auch in das Ausland verbreitete. In Wien feierte er wahre Triumphe, wiewohl dieselben auch scharfe Anfechtungen erlitten, u. a. in der Medicinischen Centralzeitung vom Mai 1842. Im Jahre 1838 ward ihm vom Großherzog „zur öffentlichen Anerkennung seiner ausgezeichneten Verdienste" der Titel eines Obermedicinalrathes verliehen. Ein wahres und anerkennenswerthes Verdienst hat er sich durch die Gründung der Klinik erworben, welche lediglich durch seine Bemühungen ins Leben gerufen und theilweise sogar durch seine Mittel geschaffen wurde. Er war längere Zeit deren alleiniger Director, sowohl für die medicinische als für die chirurgische Abtheilung. Nach Erbauung eines geräumigen städtischen Krankenhauses, welches für die Zwecke der Klinik mit der Universität verbunden ward und jetzt auf den doppelten Umfang erweitert werden soll, gab er im Jahre 1855 die medicinische Klinik an Thierfelder und im Jahre 1861 die chirurgische an Simon ab, und zog sich, infolge zunehmender Kränklichkeit, allmälig ganz in die Stille zurück.

Gleichfalls nur noch nominell bekleidet Hermann Stannius seine Professur, indem er seit längerer Zeit einer unheilbaren Gehirnkrankheit verfallen ist. Er kam im Jahre 1837 nach Rostock. Die Physiologie hatte in ihm einen sehr ausgezeichneten Vertreter. Aus Johannes Müllers Schule hervorgegangen, war er strenge der experimentellen Seite seiner Wissenschaften zugethan und hatte längst ein physiologisches Institut, das er einsichtsvoll leitete, bevor an den meisten andern Universitäten an eine solche Einrichtung gedacht ward. Zahlreiche, unter seiner Leitung entstandene Dissertationen, Jahresberichte und Abhandlungen in medicinischen Zeitschriften legen von der Wirksamkeit dieses Instituts Zeugniß ab. Später wandte er sich mehr und mehr der Anatomie der Thiere, namentlich der Fische zu, in welchem Zweige er ebenfalls Bedeutendes geleistet hat. Auch seine Vorlesungen über allgemeine Pathologie und pathologische Anatomie standen immer auf der Höhe der Wissenschaft. Das letztere Fach ist schon seit längerer Zeit auf Thierfelder übergegangen. Die vergleichende Anatomie wurde interimistisch von Bergmann übernommen und wird jetzt von dem jüngeren Schulze vertreten. Mit v. Siebold zusammen gab Stannius ein Lehrbuch der vergleichenden Anatomie heraus. Weniger Anerkennung hat er mit einer Uebersetzung von Rayers, eines französischen Arztes, Werk über Hautkrankheiten gefunden.

An Quittenbaums Stelle wurde zu Michaelis 1852 Karl Bergmann aus Göttingen berufen, der höchst bedauerlich jetzt gleichfalls durch eine Lungenkrankheit vollständig behindert ist, seinem Berufe obzuliegen. Er gilt sowohl in wissenschaftlicher Hinsicht wie als Lehrer mit Recht sehr viel, hat sich auch durch die ihrem Inhalte nach ebenso gediegenen wie in der Form schönen Vorträge, welche er zweimal als Rector (1858 bis 1860) vor einem größeren Publikum hielt, wohlbegründete Anerkennung in den gebildeten Kreisen erworben. Er ist gerade und bieder, fern von jeder Kriecherei gegen Hochstehende. Bei dem Ministerium scheint er nicht in besonderer Gunst gestanden zu haben, da er den Titel eines Obermedicinalraths erst ein Jahr später als sein jüngerer College Thierfelder erhielt. — Er las auch über gerichtliche Medicin, hat sich aber auf diesem Gebiete durch seine einem etwas veralteten Standpunkte angehörige Bearbeitung des henckeschen Lehrbuchs den Ruf nicht erweitert, den er in seinem Hauptfache mit Recht genießt. Als Rector schrieb er folgendes Programm: „Zur Kenntniß des Tarsus der Wiederkäuer und paarzehigen Pachydermen." (1859). In der Anatomie wird er durch einen zwar noch jungen, aber befähigten und fleißigen Privatdocenten, Franz Eilhard Schulze, vertreten, der seit Anfang des Jahres 1864 habilitirt ist und eine Preisschrift

„über Verdunstung" (1860) und eine Doctordissertation „über den Bau der Rinde des kleinen Gehirns" (1863) veröffentlicht hat.

Einer der tüchtigsten Professoren und beliebtesten Lehrer der Hochschule ist Benjamin Theodor Thierfelder, zu Ostern 1855 als außerordentlicher Professor von Leipzig, wo er Wunderlichs Assistent war, berufen, seit 1857 ordentlicher Professor. Pathologie und Therapie, die sich bisher in den Händen des gänzlich veralteten Spitta befunden hatten, wurden nach langem Zwischenraum durch ihn wieder in den Kreis der wirklich gehaltenen Vorlesungen eingeführt. Außerdem liest er pathologische Anatomie und Encyklopädie. Er ist ein Mann von anerkannter Gelehrsamkeit und gründlicher wissenschaftlicher Durchbildung. Wegen seiner Kenntnisse und seiner liebenswürdigen Persönlichkeit ist er auch als consultirender Arzt sehr gesucht und bei seinen ärztlichen Collegen kaum weniger beliebt als bei den Kranken. Es ist nur zu befürchten, daß seine ausgebreitete Privatpraxis ihn mehr, als für seine akademische Wirksamkeit und für seine Muße zu selbstthätiger Förderung der Wissenschaft gut ist, in Anspruch nimmt. Auf dem literarischen Felde ist er nur mit einer kleinen Schrift über Temperaturen in Krankheiten hervorgetreten.

Für das chirurgische Fach wurde Gustav Simon zu Michaelis 1861 als außerordentlicher Professor aus Darmstadt berufen und ein halbes Jahr später zum ordentlichen Professor befördert. Durch einzelne sehr mühsame Operationen (Blasenscheidenfistel, Gaumenspalte u. s. w.) hat er sich als Operateur einen bedeutenden Ruf sowohl in der ärztlichen Welt als im Publikum erworben. Sonst läßt vielleicht seine übrige medicinisch-chirurgische Bildung, sowie seine Fähigkeit als Docent und klinischer Lehrer Einiges zu wünschen übrig. Bei den Studenten ist er wegen dieser Mängel und wegen seines etwas schroffen Wesens weniger beliebt als sein College bei der medicinischen Abtheilung der Klinik, Thierfelder. In neuester Zeit hat er dadurch bei patriotischen Gemüthern Kummer erregt, daß er unter Zurücksetzung der Mecklenburger zwei junge Hessen-Darmstädter herangezogen und in die von Studenten versehenen und von diesen sehr gesuchten Gehilfenstellen bei der Klinik und mit Zustimmung seines Collegen Winckel auch in den Dienst bei der Entbindungsanstalt eingeschoben hat.

Die Geburtshilfe hatte früher in Krauel, einem Rostocker von Geburt († 1854), einen nicht gerade genialen, aber fleißigen Vertreter, der auch als klinischer Lehrer, bei geringem Material, recht tüchtig und beliebt war. Er starb in dem Zeitpunkt, als das neue Gebäude für geburtshilfliche und gynäkologische Klinik eben seiner Vollendung entgegenging und hinterließ das damit wesentlich bereicherte Unterrichtsmaterial seinem Nachfolger, Gustav Veit, einem gediegenen und strebsamen Forscher und Lehrer, bekannt u. a. durch seine vortrefflichen Berichte über Frauenkrankheiten in Canstatts Jahresberichten über die

Fortschritte der gesammten Medicin, und durch seine gedrängte, aber inhaltreiche Darstellung der Frauenkrankheiten in Virchows Handbuch der Pathologie und Therapie. In dieser Specialität hat er sowohl als klinischer Lehrer wie als consultirender Arzt und College den Kranken und Aerzten in ganz Mecklenburg und besonders in Rostock außerordentlich genützt. Man sah ihn daher mit großem Bedauern um Ostern 1864 einem Rufe nach Bonn folgen. Sein Nachfolger Winckel, aus Martins Schule in Berlin, durch manche kleinere wissenschaftliche Arbeiten bekannt, hat noch nicht Zeit gehabt sich so zu bewähren, daß über seine Tüchtigkeit und Fähigkeit als Lehrer bereits ein entschiedenes Urtheil festzustellen wäre. Außer seinem Specialfache befassen seine Vorträge auch gerichtliche Medicin.

Die ordentlichen Professoren der Facultät, mit Ausnahme von Simon, sind zugleich Mitglieder der Medicinalcommission zu Rostock, einer im Jahre 1830 zur Aufsicht über das gesammte Medicinalwesen im Lande eingesetzten Behörde. Als außerordentliches Mitglied gehört derselben der Professor der Chemie, und als Assessor mit consultativem Votum ein Pharmaceut an. In Verbindung mit dem Professor der Chemie bilden die sämmtlichen ordentlichen Professoren der Facultät die Prüfungscommission sowohl für die erste Prüfung, welche die sogenannten Vorbereitungswissenschaften mit Einschluß der Anatomie, Physiologie und Pharmakognosie umfaßt, als auch für das zweite, sogenannte Doctorexamen. Letzteres ist sowohl theoretisch als praktisch und man darf behaupten, daß die Anforderungen der Höhe der Wissenschaft entsprechen. Die durchschnittliche Zahl der Doctorpromotionen war in den drei letzten Jahren fünf.

Zum Ersatz für Bergmann ist der außerordentliche Professor Ackermann, ein Mecklenburger von Geburt, zum Mitgliede der Medicinalcommission ernannt worden. Er habilitirte sich im Jahre 1852 und wurde im Jahre 1859 außerordentlicher Professor. Er hat bis dahin hauptsächlich Pharmakologie und materia medica gelesen, auch allgemeine Pathologie und Therapie, neuerdings auch gerichtliche Medicin. Durch experimentelle Forschungen und Arbeiten im erstgenannten Fache (Beiträge zur Pharmakodynamik des Brechweinsteins, 1858) und durch eine ihm vom Ministerium aufgetragene, sehr fleißig gearbeitete Monographie über die Choleraepidemie des Jahres 1859 in Mecklenburg-Schwerin ist er so bekannt geworden, daß er vor Kurzem für die Stelle des Klinikers in Königsberg mit vorgeschlagen ward. Die Schrift über die Choleraepidemie hat auch von Seiten der Kritik Anerkennung gefunden, wenn gleich die darin aufgestellte bestimmte Verneinung der autochthonen Entstehung der Krankheit auch in Bezug auf die in Mecklenburg vorliegende Erfahrung noch sehr bedeutende Zweifel übrig läßt.

Außer dem schon genannten Privatdocenten Schulze gehört der Facultät schon seit länger als 30 Jahren ein anderer Privatdocent an, der Hofmedicus Schröder, Director der städtischen Irren- Heil- und Pflegeanstalt, welcher hier deshalb genannt werden muß, weil er der alleinige Docent ist, welcher das Fach der Geisteskrankheiten vertritt oder vielmehr durch Ankündigung von Vorlesungen alle halbe Jahre zu vertreten sich bereit erklärt.

Wegen der nahen Beziehungen der Naturwissenschaften zu der Medicin mögen hier gleich die Lehrer der ersteren angereiht werden.

Professor der „Naturgeschichte", wie der amtliche Ausdruck lautet, oder vielmehr der Zoologie und der Botanik ist seit ungefähr 30 Jahren Johann Röper, Enkel eines vor hundert Jahren aus dem callenbergischen Institut zu Halle in Mecklenburg eingewanderten Judenmissionärs. In seinem Hauptfache, der Botanik, genießt er eines ehrenvollen Rufes. Er hat „zur Flora Mecklenburgs" ein in zwei Abtheilungen erschienenes Rectoratsprogramm veröffentlicht. Als Lehrer und Leiter botanischer Excursionen wird er von den Studenten geschätzt. In kirchlicher und politischer Hinsicht steht er auf Seiten einer extremen Reaction, scheint indessen, was ersteres betrifft, doch noch immer Mühe zu haben, sich von den Traditionen der schweizerischen Frommen, die er als Professor in Basel zu seinen Parteigenossen zählte, zu einem soliden, symbolisch-orthodoxen lutherischen Christen nach dem Herzen Kliefoths emporzuschwingen. In öffentlichen Vorträgen vor einem gemischten Publikum, die er aber nicht frei zu halten weiß, sondern mit monotoner Stimme abliest, liebt er es, die Ohren der Damen mit schlüpfrigen Anspielungen und Bildern und die der Herren mit höhnenden Reden auf die „Demokraten" zu kitzeln. In seiner letzten Rectoratsrede bekämpfte er die darwynsche Theorie von der Entstehung der Arten durch die Bemerkung, daß dann wohl gar einmal im Verlauf der Jahrtausende der „Brüllaffe" sich zum „Demokraten" gestalten könnte. Es giebt dies zugleich eine Probe von der Stufe, auf welcher der Witz dieses Mannes steht; dennoch richtet er bei solchen Stellen einen schelmischen und den Beifall herausfordernden Blick auf sein vorherrschend reactionär gesinntes Publikum, welches meistens den Tact besitzt, solchen Scherzen das gewünschte Gelächter zu versagen. Früher soll er sich auch mit allerlei Mystik getragen und z. B. in einer Rectoratsrede im Jahre 1845 die Beziehung der Fünfzahl im Pflanzenorganismus auf die Wundenmale Jesu zur Geltung zu bringen versucht haben. Röper ist Mitglied des Hauptvereins für innere Mission und Ehrenmitglied des rostocker Handwerkervereins, welcher den Zweck verfolgt, das Zunftwesen gegen das Vordringen der Gewerbefreiheit und der Maschinenindustrie zu schützen.

Seine reactionäre politische Richtung hinderte ihn übrigens nicht, im März des Jahres 1848 den Antrag der Universität auf Reform der Landesverfassung und Preßfreiheit zu unterzeichnen und sich auch im weitern Verlaufe der politischen Beregung als gut constitutionell gesinnten Staatsbürger darzustellen. Man gewahrte ihn als Unterofficier, mit der goldenen Tresse am grünen Waffenrock, in den Reihen der Bürgerwehr und konnte ihn als Mitglied des constitutionellen Vereins, welcher im September 1848 in Rostock gestiftet wurde, als eifrigen Theilnehmer an den Verhandlungen erblicken. Aus dem Programm dieses Vereins werden folgende Sätze seine damalige Richtung charakterisiren: „Wir wollen die ungesäumte und vollständige Verwirklichung der errungenen Volksfreiheit in Verfassung, Verwaltung und in der Rechtspflege, sowohl im Staats- wie im Gemeindewesen. Alle diejenigen Institutionen, welche zur Ausbildung und starken Gewähr der Freiheit dienlich und nothwendig sind, wollen wir insbesondere durch das Mittel der freien Presse und der freien Versammlung zum allgemeinen Verständniß und zur Anerkennung bringen helfen. Wir wollen als Staatsform die constitutionelle Monarchie."

Die Professur der Physik ist mit der der Mathematik verbunden und wird von Hermann Karsten versehen, der auch über Geologie liest, von der Physik aber nur den ersten Theil (allgemeine Physik, Akustik, Optik) vorträgt, während den zweiten Theil (Wärme, Elektricität, Magnetismus) der Professor der Chemie übernommen hat. Karsten ist zugleich Director der Navigationsschule zu Rostock. Seine literarische Thätigkeit beschränkt sich auf einige unbedeutende Gelegenheitsschriften. Er gilt für einen klaren Kopf und tüchtigen Mathematiker, wirkt aber als Docent wenig belebend und anregend. Im Jahre 1848 war er Vorsitzender des rostocker constitutionellen Vereins, ist aber seitdem auf dem Gebiete der Politik verschollen.

Das Fach der Chemie war durch den Professor v. Blücher, welcher im Jahre 1850 seine Stelle niederlegte und sich auf sein Landgut zurückzog, sehr mittelmäßig vertreten. Man sagt von ihm, daß er bei einem Besuch, den er in Berlin dem Professor Mitscherlich machte, sich diesem nur als mecklenburgischer Edelmann vorstellte und daß Mitscherlich sich an den schätzbaren Kenntnissen des vermeintlichen Dilettanten erfreut habe, ohne auch nur entfernt einen Collegen vom Fache in ihm zu ahnen. Bei den Vorlesungen v. Blüchers soll mitunter der Hausverwalter Kleesath, der als Diener im Laboratorium fungirte, mit berichtigenden Zwischenbemerkungen eingegriffen haben. Ein Mann von bedeutendem wissenschaftlichen Range ist dagegen sein Nachfolger, der von Greifswald berufene Professor der Chemie und Pharmacie Franz Ferdinand Schulze. Wer sich erst an die Mängel seines durch Stocken und Abschweifungen etwas verunzierten Vortrags gewöhnt hat, findet sich durch dessen wissenschaftlichen Gehalt und durch Schulzes fördernde und anregende praktische Uebungen reich belohnt. Außerhalb seines akademischen Berufs entfaltet er auch eine höchst anerkennenswerthe Thätigkeit im rostocker Gewerbeverein. In Bezug auf Gewerbepolitik jedoch hat er es bis dahin nicht zu festen Grundsätzen gebracht und seine Stellung in dieser Beziehung scheint von mancherlei fremdartigen Rücksichten nicht frei zu sein. Durch die Annahme der Wahl zum Ehrenmitgliede des zünftlerischen rostocker „Handwerkervereins" hat er sich für eine Politik rücksichtlich der Gewerbeverhältnisse engagirt, welche kaum mit seiner Denkweise in Einklang stehen möchte. Als Rector (1856—1858) führte er bei seinen öffentlichen Reden am Geburtstage des Großherzogs die Neuerung ein, daß er jedesmal am Schlusse ein dreimaliges Hoch auf den Landesherrn ausbrachte, ein forcirtes Unternehmen, welches nach einer abgelesenen Rede über ein wissenschaftliches Thema nothwendig auf eine unvorbereitete Stimmung traf und bei den anwesenden Herren und Damen immer nur geringe Unterstützung fand. — Die medicinische Facultät ehrte ihn im Jahre 1862, wie schon früher seinen Collegen Röper, durch Verleihung der Doctorwürde.

In der gemischten Gesellschaft, welche in Rostock wie anderswo die philosophische Facultät genannt wird, findet sich zunächst die Eigenthümlichkeit, daß der Lehrstuhl der Wissenschaft, von welcher die Facultät den Namen hat, seit dem Tode des alten Kantianers Joh. Sig. Beck († 1840) unbesetzt geblieben ist. Man behilft sich mit zwei außerordentlichen Professoren und einem Privatdocenten der Philosophie, die aber gleichfalls die Philosophie kaum noch mehr als nominell vertreten. Der außerordentliche Professor Eduard Schmidt, welcher in gesunden Tagen eine Menge von großen und kleinen Druckschriften hat ausgehen lassen, ohne dafür besondere Aufmerksamkeit zu finden, aber doch eine Zeit lang stark besuchte Vorlesungen hielt, hat seit vielen Jahren wegen Kränklichkeit selbst die Ankündigung von Collegien aufgeben müssen. Ein noch älterer Genosse, Professor Heinr. Francke, der ein Buch „Philosophie und Leben" veröffentlicht hat und ein Jünger von Fries ist, ist ein Mann von tüchtigem Wissen, ehrenwerthem Charakter und liberaler Gesinnung, hat aber wohl kaum in seinen besten Jahren als Docent viel gewirkt und dem Vernehmen nach in Jahrzehnten nicht mehr gelesen. Dasselbe gilt von Dr. Karl Weinholtz, einem Stralsunder von Geburt, welcher in den ungefähr vier Jahrzehnten, seit er sich in Rostock als Privatdocent niedergelassen, eine Logik und mancherlei andere Bücher unter mehr oder weniger seltsamen Titeln veröffentlicht, aber mit dem darin aufgestellten System des „Organischen" kein Glück gemacht und neuerdings sich auf die graphische Darstellung von ihm erfundener Tänze und sonstiger Künste verlegt hat. Die Titel: „Die organische Sprech- und Singschrift, zur Förderung des lautrechten und sinnvollen Vortrags", „der Hanachino, vierpaariger Zehen-Hackentanz", „der Tändler, ein Gesellschaftstanz" u. s. w. lassen auf das Ungewöhnliche der hier behandelten Gegenstände schließen.

Zu den negativen Eigenschaften der Facultät gehört es ferner, daß die orientalischen Sprachen und Literaturen seit dem Tode Mahns im Jahre 1845 nicht mehr durch einen Fachgelehrten vertreten sind, indem man sich mit den etwaigen Kenntnissen auf diesem Gebiet, welche der für das Fach der alttestamentlichen Exegese angestellte Professor der Theologie als Ueberschuß seines sonstigen Wissens mit sich führt, behelfen zu können meint. —

Die philosophische Facultät zählt, außer den im Anschlusse an die medicinische Facultät bereits genannten drei Vertretern der naturwissenschaftlichen Fächer, sechs ordentliche Professoren. Der älteste ist Franz Volkmar Fritzsche, Glied eines philologisch-theologischen Professorengeschlechts, (Sohn des Professor Fritzsche in Halle und Bruder der Professoren Fritzsche in Gießen (früher in Rostock) und Fritzsche in Zürich, von welchen jetzt nur der zuletzt genannte noch lebt). Er ist Professor der classischen Literatur und Beredsamkeit, welche letztere indessen nur die Anforderung an ihn stellt, daß er das Organ der Universität ist, so oft dieselbe Schriftstücke in lateinischer Sprache ausgehen läßt. Sein angeborener Rationalismus hätte ihn und seine heidnischen Classiker leicht in Conflicte mit der herrschenden christlichen Romantik bringen können, wenn nicht sein harmloses, kindliches Gemüth und seine naive Verehrung gegen die Träger der höchsten Staatsgewalt ihn davor bewahrt hätten. In das nichtrationalistische Christenthum hat er sich nie zu finden vermocht und besitzt kein Organ für dessen Verständniß. Seine äußere Erscheinung, seine Sitte und Ausdrucksweise tragen von moderner Fügsamkeit nicht eben viel an sich; doch glauben diejenigen, welche sich seiner noch aus der Zeit seiner Ankunft in Rostock vor 36 Jahren erinnern, einen Fortschritt zu geschmeidigern Formen constatiren zu können. Als Philolog gehört er der leipziger Schule von Gottfried Hermann an, dessen Schwiegersohn er auch ist. Seine Classiker kennt er und liebt er innig, und pflegte letzteres früher auch dadurch kund zu thun, daß er sie mit wänbeerschütternder und selbst die Vorübergehenden allarmirender Donnerstimme auf seiner Studirstube recitirte. Der Hauptgegenstand seiner Studien bildet die Komödie uud die Satire der Alten; als Herausgeber des Aristophanes und des Lucian ist er ehrenvoll bekannt. Dem zu Anfang seiner rostocker Laufbahn begründeten philologischen Seminar steht er mit Eifer und Pflichttreue vor und seine Schüler schätzen ihn sowohl wegen seines tüchtigen Wissens als wegen der humanen und wahrhaft liebevollen Gesinnung, mit welcher er an ihren wissenschaftlichen Fortschritten wie an ihrem menschlichen Wohlergehen auch noch über die Universitätszeit hinaus Theil nimmt. In den lateinischen Schriftstücken, welche er für die Universität abzufassen hat, ist es ihm mitunter begegnet, daß er sich auf Gebiete wagte, von denen er wenig versteht oder für welche sein Tactgefühl nicht ausreichte. Man erinnert sich aus der jüngsten Zeit jenes unglücklichen Vergleiches, mit welchem er in dem Epithalamium zum Hochzeitstage des Großherzogs den vom Kriegsschauplatz in Schleswig zurückgekehrten Landesherrn als Mars und dessen durchlauchtigste Braut als Venus feierte, so wie jenes verzückten Posaunentons auf der Votivtafel zum Einzuge des Großherzogs in Rostock, mit welchem er den Herrscher als Verächter eitler Reden pries, ohne zu bedenken, daß er damit Regierungsgrundsätze in den Himmel erhob, nach welchen von Zeit zu Zeit Professoren der Universität ohne vorangegangenes Gehör und ohne disciplinarisches Verfahren aus ihren Aemtern herausgesetzt werden, sobald ihre politischen oder religiösen Ueberzeugungen das Mißfallen des Ministeriums erregen. Eine weitere bemerkenswerthe Probe seiner gelegentlichen Verirrung auf Gebiete, in denen er nicht heimisch ist, liegt in einem Gratulationsprogramme vor, welches er im Jahre 1853 für die dreihundertjährige Jubelfeier der Domschule zu Güstrow verfaßte. Hier rühmte er an der Beschäftigung mit der Wissenschaft als etwas Gutes, daß sie den Menschen hindere, sich um die Politik zu bekümmern, und begründete von diesem Gesichtspunkte aus den Satz, daß das Heil der Fürsten in dem Gedeihen der Wissenschaft seinen Halt habe. Es heißt zu Deutsch: „Ich meine, daß in dem Gedeihen der Wissenschaften auch das Wohlergehen der Fürsten enthalten sei. Die Geschichte lehrt, daß die ersten Herrscher nach Beseitigung der Republik dem Studium der Wissenschaften ihre besondere Unterstützung habe angedeihen lassen, z. B. schon Augustus selbst, denn da in einem gebildeten Volk der menschliche Geist nicht unthätig verharren kann, so wirft sich nach Beseitigung der Wissenschaften als Denkstoff das Denken sogleich auf die Leitung des Staats, indem das Verlangen nach Freiheit sich einschleicht." (Literis de quibus cogitetur sublatis continuo de civitate administranda cogitatur gliscente libertatis desiderio! — Sic.)

Durch Eleganz des Wissens wie der äußeren Form zeichnet sich der zweite Professor der classischen Literatur, Ludwig Bachmann, aus. Er ist zugleich Director des städtischen Gymnasiums zu Rostock, und steht schon dadurch der Universität und den Studenten ferner. Ein gelehrter Kenner der griechischen und römischen Literatur, der Paläographie, der Alterthümer, durch mehrmaligen Aufenthalt in Italien mit den Monumenten der antiken Zeit aus eigener Anschauung bekannt geworden, weiß er gewandt und geschmackvoll in der Sprache der römischen Dichter sich zu bewegen und dieselbe auf moderne Gelegenheiten anzuwenden. Seine Hauptstudien haben sich um die griechischen Lyriker bewegt.

Als Professor der Oekonomie und Forstwissenschaft ward vor ungefähr 40 Jahren Eduard Daniel Heinrich Becker auf den akademischen Lehrstuhl gleichsam vom Pfluge, wie Cincinnatus, berufen, indem er bis dahin Pächter eines rostocker Stadtguts war. Seine Thätigkeit ist von den Studenten selten in Anspruch genommen worden. Er ist Erfinder einer neuen Construction des sogenannten Wesebaums, eines in Mecklenburg üblichen Werkzeuges zur Befestigung von Getreidegarben und Heu auf Erntewagen. Auf einer größeren landwirthschaftlichen Versammlung soll er einmal das Wort erbeten haben, um zu erklären, daß er über den verhandelten Gegenstand bis dahin keine Erfahrungen gemacht habe. Er gehört zur frommen Partei, ist auch Mitglied des Hauptvereins für innere Mission, lebt aber mit seinen Collegen, auch denjenigen, welche seine religiösen Parteigenossen sind, auf gespanntem Fuße, wie man sagt, wegen einer bei der Neuwahl des Inspectors der Stipendien im Jahre 1845 ihm widerfahrenen Zurücksetzung.

Carl Bartsch, zu Michaelis 1858 als Professor der deutschen und neueren Literatur berufen, ist für dieses Fach eine gute Acquisition, findet nach Lage der Verhältnisse, ungeachtet des seiner Leitung überwiesenen deutsch-philologischen Seminars wenig Gelegenheit, den Studenten nützlich zu sein, ist aber desto thätiger auf literarischem Gebiet.

Der Professor der Geschichte, Georg Voigt, ein Sohn des königsberger Historikers, ist als Nachfolger Paulis (1857—1859) seit Ostern 1860 in Thätigkeit. Er hat sich durch eine Reihe ehrenwerther Arbeiten bereits bekannt gemacht.

Professor der Staatswissenschaften ist Herm. Rösler, als Nachfolger Nasses (1857—1860) im Jahre 1861 von Erlangen berufen. Sein Name hat auf dem Felde der Volkswirthschaft einen guten, auch literarisch bewährten Klang. Er schrieb „Zur Kritik der Lehre vom Arbeitslohne" (1861); „über den Einfluß der Lebensmittelpreise auf die Volksmoral" (1862); und „Grundsätze der Volkswirthschaftslehre" (1864). In dem letzteren Werke läßt die Abwägung von Gründen und Gegengründen es vielfach zu einem sicheren Ergebniß und einer principiellen Entscheidung nicht kommen und der Verfasser hat sich von einzelnen traditionellen Vorurtheilen und Bedenken der Gegner der freien Concurrenz, des freien Zinsfußes u. s. w. noch nicht ganz losgesagt. Mit den mecklenburgischen wirthschaftlichen Verhältnissen und Zuständen ist er ungenügend bekannt, worüber sich niemand wundern wird, welcher weiß, mit wie großen Schwierigkeiten selbst Landeseingeborene zu kämpfen haben, um sich eine gründliche Kenntniß auf diesem Gebiet zu erwerben. Die Zurückgezogenheit vom öffentlichen Leben und von gemeinsamer mündlicher Verhandlung über volkswirthschaftliche Gegenstände theilt er mit der großen Mehrzahl seiner akademischen Fachgenossen. Auf den volkswirthschaftlichen Congressen erscheinen diese Herren nur als seltene Ausnahmen. Die Facultät begrüßte Rösler, der bereits Dr. juris war, bei seiner Ankunft mit dem Ehrendiplom eines Doctors der Philosophie.

Zur Facultät im weiteren Sinne gehören noch ein außerordentlicher Professor der klassischen Literatur, Gymnasiallehrer Busch, der aber seit längerer Zeit wegen Kränklichkeit nicht mehr wirksam ist, ein als Privatdocent habilitirter Lehrer der französischen Sprache und zwei Privatdocenten Namens Cohen und John, jener im Fache der Thierheilkunde, dieser in dem der Landwirthschaft, welche beide als tüchtig und strebsam gerühmt werden. Der Lehrer der Musik, Dr. Ferdinand v. Roda, der als Componist geistlicher Musik sich eines guten Rufes erfreut, ist auch zum Halten von Vorlesungen über Theorie und Geschichte der Musik berechtigt. Sonst besitzt die Universität keine Lehrer der Sprachen und Künste, nicht einmal einen Fechtlehrer, über welche Lücke der Lectionskatalog, auf die außerhalb des Kreises der Universität in Rostock für diese Fächer vorhandenen Kräfte hinweisend, mit einem zarten „non deficit occasio" u. s. w. hinwegzugehen pflegt.

Die Zahl der promovirten Doctoren der Philosophie belief sich während der beiden letzten Jahre durchschnittlich auf 33, meistens Auswärtige, welche nur eine Dissertation einzureichen haben, (!!!) und unter ihnen eine Anzahl Portugiesen und Engländer. Unter zwei im Jahre 1863 vorgenommenen Ehrenpromotionen befand sich die des berühmten mecklenburgischen Dichters Fritz Reuter.

Die Besoldungen der gesammten Professoren erfordern ungefähr 29,000 Thlr., welche sich auf die einzelnen Facultäten in runden Summen wie folgt vertheilen: theologische Facultät 5000 Thlr., juristische 8000 Thlr., medicinische 5000 Thlr., philosophische 11,000 Thlr. —

Eine statutenmäßige Verpflichtung zur Veröffentlichung von Druckschriften liegt von den Lehrern nur dem Professor der Beredsamkeit und dem Rector ob. Der erstere hat jedesmal den Index lectionum mit einem gelehrten Proömium zu versehen. Der Rector hat, statt der früheren drei Festprogramme am Schlusse des Rectoratsjahres ein „die Wissenschaft bereicherndes" Programm in lateinischer oder deutscher Sprache zu schreiben, wovon sich jedoch in der neueren Zeit mehre Rectoren glaubten dispensiren zu dürfen. Ebenso ist auch die Vorschrift der Universitätsstatuten, daß der sein Amt antretende Professor ein Programm veröffentliche, häufig (z. B. schon von Hofmann, Kierulff, Wunderlich, Thöl und später fast regelmäßig) unbefolgt geblieben. Erst Winckel hat damit wieder einen Anfang gemacht.

Einmal im Jahre, am Geburtstage des Großherzogs, tritt die Universität mit einer Feier an die Oeffentlichkeit, deren Mittelpunkt eine Rede des Rectors und deren Schluß die Vertheilung der Preise für die eingegangenen Beantwortungen der Preisfragen bildet. Nachdem lange Zeit der äußere Pomp dabei nur durch zwei glänzende Scepter vertreten war, die dem Rector bei dem unter den rauschenden Klängen der Musik erfolgenden Einmarsch des akademischen Corpus in den Festsaal vorangetragen werden, wurde derselbe im Jahre 1857 durch Einführung einer mittelalterlichen Tracht des Rectors und der Decane, bestehend aus Talar, Mäntelchen und Barett, wesentlich erhöhet. Veranlassung zu dieser Neuerung gab eine Hoffeierlichkeit in Schwerin, deren Theilnehmer nicht anders als in Uniform oder Amtstracht zugelassen werden sollten. Da man aber im Laufe der folgenden Jahre die Erfahrung machte, daß wegen der verschiedenen körperlichen Länge und Dicke der aufeinander folgenden Decane die auf Unkosten der Universitätskasse angeschafften Kleidungsstücke nicht auf den Leib eines jeden Decans gleich gut paßten, und da wohl auch kein rechter Grund vorhanden war, weshalb nur der Rector und die Decane durch ihr Kostüm das Mittelalter, die übrigen aber die moderne Zeit repräsentiren sollten, so gelangte man in neuester Zeit zu dem Beschlusse, daß alle Mitglieder des Concilium̃s sich mit der Amtstracht zu versehen und dieselbe bei feierlichen Gelegenheiten anzulegen hätten.

Von den mit der Universität verbundenen Instituten sind bereits einzelne gelegentlich erwähnt worden. Für die praktischen Uebungen der Studirenden bestehen drei Seminare: für die Theologen ein homiletisch-katechetisches, für die Studirenden der philosophischen Facultät ein philologisches und ein deutsch-philologisches, welches letztere anfangs unter dem Namen „philosophisch-ästhetisches" begründet ward. Die Mitglieder des homiletisch-katechetischen Seminars predigen zu bestimmten Zeiten im Betsaal des Jungfrauenklosters und üben sich im Katechisiren an dazu vom Waisenhause gestellten Knaben.

Für Medicin und Naturwissenschaften sind die erforderlichen Anstalten und Sammlungen meistens erst von ziemlich jungem Datum oder sie haben doch in neuerer Zeit wesentliche Umgestaltung und Verbesserung erfahren. Die Klinik zerfällt in eine medicinische Klinik, eine medicinische Poliklinik, eine chirurgische und Augenklinik, eine ambulatorische Klinik für chirurgische und Augenkranke und eine geburtshilfliche Klinik. Die medicinische und chirurgische Klinik ist dem städtischen Krankenhaus angeschlossen; in jeder der beiden Abtheilungen kommen jährlich 400 bis 500 Fälle zur Behandlung. Die Zwecke der Klinik werden auch durch zwei angestellte Assistenzärzte gefördert. Die geburtshilfliche Klinik hat durch die im Jahre 1858 eröffnete Centralhebammenanstalt eine erweiterte Einrichtung erhalten. Die Anatomie nebst dem dazu gehörigen anthropotomischen Museum ist sehr vollständig eingerichtet und hat eine reiche Sammlung von anatomischen Präparaten des menschlichen Körpers. Seit dem Jahre 1854 ist außer dem Director noch ein Prosector bei der Anstalt thätig. Die Gesetzgebung ist bereits seit dem Jahre 1791 vielfach bemüht gewesen, das Institut mit einer genügenden Zahl von menschlichen Leichnamen zu versorgen; doch wurden die gesetzlichen Bestimmungen, wiewohl von dem Minister noch 1854 und 1858 wiederholt eingeschärft, von den Behörden wenig beachtet und es ist daher dem diesjährigen Landtag ein neuer Gesetzentwurf über diesen

Gegenstand vorgelegt worden. Nach den bisherigen Bestimmungen sollen alle in dem Umkreise von 8 Meilen um Rostock aufkommenden Leichname von Personen, welche wegen Capitalverbrechen verhaftet sind und im Gefängnisse sterben, von verhafteten Verbrechern, welche sich selbst entleiben, von Personen, welche aus Armenkassen verpflegt wurden, wenn sie sich selbst entleiben, und von Personen, die an dem Orte, wo sie sterben oder todt gefunden werden, unbekannt sind und deren Nachlaß zur Bestreitung der Beerdigungs- und Untersuchungskosten unzureichend ist, an die Anatomie abgeliefert werden. — Es bestehen ferner ein Institut für vergleichende Anatomie und Physiologie, ein pathologisches Institut, ein naturhistorisches Museum (in zwei Abtheilungen: einer zoologisch-botanischen und einer mineralogischen), ein chemisches Laboratorium (1833 gegründet), ein physikalisches Cabinet und ein mathematisches Cabinet und Observatorium. — Die Universitätsbibliothek bestand zu der Zeit der Wiedervereinigung der Universitäten Rostock und Bützow, im Jahre 1789, nur aus 4699 Bänden und 94 Handschriften, wurde aber damals mit den zu Bützow befindlich gewesenen großen Sammlungen mehrer mecklenburgischen Herzoge ansehnlich bereichert. Seitdem hat sich dieselbe bedeutend vermehrt, hauptsächlich durch Erwerbung mehrer großen Privatbibliotheken, so daß sie jetzt etwa 120,000 Bände zählt. Für ihre Vermehrung kommen jährlich gegen 2900 Thlr. und für Gehalte der Bibliotheksbeamten 1700 Thlr. zur Verwendung. Die Kataloge entsprechen den Anforderungen noch nicht und eine schon vor Jahrzehnten begonnene Katalogisirungsarbeit scheint aus Mangel an genügenden Kräften oder wegen dabei befolgter unrichtiger Grundsätze nicht zu Ende kommen zu können. Den Professoren ist zu Gunsten der Bibliothek eine merkwürdige Naturalsteuer auferlegt. Sie „haben von jedem Buche, welches sie zum Druck befördern, auch dann, wenn der Druck nicht in Rostock geschehen sollte, ein Exemplar an die Universitätsbibliothek abzugeben". — In dem Saal der Bibliothek befindet sich auch ein Münzcabinet.

Bis gegen die Mitte des vorigen Jahrhunderts war, ungeachtet der sich mehrenden deutschen Universitäten, die Zahl der Studirenden in Rostock doch noch immer eine ganz ansehnliche. Man zählte deren noch gegen 500. Seitdem übte die im Jahre 1737 eingeweihte Universität Göttingen eine Anziehungskraft, welche nicht blos die Fremden vom Besuche Rostocks zurückhielt, sondern auch viele Mecklenburger der einheimischen Universität abwandte. Später kam noch Berlin hinzu und in den letzten Jahrzehnten that auch die vermehrte Leichtigkeit in der Erreichung entfernterer Universitäten das Ihrige zur Abminderung der Frequenz. Eine Zeit lang wirkte zwar die (durch Verordnungen von 1793, 1819, 1826 und 1827) eingeführte Zwangsmaßregel, wonach inländische Theologen, sofern sie in Mecklenburg zu einem Schul- oder Pfarramt befördert werden wollten, wenigstens zwei Jahre, und inländische Juristen wenigstens ein Jahr in Rostock studiren sollten, Einiges zur Aufrechthaltung des Besuchs. Indessen wurde im Juli 1831 diese traurige Schutzmaßregel für die Juristen gänzlich aufgehoben, für die Theologen auf die Verpflichtung zu einem einjährigen Studium in Rostock beschränkt. Im Jahre 1831 zählte man noch 145 Studenten, im Jahre 1833, nachdem inzwischen auch der Ausbruch der Cholera viele verscheucht hatte, nur noch 70. In den nächstfolgenden Jahren bewegte sich die Zahl um 100 herum, im Jahre 1855 betrug sie 91, hob sich aber von da an wieder auf 129 im Jahre 1859, und im Sommer 1864 auf 150. Von letzteren studirten 43 Theologie, 52 Rechte, 33 Medicin; die übrigen 22 vertheilten sich in kleinen Ziffern auf die Fächer der Philosophie, Philologie, Notariatswissenschaft, Chirurgie, Thierarzneikunde, Pharmacie, Oekonomie und Forstwissenschaft, und 12 von diesen 22 (meistens Pharmaceuten) waren nur zum Besuch der Vorlesungen berechtigt, ohne immatriculirt zu sein und unter akademischer Gerichtsbarkeit zu stehen. Mit Ausnahme von vier slovakischen Theologen aus Ungarn, welche mit Hilfe von Stipendien und Unterstützungen in Rostock die lutherische Rechtgläubigkeit sich aneignen, um sie demnächst wieder in ihr Vaterland zu verpflanzen, sowie von sechs Apothekergehilfen aus fremden deutschen Staaten, waren sämmtliche Studirende mecklenburgische, und zwar bis auf vier Mecklenburg-Strelitzer mecklenburg-schwerinsche Landesangehörige, so daß die rostocker Universität auch in dem Sinne, daß sie fast lediglich von Landeskindern besucht wird, den Namen einer Landesuniversität mit vollem Rechte führt. Es ist bei den Studenten darin umgekehrt wie bei den Docenten, welche fast sämmtlich Auswärtige sind. Die große Mehrzahl der Mecklenburg-Strelitzer, aber auch fast die Hälfte der Mecklenburg-Schweriner, welche sich dem Universitätsstudium widmen, ist jederzeit auf auswärtigen Universitäten zu suchen. Nach einer im letzten Winter aufgenommenen Uebersicht studirten 148 Mecklenburger auf anderen Universitäten, 135 in Rostock. Unter ersteren befanden sich 114 Schweriner und 34 Strelitzer, unter letzteren 131 Schweriner und 4 Strelitzer. Die außerhalb Landes studirenden Forstakademiker und Techniker sind in diesen Zahlen nicht einbegriffen.

Ohne Zweifel würde man rücksichtlich des Besuchs der rostocker Universität auch von Seiten der Landesangehörigen noch weit geringere Zahlen zu registriren haben, wenn nicht zwei Umstände auf die Heranziehung derselben Einfluß übten: der nahe liegende und sehr begründete Wunsch der Studirenden, mit den Systemen und Ansichten der Mitglieder der Prüfungsbehörden, zu welchen in jedem Fache Professoren gehören, eine vorgängige nähere Bekanntschaft zu erwerben, sodann die zahlreichen akademischen Stipendien und Convicte, welche unter der Verwaltung der Universität stehen. Die Stipendien zerfallen in benannte und unbenannte. Die ersteren führen die Namen ihrer Stifter und unterliegen den Normen und Vorschriften der Stiftungsurkunden.

Sofern diese nicht etwas anderes festsetzen, betragen die Stipendien jährlich jedes 50 Thlr. Die unbenannten werden auf zwei Jahre verliehen und von ihnen werden so viele gebildet als der Stand der Stipendienkasse es erlaubt. Aus den Fonds der sämmtlichen Stipendien älterer und neuerer Stiftung ist eine „akademische Stipendienkasse" gebildet, auf welche an benannten Stipendien 12 radicirt sind. Außer den unter akademischer Verwaltung stehenden Stipendien gibt es noch andere zum Theil sehr ansehnliche, deren Verwaltung und Collationsrecht theils dem Engeren Ausschuß von Ritter- und Landschaft, theils den Inhabern gewisser akademischer Aemter, theils städtischen Behörden, theils einzelnen Familien oder Privaten zusteht. Auch das Ministerium für Unterrichtsangelegenheiten verfügt noch über 6 Stipendien. Das akademische Convict hat 35 Stellen, jede im Betrage von 24 Thlr. jährlich, und wird in der Regel auf 4 Semester verliehen. Mit dem durch Herabsetzung des Convicts erzielten Ueberschusse wurde das Institut der jährlichen Preisvertheilung begründet und dafür die Summe von 480 Thlr. jährlich bestimmt. Jede der vier Facultäten schreibt eine Preisaufgabe aus; eine fünfte, philologische, wird von den Decanen der vier Facultäten unter Mitwirkung des Professors der classischen Literatur und Beredsamkeit aufgestellt. Die Bewerbung pflegt jedoch eine spärliche zu sein, was indeß kaum zu beklagen sein möchte, da das ganze Institut der Preisaufgaben überall, wo es als Reizmittel für Studirende angewandt wird, seine großen Bedenken und selbst Gefahren zu haben scheint.

Die Aussicht auf das am Ende der Studienzeit bevorstehende Examen hält namentlich die älteren Studirenden an ihren Fachstudien so fest, daß sie sich gegen alles abschließen, was ihnen nicht zur Vorbereitung auf die Prüfung unmittelbar förderlich erscheint; und auch die jüngere Generation der Studirenden verthut sich selten über den Kreis der Fachcollegien hinaus, weshalb denn die außerhalb desselben belegenen Studien, Geschichte, Sprachkunde, Volkswirthschaft u. s. w., große Vernachlässigung erfahren. Die Professoren dieser Fächer wissen davon zu sagen, wie viele Zeit ihnen die Studenten zur Beschäftigung mit literarischen Arbeiten gönnen. Aus der angegebenen Ursache trägt auch das gesellige Leben der Studenten schon manches Philisterhafte an sich; äußerlich sind die Studenten kaum als solche zu erkennen und von dem beweglichen, fröhlichen, jugendlichen Leben und Treiben, welches auf anderen Universitäten unter ihnen heimisch ist, gewahrt man in Rostock nichts. Es fehlt an dem Sinn für Gemeinschaftlichkeit und Vereinigung. Alles zerfällt in kleinere Gruppen und Zirkel, zum Theil nach Facultäten, zum Theil nach früheren Bekanntschaften von der Schule und von andern Universitäten her, in neuerer Zeit auch nach Ständen, indem der zahlreicher als früher sich einfindende Adel mit einigen begüterten Commilitoren bürgerlicher Herkunft sich absondert. Landsmannschaftliche Verbindungen sind schon aus dem Grunde nicht wohl möglich, weil es an dem Material zu einer Mehrheit von Landsmannschaften wegen der exclusiven Anwesenheit von Mecklenburg-Schwerinern fehlt. Eine Burschenschaft bestand zwar im Jahre 1817. Sie ward damals auch zum Wartburgfest eingeladen, lehnte aber die Betheiligung durch eine Deputation wegen des Kostenpunktes ab, indem die Anschaffung eines neuen Paukapparates soeben alle ihre Mittel in Anspruch genommen hätte. Vom Jahre 1819 an standen aber wiederholte Verbote und die bei der Immatriculation abgeforderten schriftlichen Versprechungen der Entwickelung des Verbindungswesens entgegen; und wenn auch seit dem Jahre 1849 dieser äußere Druck verschwunden ist, so fehlt es statt dessen jetzt an dem innern Trieb zur Association. Als organisirte Einheit tritt die Studentenschaft nur bei gegebenen Veranlassungen hervor: bei öffentlichen Aufzügen, bei einem Balle, den die Studenten jährlich einmal zu veranstalten pflegen und dergleichen. Es werden dann vorher Versammlungen gehalten, in welchen die Organisation für den vorliegenden Zweck erfolgt. Die Commerce, welche sich an die öffentlichen Aufzüge anschließen, bieten meistens Veranlassung zu sehr unerfreulichen Reibungen, welche die gesellige Zerfahrenheit des Ganzen aufdecken. Gewöhnlich sind es in solchen Fällen frühere Corpsstudenten, welche ihr Ansehn und Uebergewicht in verletzender Weise zur Geltung zu bringen suchen und dadurch Streitigkeiten hervorrufen. Auf dem Commerce im letzten Sommer, welchen auch der Großherzog durch seine Gegenwart beehrte, sollen gegen den Schluß die Geister sich dergestalt erhitzt haben, daß gegen dreißig Duelle contrahirt worden sind. Bei diesen, übrigens seltenen Zusammenkünften finden auch manchmal einzelne Professoren sich ein. Man erlebte es sogar auf dem erwähnten Commerce, daß der Consistorialrath Krabbe, welcher als Rector der Universität der an ihn ergangenen Einladung folgend erschienen war, sich hier zu dem Ungewohnten entschloß und auf das Wohlsein der rostocker Studenten einen feierlichen Salamander rieb.

Aehnlich wie mit dem geselligen Leben der Studenten steht es auch mit dem der Professoren, auch diese zerfallen in kleinere Kreise und entbehren eines gemeinsamen geselligen Mittel- und Vereinigungspunktes. Ein mit der Universitätsbibliothek in Verbindung stehendes Lesezimmer ist nur für gewisse Tagesstunden geöffnet und kann nicht entfernt mit den großartigen Anstalten in Vergleich gestellt werden, durch welche in anderen Universitätsstädten für das Lese- und zugleich für das Geselligkeitsbedürfniß gesorgt ist. Diese Mängel tragen dazu bei, daß die Universität von der Gesammtheit der übrigen, etwa 26,000 Seelen betragenden Bevölkerung wenig beachtet wird und neben den im Vordergrunde stehenden Handels- und Verkehrsinteressen der alten Hansestadt fast verschwindet. Bürger und Professoren, wie sie unter verschiedener

Gerichtsbarkeit nicht allein, sondern auch unter verschiedenem Recht stehen, die einen unter dem, namentlich in Bezug auf Erbschaftssachen sehr abweichenden, wesentlich mit dem lübischen Recht verwandten rostocker Stadtrecht, die anderen unter gemeinem Recht, so haben sie auch in geselliger Beziehung wenig mit einander gemein. Auch ist in Folge der abweichenden politischen und religiösen Richtung bei vielen Bürgern die spätere Gleichgiltigkeit gegen die Universität und die innerhalb derselben dominirenden Persönlichkeiten neuerdings in eine feindliche Stimmung umgeschlagen, wozu besonders die baumgartensche Angelegenheit beigetragen hat.

Unter der Einwirkung der wenig belebenden und anregenden Verhältnisse, in welchen die Universität sich bewegt, erleiden selbst die Strebsameren unter den Docenten einen Druck, welcher leicht eine Erschlaffung zur Folge hat, zumal wenn nicht die Hoffnung auf eine Berufung nach einer auswärtigen Universität ein gewisses Gegengewicht übt. Dazu kommt, daß der fast gänzliche Mangel an freiwillig mitwirkenden jüngeren Kräften, erklärbar aus den Hindernissen, welche der Niederlassung von Privatdocenten entgegengestellt werden, aus ihrer eingeengten und bedrohten Stellung, aus der geringen Ermunterung, welche ihnen von Seiten der Regierung zu Theil wird, und aus der fehlenden Aussicht auf einen größeren Zuhörerkreis, jenem Wetteifer der jüngeren, nicht im Amte stehenden Lehrer mit den älteren, angestellten, welcher anderswo so förderlich wirkt, in Rostock keinen Zutritt bietet.

Groß sind die Schattenseiten, welche unsere Darstellung an der rostocker Universität hervorheben mußte. Aber es wäre doch voreilig, wenn man daraus folgern wollte, daß den Interessen des Landes mit der Aufhebung der Universität gedient sein könnte. Die Wissenschaft bleibt auch dann noch ein Licht, wenn sie im Trüben leuchtet, und von der Reaction in Dienst genommen ist, um sie für ihre Zwecke auszubeuten. Die Universität enthält an Personen und Unterrichtsmaterial doch auch in ihrem jetzigen Zustande noch immer einen werthvollen Kern, an welchem unter günstigen Umständen einmal ein reicheres und fruchtbringenderes Leben sich ansetzen mag. Der Anfang einer solchen Zeit wird dann gegeben sein, wenn unter dem Schirme einer freien Staatsverfassung die Wissenschaft sich ohne Zwang schaffend und lehrend äußern kann.

August von Kloeber.

Am letzten Tage des vergangenen Jahres starb in Berlin der Meister, welcher als letzter Repräsentant der älteren berliner Malerschule gelten konnte, August von Kloeber. Der eine, ihn und sie heute noch in frischer Kraft überlebende Genosse ihrer besten Tage, Eduard Magnus, nahm immer eine Art Sonderstellung zu ihr ein, welche ihn vor Anderen befähigt hat, an den künstlerischen Bestrebungen der jüngeren Generation eine so lebendige thätige Betheiligung zu beweisen, daß dies neue Malergeschlecht ihn nicht ohne Grund wenigstens halb zu den Seinen zu zählen berechtigt ist. v. Kloeber, Wach, Karl Begas, in zweiter Linie Kolbe und in der Landschaft jener tiefsinnige Meister, dessen eigenartige Größe durch die spätere glänzende Entwickelung der Landschaftsmalerei nicht in Schatten gestellt, sondern vielmehr erst zur immer volleren und allgemeineren Erkenntniß und Geltung gelangen sollte, Blechen, — diese Meister einer mit Schinkels Principien und Lehren in engstem Zusammenhang stehenden idealen Richtung, und als Gegensatz und Ergänzung der reich begabte Realist jener Epoche, Karl Keger, sind es, von welchen das „malerische Berlin" der Zeit Friedrich Wilhelms des Dritten sein bestimmtes, von dem des heutigen so grundverschiedenes Gepräge empfängt. Wenn ihre Thätigkeit und Wirksamkeit sich auch noch ein Jahrzehnt und länger unter der darauffolgenden Regierungsperiode des kunstfreundlichsten aller preußischen Könige kundgiebt, so treten seit dessen Thronbesteigung doch mit und neben den Genannten, herbeigerufen und neu erwachsen, viele wesentlich anders geartete künstlerische Kräfte in Berlin auf, neue Gestaltungen bedingend und schaffend. Kloeber, dem ein glückliches Geschick, heiter und friedlich, wie seine eigenste Kunst, während seines ganzen Lebens jene Kämpfe, jenes schmerzvolle Ringen mit Hinderniß und Mißgunst erspart hat, wie es so vieler großer Meister Laufbahn aufweist, ist auch die bittere Erfahrung eines in solche Perioden der Umwandlung fallenden Künstlerdaseins erspart geblieben, sich von einer neuen Strömung des Kunstgeschmacks plötzlich bei Seite geschoben zu sehen und von einem jungen revolutionären Geschlecht zum Märtyrer seiner theuersten Ideale gemacht zu werden. Einmal vollzogen sich während der letzten vierzig Jahre derartige Umwandlungen bei uns in Deutschland überhaupt weit gelinder und allmäliger als z. B. in Frankreich und von solch erbittertem Ansturm- und Vertheidigungskampf der Kunstprincipien, von solchen tragischen Opfern, die denselben gefallen, wie die Geschichte der französischen Malerei aus den zwanziger und dreißiger Jahren berichtet — ich erinnere nur an Gros —

weiß die Chronik unserer vaterländischen Kunstentwickelung während der vorhin genannten Periode nichts zu melden. Und andererseits war und ist Kloebers Talent und das, was er schuf, von so liebenswürdiger und einschmeichelnder Art, von so immer giltiger und wirksamer Heiterkeit und Anmuth beseelt, daß es auch von schärferen, leidenschaftlicheren Fehden, als wir sie auf diesen Gebieten bei uns gesehen, nicht berührt, und inmitten aller hochgehenden Aufregung künstlerischer Parteikämpfe respectirt geblieben sein möchte.

Nicht an Kämpfen, wohl aber an mannigfachen Schicksalen reich war dies lange schöne Künstlerleben, das der letzte Tag des Jahres abschloß, und mit einer Aufzählung der Schöpfungen, welche demselben erblühten, ist es keineswegs erschöpft. Zumal der erste Theil seiner Laufbahn, ehe ihm Raum und Muße zur stillen schönen Arbeit des Talents vergönnt wurde, war in hohem Grade bewegt, angemessen der gewaltigen Zeit des allgemeinen Umsturzes aller europäischen Verhältnisse, des kriegerischen Sturms, der zerstörend, reinigend, aufrüttelnd über die alte Welt dahinbrauste und auch den Knaben und Jüngling in seine Wirbel hineinzog. Am 21. August 1793 ist er zu Breslau geboren, Sohn des Kammerdirectors, Geheimen Raths Ludwig v. Kloeber, den er bereits im zweiten Lebensjahre durch den Tod verlor. Darin war seine Jugend der aller bedeutenden Künstler ähnlich, daß sich „frühe schon" die Lust und Neigung des Knaben zum Zeichnen kundgab. Freilich wurden diese ersten Aeußerungen seines innern Berufs zunächst nicht für die Wahl desselben bestimmend.

Denn mit dem zwölften Lebensjahre tritt er zu Berlin ins Kadettenhaus, und nur dem jähen Sturz der Macht seines preußischen Vaterlandes dankte er es, daß der ihm vorgezeichnete, seinen Wünschen wenig entsprechende Lebensplan nicht zur Durchführung gelangte. Die Schlacht bei Jena löste wie die preußische Armee, so auch das berliner Kadettencorps auf, und Kloeber wurde seiner Mutter wiedergegeben. Mit ihren Kindern übersiedelte sie von Breslau nach Tarnowitz und von hier nach Troppau. Dieser Aufenthalt wurde für Kloeber von entscheidender Wichtigkeit. In den Kunstsammlungen eines östreichischen Gutsbesitzers, des Baron v. Skrenski, und in dessen freundlicher Theilnahme fanden seine künstlerischen Neigungen so viel Förderung und Ermuthigung, daß wenigstens der Gedanke einer militärischen Laufbahn für ihn aufgegeben und dagegen die eines Architekten erwählt wurde. Die zeichnerische Thätigkeit, der er zu diesem Zweck auf der breslauer Bau- und Gewerbeschule oblag, konnte aber seinem ursprünglichen Hange nur neue Stärke verleihen und dem leidenschaftlich zu Tage tretenden Wunsch zur Malerei mochte die Mutter kein Hinderniß entgegensetzen. Mit neunzehn Jahren, im Winter 1812 kam er unter so veränderten Umständen zum zweiten Mal nach Berlin, in der unter Gottfried Schadows Leitung stehenden Akademie seine malerischen Studien zu beginnen. Diesem fröhlichen Arbeiten und Genießen setzte unerwartet schnell der gewaltige ernste Gang der geschichtlichen Ereignisse ein Ziel.

Der Aufruf von 1813 fand auch in seinem feurigen Herzen den Widerhall, unter den Ersten ergriff er die Büchse der freiwilligen Jäger, und in den ersten beiden mörderischen Schlachten, den von Lützen und Bautzen, welche so viel hoffnungsreiche junge Saaten mähten, entging er nur in fast wunderbarer Weise dem Geschick, für seines Vaterlandes Befreiung mit dem Leben zu zahlen, und 1814 noch einmal in ganz ähnlicher Art in den Gefechten vor und um Paris! Die damals in der besiegten „Hauptstadt der Welt" zusammengehäuften Kunstschätze vermochten ihn doch so wenig zu längerem Aufenthalt daselbst zu reizen, wie der Officiersrang zum Verbleiben beim Heere. Er kehrte heim und zwar zunächst nach Wien. Dieser Besuch bei seinem ihm verschwägert gewordenen erwähnten Gönner und Freunde v. Skrbenski hat damals die Gelegenheit zu der ersten seiner künstlerischen Arbeiten gegeben, welche, weit über das Werthmaß jugendlicher Studien und Versuche hinausgehend, ihren tiefen und bedeutenden Gehalt heut noch jedem Beschauer bekundet, und am besten von der überraschenden Entwicklung zeigt, welche sein Talent, trotz so mannigfacher Hemmungen und Störungen einer ruhigen Ausbildung damals bereits erlangt hatte. Es ist dies jenes Portrait Beethovens, zu welchem dieser, ein seltner Ausnahmefall, sich bewegen ließ, dem jungen Maler zu sitzen, ein Bildniß, dem sich, wie man schon nach der allgemein verbreiteten großen Steinzeichnung von Th. Neu urtheilen kann, keine andere der zahlreichen Darstellungen des gewaltigen Mannes an Größe der Auffassung und charakteristischer Echtheit des Individuellsten dieses Kopfes vergleicht. Der ideale Beethovenkopf ist darin festgestellt und die Gestalt gefunden, in welcher er für immer in der Vorstellung der Menschen leben wird.

Nach Berlin führte Kloeber 1818 Schinkels Aufforderung, an der malerischen Ausschmückung des neuen, von ihm erbauten Schauspielhauses Theil zu nehmen. Diese Scenen aus der Mythe des Apollo und allgemeinern Decorativmalereien eines heiter idealen Genres; seine ersten öffentlichen Arbeiten, so sehr die Gegenstände der innersten Eigenthümlichkeit seines Talentes entsprachen, lassen den Meister, wie er sich später entwickelte, noch kaum erkennen, und zeigen bei graziösen und anmuthigen Intentionen eine gewisse akademische Unfreiheit, von welcher er sich bald genug gründlich los machen sollte. Zwei Jahre später durfte er die tiefste Sehnsucht seiner Seele befriedigen und die Reise nach Italien antreten, wo er sieben Jahre studirend und schaffend verweilte. An den unsterblichen Mustern der heitern Kunst, bei einer an erhebendem Genuß mit begeisterten Freunden überreichen Existenz im Heimathlande der Schönheit gewann sein Talent die bestimmt ausgeprägte besondre Physiognomie, die es auch in seinen spätesten Schöpfungen noch unverkümmert bewahrt hat.

Das Ernste, Grandiose, Tragische lag seiner Natur durchaus fern, und nicht die ungeheuern Gebilde von der Decke der sixtinischen Kapelle, sondern die reine Schönheit, welche in den Gestalten der Farnesina verkörpert ist, und die scherzende Grazie des Meisters der Domkuppel zu Parma haben wohl auf seine Seele den stärksten und bestimmendsten Einfluß geäußert. Dieser hat ihn auch gesichert gegen das neudeutsche Nazarenerthum, wie gegen die Carton zeichnende münchner Romantik, die noch in jener Zeit unter den deutschen Malern in Italien ihre Opfer forderten. Er fühlte sich bereits zu heimisch in der heitern hellenischen Geisteswelt, um von ihnen berührt zu werden, und seine andächtige Liebe zum großen Meister des Hellbunkels machte es ihm unmöglich, die lebensvollste blühendste Götter- und Heroenwelt grau in grau oder in Contour zu denken. Dem italienischen Aufenthalt sind die beiden ersten wichtigeren Oelgemälde Kloebers erwachsen, in denen sich sein eigenstes Wesen ausspricht, die „Toilette der Venus" (einmal für den Prinzen Heinrich und später noch einmal für König Friedrich Wilhelm den Dritten gemalt) und „Perseus und Andromeda", eine Concurrenzarbeit für den eben begründeten berliner „Verein der Kunstfreunde im preußischen-Staate".

Nach seiner Rückkehr 1828 beginnt für ihn in Berlin ein Leben voll ununterbrochener schöpferischer Thätigkeit und nur von der langen Reihe schöner künstlerischer Resultate, welche dieselbe ins Leben rief und von keinen eigentlichen Schicksalswechseln und Ereignissen ist bis zum Ende desselben zu berichten. Es sei denn seine 1835 geschlossene Heirath, welche ihm die glücklichste Häuslichkeit während der ganzen Dauer desselben und damit die gesunde natürliche Grundlage eines fröhlichen künstlerischen Schaffens schenkte. Das erste seiner bekannter gewordnen Bilder aus dieser berliner Zeit, Pausias mit Glykera dem Blumenmädchen, entstand erst 1831 oder 1832. Die zwischen diesem und seiner Rückkehr aus Italien liegenden Jahre sind durch Arbeiten anderer Art ausgefüllt. Gestalten und Compositionen, welche er als Vorbilder für die Malereien der königlichen Porzellanmanufactur zu entwerfen beauftragt war, ihren Gegenständen nach gleichfalls durchaus seiner Lieblingsrichtung entsprechend, dabei mannigfaltig genug unter sich, Scenen heitern südlichen Lebensgenusses, oder phantastischen indisch-orientalischen Fürstenpomps, anmuthige Allegorien und Gelegenheitspoesien in die ihm so wohl vertrauten Formen antiker Mythengestalten gekleidet. Wenn solche Arbeiten ihm auch um so weniger volles Genüge schaffen konnten, als nicht einmal das Bekanntwerden des Namens (blieben sie doch immer nur Producte des „königlichen Instituts" als solchen) den eigentlichen Autor lohnte und ermunterte, so geben sie ihm doch Gelegenheit, die Fülle und Leichtigkeit seiner Phantasie dabei zu bethätigen. Der allgemeine Beifall, den seine ersten in Berlin gemalten Oelbilder fanden, überhob ihn indeß bald der Nöthigung zu jener Art von Thätigkeit. Dem „Paustas" folgte ein zweites „Blumenmädchen, bei seinen Körben eingeschlafen". (Hier wie dort hatte Kloebers Freund, der bekannte Blumenmaler Völker die Ausführung des betreffenden Theils der Aufgabe übernommen) und 1834 „Bachus, seinen Panther tränkend".

Wenige moderne Bilder antiken Stoffs sind unter uns so populär geworden, als diese köstliche Composition in ihrer spielenden Einfachheit und entzückenden Anmuth. Die Vereinigung unbefangener unstilisirter Natur mit einer Reinheit und Vollendung der Form, welche nur der feinste und ausgebildetste plastische Sinn eingeben konnte, verführte damals manchen berliner kritisirenden Kunstgenossen zu der wenig wohlwollenden Behauptung, der „alte Schadow", der Kloeber sehr begünstigte, habe ihm die ganze Gruppe in ihren drei Götter- und zwei Thiergestalten gezeichnet, und er habe nichts gethan, als sie „auszumalen". Und diese Entstehungsmythe hat sich trotz ihres Unsinns lange genug erhalten; in den vierziger Jahren fand ich sie hier noch viel wiederholt und verbreitet. Die auf dies Bild folgende „Sakontala", die ich nur aus den damals vom Kunstverein herausgegebenen Umrißblättern nach den von ihm angekauften Bildern kenne — freilich eine für kloebersche Gemälde schlechterdings ungenügende Reproductionsweise — steht bei vieler Lieblichkeit des Ausdrucks der fremdartigen Mädchengestalten wohl nicht auf gleicher Höhe mit dem vorhergenannten. Die indische „Breithüftigkeit", welche der Dichter so nachdrücklich bei seiner holden Heldin betont, hat vom Maler noch reichlicher entwickelt der Lieblichkeit dieser Gangestöchter doch einigen Eintrag gethan.

Er war geneigt, sich in jeder Art malerischer Technik zu versuchen und sich ihrer Handhabung Meister zu machen — wie er denn später auf Lava, in Wachsfarben, in Fresko u. s. w. mit bestem Erfolg experimentirt hat, und wir finden ihn in jenen Jahren vielfach an Federzeichnungen auf Stein thätig. Diese gegenwärtig durch den so selten die künstlerische Originalzeichnung treu bewahrenden Holzschnitt nur zu sehr verdrängte, schöne und ausgiebige Manier, in welcher Menzel, der damals zwanzigjährige, seine erstaunlichsten, noch von keinem der Lebenden erreichten Compositionen jedes Genres ausführte, das „Vaterunser", „die fünf Sinne", die „Meister und Schützenbriefe" und zahllose verwandte Schöpfungen, wurde von Kloeber in einer sehr abweichenden, aber in ihrer Eigenthümlichkeit höchst geistreichen und vorzüglich malerisch wirksamen Weise behandelt; in breiten Strichlagen, tief und geschlossen gehaltenen Schattenmassen, welche im Verein mit den weiß ausgeschabten Lichtern der übergedruckten Tonplatte einen bei der großen Einfachheit der Mittel überraschenden Effect körperlich plastischer Rundung hervorbrachten. Allgemein verbreitet und bekannt, an den Zimmerwänden jeder aus jener Zeit herüberragenden gebildeten berliner Familie heute noch in Glas und Rahmen, ist so ausgeführt die friesartige Composition Kloebers, „die Ernte", nach dem eigenen Bilde im Auftrage des Kunstvereins gezeichnet. Es ist wie alle seine Darstellungen solcher der natürlichen Wirklichkeit ursprünglich entlehnten Vorgänge doch weit mehr ein ideales Bild einer Ernte, „die sich nie und nirgends hat begeben", als in dem goldenen Zeitalter, „von dem die Dichter singen"; aber andererseits doch nicht ganz in das Costüm eines solchen gekleidet; halb südlich, halb antik und dann wieder gleichzeitig an moderne Realität anklingend (trägt doch die Mehrzahl der Männer auf dem Bilde Hosen auf den Beinen), und trotzdem ein Ganzes von bezwingender Anmuth, natürlicher Schönheit und Fülle, das den poetischen Eindruck der erquickenden Frische und des freigebig spendenden üppigen Reichthums einer ursprünglichen Welt, den malerischen von mächtiger Mittagsonnengluth und lockender Schattenkühle unter breitem Laubdach in so voller Stärke hervorruft, wie ihn der Künstler beabsichtigte. Von solchen Steinzeichnungen mit breiter Feder ist dann noch der prächtige Maskenzug, die großen Künstler alter Zeiten und Völker schildernd, zu nennen, den er gelegentlich der Stiftungsfeier des älteren berliner Künstlervereins ausführte, und jene Schmückung des „Letzten Willens" Friedrich Wilhelms des Dritten, mit welcher ausgestattet eine der vielen Ausgaben dieses eigenthümlichen Documents im Jahre 1840 erschien.

An Oelbildern folgte 1837 auf jene „Ernte" der „Hüon bei den Hirten" nach Wielands Oberon. Was dem streng romantisch an Düsseldorf und München geschulten Geschmack in dieser Auffassung mittelalterlichen Paladinenthums nicht behagen wollte, gereichte dem Bilde im Grunde zum Lobe. Es erschien so völlig einem dem wielandischen nah verwandten Geist entsprungen. Die heitre Freiheit, mit welcher es den romantisch ritterlichen Helden behandelte, war von ironischer Färbung nicht ganz frei. Malerisch und technisch gehörte es, soweit ich mich des damaligen Eindrucks noch entsinnen kann, nicht zu den durchgeführtesten Bildern Kloebers. Desto unbedingteren Preis auch in dieser Hinsicht, wie nach jeder anderen künstlerischen Seite hin verdiente und verdient heut noch das im Jahre darauf gemalte „Jubal, der Erfinder der Flöte" Es ist eine der schönsten malerischen Perlen der ehemaligen wagnerschen jetzt „National-Galerie"; voll sonnig klarer, idyllischer Poesie, voll glücklicher naiver Heiterkeit in der Composition, ist es ein eben solches Meisterstück des Componirens in den Raum des kreisrunden Medaillons, wie der Malerei und

Tonstimmung, welche in ihrer Flüssigkeit, in ihrer warmen Tiefe und ruhigen Leuchtkraft die Nachbarschaft und den Vergleich mit denen der gepriesensten heutigen Coloristen ohne dabei zu verlieren aushält. Die „Pferdeschwemme" (1840 vollendet, erschien sie auf der berliner Ausstellung von 1842) theilt, ihrem Gegenstand entsprechend, die eigenthümlichen Wunderlichkeiten in der Auffassung eines ganz realen Vorgangs, welche das Bild der „Ernte" charakterisirten. Es ist ein liebliches, graziös bewegtes Geschlecht von Knaben, Jünglingen und Mädchen, welches sich da auf ziemlich unirdischen rosa gescheckten Rossen, denen der Eos nicht unähnlich, nahe dem Ufer im schäumenden Wasser tummelt, oder am grasigen Rande lachend und jubelnd dem verwegenen Spiel der Genossen zusieht; aber man suche keine Zeit- und Localbestimmung für das Jahrhundert und das Land der Erde, dem es angehören könnte. Und doch sollen und wollen die freudigen und zarten Geschöpfe Menschen und Kinder dieser Welt sein. Der ungelöste Widerspruch, welchen solche Bilder des Meisters in sich tragen, zeigt sich folgerecht dann auch in der Farbe derselben, welche die Realität naturgemäß auszuschließen genöthigt wird, während der Colorist in dem Autor doch wieder zu mächtig bleibt, um sie einer abstracten Farblosigkeit zu opfern. Die Rosse dieser Pferdeschwemme fänden eine passendere Verwendung in dem Bilde der „Aurora" und der „Luna", die er in den nächsten Jahren darauf für König Friedrich Wilhelm den Vierten malte. Da war er wieder völlig in seinem Element und unter der Einwirkung jenes belebenden Hauchs, welcher von der unsterblichen Schönheit antiker Mythe ausgeht, schuf er gleichzeitig das kleine Bild, das immer unter seinen vollendetsten Werken zu den ersten zählen wird, den „pfeilschärfenden Amor", die reizende, nackte, knieende Gestalt des kleinen Gottes, vom bergenden grünen Walddickicht ringsum in klares, sonnigwarmes Helldunkel getaucht, aus welchem das von dichtem braunem Gelock überschattete Köpfchen, welches lächelnd auf die emsige Arbeit seiner Hand niederblickt, mit geheimnißvoller Lieblichkeit hervorleuchtet. Die bedeutenden künstlerischen Unternehmungen, mit welchen sich der „König-Künstler" Friedrich Wilhem der Vierte introducirte, gaben Kloeber bald eine Fülle von Aufgaben zunächst decorativer Natur, seinem Talent aufs Glücklichste angemessen. Im neuen Opernhausbau waren es der „Arion auf dem Delphin", mit seinen Seitenmedaillonbildern für den Vorhang; Gentengruppen mit den Insignien der Herrschermacht für die Decke der königlichen Loge (1844). Im Marmorpalais zu Potsdam die Wand- und Plafondbilder eines Saales: „Geburt der Venus", „Apoll unter den Hirten", „Bachus, den Menschen die Traube bringend", die Gestalten des „Schlafs und des Traums"; und für einen zweiten Saal desselben Schlosses die vier Jahreszeiten mit einem grau in grau auf rothem Grunde ausgeführten Fries von Kindergestalten

(1845—47). Die Revolutionsperiode mag wie in jedes Künstlers Thätigkeit auch in die seinige einige Hemmung gebracht haben. Erst 1850 finden wir ihn wieder bei bedeutenden Arbeiten, einer Ausführung jenes Arion vom Vorhang des Opernhauses als selbständiges Bild, den kolossalen Gestalten des Matthäus und Marcus auf Goldgrund in der Kuppel der neuen Schloßkapelle gemalt, dem Oelbilde vom „Tod des Adonis" (1851). Das in seiner Innigkeit und holden Schönheit hervorragendste Werk des letzten Jahrzehnts seines Lebens, „Psyche, von Amor aus der Bewußtlosigkeit erweckt", das die Ausstellung von 1854 schmückte und mit der großen Medaille gekrönt wurde, ward vom Kunstverein für dessen ständige Galerie erworben. Der im Auftrage derselben Verbindung von Seidel ausgeführte Stich hat die Anschauung der formenschönen edlen Composition allgemein verbreitet, wenn sich der Farbenreiz des Originals auch der völligen Wiedergabe durch diese Uebertragung entziehn mußte. Einer geringeren Gunst hatte sich das historisch-romantische Legendenbild vom bekehrten und geretteten Wendenfürsten „Jaczko" zu erfreuen, das einer besondern Liebhaberei des königlichen Gönners wie der Sage, seinen Ursprung verdankte und 1856 vollendet wurde. Lebendige Bewegtheit und Feuer der Darstellung war der Composition nicht abzusprechen; aber Kloebers Natur widerstrebte dieser barbarische nordisch-christliche Sagenwelt doch zu sehr, um ihr in der malerischen Schilderung ebenso gerecht werden zu können, wie sie es der antik-hellenischen wurde. Ueberwiegend mehr und mehr nahmen ihn decorative Arbeiten in Anspruch, und da ihn die Anmuth seiner Erfindungen, der Geschmack in der Anordnung, in der Raumbenutzung und Farbenvertheilung so vorzüglich dafür befähigten, so folgten den glücklich gelösten immer wieder neue derartige öffentliche und Privataufträge. Ich beschränke mich auf die Angabe der wichtigsten, seitdem von ihm ausgeführten: 1855 spielende Gestalten und Gruppen als Decoration einiger Räume des von Strack am leipziger Platz erbauten Hauses; 1858 Allegorien in der „Gedenkhalle im kronprinzlichen Palais"; 1859 im weißen Saal des königlichen Schlosses symbolische Gestalten der Provinzen Rheinland, Westphalen, Schlesien und Pommern; zugleich den Tod des Herkules und den Sieg des Theseus über die Centauren im neuen Museum und Plafondbilder für das Victoriatheater; 1862 und 1863 die Farbenskizzen und Cartons für das Donner'sche Haus in Hamburg und für die Plafonds und Superporten des dem belgischen Consul Odilon de Kräter daselbst gehörigen, die allegorischen Kindergruppen für den Festsaal der Villa van der Heydt zu Berlin und die Entwürfe zu den beiden großen Wandbildern für die neue Börse. Mit Ausnahme dieser letzten, von seinen Schülern O. Becker und Fechner stereochromisch nach seinen Aquarellen ausgeführten Gemälde, die ich im Berichte über die große letztjährige berliner Kunstaus stellung in diesen Blättern bereits ausführlicher besprochen habe, prätendirt keine der genannten Decorationen als „monumentales" Werk, als „großartige" Verkörperung „tiefsinniger geschichtlicher oder philosophischer Ideen" zu gelten, wie sie sich z. B. im Treppenhause des neuen Museums so widerwärtig breit machen. Er überschätzte nicht die Tragweite seines Vermögens, und weder der durch seinen königlichen Gönner bei uns importirte münchner symbolisch-historische große Stil, noch die von Belgien her auf unsere Künstlerkreise einwirkende moderne Geschichtsmalerei, noch der radicale Realismus einer jüngeren Schule, welche zur Fahne Adolf Menzels geschworen, haben ihn je von seinem natürlichen Wege abzulenken und zu verirren vermocht. Seinen alten, manches Jahr vor ihm dahingegangenen Genossen der treueste Kamerad, hat die große Frische und geistige Spannkraft seines Wesens ihn sich nie einseitig in seinen Anschauungen verhärten und gegen die eines neuen Geschlechtes abschließen lassen. Im Gegentheil nahm er freundlichen Antheil an seinen Versuchen und Erfolgen und, verehrt und geliebt von ihm, verstand er sich mit dessen bedeutendsten Vertretern so gut wie außer Magnus keiner der „alten Herren", zumal derer „von der Akademie". Diese Frische und dies volle Verständniß einer neuen Zeit soll er auch auf anderen Gebieten nie verläugnet haben, wo man es von dem siebzigjährigen Edelmann am wenigsten erwartet hätte.

Eine Herzbeutelwassersucht, die sich mit dem Beginn des vorigen Jahres bei ihm ankündete, in den letzten Monaten wieder zu weichen schien, endete sein Leben am 31. December. Die Krankheit konnte seine Geistesrüstigkeit nicht so weit schwächen, daß sie ihn an dem Entwurf einer Reihe der liebenswürdigsten Compositionen zur Mythe des Amor und der Psyche für die Villa Ravené in Berlin verhindert hätte. So war noch sein letztes künstlerisches Thun wie ein frommes Opfer den schönen heitern Göttern des alten hellenischen Olymp dargebracht, deren treuem Priesterdienst all seine Kunst fast während eines halben Jahrhunderts geweiht war.

Mit **Nr. 14** beginnt diese Zeitschrift ein **neues Quartal**, welches durch alle **Buchhandlungen** und **Postämter** zu beziehen ist.

Leipzig, im März 1865.

Die Verlagshandlung.

Verantwortlicher Redacteur: Dr. Moritz Busch.
Verlag von F. L. Herbig. — Druck von C. E. Elbert in Leipzig.

Allerneueste Staats-Prämien-Anleihe
mit einem Gewinnkapital von **129 Millionen 239,200 Gulden.**

Am 1. April 1865

findet die Ziehung der obenerwähnten Anleihe statt, welche **Viermalhundert und zwanzig Tausend Treffer** enthält.

21	Gewinne zu	250,000	Gulden,	105 Gewinne zu	15,000	Gulden,
71	„ „	200,000	„	370 „ „	5,000	„
103	„ „	150,000	„	20 „ „	4,000	„
90	„ „	40,000	„	76 „ „	3,000	„
105	„ „	30,000	„	54 „ „	2,500	„
90	„ „	20,000	„	264 „ „	2,000	„

und noch andere **Viermalhundert Tausend** Geldprämien **müssen unfehlbar** mittelst Obligations-loose dieses Anlehens gewonnen werden.

Loose für obige Ziehung gültig sind von unterfertigtem Staatseffecten-Großhandlungshaus gegen sofortige Betragseinsendung zu beziehen.

1 Loos kostet nur 3 fl. — 2 Loose 5 fl. 30 kr.
6 Loose 15 fl. und 12 Loose nur 27 fl.

Das amtliche Verzeichniß der herausgekommenen Nummern mit den darauf gefallenen Gewinnen wird den resp. Theilnehmern nach der Ziehung pünktlich und **gratis-franco** zugesandt.

Die Bestellungen werden prompt effectuirt und Sorge für die höchstmögliche Discretion getragen. Mit Aufträgen wende man sich direct und recht bald an die Herren

J. W. Helm & Comp.
Banquiers in Frankfurt am Main.

NB. Obenerwähntes Bankhaus kauft und verkauft zum Tagescourse alle Gattungen europäischer Staatspapiere, Eisenbahn-Obligationen und sonstige Staatseffecten.

In der C. F. Winter'schen Verlagshandlung in Leipzig und Heidelberg ist erschienen und durch alle Buchhandlungen zu beziehen:

Henry Thomas Buckle's
Geschichte der Civilisation in England.
Deutsch von **Arnold Ruge**. Zweite rechtmässige Ausgabe. Sorgfältig durchgesehen und neu bevorwortet von dem Uebersetzer. 2 Bände. gr. 8. geh. Preis 8 Thlr.

Die zweite Auflage dieses Werkes, welches überall die günstigste Aufnahme gefunden hat, hat durch ein Vorwort des bekannten Uebersetzers Arnold Ruge und einen darin mitgetheilten kurzen Abriss von Buckle's Leben eine dankenswerthe Bereicherung erhalten. Den Freunden des Buches wird auch die Nachricht von Interesse sein, dass J. St. Mill sich erboten hat, die nachgelassenen Manuscripte Buckle's zu ordnen, und somit das Erscheinen eines dritten Bandes in Aussicht gestellt ist.

Bei **Fr. Wlh. Grunow** in Leipzig ist soeben erschienen und in allen Buchhandlungen vorräthig:

Busch, Moritz, Eine Wallfahrt nach Jerusalem.
2. vermehrte Ausgabe. 2 Bde. 2½ Thlr.

Der Verfasser legt in diesem Werke die Beobachtungen dreier in den letzten Jahren unternommenen Reisen in den Orient in einer Auswahl besonders charakteristischer Bilder nieder, in welchen er sich namentlich bestrebt hat, dem Leser Jerusalem und die dortige Gesellschaft, das heilige Land und seine Bewohner so zu schildern, wie sie in der Wirklichkeit sind, nicht wie sie ein in Erinnerungen an die alte Geschichte dieser Gegenden befangenes Auge erblickt. Voraus gehen lebhaft gefärbte Detailschilderungen aus Griechenland, vorzüglich aus Aegypten.

☞ Inserate aller Art werden gegen den Betrag von **2 Ngr.** für die gespaltene Zeile angenommen. Die Beilagegebühr für die Grenzboten beträgt 3 Thlr.

Verlag von Friedrich Ludwig Herbig. — Druck von C. E. Elbert in Leipzig.